臺灣民眾道教三百年史

現代詮釋與新型建構

江燦騰
張　珣　合編

臺灣 學て書局 印行

主編簡歷

江燦騰博士

現任：臺北城市科技大學榮譽教授、同校通識教育中心退休兼任教
授。國立臺灣大學歷史研究所博士。學術專長領域：臺灣史、中國
近代佛教史、臺灣佛教文化史、東亞現代批判禪學思想四百年。

張珣博士

現任：中央研究院民族學研究所研究員兼所長、國立政治大學宗教研究所兼任教授、國立臺灣大學人類學系兼任教授。美國加州大學柏克萊分校人類學博士。學術專長領域：文化人類學、醫療人類學、宗教人類學。

作者簡歷

謝聰輝博士

現任：臺灣師範大學國文學系專任教授。臺灣師範大學國文研究所
博士。學術專長領域：道教文學、道教文化、道教科儀、道壇道法
與臺灣文化信仰。

李豐楙博士

現任：政治大學華人宗教研究中心講座教授。政治大學國文研究所
博士。學術專長領域：楚辭、道教文學、道教史、華人民間宗教。

謝世維博士

現任：政治大學宗教研究所專任教授。2005 美國印第安那大學
（Indiana University），印第安那州布魯明屯校區（Bloomington），
博士。學術專長領域：中國道教、民間宗教、佛道交涉、佛道藝
術。

林富士博士

現任：中央研究院歷史語言研究所特聘研究員、「數位人文學」研
究室召集人、《新史學》雜誌社常務社員。美國普林斯頓大學
（Princeton University）博士。學術專長領域：宗教史（以巫祝傳統
和道教為主）、疾病與醫療史、文化史、生活史。

王見川博士

現任：南臺科技大學通識教育中心專任助理教授。國立中正大學史
學博士。學術專長領域：臺灣史、宗教史、民俗信仰。

康豹博士

現任：中央研究院近代史研究所特聘研究員。美國普林斯頓大學
（Princeton University）東亞系博士。學術專長領域：中國宗教社會
史、臺灣宗教社會史、中國道教史。

張超然博士

現任：輔仁大學宗教學系所專任副教授。國立政治大學中國文學系博士。學術專長領域：漢魏六朝道教史、道教經典、道教儀式、當代臺灣道教。

代序：蓬萊島上會仙真

楊儒賓

清華大學哲學研究所講座教授

一、

老友江燦騰教授，最近與民族所的張珣所長，共同主編了一本《臺灣民眾道教三百年史》研究的新書。當中搜羅了臺灣近數十年來，較具代表性的與臺灣民眾道教相關的研究文章，要在老牌著名的臺灣學生書局出版。這的確是當代有關臺灣本土道教史新型建構與現代詮釋的出色精華彙編。

江、張兩位教授所主編的《臺灣民眾道教三百年史》性質，其實是明末迄今的「民俗化道教」，與歷史上全盛時期的正統道教，雖仍藕斷絲連，卻已性質迥異。因其常與巫術性濃厚的「法教儀式」混合，所以要能清晰定義是有其難度的。再者近來華人的道教學術圈內，雖常用「道法二門」稱之，或改以「地方道教」稱之，但仍未盡理想，故未形成一致共識。

至於江教授與張所長兩人，在其共同主編的這本《臺灣民眾道教三百年史》研究的新書中，則是嘗試援用戰前由興亞宗教協會於 1941 年，在北京出版《道教的實態》一書，對其全部歷史發展變革狀態，所使用的七章（七階段及其時代特徵）的劃分

法。

　　亦即該書是將整個道教史，從古代到 1941 年間，共分七章，而其中第七章所標示的相關階段「信仰的變化與民眾道教的形成」：則是從明萬曆末（西元 1620）到現在（1941）。因此江與張這兩位主編，便基於其與當代發展有密切關聯，繼續援用該書的此一分類法於其新書中，稱謂「三百年來的臺灣本土道教變革史」特徵為「民眾道教」，確也不失為可以適用的新詞彙。當然，這也只是個人的初步認定而已，學界不必為此有所爭議。

　　在另一方面，據我所知，長期以來，我們社會上或學界，似乎有一個不成文的習慣，好像只要不是西洋的新興宗教，又沒辦法歸類，就打入「道教」門下。因而，道門廣大，由此可見。

　　當老友江燦騰教授要我為其主編的新書寫序時，我原不敢應承，理由很單純，就是知道自己是「民眾道教」門外的凡塵俗子，焉敢造次。但因江教授，一再熱情邀約，他認為：為其新書寫序者，不一定要請有關「民眾道教」的研究專家為由，且他早聽過我的一些認知生涯，有些因緣是此相關的。

　　想想也是。我和歷史上的中國道教學或戰後在臺的道教界活動等，確實不能說沒有些因緣。所以我便從我個人觀察與曾親自體驗的視野出發，來提供一些個人看法與本書讀者分享。

二、

　　眾所皆知，我們平時一提到道教便總會和道士或道術聯想在一起，例如北京的白雲觀、武當山的金頂、龍虎山的嗣漢天師府都是有名的道教勝地，王重陽、張道陵（祖天師）、張魯、鍾離

權、呂洞賓、丘處機、張三豐……都是有名的道士。而環繞著「道教」一詞，最有權威的，大概是龍虎山的張天師。

龍虎山的張家是，號稱天下最貴氣的「兩家半」的半家，另外兩家是天子家與曲埠孔家。我曾與張天師同臺，第六十五代的張天師（張意將）。不要訝異，就在陽明山下的陽明大學。我們知道，在一九四九年的國府渡海事件中，除了大批的軍公教人員、大量的文物以及傑出的學者與藝術家南遷島嶼外，還有中國主要的兩個宗教的佛教僧侶與道教道士也離流來臺。

不過，單說流離來臺其實是不合道教內部的說法。因為早在抗戰時期，道教教內已流傳一首籤詩提到：道教要遷播到海外仙島，天機早已洩露。但照慣例，所謂洩露也不能洩得徹底，總要留下些謎讓人猜，讓後世有後見之明者知曉答案後，「原來如此」一聲，籤詩的因緣才算了結。

這首籤詩流傳時——假如曾廣為流傳的話，大概沒有人會預期因抗戰勝利而聲望達到頂峰的中國國民黨，與蔣介石總裁，竟然會在幾年後，連番敗戰，喪師失地，狼狽逃難來臺。

由於共產主義與宗教本質上的矛盾，當時隨同來臺的大陸人士多的是教士、僧侶與道士。臺灣孤懸東海外，向有蓬萊之稱，電臺、電視節目以「蓬萊」為名的節目不知凡幾，道士渡海似乎也是天機早已注定，臺灣人民莫錯過因緣。

我在庚子年（2020）秋分時節前後，和第六十五代張天師對談死生之變、幽明之際的玄理，大會的安排。在紅塵中一身翻滾的學者，當然只能以抽象的哲理言之，高來高去，不像張天師有儀軌可依，有法術可談，說起來虎虎生風。但此一不大的講堂，一旦配上臨時掛上的兩幅道教畫，一幅是晚清的道教仙真圖，一

幅很可能是明清之際的張天師所畫的魂魄符籙，線條與圓圈參差，筆勢虺蛇奔竄，會場倒有些紫氣東來的氛圍。

中午用餐時，張天師的一位道友，可能是侍者，說及自己實行一場治病的儀式時，邊吹尺八，邊以腳尖踮腳上下樓梯走完全程之事。這樣的儀式是有相當難度的，不想可知。但他最近走了一趟完美的儀軌後，卻一點印象都沒有。

旁觀者只見這位道友踮腳登梯，如入無人之境，口吹尺八，聲聲中節合律，渾然忘我。做完法事後，旁觀者叫好，當事者能憶起事前的準備與事後的細節，但就是不記得自己在尺八聲中的行止。

我不了解以尺八行法術始於何時，但知道陽明大學所以有這場有趣的聖凡之會，乃因策畫者陽明大學的一位教授也吹尺八，他是在新公園內聽到尺八之聲，依聲尋人，才認識當代的張天師，結此道緣，因而有此次的講會。

人身是奧祕，疾病是奧祕，以尺八行氣轉化身體機能以療疾，如何可能，這也是奧秘。當日那位道士行者所說的經驗應該有道理可說，我對醫療知識不敢妄讚一詞，但覺得尺八簫聲忘形神的內容和莊子的庖丁解牛、輪扁斲輪、梓慶削木為鐻、列禦寇射箭的寓言，所說很可能是同一回事。

行者吹簫登梯而無礙，當然是熟能生巧才可如此，生手搭不上邊。但應該不只熟巧而已，顯然吹者的生命已轉化，化到連自己的記憶都追蹤不到。學界同仁對宗教的法術，尤其是道教或所謂新興宗教的法術一般不太相信，目前已不太會冠上「迷信」一詞，但總不免帶點狐疑的眼色。

宗教一般總有它們自己的儀軌，儀軌如果只是如禮行事，上

帝的歸上帝，凱薩的歸凱薩，衝突不大。但醫病救命曾是宗教轄區，巫醫原本是一家，科學發達了，接收了不少宗教帝國原先的領土，兩者的衝突遂不可免。但古老宗教有些法門有長久的實作經驗支持，科學難以解釋，責任未必在宗教一方，古老的道術可能蘊藏著一些尚待探尋的真諦。

我有位高中同學，大學畢業後，趕上資訊產業這一波，經商有成。人過中年後，卻罹了怪病，病因不好判斷，病情卻日漸嚴重。縱不能說醫石罔效，但說是群醫束手無策，卻也離事實不遠。後因近水樓臺，得參與一個新興宗教的道場活動，靜坐、禮拜，可能還有些其他的內容，無名之病竟然莫名其妙地不見了。此後，這位同學即成了這個宗教的護法，奉持不遺餘力。

這個新興宗教名為天帝教，其教的創始人在大陸時期有山岳修行經驗，又是孫中山的信徒，一九四九年渡海來臺後，曾參與創辦當時著名的黨外報紙自立晚報。臺灣戒嚴時期，凡一般報紙、雜誌不敢刊的文章，投這家晚報準沒錯。這位報紙創辦人創報有成後，大概覺得救世比救國重要，居然把《自立晚報》賣了，創教並宣教去了。

我承創教者第二代主持人以及教內一兩位教授的雅意，曾稍微涉獵該教一些外圍的活動，觀看該教以氣功療法服務病患，說是傳教亦可。該教的氣功名曰「天人炁功」，很古怪的名稱，混合尖端物理與古老法術的訊息。我是相信靜坐、氣功這些古老的修行法門是有嚴肅的名堂可論的，至於和教義相不相關，那是另一回事。

靜坐、氣功這些修行法門可以想像地，來源一定很早，有可能可以追溯到文字創立以前的古文明時期。大約只要有華人井水

處，聚居成群，即會有靜坐、氣功的存在空間。但這麼古老的法門會和特定歷史產物的道教或準道教機制連結在一起，卻是要有些歷史因素的。

我第一次碰到傳說中的道教因素—神仙之說，是研究所碩士班階段。那時剛服完兵役不久，進入校園，脫下軍服換校服，雖有人生新階段開始之想，但總覺得身心仍需洗滌一番，以便衝刺。當時一位居住宜蘭的朋友介紹到臺北宜蘭交界的一座山寺裡掛單，名義上禮佛，實質上是邊休息，邊研讀，有些唐宋士人讀書佛寺的模樣。研究所階段，我在該寺來來去去好幾回，時間長短不拘。

該寺位在一處名為鷹尖嘴的巨大山巖處不遠，從八百公尺的山下往上仰望，據說其狀如老鷹之喙。臺灣東北角時有老鷹在空中巡行，這些老鷹乘著東北角海風掀起的氣流順勢滑翔，地上人縱目遠觀，但見三三兩兩黑點，空中交錯，洵是一景。但我多次從山腳仰望鷹尖石，只見一塊巨岩突兀於山頂而已，看不出哪點像老鷹的嘴。

不過，如從鷹尖石往下縱看，情景迥然不同。由於巨石依山凌空突出，視野特別開闊，不用蓄意，觀者自會縱目遠觀。往左注目，但見海灘浮動波浪一白線，沿金黃沙灘繞了幾灣，直往基隆海角拍打，隨後流入臺灣海峽。近處的海邊聳立群山，青翠濃郁，巒巒重疊，堆向遠方天邊。青山與白波間，夾著北迴鐵路，黑色鐵軌由此穿越群山而去。

北臺灣著名的福隆海水浴場，即在縱目所及的某處，但被山勢擋住了。臺灣的海景自福隆往東北，即山海夾行，蜿蜒伸入太平洋濱的花東，景緻孤峭寂靜，與西海岸的平坦沙灘大異。

　　那陣子去山寺掛單，通常是坐火車到福隆站下車，然後步行，走上草嶺古道，在大溪的一座寺廟處下了平地後，再走產業道路上山。草嶺古道蜿蜒於福隆到大溪的山丘間，清領時期，臺灣漢人往返於臺北宜蘭的必經之路。今之古道猶昔之古道，但有青石鋪路，石階也較平整，應該是有機構在此維護。古道一路芒草，秋冬之際，白浪瀟瀟，一幅肅殺氣。

　　據說原漢仍緊張時期，山胞即隱伏於芒草翻湧間隙，伺機出草。清同光時期的蘇澳總兵吳光亮於古道某轉彎處，立有石碑，大書一「虎」字。臺灣山區未聞有虎，此虎字所指何為？或云指的是原住民山胞，竊以為不是如此。

　　清代鎮守臺灣的武將似乎偏好畫虎或寫虎字，而且字體一定是草書，大約取虎嘯生風，鎮壓群邪之意，我估計虎字虎畫應該有較悠久的民俗或道教傳統。凡有危機處，即有宗教，清領時期東北角臺灣的開墾之艱困，由此可見。

　　在幾次古道之行中，記得有一次曾和大學時期的班上朋友，從福隆上行，於古道轉折可見海上龜山島處不久，忽見一年輕人陪伴一位青壯輩和尚從另一頭上行，兩方四人不期相會。

　　和尚身高壯偉，相貌堂堂，言詞又洪亮可聽，僧侶中少見。在山海交界的古道，天地寂寥，海濤聲遙，竟能與這位很可能會成為佛門龍象的僧侶短暫交會。我至今仍不知此位和尚何人，也不知這短暫的交會除留下幾句對白的記憶外，還有什麼意義，但偶爾還會憶起那片刻奇妙的畫面。

　　如果說古道上的清代武將的虎字碑使我想及古老的宗教傳統與臺灣歷史的關係，八十年代前半葉的某年秋季的某月十五，忘掉是七月、八月或九月了，我在山寺見證了仙道仍活在臺灣民間

的社會。

秋季十五夜的圓月特別明亮，尤其在遠離塵囂與工業氣體的海角，天界的氣旋與遠方而至的海風吹散了空中的浮塵游氛，清冽的空氣使得人月幾乎可以睹目相照。應該是齋飯後不久，一群已在此打尖的男女在領隊催促下，迅速集中在寺前廟埕，他們要在某個時程內趕到山下海邊，在天干地支相交的某個神祕時間內，採集海邊的藥草，據說這個時辰所採的藥草特具療效。

這群在月明海邊採藥的人信奉的是名叫崑崙仙宗的宗教，我當時第一次聽到這個宗教的名稱。年輕時喜歡看武俠小說，武俠小說中多有崑崙一派，沒想到多年後，竟在臺灣東北角的一座山寺中，眼見中國西北壯闊的崑崙山脈竟渡海銜接了臺灣東北角的海岸山脈，雖然這些信徒談不上仙風道骨，但一聽到崑崙仙宗四字，頓覺南來仙氣滿鄉關，兩腋竟有些栩栩然。

早期臺灣的武俠小說都由一家名為真善美的出版社刊行的，二十四開本，白底紅字的封面，臥龍生、諸葛青雲、司馬翎、柳殘陽、古龍等名家，租書店的書架上一陣排開，頗見氣勢。武俠小說中的世界特多恩義情仇，只有道義，沒有司法，情節總在虛實相夾的歷史與地理空間中展開，但方外的和尚與道士一定都有的，而且都是武林高手。

地理位置則落在中國本土境內的五岳與五湖，峨嵋、武當與域外的崑崙這些名山也都要在裡面的。我們這輩人的歷史知識、中醫知識、武術知識可能都出自武俠小說的開導。當時以為荒唐之言的「奇經八脈」與「任督二脈」、「三花聚頂」、「五氣朝元」、「大小周天」等詞語，後來才知道原來都是有本的，和廣義的道教文化有關。

　　當時發行武俠小說的真善美出版社也出一種名為《仙學》的雜誌，大概是當時臺灣，甚至整體華人世界，少數甚至唯一公開講授修練成仙的刊物。這家出版社與蕭天石主持的自由出版社，大約是當時最熱衷於道教典籍的刊行。

　　對身處叛逆期的青少年來說，修練成仙之說和武俠小說中的「三花聚頂、五氣朝元」沒有什麼兩樣，有趣，但很難被視為知識，《仙學》雜誌大概只有提供同學茶餘飯後的談資而已。

　　直到我有獨立研究的機會後，才知道《仙學》的仙話不見得荒唐，而且《仙學》的內容多翻印民國時期道教長老陳攖寧主編的刊物而來。一九四九年之後，道教仙術在中國本土是長期被視為反動的，香港、新加坡也沒有興趣此學，華人世界大概只有臺灣仍然道脈常流，爭此一線。這一線的道脈在臺灣的生存其實也不容易。

　　在解嚴前，學者不太注意到這些被公共輿論疏忽的道門到底長相如何，遑論學術意義。而這些道親可能也樂於被公共輿論遺忘，以免觸犯時忌。他們寧願匍匐前進，緊緊依靠大地，吸取地氣。因為執政黨還沒有從一九四九年的那場噩夢甦醒過來，任何三人以上聚集的公共集會都會刺激他們的腎上腺，宗教集會的敏感更不用說了。

　　我們這輩的人多有在昏黃的租書店閱讀真善美版的武俠小說的經驗，家長與師長是不怎麼認同這些怪力的讀本的，最方便的讀書地點就是在租書店讀，不要帶回家中或學校，免惹麻煩。記得有一次讀得渾然忘我，站起來，伸個腰，打個哈欠，再回去繼續苦讀時，竟然因天黑，一個字都看不清了。

　　大部分人的年輕時期閱讀武俠小說的經驗或許無助於大好前

途，但我的一些零散的中國文史知識很可能受益於昔年的苦讀與樂讀的啟蒙。

我後來有緣與武俠小說中才會出現的崑崙派、龍虎山天師教、全真教的龍門派有些淡薄的緣分，甚至於透過同一個時期碰觸到的《袁了凡靜坐法》、《因是子靜坐法》、《天臺小止觀法門》，稍微了解一些所謂的方外法門究竟何事，可能多少和早年的武俠小說閱讀經驗有關。

這些若明若晦的道緣都是在島嶼碰觸到的，如果我們一一爬疏這些不受主流宗教（佛教、耶教）喜歡、極受贏得江山的主流政治（共產黨）鎮壓，而又備受敗退心驚的失敗政權（國民黨）歧視的道門，他們所以來臺，還真應了那首籤詩的預言呢。

2021 年 3 月 12 日

於清大

臺灣民眾道教三百年史
現代詮釋與新型建構

目　次

第一部
相關研究方法學與實際田野經驗的交互辯證

第二部
臺灣民眾道教三百年史的核心主題
及其現代詮釋建構之開展

第三部
現代研究典範學者的相關介紹

前言與致謝

江燦騰　張珣

一、

　　本書並非我們兩位主編的共同著作，而是網羅當代臺灣研究「民眾道教」學者的最前沿精英群（林富士、李豐楙、康豹、王見川、謝聰輝、謝世維、張超然、張珣），精選其最具原創性的相關論文數篇或單篇不一，並費時多年才完成此堪稱開創性的，有關《臺灣民眾道教三百年史：現代詮釋與新型建構》[1]最有系

---

[1] 本書的關鍵性用語是「臺灣民眾道教史」，但何謂「民眾道教」呢？其實，此處的「民眾道教」一詞，就是戰後日本宗教學界常用「民俗道教」的同義詞。

不過，本書中有關「民眾道教」一詞的使用，是根據興亞宗教協會1941年，在北京出版《道教的實態》一書，在歷史發展部分的劃分，將道教史從古代到1941年，共分七章：

第一章「道教思想的萌芽」：從佛教傳來以前到西元前二世紀。

第二章「道術道教的成立」：從西漢末（西元前 2）到東漢時代（西元 219）。

第三章「教理道教的建設」：從三國時代（西元 220）到南朝北末（西元 531）。

第四章「道教的完成」：從隋（西元 532）到北宋末（西元 1126）。

第五章「教會的革新與新興道教的活動」：從南宋（西元 1127）到元

統的有機精萃論述。

　　它的最大特點就是：能夠從大跨度研究視野，來系統性、歷史性、共時性、現代性、當代性與本土性的、多詮釋角度所相互交織而成；且其詮釋的主題與我們之所以編輯的動機，其實只有一個共同聚焦之處，那就是試圖有機地總檢視一次：有關我們《臺灣民眾道教三百年史：現代詮釋與新型建構》學者精英，當其在關涉《臺灣民眾道教三百年史》實態研究的縱深解讀與廣博詮釋時，彼等的整體業績，是否真能名符其實的有異常出色表現？

　　再者，此前有關《臺灣民眾道教三百年史：現代詮釋與新型建構》的系統專書或有機論述方面，並未曾出現如本書這樣的書名，所以有必要先對此編輯背景與過程加以說明。不過，在此之前，先將本書詮釋體系的構想，提供本書讀者理解。之後，再介紹為何本書會有這樣的書名及其編輯背景與過程的相關狀況。

至元末（西元 1294）。

第六章「法派的分立與教權的衰退」：從元成宗（西元 1295）到明神宗末（1619）。

第七章「信仰的變化與民眾道教的形成」：從明萬曆末（西元 1620）到現在（1941）。

而本書基於所謂《臺灣民眾道教三百年史：現代詮釋與新型建構》的歷史形成，實可溯源其書第七章「信仰的變化與民眾道教的形成」：亦即可以「從明萬曆末（西元 1620），再延伸到當代的（2020）」，並借用其「民眾道教」一詞，而不用「民俗道教」一詞。

二、

　　從本書編輯構想的理想邏輯來看，主要應包括三大部分：

　　第一部、相關研究方法學與實際田野經驗的交互辯證。

　　第二部、臺灣民眾道教三百年史的核心主題及其現代詮釋建構之開展。

　　第三部、現代研究典範學者的相關介紹。

　　之如以如此構想，是基於應先有全書撰述的相關概念，其次是應有相關的研究方法學及其實際田野研究經驗的介紹，接著是全書和新主題解說，最後是典範學者介紹，否則就會淪於過去學界常犯的缺失，即合撰者沒有聚焦也沒有研究經驗示範，而是各吹各人的曲調，最後形成不協調的一首樂曲。

　　所以，本書在第一部分，首先結合五篇標準論文，據以構成完整的「第一部、相關研究方法學與實際田野經驗的交互辯證」。而這五篇的編輯順序如下：

　　第一章，雖是以曾提出「臺灣道教史」撰述概念的先驅性論文，作為討論的開端；但，它與本書的實際編輯結構，彼此沒有直截關聯性。

　　第二章是介紹從臺灣溯源大陸的普遍田野經驗與現有成果。

　　第三章是特殊性的臺灣中部田野調查的獨到經驗解釋。

　　第四章是最新整體研究趨勢的介紹。

　　第五章是從人類學的百年研究視野，來介紹包括道教在內的全面性宗教生態狀況。

　　在「第二部、臺灣民眾道教三百年史的核心主題及其現代詮釋建構之開展」之中，本書開始展現本身的所謂「臺灣民眾道

教」的「核心主題及其現代詮釋建構之開展」，共收有九篇精選過的指標性論文。按其歷史發展的邏輯結構順序如下：

第一篇（即第六章）是介紹清代官方文獻中的相關巫俗及巫術從業者的種類、活動性質及其社會觀感。

第二篇（即第七章）則是介紹清代臺灣道士實際前往江西龍虎山天師府，由張天師親自授籙及傳儀軌經卷的情形。此一影響持續到日本殖民統治初期。

第三篇（即第八章）是延續張天師的主題，從戰前延到戰後當代臺灣的各種「張天師」現象及其爭議之所以。

第四篇（即第九章）介紹首次出現的，有關八仙之一的呂洞賓聖地「永樂宮」的現代多元角度詮釋導言。

第五篇（即第十章）則改為介紹作為醫藥之神的「保生大帝」做前衛的歷史新透視內容。

第六篇（即第十一章）是針對主要儀式超度對象的「厲鬼」祭祀，在北臺灣持續存在的歷史現象。

第七篇（即第十二章）是從各類現有公共性祭典儀式中，以南臺灣的瘟神祭祀大典最受社會矚目，所以挑出此類儀式調查論文中的最優質之一，作為代表。

第八篇（即第十三章）則是基於並衡南北的不同特質，所以挑出來自基隆的道壇道士在臺北市松山區所舉辦的大型齋醮祭儀，作為介紹表，但考慮兩點，一不同於先前劉枝萬介紹的內容，二具有文獻的特殊性認識，才被納入。

第九篇（即第十四章）則是介紹：當代性的網路虛擬道教儀式祭典世界與現有神明製品玩偶流行潮的新發展現象，所以完全不屬於舊式的傳統儀軌思維。

　　至於本書的第三部分，有關「研究典範學者」的介紹，本來應有多位，包括施博爾、蘇海涵、黃有興等在內，但現成的論文，是編者過去邀稿的，並已發表的只兩篇而已，但介紹三位，即：第十五章的李亦園、劉枝萬與第十六章的李豐楙之介紹。其中李亦園並非道教研究者，只是作為與劉枝萬研究模式的對比之用。

　　至於上述的各章內容介紹，請在本書導論中閱讀即有。以下，我們還是轉回先前預定的但尚未介紹的：為何本書會有這樣的書名及其編輯背景與過程的相關狀況。

三、

　　其實，本書的最初編輯原型，是作為三卷版《從大陸到臺灣到東亞：以漢族宗教研究為中心的百年精粹特輯》的中卷（二）「臺灣道教學者精粹新主題詮釋特選專輯」來編輯的。

　　但，此一原型，又是基於本書的兩位編者長期合作的基礎而來。江燦騰擅長以臺灣漢族佛教史的現代化在地轉型視野，來處理包括近四百年來從大陸到臺灣到東亞的各類佛教文化思想史詮釋主題；張珣則擅長以人類學的來處理各種漢族民間宗教信仰的新詮釋主題，所以兩位編者決定再次跨學科合作，共同針對近百年來的臺灣宗教研究各類精華論述，編成能真正反映戰後當代臺灣宗教學術研究的優質成就結晶者。之前，我們長期編輯與出版過下列研究精選集：

　　一、2001 年，首次編出的《當代臺灣本土宗教研究導論》（臺北：南天書局）一書，深受國內外讀者歡迎。2004 年，本

書又獲得中央政府陸委會所屬的中華文化發展基金會的出版補助，並在大陸官辦的宗教文化出版社出版本書的「大陸版」。

　　而在「大陸版」的序言中，我們仍能明確標舉：是以「少壯派的觀點」，提出此書的「編輯構想與特色」如下所述。

　　甲、本書是在新（21）世紀第一年的夏季，由張博士和江燦騰博士兩位編者出面邀稿和編輯，將研究當代臺灣宗教各領域的年輕學者所撰寫的學術史回顧論述加以匯整，而由以出版臺灣地區研究聞名於世的南天書局隆重出版。

　　乙、就本書的編輯構想來說，當然是由於現有的臺灣宗教研究之成果，在先前曾有各學科宗教學者的長期努力耕耘，也已累積了不少的資料與論著。然而美中不足的是，這些稍早的臺灣宗教研究者，其實是散佈在各大學的不同學科當中，其專業各異，水準也參差不等。在出版品方面，通常有一些出版社資助學者來辦宗教雜誌或出版相關叢書；至於研究活動方面，則有志同道合的學者組成的同仁團體像著名的「東方宗教討論會」等等，其學養或學術品質也同樣彼此落差極大，很難一概以學者或學術出版品視之。

　　丙、特別是在解嚴以後，臺灣地區的新興宗教或教派林立，吸引了大批游離於傳統宗教信仰門外的現代人。而彼等的各種宗教行為，又牽涉到法律、經濟、政治層面，使得在認知或從事研究時，倍感其中新問題的頻繁與複雜，遠超過之前的任何時期。同時，一般社會大眾，也對各種宗教知識之需求，日益殷切；但社會上所能提供所需的宗教學術資源，又極為有限。

　　丁、對於此一現實需求，雖然有「臺灣宗教學會」於 1999年成立，集合各學科的宗教學者以共謀臺灣宗教學術的拓展，但

是總體宗教學術研究水準提升的目標，則依然尚待大家的努力。
況且，目前臺灣地區已有公私立大學十一所設有宗教研究所課
程，若順此發展下去，可以預期未來臺灣本土的宗教研究，將越
形專業化與學術化，每年可能都會有數十篇相關的碩博士論文或
出版著作問世。如此一來，本書的編者和作者群，有鑒於在現階
段對於大量初學者初期從事宗教研究的入門方法或尋找材料的需
要，共同認為可以就目前臺灣地區已經出版的幾篇導論性與綜合
性論著加以編輯，以方便學子參考引用。而在挑選相關論文時，
其主要的構想，是首先擇取有關臺灣本土化的宗教或教派研究論
文，加以篩選後，再配合研究視角多元與周延。於是儘量從學科
的代表性和整體功能互補的作用性，將各學科（※包括歷史學、
社會學、人類學、宗教學），各宗教類別（佛教、道教、民間信
仰、民間教派、基督教、天主教），都一一納入，以滿足初學者
的各種參考之需。

　　戊、至於為何又會提出以「少壯派學者觀點」作為編選的主
軸呢？其用意有三：其一，在呈現當代臺灣年輕一輩宗教學者的
詮釋觀點與既有的心血結晶，以確立臺灣本土宗教研究的主體性
和發言權之所在。其次是，當我們以「少壯派學者觀點」為標榜
時，即代表我們仍屬成長中或未定型的學習者，尚不足以和現有
的學界前輩或大老並稱。其三是，本書除了要表達臺灣不同世代
宗教學者之間的傳承與創新之外，更期望今後能因而逐漸達成學
術研究或詮釋的默契或共識，使學界的彼此合作較過去大有改
善，並促進臺灣宗教學術整體水準的實際提升。

　　己、此外，在此必須特別強調的是，本書編者在編輯時所秉
持的兩個重要態度為：第一，尊重多元的詮釋角度與意見，亦

即，尊重原論文作者之專業素養與立場，不做任何評價或摘要，以免犯了坊間常見的用編者之詮釋取代原作者意見之毛病。因此我們讓每位作者自行負責其意見與立場，而不求統一或共調，並歡迎讀者與個別作者討論。第二，臺灣宗教研究的大架構與體系應該是一個尚未定案，仍待發展與研討的議題。因此我們就目前已經出版的論文中，精選出來的幾篇論文是一個初步編輯，既是成果展現，也是拋磚引玉，希望為學界帶來一個提昇效果，督促學者在做本行專業的個案研究之外，也重視學術史或回顧反省批評性論文之撰寫與構思。

庚、總之，本書所提供的各篇論文，其所共同組成的，並非意在建立一個封閉或自足的解釋體系，反而是在用心呈現出一個尚待發展的圖像。所以在本書中，我們並未窮盡臺灣境內現有的各種宗教教派、各種宗教現象或議題。也因為這樣，本書是一本名符其實的「研究導論」。

辛、而讀者若有機會，仍可在今後，繼續閱讀我們所編的第二本書《研究典範的追尋：臺灣本土宗教研究的新視野和新思維》（南天，2003），則完整的學術面貌，便不難窺見。

二、但因在 2001 年我們首次編出的《當代臺灣本土宗教研究導論》時，並未納入有關當代臺灣道教研究的論文，之後即曾遭致來自臺灣師範大學國文學系著名道教學者謝聰輝教授的強烈質疑。所以我們兩位編者從善如流，立即在我們所編的第二本書《研究典範的追尋：臺灣本土宗教研究的新視野和新思維》（臺北：南天，2003），納入有關當代臺灣道教研究的論文，並請著名道教學者李豐楙教授為此書撰序。

三、2006 年 9 月，張珣、葉春榮合編的《臺灣本土宗教研

究：結構與變異》（臺北：南天），也同樣比照辦理。例如李豐楙教授的〈制度與擴散：臺灣道教學研究的兩個面向〉一文，就是其中的一篇。

　　四、至 2013 年春，由於大陸的中國社會科學院世界宗教研究所的兩大全國核心期刊之一的《世界宗教文化》雙月刊副主編鄭筱筠博士（現為該所歷來第一位所長）的邀約，我們兩位編者通力合作，在《世界宗教文化》雙月的四、六、八、十期，共邀得十六篇「臺灣宗教研究」各類論文，在該刊以封面主題特稿被刊載。當中即有數篇與道教研究有關，而作為〈當代臺灣道教文化詮釋的典範學者：李豐楙的研究特色及其方法學的相關檢討〉的著名臺灣道教學者學術傳記之一，就是由張超然博士撰文在該刊發表。

　　另一著名臺灣道教學者學術傳記劉枝萬博士的介紹，則是由張珣則以〈臺灣人類學宗教研究的二位典範學者：劉枝萬和李亦園的研究特色及其方法學的相關檢討〉的新型對照方式，對劉枝萬博士的臺灣道教與王爺齋醮研究，作了出色的簡明介紹。並且，謝聰輝教授的開創性的論文，〈關於撰述當代《臺灣道教史》的詮釋建構試探：兼論臺灣本土世業道壇與道法傳承譜系的相關研究突破問題〉，也是同樣在該刊發表。

　　不過，王見川博士的名文原名〈臺灣張天師研究新論：有關六十三代天師張恩溥及其後繼者的紛爭商榷〉，則是先刊載於江燦騰所主編的《臺北城市科技大學通識學報》3 期（2014 年 4月）。至於謝世維教授的最新論文〈當代臺灣道教研究回顧〉，則在未發表之前，即優先提供本書編輯之用。

　　五、但在 2018 年時，鑑於當代臺灣宗教的研究持續在突飛

猛進中，所以兩位編者都覺得有必要擴大新型的編輯構想，亦即
有必要：「匯集當代研究臺灣各類宗教學術精英群，空前未有的
首次非正規集體合作的代表性展現；也就是本書的每位詮釋建構
者，都各以兼具當代性、現代性、臺灣本土性這三大特色，並在
已凝聚高度共識下，所撰出──各具新穎視野，及體系性明確、
嚴謹──的高素質出色論文薈萃集」。

　　於是我們兩位編者決定再次合作，並擴大「臺灣道教學者精
粹新主題詮釋」的代表性論述，而有本書《臺灣民眾道教三百年
史：現代詮釋與新型建構》的此特選專輯的編輯新構想，並立刻
獲得：林富士、王見川、李豐楙、康豹、謝聰輝、謝世維、張超
然等一流當代臺灣道教學者的應允，提供彼等最佳相關論文，以
納入本書的詮釋體系中。這就是關於本書的書名與相關內容由
來。[2]

四、

　　至於有關本書出版的致謝詞，我們只是誠摯的簡要表明：
　　甲、對於本書的各位作者熱誠參與與無私的提供其最具原創

---

[2]　由於 2018 年編輯完成的三卷版《從大陸到臺灣到東亞：以漢族宗教研
　　究為中心的百年精粹特輯》，原訂與北京大學合作，由臺灣某知名財團
　　的文教基金會贊助一切出版費用，卻因過程突然出現難以預料的遷變，
　　導致原訂出版計劃中挫。直到 2020 年 12 月底，本書兩位編者改變三卷
　　版《從大陸到臺灣到東亞：以漢族宗教研究為中心的百年精粹特輯》一
　　次同時出版的計畫，改由分冊陸續先行出版。於是，側重在民眾道教的
　　本書的全部編輯作業，才得以順利完成。

性論文之舉，我們兩位主編無論如何感謝都是不夠的。尤其感念本書的各位作者能深度信賴兩位編者：我們編輯出書，是有益於「臺灣民眾道教歷史詮釋」的承先啟後之效應，使其學術結晶與珍貴治學經驗都能持續薪火相傳下去。

　　乙、最後，我們深深感激出版社的總編輯、主編、執行編輯等，對於本書的排版、校對、封面設計與精美印刷的努力，令本書宛若脫胎換骨、煥然一新，倍增典雅。我們深信，讀者與我們一樣，都會為此而喝采不已！

本書導論

江燦騰　張珣

一、

　　目前本書的詮釋建構體系，可以說是最新類型的完整結構，有別於日本戰後最富盛名的三卷版、由福井康順與酒井忠夫等監修《道教》（1983）一書，那樣高水準總合性研究的主題多元與條目細分的大合輯；但本書卻能只專注於《臺灣民眾道教三百年史》來的、歷史實態的、各議題「現代詮釋與新型建構」之多層次深入解析。這是兩者性質的最大分野，且能各領時代風騷，無法互相取代。

　　因此，在結合研究方法學與實際田野經驗的交互辯證方面，也使本書現有體系建構及其有機系統呈現，較之前書的綜合性經典輯性質，更顯精煉、更能聚焦，致使其對於《臺灣民眾道教三百年史》的實態，所能兼顧歷時性與共時性兩者逐次開展的有機性風貌，也更具鮮明強烈的草根性色彩。

　　以致於：甚至可使熱愛本書的讀者們，當其實際一卷在手時，迅即會在彼等胸臆間萌生，有關《臺灣民眾道教三百年史》，其方方面面的最佳《現代詮釋與新型建構》之作，已盡在此書之感。

二、

　　我們編輯本書的構想及其相關實用性的初衷，已在「前言與
致謝詞」內講明。此處我們應提及本書的既成詮釋體系建構的實
際內涵，其真相究竟有何優質之處？

　　本書現有全體內容結構如下：

　　本書現有的全體內容結構呈現，分三大部，第一部是「**相
關研究方法學與實際田野經驗的交互辯證**」的特別設計與挑
選，共有五篇解說，依次是：

　　第一章由臺灣師大國文系道教學者謝聰輝教授所撰述的，
〈關於撰述當代《臺灣道教史》的詮釋建構試探：兼論臺灣本土
世業道壇與道法傳承譜系的相關研究突破問題〉。此篇文章的性
質及其呈現的學術意義，堪稱非同小可。因這是謝教授首次提出
關於撰述當代《臺灣道教史》的詮釋建構試探性構想，並公開在
大陸最具全國性核心期刊之一的《世界宗教文化》雙月刊上刊
出。我們之前，也在前言與致謝詞中提及過。

　　第二章也是謝聰輝教授所撰述的，主要是介紹其所出版的兩
冊本《追尋道法：從臺灣到福建道壇調查與研究》專書的詳細導
論，同時也是構成謝聰輝教授所在本書第一章的主要論述依據之
所在。並且，在此之前，我們兩位主篇之一的江燦騰博士，曾如
此推崇此兩冊專業著作的傑出成就，其原文如下：

　　　1.任教臺灣師範大學國文系的謝聰輝教授，2018 年在新文
　　　豐出版公司出版他的最新力作，兩巨冊的《追尋道法：從
　　　臺灣到福建道壇調查與研究》。我也承蒙他的好意，送我

一套。

2.他是當代臺灣青壯派、調查與研究臺灣與福建兩地兼營
道教儀式與巫法教儀式混融型的在家世傳從業者歷史傳統
源流與現況的最具代表性學者。這是他十多年的心血結
晶，在當代臺灣，堪稱最全面性的巨著。我在此恭賀他！

江燦騰博士之所以會如此推崇他，是因為長久以來，江博士一直
深入大量閱讀相關史料後，曾不客氣地如此批判道：

3.臺灣的道教歷史，早期的一直是糊塗帳，一大堆道士家
譜史而已。而且，這些世傳道士，都只是職業儀式的演唱
藝人，全靠表演賺錢謀生而已。沒有文化深度，知識淺
薄，雜用各類巫道法術，美其名道法二門兼用，其實是一
種道士專業的墮落。

可是，謝教授卻能深入田野去探究道壇道法源流與真相，所以非
常難能可貴，因此才會高度對他推崇。

　　第三章是出自當代臺灣道教學研究權威李豐楙教授的著名論
文，〈制度與擴散：臺灣道教學研究的兩個面向——以臺灣中部
道壇為例〉。他率先獨到地提出：在臺灣漢人宗教史的研究中，
有關「道教正一派火居道」的研究人力及成果，國外學界較國內
從事的人口多、課題廣而成果亦多可觀。其原因自是與道教學術
研究的歷史長短有關，表現出研究的理論與方法，妥善運用人類
學的田野調查方法，還進一步廣泛使用其他學科拓寬宗教史的研
究領域，如此才能深入觀察其宗教現象與理解其宗教本質，這一

前人未曾涉及的研究領域。

　　李豐楙教授認為，由於人類學在發展過程中，形成對他者對異己文化的調查、研究，所專擅的是部落社會、非制度化宗教；然則面對正一派這種複雜社會的制度化宗教，歷史多傳承既久、文化的累積經驗豐富，所承擔的社會文化功能亦多樣，故需從貫時性的歷史理解其制度的形成、衍變，其中包括中國道教史及區域性的如閩粵宗教史，又需特別關注火居道的道壇道士如何隨兩省移民遷移來臺，分布在各移民區而在地發展。並且這些史料由於較少被保存於方志，而須有賴相關道教人士的私家收藏：諸如族譜、師承譜系及經書抄本之類，始能建立其與地方開發史的密切關係。

　　於是李豐楙教授主張：有必要針對現存的道壇及其社會活動，就需作並時性的參與觀察，深入這類宗教性的社群，從人群學的角度理解其組織傳承、禮儀實踐及其與常民社區生活的關係。——這是基於火居的世俗生活具有擴散性，以致常與民間信仰、民間教派混同，因此在此將先釐清研究史上的這一基本問題，然後確立其兼具制度化與擴散性的兩個面向。

　　因此，李豐楙教授主要是以臺灣中部為例，說明其道壇制內部的傳承譜系，及其中所見的相關史料；其次則是逐步說明其：從地方史、族群史的史料說明其與社區聚落的關係，如何形成其與族群間的依附性，從而逐漸形成其地盤作用，使其與地方公廟及社區民眾建立密切的社會網絡，能在各個區域的社會活動中自成其「行業圈」。

　　所以他最後確信：根據制度與擴散的兩個面向，可以理解宗教史、道教史的歷史重建，確實需要兼顧其宗教本質與地方社

會，才能重建一個移民社會所移殖的宗教，如何經由在地化而有其獨特的宗教面貌。這的確是精闢之論。

第四章是謝世維教授的〈當代臺灣道教研究回顧〉一文，他主要是認為：臺灣道教的研究起始於西方學者的考察，第一代學者自行開展出不同的研究方向，同時也受到歐美研究的啟發。在第一代道教學者的耕耘後，學術研究逐漸形成系譜，研究重點在回應歐美、日本之研究，但也反映出臺灣道教研究的特點。所以謝世維教授本文的討論，集中在三個世代的研究成果，回顧臺灣道教研究的特色與主體性。

謝世維教授是當代臺灣道教研究學者中，少數接受美式研究理論訓練的新銳頂級學者，所以其解讀不但精確而且分類新穎周到，開拓新多新視野，值得有志者參考。

第五章〈從宗教人類學的現代詮釋視野出發：檢視包括道教在內臺灣漢人宗教的近百年來研究趨勢〉的長篇淵博解析與論斷，是本書兩位主編之一的張珣所長，最用心的力作。

由於本書第一部分的前四篇，都是由李豐楙教授及其兩位高徒所撰述的研究經驗心得，十分專業，也相當宏觀。但彼等畢竟不是純人類學研究背景的專業學者，也不能夠實際根據中央研究民族學研究所的長期引領戰後臺灣宗教研究潮流，並溯源日本殖民統治時代的首次大規模全臺宗教調查狀況與解說。

於是，張珣所長此篇宏文，便自然成為第一部分「研究方法學與實際田野經驗的交互辯證」的壓軸之作，她清晰無比地透視：「包括道教在內臺灣漢人宗教的近百年來研究趨勢」之真相之所在。

這對很專業的宗教研究者來說，也是一篇必讀之作。

三、

　　本書的第二部分，是關於「**臺灣民眾道教三百年史的核心主題及其現代詮釋建構之開展**」。所以，共納入九篇相關論文，與第一部分形成鮮明的對照。茲分別介紹如下：

　　第六章〈清代臺灣的巫覡與巫俗：以《臺灣文獻叢刊》為主要材料的初步探討〉，原是刊載於《新史學》，16:3（2005），頁 23-99。至於有關這篇文章的主旨，據作者林富士博士自己說：

> 他是在於探討巫者在清代臺灣社會中的活動、角色與地位。因為以信仰對象來說，巫者主要奉祀瘟神和「厲鬼」。次要的主祀神則有媽祖、城隍、七娘、何仙姑、水仙、九天玄女等。
>
> 以儀式特質來說，迎神賽會是巫者現身於公眾的主要場合，「憑附」與「視鬼」則是他們「通神」的主要方式。他們在儀式過程中的裝扮以裸露和披髮為基調，並以各種利刃「自傷」，有時還會有爬刀梯、「過火」、坐釘椅的展演。至於他們所使用的法器，則是以用以「自傷」的利器為主，另外還有符和紙錢等物。
>
> 就社會角色來說，基本上，巫者扮演神人之間的「媒介」，主要工作在於替人「祈福解禍」。具體而言，其職事包括替人治病、逐疫、求子，或以咒術傷害或迷惑別人。
>
> 就社會處境來說，巫者曾遭受士人的蔑視、貶抑、痛恨和

批判，同時也受到官方的禁斷和壓迫。士大夫主要為了維
護社會秩序、政治控制、經濟發展和禮教規範，因而以律
令和政治權力禁止巫者的活動。不過，巫者在臺灣社會中
始終擁有相當多的信徒。

基於這個原因，所以本書主編之一的江燦騰博士，強力推薦將此
文納入，以及將本書的第十一章有關〈略論臺灣漢人社群的厲鬼
信仰：以臺北縣境內的有應公信仰為主的初步探討〉這篇，也一
並納入。

　　但起初，他是反對的，他在臉書上私訊告江燦騰博士說：

燦騰兄：謝謝您的青睞。您的書是以道教為主題，但我那
兩篇文章基本上都不是從道教的角度入手，而且，我向來
無法認同將巫覡的傳統納入道教研究之中，事實上，這兩
者有一些根本性的差異，道士也常以巫者為競爭、打擊、
收服的對象。有應公和厲鬼信仰也是如此。當然，道教在
發展過程中確實也吸納、轉化了不少巫覡和厲鬼信仰。總
之，您如果要將我這兩篇文章收入，請您想想要在導言中
如何交代。

可是，江博士立刻回答說：

我的觀點很簡單，我處理的道教是明清帝國邊陲的枝末民
眾道教，是混融的民俗道教，在同一宗教生態中，其實是
不存在道士的純粹性。道士在臺灣只是在祭典的禮儀中存

在，它面對的世界就是巫與鬼神的世界，所以納入大作，
體系才完整。我不是處理清代之前的中原全盛時期的正統
道教，所以無問題。

江博士並且在臉書上貼文說：

> 與幽交涉者：林富士學長
>
> 林富士博士，是我（江燦騰）在臺大讀歷史研究所時期的
> 學長，治學能力一流。他是中研院歷史研究所的研究員，
> 幾年前才卸下副所長的繁重行政工作。他研究中國古代的
> 巫，屬鬼，也研究臺灣的鬼，巫與乩童。最近的研究，則
> 是有關檳榔的文化史。
>
> 我非常佩服他的治學態度。所以，在我主編的臺灣本土宗
> 教學術叢書中，一定收有他的力作。
>
> 2020-12-12 早上，我收到他在廣東人民出版社剛出版的精
> 裝本新書《巫者的世界》，他也是橫跨兩岸古今的巫者主
> 題專業研究者，有多篇非常精彩的臺灣本土論述。
>
> 我認為最有新意的一篇，當然是我曾約稿並在大陸全國核
> 心期刊《世界宗教文化》發表的那篇，關於臺灣乩童的服
> 飾裝扮問題專文。這當然只是我如此認為，但我是第一流
> 的讀者，我相信我的眼光。

所以，林富士博士最終還是同意他的兩篇大作，都納入本書。
　　至於第七章〈清末日治初期的新竹的道士林汝梅與江西龍虎
山張天師：兼談其時臺灣北部宗教人物的龍虎山朝聖〉，則是王

見川博士的得意之作。

　　他利用他最擅長與獨到搜集最原始紀錄的相關文獻資料，首次披露其到「龍虎山朝聖」之旅的相關狀況。之後，王見川博士又在其文中指出：

> 如施舟人、大淵忍爾等人之於臺南道士、田仲一成對香港道士、勞格文對臺灣北部道士。這些成果均引起道教學界極大的注目。不過，其中有一個例外，即蘇海涵（M. Saso）的新竹道士莊陳登雲的研究，招致一些批評。

但，王博士無意替蘇海涵翻案，只是想在蘇海涵建立的基礎，根據新的資料如教內資料《萬法宗壇分司正一嗣壇傳度表》、教外文獻《臺灣日日新報》等，對他所描繪的清末、日治初期臺灣新竹城道士的活動情況，有所回應；並對當時臺灣北部宗教人物到龍虎山朝聖的歷程有所呈現，試圖提醒近代道教或區域道教研究者注意，當時是有真正道教領袖的：即正牌的江西龍虎山張天師是也。

　　因此，不管是對近代道教派別或是地方寺廟的理解，恐怕不應忽略張天師的角色。因此，王博士就此展開其十分精彩的解說。

　　第八章也是王見川博士的最出色道教史學批判論文之一：〈二戰後臺灣張天師及其傳承新論：有關六十三代天師張恩溥及其後繼者的紛爭商榷〉。

　　由於王見川博士原是當代最權威的張天師研究專家，因此他對此議題的全盤脈絡掌握之精到，可謂在當代學界實罕有能出其

右者。所以他在此篇論文中，特別針對戰後江西龍虎山張天師來
臺之後，已在當代臺灣所發生的最富爭議性事件，亦即有關六十
三代天師張恩溥及其後繼者的在當代臺灣所發生複雜紛爭商榷，
提出最新的溯源性探討。而他在本文的論述問題意識和其對於相
關事件的前後脈絡解說，主要是聚焦在下述幾個關鍵性課題：

　　一、六十二代天師張元旭去世時間與張恩溥繼位。二、張恩
溥天師的第一次秀；到漢口主持羅天大醮。三、張恩溥天師的首
次上海行：五省和平祈禱大會與逃難。四、張恩溥及其家人與中
共。五、六十四、六十五代張天師繼承問題。

　　因此，本書的內行讀者，屆時當可從其論述中，讀到王博士
的一流解析內容。

　　本書第九章係出自美籍在臺教授康豹博士（人稱「康王
爺」）的專書：*Images of the Immortal. The Cult of Lü Dongbin at
the Palace of Eternal Joy*（夏威夷大學 1999）。後被譯成中文
（山東齊魯書社「道教學譯叢」，2010）。全書對中國宗教聖地
——永樂宮進行了全面考察，詳細敘述了永樂宮的歷史，介紹了
民眾對呂洞賓的崇拜與信仰，集中研究了永樂宮的碑文及壁畫，
並對永樂鎮周邊地區的人們對上述文本的接受情形進行了著重探
討。本書是迄今為止研究永樂宮及呂洞賓崇拜較有代表性的著作
之一，具有較高的學術價值。

　　事實上，康豹教授在本書的導言中，即已清楚敘述他當時是
如何運用各種不同形式的文獻和資料，並特別著重其文本性
（textuality）的討論。

　　他說，這些資料包括：《道藏》中有關呂洞賓的傳說和全真
教的記載、永樂宮建置的碑文、永樂宮三座主要宮殿內的壁畫，

以及各種以呂洞賓為題材的小說和戲劇，和流行於永樂一帶的民間故事。為了剖析上述資料所蘊含的意義，特就其文本性作深入的探究，從各種文本編撰的過程（production）、內容的流傳（transmission）、以及其為人接受的程度（reception），一一討論。

而由於有此種文本的分析做為基礎，使得本書對山西呂洞賓的信仰、以及其和全真教的關涉，能有更為深刻的剖析。

的確如其所述，所以本書兩位主編請康豹教授將其導言全文的中文版，授權納入本書中之第九章，並請其又補充了一些新資料，所以更具參考價值。

本書的第十章是王見川博士最近才寫出的讓人驚艷之作。它的篇名在本書上是〈你確實認識祂嗎？保生大帝吳本史料的真偽問題：兼談其與淨明道吳猛、扶乩的關係〉。最前一句疑問號是新加上的。

王見川博士的文章，主要是對於保生大帝發展與相關文獻進行真偽的探討行為。因他曾引述過不少新發現或轉引最有證據價值的文獻資料，據以重新構建出最接近原始風貌的保生大帝其人其事，並破除歷來被為史料構造的非真相的道聽途說之不當。相信看完其全文之後，你對於自己先前的研究可信度如何？也將是一大考驗。

至於本書的第十一章，〈略論臺灣漢人社群的厲鬼信仰：以臺北縣境內的有應公信仰為主的初步探討〉，是當代論鬼最大權威林富士博士所寫的。此文原載《儀式、廟會與社區：道教、民間信仰與民間文化》一書（2010 年），頁 327-357。

這是由於林富士博士早在 1995 年時，即曾替當時的臺北縣

立文化中心，寫了一本經典之作，《孤魂與鬼雄的世界：北臺灣的厲鬼信仰》，所以才援用來討論「臺北縣境內的有應公信仰為主的初步探討」。其細節不用多論，重要的是林博士是臺灣當代研究歷史巫俗與傳統「厲鬼」祭祀的一代大學者，所以我們要注意他對此研究的總結觀點。他說：

> ……基本上，古人非常畏懼那些在非正常的狀態下去世，或無人葬埋、奉祀的死者，並且稱之為「厲」或「厲鬼」。「厲」這個字，在古代文獻中，往往蘊含有「疾病」（尤其是流行病，或特指痲瘋病）、「罪惡」（惡行、惡德）、「惡鬼」的意思。這三層意思，事實上也常常互相糾結在一起。
>
> 而當「厲」用來指稱鬼魂時，一則是指那些沒有後代子嗣供養的死者。例如，東漢王逸注《楚辭》〈九章〉，便以「殤鬼」解釋「吾使厲神占之兮」一語中的「厲神」，而所謂的「殤」，據《小爾雅》的定義，就是「無主之鬼」。同樣的，唐代成玄英注《莊子》〈人間世〉「國為虛厲」一詞，也以「宅無人」解「虛」字，而以「鬼無後」釋「厲」。其次，「厲」也被用來指那些橫死、冤死的亡魂。例如，春秋時代的鄭國大夫子產便說：「匹夫匹夫強死，其魂魄猶能馮依於人，以為淫厲」，[1] 而所謂「強死」就是「無病」「被殺」之意。當然，「厲」有時也兼具這兩層意思，例如，遭滅門之禍者便是。

---

[1]　《左傳》（《十三經注疏》本），「昭公七年」，頁764。

於是，他借用李豐楙先生的概念來說：

> 人若「無後」、「乏嗣」的死者就是「非常」（「非正
> 常」）之鬼，橫死、冤死者就是「非自然」的亡魂。[2]無
> 論是死後的喪葬、祭祀之事未得妥善處理的「非常」之
> 鬼，還是在「非自然」狀態（指死亡時的年齡、所在的處
> 所、或終結的方式「異常」）去世者的鬼魂，或是「非自
> 然」死亡又不得「正常」善後者，都有資格成為「屬
> 鬼」。
>
> 而且，這種屬鬼，會由於無人奉祀，或是遭受冤屈或各種
> 慘痛的意外災害而死，故無法在另一個世界獲得安息。因
> 此，他們往往會回到活人的世界，以威嚇、恐怖的手段，
> 求覓飲食、供養，或是復仇、洩恨。若要平息屬鬼所造成
> 的災害，最簡單的方法，就是為無後乏祀者立後，使之奉
> 祀先人。
>
> 舉例來說，魯襄公三十年（543 B.C.），鄭國人殺了伯
> 有。八年以後，也就是魯昭公七年（535 B.C.），伯有的
> 鬼魂出現於鄭國境內，到處作祟，並且殺死了二名仇人，
> 弄得舉國惶惶。子產於是立伯有的兒子良止為大夫，以奉
> 祀伯有。伯有獲得了安撫，災害果然因而止息。有人問子
> 產這是什麼道理，子產便說：「鬼有所歸，乃不為屬。」

---

[2]　參見李豐楙，〈行瘟與送瘟──道教與民眾瘟疫觀的交流與分歧〉，收
　　入漢學研究中心編，《民間信仰與中國文化國際研討會論文集》（臺
　　北：漢學研究中心，1994），頁 373-422，見頁 380。

[3]這意思是說，人死之後成鬼，鬼有了歸宿，有了歸附的對象（一般而言，就是其子嗣），才不會為害於人。

不過，歷代以來，絕後者恐怕不在少數。因此，祭祀的責任往往會落到社會群體或是其主政者身上。

而他在史語所介紹自己時，也提到：

我最主要的研究領域和研究興趣有四：（一）宗教史（以巫祝傳統和道教為主），（二）疾病與醫療史，（三）文化史，（四）生活史。最近五年的研究工作，主要是以宗教史研究為主軸，所探討的課題包括：

（一）宗教發展與疾病、醫療文化之間的關聯。主要探討中國社會疾疫流行的情形和各個宗教對於這種社會危機的回應，及其醫療活動和醫療文化。

（二）巫覡與巫覡文化研究。主要的研究重點在於論述巫覡的生活、信仰、儀式和信徒，以及巫覡與佛、道二教之間的互動。此外，也論及當時巫覡文化的特質及其和政治權力之間的關係。

（三）厲鬼信仰。探討的重點在於中國的漢人社會（乃至各個宗教傳統）如何處理和對待非正常、非自然死亡的死者。

（四）道教研究。具體的研究成果集中於有關《太平經》的研究（主旨與性質、疾病觀念、神仙觀念等）。另外，

---

[3]　《左傳》，「昭公七年」，頁 763。

還探討道教與夢的關係；綜合評述近五十年來歐美和臺灣地區在「道教研究」上的成就和偏失。

總結來說，這些研究的主要目的在於開拓一些傳統史學較少關注的領域和課題。在研究方法和研究途徑上，則強調比較研究的重要性，著重社會與文化的整體性，並且援用歷史人類學的若干觀點，企圖為中國宗教史和文化史研究建構出一些參考性的理論架構。[4]

以如是之學術背景來研究本章主題，可謂手到擒來，小菜一碟而已！

再者，有關本書第十二章與第十三章內容，其實都是取材於謝聰輝教授收在其大作《追尋道法》的第十二章〈南臺灣和瘟送船儀式的傳承與其道法析論〉，現則改為本書的第十二章；其第八章〈臺灣道法二門道壇建醮文檢研究──以基隆廣遠壇乙酉年松山慈惠堂七朝醮典演法為例〉，現為本書的第十三章。

之所以挑選這兩篇，是因其撰述水準非常突出，雖是處在當代臺灣民眾道教儀式研究環境的過度氾濫重複性因襲中，他卻能別開生面又出類拔萃地將其整個流程層次分明的清楚描述。

由此可知，本書之所以納入謝聰輝教授的這兩篇論文，即其分別討論兩種有關當代民眾道教儀式的整個過程之出色論述，的確具有嚴謹學術性與精確出色地解說其流程與內涵意義，兩者都有其過人優點；並且又能將其儀式意義的根源及其操作慣習都一

4　林富士最新版的研究資料全文，請參考本書最後的「特別附錄」：〈林富士研究員聘期內（2001-2017）學術著作目錄及其研究展望〉的完整介紹。

一梳爬析論，而沒有落入泛泛之流的平庸羅列式宛如儀式節目單一樣的介紹，是值得再三參考細讀的精彩論著。

並且，若將此兩篇仔細閱讀之後，再親自到儀式活動現場去實際觀摩，則對於謝聰輝教授已在其大作中解說過的全部意義，便不難透徹了解。因此，謝教授堪稱繼劉枝萬先生前已豎立精緻描繪型的道教齋醮儀式調查報告之後，更具有現代性的一流書寫。換言之，他既專業又能文筆雄辯滔滔。所以，我們能夠清楚地看到謝教授在本書第十二章，對於〈南臺灣和瘟送船儀式的傳承與其道法析論〉一文的全面性深入論述。

他其實是結合著歷史文獻、道壇抄本與實際田野調查認知，來析論南臺灣和瘟送船儀式所傳承的道法體系，及其身體技法表演的功能特質，以充實臺灣道教作為「活傳統」的意涵。並且，謝教授的此文，除前言與結語外，共分三節：

在其第一節是以溯源的方法，整理相關歷史文獻中較早的和瘟送船習俗，並藉由經文的比對和考述，以驅瘟逐疫主辦者的私密性與公眾性作為問題意識。探討臺灣道壇禳災和瘟古抄本與《道法會元》中神霄遣瘟道法，以及閩南明清《送彩科儀》的關係，並探究其中所蘊藏的意涵，以見其所保存道法的可能來源與體系。

在其第二節則是討論有關臺灣清代和瘟送船抄本所傳承的送船情境和參與營造的各種角色職司，以及奉旨行瘟與解瘟的瘟神使者，被送回去繳旨地點的名稱內涵與象徵；並分析 1821 年屏東新園五朝王醮的文檢所反映的歷史意義與價值。

其第三節則以《關祝五雷神燈》、《宴祀天仙》、《和瘟押煞》與《禳災祭船》四項關鍵科儀，比較「臺南道」與「鳳山

道」兩大區域道法的異同，以及行法者身體技法表演的特質內涵。

至於第十三章，謝教授在其〈臺灣道法二門道壇建醮文檢研究——以基隆廣遠壇乙酉年松山慈惠堂七朝醮典演法為例〉一文的背景解說之詞，就是交代其：選定曾拜師並長期參與觀察的基隆廣遠壇為對象，主要蒐集乙酉年（2005）松山慈惠堂七朝慶成醮典科儀田野資料作為文本。其既是在傳統道法二門「五朝慶成清醮」的基礎下，又加上為瑤池金母祝壽科儀，所以不僅規模是道法二門醮典少見的，文檢種類與數量的運用也是謝教授調查該壇所見最齊全的一次。

因此，根據謝教授的觀點，他認為：除可與《莊林續道藏》中〈文檢卷四・陳氏文檢〉所列〈五天醮事表文關牒疏文〉，及其所載相關符、榜等文檢比對，重視其傳承的部分之外；還可就主壇的廣遠壇李游坤道長，因應實際需要所「新創」的文檢探究。

所以，他首先即重點地論述了慶成建醮的程序結構、道教科儀與文檢運用搭配的關係，並特輔以多種詳細表格，而希望能更細膩地呈現配合科儀道法的實際運用內涵。再析論上行的詞疏狀類文檢與下行的關牒符榜類文檢的體式功能，並以基隆廣遠壇製作的文檢體例格式為例，分析其道教「文檢」一詞意義中「內在的文」與「外在的檢」的內涵。

因前者即道教「文檢」的「內在的文」，其作用在於能分別以公文結構、文章風格、平闕格式、簽畫批朱與具職、印信、花押、文體、質材、字體等等探究；後者，則「文檢」的「外在的檢」，即是以：可漏、方函與摺角實封等分析其檢署規矩。希望盡量累積其相關起源與傳承跡證，能逐漸建構道教文書學的實際

內涵。

在之前，根據謝教授在其《追尋道法》的一書導論的最後，曾如此回顧：「作道教田野調查研究雖有許多收穫與樂趣，但相對也有許多諸如時空久遠，道法廣泛，不易考證；資料不足、時間匆促，不易深入；規矩頗多，完全獲得信任不易的困難，而常遭受到失敗與挫折的苦惱。因為道壇道士結婚生子和信眾伙居，平時生活與常人無異；但一旦牽涉到專業道法，他們即是一群非常人。」

他知道，像這些作為人鬼神中介儀式專家者的道長法師，得承擔科儀法事醮首齋主人等的虔誠委託，依據其所秘傳的道法建立壇場，請神召將，闡行相關度生度死的職能，希望所有的非常鬼魔邪煞威脅都能被驅除斷離，以達到合家合境平安、五穀豐登順遂的願望功能。

他藉著此一回顧，而更加了解：因為道士行業經法道術之傳授，深具神聖與私密性，非其族親或正式收錄為弟子者，不輕易教付。加以部分研究者與商人，不顧「道門傳承規矩」與「學術倫理」等諸問題，曾以「蒐購轉賣」、「強行公布」或「借而不還」方式破壞田野，因此後進者要取得道壇信任不易。

反之，謝教授卻是因其能與許多知名前輩學者皆採用正式拜師的方式入道，面對這些困難，他通常採「不急、等待」的心態。先經由熟悉的前輩、道士引見，再多親自觀看其儀式演行，送上自己的研究著作，讓其瞭解自己的研究態度與目的；遂能逐漸取得其信任，告知其相關科儀與文檢運用功訣內秘，並獲得其經文資料。

所以，謝教授近二十多年來，的確是本著他那誠懇實在的態

度與孜孜不倦的精神，才能在臺灣道教研究與實際田野調查上，得到許多師長貴人的幫忙；而這十年來，他更在科技部計畫的支持下進入福建田野調查，又得到更多的道長信眾信任協助。

再者，據謝教授在其《追尋道法》一書導論最後的自我表白，我們可以得悉：他平時至少一週得擔任八個鐘點以上的教學工作，能跑田野調查的時間就相對有限，加上許多主客觀的因素，失敗的經驗也不少。但他總是能本著「有志者，事竟成」的信念，期待「天道酬勤」，盡量解決所面對的困難。因此整體而言，成功考察的個案還是較多，遂能累積有非常可觀的成果與突破。

這就是他最珍貴的田野經驗心得，卻能無私地對本書讀者分享，值得為其喝采！

第十四章是第二部的壓軸之作，又是由本書的兩位主編之一張珣所長提出的：〈當代臺灣道士儀式市場中的新對手：略論宗教與文化創意產品下的神明公仔流行潮〉。

這是當代最前衛的人類研究主題之一，特別是對於當代臺灣道士儀式市場中的可能出現狀況，她先假設地提問：若當前臺灣社會的消費市場上，頗受此地大眾普遍喜好與逐漸被接受的新型現代宗教與文化創意產品下的神明公仔流行潮，有可能會成為當代臺灣道士儀式市場中的新對手？

而她後續推論邏輯並未採取武斷的決定論主張，因她接著即表示：這完全要取決於神明公仔的廣大喜愛者，是否會逐漸喪失其對的臺灣各類神明或鬼神的神聖性或恐懼感？正如每年的西洋流行的萬聖節來臨時，頓時在當代臺灣社會各地民眾也為之競相戴上各種造型的鬼臉面具並搭配適合的鬼妝飾，來自娛娛人，毫無真正遇鬼的莫大驚懼那樣。所以，她又接著說：這是值得我們

持續觀察的信仰變革現象，假若神明公仔的廣大喜愛者也將當代
臺灣道士在相關齋醮中的儀式佈置與身體姿態，當成娛樂片中的
有趣虛擬佈置來看，則職業道士的儀式市場，就一定要出現巨大
轉型，否則必日趨式微。

　　但是，她的此文的重點並非全文都在討論當代臺灣道士在儀
式上場的處境問題，而是討論什麼是「神明公仔」？為何有此消
費市場存在？

　　所以，她接著清楚說明：若我們能通過人類學對於「身體」
與「物」的理論來分析人與物的關係，並針對臺灣近年來的宗教
文化創意產品之一的神明公仔，其引起年輕人喜愛之原因進行討
論。則傳統神像以木、泥、陶、瓷、銅或石等物質為材料進行雕
塑，為何會引發信徒的崇敬與膜拜。

　　她特別舉例說明，當代臺灣的新型態消費市場上，近年來已
開發出以塑膠、樹脂纖維等材質，限量製造小巧可愛的神明公
仔，於是引發年輕世代族群的收藏與把玩一陣熱潮。但她卻又提
到：雖說宗教被世俗化了，卻也同時伴隨了商品被神聖化的現
象。這是值得繼續追蹤的現況主題發展研究對象。

四、

　　在本書第三部有關「現代研究典範學者的相關介紹」方
面，只納入兩篇最重要的，即第十五章，〈作為臺灣人類學宗教
研究的二位典範學者：劉枝萬和李亦園的研究特色及其方法學的
相關檢討〉。以及第十六章〈當代臺灣道教文化詮釋的典範學
者：李豐楙的研究特色及其方法學的相關檢討〉。

　　所以，第十五章，便是交由同為民族所資深的人類學家張珣來介紹，其對於該所的前輩著名道教學劉枝萬的研究特色及其方法學，並將其和其與李亦園的研究特色及其方法學的進行比較。

　　總結來說，張珣認為：介紹臺灣人類學界兩位前輩學者，劉枝萬與李亦園。出生於 1923 年的劉枝萬延續了日治時代流傳下來的全島性宗教寺廟庵堂普查方法，繼而轉入道教建醮儀式的調查，獨沽一味，針對道教派別與從業人員的分類，以及道教儀式的細膩描述。其方法學是依照日本民俗學的作法將調查對象鉅細靡遺地描述以便完整保留。

　　相對地，李亦園在戰後從福建到臺灣學習人類學，從臺灣原住民宗教研究轉入漢人宗教研究因而重視代表整體漢人文化的民間信仰，其研究特色是採取宗教人類學理論來涵蓋性地檢視漢人宇宙觀與民間信仰包括祖先崇拜，風水信仰等的關係。其方法學是採取歐美人類學的田野調查法，具有重點性與選擇性的深入觀察。

　　讀者須知，在本書第五章中，張珣已有更詳盡的解說，所以此處就不多做重複說明。

　　至於本書的第十六章，則是交由李豐楙教授門下最優秀之一的張超然博士來撰寫。張超然博士寫來得心應手，精確無比的介紹其師的最得意與最擅長的，在道教的學術研究上，橫跨文學、文化與宗教等領域，其研究方法綜合使用歷史、文獻與實地調查等，又強調親自「實踐」，以求掌握道教的文化底蘊。這種研究態度與方法貫串他所投入的學術領域。

　　所以他試從道教文學、文化思維、道教教義與實踐、中國宗教中的道教等方面，評介其研究方法與特色。

　　但是，他先提到：「李豐楙，是政治大學中國文學研究所博士，現任政治大學講座教授、中央研究院中國文哲研究所合聘研究員。上個世紀七○年代，國際道教研究方興未艾，當時正攻讀博士學位（1974-1978）的李豐楙將其研究領域由文學批評轉向道教，不僅從此踏上與傳統中國文學研究不甚相同的道路，同時開創了臺灣道教學術的新領域。時至今日，臺灣幾所擁有宗教相關系所的公私立大學多由他的學生負責道教課程，而他個人則投入政治大學宗教研究所的華人宗教、道教與民間教派等課程，並於近期成立『華人宗教研究中心』」。

　　之後，他即接著指出：其師李豐楙教授的學術研究橫跨文學、文化、宗教諸多領域，但他不以學術工作者自限，多強調具體的實踐，諸如早年轉向道教研究，隨即從事當代道教調查並拜師學藝；[5]少年起即持續的武術習練與內丹修持，亦多反映在其內丹研究；而近年展開的道教文物收藏整理與出版，將為區域道教與物質文化研究提供豐富素材。因此如須概述其研究特色，可以如此描述：即「設身處地」回到研究對象所處的歷史文化脈絡，甚至通過親自參與的方式，儘可能掌握其中的文化底蘊，最終又能通過微觀研究成果，得出具有涵蓋範圍的結構性觀點。

　　上述的介紹，堪稱是最簡明的精確描述了，不愧是大手筆！也同樣適合作為本導論的最美好結語。

5　謝聰輝，〈度己與度人：訪道教園丁李豐楙教授〉，《臺灣宗教學會通訊》第 6 期（2000），頁 118。

第一部

相關研究方法學與
實際田野經驗的交互辯證

第一章
關於撰述當代《臺灣道教史》的
詮釋建構試探：
兼論臺灣本土世業道壇與道法傳承譜系的
相關研究突破問題

謝聰輝

臺灣師範大學國文系教授

一、關鍵問題的提出：
當代臺灣道教史該如何建構？

　　大陸的傳統道教，自明末清初開始陸續地隨著移民傳入臺灣，除了形成在地化的特色外，仍然堅韌地傳承古來閩、粵正一派的道壇道法傳統。其職能即擔任專門的宗教禮儀師，為信眾個人、家族與社會群體濟生度死，並與其族群形成一種彼此相互依存的紐帶關係，這是二次世界大戰前臺灣道教的主要型態。

　　二戰後，隨著國民黨撤退來臺，第六十三代張天師、丹道修煉者與福州禪和派等等相關道教團體接著移入，為臺灣的道教生態與發展增添了更豐富的新頁。但，這一至少超過三百五十多年

（1662-2013）來的「臺灣道教發展歷史」，卻至今仍未有一部具貫串全程性並具有體例周延的嚴謹性當代《臺灣道教史》問世；甚至迄今學界也未有任何專論，能提供對此一課題——相對來說，較為理想的——相關歷史詮釋建構概念，以供有志撰史者的方便參考。

　　因而，究竟一部理想的當代《臺灣道教史》該如何詮釋建構？其核心的體系架構概念與具體涵蓋的面向為何？該如何去選擇史料文獻與學者研究成果？目前哪些具有突破性的例證可供參考？基於當代研究上和相關教學的必要性，都促使本文的論述無法不去面對。

　　此外，筆者也並非意在提出最具理想性或最無懈可擊的周延性詮釋概念，而是嘗試以拋磚引玉的論述思維，在以下各節分別討論：本文對於既有研究成果的重點檢視與相關問題意識的形成；臺灣本土世業道壇道法傳承譜系的新探與突破；藉道法源流考證：以建構閩臺道教史傳承體系。這三大要項，以為未來有志於撰寫當代《臺灣道教史》者所需觸及的相關詮釋建構工程，略盡一己的棉薄心力，並藉以就教當代的各類型道教史研究專家。

二、本文對於既有研究成果的重點檢視與相關問題意識的形成

　　正一派道士在臺灣主要分為主行吉慶醮事的「道法二門」，與烏紅齋醮兼行的「靈寶道壇」二者。由於保存傳續完整，歷來被相關領域研究者所重視，公認是道教道壇、科儀歷史上的「活傳統」，所以吸引許多中外學者紛紛投入探究，累積的學術成果

頗為豐富。以下不討論個別齋醮科儀道法的調查研究，而著重貫
串二次戰前戰後道壇傳承譜系與道法源流考證的成果分析，並兼
敘戰後張天師來臺的發展歷史研究，以及丹道修煉團體傳承的研
究成果，以呈現本文相關問題意識。

（一）道壇傳承譜系研究

　　在道壇傳承譜系研究方面：重要代表者：北部有：蘇海涵
（Michael R. Saso, 1978）以新竹地區為主，將其所獲得的莊、
林、陳與吳四家道壇資料，出版為《莊林續道藏》二十五冊，並
整理莊陳登雲（1911-1976）等人相關傳承譜系。劉枝萬
（1983）以道法傳承為主提出「劉厝派」與「林厝派」。勞格文
（John Lagerway, 1996、1998）整理臺灣北部正一派道士譜系與
溯源探究。李游坤（2010）則凸顯自家為「李厝派」（亦屬傳承
「林厝派」）。中部有：林聖智（1993）處理鹿港地區部分道壇
的傳承。李豐楙（1994、2000、2001）探究「客仔師」（紅頭
司）與客家移民社會的關係，和海線、山線道士的淵源譜系。南
部臺南地區：丁煌（1990）著重曾、陳兩世業道壇的源流傳承發
展探討。高雄地區：張譽薰（2002）討論了大寮鄉西公厝自己家
族道士團的傳承譜系與齋法。

（二）道壇道法源流考證

　　在道壇道法源流考證方面，蘇海涵（Michael R. Saso,
1978）以新竹地區道壇資料，考證神霄派的歷史及其道法傳承關
係。大淵忍爾（1983）與施舟人（Kristofer Schipper, 1981、
1994）都曾因拜師或交往而蒐集豐富的道壇資料，對臺灣陳聘、

陳榮盛父子道法有深入的研究；施舟人並譯注受籙憑證的「仙
簡」和相關文書，上溯「籙」的歷史傳承與內涵意義。田仲一成
（1989）探討福建漳州乾隆海澄縣本《送彩科儀》與現存臺灣相
關抄本的關係，並拿《莊林續道藏》本進行比對，指出「基本上
是同一儀禮系統的繼承」。安保羅（Paul Anderson, 1990）則細
緻分析步罡，從經典到田野所見豐富的象徵。康豹（Paul R.
Katz, 1997、2002）考證和瘟科儀道法的來源，並從地方史的歷
史脈絡，企圖重建東港的王爺祭典與當地社會的關係；另對溫元
帥信仰的探究，則透過浙江田野的調查來做相關溯源比較。

　　李豐楙（2008、2009、2011）在王醮與瘟疫的關係研究上，
不僅上溯至天行使者、道教瘟神的來源，王府儀禮與古代巡狩的
傳承與變用，也比較其他地區代巡型態的儀式性跨境；而在道壇
道與法的關係上，則以「複合」的角度，析論中北部道法二門道
壇如何合作與兼備運用。呂錘寬（1994）則致力於道教科儀音樂
與北管、南音的關係研究。丸山宏（2004、2011、2012）細心於
臺南道法的考證與奏職文書的來源討論，並親自前往大英圖書館
抄錄福建漳州海澄縣道教科儀手抄本，深究其特徵及其研究上的
價值。李玉昆（1999）初步論述了閩臺的王爺信仰的傳承關係。
淺野春二（2005）則著重科儀與供物的仔細記錄與典故源流的探
討。松本浩一（2001、2008）探究臺灣臺南部分法師的傳承，以
及中元普度的道法傳統。林振源（2007、2011）更以自家為北部
林厝派的祖壇方便，努力科儀道法溯源與比對閩南客家地區的道
教儀式。山田明廣（2008、2011）則做高雄、屏東靈寶道法的調
查研究，並比較其與臺南區域之不同。

（三）二戰後張天師來臺影響與丹道修煉歷史研究

在張天師來臺的發展與影響研究，代表學者如王見川（2002、2013）致力於蒐集張天師的資料與研究，並評論兩代張天師與臺灣的關係、從道記司到「中華民國道教會」，以及其與道廟、民間宗教的關係。李麗涼（2012）則以六十三代天師張恩溥（1894-1969）為主軸，探討其與臺灣道教的關係，希望考察1949-1969 臺灣道教的部分實態。而在戰後臺灣丹道團體的發展與歷史傳承研究，李豐楙（2008、2010）著重於丹道修煉的傳承與現代化問題，以及陳攖寧（1880-1969）仙學體系與天帝教創辦人李玉階（1990-1994）丹道傳承的比較研究。蕭進銘（2009）則以陳敦甫（1896-1993）一系為核心，鑽研於全真道龍門宗伍柳法脈在臺傳承的調查研究。

（四）問題意識的形成

以上前人相關研究成果回顧，在道壇源流譜系方面，具現了兩方面的不足：一是大多梳理民國初以後的世系，沒有整個清代道壇傳承譜系的具體研究個案，可以確實補證清初以迄今日的歷史傳承脈絡。二是第一手史料證據仍然有待補充，如道壇中的相關祖譜、祖龕神主、日據時代戶籍資料，以及科儀手抄本等的蒐集與考證。另在道壇道法源流論述方面，大多能實際記錄道法演行的田野實況，並利用道壇內部抄本資料，往上作科儀經典歷史貫時性的溯源考證；但較缺少與道法傳承主要來源閩南地區做比較研究，而這正是在道壇道法詮釋建構必須走的研究徑路。

三、臺灣本土世業道壇道法傳承

（一）譜系的新探與突破

　　臺灣道教史的詮釋建構，必須結合多面向的研究成果累積，筆者最近五、六年來，學術座標即以南臺灣靈寶道壇道法為經，與福建泉州道法關係為緯，跨入閩南與南臺灣道壇道法傳承與轉變研究。雖然發現此一研究考察實際進行時遭遇不少困難，但確是一正確且須持續去做的工作，目前筆者在此相關區域的道壇歷史與道法源流中，累積一些新的研究個案與突破成果（謝聰輝，2009、2013），也許能對臺灣道教史體系性的傳承譜系詮釋建構提供具體參考例證。

（二）一個三百年世業道壇傳承譜系新史證的提出

　　目前對於臺灣正一派靈寶道壇的研究成果，大多著重於「臺南道」，而清屬南路「鳳山道」仍相對不足。經過筆者多年田野調查發現，此區域的老道壇，大多指稱其祖先曾受教或交往過一大人宮（今屬高雄市小港區）翁姓道壇；且核對這些老道壇目前仍保存著部分清雍正、乾隆以降古科儀抄本，的確留有一些翁姓抄手所落款題署的文字。而由於大人宮《翁家族譜》的出現與翁家道壇古抄本的陸續蒐集，加以藉助大陸安溪、嘉義義竹等翁姓祖譜，與能找到的相關翁家神主牌、日據時代戶籍，以及所有相關抄本的時間、款識和鈐記的考證；再結合泉州與臺灣的田野調查，相關的歷史文獻資料探究，和其他十幾個相關道壇抄本的詳細比對考證。讓我們可以確知至少在 270 年前，在大人宮一帶就

有一祖籍來自舊泉州安溪縣依仁里科坂村（今屬龍門鎮）的翁姓家族道壇存在。

　　淵源自福建泉州傳統的翁家道壇道法，若定翁定獎為來臺祖源的話，其在翁家內部血緣關係後嗣間，至少可建構八代的主脈傳承譜系：1 翁定獎（1693-?）－2 翁爾蓉（翁定獎大哥翁錦之長子）－3 翁宗庇（次子）、翁元達、翁敔通－4 翁仁山（長子）－5 翁玉振（?-1868）、翁百寬（1841-?）－6 翁朝慶（1843-1917，長子）、翁天送（1868-1944）－7 翁癸本（1909-1956）－8 翁國榮（1931-1994，將所有抄本借出者。）而以目前發現的一百六十多本原屬翁家的抄本資料，其翁姓抄手有清楚款識者：最早的是清雍正 2 年（1724）季秋，抄手署名為翁定獎（1693-?，翁思甫六子翁倡）；最晚的是日據昭和庚辰年（1940）9 月翁癸本（1909-1956）。分析其抄本內容用途，涵蓋道教清醮、慶成、傳度、王醮與功德齋醮科儀，以及「三元法教」用於生命禮儀中解除儀式的相關經典與文檢，具顯正一派靈寶道壇的屬性，以及道、法二門兼備的實質特色。

（三）清中葉以來高雄靈寶道壇傳承譜系重建的可能

　　道法不可不傳，但須擇人慎傳、依法秘傳，一直是自古以來道教內部經法傳授所遵循的戒律。從翁家抄本中「非翁姓抄手」資料的考證，證實在翁定獎時代已開始將道法外傳給他姓弟子，而最明確將道法繼續外傳，非道法傳承的第六代翁朝慶莫屬。考察翁朝慶將翁家道法外傳的機緣，顯示出信而有徵的兩種模式：一是紅毛港蘇家因聯姻而獲得傳授道法；二是大林蒲吳列（1876-1928）因拜進翁門而使得道法更加精進。翁家雖不是清

代鳳山縣道法唯一的來源，但卻是目前發現最重要的來源，蘇家
與吳家更是此一傳承譜系的兩大主要脈絡，相關老道壇也大多與
他們有關係。

　　其中 150 年前蘇後（?-1886）娶進了翁朝慶妹妹翁成（1846-
1912）的聯姻關係，遂開啟了翁家道法傳授蘇家的契機，傳承至
今六代中已出了五位道長；其中身為大舅父的翁朝慶，應是其外
甥蘇瑞（1866-1912）與蘇電（1880-1938）兩道長道法的主要來
源。另從蘇瑞又抄錄鳳山王建運（1841-?）的血湖文檢，與留存
於蘇家的王建運抄本多蓋有蘇電鈐記來看，應是透過拜師或友好
的交往關係而獲得。而田野訪問常聽到「大林蒲底」的說法，表
示吳家是重要的道法來源者，至今傳繼了五代，出了四位知名的
道長。考論其道法源流，發現其乃融合家傳特色與拜師外求而不
斷精實：其第二代的吳友（1851-1903）就與翁、呂、洪三家有
關係，而第三代吳列師承翁朝慶，更建構充實了「大林蒲底」道
法豐富的內涵，翁家道法也藉由吳列再廣傳到相關道壇，讓翁家
道法發揮了相當重要的影響力。

（四）翁家道壇資料所具顯的臺灣道教史意義

　　臺灣的王爺信仰是從大陸傳播過來的，其途徑有二：一是通
過送王船傳播，二是請香火分爐。（李玉昆，1999）在臺灣南部
沿海王醮盛行的區域，尚保存宋、元家庭私密性治病用途的神霄
遣瘟送船經文，傳承明、清地方公眾性禳災用途的和瘟送彩科
儀，除有共同的大傳統部分外，並各自表現其自己道法的內涵特
色與歷史意義。（謝聰輝，2014）

　　雖早期的史志即有不少王醮行事的記載，正一派泉州籍靈寶

道士專擅禳災驅瘟的道法專長令人印象深刻；但相關研究卻似乎從未能指明舉行王醮的確實地點與宮廟名稱，以及實際的負責演法道壇。然經考察證明 1764 年正式刊行的《重修鳳山縣志》中的王醮史料，其實際的舉辦者應即是 1747 年建立的大人宮鳳儀宮；而敷行禳災科法的道壇，極有可能就是住在附近著名的翁定獎應會壇或其家傳後人。

再者，早期史志所記錄王醮規模，多僅為二至三天；但保存於翁家相關道壇中的文檢資料顯示，至少在 1821 年以前，清屬鳳山縣新園街一帶（清乾隆年間創建於古東港鹽埔的東隆宮），已舉行過五朝規模的王醮科儀，且與今日所見該區域所舉行的五朝王醮科事大同小異。而為什麼在道光辛巳年（元年，1821）會舉行盛大的驅瘟王醮，其所具顯的歷史背景即是當年閩臺瘟疫的大流行。

另外，翁家抄本中引人矚目的，還有筆者於翁定獎抄本中發現一件〈無上十廻大齋〉齋儀疏文手稿，記載原籍福建省泉州府南安縣十二都前卿鄉（按《南安縣志》十二都有「前街鄉」，鄰近今詩山鎮一帶）之余姓齋主，為其亡父余劍（1692-1736）、亡母劉腰娘（1701-1736）舉行兩天道教齋儀功德儀式內容，是珍貴的臺灣道教與移民信仰關係史料。

四、藉道法源流考證：
以建構閩臺道教史傳承體系

大人宮翁家道壇抄本所留下的最早署名者翁定獎，其抄本題記款識中，常出現「集」、「重抄」、「重集」、「重錄」、

「傳籙」與「暫用」、「權用」等用語，可知其原有所本、有所源與有所據。又翁家所保存的傳度奏職文檢，按照可考的翁家道法第五代翁百寬（1841-?）所抄錄的有三部分：第一部分是署名為《安籙附安石獅全科》，其所附的〈意文〉中即出現了「福建泉州府南安縣」的地名，和「托憑道（或化）士代香遠叩福地龍虎山五十五代天師老祖」的時間，以及言「經籙寄閣」的不同經籙種類、名稱與負責官署將帥。第二部分是傳授《太上正乙盟威修真玉經》（外函〈三天誥命籙職〉）的〈疏意〉，與六件「進職盟威職籙」（時間內書「同治」）文檢。第三部分則抄錄署名「漢五十七代天師張真人告行」的〈新臨籙士帖〉，以及五件今通用於刀梯奏職的公牒。此三部分奏職文檢所載的科儀內容與所傳度的經籙名稱，可提供我們進一步考察臺灣鳳山道奏職授籙道脈法源的傳承、複合與變化的情形，對閩臺道教史關係研究具有重要的價值。（謝聰輝，2011、2012、2013）

（一）正一經籙新史料的發掘與其授籙儀式
　　相關名稱的考證

　　目前臺灣道教傳統奏職儀式調查與道壇保存的老抄本所見，並沒有實質整宗正一經籙的傳授，而是採用其他籙牒或三元閭山公牒代替。除丁煌論文所披露的六十三代天師《正一大黃預修延壽經籙》珍貴資料外，正一道籙的名稱常被保存於相關抄本文檢中。筆者藉由南安、江西、湖南與天師府的經籙資料與相關科儀抄本，將目前所掌握的臺灣三五都功與正一盟威經籙名稱，加以重新辨識分類與釐清定位，補充了閩南道教史關係部分缺佚。

　　考察翁家保存的《安籙・意文》的地名、時間和「經籙寄

閣」資料意涵，忠實地反映了五十五代張錫麟天師在位時期
（1715-1727），福建泉州府南安縣曾以「代香遠叩」的方式，
作為進昇正一盟威經籙籙職的傳統（適值翁定獎受籙期間）。再
由廈門白玉荷（1798-?）所抄錄，臺南曾演教（1814-1866）於
1848 年再傳，阿公店街（今高雄岡山）弟子吳玉典（1818-?）
再重錄的《清微靈寶神霄補職玉格大全》中，出現的南安碼頭鎮
坑內村坑口「賣籙」的記載；除透露白玉荷抄錄的道法地點資料
外，也連接了自明初即有的福建賣籙傳統。並且藉由南安傳承的
完整封籙抄本，與翁家的六件「進職盟威職籙」牒文比較，證實
不論經籙名稱、上詣的神宮真君和所屬仙曹官署都十分一致，為
南臺灣「鳳山道」淵源，以及其與泉州北部道法關係新增了證
據，可論斷他們或是有共同淵源，不然就是有實質的傳承關係。

（二）翁家清初授籙文檢已見道法複合登刀梯儀式

　　根據目前僅見於翁家內部所傳承的科儀抄本，除所反映的五
十五代天師在位時（1715-1727）泉州南安授籙的地方傳統；而
曾用於清同治年間（1862-1874）傳授的《太上正乙盟威修真玉
經》的〈疏意〉文字，更記載了一天「刀梯奏職」的法事程序及
之後「安籙」的事宜，具顯奏職文檢中已見到複合「登刀梯」的
儀式內容，在清乾隆時間已在泉州府南安縣出現。另翁百寬所抄
錄的第三部分奏職文檢，曾經運用於實際的奏職授籙儀式中（地
名標福建）。此清楚表示其運用廬山（或閭山）法教登刀梯奏職
所使用的相關十一或十二道公牒，至少在五十七代天師在位年間
（1766-1779），已在泉州或臺灣鳳山縣地區傳承使用。而此一
具有法教特質的奏職公牒，其在福建泉州大傳統下，目前高屏地

區有三個傳承系統：翁百寬本、吳列本與蔡明賢（1916-1969）
本。雖其數量、名稱、排列順序與內容有些微差異，但可與葉明
生（1995）在「永福」所發現的閭山派傳度「十二公牒」作深入
的比較研究，以釐清正一派泉州靈寶道壇道法譜系與福建閭山派
相互複合運用的關係。

（三）秘傳《道教源流》淵源於福建泉州道法體系

考察流傳於南臺灣「臺南道」與「鳳山道」正一派靈寶道壇
中的《道教源流》重要抄本，可知此類似「道教綜合百科全書」
的秘傳知識，正淵源於福建泉州道法體系；其乃經歷從元中期到
明前期陸續結集成書，並多有抄錄江南流傳的道經以建構其內
容。此類南臺灣作為道壇秘傳知識體系的重要雜傳類書，除保留
相當多珍貴的內部道法史料可供作歷史源流考證外，也可以與今
日閩臺地區所傳承的科儀比較，以瞭解其實際運用的情形，印證
其作為活傳統的具體內涵。其中筆者蒐集運用的鳳山道抄本資
料，經初步的比對探究後，可看出其與泉州南安北部區域有相當
密切的關係，且具顯出「清微靈寶」與「三元教」道法的特色。

五、結語

臺灣道教史的詮釋建構是一個非常重要的課題，其理想的體
系架構概念與具體涵蓋的面向，有待更多的專家學者共同參與貢
獻智慧，而一部完整的《臺灣道教史》要問世，也須更多豐富的
史料與研究成果累積。臺灣道教史的詮釋建構要注意其主體性，
但就世業道壇道法傳承譜系的研究上，則也要放在閩臺道教史源

流演變上思考，以真實呈現其歷史發展與道法區域特色。

目前筆者在臺灣南部靈寶道壇與泉州道法的關係研究若有所突破，則其應具顯在臺灣道教史詮釋建構的意義有三：一是提供了臺灣正一派世業道士研究的新史證，二是重建了清初以來高屏靈寶道法部分的傳承譜系，三是填補閩臺道教史關係研究上的一些重要缺環。期待更多新史料的發掘呈現與考證研究，以早日建構臺灣道教史的體系與風貌。

引用書目

丁煌：〈臺南世業道士陳、曾二家初探——以其家世、傳衍及文物散佚為主題略論〉，《道教學探索》第 3 號，臺南市：成大歷史系，1990，頁 283-357。

丁煌：〈《正一大黃預修延壽經籙》初研〉連載於《道教學探索》第 8 號（1994.12）、第 9 號（1995.12）和第 10 號（1997.9）。

大淵忍爾編著：《中國人の之宗教儀禮：佛教道教民間信仰》，東京：福武書店，1983。

丸山宏：《道教儀禮文書の歷史的研究》，東京：汲古書院。2004。

丸山宏：〈道教傳度奏職儀式比較研究——以臺灣南部的奏職文檢為中心〉，譚偉倫主編，《宗教與中國社會研究叢書（十四）：中國地方宗教儀式論集》，香港中文大學崇基學院宗教與中國社會研究中心，2011，頁 637-658。

丸山宏：〈大英圖書館所藏福建漳州海澄縣道教科儀手抄本（Or.12693）初探〉，「正一與地方道教儀式」研討會，2012 年 9 月 22-23 日，金門。

王見川：《張天師之研究：以龍虎山一系為考察中心》，2002 年中正大學歷史研究所博論。

王見川：〈臺灣道教素描〉，《臺灣宗教閱覽》，臺北：博揚文化事業公

司，2002，頁 32-44。

王見川、高萬桑主編：《近代張天師史料彙編》，臺北：國史館，2012。

山田明廣：《道教齋儀の研究》，2008 年關西大學中國文學研究所博士論文。

山田明廣：〈臺湾道教のとその水死者救濟儀礼文書〉，《關西大學東西學術研究所紀要》45，2012。

田仲一成：《中國鄉村祭祀研究：地方劇の環境》，東京：東洋文化研究所，1989。

安保羅（Anderson, Poul）："The Practice of Bugang." *Cahiers d'Extrême-Asie* 5, 1990, pp.15-53.

李玉昆：〈略論閩臺的王爺信仰〉，《世界宗教研究》4 期，1999，頁119-127。

李豐楙：〈臺灣中部「客仔師」與客家移民社會：一個宗教、民俗史的考察〉，宋光宇編，《臺灣經驗‧二‧社會文化篇》，臺北：東大圖書，1994，頁 121-158。

李豐楙：〈中部山線道士行業圈：陳、李兩個道壇的合作與傳承〉，鄭志明主編，《道教文化的精華》，嘉義：南華大學宗教文化研究中心，2000，頁 159-203。

李豐楙：〈鹿港施姓道壇與泉籍聚落〉，《臺灣文獻》52 卷 2 期，2001，頁 11-28。

李豐楙：〈丹道與科學、政治：戰後臺灣丹道的現代化〉，《中正大學中文學術年刊》11 期，2008，頁 1-30。

李豐楙：〈巡狩：一種禮儀實踐的宣示儀式〉，《臺灣民間宗教信仰與文學學術研討會論文集》，李進益，簡東源主編，花蓮：花蓮教育大學民間文學所，勝安宮管委會，2008，頁 5-36。

李豐楙：〈王船、船畫、九皇船：代巡三型的儀式性跨境〉，收錄於《空間與文化場域：空間之意象、實踐與社會的生產》，臺北市：漢學研究中心，2009，頁 245-298。

李豐楙：〈仙學獨立與宗教新境：1949 年以前陳攖寧與李玉階的開放之路〉，《跨界想像與文化書寫──近代文人生活的道與藝》，王璦

　　　　玲主編，臺北：中央研究院中國文哲研究所，2010。

李豐楙：〈臺灣中、北部的道、法複合〉，《宗教與中國社會研究叢書
　　　　（十四）：中國地方宗教儀式論集》，2011，頁 147-180。

李游坤：《臺灣基隆廣遠壇傳承與演變研究》，2010 年輔仁大學宗教系碩
　　　　論。

呂錘寬：《道教儀式與音樂》，臺北：學藝出版社，1994。

松本浩一：《中国の咒術》，東京：大修館書店，2001。

松本浩一：〈中元節的產生與普度的變遷〉，《民俗與文化》5 期，
　　　　2008，頁 1-24。

林聖智：〈鹿港的道士與威靈廟普渡科儀調查報告〉，余光弘編，《鹿港
　　　　暑期人類學田野工作教室論文集》，臺北：中央研究院民族學研究
　　　　所，1993，頁 109-125。

林振源：〈閩南客家地區的道教儀式：三朝醮個案〉，《民俗曲藝》158
　　　　期，2007，頁 197-253。

林振源：〈福建詔安的道教傳統與儀式分類〉，《宗教與中國社會研究叢
　　　　書（十四）：中國地方宗教儀式論集》，2011，頁 301-324。

施舟人（Schipper, Kristofer）著、福井重雅譯：〈都功の職能の關する二、
　　　　三の考察〉，酒井忠夫主編，《道教の總合的研究》，東京：圖書
　　　　刊行會，1981。

施舟人（Schipper, Kristofer）著、Karen C. Duval 譯：《The Taoist Body》，
　　　　臺北：南天書局，1994。

淺野春二：《臺灣における道教儀禮の研究》，東京：笠間書院，2005。

康豹（Katz, Paul R.）：《臺灣的王爺信仰》，臺北：商鼎文化出版社，
　　　　1997。

康豹：〈道教與地方信仰——以溫元帥信仰為個例〉，《臺灣宗教研究通
　　　　訊》4 期，2002，頁 1-30。

康豹：〈臺灣王爺信仰研究的回顧與展望〉，臺北：博揚文化事業公司，
　　　　2009。

張譽薰：《道教「午夜」拔度儀式之研究——以高雄縣大寮鄉西公厝道士
　　　　團為例》，2002 年南華大學生死學所碩論。

勞格文（Lagerwey, John）著、許麗玲譯：〈臺灣北部正一派道士譜系〉，
　　《民俗曲藝》103 期，1996，頁 31-48。〈臺灣北部正一派道士譜系
　　（續篇）〉，《民俗曲藝》114 期，1998，頁 83-98。

葉明生：〈閩西南道教閭山派傳度中心永福探秘〉，《民俗曲藝》94/95
　　期，1995，頁 165-206。

劉枝萬：《臺灣民間信仰論集》，臺北：聯經出版事業公司，1995。

謝聰輝：〈大人宮翁家族譜與道壇源流考述〉，《臺灣史研究》16 卷 2
　　期，臺北：中央研究院臺灣史研究所，2009，頁 205-258。

謝聰輝：〈受籙與驅邪：以臺灣「鳳山道」奏職文檢為中心〉，*Exorcism
　　in Taoism: A Berlin Symposium*, Edited by Florian C. Reiter,
　　Harrassowitz Verlag・Wiesbaden, 2011.1，頁 213-230。

謝聰輝：〈道壇秘傳知識體系研究：以南臺灣《道教源流》傳承為例〉，
　　Affiliation and Transmission in Taoism: A Berlin Symposium, Edited by
　　Florian C. Reiter, Harrassowitz Verlag・Wiesbaden, 2012.9，頁 277-
　　292。

謝聰輝：〈正一經籙初探：以臺灣與南安所見為主〉，《道教研究學報》
　　第 5 期，2013，頁 143-189。

謝聰輝：〈大人宮翁家道法外傳及其相關道壇考述〉，收錄於《十九世紀
　　以來中國地方道教的變遷》，香港：香港三聯書店，2013，頁 71-
　　132。

謝聰輝：〈南臺灣和瘟送船儀式的傳承及其道法析論〉，《民俗曲藝》184
　　期（2014.6），頁 9-57。

蕭進銘：〈全真道龍門宗伍柳法脈在臺傳承的調查研究——以陳敦甫一系
　　為核心〉，《道教研究學報：宗教、歷史與社會》1 期，香港：香
　　港中文大學出版社，2009，頁 239-280。

蘇海涵（Saso, Michael R.）著：《*The Teachings of Taoist Master Chuang*》，
　　臺北：南天書局，1978。

附圖一：翁定獎（1693-?）抄本中的款識、鈐印與祖籍資料

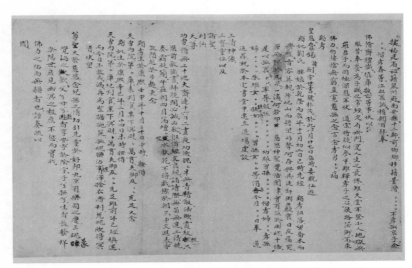

附圖二：1736 年所撰寫的道教齋儀疏文草稿留下珍貴的
移民與科儀史料

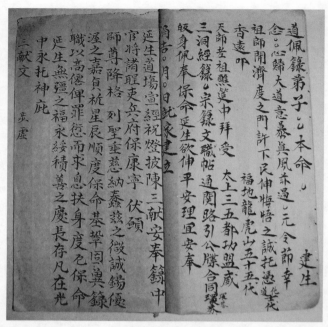

附圖三：翁百寬（1841-?）抄錄的《安籙‧意文》出現了「托憑道
　　　　（或化）士代香遠叩福地龍虎山五十五代天師老祖」史證

第二章
追尋道法導論：
從臺灣到福建道壇調查與研究

謝聰輝
臺灣師範大學國文系教授

一、研究義界與主題內涵

　　本書書名主標題定為「追尋道法」是有特別意義的，因為自從 1994 年考上了博士班，開始真正接觸道教：閱讀了道經，走入了田野，拜進了道門，爬過了刀梯，慢慢寫出一些論文；這二十幾年來，不論是道教的歷史經典、祖師傳記、文學藝術或田野調查實務研究，「追尋道法」已經成了一套方法、一種堅持與一份使命。雖隨著時間遞嬗，研究主題因為興趣、教學與機緣而有所偏重；但以追尋「道壇道法」的來源與運用為核心主題，探究其「傳承與轉變」的內涵意義為目的這部分，一直沒有中斷過實際的參與與見證。副標題「從臺灣到福建道壇調查與研究」，則限以道壇內部明清道法抄本所見，明確指明了本書所收錄的論文主要的研究地理區域，以及道法溯源考察與現有傳承保存的調查

記錄。其中「臺灣」部分，主要討論的是正一派[1]「道法二門」
與「靈寶道壇」兩部分，並未涵蓋所有教派道法傳統；而「福
建」部分，也僅是這八年來筆者調查的閩南泉州府與閩中延平府
大田、永安與尤溪三個縣域。[2]

　　本書研究的基隆廣遠壇即是主行吉慶紅事的「道法二門道
壇」，據調查淵源於漳州及鄰近廣東的詔安、平和等縣發展而

1　正一派是在天師道長期發展的基礎上，以江西龍虎山宗壇授籙為中心，
　　兼攝各符籙宗派所組成，與全真派成為明、清政府承認的兩大道教派
　　別。正史上稱「正一道」：《元史・列傳第八十九釋老》記載，元成宗
　　大德八年（1304），以三十八代天師張與材為「正一教主，主領三山符
　　籙。」明・錢穀（1508-1578）撰《吳都文粹續集》卷二十八所收〈玉
　　芝記〉，亦自題為「嗣漢三十八代天師正一教主太素凝神廣道明德大真
　　人主鎮三山符籙領江南諸路道教所事金紫光祿大夫留國公張與材記」，
　　從此龍虎山正一宗壇成為江南符籙諸派的共主，掌管三山符籙授予的執
　　行祖庭。此「三山符籙」，據南宋初寧全真授、王契真編纂的《上清靈
　　寶大法》卷二十七言：「金陵之三茅山，大洞宗壇也；臨江之閤阜山，
　　靈寶宗壇也；信州之龍虎山，正一宗壇也。」故《明史・志五十》中
　　〈職官三・僧道錄司〉只承認：「道凡二等：曰全真，曰正一。設官不
　　給俸，隸禮部。」其又寫作「正乙派」：《藏外道書》第二十冊《白雲
　　觀志》卷三〈諸真宗派總簿〉中有「第三七天師真人正乙派」，按其所
　　記錄的派詩，即為龍虎山正一道授籙的道號輩分系統，亦即臺灣正一派
　　所傳承的道脈譜系。而有關臺灣正一派道壇的義界特質，除在各章中會
　　觸及外，筆者與吳永猛教授合著的《臺灣民間信仰儀式・續論篇》（新
　　北市：空中大學，2011.6）也有專節討論，此處不再重述。
2　本書中「閩中」與「泉州」的義界，限以道壇內部明清道法抄本所見的
　　「延平府」與「泉州府」轄屬縣市為判準，即按《明史》卷四十五〈志
　　第二十一・地理六〉所記明洪武元年（1368）所置的「延平府」，其下
　　轄領：南平、將樂、沙、尤溪、順昌、永安、大田七縣；「泉州府」轄
　　領：晉江、南安、同安、惠安、安溪、永春、德化七縣為範圍。

成，即指修行道教「正一派」及法教「三奶派」（陳靖姑、林九娘、李三娘）道法的道壇道士。[3] 此一派別未曾傳承薦亡送葬的齋科儀書，只行吉事而不作新亡者超薦性功德的喪祭齋事（但作公眾性普度，如中元普度、建醮末日普度），因此也被稱為「紅頭道士」。另探究的「臺南道」與高屏的「鳳山道」，則屬於烏（度亡拔度齋事）紅（度生吉慶醮事）事兼行的靈寶道士。平常業務大多以拔度亡魂的齋事為主，而吉事則從作三獻以至建醮祀神諸禮儀，常兼用閭山法術，從民家到社廟俱為其行事的範圍；但一般情況是齋事多而醮事少，故稱為「烏頭」，行內人也有稱為「靈寶派」。而第二、三章中所追尋研究的翁家道壇，以及因聯姻、拜師與結交而道法外傳的高雄老道壇，從其抄本功能用途與現今道法演行特質，乃包含吉慶類：慶成醮、傳度醮、祈安清醮與祈禳王醮，和拔度類的喪葬齋儀，以及解除類的閭山三元法教延生法事，正具顯了南路高屏「鳳山道」正一靈寶道壇的屬性，以及道、法二門兼備的實質特色。若進一步比較「道法二門道壇」與「正一靈寶道壇」，兩者道法差異頗大；而同是「正一靈寶道壇」的臺南與高屏地區道法，整體來說則呈現大同小異的特質，主要與其道法來源的福建不同區域有關。

---

[3] 指福建福州地區在原來閭山派的基礎上，因唐代以來陳靖姑信仰（及其義妹林九娘、李三娘）的擴大及影響，而奉許真君（許遜）為教主，陳靖姑為法主的教派，民間稱為「三奶派」、「夫人派」等等，明清時候隨移民傳入臺灣與東南亞各國。請參見劉枝萬：《台湾の道教と民間信仰》（東京：風響社，1994），頁 34-35。葉明生：〈道教閭山派與閩越神仙信仰考〉，《世界宗教研究》，2004 年第 3 期，頁 64-76。李豐楙：〈臺灣中、北部的道、法複合〉，《宗教與中國社會研究叢書（十四）：中國地方宗教儀式論集》，頁 147-180。

　　再者所調查的泉州道壇以南安地區為主。若以洛江區馬甲鎮惠陽靖（原為南安市樂峰鎮道法傳統）所保存較完整的抄本，以及筆者記錄過的齋醮儀式所表現的道法特質而言，整體可歸納為涵蓋道法二門內容。包含五大不同功能運用部分：即正一經籙的傳授與繳化、清微靈寶齋儀，以及與三元教法配合的延生、禳災部分，還有解說道教秘訣、道壇專門知識體系的雜記類書。基本上，臺灣高屏靈寶鳳山道相對較接近此一區域的道法。此泉州南安北部道法傳統，除了保存清初以來完整的正一經籙傳授與繳化的科儀與資料，可補臺灣不完整的部分之外；其相關抄本文檢中所延請的神統譜系名稱與順序，溯源比較元‧陳采所編纂《清微仙譜》與後來的相關清微科儀經典，其所建構的傳承譜系，除休端、郭玉隆與傅英未見奏請之外，其餘主要的清微道宗系統是完全一致的。其中南安《延生紫微表科》「三獻酒文」文，具稱「忝參清微之職，濫膺雷使之班」為證，和《拔亡文檢：黃籙大齋全部》中〈洞真赦式〉，所上詣的歷代清微祖師譜系，以及《行持須知》中配合〈存思圖〉的飛神朝謁運炁存思秘法，特別註明存想清微四真人祖師與官將，皆清楚地表示確實傳承元代以來清微道派道法的證據，亦是其重要的道法特色。[4]

---

[4]　此部分請參筆者以下論文討論與相關章節論述：〈正一經籙初探：以臺灣與福建南安所見為主〉，《道教研究學報》5 期（2013.12），頁143-189。〈泉州南安奏職儀式初探：以洪瀨唐家為主〉，謝世維主編：《經典道教與地方宗教》（臺北：政大出版社，2014），頁 311-357。〈繳籙研究：以南安市樂峰鎮黃吉昌道長歸真為例〉，蓋建民主編：《回顧與展望：青城山道教學術研究前沿問題國際論壇文集》（成都：巴蜀書社，2016），頁 622-644。

　　另目前筆者初步調查的閩中三個縣所見，此區域村落的宗教服務儀式專家只有道壇道士而沒有釋教的和尚尼師，再加上在功德齋儀中專門負責轉誦佛經的民間善士（道士亦可擔任此一職能）而已。也就是說，舉凡生命禮儀中度生部分的祈子保兒、延生救病、解厄過關，度亡部分的保奏、繳法、繳籙與功德拔度，廟會慶典中的取火遶境、神明醮事、祈福酧願、禳災驅瘟與保苗保畜，以及制度型的包含道壇內部與信士的大型公眾傳度傳法等等道法實踐與宗教職能，全部由道壇道士擔任。從筆者所初步看到與整理的道壇抄本名稱、道法功能性質、掛軸文法與法器法物可知，此區域的道壇道士「複合」兼習了道教、法教與釋教的道法。一般度生的生命禮儀服務與傳度度法，即以所傳承的閭山三元法教「三山」（「閭靈茆」或「靈閭茆」）、「四山」（「閭靈茆嵩」或「靈閭茆嵩」）或「五山」（「閭靈茆嵩虎」或「靈閭茆嵩虎」）道法傳統。廟會慶典、神明醮典與取火祈安等等，則依其所奉祀的主神而有區別：主神屬道教者，以清微靈寶與閭山道法闡行；主神屬佛教者，則依釋教或瑜伽教法（此地抄本多書「瑜珈」）施用。另外一般度亡功德拔度，則主要複合釋教金山與閭山法教科儀；保奏繳法則專門以閭山法教，若又有繳天師經籙，再加上正一派天師填籙、繳籙道法儀式。[5]

　　本書既以追尋道壇道法為主題研究，就必須先面對其義界的自我提問：「道壇道法的重要內涵應有哪些？」這問題意識涉及

---

[5] 此部分道法特質，請參筆者已發表與陸續之研究：〈圖像、抄本與儀式關係研究：以福建三元法教閭山圖為例〉，《以法相會──寶寧寺、毗盧寺　明、清代水陸畫展暨學術研討論文會》（高雄：佛光山文教基金會，2016），頁 29-57。

到歷史、地域與人時事地物各層面內涵，並不是容易完整回答的問題，在本書各章也曾針對相關的前人研究略有析論。但整體來講，筆者認為一個道壇的歷史淵源演變，道法特質的身分認定，內外傳承譜系的建構與地方社會的關係影響，和道壇中所保存運用的經典、文檢的考證比較，以及齋醮科儀演行的記錄研究，與同一道法行業圈的互動探討，都是必須要關心論述的重點，這也是筆者二十幾年來研究的主要面向。此亦是李師豐楙特別指出的，乃基於長期的文化傳統與宗教傳統所形成的「道、經、師」體系，在宗教內部自成一套制度化的經典傳統，可稱為「經脈」；而經由人師隱密的傳承又建立其「人脈」，在講究實修、體驗的修行過程中，確實注重其教義的「實踐」。[6]因此，基於以上的認知啟發與稍作調整，本書即以道壇傳承譜系、經典文檢與道法演行為三大結構綱領，探究道壇道法如何建立宗教威信，規範其後眾多的傳承規矩，以及在保守其經義、制度的傳統下，持續維持其作為專業儀式專家的權威地位。先選出 2004 年 6 月至 2016 年 12 月這十二年期間，已發表的相關論文十六篇；再刪其重複，補其不足，改其錯誤，併其相涉，重新改寫整編為每一架構部分四篇，共合為十二章。成為筆者第一部結合道教歷史、經典、田野、科儀與圖像，而以道壇道法為核心結構的論文專著，不同於以往此部分皆為合著的形式。

　　論文首重問題意識的凸顯與創新論點的開展，兩者皆須站在前人的基礎上精進，形成具有必要性、重要性與發展性的論題。

6　李豐楙：〈經脈與人脈：道教在教義與實踐中的宗教威信〉，《臺灣宗教研究》（臺北：文景書局）第四卷第二期（2005.9），頁 11-55。

除靠適當的理論方法的運用，廣泛的文獻資料蒐集，縝密地比對與考證外，更多得依靠於新版本、新證據的獲得與論辯。以實事求是的治學態度，反覆檢驗論證的可靠與否，並不斷地自我挑戰省察，方能深化討論問題層次與立論觀點，補充前人所未論及的面向，而能進一步能有所發明與突破。檢視此書挑選的這些相關論文正式發表刊登前的歷程，雖大多是先進入道教田野調查記錄，並配合閱讀相關學者的論文，待問題意識逐漸形成與某一主題資料證據累積足夠後，即利用適當的國際學術論文研討會的時機發表，接受專家學者的提問與質疑，再補充修改後收錄進會議論文專輯或投稿專業優秀期刊（附篇二）。但有的論文發表的時間有點久了，新出的資料與研究也增加不少，故本著兢兢業業的態度，希望在有限的時間內盡量更新補述精進，提證更精確的第一手道壇資料；但必定有所缺失，有待各界賢達指正。至於筆者雖也發表過幾篇道教制度史上道法經籙的傳授與保奏繳回研究，以及圖像、抄本與儀式三者關係的論文，自應屬於道壇道法的範疇；但這部分的成果還在繼續累積，以後更深入研究後當各自以專題專書再行出版。

二、理論方法運用與建構

（一）研究方法的操作與檢討

　　本書結集的論文主要的研究方法，即是運用並時田野實務調查採錄，與貫時道教經典核校詮釋，以及歷史相關文獻史料、法物法器的考證等多重研究方法相輔相成。其親自具體操作、重要

性與重點經驗說明如下：

1.田野調查法：作道壇道法研究不能只作靜態式的分析探討，而是要回復到它實際的宗教情境運用。因此一定得透過實際道壇拜訪，如傳度、攘災、解除、齋醮儀式的觀察與參與，道壇相關法物法器的蒐集，才可深入瞭解其內涵意義；如此對於臺灣與福建道壇道法的來源、傳承及關係探究，才能有實質的幫助。但做道教田野調查，常因秘傳性、不公開而會遭遇許多困難，如何持續得到支持信任？將重點放在許多個案中相關的道壇傳承譜系建立、生命禮儀、傳法授籙、保奏繳法繳籙儀式，和所有經籙帖憑文檢授予前的準備、運用，以及圖像、抄本與儀式的關係分析。達到筆者希望的能探究此區域相關齋醮儀式與文檢在道教歷史的地位，為建構閩臺道教傳承關係與變化，以及在歷史上的價值地位，累積更多的研究例證與方法論，實在有很多難題得自思解決突破。

2.歷史研究法：本書專題研究關係到諸多歷史、地理層面的探討，如臺灣、福建各縣地方志的檢索，歷史地域發展改變與道法區域的關係，相關歷史文獻資料之核考，各道壇家族宗譜的梳理比對，以及相關道壇道法與區域宗教信仰、經濟環境等等關係的考察。都有賴第一手資料的仔細考證與比對，並衡之於歷史的時間情境、地理因素與道士行業區域環境，始能得到說服人的證據或是較合理的推論。特別是其中所牽涉的時間縱深，從發現的抄本內容所反映的時間與傳寫記錄，有些可自宋元到當代，長達八百年。地域道法至少則可顯示臺灣與福建中南部有傳承的關係，且其道壇道法複合多元，涵蓋相當廣義的定義。其所牽涉的歷史背景、道壇道法發展情況與諸多人名字號的考證，有時限於

文獻不足徵引，或時空環境已人事全非，無法提出確實可靠的證據與史料，只能考量其可能情況，作較合理的推論。

3.經典研究法：道教田野調查的資料雖然珍貴，但無法完全確信為最可靠的資料。因為道教特別強調經典文檢與功訣道法的寶重性與秘傳性，其中經典文檢的整理、校正與分析，一定要配合道經的長期廣泛而深入的閱讀，始能在明白其思想經義與道法傳承下，考證出較正確之經文，詮釋出合乎道經義理傳承的看法。而經整理校正的經文、文檢資料，不僅要溯其根源出處，瞭解其道派與道壇脈絡系統的傳承，更能深入探究其因時因地所採取的新創意義，其中變與不變的因素分析。又其中諸多齋醮儀式中文檢形式與內容意義的解讀，可瞭解道教文化史的傳承意義，以及公文書系統的文體形式與內容格式的轉用見證，因此相關史書與出土文獻，都應再廣泛深入閱讀。

4.比較研究法：筆者以往的研究，大多著重在臺灣各區域內同一道法（如皆道法二門），或跨區域的不同道壇道法（如道法二門與正一靈寶），以及其與文獻史料上作溯源比較。直到這幾年的調查研究，始正式初步跨入福建閩南與南臺灣道壇道法的比較研究；發現這一研究方法與方向雖有不少困難，但是確實是一正確且須持續去做的工作。因此在既有的紮實基礎上，不僅繼續連結南臺灣正一派靈寶老道壇與泉州道壇道法，更得進一步擴大調查區域到福建中部區域，比較閩中與閩南道法的差異，以及與臺灣傳承的關係。因此除參考學者對相關區域的道壇歷史與道法源流研究，進一步作必要的比較討論外；並得隨時掌握最新相關學者研究動態與著作發表出版狀況，且對其論文深入閱讀，追蹤檢驗其所提供論及的研究資料、問題意識與研究成果，以引發更

多可深入探討的面向。

5.教學相長法：筆者平日除參加道經讀書會，持續田野調查蒐集相關道壇道法資料，寫作相關深入的論文，參加學術會議發表之外；並親自參與與指導研究助理分類整理所拍攝眾多的田野資料，建立文字與數位影像檔案，以便教學研究之用。因為筆者認為道教研究，除兼顧經典、歷史、田野調查與文物藝術四面向外，更須將蒐集的寶貴資料、發表的論文，實際運用於教學研究。因此筆者自 2009 年 2 月起，陸續於臺灣師範大學國文研究所開設「道教文化專題研究」與「神仙傳記研究」課程，將多年的研究成果實際運用於教學，並指導博碩士學生，以求教學相長之效，如此不僅可檢討自己的研究理論與研究成果，也可慢慢培育有興趣投入此行的研究後進。

（二）研究理論的運用與建構

區域道教的田野調查研究，這一、二十年來方興未艾，得到許多研究者的重視與陸續投入。這種各地道教「活傳統」的採錄探究，雖其中辛苦冷暖，長期實際踏查者最能感受；但其成果累積有如拼圖般逐漸成形明朗也令人欣慰。相對於傳統歷史與經典文獻學派展現了更多的活力，更能貼近中華文化信仰生活的真實面貌。但有些批判的聲音值得我們重視，這些批評的重點認為，只一直累積個案，對學術的研究精進、啟迪後學貢獻不大；要能進一步形成客觀的理論，建構出相關具體的方法論，才能對整體學科有著更大的助益。這些意見是非常中肯的，特別是對筆者這種，非受過西方正規宗教學與人類學理論方法訓練的傳統文史學者，正是一種鞭策與提點。因此，除了不斷要求自己努力學習

外，這次專書三大架構所精選的各四篇論文，並不是以時間先後依序呈現；而是以論及方法論的一篇專論領其首鑰。希望先建構出研究這一內容命題的方法論，而後續接同類文章以為個案論證，這是筆者省思自己的相關研究成果後，初步回應這方面的要求。

在第一部分道壇傳承譜系建構方面：第一章〈道壇傳承譜系建構的資料與方法研究──以臺灣、福建田野調查為例〉，標題即有意點明希望提昇到方法論的觀察與論述。以臺灣與福建田野調查所累積的研究成果，與正在進行研究的閩中十幾個道壇為例，探討世業道壇內部傳承譜系建構時，應該掌握的道壇資料與外部文獻，以及如何運用與考證這些史料文獻的研究方法。並具體歸納可從家族宗譜中顯示的記載，道壇科儀抄本的內容與署稱，以及道壇保存的度法、填庫、繳法史料與其他相關資料來考察。除希望為閩臺道教史體系性的傳承譜系詮釋建構，提供更多「信而有徵」的具體參考例證外，更期望這些切入觀點真正是客觀且具有參考性的。而第二至四章，即是筆者在南臺灣與泉州長期調查研究的三大具體個案，基本上所使用的研究方法，都可以與第一章所建構運用的方法論互相印證。

在第二部分道壇經典文檢研究方面：為首的第五章〈一卷本度人經及其在臺灣正一派的運用析論〉，乃統整改寫兩篇論文而成。運用了傳統的經典溯源、比較與影響，以及道法闡行實踐的實際調查記錄分析等多元方法，希望能深入探究一卷本《度人經》新舊版本的變化、成書時間，和其經文在今天臺灣正一派齋醮科儀運用中的傳承與運用的梗要，以及背後所呈現的意涵和價值。而在闡行經文「伏章」功訣的過程：由「存想變神」→「飛

神歷關」→「謁帝呈章」→到「復神納官」中，所涉及的思想意涵層面，筆者則借用了荷蘭 Arnold van Gennep（1873-1957）《通過儀禮》（*Rites of Passage*）與 Mircea Eliade（1907-1986）《聖與俗——宗教的本質》的相關理論分析，具顯其深厚的意義功能外。更運用了丹道中從「形化氣，氣化神，神化虛」的逆修過程體驗，運氣循行督任二脈小周天的圓道回歸，來驗證與萬物與大道感通的虛明境界，表現出《老子》「反者，道之用」，以及「歸根」、「復命」的儀式內涵哲理。第六章則擴充原本論文為三倍篇幅，以溯源與比較為主要方法，考察南臺灣此類作為道壇秘傳知識體系的重要雜傳類書的淵源，與福建泉州版本的關係，以及所具備重要的道教歷史文獻學意義與價值，和特別彰顯的教化功能，與「護佑教門、一振紀綱」的核心編撰意識。

　　第七、八兩章則以文檢溯源與運用析論為主軸。因此筆者在亦改寫自兩篇舊文的第七章〈臺南地區《無上九幽放赦告下真科》文檢研究〉前言中，先明確對「文檢」一詞的意涵定義：「文」指構成公文的內在部分，即與書寫內容相關的紙張、文體、文字、格式與印信等等內容規矩。「檢」一指公文的外在部分，即指套裝公文內封（可漏）、方函（多為紙或木質）、封簽與封署格式；二指傳承的程式範本，如「檢式」用法。再更進一步的論述中，則運用筆者學術背景的中國文學在「文體分類學」上研究理論探究。指出道教文檢屬於劉勰《文心雕龍・總術篇》文、筆區分中，「無韻者筆也」的「筆類」，與蕭繹《金樓子》所稱的「抵掌多識謂之筆」，乃是章表奏疏、詞表狀箋、榜帖關牒、檄劄符令等等古代公文書系統的道教化。作道教文檢研究，不但要作靜態式的、歷史文獻上的分析探討，更要回復到它實際

的宗教情境運用，因此一定得透過實際的儀式觀察與參與，來輔助歷史文獻的限制。如此才能深入瞭解齋醮文檢的內涵意義，理解其如何配合詩歌樂舞與空間方位、存想、功訣合一的威儀形式表現，具顯其文書學上文體和文類的關係，以及相關傳承的規矩格式。這樣持續經過較全面地探究後，方能逐步充實與建構道教科儀文書史的實際內涵。

在第三部分道壇道法演行析論方面：將較晚寫的〈啾啾唧唧斷根源：閩南閩中道壇禳災抄本中「知名」故事敘述研究〉居首為第九章，主要就是試圖在李師豐楙的基礎上，補充建構出較完整的「知名信仰理論」為核心內涵。並配合敘述學中「結構點」的分析方法運用，深入析論有完整的故事情節敘述的十九則禳災文本，以見證知名信仰法術的實際運用例證，彰顯道教文學運用文學形式表現道教文化信仰意涵的特質。論文中整理前道教時期的經籍文獻分析後，已確知古人藉由分類「命名」、「知名」的秩序化認知組織與學習，形成對內外知識系統的認識、體驗，進而產生揭露、掌握與控制的文化心理結構信仰功能。可建立「分類命名是認識世界的必要條件」，與「知名呼名是控制鬼煞的法術手段」等中國認識論重要的原理原則。而此一文化認知信仰與心理結構，再經道教進一步轉化運用，而終成體系化禳災道法必要的步驟與方法，繼續傳承深化在後代道壇相關抄本與實際儀式中被信賴執行。因此，知名信仰於道教道壇抄本中，乃指藉由認識知曉欲驅除對象根祖的真實姓名字號，與其附屬象徵的一切形象性質，在道法巫術闈行中之以作為文字咒語並呼唸其姓名，就能產生禁制斷離邪魔鬼煞的一種不可思議的力量。這不僅形成了歷久的、堅韌的知名信仰，被廣泛運用於禳災法術中成為核心的

方法手段，更是中國文化心理認知結構的重要部分，正可進一步
建構研究成為中國的文化理論。

　　所以，第十章關於生命禮儀中〈產難的預防、攘除與拔度〉
的論述，在稱引的《祭產安胎》儀式中，三組請神名單非常繁
多，是一種細密遍請、唯恐遺漏的請神方式。而且這些與懷孕、
生產、產難、血湖等相關的神將神煞、夫人部屬稱呼，不是一般
道法神譜常見的，乃是專為閭山法教血仞流霞狀況所特別召請
的。另對於要驅離的，也一一點名五方流蝦產刃、五方五道產刃
夫人等等，將之押赴魁罡控制，不許到處竄走，都是「知名法
術」的認知原則與實際運用例證。又第十一章討論臺灣正一道壇
獻供儀式，不論是獨立而成套結構的《午供科儀》，諸如十獻、
九陳與七獻等；或是分散於其他科儀經文中作為結構點的獻供儀
節，諸如上香、散花、奉茶、獻酒、進燈等。都得特別注意與解
析在齋醮科儀中，其獻供物品名稱的歷史傳承典故，與稱名命名
的祭祀文化功能內涵和藝術表現，亦可根據「知名信仰」的認識
分類內涵加以深入探究。如其中〈九陳答白〉獻供的表現特色，
本書又新增筆者在福建泉州洛江區大羅溪一帶道壇所見到的《九
陳午供》中的相關經文。會發現雖然獻供順序與文字上有些不
同，但主要內容與表現方式大同，可判斷應為共同的道法系統，
因不同的傳承而出現稍微的差異。皆由道長與道眾輪流，先藉由
一問一答而後唱讚陳獻供物，是道教儀式中將詩歌樂舞與存想道
法結合呈現的完美組合；特別是乃採取先問後答的提問表演法，
在詠唱讚美所獻之物時，都靈活地運用道教文化的典故以表示其
珍奇可貴。因此獻茶就必稱是蒙山，水果則為靈瓜仙桃，在臺灣
唱讚就有種遙遠記憶的美妙感動。第十二章歲時節慶「和瘟送

船」的王醮儀式中，「知名信仰理論」的「知名呼名是控制鬼煞的法術手段」運用更是普遍。不論是禮請的負責解除瘟疫的尊神官將，或是瘟王儀駕中、神船上負責鼓樂的神將使者，和神船上擔任划船的無形神兵和實際水手兒郎，以及要被禳除押送離境的瘟神疫鬼。道士都要按古流傳至今的道壇秘本，一一分類分組呼名唱名，展現其被信賴為禮儀專門師的專業職能。

三、本書架構與各章摘要

　　本書以「追尋道法」貫通研究為經，以「從臺灣到福建」地理空間座標為緯，闡述道壇道法中「傳承與轉變」的淵源影響和內涵意義。主要探討道壇「傳承譜系、經典文檢與道法演行」三大主題，而整體結構內涵安排先後，乃考量由家族內部人事制度體系建構，而至社會外延道法綜合實踐。故先談道壇傳承譜系而後接道法演行，中間以實際經典文檢法物法器為中軸銜接；三者以「道法」為內在結構核心，彼此關係密切且互為影響，雖為論述方便而重點析分為三，實者可視為一全體的綜合表現。

　　全書共包含十二章專論，第一、五、七與九篇多論及研究方法論，其餘同類文章則以為個案例證。並以導論一篇領其首，以統括全書義界旨趣、理論方法運用與章節架構重點；又於第一、五、九章前各提列三篇分論，以凸顯三大主題各自的問題意識、呼應關係與創新觀點；再以結論一篇掇其要，以明本書之研究價值貢獻。另除了兩篇專家序言與筆者後跋外，附篇一〈真實不虛──三則田野調查故事見證〉一文，可作為本書論文寫作的研究背景與動機看待，是嚴肅的論證之外的田野感應札記；而附篇二

則為本書各章改寫之前相關論文原發表處資料，最後則為引用書目以供對照參考。本書各章論述的架構，皆有前言：包含研究義界、動機、前人研究析論、問題意識、理論方法運用與預期貢獻；二至五節不等的主題論述；結語歸納全文重點與創新突破觀點，文後則用附錄文字圖表形式，清晰整理與舉證文中所提及的第一手資料。本書十二章專論，目前研究的成果摘要分述如下：

　　第一章〈道壇傳承譜系建構的資料與方法研究：以臺灣、福建田野調查為例〉：筆者認為要建構世業道壇道法內部的傳承譜系方法論，可以盡量從以下三方面探究進行：一是從家族宗譜中顯示的記載建構：即透過相關道壇的家族宗譜中法名、籙名與派名，以及婚姻關係記載內容，考證其道法內外傳承的證據與源由。二是由道壇科儀抄本的內容與署稱建構：科儀抄本中「請神」部分所包含的「請功曹師父」法名，不僅是其道法傳承的重要且直接的線索，若能再核對家族宗譜上的輩分法名相關資料，將能建構出更加可靠的道壇內外道法傳承譜系體系。另外，配合齋醮科儀道法演行的抄本，所保留的抄寫者時間、姓名字號、書法筆跡、鈐印署稱與道法源流的珍貴記載，亦可作為抄手身分認證與協助道法傳承譜系關係建立的證據。三是由道壇保存的傳法、填庫、繳法史料與戶籍資料等的記載，也能夠經由進一步比對而補充前二者的不足之處。

　　第二章〈大人宮翁家族譜與道壇源流考述〉：臺灣高屏靈寶道壇的道法源流深入探析者仍然有限，經筆者追尋考證陸續出現的《翁家族譜》與古抄本，證實三百年前在清屬臺灣南路鳳山縣鳳山庄大人宮一帶就有一翁姓道壇存在。從其相關族譜的考察，為我們解開大人宮《翁家族譜》的編纂與續修的過程，並據之分

析當時的時代背景，與其祖先埋葬之地的所在。可推論翁定獎祖父翁廷紳在明鄭時期，已先行單獨或舉家來臺，以及協助釐清抄本中留下的資料體系關係。而以現存的原先存留於翁家的 168 本抄本資料所見，其翁姓抄手有清楚款識者：最早的是清雍正 2 年（1724）季秋，抄手署名為翁定獎；最晚的是日據昭和庚辰年（1940）9 月翁癸本。而筆者目前所建構出的翁家傳承主脈譜系為：1 翁定獎－2 翁爾蓉－3 翁宗庇、翁元達、翁啟通－4 翁仁山－5 翁玉振、翁百寬－6 翁朝慶、翁德盛、翁天送－7 翁癸本－8 翁國榮。此批抄本內容涵蓋道教清醮、慶成、傳度、王醮與功德齋醮科儀，以及三元法教用於生命禮儀中解除儀式的相關經典與文檢，具顯正一派靈寶道壇的屬性，以及道、法二門兼備的實質特色。又以目前資料考察，翁定獎應會壇的可能來源，應兼有家傳與師授兩部分：家傳的部分應為今安溪地區仍傳承的三元法教；而師授的部分應為正一經籙傳繳與齋醮科儀部分。而且此一翁家道壇不僅在家族內傳承，從抄本中留有頗多非翁姓抄手的題記，以及部分抄本現仍保存於高雄縣市老道壇中；其不管是透過拜師、婚姻與交換的方式，都是值得再追蹤研究的重點，對建立高屏靈寶道壇的傳承譜系，亦是不可或缺的史料。

第三章〈大人宮翁家道法外傳與其相關道壇考述〉：本文庚續〈大人宮翁家族譜與道壇源流考述〉的研究，運用翁家道壇中「非翁姓抄手」和相關老道壇所傳續的經訣抄本資料，再配合實際田野調查與戶籍資料印證，以析論翁家道法外傳的時間、原因與方式，重構清屬鳳山縣相關道壇的傳承與關係。本文考察翁家道壇原保存的「非翁姓抄手」：萬錦、陳琦珵、張傳世、張媽興與黃德昌等人所傳抄的抄本款識資料，以探究其與翁家的傳授關

係與可能方式，以及這一批抄本仍留在翁家的原因與所蘊藏的意義內涵。並整理了至今六代蘇家道脈的傳承譜系，再考論蘇家與翁、王兩家道法傳承的證據：其中150年前蘇後娶進了翁朝慶妹妹翁成的聯姻關係，遂開啟了翁家道法傳授蘇家的契機；而蘇家能夠承傳鳳山王家的道法，應是透過拜師或友好的交往關係而獲得。接著，又建構至今五代吳家道脈的傳承譜系，再論證吳友道法來源應與翁、呂、洪三家有關係的觀點，和吳列經由拜師方式以精進充實道法豐富內涵，以及再外傳到有聯姻、拜師與友好的知名老道壇的時間與原因。另又藉著分析吳家所擁有的翁家抄本的用途與功能，以進一步檢驗「翁朝慶傳授三朝科儀給大林蒲吳列」的說法，和吳列作為「大林蒲底」道法來源者的條件，以證實翁家道法藉由吳列再外傳出相關道壇，讓翁家道法發揮重要影響力的史實。

　　第四章〈道壇譜系與道法研究：以黃吉昌道長歸真繳籙儀式為例〉：筆者有機緣能參與惠陽靖德興壇黃吉昌道長仙逝繳籙黃籙二晝夜齋儀，根據實際的訪談資料、道壇抄本與其家譜《黃氏家譜》，可歸納其完整的五代道法譜系。德興壇的道法因婚姻關係淵源自南安市樂峰鎮留塘惠陽靖，而惠陽靖乃公認泉州南安北部區域道法中，最具完整資深傳承與豐富抄本資料者。按相關《蕭氏家譜》中登錄「誥授籙官」為準，蕭培元道長家惠陽靖道法至少可建構傳承道法十一代，且其抄本中保存許多珍貴的道法史料。另從德興壇黃和議道長所抄寫的科儀抄本中，不論延請租師、飛神朝謁運炁存思秘法與所念密咒召請的官將，在在顯示代表其傳承元以來清微道法的具體證據。且在《行持須知》中還記載三元法教的資料，可見與臺灣高雄市小港區紅毛港蘇家《道教

源流》本中相當接近的記述，證實其應有道法傳承區域的關係。
再者，黃吉昌道長外傳門生，依次為羅東鎮混元靖王華國、羅東
鎮三元靖劉建福以及梅山鎮黃記綿；三人原本家中皆是當地知名
老道壇，但因文革破壞，以致其父親這一輩未能好好承傳家中世
襲道業，因此紛紛拜進德興壇門下受業。而此次繳籙齋儀義務相
幫的道士團組成與關係而言，主要來源有三：一是德興壇道法來
源的惠陽靖，以及與惠陽靖道法傳承譜系相關者；二是德興壇平
時與德興壇合作密切的友人；三是黃吉昌道長外傳門生，這大體
上是一般道壇道士人情交往網絡的常態表現。

　　第五章〈一卷本度人經及其在臺灣正一派的運用析論〉：最
原始的一卷舊本是由東晉末葛巢甫等人所編造，南齊時嚴東首為
註解。而不含有「十月長齋」四十一字與「誦經儀禮」部分的
〈道君前序〉經文，在嚴東以後、北周《无上祕要》成書之前附
加；「誦經儀禮」部分則在隋至唐初添入；有「十月長齋」四十
一字經文版本，與《雲篆度人妙經》應同一版本，在盛唐・朱法
滿（?-720）編撰《要修科儀戒律鈔》之前已成立。臺灣正一派
所傳承的一卷舊本，少了〈道君前序〉後面的「誦經禮儀」經
文，應據此唐本刪去的可能性較高。另南宋後新本所增添新經文
的順序，應是先〈元始靈書下篇〉和〈太極真人頌〉，最後才是
〈元始靈書上篇〉；考其時間，應在南宋寧宗嘉泰四年（1204）
之後，至南宋末、陳椿榮五卷注本這段時間。在臺灣的傳承使用
中，一卷本經文中又有不分品與分三品的區別，不分品全誦者用
於道法二門道壇《早朝科儀》；分品者則依齋儀規模用於靈寶道
壇。運用作為文檢內文者，則見於《無上九幽放赦告下真科》中
〈破地獄真符〉與〈拔幽魂真符〉的「告文」部分；且臺灣道壇

保留傳承自南宋初年以來《靈寶大法》中〈破地獄真符〉的兩個完整版本。而在醮典科儀闡行方面，主要運用三首〈三界魔王歌章〉，配合「三獻酒」節次唱讚與三朝「伏章」儀節存思；〈元始靈書中篇〉則實際運用於《金籙正醮科儀》「收五方真文」儀節，禮謝諸方天君部分；〈道君後序〉「琳琅振響」一段，則主要作為〈淨壇咒〉與〈化紙咒〉。其中「伏章」儀節在南北朝初的《太真科》已出現，乃作為道教拜發表章相關儀式很重要的一部分；且歷代靈寶科儀經典幾乎多傳承此套伏章的程序與功訣，到了今日仍然在臺灣正一派靈寶道壇齋醮科儀中闡行。其主要過程可分為存想變神、飛神歷關、謁帝呈章與復官納神四個階段，對照古代相關靈寶經典，其皆有各自肩負的結構功能，可詮釋出豐富的意涵。而這四大結構過程，不僅具顯通過儀禮的意涵，更體證了老子歸復的思想與再現道教神話情景的功能，再度印證「臺灣是道教活的傳統」的具體內涵。

　　第六章〈閩臺《道教源流》的版本、淵源與價值研究〉：本文考察了流傳於南臺灣「臺南道」、「鳳山道」與福建泉州南安靈寶道壇中的十八冊《道教源流》相關重要抄本。可知此類似「道教綜合百科全書」的秘傳知識，應淵源於福建泉州道壇道法體系，並多有抄錄中國南方流傳的道經以建構其內容。而泉州系統並不是一對一的完全傳抄，應有共同的相關多本祖本存在，且在不斷的傳承借閱中產生「匯抄融合」的現象。來到南臺灣的流傳情形，這種傳抄的現象依然持續，其中目前發現較早的蔡博裕家版本確實是一重要的祖本，幾乎所有的版本都與它有關係。諸本《道教源流》的大部分資料，是由元代中晚期經典抄錄整理後再編纂而成，其所面對的時代背景，正是元憲宗、元世祖幾次

「佛道論辯」中，道教全真教慘輸而元氣大傷，頒旨焚燬「老子化胡」相關雕版經典之後的宗教情境。但今天所見流傳在閩臺道壇中《道教源流》版本內容，卻出現了理應被禁毀焚化的相關老子傳說、化胡故事與對佛教的嚴厲批判文字，以及未曾被記載的三十六代天師張宗演（1244-1292）於至元十九年（1282）春參與論辯且贏得勝利的內容。此彰顯了特別的教化功能，與編撰者的「護佑教門、一振紀綱」核心意識。若利用目前所見這批被保留在福建泉州與南臺灣道壇的抄本資料，應能恢復原本相關經典被刪除或焚燬的內容，其具備重要的道教歷史文獻學的意義與價值。

　　第七章〈臺南地區《無上九幽放赦告下真科》文檢研究〉：本文以臺南地區道教二朝以上齋儀演行的《無上九幽放赦告下真科》文檢為例，先闡釋文檢的意涵，探究其主要功能，然後說明道教頒赦的內涵，再析論此一科儀的敘述結構，以明白其中文檢運用的時機與宣行的特質。最後分析其中所運用的文檢，其成果就整體形式而言，三件符命與一件赦書均是兼具文字與真符兩大部分，二件關文與一件榜文，則僅為文字內容。就其內容淵源考察，不論從經典、真符、告文與咒語內容，以及紙張規定、書寫格式，都可證明應與南宋初興起的「東華派靈寶法」有密切的傳承關係。而且臺灣頒赦三張符命文檢最早的抄錄傳承時間，可能界於南宋宋理宗（1225-1264 年）之後，元成宗（1295 年）之前這段期間。另闡釋了文檢中「三天門下」、「泰玄都省」與「風火驛傳」三組詞彙的意涵、來源以及作為仙界公文機關的職能，考論其道經的傳承與轉化六朝至唐代相關政府官署的關係。以具顯道教齋儀放赦文檢得自三天至尊賜赦，三天門下省名義轉頒，

泰玄都省負責執行遣發，並召請相關功曹驛吏傳達的程序內涵。並再探討這七件頒赦文檢的文體意涵，認定三件符命、二份關文與〈赦書〉皆屬下行文，其中「赦書」實質體式應接近「敕牒」功能，而〈放赦九龍榜〉應屬上行「申榜」性質。再者，分析頒赦文檢稱「式」、用印以及批朱、花押與平出的格式特質，以瞭解其與古代公文書的關係，以及正一派靈寶道壇的傳承規矩。

　　第八章〈臺灣道法二門建醮文檢研究：以基隆廣遠壇乙酉年七朝醮典演法為例〉：本文選定長期參與觀察的基隆廣遠壇為對象，主要蒐集乙酉年（2005）松山慈惠堂七朝慶成醮典科儀田野資料作為文本。其既是在傳統道法二門「五朝慶成清醮」的基礎下，又加上為瑤池金母祝壽科儀，所以不僅規模是道法二門醮典少見的，文檢種類與數量的運用，也是筆者調查該壇所見最齊全的一次。除可與《莊林續道藏》中〈文檢卷四・陳氏文檢〉所列〈五天醮事表文關牒疏文〉，及其所載相關符、榜等文檢比對，重視其傳承的部分之外；還可就主壇的廣遠壇李游坤道長，因應實際需要所「新創」的文檢探究。首先重點論述了慶成建醮的程序結構、道教科儀與文檢運用搭配的關係，並特輔以多種詳細表格，希望能更細膩地呈現配合科儀道法的實際運用內涵；再析論上行的詞疏狀類文檢與下行的關牒符榜類文檢的體式功能，並以基隆廣遠壇製作的文檢體例格式為例，分析其道教「文檢」一詞內涵中「內在的文」與「外在的檢」的內涵：前者分別以公文結構、文章風格、平闕格式、簽畫批朱與具職、印信、花押、文體、質材、字體等等探究；後者則以可漏、方函與摺角實封等分析其檢署規矩。希望盡量累積其相關起源與傳承跡證，能逐漸建構道教文書學的實際內涵。

　　第九章〈啾啾唧唧斷根源：閩南閩中道壇禳災抄本中「知名」故事敘述研究〉：筆者長期在臺灣與福建地區調查道壇道法的傳承與演變，發現知名信仰的法術運用一直持續傳承著，而且常記載於道壇的閭山法教抄本中；並且對於這些非常鬼魔邪煞的根祖、來源、變化和為什麼、如何作祟興害等等情節，擴充演變成頗為完整而帶有敘述性故事的文學表現形式與內容。因此，本文在前人對知名信仰的研究基礎上，再深入補充相關的文獻證據，討論其命名的意義內涵和運用姓名信仰所表現的功能。希望能建構「知名信仰理論」，建立「分類命名是認識世界的必要條件」，與「知名呼名是控制鬼煞的法術手段」等中國認識論重要的原理原則。並以相關延生禳災抄本中十九則故事的敘述情節與結構點功能作為文本，按其禳災的對象功能分為「保病延生類」與「保苗護畜類」兩大類。並再以「疾病鬼煞、出身根源、犯罪逃藏、非自然亡、非常處理、冤怨變化、作祟發病、知名控制與主法收禁」等九大結構點，具體分析其敘述情節與結構點功能，以及背後的道法意涵，以作為初步建構中國文化心理知名信仰認知理論的具體例證。

　　第十章〈產難的預防、禳除與拔度：以南臺灣與泉州地區所見道教科法為主〉：本文以「產難」為問題意識核心，第一節先釐清不同背景下對產難的原因分析與後果認知，第二節討論預防產難的醫療作法與道法祝禱，第三節析論有產難徵兆發生時的醫療法術處理，第四節闡述不幸產難亡故的道法救度科儀與文書運用。本文所採用的研究方法與文獻，除徵引傳統醫家與道教經典的說法，進行分析論辯之外，更輔以筆者在南臺灣與福建泉州地區田野調查所見的道教抄本與科法演行的第一手資料。歸納本文

論述主旨可得知：「保胎護命」乃成為懷孕期間產難預防、禳除的核心思想與處置原則；「母子平安相見」即是臨產分娩之時產難防護、化解的最重要目標與期待；「血湖拔度昇天」則成為產難亡故後，家屬悲戚無奈而必要的濟度齋儀與功德。希望能以新的抄本文獻與調查發現，對傳統醫家與道教民俗中的生命禮儀主題研究，補充前人論述的不足與開展出新的局面。

　　第十一章〈臺灣正一道壇獻供儀式與內涵析論〉：本文以臺灣正一派道壇中道法二門與靈寶道士闡行的獻供儀式為範圍，詮釋臺灣道教齋醮科儀中獻供儀節的形式結構、淵源傳承與內涵意義，以及整體的藝術表現特質。道教創立之後，吸收官方祭典文化的精華，配合教理教義的制訂規範，實踐「清約清靜」與「非血食」的獻供精神本質；且經文中一再強調「設齋行道」的重要性，並具體表現於午供儀式與各種不同的獻供儀節中。從田野調查實務中證明，臺灣正一道壇的獻供儀禮，正保存了古來道教科儀的精髓，其中道法二門的《午供十獻科儀》與靈寶道壇的《九陳答白午供》，以及豐富多樣的其他獻供儀節：如捻香、散花、三進香、三進燈、三獻酒、三奠酒等結構，不僅傳承了詩歌樂舞與存想合一的表現方式，也呈現了多姿多采的道壇行儀特色。歸納臺灣正一道壇獻供儀式所傳承表現的宗教文化內涵與功能，凡有四要點：（一）虔誠奉獻，報謝賜福，（二）清約時鮮，精修潔淨，（三）至善至美，善用典故，（四）服食服佩，薦福煉質。此乃具顯道教齋醮科儀宗教行道與藝術美學的雙重功能與特質，是一值得繼續深入研究的課題。

　　第十二章〈南臺灣和瘟送船儀式的傳承與其道法析論〉：本文結合歷史文獻、道壇抄本與實際田野調查認知，析論南臺灣和

瘟送船儀式所傳承的道法體系，及其身體技法表演的功能特質，以充實臺灣道教作為「活傳統」的意涵。本文除前言與結語外，共分三節：第一節以溯源的方法，整理歷史文獻中較早的和瘟送船習俗，並藉由經文的比對和考述，以驅瘟逐疫主辦者的私密性與公眾性作為問題意識，探討臺灣道壇禳災和瘟古抄本與《道法會元》中神霄遣瘟道法，以及閩南明清《送彩科儀》的關係，並探究其中所蘊藏的意涵，以見其所保存道法的可能來源與體系。第二節討論臺灣清代和瘟送船抄本所傳承的送船情境和參與營造的各種角色職司，以及奉旨行瘟與解瘟的瘟神使者，被送回去繳旨地點的名稱內涵與象徵；並分析 1821 年屏東新園五朝王醮的文檢所反映的歷史意義與價值。第三節以《關祝五雷神燈》、《宴祀天仙》、《和瘟押煞》與《禳災祭船》四項關鍵科儀，比較「臺南道」與「鳳山道」兩大區域道法的異同，以及行法者身體技法表演的特質內涵。

四、研究省思與期望

作道教田野調查研究雖有許多收穫與樂趣，但相對也有許多諸如時空久遠，道法廣泛，不易考證；資料不足、時間匆促，不易深入；規矩頗多，完全獲得信任不易的困難，而常遭受到失敗與挫折的苦惱。因為道壇道士結婚生子和信眾伙居，平時生活與常人無異；但一旦牽涉到專業道法，他們即是一群非常人。這些作為人鬼神中介儀式專家者的道長法師，得承擔科儀法事醮首齋主人等的虔誠委託，依據其所秘傳的道法建立壇場，請神召將，闡行相關度生度死的職能，希望所有的非常鬼魔邪煞威脅都能被

驅除斷離，以達到合家合境平安、五穀豐登順遂的願望功能。因為道士行業經法道術之傳授，深具神聖與私密性，非其族親或正式收錄為弟子者，不輕易教付。加以部分研究者與商人，不顧「道門傳承規矩」與「學術倫理」等諸問題，曾以「蒐購轉賣」、「強行公布」或「借而不還」方式破壞田野，因此後進者要取得道壇信任不易。

　　筆者與許多知名前輩學者皆採用正式拜師的方式入道，面對這些困難通常採「不急、等待」的心態。先經由熟悉的前輩、道士引見，再多親自觀看其儀式演行，送上自己的研究著作，讓其瞭解自己的研究態度與目的；遂能逐漸取得其信任，告知其相關科儀與文檢運用功訣內秘，並獲得其經文資料。筆者二十多年來，本者誠懇實在的態度與孜孜不倦的精神，在臺灣道教研究與實際田野調查上，得到許多師長貴人的幫忙；而這七、八年來更在科技部計畫的支持下進入福建田野調查，又得到更多的道長信眾信任協助。雖然說筆者平時至少一週得擔任八個鐘點以上的教學工作，能跑田野調查的時間就相對有限，加上許多主客觀的因素，失敗的經驗也不少；但總本著「有志者，事竟成」的信念，期待「天道酬勤」，盡量解決所面對的困難。因此整體而言，成功考察的個案還是較多，遂能累積有一些成果與突破。

　　道教是中國的民族宗教，以整個中國道教史發展的歷史長河或廣大的地域來看，不論是時間或是空間，臺灣的道壇道法可能僅是短暫的邊陲區域。但因為道教自明末清初開始陸續隨著移民傳入臺灣，除了形成在地化的特色外，仍然堅韌地傳承古來閩、粵正一派的火居道法傳統，其職能即擔任專門的宗教禮儀師，為信眾個人、家族與社會群體濟生度死，並與其族群形成一種彼此

相互依存的紐帶關係；且由於保存、傳續完整，未經過大規模限制與破壞，所以歷來被相關研究學者所重視，公認是道教道壇、科儀歷史上的「活傳統」，所以吸引許多中外學者紛紛投入研究。筆者長期以臺灣道教為主要的研究範疇，深入田野調查道壇道法傳承現狀，以及道教文化信仰如何融入臺灣常民生活中的歲時節慶、生命禮儀與廟會祭典。除了申請科技部研究計畫補助，陸續發表研究成果之外，也因獲得信任而得拍攝或獲贈相當數量的道壇明清古抄本資料；而這些珍貴的文獻中，保存了許多臺灣道壇堅韌地傳承閩、粵正一派火居道法傳統的證據，一直是筆者努力追蹤其源流、演變與析論的重點。故這七、八年來，筆者在因緣俱足、人神協助之下（附篇一），學術座標續以南臺灣靈寶道壇為經，福建泉州道法為緯，跨入閩南、閩中與南臺灣道壇道法傳承與轉變關係主題研究。因為，福建與臺灣道壇道法的源流關係，雖是相關研究學者的共識，但真正深入比較研究的學術成果仍然有限。因此希望此一本專著的結集出版，除能得到大方之家的不吝賜正，更能建立出一些客觀的理論方法與運用實踐例證。以擴展研究的深度廣度與引來更多學者投入此一區域，共同為較辛苦的道教田野調查研究盡一份心力，為臺灣與福建道教史在歷史上的重要地位詮釋建構上，累積更多的研究成果。

第三章
制度與擴散：
臺灣道教學研究的兩個面向
——以臺灣中部道壇為例——

李豐楙

政治大學華人宗教研究中心講座教授

　　臺灣漢人宗教研究的早期開拓，從清領期的方志家移轉至日本學者之手，其動機雖基於殖民統治需求，而這一批資料卻展開新研究視野，其中既有道教的調查研究，乃屬這類民族志的一環，由於調查者初步試用人類學方法，所進行的全島田調，其資料的完整性並非傳統方志可以企及。早期陳夢林等編撰《諸羅縣志》，難得保存的「客仔師」與「王醮」，僅屬簡短的記事且視為「雜俗」，卻未曾記載儀式專家的道士、法師及乩童。而方志作為史官修志的基礎，難以脫離儒士代表的官方／儒家立場，故將道教行事視為雜俗，並未重視其儀式及意義，縱使如此仍保存了難得的早期史料。[1]

---

[1]　陳夢林主持撰修的《諸羅縣志》（臺北：臺灣銀行文叢 41，1962）列有〈風俗〉志一項。

由清代方志與日本殖民統治下的學者，對照後來完整引入人類學的調查方法後，反而常將道教與民間信仰混在一起，這種觀點影響既大，道教與儒、釋形成的三教觀也被忽略，為什麼會出現這種認知空白？確實值得道教學者關注。在此將從道教史切入，舉例說明日治時期的調查者，由於擁有日本的道教研究資源，故能將道士視為儀式專家，其分類也清楚區別於法師、乩童等，更不會與民眾的信仰相混淆。地方道壇兼具制度性與擴散性的雙重面向，為了論證此一觀點，乃以臺灣中部地區的道壇為例，因三種籍屬分別萃居而與道壇分布重疊，由此論述形成「行業圈」的現象，且迄今仍未有大變動。此一論點有助於釐清道教與民間信仰的關係，也對獨立成科的宗教學系提供一種民族宗教經驗，作為比較宗教不可或缺的一環。

一、道教與民間信仰：
臺灣宗教史研究的一個問題

（一）

從方志史料轉變為田野調查，在這一過渡期間伊能嘉矩編撰《臺灣文化志》，剛好可以總結方志的成就，在宗教、文化研究中有「道教」一項，就像柳田國男認為是歷史學輸入人類學方法；其中第七篇第八章〈道教之影響〉，所表現的就如吳密察撰文所標的乃是〈從人類學者到歷史學者〉。[2]伊能氏來臺前既師

2　吳密察，〈從人類學者到歷史學者──臺灣史研究的巨峰伊能嘉矩〉，《當代》17＝135 期（1998.11），頁 10-27。

從坪井正五郎學習人類學，立志要在臺灣設法創立「臺灣人類學會」，可知是自覺的運用人類學調查法。但從出身、教育及到臺灣所進行的資料搜集，對於方志史料的分類整理，仍顯示所受的是歷史學訓練。故調查、整理道教資料，乃融合歷史學與人類學兩種方法，既詳盡列出客仔師、王醮的史料；也對道士及其職司作基本分類，並區別性質較相近的巫師與法師。其後離臺（1908）中間僅短暫來臺，《文化志》是在死後（1925）兩年才出版的，故論其影響，一在實際參與臺灣舊慣的相關組織，再則兼採人類學、民俗學及歷史學等方法，作為一位開創的先驅，對於道教研究的成果已初具規模。

　　日本官方展開大規模的宗教調查，是在 1915 年（大正四年）西來庵事件後，不同於伊能氏起步嘗試的人類學調查，總督府因統治所需而調查「在來宗教」，在民族志中全面展開的宗教志中，道教僅為其一，丸井圭治郎（1870-1934?）統籌編輯《臺灣宗教調查報告書第一卷》，其中第二篇第三章與第四章關聯道教，即先確立方法，從道教史將其定位「天師教」；又分類道士所屬的派別，凡分靈寶派、天師派（天師教）並兼及老君派、三奶派等法派。乃因道法兩者本就混在一起，故扼要敘及道教史的重要人物，如張陵、葛洪及寇謙之等，採取貫時性的歷史觀點確定「道教」的屬性，乃是具有歷史發展的中國宗教，以此論證在臺灣所調查的即為同一流派。這種歷史定位的正確性，就在遵循宗教史的發展，才能將道教區別於民間的信仰現象。這種情況還要聯結其他章，即可對照證明：如八章祠廟，先定義「祠廟」而後依照教義分類，區分為四類：儒教的祠廟、佛教的祠廟、道教的祠廟及齋教的祠廟，分類「祠廟」並及崇奉的主神、司祭的道

士，顯示進一步掌握祠廟的性質，並非僅以「民間信仰」概括所有祠廟或道士，乃因融合貫時性與並時性之故。

　　《調查報告書》在道教調查中還有另一清楚的類別，就是第九章仕者中既有「道士」類，配合圖表（頁 95）所列的分類：道教、法教及烏頭司公、紅頭司公，即可清楚區分不同的性質及職能，可見針對神職者的分類，係依據實地調查所得的結論。日本官方完成的這份報告，對道教歷史上的派別、道教人物也有扼要敘述，作為臺灣道教天師派的歷史文化背景。這種實地調查法配合歷史溯源考察，此一觀察方式影響了後來繼起的調查研究。此一研究業績建立在日本早期的道教研究基礎上，如小柳司氣太的道教史著述、常盤大定的三教交涉研究之類。[3]當時的學術氣氛及其研究成果，日本學界既已開拓道教史，並擴及三教交涉史一類學術領域，確有獨到的眼光及創見，提供殖民官員具有歷史縱深的方法依據。日本學界既對中國宗教進行過基礎研究，致使其觀察的著力點具有歷史依據，例如使用「祠廟」一詞，日本學界根據中國文獻與方志資料，將社廟、社祠通稱「祠廟信仰」[4]，並未採用大陸民眾習稱的「香火廟」。故「祠廟」一名較諸當前習用的「地方公廟」、「角頭廟」，確實掌握了文獻典籍的歷史來源。又當前既習用「寺廟」，也以所奉祀的神明兼有三教並及地方祠祀，故稱為「民間信仰」。對照調查報告書則根據教義、神明主從及仕者予以細分，可見日治期進行的調查研究，並

---

[3]　小柳司氣太著、陳斌和譯，《道教概說》（臺北：臺灣商務印書館，1970）。常盤大定，《支那に於ける佛教と儒教道教》（東京都：東洋文庫，1930）。

[4]　如宮川尚志，《六朝史研究（宗教篇）》（京都：平樂寺書店，1964）。

不自限於並時性調查，乃兼及歷史學的文獻考察，這種綜合觀點比較契合臺灣漢人社會的宗教現象。

調查報告之後繼起而作的後出轉精，但並未逾越這一基本的架構。鈴木清一郎在昭和九年（1934）出版《臺灣舊慣冠婚葬祭與年中行事》，序文表明曾運用此一調查報告，整理為第一編臺灣民族性與一般信仰觀念，作為二編〈冠婚葬祭〉、三編〈年中行事〉的敘述基礎。其中〈祠廟的教義分類〉也列出「道教的祠廟」；又在〈神佛禮拜與祈禱〉中列出「道士所行祈禱」一目，實質補益紅頭司公的九種法術，其中（六）補運即臺灣北部及中部地方遺存的「做獅」，亦即臺灣早期方志所錄的「客仔師」法事。[5]烏頭司公的職能則散見於生命禮儀（如葬祭）、年中行事（如七月普度），以顯示道士與禮儀行事的關係。此外還有一項「臺灣人的階級觀念」，首次出現社會階層的分類觀念，即上九流與下九流的兩大類，並將「道士」列入上九流之八，僅次於第七和尚，在人群學中認定是身分特殊的一群：神職者。在舊慣之前先簡述道教、道士等觀念，乃因漢人社會中的生命禮儀、節俗行事等，均與道士作為儀式專家而有密切的關係，這一觀察頗契合其實際的身分。

在後續調查中循此架構而益加精密，曾景來與增田福太郎可以作為代表：曾氏在昭和十三年（1937）出版《臺灣宗教與迷信陋俗》，其中就列出〈臺灣的道士及其巫術〉，既有意補益前修，而針對具體的習俗進行簡要敘述：諸如葬禮祭禮、祈福祈平

---

[5]　詳參拙撰，〈臺灣中部「客仔師」與客家移民社會〉，宋光宇編，《臺灣經驗（二）》（臺北：東大圖書公司，1994），頁 121-158。其中曾引述《彰化縣志》、《嘉義管內採訪冊》、倪贊元《雲林縣採訪冊》。

安、驅邪打煞等，其論述難免摻雜佛教、法教及民俗，並著重批評為「巫術之弊」，應是響應當時「皇民化運動」所作的批判；並在調查、記錄中保存一條珍貴的史料，即記昭和十三年 5 月 11 日道士團體組成「臺灣老子道教會」，並錄下會則，乃屬「皇民化」運動的民間組織，反映日本政府進入戰時體制後，對於道士加緊管理的政策，想借組織來約束道教的宗教行為，為研究日治末期的道教史留下一些珍貴的史料。

從基礎調查入手後逐漸關注分類的名目正確與否，道教與儒、釋二教及民間俗信的關係，在調查中早已浮現這類問題，可從實證資料中加以省思，增田福太郎（1903-1982）在昭和四年（1929）應總督府之邀擔任宗教調查官，任職雖僅一年，其後留臺期間仍持續調查，最終完成《臺灣本島人的宗教》（1935 年出版）。其中針對道教的調查分量雖則不重，在論述中卻提出一些重要的觀念：諸如儒教並非純宗教，道教則列為「在來宗教」之首，道士為從事禱祝之事者；又具體提出「民間宗教」、「民間信仰」等詞，正是現今學界廣泛使用前的概念，主因即觀察民間確有混淆三教的現象，其行事以敬天與崇祖思想為主。這類觀察與增田氏的法學出身有關，故注重法思想，這些資料其後陸續撰為論文，因而有較完整的深入探討。

日治期有關道教的調查研究不止於此，但從這些代表性成果即可顯示特色，並不限於中國傳統的儒家或佛教觀點，而能正視臺灣民間保存的田野，其中確有傳統的信仰現象。這種日本觀點並非限於殖民政府的政策指示，而具現日本在新學風下展開臺灣的宗教調查，乃融合諸學科於一。其歷史性觀點在戰後學界開展的道教研究，就有可觀的成果，如大淵忍爾既挾厚實的六朝道教

研究功力，來臺南從事資料搜集與田野記錄，因而激發另一批後進前來，從事歷史人類學的臺灣道教研究；其次則是人類學與民俗學的結合，日本學界原就重視民俗調查，配合人類學實際運用於臺灣漢人宗教調查。故運用整理舊慣的民俗觀點，將道教活動也納入常民社會的民俗生活中，具現其具有擴散性格，這一點對戰後本地學者如劉枝萬、黃有興等都有影響。

　　日本學者採取人類學的調查研究法，早期取法西方對非西方的殖民文化研究，日本領臺期也對殖民統治區進行民族志調查，基於同一意趣表現面對他者文化的人類學認知。但在皇民化運動期間，道教活動及相關習俗就從舊慣變為「迷信」，其中就涉及民俗醫療的改運、收驚法術，這些正是紅頭師的行業專長，被視為迷信行為後也遭到壓制。[6]外來政權的官方與學者進行調查，基於語言溝通、學術背景及實用需求等因素，想要深入研究道教的實況，採取人類學調查以求學術客觀性，亟需突破殖民國及知識人立場，才能深入探究道教的「制度化」本質，此乃戰後來臺學界進一步想要達成的目標。

（二）

　　戰後漢人宗教中的道教信仰，緣於政治環境發生變化，中國大陸採取馬列主義的宗教政策，特別是文革浩劫期間，道教面臨前所未有的生存危機，故學界不易進行調查研究。而海外華人社會的東南亞地區，如星、馬及菲律賓等，各籍道士仍存在於移民區內；港、澳亦多粵籍道士，引起學者注意其道教活動。臺灣兩

6　詳參註 5 前引拙撰〈臺灣中部「客仔師」與客家移民社會〉。

三百年來仍延續不絕，一旦脫離日本政府的殖民統治，可以自由發展，故一時之間地方祠廟紛紛重建、改建，均需按照古例舉行供神三獻或慶成醮典；而二戰期間被禁制、抑制的信仰習俗也恢復，如年例的慶讚中元、定期或不定期迎送王爺的王醮，均為地方大型的公儀式。而私儀式更加盛行，如生命禮儀的成年禮、婚前的拜天公、喪葬習俗的拔度儀；此外就是法術性質的改運、特別是「做獅」的大改運。此類與道教有關的紅白大事一時興起，因而造就出一批戰後傑出的道士，適時活躍於諸般齋醮行事中。在華人社會中成為宗教活動最頻繁的地區，故吸引國內外學者針對其中的道教進行調查研究。

　　戰前初具規模的道教調查，戰後迫於時局變化，一些有調查經驗的大多中斷調查工作；而日本國內從事道教史研究的，則集中於文獻學或經典史，如福井康順、吉岡義豐、宮川尚志等，這一代出身於東洋思想、東洋史等文史學科，故無法進行臺灣的實地調查，而集中精力展開中國道教史的開拓。此一期間日治期成長的臺籍學者既完成基礎訓練，乃利用學術或工作環境之便接續道教的調查研究，劉枝萬博士既運用民俗學訓練及調查經驗，展開道教齋醮的調查；黃有興則因任職澎湖縣府行政部門，其後轉任省文獻會，也進行澎湖當地王醮及民間信仰的地區調查。此外則如李獻璋師承律田左右吉，在完成媽祖研究後，也曾選擇性記錄彰化南瑤宮的醮儀實況。[7]

　　臺灣本籍學者既多仕紳出身，既能操持本地話，又因學術或

7　李獻璋，〈道教醮儀的開展與現代的醮──以臺灣彰化南瑤宮的慶成清醮為現代醮例〉，《中國學誌》5，頁1-62。

公務所需而作調查，基於其優越條件展開專題調查研究。劉枝萬針對臺灣道教展開火居道及齋醮儀式調查，在《臺灣民間信仰論集》中的成就，其學術本質仍近於民俗學方法，故特別拈出「民間信仰」的題名，在〈後記〉中明言：「蓋以建醮乃現行民間祭典之最，由來已久，堪稱信仰習俗之精華故也。」故代表人類學界對醮祭的「民間信仰」觀點；[8]而黃有興在結集題名也題為《澎湖的民間信仰》，〈後記〉所述也一樣強調：「返鄉採集澎湖的民俗」，[9]先發表於《臺灣文獻》亦屬「民間信仰」項。諸如此類對民間祭典、民間信仰的「民間」定位，乃學術、文獻單位面對「道教」採取民俗學的認知。

　　相較於國內人類學或道教學界，歐陸宗教學者對於道教的調查研究，顯示其學術傳統形成優厚的實力，從早期的經典、文獻研究轉向田野調查，臺灣田野提供的道教實況，促使其研究方法發生變化，早期從馬伯樂（Henri Maspero）、康德謨（Maxime Kaltmark）世代開拓後，直到施舟人（Kristofer M. Schipper）抵臺後發生較大的轉變。施氏來臺前既嫻熟道經文本，在中研院民族所訪問期間觸發其轉變契機，就是走出研究室而投入田野調查，並帶引其他後繼者相繼投入：從而刺激蘇海涵（Michael Saso）到新竹市，大淵忍爾也接續到臺南，展開道教學界一場田野調查的競賽，從而激發新世代學子接續前來。臺南府城陳、曾二家成為學者的學道之師，接下又引發南部法教、北部道法二門的調查研究。這些調查工作標幟著道教研究的里程碑，道教學界

---

[8]　劉枝萬，《臺灣民間信仰論集》（臺北：聯經出版事業公司，1983），頁 401。

[9]　黃有興，《澎湖的民間信仰》（臺北：臺原出版社，1992）。

開展異於人類學的方法及理論，配合道教經典文獻關注其「制度化」的宗教面向，後來並將其經驗移用於漸形開放的中國大陸。

施舟人代表的是法國學派，而大淵忍爾則是日本學風，同樣奠基於六朝道教研究的基礎，對天師道的早期歷史均有深刻的研究。施氏之所以如此開啟，就在深知正一教史既有「制度化」的師授傳統，故率先使用拜師、受籙的參與觀察法。乃因拜師受度，才方便學習道教儀式，這種秘傳傳統契合道教的宗教風格，才能深入研究道教的經典、科儀及符籙，其後相繼調查的蘇海涵、大淵忍爾及其他後繼者，都遵行這一教團內部的古老「制度」。

在這一波拜師取得道法資料的研究過程中，如何才能尊重田野並遵守制度，一直考驗學者的學術倫理！施氏在南部地區搜集大量的道經抄本，其搜羅過程代表這一代採取的調查法，卻引起本地學者的反省與批評。[10]從學術方法言，曾經是人類學慣用的參與觀察法，也是宗教學在皈依入道的體驗方式。這些內部資料的取得，運用在研究道派或道士生活，的確可以增加重建歷史的成果，如蘇海涵在《*The Teachings of Taoist Master Chuang*》，即將其置於神霄派歷史加以考察，即為道教研究的一個佳例。[11]由於閩粵地方道教傳承的正一派，在傳承、衍變中隨時、地而變化，臺灣所保存的雖只是一個地方傳統，仍能具現道教的傳統經

---

[10] 丁煌的直率評論，參見氏著，〈臺南世業道士陳、曾二家初探：以其家世、傳衍及文物為主題略論〉，《道教學探索》第 3 號（臺南：成大歷史系，1990），頁 283-357。

[11] Michael Saso, *The Teachings of Taoist Master Chuang*. New Haven: Yale University Press, 1978.

驗。此一地方道教既保存相關的宗教知識，學者想要調查研究，也需擁有相應的歷史文化知識，才能解讀科儀動作、經典文本，其中蘊含豐富的宗教文化訊息。施舟人與大淵忍爾既擁有歷史、經典的專業經驗，又廣泛運用相關的文獻資料，才能細緻解釋一些田野問題：諸如都功、籙牒文書之類；[12]大淵氏在簡要文字中也試圖解明經文傳承，如有關庫錢的經典記載等問題。[13]蘇海涵在取得資料後考證與神霄派道法的關係。[14]類此調查研究均同樣重視歷史傳統、經典教育，道教研究專家乃出之以宗教專業，並整合歷史學與人類學等，才能對臺灣保存良好的道教傳統，承擔其研究的專門之學，故非限於民俗或民間信仰所能達到的。

（三）

「民間信仰」作為學術研究的通稱，在 1949 年以前國民政府在大陸時期並未有此一定稱，日治時期則外來統治者僅泛稱「在來宗教」或「本島人宗教」；然則使用「民間信仰」迻譯 folk blief 或 popular religion 等術語，優點既在含括範圍較廣，也較偏重民眾的信仰生活，故可涵括民間社會諸多的信仰習俗，學

12　施博爾著、福井重雅譯，〈『都功』の職能に關する二、三の考察〉，酒井忠夫編，《道教の總合的研究》（東京：國書刊行會，1977），頁252-290。

13　大淵忍爾編，《中國人の宗教儀禮：佛教道教民間信仰》（東京都：福武書店，1983），〈第二篇　道教儀禮〉，「填庫經文」，頁546-553。

14　マイケル・R・サソー（M. Saso）、サソー・成子，〈道教の傳授經戒──正統道教型受世について〉，《東方宗教》第 45 號（1975），頁15-32。

界以此作為通稱自有其考慮。不過將「道教」視為「民間信仰」，乃是臺灣漢人宗教研究的前一階段「遺跡」，涉及人類學、社會學的理解，卻也引起道教學界的關注與爭論。本來只是作為學術研究的權便用法，無關臺灣宗教學的研究定位，問題在窄化了道教的歷史傳統，乃緣於臺灣有一段長時期，教育體制既漠視宗教學門，也就影響宗教研究的學術發展。在這種學術背景下，才會將「道教」簡單視為「民間信仰」，並從學界擴及官方及社會大眾，想將這一通俗講法定位一個複雜的制度化宗教，難怪會引發道教學界的疑慮！

　　日治時期編修宗教志所採用的「宗教」一名，既是迻譯西方的 religion，自需關注制度化的宗教面向，故會將道教與儒教、佛教（甚或齋教）並列「在來宗教」。這是一個爭議性的分類：儒教是否為宗教？增田福太郎也曾有所質疑，齋教為民間宗教或教派也應被區隔出來；而道教或佛教被歸類為「宗教」，則是從宗教史所作的定位。日本學術界一向關注「中國宗教」的研究，所累積的學術經驗並未混淆道教的制度化與擴散性面向，戰後道教學界培養出來的學術譜系，具體表現在「日本道教學會」的組織。長期延續道教的學術傳統，雖未如佛教團體各自支持宗派的佛教科系，卻也憑藉學界前輩各自建立學術譜系。相較之下則臺灣學界、海外華人學界，甚或中國大陸學界，其實起步都較慢，卻又一再強調道教為中國的「民族宗教」，然則學界應如何因應與民間信仰的關係？

　　劉枝萬的漢人宗教研究，範圍涉及寺廟調查、童乩研究等，也將醮祭列於「民間信仰」，在〈後記〉敘其「前後十七年」進行醮祭的調查，其中重點既有道士、道士團及科儀程序，而醮祭

組織與地方組織即頗佔分量。[15]醮祭活動既為地方大事，而儀式則由地方道壇執行，由此與公廟、聚落相互關聯。人類學關注社會組織，而宗教學則著重祭祀活動，認為「非日常性」的宗教實踐，可以重新凝聚、強化社會的「日常」行動。故觀察社祭與道教儀式的關係，確實與民眾的社會生活密不可分，按照楊慶堃建構的中國宗教體系，道教既借此彰顯其「擴散性」，而專業職司則傳承「制度化」的文化資源，故兼綜兩種宗教性格。

　　「道教」與「民間信仰」的異同關係，日本學界則著重在「道教」取向，故劉氏原本題名「民間信仰」論集，增補並譯為日文通過博士學位後，即順應學風而將書名改稱《中國道教の祭りと信仰》。顯然凸顯了「中國道教」的題名，反映日本學界偏重中國道教史及道教文化研究。而後相關的論述結集，也一樣標明《臺灣の道教と民間信仰》，所論述的重在溯源雷法、天蓬咒等信仰，也綜合考察道士的身分特質，證明道教從中國到臺灣的道法傳承，乃是保存良好的宗教傳統；而在該書第二部、第三部其實關注廟寺、童乩及死喪儀禮，第四部則是農耕儀禮、春祈習俗等年中行事，即是所謂的「民間信仰」，其中也有部分關涉道士、道教與歲時記的關係，才會採用「道教與民間信仰」予以綜括。[16]由此顯示日本學界習將二者區分，其學術性質有清楚的分類，故可作為臺灣道教與民間信仰研究的借鏡。

　　戰後臺灣不同機構的根據有異，其宗教認知乃有分歧，中研院民族所與省文獻會認知為「民間信仰」，而內政部民政司宗教

15　劉枝萬，《臺灣民間信仰論集》，頁 401。

16　劉枝萬，《臺灣の道教と民間信仰》（東京：風響社，1994）。

課則認知「宗教」的制度，方便將「道教」與其他宗教並列，才
能使「中華民國道教會」與其他宗教平起平坐。[17]前者代表研究
傳統下的學術定義，後者則是實際執行事務的機構，故需確定行
政的定義，二者之間各取所需而不必爭論。而道教的學術領域也
自有認知，乃從醮祭活動認知道士為儀式專家，其宗教實踐乃依
據義理（教義），而形諸神譜及相應的科儀，這種「制度」在歷
史上傳承不絕，具現其民族宗教的本質。而人類學、社會學觀察
其職掌，則著重在公、私儀式，既與公廟的信仰有所關聯，也滲
透於常民的生命禮儀中，從慶賀到祭奠紅白俱有，而在歲時祭儀
的非日常生活中，則與儒、釋二教複合在一起，這種表現常被視
為「擴散性」面向。故「道教」研究既不宜從歷史源流被割裂而
出，也需著重普化的通俗面向，在道教學界就成為嚴肅的學術課
題。

二、道壇與移民：以臺灣中部三個地區為例

　　為了釐清道教的宗教特質，可以「道壇與移民」觀察地方道
壇的存在，這種調查目標即「道教」正一派，由於火居道傳承的
壇靖制，一直存在於不同籍屬的移民區內，這些獨立的道壇與各
籍屬分布區，彼此之間具有強韌的依附關係。在此即以中部地區
為例，包括臺中縣市、彰化縣、南投縣兼及雲林縣，方便說明正
一道壇分布與移民區的關係。[18]臺灣道壇道士所舉行的齋醮儀

17　內政部編，《宗教簡介》（臺北：內政部，2003）。

18　筆者曾先後撰有數篇：〈臺灣中部「客仔師」與客家移民社會──從文
　　獻到田野的考察〉，《臺灣史田野研究通訊》27 期（1993 年 6 月），

式，學界將其區分為南部型與北部型，並針對個別道壇進行個案研究。[19]但這種分類似乎根據地理所獲得的刻板印象，其實從道壇與道廟、聚落的關係，主要依據的是不同籍屬的移民分布，在歷經兩、三百年的歷史衍變後，形成泉、漳及客籍優佔區現象，而道壇則自然形成依附現象，並非機械的區分南北醮型，而是臺灣中部地區剛好三籍俱有，並非南北混合居住的情況，在區域內泉籍、廈屬及福佬客道壇三者並存，並無道法「混合」跡象，反而呈現相對保守的傳承方式。道士這一行既競爭又合作，在區域內自行調整後各自保有其地盤。此一現象可從中部移民群的形成獲得解釋，發現其道壇分布與移民分籍重疊，成為相互依附的具體例證。

臺灣中部的族群分布，既異於南、北兩大區塊，也符合不同籍屬、原鄉生活而分籍萃居方式，也就決定地區內道壇的籍屬特性。從「泉籍近海」觀察本區的道士圈，行內常說的「海線」道士，其所在正是臺中、彰化及雲林三縣的濱海地區，故出現以鹿

頁 60-78；〈臺灣中部客仔師與客家文化──一種社會變遷中信仰習俗的起伏與消失〉，《客家文化研討會論文集》（臺北：行政院文建會，1994）；〈臺灣中部「客仔師」與客家移民社會：一個宗教、民俗史的考察〉，宋光宇編，《臺灣經驗‧二，社會文化篇》（臺北：東大圖書公司，1994），頁 121-158；〈臺灣中部紅頭司與客屬聚落的醮儀行事〉，《民俗曲藝》第 116 期（1998 年 11 月），頁 143-173；〈中部山線道士行業圈：陳、李兩個道壇的合作與傳承〉，鄭志明主編，《道教文化的精華》（嘉義：南華大學宗教文化研究中心，2000），頁 159-203。本文即據此作進一步的分析。

[19] 劉枝萬，《中國民間信仰論集》（臺北：中央研究院民族學研究所，1974）。

港為中心的道壇分布。「山線」則指南投竹山一帶的內山地帶，主要是漳州籍屬的移民分布區，其地理環境、經濟產業及信仰文化，與濱海的泉屬有所區別。而中間部分的鄉鎮地區，則是彰化、雲林及臺中縣境內分布萃居的「福佬客」，被語言學家視為「方言島」的福佬客語區。[20]由於三種不同籍屬的移民分區聚居，各族群也相對保守其信仰習俗，類似方志所謂：泉之俗行於泉、漳之俗行於漳，[21]而客之俗亦行於客。由此觀察道壇道士為鄉民執行齋醮儀式，即可清楚標明其地方特色與道法風格，均可從書面或口述文獻獲致證明。

（一）

　　臺灣早期港市與區域經濟、文化的關係，中部地區濱海地帶較為繁榮，鹿港曾是盛極一時的重要港口，往南有舊稱笨港的北港，符合臺灣海岸間隔一定距離即有海口港分布的情況。[22]泉籍的祖籍分布保守原鄉的生活方式，其移民時間較早、開發條件較有利，諸如施琅開發等因素，鹿港地區的泉籍居多，據統計高達九成，並連及相鄰的鄉鎮區域，自是適合泉籍道壇的依附條件。從寄籍而後在地定居，早期既有莊意與楊財源、楊通寶二家，傳入原籍道法後傳給施氏家族，因而成就世傳道業，至第五代的施端輝（鼎陞），適逢日本到國民政府的轉變階段，其師授制具現

20　黃宣範，〈中部客家方言島的消失〉，《語言、社會與族群意識：臺灣語言社會學的研究》（臺北：文鶴出版社，1993），頁 294-314。

21　《諸羅縣志、風俗志》所用之語。

22　戴寶村，〈近代臺灣港口的發展〉，《臺灣風物》39：1（1989），頁148。

泉籍的傳統特色。

　　這一段早期道教史的重建，有賴一分重要的史料，就是至今流傳於同行間的一幅〈崇真觀先賢圖〉，在二月十五日祭拜老君會必會掛出，圖上所列的「鹿港歷代先師」[23]就是其傳授譜系，從上而下以莊（意）、楊（財源、通寶及宜顯）及王（仁祥）、許（錫顯）居中，兩旁遍列施家各代及後進道士。這分傳承譜系圖由施端輝所修，表明道法所出即為泉籍一系，由於莊意乃「寄籍」的泉籍人士，既未定居就未留下家譜資料，而「楊先師」的重要地位就有賴家傳〈楊氏家譜〉。譜上註明原籍為「泉州安溪縣五里埔鄉」，開臺祖楊江水（1792-1846）即註明道士，道號志順，下有一行文字註明「曾到廣信府受歷」，受歷即「受籙」，即親到龍虎山正一祖庭受籙，故應屬家傳的世業道士。根據家譜所記的年歲推測，應在乾、嘉年間隨泉人移居鹿港，當時鹿港既有莊意所傳，而當地泉籍人口眾多，由於經濟發達而形成一種吸力，故吸引楊氏這種世業道士前來，其後二子（財源、通寶）也能發揚道業，由於孫輩宜顯娶施氏之女施約，乃將道法傳授、栽培施家子弟。兩份圖、譜彼此互證後，即可重建泉之俗遷臺後行於泉人聚落。

　　根據錢江派施姓家傳〈家譜〉所載，並非在原籍「錢江鄉宅分」（今石獅一帶）即為世業道士，而是緣於籍本晉江而認同泉籍信仰習俗，故接受莊意（原籍不詳）、楊江水（安溪縣）所傳道法。楊家傳至三代楊宜顯被公推為優秀道長，前來學習的道士

23　林聖智，〈鹿港的道士與威靈廟普渡科儀調查報告〉，余光弘編，《鹿港暑期人類學田野工作教室論文集》（臺北：中央研究院民族學研究所，1993），頁 111。

遍於鄰近村莊，如梧棲（李來益）、和美（陳俊、洪吉）、秀水鄉福安村（林本連），均屬泉籍移民分布區；較遠的則有雲林褒忠（蔡羽士），同樣也是濱海的泉州籍屬，形成紛來拜師精進情況。按照行業慣例，凡師授道壇道士均屬同籍，而彼此必須間隔一定的空間距離，像李來益傳授臺中縣清水廖忠廉，蔡羽士則在雲林一帶發展，各自保有行業圈，彼此之間不致於發生地盤重疊問題。而重疊之例則在鹿港街內，俱屬施家而有四、五代，楊家既娶施學梨（三代）之女（施約），基於婚親故可傳授其子女，其本事傾囊相授後，成就施家的道業，故在第五代同時出現四位優秀道士：施金桑傳其父教淼的混元壇，施端輝則立「達真壇」、施錦鑾（鼎炯）立「守真壇」，施議萬立「保真壇」，各立壇號各自發展。時間正是戰後道教自由發展的時期，社會需求既殷切，社會經濟亦足以支持，在同一家族同一時間才有出現四壇道士的現象。

　　施家第五代的道法傳授乃屬家傳，第六代至第七代則適時師授外姓，以期擴張影響力，其中第五代凡有多位接受張恩溥天師受籙，奏職後成為鼎字輩，當時嗣漢天師府隨國府撤退來臺，配合政府的政策重整正一派。施端輝當時被行內公認為一時傑出的道長，先專擅家傳的道教科儀，並曾赴日本學習佛教經誦，光復後才又從事道教科事；其能力足以聯合同宗及外姓，為道壇整理一分清楚的譜系：〈崇真觀先賢圖〉，建立一套爐主制，成為行內傳承的身分表徵。這一代適逢道業鼎盛，施端輝開展的影響力，既外傳秀水鄉陳五常，又傳街內何鑑。秀水鄉正在鹿港的邊緣地區，符合保持距離的傳授原則；而傳授街內（鎮內），則是戰後此一行業需求殷切，亟需收徒擴增人力以應所需，故出現多

收外姓徒弟的現象。施家在戰前、戰後開展了海線道士圈，地區
乃屬濱海一線的泉籍，可知信仰習俗與語言構成的文化認同，致
使「泉之俗行於泉」（《諸羅縣志》語）。

海線地區的地方道壇，需要重建道士的傳承譜系，就有賴道
士圈內所保存的資料：家傳既有歷世相傳的經書抄本、道壇器
物；師授則有拜師帖與授職「捷報」，據此始能匯整為先賢圖。
這一行也有行業神的崇拜，乃由有資格者輪流擔任爐主，在老君
聖誕一起聚會祭拜，以示報本之意；並在會後聚餐（吃／呷會）
聯誼，確定其行業身分的標誌。這就有賴公開的「授職」，始能
獲得社會大眾的認同，故將「萬法宗壇」高懸於壇靖牆上。而家
族內部之能傳承久遠，乃因道士識字而有能力修纂家譜，譜內備
具基本資料，從生卒年月到道號、壇靖俱有。故使用楊、施等支
房所存家譜，加以參合比對後，即可建立完整的傳承譜系，迄今
壇靖內部仍遵循嚴格的規制。

（二）

相對於海線的則是「山線」道壇，竹山拱照壇的陳家可作為
代表，加上二水普照壇李家，就構成內山地帶的道士圈。陳家的
道法傳承，始於陳尚赴福建考試落第，有機緣留在廈門學道，並
非原籍即為世業道士，這種情況較為罕見。後來歷經日本統治期
的壓制，戰後即為第三代陳清標，又按古例親到彰化北斗，隨從
陳良進修、奏職。戰後因應社會環境的變化，能幹的道士得以一
展長才，其情況與施端輝相同，都被行內外公認為優異的道長，
其行業圈主要在竹山一帶，並擴及內山地帶的鄉村地區。陳清標
的道號法本，並未到張天師處受籙，而是到北斗拜師，本人及其

孫的拜師捷報迄今仍高掛壇內。山線道士形成的地區習慣，縱使
是家傳道法，仍需到圈內傑出的道壇奏職。北斗一地當時人才輩
出，凡有東門陳良與西門許東，兩位均屬優秀的道長，既在本地
獲得肯定，也在區內成為同行拜師的對象，此一地區位於山線與
海線之間，所授弟子陳清標則在內山一帶，因而在相鄰地區得以
擴大影響力。

　　竹山在臺灣開發史上乃是有名的「林杞埔」，移民以漳州籍
為主，分布在近山平陸與丘陵地帶。[24]根據原籍傳承的信仰習
慣，山線南投縣境內的鄉鎮之人，既可接受廈門系的道法，也存
在釋教的傳統，這種香花和尚並未出家而可娶妻，其行業即以誦
念佛經為主，乃明初規範禪、講、教的瑜伽教。陳清標既處於內
山地帶的宗教氛圍中，乃與釋教形成競合關係，故採取廣泛傳授
的作法，從而在區內擴張其影響力；家傳在嫡出四子中既有三子
習道，庶出的也有兩位，孫輩也同樣傳承家傳的道法。[25]在行內
主要採用師授制，早期傳授多達八位，號稱「八怪」：既有竹山
本地人，又特多外地人，分布於二水、二林、田尾及名間等地，
均屬保持一定距離的相鄰地區。由於竹山的交通便利，當地人口
既多，經濟力也較佳，故容許較多的道壇生存。此一老壇所擴張
的行業圈，遍及鄰近山區的內山一帶，形成一個獨立的道士圈，

24　莊英章，〈臺灣漢人宗教發展的若干問題──寺廟、宗祠為竹山的繁殖
　　型態〉，《中研院民族學研究所集刊》36：113-140；又〈林杞埔──
　　一個臺灣市鎮的社會經濟發展史〉，《中央研究院民族學研究所集刊》
　　乙種第八號。

25　詳參拙撰前引〈中部山線道士行業圈：陳、李兩個道壇的合作與傳
　　承〉。

其演法風格至今未變。為了維持這種行業圈，新一代掌壇的道長陳東成，在區域內同樣收了七、八位徒弟，可知這一帶自成一區的原因，仍與地理形勢的封閉有關。

陳家作為世業道士，所傳的閩南道法乃屬廈門一系，其性質與泉州系雖近而有異趣，故拜師研習乃選擇北斗道壇，而不會遠到鹿港海線。行內所傳的經書、科儀本，不若鹿港道壇的道法複雜，反因較少與外地接觸，其實際演法也恪守舊例，如進三清宮進香後退出，仍依古法倒退而出而非轉身，理由是敬重三清之故。在所傳的拔度科儀中，間也採用釋教盛行的儀式，在拔度儀中出現「對卷」，乃仿效釋教的作法，而內容則是敷衍《度人經》而成。在此一區域內道教與釋教並存，彼此之間交流互補，才會出現這類此系獨有的科儀。由於傳授較廣，並系出同門，就在行業圈內相互奏職，故拜師帖與奏職捷報成為一種標誌，可以理解陳氏家族在山線展現其影響力。

陳清標既以傑出的道士材廣泛授徒，在弟子中優異者凡有多位，如二水李俊卿、竹山李俊仲。陳、李兩家分別在兩地立壇，彼此之間締結姻親關係：李家祖籍泉州府同安縣（今歸廈門市），與陳家所傳廈門一系的道法相近；所居之地則彰化縣二水鄉與南投縣竹山鎮，距離相近並不很遠，在這種情況下，兩家之間展開合作的關係。李家從李結一代開始創立「普照壇」，傳承到第三代，三子傳和與陳家聯姻，四代錦鋙又娶陳清標妹。在道士圈內道壇之間常借聯姻建立關係，同行之間的生活習性既彼此瞭解，重要的則是道法的相互交流，將一些秘傳性資料傳授下一代。李家傳到第三代，長子傳壽遷往竹山另立通玄壇，乃與陳家有密切往來。從〈家譜〉所列與實際訪查所得，雖未能肯定李家

在同安原籍即屬世業道士，至少可據家譜得知普照壇的設壇時間早於陳家（陳尚），可見李家自有家傳道法。至三、四代間彼此聯姻，則基於門當戶對又可互通有無，緣於這層姻親關係，第五代李俊仲、李俊卿就拜陳清標為師，由此可見老道壇之間的人際關係，彼此形成世代合作的長遠關係。

二水李家與竹山陳家隔著濁水溪，一在平陸一靠內山，其距離既不甚遠，故沿著山線各自發展行業圈，戰後因應社會的需求，出現多位到陳家拜師的情況，致使行業圈往北、往西延伸：田尾鄉在北斗鎮的北邊、二林鎮則在田尾鄉的西邊；新一代陳東成所收的，也有兩位田尾人，另外兩位則在竹山本地及相鄰的鹿谷，仍然具有山線一帶的地緣關係。李俊卿所收的弟子多達八位，則從二水往西向外擴張，凡有兩位埤頭鄉人；其他溪湖鄉、二林鎮及大城鄉則各有一位，主要的分布區都在彰化平原，乃是人口分散的鄉鎮地區。從地理形勢理解竹山，乃位居進入內山的關鍵位置，人口較多、且居住集中，可以容納較多道壇。再往內山一帶則戶數分散、人口較少，從陳、李兩家開壇以來，僅有兩位來自鹿谷與溪頭，所學的也只是實用的「冥路事」。這種地理分布的形勢，顯示道士行業圈的地盤現象，確與中部地區的移民籍屬、開發時間相一致，均為彰化平原的漳籍優占區。道壇分布所在乃屬廣大的鄉鎮地區，可見道壇屬性與同籍族群，彼此之間形成的依附關係。

（三）

在海線與山線道士行業圈的中間區域，錯落散布福佬客籍村落，從移民開發史考察其區域特性，彰化平原曾有客民參與開

墾，後來定居於埔心、埤頭、竹塘等，形成同籍萃居的大小村落。[26]人數既少，周圍又多漳籍居民，語言就逐漸兼用漳語，語言學家視之為「方言島」現象。[27]其方言及生活方式雖逐漸被同化，但信仰習俗仍保存舊傳統，這些村莊至今仍保存三山國王信仰，統計其廟宇數仍佔多數。[28]同一情況也反映在道教信仰，正一派與三奶法兼而有之，迄今仍遺存於福佬客分布區，可以埤頭鄉蔡家與黃家作為代表。蔡家道法應屬祖傳，從歷史考察此一區域即臺灣方志記載的客仔師／紅頭師分布區，蔡屯家傳、師授的正是紅頭法遺跡。

　　臺灣現存同一道法類型，均傳承自漳州南部、廣東東部，主要集中在北部臺北縣市、宜蘭縣及桃竹苗客屬優佔區；中部則是彰化縣與臺中縣市，隔著濁水溪的雲林縣西螺、二崙、崙背等，諸鄉鎮原為客民開發地區，至今二崙仍有田家道壇。從行業圈理解中部客屬地區，道壇道士的主要業務乃從事改運的紅頭法，而無度亡性質的冥路事，較大的吉慶紅事即是建醮大典。這種「法」重於「道」的道法風格乃屬客仔師，而周圍漳籍佔優區的喪葬事則採用釋教。相較之下其傳授態度較保守，故行業圈限於福佬客分布區：彰化平原的福佬客區，雲林、臺中兩縣的福佬客

26　施振民，〈祭祀圈與社會組織──彰化平原聚落發展模式的探討〉，《中研院民族所研究集刊》36，頁 191-208；許嘉明，〈彰化平原福佬客的地域組織〉，《中研院民族學研究所集刊》1973 年。

27　黃宣範曾提出〈中部客家方言的消失〉問題，前引文中曾廣泛引述並解說「方言島」與客籍族群的關係。

28　劉枝萬，〈臺灣省寺廟教堂名稱主神地址調查表〉，《臺北文獻》11：2（1960）。又拙撰前引文〈臺灣中部紅頭司與客屬聚落的醮儀行事〉。

莊，顯示道壇分布與客籍聚落相重疊，形成明顯的「依附」現象。

　　方志所載「紅頭師」的職司，即進錢補運解除重病，這些民俗在日治期間頗受壓制，戰後則曾繁榮一時。根據調查所知中部地區也如同其他區域，在清領末期曾經盛行一時，埤頭蔡家第二代蔡楊柳即在此時傳授黃國行。豐原曾家第四代曾和週亦曾傳授多人：臺中市西屯黃贊臣、北屯徐慶祿等；戰後第五代曾榮結也是一時名家，也傳授臺中市曾子鈺、賴雲塔等，行業圈擴張至臺中地區，進而使用閩南語進行道法科事，在當地的祭改法事就不分籍屬，這種發展型態屬於都市型。而相對的則是村莊型，如黃家二傳至黃奇楠、奇琨兄弟，黃奇楠的道法修為廣受行內讚譽，卻仍限於偏僻的埤頭鄉，不如豐原曾家能影響到臺中市。在戰後初期的社會、經濟條件下，這種情況反映都市型道壇容易擴大行業圈。

　　比較豐原市曾家與埤頭鄉蔡、黃兩家的傳承方式，剛好分別代表都市型與鄉村型，其決定性因素就是社會、經濟實力。由於同屬道法二門而保有秘傳性，曾家兩代連續出現優異道士，乃因應形勢採取開放的師授制。曾家活動的地盤在東勢、豐原等地，確屬客屬居民分布區，但其後豐原一帶客屬逐漸減少，而福建籍則增多，客屬道壇即改變語言習慣以適應形勢，曾氏家族亦積極參與地方廟宇活動，而從依附到轉型成功以適應環境。這一派經兩代採取外傳後，行業圈擴及臺中市及相鄰地區，在城隍廟旁從事改運的習俗，就形成典型的道法傳統。相較之下，方言島的蔡、黃二家則彼此合作，較少外傳，傳授外姓多有姻親關係：竹塘林元啟娶黃奇楠女而得傳道法，故行業圈限於埤頭、竹塘及相

鄰原福佬客村莊。

　　根據臺灣中部族群分布與道壇分布的重疊，出現山線、海線及福佬客三區，可證火居道的宗教版圖等同族群分布圖。道士壇與同籍聚落有明顯的依附性，反過來說，聚落社廟與社民也有同一需求：開冥路與進錢補運的性質既屬非日常性，則同籍道、法壇才會獲得信任；尤其規模特大的社廟醮祭、中元齋事，凡公儀式均需滿足公眾的集體需求。行內所說的「地盤」，雖則仍會與時俱變，但其消長仍未逾越族群分布。故提出「行業圈」觀念彰顯其行業特性，以期契合歷史傳承與社會衍變，從宗教社會學觀察火居道的宗教屬性，既居處於世俗社會，既與社廟、社民存在強韌的紐帶關係，基於同一文化認同：宇宙觀、鬼神觀及生命觀，故不容易分離。可見道壇道士的傳授兼採家傳與師授，在當地自然、人文環境下自成地盤，形成神職與世俗交織的行業現象。道教雖未能形成獨立的教區制，但在基層社會仍始終執行其神職，就契合「社會」一詞的構詞原意。

三、制度與擴散：火居道的兩種性格

　　楊慶堃（C. K. Yang）從社會學研究中國宗教系統，認為可區分為「制度型」（institution religion）與「擴散型」（diffused religion），從這兩種型態觀察正一派的火居道，既具「制度化」的宗教面向；也因深入常民生活而表現其普化性，由於火居而與社區民眾休戚相關，在社會生活中共享同一宇宙觀、生命觀，兩者之間密切結合的，從社廟信仰、歲時節俗到生命禮俗、祖先祭祀。故學界常注意這種「擴散」性質，而忽略其傳承的制

度性，其源頭早在東漢末創教的正一道治，其後道壇道士在聚落設置靖治，表面上與常人同樣娶妻生子，而忽視其獨特處在世代傳承符籙道法，故在社區中成為儀式專家。福建、粵東的正一傳統，既與江西省龍虎山淵源深厚，又適應在地的地方文化，在宗教職能與道法風格形成地域派別。故隨移民移居臺灣後，在中部地區散布各縣市，也就分別依附於泉州、漳州及客家族群，在各籍屬分布區內成為信仰生活不可或缺的儀式專家。

　　火居道的「火居」二字兼具社會學與宗教學的雙重涵義：正一派靖治既設於社區內，乃與社內居民結「伙」而居；而其專業則傳承三張（陵、衡、魯）之教，形成父子的世代相傳制，並依師受制建立傳授不絕的宗教傳統。[29]道壇道士根據家傳與師受制傳授其符籙道法，在社會生活的「非日常」時間內，為地方民眾舉行宗教儀式；平常時間則在社區內立壇掛匾，並不容易區隔於世俗。由於並未採行出家修行的住觀制，而與社區居民火居，就將「火」字理解為「火宅」或「伙伴相居」。[30]從出家觀點理解其未能出家，亦即未能免於世俗世界的煩惱，一樣需經歷生命之憂與生活之苦有如火之煎熬。這種在世俗社會修道、傳道的生活方式，使教義與實踐方便滲透世俗社會，若從人群學觀察「這一行」，在中國社會的行業分類中，就會根據專業視為儀式專

29　陳國符，〈南北朝天師道考長編〉，《道藏源流考》（北京：中華書局，1963），頁 330-351。

30　出家制可參考 K. M. Schipper, he moachisme taliste（道教出家制度），見 lncontro di Religion in Asia trail 11etil x Secolo d.c. Florence: Urbaldini，頁 199-215。而火居道部分則可參見劉枝萬前引《臺灣の道教と民間信仰》，頁 173-214。

家，這種行業形象即表現正一派的宗教性格，故可依制度性與擴散性兩種面向觀察其行業特性。

（一）

道教早期建立壇靖制，既兼顧家傳與師授制，傳授其經文、訣法及符圖，構成一套穩定的傳教制度，其教義與實踐足以支持道士的公、私儀式，為公即上自國家、下至村社，為私則需滿足家族以至個人，此即齋醮儀軌的形成及衍變。緣於創教期的東漢末至魏晉南北朝，乃中古時期的亂世時局，學界稱為末世、末劫之世，其經訣乃為了「開劫度人」而出世。[31]因而其神學教義具有天啟（神啟）性，在教團內部的經法傳授均需恪遵盟科，故舉行傳度或受籙儀均鄭重其事，使符籙、經典經由秘傳而得以穩定傳承。[32]道士擁有的專業職能，在確保其神職者的祭司身分，故需嚴格遵守內部的傳授戒律，這種經法傳授的秘傳也維續其聖潔性。這種科範規制的制度化，使正一道士雖則火居，在技藝上卻能長期維持其宗教專業，類此神職角色歷經兩千年而不虞失傳。

從明鄭到清領期間道壇道士分別從福建、廣東遷移來臺，受限於當時的社會經濟及交通條件，只有少數人如楊江水親往龍虎

31　參見拙撰，〈傳承與對應：六朝道經中「末世」說的提出與衍變〉，《中國文哲研究集刊》第 9 期（1996），頁 91-130；〈六朝道教的末世救劫觀〉，《末世與希望》（臺北：五南圖書出版公司，1999），頁131-156。

32　詳參拙撰，〈臺灣道教抄本史料及其運用〉，中華民國史料研究中心編，《中國現代史專題研究報告‧第二十一輯——臺灣史料的蒐集與運用討論會論文集》（臺北：中華民國史料研究中心，2000），頁 361-398。

山受籙、或返回原籍接受傳度；其他大多在地傳授，從而逐漸形成臺灣的傳授譜系。道門內一再強調其「天師派下」的身分，也特別尊崇龍虎山祖庭的受籙，顯示將受籙視為祖庭認可的殊榮。由於海峽兩岸的空間距離與歷史遙隔，促使道士就近在臺灣傳度奏職，其間經歷日本的殖民統治，加速在本地舉行道壇奏職制；戰後國民政府撤守臺灣後，一度與中國大陸完全隔絕，道教因應政局的劇變，展開在地的教會組織與天師傳授，關鍵就是龍虎山嗣漢天師府在臺成立辦事處，六十三代天師張恩溥隨國府來臺。在政府遷臺前民間只有大型齋醮活動，張天師才偶或被邀來臺，在當時被視為道教界的隆重大事，等嗣漢天師府遷移來臺後，有意重整零散的壇靖組織，因而對道教產生重大的改變。

　　張恩溥天師取得政府認可後，配合黨政當局區別於中國大陸成立的「中國道協」，故示意先後組織了「臺灣省道教協會」與「中華民國道教會」，以標示宗教／政治的正統性。當初創立初期乃以正一道壇為主，也適度容納丹道修練的丹鼎派，後來則配合黨政需求，針對寺廟管理的行政政策，根據民國十八年公布的「監督寺廟管理條例」，擴大登記以管理寺廟，不歸佛即歸道。[33]從此正一道壇與地方道廟並存，彼此之間也可以合作。在這段時期道壇被加強「制度化」，張恩溥另行發展天師府的受籙制，將道壇納入教會組織；地方宮廟既被登記在道教會，名稱與性質被稱為「道教廟」或「道廟」，而非學界定義的「民間信仰」。即將根據崇祀的神明納入道教神譜下，如王爺、媽祖或關帝、孚

---

[33]　內政部編，《宗教法令彙編》（臺北：內政部，1996）；又李豐楙，〈從道教看現代社會倫理〉，《宗教與倫理研討會論文集》（臺北：書評書目出版社，1993）。

佑帝君等，均列於「功國神明」項下。由於後天神次於先天神，故悉數歸屬三清、四御下，將古制朝封與道封合而為一。[34]

六十三代天師在臺灣施行的受籙制，期將分散的道壇重加整編，其受籙規制即按派詩「高鴻鼎大羅」，六十三代所授的即屬鼎字，當時接受而授予「鼎」字的，如鹿港施姓道士第五代均列鼎字，其他各地老道壇亦然，至今壇靖內仍高懸「萬法宗壇」的受籙證明，表示其證盟資歷，天師以之象徵在道教界的威信。從此嗣漢天師府與道教會雙軌並行，從張天師生前至仙逝，道教組織歷經調整後，曾由趙家焯等領導，道廟負責人加入者就越多，徹底改變了原先創會的原意。後來六十四代天師張源先繼任，仍未與「中華民國道教會」合作，而以嗣漢天師府持續受籙的奏職職能，以維續正一派傳授制的正統性。而目前中國大陸在文革浩劫後，其宗教政策逐漸開放，既恢復「中國道協」，龍虎山天師府也漸次恢復受籙制，這一改變引發臺灣道士前往受籙，乃是臺灣道教史的新一章。

民間社會對道壇道士的肯定，仍考慮地方道壇的歷史定位，道士的道行涵養，尤其是與地方的社交關係，故奏職成為公開性活動，南部即流行「爬刀梯」，乃轉用閭山派的奏職方式；而中部的拜師奏職，則使用類似科舉時代高中科名的「捷報」，在奏職後敲鑼打鼓送至壇上，這些奏職文狀乃建立師承譜系的資料。而福佬客區埤頭黃家、蔡家，雲林二崙田家以及豐原曾家，凡拜師精進的證明既保存於科儀中，如宿朝科儀中啟謝前傳口教宗

---

[34] 這些文獻與口語資料，為筆者得自道教會張檉秘書長與正一道壇的張智雄道長，特此註明。

師，即列出歷代宗師的名諱，在來臺前大多一致，且可與北部同一系相比，證明是來自漳州南部福、客混居區；[35]來臺之後則因與北部區隔，形成在地所傳的地域差異。從這分朝科的啟請名單，可以追溯其傳承的譜系，證明口教宗師的誦請象徵其傳承的制度化。

從早期道治衍變為地方道壇，火居道既延續正一派傳統，這種傳授制形成一種穩定關係。臺灣道教維續的雖是閩粵的地方傳統，實際傳承的是道教的制度，備具經典、神譜及儀式，至今仍能支持道士的神職身分，在地方社會擔任祭司的職務。早期在生活艱困難的處境下，既需專精專業的科儀以維持生計，也要持續其宣化任務以免道法中斷，這就有賴傳統制度的支持。「這一群人」之能長期堅持此一特殊的行業，在臺灣的行業／階層分類中，其宗教的祭司身分得列上九流。當前社會丕變、知識水準提高，則需面對現代化的劇烈衝擊，故需與時俱進才能傳承其悠久的宗教傳統，此即當前所面對的嚴峻局面。

（二）

道壇道士既因擁有經典、儀式專業，並與地方社會較為接近，方便建立地方的人際網絡，而能代之執行儀式行事。因而容易與民間的信仰習俗相混合，故常被視為具有「擴散性」。以往臺灣處於農業的社會型態，士庶的日常生活既穩定，非日常性信

---

[35] 閩、粵地區之調查有 John Lagerway（勞格文）著、許麗玲譯，〈臺灣北部正一派道士譜系〉，《民俗曲藝》103 期（1996），頁 31-48；〈臺灣北部正一派道士譜系續編〉，《民俗曲藝》114 期（1998），頁 83-98。

仰活動也少有變動，道士執行科儀彼此配合，主要是為聚落進行齋醮儀式，凡分公、私兩大類，涵蓋四種非日常行事：廟會慶典、歲時節慶與生命禮儀、解運解冤。由於道士與民眾擁有同一宇宙觀、鬼神觀，社民相信道士作為神職者，足可代為「通神達聖」。此一信念既相信鬼神世界的存在，並可遵循繁簡不一的儀式相互溝通，就特別具有融入社區生活的普化性質。

　　臺灣城鄉的漢人社會至今保存的信仰生活，從迎神賽會到歲時節俗，都能因應自然、人文環境的變化，調整為時地相宜的宗教活動，故可視為社區民眾的公儀式。就像《左傳》所言「國之大事，唯祀與戎」，小至一個城鄉同樣也是地方大事，即鄭重祭祀鬼神以祈庇佑。其人文意義較諸地方的防禦，均屬衛護合境平安的大事，故凡公儀式均不可馬虎。戰前在日本政府統治下，政治壓力既大，社會經濟力也較弱，民間卻仍堅持照常舉行公眾儀式；至於戰後迅速恢復而趨於常態，經濟實力也大為增加，故公儀式愈加熱烈，表現整體社會力大幅提昇，並不因社會變遷而有所改變。關鍵就在民眾集體參與祭祀活動，在社區內無論公廟或角頭廟，均需依據傳統禮俗而舉行，道士則以儀式專家的身分登場。雖然城鄉的移動快速，但是公廟的公共事務仍屬「公司」，道士也持續扮演重要的社會角色，在結社、賽社的民眾活動中始終活躍：公廟的年例祭祀就有神明生（千秋聖誕）的三獻禮，地方節慶則如慶讚中元，都依循古例委由道士主持；尤其專業性較高的醮典，諸如寺廟慶成的祈安福醮、驅瘟送祟的迎王醮祭，均依循古例表現夙所傳承的齋醮科儀。這些醮祭大事乃是道士的社會舞臺，社區民眾也如此信任，方能達到祈求「合境平安」的目

的。[36]從宮廟保存的地方文獻，如香油冊、醮志、廟志及禮俗簿，即可理解道士與公廟的關係，正是作為儀式專家的神職身分。

道壇道士配合地方公廟而舉行慶典，透過這種儀式與神話的合一，使宗教義理擴散於民眾的信仰生活中，滲透力既強，而能深入社區生活中，乃是重要的中介者角色。如為社區舉行慶成祈安福醮，這種習俗需要整個社區相與配合，亟需全體齋戒以求潔淨。故將醮壇設於廟內，將日常的祭拜空間轉化為神聖空間，祈求仙聖降臨壇場，道士在此為地方民眾演法祈福。在這類聖潔行事的背後，其實正是道教講究的非血食性，此一齋潔傳統雖說源自遠古的齋潔習慣，道教卻賦予新意，並使民眾的表現與之一致，由此可見對於社區民眾的深刻影響，成為同一民族共同的信仰心理。道教與民眾共同參與的醮祭，既反覆出現在年例的中元行事，也在定期或不定期的迎王祭典中，顯示道士乃因同籍的依附性，而得與社民擁有共同的歷史記憶，普度區之大者就像基隆的慶讚中元，地方民眾強調早期的地方記憶：「金、雞、貂、石」；[37]而鹿港曾經流傳的「普度謠」，原本有序分散於一月之中，遍及各角頭的輪普，不像現在集中在七月十五的一日，一早先在地藏王殿由釋教負責，而天后宮的慶讚中元、威靈廟的普度

---

36 詳參李豐楙、李秀娥、謝宗榮、謝聰輝等著，《東港迎王——東港東隆宮丁丑正科平安祭典》（臺北：臺灣學生書局，1998）；《東港東隆宮醮志——丁丑年九朝慶成謝恩水火祈安清醮》（臺北：臺灣學生書局，1998）。

37 詳參李豐楙與劉還月、許麗玲撰，《雞籠中元祭祭典儀式專輯》（基隆：基隆市政府，1993）。

儀式，依例則由施家各壇分別主持，此乃政府介入後所改變的結果；早期則是分散於一月之中，由地藏殿在初一開鬼門，天后宮在七月十五慶讚中元，威靈殿則在月底關鬼門。普度謠中遺存的角頭名稱與日期安排，即遺存地方的共同記憶，道教、釋教與社區民眾在祭典儀式中反覆提醒，以資紀念地方開發的興衰起伏。當地寺廟既保存古早的香火簿，可以對照道士家傳的科事紀錄，乃是重建地方風俗與開發記憶的珍貴史料，而道士則以儀式保存地方祭祀的大事。

　　彰化、雲林及臺中諸縣均曾存在福佬客，其後逐漸福佬化而有成為漚客之虞，而萃居於「方言島」的客莊居民，至今仍保有三山國王信仰，其宮廟為地方公廟。這些廟宇年例必行的神明生，也有非定期的慶成建醮，仍會委請道士主持三獻禮，且至今仍屬客籍道士承擔其任務，在通疏、誦唸中使用的語言，正是福佬話而略帶客語口音，羅肇錦曾比較與桃竹苗客語的語言差異，認為是自成一格的客家話，且需溯源福建詔安一帶的詔安客話。從當地道士保存的語言與醮典，可知經典文獻與口語資料相互配合，足以論證正在消失中的一個族群，借由宗教儀式保守／保存其文化記憶。就像早期方志中記載的客仔師、紅頭師，這一史志所載「雜俗」迄今仍遺存於客庄，印證早期確有「佃丁」、「佃客」之事，客家人既參與開發，其後既有返鄉的也會選擇定居，故至今仍萃居於福佬客莊，而紅頭師壇既與聚落居民相互依存，才能維持此一早期的信仰遺跡。

　　臺灣社會既歷經現代化的衝激，其例證亦見於一家的生命禮儀，在重要的通過關口中，從出生到成人俱有儀禮，尤其特為重視生子生女、婦女妊娠以及生產的危厄，目前既有現代醫療而能

獲得安全的保障，但以往的農業社會則充滿不穩定性，故對於閭山派、三奶派紅頭法師有所需求，至今猶保存遺習。其中成年禮、婚禮則深受現代化影響，內政部乃提倡官方版成年禮與簡式婚禮，可知這類人生大事已被簡化。縱使如此，在鹿港地區仍保存「拜天公」的謝天儀式，即由道壇道士與法壇法師分別主持，遺留以往對通過生命危厄的報謝遺意。可見生命禮儀關涉不可知世界的，其態度即轉趨保守，諸如喪葬及祭祖仍屬道教儀式，故被稱為「烏頭道士」，即因專擅拔度性質的齋事／白事。故民眾面對死亡及死後世界，其信仰、神話猶遺存於道教儀式中，並未因社會科技化即會消失。故道教經典所保存的喪葬儀節，其文化遺跡有如化石，其中蘊含為亡者解除罪愆，由道士中介而禮請救苦天尊助其超昇，此即道教將度人精神施諸個人生命與私家儀式。[38]而紅頭道士與烏頭道士都會主持祭祖儀式，乃受一家之託為家族祈福。可證至今猶認同同一死亡觀與濟度觀，在紅、白大事中誦唸古老的《度人經》，所彰顯的濟度精神，既自度而度他，亦度生並度亡，道士經由象徵動作所表現的，乃一家之人所認同的儀式文化，而發揮凝聚家族成員的作用。故拔度性齋法與吉慶性醮祭，二者均同樣涉及鬼神他界，故這種信仰就不易被改變。

在中部海線與山線兩個區域，多由烏頭道士主導喪葬的拔度儀，鹿港及相鄰村莊乃屬施家及同派道士的行業區，其中既有「牽轊」，乃典型的泉州習俗，從公到私俱有，在七月分地藏殿

---

[38]　參見拙撰，〈道教與中國人的生命禮俗〉，第四屆宗教與文化學術研討會（臺北：內政部，1993 年 10 月）。

前開鬼門，就會排出多支且顏色不同，以象牽引孤魂滯魄的死亡原因有異，乃屬意外的非正常凶死，例由道士主持，也會配合乩童，牽引孤幽交代遺願。這些喪俗流行於濱海一線，泉俗往南直到雲、嘉，以至臺南、高雄等，故此一遺跡可以印證方志所說「泉籍近海」，在移民史上提供另一種依據。[39] 其中著名的雲林濱海的口湖鄉，在農曆六月既有「牽轓」的泉俗，紀念一場洪水劫餘的歷史記憶，均由隣近的泉籍道士玠承擔[40]。竹山、二水則屬內山地帶的山線，散處於內山地帶的居民，凡遇喪事就依例舉行道教齋儀，所以道士服務的遍及山區一帶，並非僅限於鎮內聚落。拔度儀從亡魂到三五代先祖一起超拔，故資歷較深的老道壇常保存其著籍資料，熟知各家戶祖宗牌位的生卒年月，猶如早期天師道的上死籍遺存。故度亡儀式與喪葬禮俗聯結，形成地方的地區習慣，乃經歷「內地化」到「在地化」的衍變結果。[41]

　　道教既有擴散性，可以論證為何稱為「民族宗教」或「本土宗教」，這種文化認同就在同一宇宙觀、鬼神觀，故道士為醮主、齋主舉行齋醮，在儀式空間所掛的聖像，既是道教神譜上的圖像象徵，而民眾所認知的為同一宇宙圖式。道士在行科演法的

---

[39]　施添福，《清代在臺灣人的族籍分布和原鄉生活方式》（臺北：臺灣師範大學地理學系，1987）。

[40]　參考拙撰，《金湖港文化祭》（雲林：金湖港萬善祠管理委員會，1996）。

[41]　參考拙撰，〈臺灣送瘟、改運習俗的內地化與本土化〉，《師大第一屆臺灣本土文化學術研討會論文集》（臺北：國立臺灣師範大學文學院國文學系、人文教育研究中心，1995），頁 829-861。

動作中擔任溝通的中介，民眾對儀式細節及其象徵意，雖則只有
etic 認知的基本知識，但無妨其尊重道教傳統的文化知識，在儀
禮的背後隱含著信仰的涵意。故經典教義與信仰觀念可以並存，
同一民族形成的文化心理，歷經長期衍變後普遍化，滲透於生活
中而百姓亦日用而不知。從地方道壇採用火居的生活方式，具有
強韌的滲透性、擴散性，其信念乃得以普遍化。但道教又有保守
性，則歸因於制度化傳統，其經典文字教維護體系化教義，支持
儀式的程式化。兩種宗教特性並不衝突，反而維護道壇與同一籍
屬形成依附性，故除了地緣、血緣關係，道教作為一種宗教的文
化力量猶有可觀者，此一心同理同的認同感，即信仰所形成的文
化歸屬。

（三）

　　閩、粵兩地不同籍屬的移民群入臺後，按照移民先後與原鄉
生活方式分籍萃居，此一現象歷經兩三百年的歷史變化，在戰後
快速的社會變遷中，城鄉之間人口的流動加速，原由地緣與血緣
所決定的移民版圖，發生前所未有的變動。地方道壇面對一波波
的社會流動，較諸其他行業仍顯示強固的籍屬依附性，至今道壇
仍多留駐在各籍屬內，較少越界遷移到其他籍屬區內。原因在道
士的行業特性乃長期型塑而成，其職務無論吉慶抑或拔度，均需
面對難以掌控的他界，以及不可預知的命運，故保守性較高。道
士選擇火居於同一籍屬的聚落，在自家設壇或固定駐廟，應邀外
出的服務對象既是當地居民，故根據相傳習俗以符地方需求；縱
使在都會區的變動較大、思想也相對開放，唯面對吉、凶大事仍
會信任同一籍屬道士。這種保守的習慣即基於同一信仰，經久之

後自然形成道壇的「行業圈」現象，關繫道教經濟與社會生活等問題。

　　道士派別在中部地區，概分「烏頭道士」與「紅頭道士」兩大類，民間常使用烏與紅兩種顏色作為象徵，這種行業形象方便區別二者，在各籍移民區內形成地域區隔。而追溯其行業傳承及職能專長，則源於祖籍的地區派別與地方習慣。泉州及相鄰漳州的烏頭道士，平常時間的職能主要從事拔度的齋事；而寺廟、節慶祭典則主持吉慶、祈福的醮祭，在宗教職能兼具度亡與度生兩種性質，平常多以度亡的「白事」維生，在演法行科即頭戴烏黑網巾，基於這種印象民眾習稱「烏頭」。凡濱海地區的泉籍，以及鄰近平陸的漳籍，大多屬於烏頭道士的地盤，在臺灣宗教版圖所佔的比例最高，故以鹿港為中心擴及鄰近均屬「海線」。而廈門系道壇既在山線一帶，二水李家、竹山陳家所用的科儀書，雖與泉籍道士相近，卻間用釋教超薦所用的度亡經懺。所傳承的科儀本常題為「金籙」或「靈寶」某經，臺南歷史較久的老道壇，至今猶保存安「靈寶真文」的儀式、符文，故漳州福佬客籍道士常稱為「靈寶派」。

　　烏頭道士常行的「冥路事」，紅頭道士則完全不碰，乃因源於漳州南部及相鄰粵東客家區，乃屬閩南籍與福佬客、純客籍混居區，自許為「道法二門」，乃因平常多以紅頭法師出場，所專擅的祭祀、改運乃屬三奶派法術，在壇上及壇圖所崇奉的三位女神：陳靖姑、林紗娘及李九娘，尊稱三奶夫人，其服飾特徵即頭繫紅巾，民眾習稱「紅頭師（司）公」。至其道士身分則屬吉慶性醮事，即身著法服出現在三清壇前，其科儀書、音樂既異於法事的通俗口白，使用的正音也異於泉籍道士的泉州腔；經懺所題

為「正一」某經。臺灣早期方志如《諸羅縣志》等，當時既有客仔師、紅頭師，即今彰化、臺中及雲林、嘉義一帶。[42]在傳統上自稱「正一派」或自認為「道法二門」，在自家壇上及所結壇場，分別禮敬兩個系統的神明。此一「紅」字既表現專擅「紅事」，在形象上也是頭繫紅巾，其科儀僅專行度生性質，如吉慶醮祭或補運解厄。在這一區域內超拔的齋事則屬香花和尚，在閩、粵原籍既是如此，來臺之後也未行使薦亡、送葬的齋事。

戰後道教內部的另一變化，就是 1949 年前後福州籍移民較早移入，數量較多，也有法師。其科書凡有早、午、晚課，以及諸多道教經懺，據考是當地福籍官員在北京為京官，就便參用全真道的經懺課誦，也採用正一派道法，並參酌部分佛教經懺，故稱為「禪和派」。入臺之後自立堂號，較具規模的為臺北地區的集玄合一堂與保安堂；[43]每月慣為同行同籍拜斗，故又稱「斗壇」，屬於祈福求祥儀式，即為「吉場」；平常則會為福籍同鄉舉行「超場」，即屬超拔的度亡齋事。參加成員多屬業餘性，其區別於正一派科儀，即注重經懺唱誦及後場音樂，福州籍移民組成的堂號，習慣使用福州官話及地方音樂。早期流行於福籍移民群，其後與「中華民國道教會」合作後，透過道教會的推廣而擴及道廟，語言也逐漸使用閩南語。乃是戰後引入唯一成功的例子，既為遷移入臺散居各地的福州同鄉服務，也不容易普及於泉、漳及粵東客籍移民區，顯示道教祭司祭與居民之間，確實存在信仰的文化認同現象。

---

[42] 同註 5 拙撰前引文〈臺灣中部「客仔師」與客家移民社會〉。

[43] 有關福州禪和派的淵源及其在臺分布，筆者曾進行調查，其詳將另篇處理。

　　火居道壇與移民社會形成的「依附性」，從早期直到戰後並未發生變化，原因應是涉及無形，道士與民眾都較為保守。類此對凶事的污穢觀，先秦三禮的經注既已如此，乃源於原始社會的死亡禁忌，亦為道教與民俗共同遵守。紅頭師也會將烏頭道士兼行吉凶視為不潔，而北部民間也避忌請其承擔醮祭之任，在烏頭道士活動地區則並無此一禁忌。中部既分布三種籍屬移民群，地方道壇如何獲致民眾的支持，就特別值得關注！

　　同一情況道教內的師傳制也具有地域性，凡歷史較久、道法較精的道壇及傑出的道長，就成為同籍道士拜師奏職的榜樣，海線地區可以鹿港施家施端輝為代表，山線則是竹山陳家陳清標，中間福佬客區則有黃奇楠。由於戰後因應社會形勢的變化，道壇道士快速恢復活動能力，在同一時間各派分別出現秀異道長，在同一行業圈內倍受尊重。在三個籍屬分布區道壇各有系統，形成穩定的傳承譜系。在臺灣開發史上著名的港市，既擁有經濟、文化及交通等優越條件，也較能維繫優異的道壇地位，「一府」臺南市既有曾、陳兩家世業道士、[44]「二鹿」鹿港則有施姓道壇，[45]而從戰前到戰後具有都市優勢的臺北與高雄，也都長期支撐一些歷史較久的老道壇。[46]因此社會的經濟實力、文化水準及交通便捷等，確實與道士養成及其分布有密切關係。相較於此，鄉村

---

[44] 詳參丁煌前引文〈臺南世業道士陳、曾二家初探：以其家世、傳衍及文物為主題略論〉。

[45] 詳參拙撰，〈臺灣道教流派與聚落信仰習俗──以鹿港道士世家施氏為例〉，「閩臺民間信仰學術研討會」（福建省，1995年9月）。

[46] 有關臺北地區的道壇研究，除劉枝萬《臺灣民間信仰論集》之外，尚有拙撰《蘆洲湧蓮寺醮誌》（臺北：湧蓮寺管理委員會，1998）。

地區的人口較少，社會經濟力也較弱，就出現數村一壇、或大村僅有數小壇，這種情況符合社會生活的需求。在臺灣城、鄉分布與居住的人口數相契，基於這種自然、人文生態，至今仍維持大小不一的「行業圈」。

　　道壇道士乃遵循古例各自家傳，延續世代相傳的壇號，來臺之前既是世業道壇，至今傳續已經一、二十代。相較於臺南的曾家、陳二家，中部的開發時間次之，從清領至日治期陸續開壇的也有五、六代，鹿港施家、竹山陳家即為其例。凡傳承久遠的世業道士，都會遵循一定的傳承規矩，在社區內建立其道法專業的威信，民眾亦認可其神職者的身分。道士的養成亟需長期的薰陶、訓練，才能備具閱讀道經及寫作疏牒的能力，在舊時代特別重視「漢文」，方足以理解、諷誦道經；而形勢所需也需嫻熟南管、北管音樂，在行科演法中方便掌控全場，有時也可權充後場；為了擴充地方人脈，也會參加地方廟會的活動，諸如陣頭音樂、子弟戲或弦管雅集，表現其民俗藝文的優雅涵養。故優秀的道士才兼具讀、寫、唱、唸能力，行內乃有「三年出一狀元，九年不一定出一好道士」之語。[47]日本統治期間鈴木清一郎調查臺灣行業分類，道士被列於「上九流」之八；[48]戰後國民政府推廣新式教育，新一代道士也多具有高中、高職或大專學歷，才能勝

---

[47]　道士行內流行這一說法，借以表現道士之全材者殊為不易，這一說法在香港各地區作調查時，發現廣東道士亦有同一相同的說法，相信這是古早的行內自許之語。

[48]　鈴木清一郎曾記錄當時的社會，分為上九流與下九流，道士是屬於上九流。詳參氏著，《臺灣舊冠婚喪の年中行事》（臺北：古亭書屋，1984），頁 12-24。

任經典的讀、寫及唱唸。從傳統社會到現代，家傳、師授的養成制，使道士具有一定的知識水準，在行內外才被公認為具有「士」之身分，故常被稱為「先生」（某某先）；反之，若是敗德則被惡稱「師孫仔」，以對應於「師公」，足以警醒必須自尊其業。從社會學的行業分類評價其形象，就顯示其神職身分及社會地位，仍能沿襲古代宗教祭司的文化傳統，作為神職者具有一定的專業形象，方能在鄉民社會獲致該有的尊重，維持其特殊的行業身分及地位。

　　從人群學觀看道士「這一行」，在內部至今仍維持師徒制，形成尊師重道的古老傳統，而端視社會需求而自行酌量收徒，有些保守的仍維持傳統不授外姓，至多限於姻親範圍內，如埤頭黃家之例。此類慎擇、慎傳即承續道教傳統，使道教正一道士的人數受到限制，形成臺灣早期的宗教版圖。而戰後遷移入臺的，凡有出家的佛教叢林制、新興教派，均以教團形式大力開展，唯在各籍移民分布區內，地方道壇仍擁有穩定的地盤，其行業圈各以老道壇作為核心，向外延申而形成「擬似教區」現象，自然形成道士與道廟、民眾間的供需關係；而道士與同行間也遵守行規而不踏地盤，故彼此保持一定的距離，彼此之間既獨立又可相互支援。戰後臺灣社會丕變而形成現實取向，難免多少會衝激傳統行規，亦曾發生越界越區的地盤爭奪現象，自會破壞行業圈的默契。而中部道士行業圈的版圖分區，至今仍維持海線、山線與福佬客三個區域，按照家傳與師承關係形成譜系，在「這一行」仍屬相對穩定，而不致劇烈的浮動不安，此即行業圈／地盤機制存在的價值。

　　總之道壇道士與移民聚落存在的依附關係，形成行業圈傳承

的內部機制，使得道壇、道士的數量相對穩定，縱使面對激烈的社會變遷，還不致於破壞整體文化生態，至今仍能維續「這一行」的行業特色。由於臺灣社會形成既開放又多元化，各種職業選擇也相對開放，道壇道士也難免多少受到衝激，故依據實際需要而思索如何傳承的問題，相較於社會傳統行業的變動，仍勉力維持傳統的神職身分，被視為相對保守的一行。這種行業身分的相對穩定，表示其教義與儀式仍有「制度化」特性，在「擴散性」功能也能滿足社會需求，並未被其他新興宗教完全取代。道教在近代史既歷經變化，在不同時期均需自行調適，才能持續扮演其神職角色而不被取代，這種嚴峻的宗教局面正是當前的考驗。

四、傳承與創化：一個新世代道教學術的願景

「如何界定道教與民間信仰」這一課題，由於發生在西方學術的衝擊下，歷史學與人類學各有其學術傳統與學門風格，而宗教學引進後成為獨立學門，而道教研究也得列其中，亟需根據學門本身的傳統，也要整合不同學門的專長。新世代面對當前的學術環境，既有取於前一世代，亦需適度改變才能超越。臺灣在解嚴後政經劇變，也帶動社會、文化的大變局，道教研究在這波變動中，勢必省思前世代的「理論與方法」。首需面對人類學與歷史學所累積的成果，道教學術既需引入西方漢學經驗，也要面對漢人社會、漢人宗教的複雜性，才能整合不同的學科，針對本土的社會處境進行全面檢討，不宜如同往昔的閉塞。首即思考將道教置於宗教學門，亟需因應而開設相關的課程：經典文本、歷史

文獻、田野調查乃至實踐體驗，這種理論與方法勢所必備。從而可以思索漢人社會的複雜性，才能蘊育既有制度也有擴散的宗教型態，如此既需整合歷史學、人類學及社會學，也不能單只沿用西方的理論與方法，如何調整才適為己用？即可證諸前行代的寶貴經驗。

　　戰後施博爾、蘇海涵及大淵忍爾先後進入臺灣調查道教，開啟了新世代的研究視野；臺灣則有劉枝萬出版其調查報告，新世代道教學者同樣也進入田野，各依學門訓練展開不同的調查方向。在這波世代交替中，理論與方法不限於單一學科，而綜合相關的理論與方法，調查課題則屬專題研究：如勞格文（John Lagerway）使用哲學、神話學等詮釋儀式象徵；[49]安保羅（Paul Anderson）分析從經典到田野所見的步罡象徵；[50]康豹則從地方史脈絡重建東港王爺祭典與當地社會的關係。[51]新一代外國漢學研究並不採用披露原始資料的方式，而是針對研究課題運用調查所得，日本學者從事經典考察的，如山田利明研究六朝道教儀禮；[52]而年輕世代則自組「道教文化研究會」，並前來臺南從事田野調查：丸山宏以「發表」儀式為例採用不同版本比對後，即

[49] John Lagerway, *Taoist Ritual in Chinese Society and History*. New York: Macmillan, 1987.

[50] Paul Anderson, "The Practice of Bugang." *Cahiers d'Extrême-Asie* 5 (1990): 15-53.

[51] 康豹（Paul R. Katz）著，《臺灣的王爺信仰》（臺北：商鼎文化出版社，1997）。

[52] 山田利明，《六朝道教儀禮の研究》（東京：東方書店，1999）。

以歷史人類學連貫經典與田野試作解釋。[53]淺野春二從內壇儀式到醮區範圍試作全面調查紀錄。[54]閭山派小法也有古家信平調查法術，較諸前輩直江廣治披露紅頭法師的科書，則深入其儀式的細節。[55]新世代試圖突破研究環境的限制，表現道、法二門在臺灣的生存實態，故國外道教學界不陷於道教與民間信仰的定義紛爭，而實事求是針對所調查的，既紀錄現地現象也追溯來源，乃兼含地方文獻、歷史與實地考察於一，綜合研究而開出新研究方向。

　　歐美與日本的道教研究，其歷史較久，研究人口亦較多，投入臺灣漢人社會的宗教調研，乃視為異己文化的他者研究。然則在地學者如何秉先天的優勢進入田野，既有語言溝通的利便，也有專業的學門訓練，在時間不受限制的情況下，方便長期投入道教調查：李豐楙、徐福全雖然出身中文學門，卻分別從事科儀、禮儀調查，依照專業的道教或儒家的經典訓練，面對活的儀式文化細加紀錄，印證經典文本及其義理。或從民族音樂學角度切入，呂錘寬、許瑞昆及李秀琴在前行代許常惠的影響下，紛紛下田野採錄道教儀式音樂，其專業的音樂採集即可補足道教學者未

53　丸山宏，〈玉壇發表科儀考──臺南の道教儀禮の歷史的系譜を求めて〉，《東方宗教》第 77 號（1991），頁 50-79。

54　淺野春二，〈臺灣南部における醮の研究──種類・名稱および程序について〉，《國學院大學紀要》（東京：國學院大學大學院，1992）30，頁 203-249。

55　古家信平，《臺灣漢人社會にわける民間信仰の研究》（東京都：東京堂，1999）。

曾進行的曲藝領域。[56]此一宗教的活傳統歷經長期傳承而得以保存，正可印證兼容制度與擴散的宗教特質，證明道教研究亟需兼顧貫時性與並時性，方能闡述儀式的象徵及其意義。緣於當前開放的社會環境，道教界面對學者的調查，既可採取拜師入門的方式，也可長期交往而視為道友，既遵照教內規矩，也可適度公開，不致發生 insider 與 outsider 的衝突。學術研究在世代交替及同一世代間，乃既競賽又合作的關係，新世代妥善整合以彌補各自的缺陷，就在能否突破資料之秘，而使研究能開出道教研究的新境。

　　當前從事道教齋醮調查的多出身文史、宗教及音樂專業，而在道教研究的制度、儀軌之類，均需具有貫時性理解：諸如高功及道眾陞壇後，進行的發爐與復爐、出官與納官，無論泉州或漳州系都會使用存想法，配合道樂而持呪唸誦，使道士進入與神溝通的神秘體驗，若採用貫時性的經典理解，從存思身神到頌讚歌辭，其背後均有神學義理，深入其源流有助於理解儀式的動作象徵及意義；反之，在儀式遺存中則可實際理解其實踐經驗，有助於闡釋古道經的「存想」過程。類此經典文本與田野調查的互證，方可細緻體會道教的密契經驗，若僅持其一端，則無法理解其中的秘妙。在並時性的調查中，臺灣保存的兩、三種派別，一旦中國大陸開放即可前往調查。勞格文在閩、粵客家區與楊彥

56　呂錘寬，《臺灣的道教儀式與音樂》（臺北：學藝出版社，1994）。許瑞坤，〈臺灣北部天師正乙派道教齋醮科儀唱曲之研究〉，臺灣師大音樂研究所碩士論文，1987 年。李秀琴，〈臺灣的道教儀式音樂——臺南烏頭道士及紅頭道士唱曲例示分析〉，《臺灣史田野研究通訊》21，頁 45-63。

杰、房學嘉等合作的，丁荷生（Kenneth Dean）在莆田地區與廈門大學鄭振滿採取大樣本的調查，而李豐楙、呂鍾寬等也到閩、浙實地調查。這種調查既可追溯其源，更可擴大理解不同的流派，經比較後發現地方道壇的異同，這些調查研究的豐碩成果就列入王秋桂主持的大型計畫，其中具見可觀的成果，[57]對於理解臺灣的地方道壇可以獲致全面的詮釋。

　　對現存宗教的田野調查，乃據以重建歷史的基本方法，道教既具制度性與擴散性，調查研究勢必面對儀式專家，始能理解儀式象徵所據的傳承制度，其中蘊含著神學義理。一個明顯的例證就是現時改易的醮祭名稱：東港稱為平安祭，西港則一仍臺南例稱為香科，而蘇厝則保留王醮，醮典名稱既異，所強調的重點有別，在迎王與送王間不易感覺與瘟疫的關聯，而從頭人到社民都專注於「祀王」禮儀，卻又維續一種戒慎恐懼的氣氛。東港既強調繞境是祈求合境平安，西港則改用「刈香」巡繞香境；不過其中關鍵的王醮則仍由道士掌領，在醮儀中啟請洞淵大帝，添載後押送上船的是瘟神疫鬼。可見「不變」的是儀式，科書所保存的也是懼癘遺跡，而「變」的只是名稱及某些場景。一旦遭遇類似SARS（煞瘟）的瘟疫肆虐，則瘟王、瘟醮的本意就成為顯性，不再只是民俗的熱鬧活動，在隱性與顯性間的變與不變，到底如何正確理解？唯一方法就在口訪與歷史資料中，重建當地開發與瘟疫流行的歷史，從熱帶風土症到傷寒、瘧疾，尤其十九世紀世界流行的亞洲型霍亂，在流行病的陰影下，溯源儀式專家的經典

---

[57]　王秋桂所主持的調查，除持續出版為民俗曲藝叢書，新文豐的科儀本匯編，並有逐期刊登的調查研究。

傳統，理解迎送的王爺正是「天行疫者」，在瘟神性格下兼具「行瘟與解瘟」的雙重神格。類此義理至今仍保存於儀式細節中，據此理解道教在歷史衍變中的時代意義，其理論與方法本土化才能建立地方知識體系，闡釋其中是否具有普世性價值及意義。

　　從宗教學建立道教研究的理論與方法，採用傳統經典文本予以疏解，這種詮釋可以作為基礎，但就如常言「禮失而求諸野」，古之科儀並未盡載於書本；因而深入觀察猶存於「野」的儀式，就可細加調查、描述而後闡釋其義理，故從調查到詮釋所需運用的理論，勢必跨領域始能奏效。道教夙以齋醮見長，相關的公、私儀式關聯公、私領域，從地方的醮祭、歲時的節慶，以至私家的生命禮儀，諸多關口都因所需一再反覆進行儀式。人類學、宗教學提出的西方理論既多且豐富，乃是不可或缺的參考架構，其中的普世意義有助於理論的建構：諸如嘉年華的遊戲理論，通過儀式的交融、中介理論，乃至「聖與俗」的社會生活，諸如此類確可豐富田野的理論框架，再視情況進行象徵解釋，或從功能性解說社會文化意義，或可為發展中的道教神學／道教儀式學，提供一套有效而可用的神道體系，此乃可以預期的學術願景。

　　道教作為民族宗教，其背後自有其文化傳統，歷時既久，空間又遼闊，相關的儀式傳統亦豐富，即可比較世界宗教如基督教、伊斯蘭教，或同屬源於印太的印度教、佛教，這些豐富而多元的古文明，既有各民族的文化特色，也具有普世價值及意義；在道教研究猶感不足的情況下，如何借助相關的宗教理論，從而建立道教本身的理論方法，此一宗教既代表一個不能忽略的古文

明，乃唯一歷時較久的制度化宗教，而滲透於漢人社會基層既深且久。故需省思如何整合：經典文本、歷史文獻及田野調查，此乃宗教學術的一大志業。臺灣既保存良好而得以遺存下來，將這些豐贍的資料整理出來，即可為理論的本土化提供大好資源，也可為世界宗教的儀式與義理，補足華人宗教這一區塊。故道教保存的歷史經驗，將是可以期待的重要文化資源。

五、結語

在臺灣諸多宗教中的道教，確是比較不容易定位，其涵蓋範圍既可限於地方道壇、丹道養生，也可擴及許多信仰（如童乩）。道教之名到底宜縮小或擴大，尤其與「民間信仰」的關係特別複雜。原因就在未能釐清道教的宗教本質，既有制度型宗教的性格，又與民眾的信仰生活融合為一，因而被誤以為只是普化宗教！此一現象彰顯其民族宗教的特性，道教正一道士既與聚落居民火居於一社之中，學界的著眼點既是各異，也就各有不同的理解。從調查研究史理解此一癥結，從戰前到戰後的認識，殖民政府採用新引入的人類學調查，將道教列於宗教志，因分類所需而對道士性質試作相對區別。晚近由於學術分科愈加清楚，國外道教學者以正一派作為調查研究對象，將其置於民俗信仰中觀察，雖然涉及道士的神職身分，卻未曾與民間信仰相混淆；反而本地學界各據其學術立場，難免混同視之而出現混亂情況！另一極則是官方的管理政策，將道壇與祠廟同置於中華民國道教會的登記項下，因而出現特有的「道教廟」或「道廟」，理由則是依據主祀神，凡列於道教會所定的神譜，即可加入道教組織，可見

採取廣義的定義。

　　戰前日本以人類學方式調查，既參用道教史的歷史定義，將天師道、正一派視為正統，正視道士職司度生或度亡的宗教職能，由於綜合人類學與歷史學觀點，其實反而較後來的人類學還週到。至於宗教學採取的觀點，對道教調查兼採貫時性與並時性，就比較不會遺漏科儀與義理的關係，從而重建道教的傳布實態，方便解說公、私儀式的義理。既可理解其擴散性面向，也能掌握其制度性面向，就可顯示其歷史真相。所以結合經典、歷史與田調，才能深入道教世界，確信其作為古文明的宗教傳統。

　　將宗教學的理論與方法使用於道教研究，乃因道教的經典與儀式合一，被視為經典教、文字教，也保存部分的口教秘傳，其宗教符號既神秘，所蘊含的文化象徵具有宗教意涵，乃基於宇宙觀、鬼神觀及身心觀。故從雜而多端的符號系統始能深入其秘，故需整合歷史學、人類學及宗教學。較諸一般民間信仰，彰顯示其制度化面向，所傳承的神聖性、神秘性乃長期積澱而成，在地方社會長期受到民眾的信賴。如此理解臺灣的正一道，在家傳或師授中穩定的傳授，並未因政治變動而影響其祭司身分，這種穩定性造成所謂「世業道士」，其傳承譜系明晰並不混亂，由此始能拼出完整的「火居道」圖象。

　　臺灣在宗教學術上晚近的變動較大，以往宗教經典研究較偏向義理，多由人文學主導；晚近較關注民眾生活與信仰習俗，相關領域多屬人類學、民俗學，既有專長也有偏弊。在宗教學成為獨立學科後，既有理論也有方法，將此一科班訓練用於道教研究，既可經由比較宗教、宗教文化及宗教理論，在現有基礎上建立「道教學」：既有神學義理也有實踐體驗，可以加速道教研究

的理論與方法，在宗教學科中成為其中一環，這種學術的獨立
性，即可將本土理論回饋宗教學體系，則此一漢人社會形成的宗
教經驗，並非只是一種地方知識，而可視為普世宗教的一個環
節！

第四章
當代臺灣道教研究回顧

謝世維
政治大學宗教研究所教授

一、前言

　　二十世紀後葉，道教科儀實踐與丹道修練在臺灣有其傳承，也因此造就了道教研究的環境，使臺灣成為理想的道教田野調查地區。這種學術資源自七〇年代就由歐美、日本學界開展與運用，這些學者在臺灣田野所獲得的研究成果已成為道教國際學術典範。臺灣道教學界的兩、三個世代在這種學術氛圍，開創其學術領域。

　　臺灣道教學界已形成第一、二世代學者的交替，所受的學術訓練有本地，也有傳承國外的學術譜系，共同成就臺灣學術的譜系，造就多音多元的學術風氣。第一代的學者李豐楙、丁煌、胡其德、蕭登福，主要涵蓋中文學門與歷史學門，仰賴自力學習開創學術局面。第一世代在辛苦開拓之後，第二代則受到較完整的訓練，而學術資源也較多，部分成員遠赴國外取得博士，前往歐、美者如莊宏誼、鄭素春、許麗玲，林富士、謝世維；至中國

大陸如蕭進銘、李麗涼、劉煥玲、陳昭吟等；而在臺灣仍多出身於中文學門，如張美櫻、謝聰輝、鄭燦山、白以文、張超然、周西波；或歷史學門如蕭百芳、曾金蘭等。至二、三世代學術規範已較完備，所能運用的學術資源也較為廣泛。本文分四方面論析，將重點放在第二、第三世代的研究。

二、道教經典研究

　　道教經典的研究與《道藏》的出版、數位化有密切的關係。早期研究仰賴《正統道藏》的出版品，而二十一世紀以後研究突破的關鍵在於中央研究院完成《道藏》的數位檢索系統，日本凱希出版社也出版了檢附圖檔的《正統道藏》檢索系統。這些新資料、新工具，使當代道教經典文獻研究有飛躍性的進步。臺灣佛教學界數位資料庫 CBETA 已完成各種數位平臺整合，對佛教學研究產生革命性的改變。因此目前臺灣學界致力將各種《道藏》數位平臺更加完善，與各種歷史、地理數位平臺結合，形成更龐大的人文數位資料庫。

　　臺灣學界在研究上以個別經典之文獻、思想研究為多。早期的研究如《老君音誦誡經》（楊聯陞 1956）、《太平經》（林富士 1993, 1998；段致成 1999）；早期天師道的《老子想爾注》、《女青鬼律》（李豐楙 1991, 1993）。而從陳國符及法、日學界關注已久的六朝經派經典，新世代也紛紛投入，早期靈寶經派的《靈寶五符經》（劉怡君 1998）、《五篇真文》（黃坤農 1999、張超然 2011、謝世維 2013）、《度人經》（蕭登福 2007、張超然 2011）、《空洞靈章》（謝世維 2009、2013）；

上清經派的《真誥》（林帥月 1990）、《黃庭經》（龔鵬程 1998）、《大洞真經》（蕭登福 1988、張超然 2007）；及新天師道派的《洞淵神咒經》（李豐楙 1991）。道教類書中兩部具代表性的都有初步的嘗試，《無上秘要》（李麗涼 1997）、《雲笈七籤》（林威妏 2000）；在六朝期之後也漸及於唐宋道書《服氣精義論》（溫珮如 2001）、《坐忘論》（林庭宇 2007）、《道教靈驗記》（周西波 2009）、《玉皇經》（謝聰輝 2009）；早期內丹作品受關注者並不多，也有《鍾呂傳道集》、《靈寶畢法》（吳衍慶 2005）、《周易參同契》、《悟真篇》（段致成 2004）；南宋至於宋元以下的就較少，科儀作品《上清靈寶大法》（陳儷瓊 2009、謝世維 2012）、全真教的《立教十五論》（劉煥玲 1990）、《孫不二元君法語》（葉怡菁 2002）。

　　對道經作為宗教經典該有的主體性，學者也開始從神聖經典的角度切入，或是關懷啟示與經典形成之類的宗教問題。晚近在李豐楙提出「道、經、師」的框架（2005），謝世維則是以「神聖經典」的觀念為核心，援引不同領域所發展的學術理論，關注道教經典的研究（2010），為道教經典研究開創新的研究方向。

　　在臺灣不同學術團體有相聚閱讀道教經典的傳統。這種傳統起源於李豐楙於九〇年代在家中的道經會讀團體。2000 年以後，政治大學、輔仁大學皆有閱讀道經的讀書會，前者以閱讀密教與道教相關之經典，以《道法會元》為主，後者曾閱讀《太極祭煉內法》、禮斗科儀經典等。

　　在這些讀書會當中，持續最久的是「臺灣道教研究會」。該讀書會最早以道教經典讀書會的方式進行，最先由祁泰履教授

（Terry F. Kleeman）與張超然於 2005 年開始研讀六朝道教經典，後來謝世維與張超然於中央研究院文哲所繼續進行道經的會讀。隨後有鄭燦山與謝聰輝加入，並於 2007 年將讀書會移至臺灣師範大學，同時將讀書會定名為「臺灣道教研究會」。同年開始著手為經典作校箋註釋，由研究會成員輪流作註釋，並於每週六聚會討論校箋內容，對註釋內容進行修改、刪補。第一部正式校箋的經典即是《太上靈寶空洞靈章經》，其後陸續進行註釋的尚有《太上洞玄靈寶授度儀》、《靈寶無量度人上品妙經》、《元始五老赤書玉篇真文天書經》、《太上黃籙齋儀》等。讀書會參與者主要以臺灣道教研究會成員為主，在會讀期間亦有國際學者、國內教授、研究生等旁聽並參加會讀。該讀書會曾與日本東京的道經讀書會進行交流，日本筑波大學教授丸山宏與松本浩一曾蒞臺與研究會成員共同會讀道經，並分享東京道經讀書會的會讀方式與成果。期間亦有不少國際漢學家在訪臺研究期間來參與會讀，包括美國亞利桑那州立大學柏夷（Stephen Bokenkamp）教授、夏威夷大學安保羅（Poul Andersen）教授、哥倫比亞大學魯光臺（Michael Como）教授等，而曾參與的歐、美、日研究生更是無數。許多參與的學生對道經從陌生到熟稔，也從中培養了對道教經典的興趣與使命感。

三、道教儀式研究

　　道教儀式的保存及其運用彰顯了臺灣田野的價值，在國際漢學家的肯定下開展了儀式研究的方法與方向。在法國及美國學者如施舟人（Kristofer Schipper）、蘇海涵（Michael Saso）的田野

調查開展臺灣道教學術傳統，日本學界如大淵忍爾隨之投入，在大淵忍爾之後乃有丸山宏、淺野春二、松本浩一、山田明廣等。這些學者所搜集、注解的道教抄本及其調查研究成果確立了道教學的研究典範，表明臺灣地區所提供的抄本與儀式，可補充《道藏》刊本的文獻傳統，提供道教作為活傳統一個更完整的圖像。

　　臺灣學者對道教儀式的研究可說源起於醮典的調查。1960年代末期起，劉枝萬在施舟人調查臺灣醮儀的同一時間或相前後，也展開了一系列臺灣醮典的調查記錄（1967, 1971, 1973, 1974, 1979），開啟臺灣學者在這個領域的民俗學調查。後繼的人類學者雖也曾關注醮典與族群意識、地方開發之間的關聯（許嘉明 1968；莊英章 1970；李豐楙 1998, 1993），已不再從民俗學的角度關注民眾的宗教生活，而是投入更多醮儀的調查與分析（李豐楙 1994；呂錘寬 1989, 1994；康豹 1991, 1996），甚至關注儀式與信仰習俗之間的關聯（康豹 1991；李豐楙 1993）。相較於學者對地方寺廟所關聯的豐富的醮典調查（李豐楙 1992, 1993, 1994, 1997, 1998；陳丁林 2002），臺灣齋儀或拔度儀式的調查研究便顯得不足，李豐楙是較早關注這個領域的學者（1992, 1995, 1996），其後第二世代如張譽薰對於高雄大寮「午夜」儀式的調查（2002），林美芬對清微派拔度儀式的研究（2008）。

　　最近儀式研究關注特定的科儀儀節，諸如齋儀中的「普度」（黃進仕 1999；張譽薰 2007）、「打城」（陳信聰 2000）、「放赦」（謝聰輝 2006），或者醮儀中的「敕水禁壇」（邱坤良 2010；林振源 2011）、「飛罡呈表」（江玉瑩 2008）、「伏章」（謝聰輝 2008）等。相關的傳統音樂或傳統藝術出身的學

者也貢獻良多，主要在於臺灣道教儀式與音樂的調查與保存，都可補足從事儀式調查者之不足。

特定道壇或儀式傳統的歷史追尋則是新世代關注的重點所在，如林振源在勞格文（John Lagerway）的研究基礎上，持續在閩南客家地區考察臺灣北部正一道教儀式傳統的源頭（2007）。而在道教儀式中具有重要地位的「文檢」系統也得到關注，因應丸山宏等人的文檢調查，在地的新世代有蔣馥蓁的碩論（2004），謝聰輝曾長期關注這個領域（2006, 2008, 2009）。截至目前為止，呂錘寬的《臺灣的道教儀式與音樂》（1994）、《道教儀式與音樂之神聖性與世俗化》（2008）、李豐楙與謝聰輝合著的《臺灣齋醮》（2001）、謝聰輝與吳永猛合著的《臺灣民間信仰儀式》（2005）成為了解臺灣當代道教儀式最好的讀物。

相較於當代道教儀式研究的豐富成果，臺灣學界對於歷史上的道教儀式的關注也有相當成果。除了早年劉枝萬曾對修齋、醮典的歷史進行考察（1983），晚近謝聰輝也開始注意六朝道經在當代臺灣道教儀式上的運用（2008）。這是歷史人類學試圖將當代調查與歷史上的道教儀式進行聯繫的研究。如早期天師道的過度儀式（謝聰輝 1997；林富士 2001；張超然 2003）、唐末杜光庭的齋醮儀式（周西波 2000）或明代正一派的符籙齋醮（莊宏誼 1986），而開始聯貫歷史溯源與田野調查的，由於王秋桂長期進行的大陸儀式調查，在施合鄭基金會與新文豐出版公司都有可觀的成果出版，運用這些調查配合臺灣本地的田野，展開較細緻的研究，如謝土儀（蕭進銘 2007；李豐楙 2002），安五營儀式（李豐楙 2010）、解結科的解注連（李豐楙 2009）。晚近在

與日本、歐美、中國學者交流之後，開始受到關注的新領域，如早期道教喪葬儀式與燃燈儀式（張超然 2010；謝世維 2010），都是可補足儒家喪葬禮俗的道教拔度儀式。

早期部分的道教學者諸如施舟人（Kristofer Schipper）、蘇海涵（Michael R. Saso）等認為道教經典所描述的道教是地方宗教的根源。這些學者認為宋元時期的地方道教傳統內容被編整，而形成道經、道藏，而這些道經又形成後來地方道教傳統的基礎。晚近大量田野調查的經驗試著挑戰這種單向的思惟，而亟欲打破經典的「正統觀」與「一元觀」，也開始思考道教與法派、法術，乃至地方宗教實踐之間的複雜關係，形成多元道法的面貌。對於詮釋道教經典與地方宗教之間的關係，已經成為當前道教研究重要的學術議題。勞格文（John Lagerwey）、丁荷生（Kenneth Dean）首先進入閩、粵地區調查；王秋桂則在蔣經國基金會的支持下，紀錄許多當代道教田野中的齋醮科儀。在這種學術省思之下，近年國際學術界興起中國區域宗教研究的風潮，區域宗教研究成為道教研究的趨勢。各地方的道教研究諸如臺灣、湖南、福建、廣東、浙江、山東等地的區域宗教史與當代道壇、儀式調查逐漸公佈，學術成果非常豐富。新的研究發現改寫了過去對中國宗教史歷時性與共時性的均質論述，而從這些區域研究的成果，學者進一步去考察道教與區域宗教發展之關係。

臺灣學者也開始積極回應這種國際潮流，優先投入田野進行在地的資料調查，從而深化細究其儀式細節，並觀察其與地方社會之間互動的關係。這些研究包括林振源、謝聰輝對福建的研究、林敬智對山東水上人家信仰的研究。這些研究顯示出各區域的宗教現象呈現相當大的差異，同時也顯示這些地方的宗教與道

教經典當中的道教有相當的距離。在這種研究風潮下，我們也開始見識到各區域道教與民間宗教關係的差異性，因此 2013 年舉辦的經典道教與地方宗教研討會，邀請美國、日本學者與臺灣學者進行深度研討，建立道教研究的新模式。

四、道教史研究

　　道教史的研究最受關注的兩個時期為魏晉南北朝與金元時期，這是道教創教與改革的兩個關鍵時期。在二○○○年前後，宗教學界曾掀起比較世界各宗教的「千年王國」學說，道教六朝時期的末劫思想成為研究的課題。早期周紹良已關注李弘在魏晉南北朝的歷史發展，從此道教學界也從道經中解說其教義依據，法、日兩國的學界都有精采的論析，李豐楙曾綜述宗教與革命的關聯（1984, 1986, 1996, 1997, 1999a, 1999b）。有關金、元承北宋之後，全真教等在華北地區的興起，從創教者到初期的二、三代，都曾面對異族王朝的異族統治而亟思保護漢文化，這種研究從陳垣（1962）開始、姚從吾（1970）、孫克寬（1965）、札奇斯欽（1980）到蕭啟慶（1986）、陶晉生（1981）等史學者，都從女真、蒙元史多少關注及此；而後出現道教史學關注政教關係的歷史研究，如胡其德（1990, 2001）、鄭素春（1985, 1987, 2000, 2010）等，都涉及金、元王朝的統治下，全真教各掌教者，在政教關係上處理漢人與異族的問題。這兩個關鍵期的歷史研究乃是道教學界的熱門課題，臺灣前後兩個世代對此一直都有回應。

　　有關教派、組織及其與社會之關係，在道教史的建構上是國

內外學者關注的焦點。第一世代的蕭登福對於上清經派與靈寶經派的綜述之作，直接從道經文本整理其資料及依一己論斷的經典時間建立其經派之說。而第二世代的謝世維（2010）與張超然（2007），在治學方法上則積極回應國外學界所提出的問題，各自選擇其切入點觀察靈寶經派、上清經派的經典構成及其經派思想。尤其謝氏採取佛、道交涉的角度實事求是地指明：在天書的譯寫、出世中糾纏著二教之間，兩種宗教文化存在錯綜複雜的互動關係，並非單純的誰影響誰的問題；而張氏則直就內傳所隱含的訊息，所申論的教法體現上清經的經法風格；而鄭燦山則是集中於太玄經、道德經，長時段地論聖典的形成（1999）。

　　明清正一派的研究，由於資料豐富，研究主題包括天師傳襲制的變化、政教之關係。莊宏誼在碩士論文已觸及，王見川的博士論文持續開展（2002）。此外，陳文田、莊宏誼都曾專題研究張宇初（2004），都是從歷史觀點論析龍虎山天師的世襲制度，並及於其中部分天師的個別問題。王氏之作廣泛徵引豐富的史料，而不再限於《道藏》中的世家傳述，足以理清天師地位衍變的政治因素，觸及天師與明清社會的關係。李麗涼在這些基礎上進一步將天師道研究推展至六十三代天師張恩溥的調查（2013），開展出臺灣天師道研究的新領域。

　　神霄派、淨明派研究也得到持續的關注，早期李豐楙曾論述林靈素，而對於雷法僅能概述其要。李麗涼在博士論文中進一步爬疏史料，重建林靈素的活動，對神霄雷法的功法有更細膩的論析。在丁煌指導的論文中，這種專題探討對道教史深化有所助益，如劉煥玲研究王玉陽（1993），後來江達智又續考王玉陽在全真道初期曾掌教的問題（1998）；張煒玲以專題研究補足了中

唐以前的道教樓觀史（1994）；而曾金蘭則以張伯端與白玉蟾為中心，考述宋代丹道南宗發展史（2006）等，都是在前世代所提出的大歷史框架中繼續耕耘、深入的研究。

其他有關道教與政治、社會史、文化史的研究，包括李豐楙所作的寫經供養（1995）與造碑以祈冥福諸題（2001, 2002），回應佛教學界的同類研究，也闡述道教布化與社會的關係。其後學者陸續展開道教戒律問題，較早的既有王天麟針對西元二至六世紀天師道系的戒律與教團倫理的關係（1979）；其後則有何淑娥進行靈寶派戒律研究（2001），或弘觀的論述戒律形成與倫理思想的功能與意義（蔡中駿 2006）。這種道教制度史的專題，第二、三世代選擇更細緻的方法，企圖建立道教與社會生活的實態。一般的歷史研究則嘗試從社會史切入，如針對東晉南朝的道教與貴族、豪族（黎幼蓮 1994），或從士族社會論道教與政治、社會之關係（林長春 2004），都可視為毛漢光對六朝士族研究之後，第二世代針對道教與世族所作的道教課題。這些研究能與日本成果斐然的六朝貴族制社會相互呼應，補足早期陳寅恪所提出的創獲之見，進而深入探討道教與社會的關聯。

五、丹道研究

道教與養生的研究早期以李豐楙一系列關於《抱朴子內篇》的研究開始。（1980, 1982, 1993）其後莊宏誼對太極原理與道教養生文化作全面性的研究。（1998, 2000）道教與醫療亦是一個跨領域的研究課題，臺灣目前這一方面的研究是由林富士等所展開的，從一九八〇年代中期即在中研院史語所進行，陸續發表有

關道教與醫療的相關研究，這些研究成果集結於《中國中古時期的宗教與醫療》（2008），其中即有專章針對道教醫療進行完整的研究。林富士更進一步編輯各種宗教與醫療的專書，帶動宗教醫療研究的風氣。

受限於語彙的艱澀與相關研究的欠缺，臺灣的丹道研究在早期一直是道教研究中相當薄弱的一環。絕大部分有關內丹的研究都是從思想或哲學的角度，較早有關內丹的一九八○年代有勞榦研究道教中外丹與內丹的發展，此後的研究多少是呼應了國內外的身體觀風潮，施舟人即曾以道教身體為題撰述專著，並指導學生作調查；日本也從南、北宗歷史研究，逐漸轉向丹道；同時李豐楙也開始對內丹的原理與歷史進行研究，但是內丹研究仍未能建立一個學術領域。二○○六年創刊的《丹道研究》是臺灣第一個較具學術性的丹道研究期刊，這個學術園地集合了內丹研究的學者，包括李豐楙、胡其德、賴賢宗、賴錫三、蕭進銘、段致成等，陸續集結了不少內丹歷史、哲學的著作。（2006, 2007）從李豐楙、楊儒賓的關注身體文化到新生代的內丹研究，以賴錫三、鄭燦山、蕭進銘較為突出。賴錫三對鍾呂丹法、陸西星、俞琰，作哲學性的深入分析，其博論改寫的著作《丹道與易道——內丹的性命修煉與先天易學》（2010）為近年內丹的重要著作。鄭燦山多以早期內丹傳統如鍾呂的教法、靈寶畢法為核心，考察其思想的淵源。蕭進銘則從密契主義的角度探討內丹，從而揭示許多內丹神祕經驗與特殊語彙的意涵，其著作《反身體道——內丹密契主義研究》（2009）總結近年來對內丹研究的成果。

另一個有關內丹研究的潮流則是對臺灣內丹傳承的研究，這種研究新趨勢結合了歷史、文獻與田野考察，經過近幾年學者的

經營已累積了一定的成果，成為臺灣丹道研究的特色。清末以來臺灣丹道的傳承，部分保留了先天道與金幢教，另一部分的丹道傳承則隨著國民政府遷臺，丹道人士延續了丹道的傳承，形成道脈傳續的臺灣丹道。臺北市丹道文化研究會及臺北大學東西哲學與詮釋學研究中心分別在 2009 年與 2010 年，主辦了兩屆的「丹道在臺灣的流傳與發展」研討會。二次研討會不但將國內對臺灣內丹研究的學者凝聚起來，更具意義的是開創了一個新的研究領域。較重要的有李豐楙對戰後臺灣丹道的現代化的觀察，賴賢宗研究黃龍丹院的傳承與丹法，段致成探討北海老人的思想，李麗涼集中於《仙學》與《仙道》刊物以及袁介圭思想的研究，蕭進銘調查陳敦甫一系以及西派，梁忠科以天帝教人的身分探討涵靜老人的修煉歷程，傅鳳英、羅涼萍、劉見成及蕭天石孫女蕭明華則考察蕭天石的出版及其功法等。丹道文化研究會於 2012 年亦曾舉辦丹道研討會，針對黃龍丹院作學術性研討外，也回顧了中西方的丹道研究。總的來看，臺灣的內丹學研究大體可區分為歷史研究與哲學研究兩個面向，即內丹歷史發展與臺灣內丹傳承兩個層面。

六、道教視覺文化

臺灣有關道教藝術的早期主要是以藝術史的研究方法為主，其中元代永樂宮的道教壁畫首先獲得學界的關注。謝世維的論文探討了永樂宮三清殿朝元圖的宗教意涵（1994, 1996），黃士珊則從永樂宮壁畫探討元代晉南職業畫坊的壁畫製作（1995）。其中從歷史角度對永樂宮研究最透徹者則為康豹，康豹對於呂洞賓

的傳說作歷史性的考察，並運用永樂宮及其壁畫圖像作完整的歷史研究。（2000）另外石守謙曾探討福建畫家陳子和以及明代道教水墨畫之研究，可說是開展了道教水墨研究的先河。（1995）林聖智則曾對明代道教圖像學展開研究，以〈玄天上帝瑞應圖〉作為考察對象，開展了明代道教版畫研究的新路徑。（1999）

　　一九九九年在歷史博物館舉辦的一次道教文物展覽，可以算是臺灣道教藝術研究的轉折點，這個展覽不但集合了國內重要的道教收藏，同時舉辦的研討會中，李豐楙、謝宗榮等都在此發表最新的研究。這個展覽確立了道教藝術研究的領域與學群。一九九〇年代以來對耀縣藥王山等地的道教碑刻作整理，也相繼出版其珍貴的碑刻資料，美、日、臺、港學者乃開始對五世紀以後道教碑刻的圖像與文獻作研究，陸續發表豐碩的成果，國內有李豐楙對李元海造像碑的研究及碑刻圖像作不同於佛教藝術的解讀（2001, 2002），以及謝世維對姚伯多造像碑的研究（2002）。在二〇〇〇年之後道教藝術的研究也開始有新的發展，逐漸發展出結合道教文獻、圖像以及藝術史方法的新取徑。林聖智考察了傳為〈黃庭經圖〉的圖卷，經過道教圖像的考證，重新將之定位為救苦天尊的地獄救度圖，這個研究透過道教文獻與圖像重新界定道教藝術作品。（2003）黃士珊則從道教各種圖像與文獻考察三官圖，並在此一基礎上，進一步結合視覺文化的理論與方法，開展了道教的身體與宇宙圖像的研究。（2001, 2007, 2010）學者也開始思考道教圖像學有別於其他圖像學的獨特之處，謝世維從天文、天書的研究反思道教的符文、靈圖的宗教圖像意涵（2010）。而黃士珊則從視覺文化看待道教藝術作品，並及於道藏中的各種附圖，嘗試著從中建立道教圖像的文化特質。

（2011）最近的突破是 2013 年於世界宗教博物館的道教展覽「道法海涵」。該展覽網羅華南道教圖像、文物、抄本等數百件，其中包含鄭燦山、謝世維、張超然等學者的研究，開創出以圖像、抄本、儀式考察整合性研究的新路徑，為道教視覺文化的領域提供新材料與新方法，值得學界關注。

七、結論

臺灣道教學術的發展，啟發自國外道教學者的研究，逐漸形成在地學者的系譜與體系。學術領域跨中文、歷史、宗教學等學門，形成多元、跨學門的新領域，歷經六十年的發展，匯聚三個世代的學者努力，逐漸奠定學術基礎。道教學研究建立在道教經典、道教史文獻與道教儀式田野調查，在近數十年整合不同學術領域，建立了臺灣道教學術的體系，形成道教研究的主體性。現今在國內外、海峽兩岸的學術交流日漸密集，學者們有更多交流的機會，也更豐富道教學術的發展。未來研究方向著重在各領域的整合，各種經典文獻的數位串聯，以及新田野地的考察、新素材如抄本、文物的開發，擴展道教學術研究。

參考書目

王見川，2002，《張天師之研究：以龍虎山一系為考察中心》，嘉義：中正大學歷史所博士論文。

王秋桂，1993，《民俗曲藝叢書》，臺北：施合鄭民俗文化基金會。

白以文，2005，《晚明仙傳小說之研究》，臺北：政治大學中文所博士論

文。

呂錘寬，1994，《臺灣的道教儀式與音樂》，臺北：學藝出版社。

───，2009，《道教儀式與音樂之神聖性與世俗化》，臺中：文建會文化資產總管理處籌備處。

李豐楙、李秀娥、謝宗榮、謝聰輝等著，1998，《東港迎王──東港東隆宮丁丑正科平安祭典》，臺北：臺灣學生書局。

───，1998，《東港東隆宮醮志》，臺北：臺灣學生書局。

李豐楙、謝聰輝，2001，《濟度大事：臺灣齋醮》，臺北：傳統藝術中心籌備處。

李麗涼，2013，《六十三代天師張恩溥與臺灣道教》，臺北：國史館。

周西波，2000，《杜光庭道教儀範之研究》：嘉義：中正大學中文所博士論文。

───，2009，《《道教靈驗記》考探：經法驗證與宣揚研究》，臺北：文津出版社。

林帥月，1991，《魏晉南北朝道教經典中詩歌史料析論：以上清經派與靈寶經派為中心的考察》，臺北：東吳大學中文所博士論文。

林振源，2007，〈閩南客家地區的道教儀式：三朝醮個案〉，《民俗曲藝》第 158 期，頁 197-253。

───，2011，〈詔安客家地區的道教儀式〉，「地方道教實地調查比較研究國際學術研討會」論文，香港大學。

林富士，1988，《漢代的巫者》，臺北：稻鄉出版社。

───，2008，《中國中古時期的宗教與醫療》，臺北：聯經出版事業公司。

林聖智，1999，〈明代道教學圖像研究──以「玄帝瑞應圖」為例〉，《臺灣大學美術史研究集刊》第 6 期，頁 131-194＋243。

───，2003，〈南宋の道教における地獄救濟の圖像學──傳梁楷「黃庭經圖卷」考〉，《佛教藝術》268，頁 93-118。

邱坤良，2010，〈道士、科儀與戲劇──以雷晉壇《太上正壹敕水禁壇玄科》為中心〉，《戲劇學刊》第 11 期，頁 23-127。

段致成，2004，《道教丹道易學研究：以《周易參同契》與《悟真篇》為

　　　核心的開展》，臺北：臺灣師範大學國文所博士論文。

康豹（Paul R. Katz），1997，《臺灣的王爺信仰》，臺北：商鼎文化出版
　　　社。

———, 1999, *Images of the immortal: the cult of Lü Dongbin at the Palace of Eternal Joy*, Honolulu, Hawaii: University of Hawai'i Press. 後由吳光
　　　正、劉瑋翻譯為《多面相的神仙：永樂宮的呂洞賓信仰》，濟南：
　　　齊魯書社，2010。

張超然，2007，《系譜、教法及其整合：東晉南朝道教上清經派的基礎研
　　　究》，臺北：政治大學中文所博士論文。

張憲生，1991，《唐代道教重玄派研究》，臺北：文化大學史學所博士論
　　　文。

莊宏誼，2004，〈宋代道教正一派——以三十代天師張繼先為主〉之研
　　　究，《輔仁學誌：法管社科之部》第 38 期，頁 79-110。

陳昭吟，2006，《早期道教諸天結構研究——以道藏本《太上靈寶五符
　　　序》為中心》，濟南：山東大學博士論文。

黃士珊，2010，〈道教視覺文化試探：以《人鳥山真形圖》及《五嶽真形
　　　圖》為例〉，臺北：中央研究院歷史語言研究所。

楊聯陞，1956，〈老君音誦誡經校釋——略論南北朝時代的道教清整運
　　　動〉，《中央研究院歷史語言研究所集刊》第 28 本上分，頁 17-
　　　54。其後收入《楊聯陞論文集》，北京：中國社會科學出版社，
　　　1992 年，頁 33-83。

劉枝萬，1983，《臺灣民間信仰論集》，臺北：聯經出版事業公司。

蔡中駿，2006，《六朝時代（A.D.220-581）道教倫理觀研究：以戒律為主
　　　的考察》，香港：珠海大學中文所博士論文。

鄭素春，1987，《全真教與大蒙古國帝室》，臺北：臺灣學生書局。

鄭燦山，1999，《邁向聖典之路：東晉唐初道教道德經學》，臺北：臺灣
　　　師範大學國文所博士論文。

蕭登福，2008，《六朝道教靈寶派研究》，臺北：新文豐出版公司。

蕭進銘，2009，《反身體道——內丹密契主義研究》，臺北：新文豐出版
　　　公司。

賴錫三，2010，《丹道與易道──內丹的性命修煉與先天易學》，臺北：新文豐出版公司。

謝世維，2010，《天界之文：魏晉南北朝靈寶經典研究》，臺北：臺灣商務印書館。

───，2013，《大梵彌羅：中古時期道教經典中的佛教》，臺北：臺灣商務印書館。

謝聰輝，2013，《新天帝之命：玉皇、梓潼與飛鸞》，臺北：臺灣商務印書館。

───，2009，〈故宮黃綾本《玉皇經》在道教經典史上的價值〉，《故宮學術季刊》第 26 卷第 3 期，頁 43-70。

謝聰輝、吳永猛，2005，《臺灣民間信仰儀式》，臺北：空中大學出版社。

龔鵬程，1998，《道教新論二集》，臺北：南華管理學院。

第五章
從宗教人類學的現代詮釋視野出發：
檢視包括道教在內臺灣漢人宗教的
近百年來研究趨勢[*]

張珣

中央研究院民族學研究所研究員兼所長

一、前言

　　目前臺灣學界蔚為顯學的臺灣民間信仰研究，包括本書內容涉及的當代臺灣民眾道教的時態研究在內，在傳統中國學術領域中並不受人重視。因長期受儒學薰陶的士大夫較少談論宗教的深遠影響，即使偶有鑽研宗教者，亦僅限於佛教、道教、基督教等，即人類學中所謂的「大傳統」宗教，或謂「制度」宗教。而

---

[*]　本文原名〈百年來臺灣漢人宗教研究之人類學回顧〉原刊登於黃富三主編《臺灣史研究一百年：回顧與研究》，頁 215-256。臺北：中央研究院臺灣史研究所籌備處，1997。2020 年 12 月底，因要納入筆者與江燦騰博士主編的《從大陸到臺灣到東亞：當代臺灣民眾道教詮釋精萃集》，加以增補內容，特別是涉及「媽祖環境學」的提出以及江燦騰博士大量未被本文提及的重要著作之介紹，而改為現在的新標題。

對於一般市井小民的不成文的信仰，則不認為有研究需要或價值。一直要到西方近代社會科學興起，正視庶民文化，才賦與其研究價值。衡諸西人、日人對臺灣民間信仰的研究，均可看出此一學術背景。加上日本人有其政治統治之迫切性，對臺灣「本島人」的種種習俗都詳細調查，因此日人累積的有關臺灣民間信仰的研究，成為此方面研究不可不回顧的珍產。

　　由於主觀上筆者的學科訓練之偏重，本文主要以臺灣的人類學（民族學）學科內對漢人宗教的研究為主要回顧範圍。客觀上，人類學對漢人宗教信仰之研究，也的確可以貫串上下百年來的研究縱深。日治時期日本人類學、民俗學學者的調查，戰後來臺的大陸人類學學者，及今日臺灣本土人類學學者的研究一脈相承。不但前人的調查成果成為後人研究的基礎，日人的「祭祀圈」理論也仍然被檢驗著。人類學對臺灣漢人宗教，尤其是一般俗民的宗教信仰，所謂的「民間信仰」的研究，可謂獨樹一幟且銳力未減。

　　其次，要說明的是本文的宗教信仰限制在漢人的宗教，包括佛教、道教、民間信仰等，而不涉及原住民的宗教。材料來源上主要有數批材料：《中央研究院民族學研究所集刊》、《臺灣大學考古人類學刊》、《漢學研究》、歷年臺灣大學（近年加入清華大學）人類學系碩士論文等，主要因為臺灣人類學家集中在臺灣大學人類學系、中央研究院民族學研究所、歷史語言研究所人類學組、及近年清華大學社會人類學研究所等單位。語文上除了日治時期的日文文獻外，主要以中文為主，英文文獻因其數量大，而且脈絡不同必須另文處理。這些的限制範圍難免遺漏許多珍貴文章，但為了能讓回顧有一焦點，不得不割捨，尚祈讀者見

諒。

　　另外，本文回顧一直以人類學在臺之發展，作為一個背景，來回顧人類學對臺灣漢人宗教研究之成果。因此，人類學在臺灣的發展階段、研究主題、方向等，均影響到對漢人各種宗教之研究。而清楚地意識此一回顧為「人類學」之學科作用下的範圍內，才可與其它學科，如文史哲、社會學等對臺灣漢人宗教之研究有截長補短之自省。人類學對臺灣漢人宗教的研究，筆者將之分為五個時期：

1. 1895-1945，時間上約自日本據臺至日治末期的舊慣習俗調查期。
2. 1945-1965，大陸來臺歷史學派民族學家作的古代中國宗教研究期。
3. 1965-1983，結構功能派人類學家作的祖先崇拜與祭祀圈研究期。
4. 1983-1993，結構功能派與象徵學派人類學家作的進香與媽祖研究期。
5. 1993-1996，新綜合學科研究期。

以下便分述每期的研究背景、主題、從事者、主要論述等。

二、日治時期的慣習調查（1895-1945）

　　日治之前，清人所撰的地方志、遊記、雜記等，如《裨海遊記》、《淡水廳》、《諸羅縣志》、《苗栗縣志》等，聊備一格地都有對各地方的漢移民宗教習俗加以記錄。以陳文達的《臺灣

縣志》[1]為例，在〈歲時〉條下，條列民間年中重要節日及活動；〈風俗〉條下敘述漢人集會拜廟的頭家制度；〈壇廟〉條列儒家先聖賢之壇廟；〈典禮〉敘述祭祀儒家賢聖之儀禮、祭品等，以及官方領導祭拜的城隍、社稷壇等官廟；〈寺廟〉則將道教與佛教等寺廟一併合記。劉良璧的《重修臺灣府志》[2]，〈風俗〉卷內因成書晚所以可綜合以前志書而有詳盡的漢人婚禮、喪禮、歲時祭儀等習俗記載；〈典禮〉卷下除了有一般由官方領導舉行的祭祀儒家賢聖廟壇之敘述外，並將當時臺灣境內所有寺廟羅列備查；〈古蹟〉卷則按縣邑列有佛寺道觀。這些資料均提供研究者對清領臺灣漢人宗教習俗的了解。然而如前所述，儒學史家是站在國家教化的立場，所記多為儒道佛的壇觀寺及其禮儀。民間「小傳統」的鸞堂信仰或秘密教派是不入史載的。

　　荷蘭人也對臺灣住民有珍貴記錄，惟大多偏於對平埔族方面[3]。接著便是日治時代的調查。日治時代的有關宗教的調查大致可分三階段：1900-1909年岡松參太郎負責，1915-1930年分別由丸井圭治郎與增田福太郎主持，1942-1943年由宮本延人進行[4]。

　　有關第一階段，陳奇祿簡介日治初期對臺灣的調查可分原住

1　陳文達，《臺灣縣志》全二冊（南投：臺灣省文獻會，1958）。

2　劉良璧，《重修臺灣府志》（南投：臺灣省文獻會，1977）。

3　如傳教士 William Campell 著的 *Formosa under the Dutch: Described from Contemporary Records*，1982 年臺北南天書局有影印本；另外資料可參見陳奇祿，〈臺灣的人類學研究〉，《中華文化復興月刊》13:4（1980），頁 5-10 之介紹。

4　林美容，〈臺灣民俗學史料研究〉，收於中央圖書館臺灣分館編，《中央圖書館臺灣分館慶祝建館八十週年論文集》（臺北：該館，1995），頁 625-46。

民及漢人二方面[5]。漢人方面，1910 年日人成立「臨時臺灣舊慣調查會」分法制科及經濟科二部。第一部法制科由部長岡松參太郎帶領，調查的成績包括十三大冊的《臺灣私法》。內容分「不動產」、「人事」、「動產」、「商事債權」等四大類。其中「人事」方面的有關出生、死亡、祭祀、宗教、戶籍、親族、婚姻、收養、相續、家產等。陳先生稱之為「相當完備之社會人類學之調查研究，也為關於我漢人習俗之最早有系統的著作」[6]。《臺灣私法》有臺灣省文獻會出版的中文譯本[7]。另外，還有「臺灣慣習研究會」編行的《臺灣慣習記事》七卷。法制科的調查 1909 年告一段落，轉著手於高山族調查。

　　1915 年 8 月臺南發生「西來庵」事件，日本政府警覺第一階段的調查不深入，因而有第二階段的調查。此次由臺灣總督府民政部社寺課負責，針對漢人民間信仰，以防再有宗教事件發生。分三次在 1915 年 8 月～1916 年 3 月、1916 年 4 月及 1917 年 9 月～1918 年 3 月，在社寺課長丸井圭治郎領導下，全島各地的公學校教員、警察、宗教事務科員投入實際調查。其成果是各州廳的「調查書」及「宗教臺帳」的完成。丸井圭治郎也綜合撰出《臺灣宗教調查報告書》第一卷[8]。

5　陳奇祿，〈臺灣的人類學研究〉，《中華文化復興月刊》13:4 （1980），頁 5-10。

6　同上註。

7　《臺灣私法》有臺灣省文獻會出版的中文譯本。陳金田譯，《臺灣私法》（南投：臺灣省文獻委員會，1993）。

8　丸井圭治郎編，《臺灣宗教調查報告書》，卷 1（臺北：臺灣總督府，1919）。

　　臺灣總督府對漢人民間信仰的調查並未結束。1929 年 4 月繼續由增田福太郎主持進行。比之丸井的普查，增田是較具學術性且有專題研究。其著作豐富，有《臺灣本島人の宗教》[9]、《臺灣の宗教》[10]等，及散篇文章數十篇。其助手李添春亦有佛教及齋教方面之著述。

　　日治末期總督府推行皇民化運動，極力整理臺灣民間寺廟，手段激烈引起民怨，因而有第三階段的調查。宮本延人時任總督府調查官，負責調查事宜。撰有寺廟整理問題調查報告[11]，另有宮崎直勝《寺廟神の昇天》[12]等。

　　後續又有年輕人員投入一直到戰後。後期的研究調查，已不只是因政治統治需要，而已進入純學術研究範圍。諸如鈴木清一郎《臺灣舊慣冠婚葬祭と年中行事》[13]，岡田謙有關祭祀圈的研究[14]，富田芳郎有關臺灣鄉鎮的研究[15]，及曾景來《臺灣宗教と

---

[9]　增田福太郎，《臺灣本島人の宗教》（東京：財團法人明治聖德紀念學會發行，1935）。

[10]　增田福太郎，《臺灣の宗教》（東京：株式會社養賢堂，1939）。

[11]　宮本延人，《日本統治時代臺灣における寺廟整理問題》（天理市：天理教道友會，1988）。

[12]　宮崎直勝，《寺廟神の昇天》（臺北：東都書籍株式會社臺北支店，1942）。

[13]　鈴木清一郎，《臺灣舊慣冠婚葬祭と年中行事》（臺北：古亭書屋，1934）；《臺灣舊慣習俗信仰》（臺北：眾文圖書公司，1981）。

[14]　岡田謙，〈村落と家族──臺灣北部の村落生活〉，《社會學》5:1（1937），頁 38-55；〈臺灣北部村落に於ける祭祀圈〉，《民族學研究》4:1（1938），頁 1-22。

迷信陋習》[16]、《臺灣社寺宗教要覽》[17]等，均是我們研究早期漢人宗教習俗不可或缺的資料。

　　總合來說，日本人以外來者的、異文化的角度調查臺灣漢人民俗信仰，基本上已構成其為「準人類學式」的調查，即使該日本學者不是人類學家而是政府社寺調查官員。陳奇祿所謂「舊慣會之工作，雖以法律之制定為其目的，但所調查的為我漢人之固有習慣，也即我漢人之固有文化，故可視為人類學之研究」[18]。日本學者的調查報告多數詳實且鉅細靡遺，參考性高。不是清朝文人遊記式的散文或方志般有「儒家」、「官書」、「史書」等封建包袱。而多能遍及俗民信仰的各層面，客觀地雅俗兼容，儒佛道巫並記。

　　重要的是日本學者的調查分類，影響後來的宗教研究頗深。當時的日本學者在記錄的同時，必得有一分類以便納入紛紜的資料。以增田福太郎的《臺灣本島人の宗教》為例，在儒釋道三教之外另立一類「齋教」[19]。齋教在大陸之稱法、性質及派別實值得進一步追溯，其為在家佛教？或儒教化的佛教？或三教合一的民間教團？日本學者將齋教別立一類使其研究性突顯出來而可成

15　富田芳郎，〈臺灣鄉鎮之地理學的研究〉，《臺灣風物》4:10（1954），頁 1-16；〈臺灣鄉鎮之研究〉，《臺灣銀行季刊》7:3（1955），頁 85-109。

16　曾景來，《臺灣宗教と迷信陋習》（臺北：臺灣宗教研究會，1938）。

17　曾景來，《臺灣社寺宗教要覽》（臺北：臺灣社寺宗教刊行會，1933）。

18　陳奇祿，同註 5 前引文。

19　增田雖非人類學者，主要受法政學訓練，但是其所作宗教調查具人類學特色且貢獻頗多。參見增田福太郎，同註 9 前引文。

一研究項目[20]。

其次，將臺灣寺廟成立史建立一個分期階段，如渡臺期、前部落期、部落構成期、新社會成立期等[21]。分期雖粗糙且不適用於每一寺廟，但這種歷史分期觀，將寺廟與所在地的社區史緊密結合，是對宗教作社會史考察不可或缺的。

再其次，對全島各廟宇的主神作普查且加以辨別，確立以主神性質來決定寺廟的性質，及以主神性質為研究焦點的相關題目，諸如，將神明分類（為自然神、行政神、司法神等類），主神之傳說、主神之史實、主神與配祀神之關係、主神與部落成立淵源、以主神作為統計依據來調查其分佈範圍與成長發展等相關研究題材。後來的研究，如阮昌銳[22]、仇德哉[23]、劉枝萬[24]、余光弘[25]、瞿海源[26]等均使用到日本的調查統計資料。

更其次，宗教組織的調查，如神明會、祖公會、父母會、共祭會、祭祀公業等；宗教神職人員的調查，如僧侶、道士、巫

<hr />

[20]　如江燦騰等編，《臺灣齋教的歷史觀察與展望》（臺北：新文豐出版公司，1994）；王見川，《臺南德化堂的歷史》（臺南：德化堂，1995）。

[21]　增田福太郎，同註 10 前引書。

[22]　阮昌銳，《莊嚴的世界》上、下冊（臺北：文開出版公司，1982）。

[23]　仇德哉，《臺灣廟神傳》（嘉義：FU-LO，1981）。

[24]　劉枝萬，〈臺灣省寺廟教堂調查表〉，《臺灣文獻》11:2（1961），頁37-236。

[25]　余光弘，〈臺灣地區民間宗教的發展──寺廟調查資料之分析〉，《中央研究院民族學研究所集刊》53（1983），頁 67-104。

[26]　瞿海源，〈臺灣地區基督教發展趨勢之初步探討〉，收於中央研究院三民主義研究所，《第一屆歷史與中國社會變遷（中國社會史）研討會論文集》（臺北：該所，1981），頁 485-501。

師、術士、齋友等之分佈及業務工作內容（如曾景來；丸井圭治郎）[27]；民俗禮儀、歲時祭儀之記錄與描述（如鈴木清一郎）[28]。以上之研究題材均指向一個研究大類，即所謂的「漢人民間宗教信仰」。此一研究主題之確立，實與日治時期日人之研究有密切關係。

　　日治後期的研究已進入純學術及專題研究的時期，僅以著作豐富的增田福太郎為例，結合其法學訓練與宗教興趣，而探討《青山王信仰表現出來的罪的觀念》、《對媽祖的崇敬與神前立誓對人的制裁力》等，直指民間信仰中最具核心價值的部分——對人性的掌握與導正。很遺憾地，目前臺灣學者因多受歐美學術影響，無人從事此方面研究。

三、古代中國宗教研究（1945-1965）

　　上述日本學者雖然隨著大戰結束，撤離臺灣的人類學研究領域，但他們的影響卻沒消失，而在戰後臺灣漢人宗教研究中有某程度的作用，容後再述。而最主要的，左右戰後臺灣人類學研究方向的，是由大陸過來的中國學者，因此我們先敘述來臺的中國人類學家們。

　　人類學家在戰前中國有二個傳統，一個是以南京的中央研究院為中心的南派，與歷史學派關係較深；一個是以北平的燕京大

---

[27]　可參見曾景來，同註 17 前引書；丸井圭治郎，同註 8 前引書。

[28]　可參見鈴木清一郎，同註 13 前引書。

學為主的北派，受功能學派的影響為大[29]。因緣際會，隨政府遷臺的多數屬中央研究院歷史語言研究所，及中國民族學會的人員，諸如李濟、董作賓、凌純聲、何聯奎、衛惠林、石璋如、芮逸夫、高去尋諸氏[30]。因此，1949 年成立的臺灣大學考古人類學系，1954 年中國民族學會在臺北復會；1955 年中央研究院成立民族學研究所籌備處，1965 年民族學研究所正式成立，主其事的學者，大都屬歷史學派的民族學工作者。此時期的研究有二大項，一是結合臺灣民族學者，如陳紹馨、林衡立、陳奇祿等人，研究臺灣土著民族的原始文化，如 1949 年進行的臺中縣仁愛鄉力行村瑞岩泰雅族調查；一是研究中國古代民族文化與太平洋土著的文化接觸關係。前者重田野調查工作，後者則重文獻資料的比較研究[31]。雖說二大項，但大抵均以民族學作法，即針對少數民族著手而不作當代漢人田野，謹守人類學家從事異文化研究的信條。因此，此時期在漢人宗教方面的文章不是沒有，而是偏重在重建中國古代中原地區的宗教。

　　此一時期的靈魂人物是凌純聲先生，他在《中央研究院民族學研究所集刊》及《臺灣大學考古人類學刊》陸續發表的文章，可以代表這一階段的理論取向及所關懷的主題。表面上看凌先生

---

[29] 李亦園〈二十年來我國行為科學的發展與展望討論會〉，《思與言》10:4（1972），頁 1-20；唐美君，〈人類學在中國〉，《人類與文化》7（1976），頁 9。

[30] 芮逸夫，〈民族學在中國〉，《大陸雜誌》3:7（1951），頁 1-4；3:8（1951），頁 17-20。

[31] 李亦園，〈十六年來的民族學研究所〉，《中央研究院民族學研究所集刊》31（1971），頁 1-16。

文章，在時間上自新石器時代到上古到現代，學科上有用史學文獻、民俗學習俗、考古學出土物、民族學少數民族材料等多方面材料，空間上自西亞-東亞-中國-東南亞-太平洋區均有涵蓋，文化項目上有帆筏、吐舌人像、樹皮布、玉石兵器、瑞圭、犬祭、嚼酒、宗廟社稷、神主性器崇拜、封禪、西王母、古王陵等。事實上，他主要關懷環太平洋區文化的傳播與變遷問題，而身為中國人又受過漢學及民族學訓練，他特別關注中國文化起源與傳播問題，想利用人類學和民族學訓練所拿到的科學資料來新解中國古史上的問題，也想利用漢學訓練得來的中國上古文獻資料，補充及減除世界人類學界的大洋洲研究總是遺漏中國部分之遺憾[32]。

　　凌純聲自述 1938 年在巴黎大學民族學研究所畢業，拿到博士學位後，他的老師，有名的漢學家 M. Granet 想留他在巴黎大學漢學研究所工作，但凌先生決定回中國，接受當時中央研究院院長蔡元培之邀，加入中央研究院社會科學研究所民族學組的行列，並被派到東北調查松花江畔的赫哲族[33]。來臺成立中央研究院民族學研究所，凌先生曾到臺灣中部調查原住民部落。綜觀凌先生在《中央研究院民族學研究所集刊》第 1 期到第 31 期的 24 篇文章中，偏重古代中國及太平洋文化區的討論，單論臺灣土著文化僅一篇。立論均站在環太平洋大文化區的角度。試圖建立一

---

[32]　凌純聲，〈中國古代的樹皮布文化與造紙術發明〉，《中央研究院民族學研究所集刊》11（1961），頁 1-28；〈匕鬯與醴柶考〉，《中央研究院民族學研究所集刊》12（1961），頁 179-212。

[33]　凌純聲，〈國殤禮魂與馘首祭梟〉，《中央研究院民族學研究所集刊》9（1960），頁 411-50。

套「太平洋文化乃源自中國」的理論，利用上述文化元素，經過各學科得來的資料而將中國推上西洋民族學研究的舞臺中。

受當時文化傳播論的影響，凌純聲有幾個研究假設：1.了解起源即了解本質[34]，認為探討中國文化的本質也得解決中國文化的來源及傳播路線，2.作法上，認為文化可分裂為文化叢，文化叢下再細分不同文化要素，如宗廟是個文化叢，其下有六個文化要素：廟貌、神主、宗祐、殯廟、宮室、大祭等[35]。3.認為經由比較二個文化內部的文化叢的異同，可以推論二個文化間的傳播和接觸關係。例如，中國的宗廟和社稷二個文化叢，與臺灣排灣族的宗廟與社稷二個文化叢相似，則二個文化早期必有接觸。事實上，凌先生推論臺灣土著族文化乃中國上古文化移入的[36]。4.經由幾個文化叢的比較研究，如：筏帆、嚼酒習俗、犬祭、宗廟等[37]，凌先生假設「在中國古代華夏民族來到中國東部及沿海地區之前，最早的居民為古亞洲人，美拉尼西亞人，至中國歷史開

---

[34] 凌純聲，〈中國古代社之源流〉，《中央研究院民族學研究所集刊》17（1964），頁 1-44。

[35] 凌純聲，〈臺灣土著族的宗廟與社稷〉，《中央研究院民族學研究所集刊》6（1958），頁 1-46。

[36] 凌純聲，同註 35 前引文。

[37] 凌純聲，〈古代中國與太平洋的犬祭〉，《中央研究院民族學研究所集刊》3（1957），頁 1-36；〈北平的封禪文化〉，《中央研究院民族學研究所集刊》16（1963），頁 1-100；〈秦漢時代的畤〉，《中央研究院民族學研究所集刊》18（1964），頁 113-42；〈中國的封禪與兩河流域的昆侖文化〉，《中央研究院民族學研究所集刊》19（1965），頁 1-52；〈昆侖丘與西王母〉，《中央研究院民族學研究所集刊》22（1966），頁 215-55；〈埃及金字塔與中國古王陵〉：《中央研究院民族學研究所集刊》24（1967），頁 187-217。

始時，玻利尼西亞人住在淮河流域、華北及東北南部（北部則為古亞洲人）；印度尼西亞人則在長江流域與華南；美拉尼西亞人已退居海岸及沿海島嶼。以上三系經過長期互相接觸，造成語言與文化的大部分相同與類似。美拉尼西亞人一部分向太平洋島嶼移居外，餘則與玻利尼西亞人混合而成後世史稱的東夷，主要的又稱濊貊；與印度尼西亞人混合的史稱南越或百越」[38]，亦即太平洋文化應是由華北而華南一波一波往東南方向傳播的。

而臺灣土著文化在凌純聲研究架構中非常重要，是因臺灣位居東海與南海之中點，南島各系民族似曾在由亞洲大陸、華北、華南往東南亞、太平洋遷移時，曾經經過或留居過臺灣，南島四系（玻利尼西亞、密克羅尼西亞、美拉尼西亞、印度尼西亞）及小黑人文化在臺灣均可找到[39]。在比較了臺灣排灣族與中國古代宗廟異同後，凌先生更認為臺灣是研究中國古史活的史料[40]。

凌純聲雖然努力建立環太平洋文化區（中國自然應包括在內）[41]文化傳播的起源與路線，但不可遺忘，凌先生的訓練中有很濃的漢學成分，尤其追隨 Granet，企圖重建古代中國漢人宗教面貌便一直是凌先生的關懷之一。他多處強調現代人類學的民族

---

[38] 凌純聲，〈太平洋地區嚼酒文化的比較研究〉，《中央研究院民族學研究所集刊》5（1958），頁 45-76。

[39] 凌純聲，〈中國祖廟的起源〉，《中央研究院民族學研究所集刊》7（1959），頁 141-76。

[40] 凌純聲，同註 35 前引文，頁 43。

[41] 凌純聲，〈中國古代的樹皮布文化與造紙術發明〉，《中央研究院民族學研究所集刊》11（1961），頁 1-28。

學知識可解答先儒的問題，如「祖廟」的起源問題[42]，如「社」的起源問題[43]。民族學知識也可提供大膽創新的回答，如神主是性器崇拜[44]，如屈原的《楚辭》〈九歌〉中的「國殤」、「禮魂」，是中國古代越獠的馘首祭梟和民族學上的獵頭祭首儀式[45]。凌先生豐富的民族學知識，加上博覽中國古籍，使他在結合漢學和民族學的嘗試上游刃有餘，作了最佳示範。

凌純聲在中國古代宗教研究上，大抵以宗教建築、器物等，來推論中國古代文化之起源及傳播路線。這一時期的漢人宗教研究也大抵在凌先生架構下展開，有多篇文章是用不同材料，來佐證或進一步反省凌先生架構的。如張光直利用新的考古學出土資料，同意中國古代「祖」字本是個性器圖畫，亦即祖先牌位原形[46]。但在仰韶期新石器時代，有社祭的證據，而無系統化祭祖證據。到了龍山期新石器時代祭祖證據突然普遍出現。龍山期及殷商時代，祭祖與祭社同有絕頂重要，且主祭人也許相同一人，但祭祖與祭社所代表的社會群體及祈求福祇對象不同，因此張先生指出祭祖與祭社文化可能有不同來源[47]。亦即反省凌先生祖社同源論。文崇一研究濊貊民族文化及宗教習俗，是想從歷史學方面

---

[42] 凌純聲，〈中國古代神主與陰陽性器崇拜〉，《中央研究院民族學研究所集刊》8（1959），頁 1-46。

[43] 凌純聲，〈中國古代社之源流〉，《中央研究院民族學研究所集刊》17（1964），頁 1-44。

[44] 凌純聲，同註 42 前引文。

[45] 凌純聲，同註 33 前引文。

[46] 張光直，〈中國遠古時代儀式生活的若干資料〉，《中央研究院民族學研究所集刊》9（1960），頁 253-68。

[47] 同上註，頁 268。

補充檢驗凌先生的論證[48]。凌先生以為濊貊民族是玻利尼西亞人及美拉尼西亞人，在未遷移出中國地區之前在華北的混種民族。環太平洋區的嚼酒文化應是起源於華北或東北，是玻利尼西亞人的文化特質，此文化是中國底層文化重要的一層[49]。文先生研究〈九歌〉的「水神」[50]和〈九歌〉中的「上帝」[51]則是呼應凌先生對〈九歌〉的「國殤」、「禮魂」兩篇的推論。

　　此一時期，另有一重要人物，即任教於臺灣大學人類學系的杜而未，亦以民族學中，文化傳播論的角度，來研究古代中國宗教的起源及流傳問題。唯杜先生多取神話為論證材料，異於凌純聲的偏重宗教建築。杜先生論著較少以論文形式出現在《人類學系學刊》或《中央研究院民族學研究所集刊》，而多集結成專書在坊間書店出版。杜先生留學德國，受維也納學派的 W. Schmidt 從宗教論證來將世界文化劃成數個文化圈的作法影響[52]，也試圖在中國古籍中解讀宗教系統，再利用各地民族學資料建立他的「中國文化精髓在中國宗教，而中國宗教實為月神宗教」論。

---

[48]　文崇一，〈濊貊民族文化及其史料〉，《中央研究院民族學研究所集刊》5（1958），頁 115-210。

[49]　凌純聲，同註 38 前引文，頁 71。

[50]　文崇一，〈九歌中河伯之研究〉，《中央研究院民族學研究所集刊》9（1960），頁 139-60；〈九歌中的水神與華南的龍舟賽神〉，《中央研究院民族學研究所集刊》11（1961），頁 51-119。

[51]　文崇一，〈九歌中的上帝與自然神〉，《中央研究院民族學研究所集刊》17（1964），頁 45-72。

[52]　杜而未，《山海經神話系統》（臺北：華明書局，1960），〈序〉；《中國古代宗教研究——天道上帝之部》（臺北：華明書局，1959），頁 230。

　　杜而未引用的材料相當廣泛，他先從辨釋中國古代的「天」與「帝」是不同的二個觀念，源於不同的二個文化說起。「天」是抽象的至高神，一神崇拜，與土耳其、蒙古人的「撐犁」（天）有關係，是周文化的宗教，也是中亞遊牧文化最早期文化的表現，杜先生因此反駁人類學家認為巫術比宗教早之說法，也反駁多神教早於一神教的說法。而「帝」是殷民族往東遷以後發展出的宗教觀念，「帝」是人格神是具體的祖先神的信仰。殷文化又混合有南方的文化，所以有「感生神話」，靈魂不死神話等[53]。接著，他再引西藏、埃及、美洲 Kato 人、非洲 Baja 人等民族學資料，說明「Tao」的音在各地文化均指月，而中國「道」字在古籍中查不出其原始意義，但如果有文化人類學知識的幫助，則可推論「道」的「一陰一陽之謂道」等古文對「道」的解釋實為「月」之意。書中繼續推論后土為光明之神，亦為月神；社神與地神亦為月神，而封禪是祭月神之意[54]。

　　在《山海經》神話研究中，杜而未明白地提出他的「月神文化論」。在該書序言中，杜先生說「人類學上有一套月亮神話，竊想山海經的秘密是否可用這樣的神話來揭穿」，經過他重新解讀《山海經》之後，他主張《山海經》不是地理書，而是有原始宗教（月神崇拜）作後盾的一部神話著作[55]。根據他的月神論，他重解崑崙文化為月神所在地月山的文化[56]，老莊的道家哲學也

---

[53]　杜而未，同註 52 前引書（1959）。

[54]　杜而未，《中國古代宗教系統——帝道后土研究》（臺北：華明書局，1960）；《儒佛道之信仰研究》（臺北：臺灣學生書局，1983）。

[55]　杜而未，同註 52 前引書（1960），頁 15。

[56]　杜而未，《崑崙文化與不死觀念》（臺北：臺灣學生書局，1978）。

是將月神信仰哲學化的表現[57]，中國的四獸：鳳、麟、龜、龍也是月神的演變[58]。他又依中國及南洋資料看，各地多月亮神話，而月亮神話比太陽神話更原始[59]。類似山海經的月亮神話各地均有，譬如：新西蘭島，南亞的巴都島，大洋洲各地，西亞巴比倫一帶[60]。

　　總觀這一期的主要論述，有幾個特點：1.討論中國的中原文化起源時，有東（周）西（商）二源說，及東西一源說之爭論，而又都直接間接地呼應文化傳播論的人類學家所主張的，中國古代文化源自西亞的說法，以及太平洋區文化源於亞洲說。2.使用民族學材料及考古學出土資料（如杜先生引用李濟的挖掘結果，論說殷商出土多黑陶，而周文化區多彩陶）[61]，來與中國古典文獻互相印證。民族學材料中，尤其注重環太平洋區的島嶼物質文化項目及神話，而臺灣原住民材料也用來引證。因此沒有 1965年後，臺灣人類學界將漢人與原住民研究二分的分隔，而是在大文化圈（杜先生的亞洲文化圈或凌先生的環太平洋文化圈）下的各民族一視同仁，一起討論。3.深厚的國學基礎，研讀古籍旁徵博引，也想援引新科學（文化人類學、民族學）的理論及材料，來解決先儒未能解決的問題。4.濃厚的本土關懷情操，多篇

---

[57]　杜而未，《老子的月神宗教》（臺北：臺灣學生書局，1978）。

[58]　杜而未，《鳳麟龜龍考釋》（臺北：臺灣商務印書館，1966）。

[59]　杜而未，同註 56 前引書，頁 191。

[60]　杜而未，同註 52 前引書，頁 152。

[61]　杜而未，《中國古代宗教──天道上帝之部》（臺北：臺灣學生書局，1976），頁 223。

文章均指明「希望西洋同道知道中國及東亞亦有嚼酒文化」[62]，
「尤其我是中國人，美洲和海洋洲專家所列舉的文化特質，在中
國的先史、原史、歷史、民族、民俗各方面常能找到十之八九」
[63]，企圖使中國研究能加入世界民族學界與各國學者有對話機
會，並修正已往世界人類學界因為不熟悉中國材料而提的理論
（如主張太平洋文化來自南北美洲說）。

　　誠如陳其南說的，我們不能以功能學派的作法來責成歷史學
派[64]，或傳播論派，我們不能以後來的發展來批評前人的研究。
因此，我們只以當時的研究，來和日治時期的研究作一對比，而
提出此一時期研究有幾個沒考慮到的點：首先，過分倚重古代文
獻中的材料，導致只能處理古代中國宗教而沒利用現存的、當時
的材料。凌純聲受過漢學訓練也受過民族學訓練，杜而未也受過
文化人類學訓練，凌先生也作過赫哲族的調查，但均沒在臺灣漢
人社會中進行調查，也沒利用日本總督府作的調查報告。又，過
分倚重古代大傳統歷史文獻，導致處理的為大中國大傳統，而與
小傳統，市井小民實際發生的宗教行為無關，也不是其時臺灣島
境內的漢人信仰。引用文獻上，二十世紀初，已有很多歐美傳教
士寫成的漢人宗教的專書，不管是華南或華北（如 de Groot 的
廈門、John Shryock 的安慶、R. F. Johnston 的威海衛）。也可能

---

[62] 凌純聲，〈中國與東亞的嚼酒文化〉，《中央研究院民族學研究所集
刊》4（1957），頁2。

[63] 凌純聲，〈臺灣的航海帆筏及其起源集利〉，《中央研究院民族學研究
所集刊》1（1956），頁2。

[64] 陳其南，〈四十年來臺灣人類學研究的回顧與前瞻〉，《中國論壇》
21:1（1985），頁7。

因為此些著作並非歷史學派取向而不被採用。那麼，如以歷史學派作歷史問題便罷，卻又用現代調查的大洋洲、日本、臺灣原住民等之民族材料來作比較。亦即傳播論派及歷史學派忽略了：a. 現在的玻利尼西亞可與古代中國比較嗎？b. 市井小民的玻利尼西亞人行為，可與中國文獻中的大傳統士大夫行為比較嗎？不拿傳教士作的當代漢人宗教行為，與文獻中的古代中國宗教比較，是因為知道二者有時間變遷，但是拿玻利尼西亞材料比較時，則不討論變遷問題。能夠拿中國與玻利尼西亞比較，是因為一般原以為為兩個不同的文化，但是竟然有相類似的嚼酒習俗、犬祭、祖廟建築、樹皮布製造等，因此而有比較價值。但是這個又可以檢討 c.「部分的總和不等於全體」的問題。上述文章比較的均是單項文化元素或文化叢，至於文化元素之間的結合關係，則沒被列入考慮，例如，宗廟文化叢下的六個文化元素，在古代中國的儀式舉行過程中神主的意義，廟的空間方位，主祭人地位等，與此六文化元素在臺灣排灣族人中被執行的方式一樣嗎？文化的比較被化約成單個單項，各個分別獨立的元素。

　　其次，文化元素之輾轉傳播看到元素之流轉，忽視元素要有人使用與解釋才能存在，文化元素不會憑空存在或傳播，因此即使某文化元素在甲乙二地均存在，不表示二地的此文化元素完全相同，其使用及意義可能完全不同。但上述文章均只提到地理位置，而不提使用人。更別說以後來理論發展的行動者（agent）、實踐（practice）、註譯（interpretation）的問題來責成之。

　　這時期的歷史學派與傳播論派的作法有其瓶頸，在世界人類學潮流下也漸失其重要性，實際田野調查的功能學派漸取而代之。對中國地區的漢人宗教田野調查，除了傳教士時代作的，陸

續有歐、美人類學家、及中國人類學家也有作[65]，即使大陸淪陷後不得進入中國本土，但香港及新加坡的華人社會也有人作[66]，累積的人類學調查報告不可謂不多。但這些資料似未被當時的臺灣人類學家所青睞。

在民族所方面如此，在臺灣大學人類學系方面亦如此。陳奇祿說「過去幾十年間中日學者從事臺灣人類學和社會（人類學）學研究，已有了不少業績。……考古人類學系及民族學研究所均為純學性的機構，但其所作調查研究多偏向於土著民族。我們檢討過去的業績，感到似乎過分側重於民族學而忽略了社會（人類學）學的研究。在民族學的諸部門，則宗教方面工作最少。」[67] 事實上，不管是民族學（原住民研究）或社會學（漢人研究），宗教方面均少有人作。但是這樣的研究比重在 1965 年左右有了變化。一方面人類學家研究的原始社會漸漸消失，一方面社會需要人類學家研究與關心自己的社會問題。這種世界人類學潮流也影響到臺灣人類學界，而開始有了調整。李亦園在〈十六年來的民族學研究所〉也指出民族所的研究趨向在六十年代有了改變：

---

[65] M.C. Yang, *A Chinese Village: Taitou, Shangtung Province* (New York: Columbia University Press, 1945); C. K. Yang, *Religion in Chinese Society* (California: University of California Press, 1961).

[66] J. M. Potter, *Capitalism and the Chinese Peasant* (California: University of California Press, 1968); Hugh Baker, *Aspects of Social Organization in the New Territories* (Hong Kong: Royal Asiatic Society, Hong Kong Branch, 1964); Maurice Freedman, *Lineage Organization in Southeastern* China (London: The Athlone Press, 1958).

[67] 陳奇祿，〈臺灣人類學研究和中美學術合作〉，《臺灣大學考古人類學刊》15, 16（1960），頁 152。

1.著重原住民文化在現代文化影響下的適應與變遷問題，2.拓展漢人社會與華僑社會二個屬於「複雜社會」的研究項目[68]。

四、祖先崇拜研究與祭祀圈理論
（1965-1983）

　　我們選擇 1965 年為始點，乃因臺灣大學人類學系在 1965 年開始舉行一連串臺灣研究研討會，而民族所也在 1965 年，由李亦園首先在彰化縣伸港鄉泉州厝農村社區研究，王崧興也在同年，在宜蘭縣龜山島作漁村社區調查。由臺灣大學人類學系與歷史學系合辦，哈佛燕京學社贊助的臺灣研究研討會，針對臺灣漢人歷史研究中的方法，題材等各方面開了七次會議，其中第三次為「臺灣的民間宗教信仰」，可以說是臺灣學界民間信仰方面第一次的研討會。與會人士有任教於臺灣大學的陳奇祿、唐美君、陳紹馨，也有任職於民族所的凌純聲、李亦園、劉枝萬等對漢人宗教有研究的人士。主席陳奇祿在會中，指出「民間信仰」就是相當於英文的 Folk Belief，是研究社會中低階層民眾的宗教信仰。會中，並由黃得時報告臺灣民間信仰的特徵是鬼神的人格化；劉枝萬報告臺灣寺廟調查概況，且就日人多次全省性大調查經過，及「寺廟臺帳」寶貴資料作說明；陳漢光談傀儡戲與民間信仰，並推論中國傀儡戲是漢代由外國傳入在臺灣，目前有南北二派；林衡道報告臺灣的地方性神明大都源自閩粵，但也有閩粵

---

[68] 李亦園，〈十六年來的民族學研究所〉，《中央研究院民族學研究所集刊》31（1971），頁 5。

以外的。但是，任教於人類學系的先生們，並未因為此次研討會，而有後續宗教研究工作或文章問世。在開課方面，漢人宗教的教課也一直由民族所的李亦園來擔任。

民族所方面，這一時期漢人研究，據莊英章回顧主要有三個階段[69]：(1) 1965 年，李亦園、王崧興分別在彰化及龜山島研究，(2)「漢人研究小組」期（1968-1970 年），由李亦園帶領許嘉明、徐正光、黃樹民、李芬蓮及莊英章等從事，陳中民則於1970 年加入，(3)集體計劃期，有三個主要的集體計劃，陸續展開：a.臺灣農村社會發展，由王崧興、陳祥水、莊英章等人進行花壇鄉、九如鄉、竹山鎮的調查；b.臺灣北部地區社會文化變遷，由文崇一及許嘉明、瞿海源、徐正光、許木柱、蕭新煌等，從事萬華、關渡、大溪、龜山四個社區做田野調查；c.濁水大肚溪計劃，張光直總主持，王崧興任執行秘書，李亦園主持民族學部門，參加者有許嘉明、施振民等十餘位先生。

民族所這一連串漢人研究計劃中，有關宗教部分的有一個焦點，即以研究漢人親屬宗族組織而延伸的祖先崇拜研究；有一個承先啟後的創見：即祭祀圈架構的提出。以下我們詳述這二個研究點的背景及成果。

首先，得從 M. Freedman 及人類學一貫追求一個社會的基本社會結構原則說起。一般來說，人類學研究一項社會行為或文化價值時，並不單純只為了解此一單項行為或價值，而是企圖透過累積，透過比較，能對這一社會，有一全貌性深層結構式的掌

---

[69] 莊英章，〈臺灣鄉村社區研究的回顧〉，《思與言》19:2（1981），頁120-34。

握。因此，即使是文化傳播論派表面上追溯樹皮布或宗廟的分佈範圍，但企圖了解的是二個文化間的深層關係而不只是樹皮布的關係。同樣的，功能學派的 M. Freedman 研究中國家族與親屬組織及祖先崇拜時，目的也不只是明白中國繼嗣群或稱宗族（lineage）與非洲繼嗣群的異同，中國的祖先認定與非洲有何異同，更重要的是想探討中國社會組成原則是什麼。在這個大架構之下，宗族與祖先崇拜研究，及祭祀圈理論，分別從二個途徑想解釋臺灣漢人社會的組成原則，亦即此時期人類學的漢人宗教研究與上一期一樣，目的不在宗教本身，而在社會文化的了解。

其次，此時期與上一期相同的是深受西洋人類學理論及主題影響。畢竟人類學是一門歐美學問，臺灣人類學家亦大多受歐美學術訓練。但此期與上期一點不同是，此期漢學訓練不及上期，作品中少了漢學及中國古典文獻引用，此期著重的是田野調查與現時資料引述。這個應該不只是歷史學派與功能學派之差別，與研究者本人興趣之轉移也有關。

據黃應貴統計，1965 到 1982 年之間，《中央研究院民族學研究所集刊》中，漢人社會研究論文共 46 篇，其中做「家族、宗族與親屬」的有 22 篇，「宗教儀式」的只有 4 篇。而做宗族親屬組織的，又有 14 篇直接引用 Freedman《東南中國世系組織》一書[70]。可見 Freedman 的重要性[71]。許嘉明對此背景的說明是：六〇年代美國在亞洲事務頻遭挫折，才掀起一股研究占亞洲人口四分之一的漢人社會的熱潮。然囿於中國大陸鐵幕深鎖，便

---

[70] Maurice Freedman，同註 66 前引書。

[71] 黃應貴，〈光復後臺灣地區人類學研究的發展〉，《中央研究院民族學研究所集刊》55（1984），頁 119。

轉而以臺灣為代用田野[72]。小自村落，大至鄉鎮調查，均企圖與1949 年以前的大陸研究，作一對比，以達到了解「大」中國社會結構之目的。1949 年以前來臺的漢人移民祖籍多屬閩粵，也就常以 M. Freedman 的閩粵研究成果作基準[73]。筆者以為許先生未說明的另一點是：人類學這個學科，假設親屬關係乃人群關係之基礎，親屬組織結構乃社會結構核心，因此 Freedman 的親屬研究，才比其它閩粵研究如 de Groot、Doolittle 的宗教研究率先被引用。而王崧興則透露漢人研究遲遲未展開，以及展開後主受Freedman 影響，乃是因為臺灣當時的政治社會禁忌[74]。Freedman書中的主要論點，由於均屬中國社會結構及宗族結構，於此不詳載，可參見莊英章[75]及陳其南[76]，而與祖先崇拜有關係的論點則見李亦園等人的作品[77]，也是我們要在下文敘述的。

---

[72] 陳紹馨，〈中國社會文化研究的實驗室——臺灣〉，《中央研究院民族學研究所集刊》22（1966），頁 9-14。

[73] 許嘉明，〈祭祀圈之於居臺漢人社會的獨特性〉，《中華文化復興月刊》11:6（1978），頁 1-2。

[74] 王崧興，〈臺灣漢人社會研究的反思〉，《國立臺灣大學考古人類學刊》47（1991），頁 1-6。

[75] 莊英章，〈臺灣漢人宗族發展的研究評述〉，《中華文化復興月刊》11:6（1978），頁 49-58。

[76] 陳其南，《家族與社會——臺灣和中國社會研究的基礎理念》（臺北：聯經出版事業公司，1990），頁 97-213；陳其南，《臺灣的傳統中國社會》（臺北：允晨文化實業公司，1987）。

[77] 李亦園，〈中國家族與其儀式：若干觀念的探討〉，《中央研究院民族學研究所集刊》59（1986），頁 47-62；吳燕和，〈中國宗族之發展與其儀式興衰的條件〉，《中央研究院民族學研究所集刊》59（1986），頁 131-42。

（一）祖先崇拜與親族組織

這一時期對祖先崇拜的研究，有一個功能論上的假設：祖先崇拜是維持宗族組織結合的一個機制。此假設來自 Fustel de Coulanges（1864）[78]以親屬身分的認定，並非單憑出生的事實，而在共祭同一祖先。而共祭同一祖先又可加強成員間同屬一親屬群之事實。基於這樣一個假設，M. Freedman 研究中國祖先崇拜時，是看它與繼嗣群之間的關係，而不是針對祖先崇拜制度本身。影響所及，大部分臺灣人類學家也多少是在這一思考路線上，展開田野調查。我們依序介紹檢討在《中央研究院民族學研究所集刊》刊登之文章。

陳中民的彰化縣「中港鄉」晉江厝的祖先崇拜與氏族組織，是第一篇論文。文中，陳先生指出當地「祖公爐」制度，乃是在沒有祠堂，也沒有祖墳的幾個家庭之間，輪拜共祖的香爐，來維持其為同一共祖後代之關係[79]。具體地反省了 Freedman 認為華南地區有祖產（祠堂、祖墳）才有宗族組織及拜祖儀式的說法。亦即，共同財產（corporate property）不是祖先崇拜的必要條件，親屬關係的認定才是重要的。

王崧興比較中日二國的祖先崇拜內容不同，推論二國的親族結構不同。中國的祖先與子孫的認屬是以血緣關係為原則；日本則以居住關係為原則。祭拜祖先上，中國因此是祭拜血緣上的祖

---

[78] N. D. Fustel de Coulange, *The Ancient City* (Baltimore: John Hopkins University, 1864/1980).

[79] 陳中民，〈晉江厝的祖先崇拜與氏族組織〉，《中央研究院民族學研究所集刊》23（1967），頁 176。

先，而日本是祭拜住過此屋並遺留下此一屋子的「先祖」。在中國父親家分衍出兒子家，在日本「本家」（可以是父親，也可以是地主等，或無血緣關係的岳父）分裂出「分家」（可以是兒子，也可以是無血緣的佃農、贅婿等）。所以，中國的宗族是一群由祖父－父－子所組成的血緣團體，日本的「同族」則可以是由一群有血緣關係的人組成，也可以是一個由收養入贅關係所帶來的居住及經濟上的共同團體[80]。

　　同姓族人祭拜同姓共祖，有結合此一單系家族的功能，但臺灣民間常常看到的異姓公媽牌的祭祀呢？李亦園在一篇英文文章中，反證地證明，異姓公媽的祭祀常會導致家族內部成員的不平安，而使一般中國人視異姓公媽的祭祀為非常態行為[81]，因而仍是支持 Radcliffe-Brown 的功能論，認為祭祖是結合宗族之機制的論點。陳祥水則以 B. Malinowski 的心理焦慮的去除的功能派論點，來解釋異姓公媽的祭祀行為。陳先生以在彰化縣埔心鄉埔心村的調查，說明一些有「倒房」之虞的家族，藉著贈與田房祖產的方式，要求異姓子孫祭拜其祖先牌位。民間的雙姓、多姓祖先牌位的祭拜常因入贅、倒房、繼承財產等因素引起，雖然不合中國大傳統文化對祖先崇拜的要求，但對於小傳統中，實際發生香火繼承困難的上述人家，異姓公媽祭祀卻可以解除「倒房」之

---

[80]　王崧興，〈中日祖先崇拜的比較研究〉，《中央研究院民族學研究所集刊》31（1971），頁 235-52。

[81]　Yih-yuan Li, "Ghost Marriage, Shamanism and Kinship Behavior in a Rural Village in Taiwan", paper presented in the 11th Pacific Science Congress, Tokyo, 1966, proceeding.

虞的子孫心中的焦慮,使其心理達平衡狀況[82]。

華南漢人初至閩粵開墾時,同姓族人藉祭祖來結合宗族成員,常可比零散移民取得較優勢開墾設備與條件,諸如在水利灌溉、共同耕作、防敵等方面,但早期來臺移民多來自不同地區的羅漢腳,如何能有同族力量?莊英章便以南投縣竹山鎮的聚落發展,說明異於 Freedman 在華南廣東福建所見的有強大的宗族[83],莊先生認為臺灣開拓初期,以地緣為基礎,先組成同祖籍的群體,以村廟祖籍神的奉祀,作為成員共同的崇拜中心。移民第二階段才產生以血緣關係為基礎組成的宗族。其次,宗族能否繼續分支繁衍下去?端視公有祖產及祖籍二個條件而定,再透過祭祖、吃公等儀式而結合派下各支。第三,風水常因為會直接影響某一房子孫的興衰,而被各房子孫重視,可藉著共同翻修共祖之墳墓,整作好風水而促使各房子孫再結合。

李亦園後來綜合其時中外學者對中國家族與其儀式〔按:即包括在廳堂的自家祭祖、在宗祠的闔族祭祖、及在墳墓的祭祖等儀式〕的研究,歸結有三個主要的共同爭論:1.中國人觀念中的祖靈是永遠保佑子孫?抑是也會作祟致禍於子孫?2.祖先牌位的供奉是否一定與財產繼承有關?3.在墳墓風水儀式中,中國人是

---

[82] 陳祥水,〈「公媽牌」的祭祀——承繼財富與祖先地位之確定〉,《中央研究院民族學研究所集刊》36(1975),頁 141-64;〈中國社會結構與祖先崇拜〉,《中華文化復興月刊》11:6(1978),頁 32-39。

[83] 莊英章,〈臺灣漢人宗教發展的若干問題——寺廟宗祠與竹山的繁殖型態〉,《中央研究院民族學研究所集刊》36(1975),頁 113-40;〈南村的宗族與地方自治〉,《中央研究院民族學研究所集刊》31(1971),頁 213-34。

否有「操弄」祖先骨骸之嫌？李先生認為上述問題的產生，主要因為在親子關係、世系關係及權利關係等三類面向，中國人在不同環境下會有彈性而多樣性表達所致[84]。

余光弘後來重訪臺北縣三峽鎮溪南，再分析「沒有祖產就沒有祖宗牌位」的爭論。余先生以 E. Ahern 對溪南人的一些觀察，諸如：1.沒有祖產留給子孫，子孫即不祭拜此一祖先；2.墳墓風水靈力主來自祖先舒適與否，而與宇宙靈力無關；3.溪南的祖先是壞心腸，不時會作祟子孫的；4.溪南的四個宗族均強調團結，而壓制宗族分裂的儀式象徵等，乃是因 Ahern 本人理論誤導及田野調查不深入而造成的誤解。余先生以為溪南人與一般中國人差異不大，亦即 1.祖先牌位的祭拜責任是循父系繼嗣線相承，財產有無並不影響此一義務；2.風水靈力主要來自每一時空因素之配合，而不是發自墳墓中祖先的骨骸；3.祖先基本上是仁慈的，在被忽略或激怒時才會懲戒子孫；4.宗族對外呈現相當程度的合作，但經濟條件允許下，分裂也在所難免[85]。

不在上述 Freedman 架構下，而牽涉到宗教與儀式的文章，尚有阮昌銳探討「人鬼聯姻」（冥婚）及「拜認鬼父」（過繼）二項與祖先崇拜有關的習俗的社會功能[86]。胡台麗探討臺中市南

84　李亦園，同註 77 前引文。

85　余光弘，〈沒有祖產就沒有祖宗牌位？〉，《中央研究院民族學研究所集刊》62（1987），頁 115-78；李亦園，〈中國家族與其儀式：若干觀念的探討〉，《中央研究院民族學研究所集刊》59（1986），頁 47-62。余（1987）及李（1986）二文，年代稍晚，但同屬此一主題，故於此討論。

86　阮昌銳，〈臺灣的冥婚與過房之原始意義及其社會功能〉，《中央研究院民族學研究所集刊》33（1972），頁 15-38。

屯區的字姓組織[87]。胡女士以字姓組織乃在一地方的同一姓氏的人，所組成的一個同姓宗親團體，在地方神明壽誕時，負責（請戲團）演戲酬神的一種組織。因此字姓組織兼有宗親祭祖團體、地緣宗教團體（祭祀圈）、及神明會等三種組織的性質。

由字姓組織我們可以發現，臺灣民間社會組成的原則的多元性，亦即，可能不只是如上述學者所探討的，藉祭拜共祖來結合同姓族人，所產生的宗族血緣組織。另一群學者由田野工作中，提出另一種可能的理論架構，來解釋臺灣漢人社會組成原則。唯異於上一群學者之受英國人類學家 M. Freedman 的啟示，這一群學者乃是受日本民族學家岡田謙的影響，而提出「祭祀圈」的架構。

（二）祭祀圈與村廟

華南地區的村落可以由宗族血緣組織形成的單姓村，作為社會構成基本單位，臺灣早期移墾因非舉族而遷，單姓村落較難組成，且由莊英章竹山的例子，可知早期地緣性村廟比血緣性宗祠出現為早。陳祥水之研究又說明中國傳統非正軌的招贅婚在臺灣特別盛行，異姓公媽牌的祭祀也妨礙單姓世系群和氏族地位的鞏固和發展。但血緣的宗族組織雖非地方組織核心，卻也常是地方主要群體，胡台麗的臺中南屯字姓戲即是氏族或宗親會介入地域

---

[87] 胡台麗，〈南屯的字姓戲：字姓組織存續變遷之研究〉，《中央研究院民族學研究所集刊》48（1979），頁 55-78；〈神、鬼與賭徒——「大家樂」賭戲反映之民俗信仰〉，收於中央研究院編，《中央研究院第二屆國際漢學會議論文集——民俗與文化組》（臺北：該院，1989），頁401-24。

組織和活動的證明。

宗族與單姓村既非是早期臺灣移民聚落的主要組織原則與型態，那麼，早期移民結合群居是因貨物交換需要而形成的市集村落嗎？William Skinner（1964）在四川盆地發展出的市場體系理論[88]，被 Lawrence Chrissman 用來驗證彰化平原早期村落結構，效果並不理想[89]。那麼，是藉祭祀同一神明的宗教活動，來聚集不同血緣群而形成的地緣群村落嗎？蕭公權討論中國農村組織時，指出在多姓村中，村廟常成為地方組織重心，並具備有如宗祠在單姓村中負有的功能[90]。M. Topley 進一步指出，村廟與宗祠可以是二種交替的農村組織形式，村廟適用於多姓村，宗祠存在於單姓村[91]。而且日本學者岡田謙在臺北士林的調查，發現不同祖籍人群祭拜不同祖籍神明來區分人群，而這祭祀範圍、婚域，及市集交易範圍重疊。岡田謙因而提出「祭祀圈」概念，來分析宗教與社會組織[92]。

施振民與許嘉明二人便轉而以祭祀圈，來解釋臺灣早期村落

---

[88] William G. Skinner, "Marketing and Social Structure in Rural China", *Journal of Asian Studies*, 24:1 (1964), pp.3-43.

[89] Lawrence William Crissman, "Marketing on the Changhua Plain, Taiwan", in E. W. Wilmott ed., *Economic Organization in Chinese Society* (Stanford: Stanford University Press, 1972).

[90] Kung-chuan Hsiao, *Rural China: Imperial Control in the Nineteenth Century* (Seattle: University of Washington Press, 1960).

[91] M. Topley, "Chinese Religion and Rural Cohesion in the Nineteenth Century", *Journal of the Hong Kong Branch of Royal Asiatic Society*, 8 (1968), pp.9-43.

[92] 岡田謙，〈臺灣北部村落之祭祀範圍〉，《臺北文物》9:4（1960），頁 14-29。

形成因素。施先生以「庄」為基礎，建立一個以主神為經，以宗教活動為緯的地域組織的模式[93]。許先生則為祭祀圈下一定義，給與四個指標，以確認祭祀圈之範圍[94]。許先生並以祭祀圈概念作實際調查，並分析彰化平原福佬客的大小各型宗教組織[95]。同時期稍早，王世慶也以樹林區主祭神的信仰範圍來分別人群範圍，唯他稱此範圍為「信仰圈」[96]。祭祀圈的研究方向隨濁大計劃的結束暫告一段落，一直到 1980 年代才有林美容再使用並反省之。而此一階段除「祖先崇拜」及「祭祀圈」二大主題研究外，尚有劉枝萬為首的「醮儀研究」及前述社區研究計劃產生的「社區宗教」為題的文章。

（三）醮儀研究

劉枝萬可以說繼承了日本學者戰前在臺調查的旨趣，而進行他的宗教研究，對比起當時主流的歐美人類學家視宗教為社會結構的附屬品，劉先生與另一位同方向的林衡道，可以說是視宗教本身為一獨立研究實體，來進行臺灣寺廟的普查，及清帳工作。劉先生自述原在省文獻會任職，了解日人幾次在臺宗教調查經過，及所完成「寺廟臺帳」資料之可貴，而想繼續此一基本但極

---

[93] 施振民，〈祭祀圈與社會組織──彰化平原聚落發展模式的探討〉，《中央研究院民族學研究所集刊》36（1975），頁 199。

[94] 許嘉明，同註 73 前引文。

[95] 許嘉明，〈彰化平原的福佬客的地域組織〉，《中央研究院民族學研究所集刊》36（1975），頁 165-90。

[96] 王世慶，〈民間信仰在不同祖籍移民的鄉村之歷史〉，《臺灣文獻》23:8（1972），頁 1-38。

有價值之工作。除親身走訪各地採集，也透過省政府，通飭各縣
市政府所轄鄉鎮區負責調查。劉先生再將彙集來的資料整理成冊
發表[97]。後以一人力量有限，乃選擇瘟神廟等特殊部門下手，作
專題研究[98]。

　　劉先生二篇瘟神信仰與瘟神廟之研究[99]，主要考據瘟神傳說
的起源，臺灣瘟神廟之分佈，瘟神與王爺的相近性，並替瘟神信
仰演化過程作五階段說明。此後劉先生因其道士訓練背景，而對
臺灣各地醮儀展開一連串記錄與研究：松山[100]、龍潭[101]、中和
[102]、樹林[103]、中壢[104]、西港[105]，為七〇年代臺灣道士團、醮場

97　劉枝萬，〈清代臺灣之寺廟〉，《臺北文獻》4、5、6（1963），頁
　　101-20, 45-110, 48-66；〈臺灣省寺廟教堂（名稱、主神、地址）調查
　　表〉，《臺灣文獻》11:2（1960），頁 37-236。

98　國立臺灣大學考古人類學系編，〈臺灣的民間宗教信仰——臺灣研究研
　　討會第三次集會〉，《國立臺灣大學考古人類學刊》27（1966），頁
　　93-95。

99　劉枝萬，〈臺灣之瘟神信仰〉，《臺灣省立博物館科學年刊》6
　　（1963），頁 109-13；〈臺灣之瘟神廟〉，《中央研究院民族學研究
　　所集刊》22（1966），頁 53-96。

100　劉枝萬，《臺北市松山祈安建醮祭典》（臺北：中央研究院民族學研究
　　所，中央研究院民族學研究所專刊之十四，1967）。

101　劉枝萬，〈臺灣桃園縣龍潭鄉建醮祭典〉，《中國東亞學術研究計劃委
　　員會年報》10（1971），頁 1-42。

102　劉枝萬，〈臺灣臺北縣中和鄉建醮祭典〉，《中央研究院民族學研究所
　　集刊》33（1972），頁 135-63。

103　劉枝萬，《中國民間信仰論集》（臺北：中央研究院民族學研究所，中
　　央研究院民族學研究所專刊之二十二，1974）。

104　同上註。

內外、及醮儀內容作一學術性記錄，至今仍為中外道教研究學者尊崇。1974 年的〈中國醮祭釋疑〉及〈中國修齋考〉二文，則從歷代中國文獻，考證道教最重要的二大儀式「齋」、「醮」的文字學起源，及歷朝官方修齋記錄。1974 年的〈中國稻米信仰緒論〉一文，則對在中國民間信仰中，在祭神、通過儀禮、辟邪、招魂、占卜、黑巫術等儀式中，用途甚多的稻米，作一基本知識的文獻考查。諸如稻作起源、五穀種類、敬穀觀念、賤穀報應、穀神崇拜等項做說明。此文寫法頗似上一期歷史學派作法，惟少了文化傳播論的包袱，因而能突顯出宗教主題本色。1974 年的〈閭山教之收魂法〉是令人激賞的一篇文章，劉先生從宗教專業人員角度，將閭山派道教的收魂（收驚）法鉅細靡遺的描述，是截至目前為止相關主題上最詳細最深入的記錄。

　　綜上所述，我們知道劉枝萬最有貢獻處，乃在從學術及道教專業角度，為臺灣可見的重要道教儀式，作忠實完整的記錄，勝過日治時期的學者，也勝過目前坊間民俗學者的作品。但也因此與人類學同行間稍有隔閡，純粹因為觀察角度的不同。例如松山建醮儀式，劉先生從道士團角度描述，而許嘉明則從社區民眾立場[106]，莊英章亦從漁村社區整合功能立場來看建醮[107]。仍如我們前文所述，人類學家不視宗教為獨立研究對象，而總是藉著宗

---

[105] 劉枝萬，〈臺灣臺南縣西港鄉瘟醮祭典〉，《中央研究院民族學研究所集刊》47（1979），頁 73-169。

[106] 許嘉明，〈松山建醮與社區〉，《中央研究院民族學研究所集刊》25（1968），頁 109-56。

[107] 莊英章，〈臺灣鄉村的建醮儀式──一個漁村的例子〉，《中央研究院民族學研究所集刊》29（1970），頁 131-50。

教了解社會組織之企圖有關。另外則為人類學家喜歡以民俗大眾
的、無文字記載的、報導人口頭敘述的、及真實行為等為資料來
源，而不習慣採用宗教專業人士的敘述及科儀文字記錄。劉先生
最後一篇中文文章，應為 1981 年的〈中國殯送儀禮所表現的死
靈觀〉，此後劉先生即往返於日本臺灣間，並多以日文發表文
章。劉先生〈死靈觀〉一文，與余光弘[108]及莊英章、許嘉明
[109]、徐福全[110]、洪秀桂[111]等，同為研究漢人喪葬儀式，唯劉先
生指出「殯送儀禮中嵌入不少辟邪行為，目的在防禦死靈作祟加
害生人同時保護死靈免其為凶煞侵犯……」，及「通過複雜儀式
將陰鬼具有之煞氣予以淨化，且將之轉化成近似陽神之祖靈以保
佑後裔」[112]。可說不但切中喪葬儀式精神所在，且對中國漢人
信仰中，死靈之「邪」與祖先之「正」的弔詭關係，藉儀式來轉
化，一語說中。深深符合 1990 年代人類學「儀式理論」之旨
趣。

---

[108] 余光弘，〈綠島的喪葬儀式〉，《中央研究院民族學研究所集刊》49
（1981），頁 149-74。

[109] 許嘉明、莊英章，《從喪葬禮俗探討改善喪葬設施之道》（臺北：行政
院研究發展考核委員會，1990）。

[110] 徐福全，〈臺灣民間傳統喪葬儀節研究〉（臺灣師範大學國文研究所博
士論文，1984）；〈論臺灣民間喪葬禮俗中之禁忌及日常生活中因喪葬
禮俗所引起之禁忌〉，收於漢學研究中心編，《民間信仰與中國文化國
際研討會論文集》（臺北：該中心，1994），頁 141-66。

[111] 洪秀桂，〈臺灣人居喪百期嫁娶婚禮俗的研究〉，《思與言》6:1
（1968），頁 36-40。

[112] 劉枝萬，〈中國殯送儀禮所表現之死靈觀〉，收於中央研究院編，同註
87 前引書，頁 127。

（四）社區宗教

此階段最後一個主題，乃是屬前述漢人社區研究計劃中宗教部分的著述。其實，王崧興在《龜山島》一書中，即闢有專章討論龜山島民的宗教生活。王先生以「全社性－群體性－私人性」三階次，來說明社區內宗教活動的類別[113]。參與萬華社區研究計劃諸先生中，黃順二從龍山寺歷次重修捐款信徒之居住範圍，推測 1920 年時，龍山寺已由艋舺三邑人的地方廟宇，發展為包括大稻埕，及全臺北盆地三邑人共同祭拜中心之一[114]。基本上，黃順二已能跳脫祭祀圈概念的同時限（synchronic）限制，而注意到祭祀圈的隨時代社會變遷而發展的新形態。雖然全文未提祭祀圈三個字，但頗能呼應祭祀圈的研究方向。關渡的集體調查中，許嘉明仍持續試測祭祀圈概念的可行性。惟在這次調查中與彰化平原不同的是：1.調查範圍內的五個祭祀圈（祭祀角落）的劃分，與原來的聚落單位並不一致，2.祭祀圈外的人家也要在該節日祭拜，只是沒有祭祀圈內人家那麼鋪張又宴客，3.調查範圍內的五個祭祀圈，與文中介紹的五個廟宇祭祀範圍並不相應。顯然的，祭祀圈在關渡平原，無法被有效地推論為是移民初入關渡平原時的聚落範圍劃分，祭祀圈的劃分反而是社區形成後因祭典節日過多，居民負荷不了而劃分成五個[115]。因此，文中雖未

---

[113] 王崧興，《龜山島——漢人漁村社會之研究》（臺北：中央研究院民族學研究所專刊甲種第 13 號，1967），頁 97-129。

[114] 黃順二，〈萬華地區的都市發展——萬華地區社會變遷研究之研究之一〉，《中央研究院民族學研究所集刊》39（1975），頁 1-18。

[115] 文崇一、許嘉明，《西河的社會變遷》，（臺北：中央研究院民族學研究所，中央研究院民族學研究所專刊乙種之六，1975），頁 137。

反省祭祀圈在鄉鎮層級的適用性，但文中同時採用王崧興的社區性／群體性／私人性三階次來說明宗教活動，似也說明祭祀圈一個概念無法全面地分析整個社區的所有宗教組織與活動。

桃園龜山鄉的集體調查中，許木柱也企圖使用祭祀圈概念，再加上王崧興的社區性／群體性／私人性的三面向，來分析岩村人的宗教活動[116]。唯許木柱描述的祭祀圈性質，稍異於許嘉明1978 年指出的四個指標，而透露出祭祀圈概念可以有變異，似乎不同層級的廟（角頭廟、村廟、鄉鎮廟、超鄉鎮廟）的祭祀圈有不同屬性與指標。然而許木柱全文不在驗證祭祀圈概念，因此未進一步與許嘉明等人作對話。

此階段後期有一重要討論會，即李亦園於 1982 年，受臺灣省政府民政廳委託在東海大學召開的「民間信仰與社會」研討會。會中，李亦園說明臺灣民間宗教有二項趨勢：1.功利主義，2.對功利主義反動的趨勢，即道德復振教派的盛行。何翠萍自Victor Turner 象徵人類學理論，分析民間宗教中野臺戲歌仔戲的演出。宋光宇自民間流行的善書《地獄遊記》，分析當前臺灣的社會問題，諸如為富不仁，經濟犯罪，色情淫佚問題等。阮昌銳自民間儀式活動中，分析反常行為（如允許賭博、喝酒、偷竊）的社會意義。及魏捷茲（James Wilkerson）一篇自西方學者的眼光，對臺灣民俗宗教研究作的回顧與批判[117]。上述文章均收於李亦園編的該次研討會的論文集。

---

[116] 許木柱，〈岩村的宗教活動──一個農村的工業化與社區生活研究之三〉，《中央研究院民族學研究所集刊》42（1977），頁 73-96。

[117] 見李亦園編，《臺灣民間信仰發展的趨勢》（此書為東海大學民間信仰研討會論文集，臺中：臺灣省政府民政廳，1982）。

　　李亦園自 1965 年在民族所領導漢人社區研究，即著重臺灣漢人社會全面的探討，基於宗教乃社會結構重要成分，對民間信仰也多所著述。除了已提及的談冥婚的文章[118]，及〈中國家族與其儀式〉檢討祖先崇拜等家族儀式外，依序有：從文化心理學角度分析冥婚、童乩問病、風水三項儀式所表現出來的共同的功能，是滿足個人在親族系統中，獲得一正常地位的欲望[119]。運用 Mary Douglas「群／格」向度理論，分析戰後臺灣民間信仰，及外來宗教二者產生的新興「特殊教派」的儀式行為，及信徒的心態和人格特徵[120]。1978 年的《信仰與文化》一書[121]，包括有乩童的社會功能探討，及乩童與薩滿術（shamanism）的關係，及從祭拜場所、祭品與香火為民間信仰整理出一個象徵系統，及其它幾篇泛談世界宗教心理、宗教變遷、宗教問題的文章。從個人有機體系統、人際關係系統、自然關係系統三層面和諧均衡的架構，說明中國傳統信仰中宇宙觀，及其運作原則[122]。與宋文里合作的文章，則依據上述架構，採用統計方法，在新竹市訪問 644 個市民，探討現代化之後，個人保有多少以及那些傳統宗

---

[118] Yih-yuan Li，同註 81 前引文。

[119] 李亦園，〈從若干儀式行為看中國國民性的一面〉，收於李亦園、楊國樞編，《中國人的性格》（臺北：中央研究院民族學研究所，中央研究院民族學研究所專刊乙種之四，1972），頁 189。

[120] 李亦園，〈社會變遷與宗教皈依——一個象徵人類學理論模型的建立〉，《中央研究院民族學研究所集刊》56（1984），頁 1-28。

[121] 李亦園，《信仰與文化》（臺北：巨流圖書公司，1978）。

[122] 李亦園，〈和諧與均衡：民間信仰中的宇宙詮釋與心靈慰藉模型〉，中原大學主辦，「現代人心靈學術研討會」宣讀論文，1987。

教[123]。一篇歸納當前臺灣宗教信仰所引起的社會問題，主要有二：1.太強調滿足個人心理及物質立即性需求的功利主義；2.狂熱的復振型教派的活躍，二者帶來民間信仰與傳統道德之脫節[124]。一篇自宗教信仰如何回應現代化的衝擊角度，分析臺灣目前有二個現象最具代表性：1.神媒儀式盛行；2.一貫道及恩主公崇拜叢等虔信教派的興起[125]。李先生的文章常常有提剛挈領式的觀察與歸納，且能兼顧傳統與現代變遷。

　　事實上，李亦園對臺灣漢人宗教的研究，不局限在某一主題，也不集中在某一階段，而是全面地探討，而且時間上貫串數個階段的。尤其他長期在臺灣大學人類學系擔任「宗教人類學」課程講授，及在民族所擔任所長及研究計劃的領導人，因此啟發後學跟進，開展及帶領多項研究主題，如前述家族儀式崇拜、童乩研究（開出醫療人類學研究風氣）[126]、進香研究、宗教心理

123　李亦園、宋文里，〈個人宗教性變遷的研究：中國人宗教信仰研究若干假設的提出〉，中央研究院民族學研究所主辦，「中央研究院民族學研究所社會變遷」研討會宣讀論文，1987。

124　李亦園，〈宗教問題的再剖析〉收於楊國樞、葉啟政編，《臺灣的社會問題》（臺北：巨流圖書公司，1984），頁385-412。

125　李亦園，〈現代化過程中的傳統儀式〉，收於楊國樞、李亦園、文崇一編，《現代化與中國化論集》（臺北：桂冠圖書公司，1985）。

126　李亦園開啟的乩童研究在宗教人類及醫療人類學二方面均有後輩繼續作。如張恭啟，〈多重宇宙觀的分辨與運用〉，《中央研究院民族學研究所集刊》61（1987），頁81-104；宋和，〈臺灣神媒的社會功能〉（臺灣大學人類學研究所碩士論文，1978）；張珣，《疾病與文化》（臺北：稻鄉出版社，1994）。

學、宗教功能、宗教變遷[127]、宗教與社會問題等主題，均有後輩學者繼續在作。近年，李先生專就民間信仰中，中國宇宙觀與現代經濟行為作分析[128]，及神話和傳說的研究[129]。

五、進香與媽祖研究（1983-1993）

這一階段的（一）進香，（二）重訪「祭祀圈」兩項主題，不約而同地，均以媽祖寺廟及其活動為主要論述對象，因此權稱本階段為進香與媽祖研究階段。

（一）媽祖進香

本階段以 1983 年《民俗曲藝》之「進香專號」出版為始，而以 1993 年為終，乃取其十年為界之便，1993 年或 1994 年任一者均可說是新的一期的開始。1981-1982 年，李亦園到美國匹茲堡大學訪問一年，與該校研究西洋宗教的朝聖行為的學者多所討論，回臺後，即在國內介紹相關理論、鼓勵後進參加臺灣進香活動，而帶動一股進香研究風潮。李先生在接受訪談中，說明西

---

[127] 宗教變遷主題大都是由宗教社會學家從事探討，如瞿海源多所論述。人類學方面余光弘的〈臺灣地區民間宗教的發展〉，《中央研究院民族學研究所集刊》53（1983），頁 67-104，以長時間統計分析看民間信仰的趨勢；宋光宇，〈臺灣民間信仰的發展趨勢〉，《漢學研究》3:1（1985），頁 199-233。

[128] 李亦園，〈傳統中國宇宙觀與現代企業行為〉，《漢學研究》12:1（1994），頁 1-26。

[129] 李亦園，〈端午與屈原：傳說與儀式的結構關係再探〉，漢學研究中心主辦，「中國神話與傳說」研討會宣讀論文，1995。

洋朝聖研究大師 Victor Turner 對朝聖的定義，及其視朝聖為通
過儀式，具備「分離／中介／整合」三步驟。李先生並指出中國
進香特色在「香火」，及因之而衍生的象徵體系，充分說明中西
朝聖／進香在比較宗教學上之異同[130]。

　　當時臺中縣大甲鎮鎮瀾宮每年往北港進香的活動，算是全島
最引人注目的進香活動，遂成為人類學者的研究對象。加上鎮瀾
宮在 1978 年改組為財團法人後，極思有一番作為，極謀配合學
界及報界之研究及訪問活動，來爭取全省信徒與民眾之注意。首
先，由黃美英實際參加進香全程而寫的一連串報導（參見附錄中
黃美英著作部分）[131]，著重在進香過程的描述及劇團陣頭活
動，尚未作細部分析。之後，以族群認同為架構，編纂《千年媽
祖》一書[132]，在碩士論文[133]基礎上改寫出版的書中[134]，以 V.

---

[130] 黃美英，〈訪李亦園教授從比較宗教學觀點談朝聖進香〉，《民俗曲
　　藝》25（1983），頁 1-22。

[131] 黃美英，〈八千里路雲和月〉，《民俗曲藝》2（1979），頁 3-4；
　　〈我送大甲媽祖回娘家〉，《綜合月刊》138（1980），頁 36-45；
　　〈大甲媽回娘家〉，《民生報》副刊，1982 年 5 月 13 日、16、18、
　　20-22、25、28 日、6 月 4 日共九篇；〈大甲媽進香記〉，《民俗曲藝》
　　25（1983），頁 23-57；〈隱沒在現代社會的民間劇團與藝人〉，《民
　　俗曲藝》31（1984），頁 35-49；〈民間劇場外的思考——探討民間劇
　　曲技藝的提倡與發展〉，《民俗曲藝》32（1984），頁 22-32；〈神聖
　　與世俗的交融——臺灣宗教活動中的戲曲和陣頭遊藝〉，收於李亦園、
　　莊英章編，《「民間宗教儀式之檢討」研討會論文集》（臺北：中國民
　　族學會，1985），頁 80-95。

[132] 黃美英，《千年媽祖——湄州到臺灣》（臺北：人間出版社，1988）。

[133] 黃美英，〈權力與情感的交融：媽祖香火儀式的分析〉（清華大學社會
　　人類研究所碩士論文，1992）。

Turner 的中介（liminoid）觀念，分析媽祖香火的儀式象徵，及以 S. Sangren 的歷史修辭學觀念，分析香火權威之爭，及最近由女性角色反省到進香活動中女人與香火的關係[135]。

同時期，有王嵩山企圖從信徒之間、信徒與媽祖之間的「人際關係」勾勒進香活動是基於中國社會結構而產生[136]。唯其對「中國社會結構」未作定義。王先生並從戲曲的外在政經環境，及內在形成組織樣態二者間的辯證關係，捕捉大甲進香活動中戲曲表演的意涵[137]。

張珣從宗教學家 M. Eliade 的「神聖中心」概念，談朝聖與進香的異同，認為朝聖的神聖中心是唯一的，而進香的目的地可以是多個，而且可以改變[138]。以神明會的宗教組織觀點，分析大甲進香團內部的團體屬性及信徒身分[139]。以大甲進香組織為例，反省楊慶堃說中國民間信仰沒有組織之說法，而提「隱形組織」概念，即民間信仰的組織是為活動而組成的活動組織，而不

---

134 黃美英，《臺灣媽祖的香火與儀式》（臺北：自立晚報社文化出版部，1994）。

135 黃美英，〈香火與女人——媽祖信仰與儀式的性別意涵〉，行政院文化建設委員會主持，「寺廟與民間文化」研討會宣讀論文，1994。

136 王嵩山，〈進香活動看民間信仰與儀式〉，《民俗曲藝》25（1983），頁 61-90。

137 王嵩山，〈戲曲與宗教活動——大甲進香之例〉，《民俗曲藝》25（1983），頁 91-118。

138 張珣，〈進香、刈火與朝聖宗教意涵之分析〉，《人類與文化》22（1986），頁 46-49。

139 張珣，〈大甲鎮瀾宮進香團內部的神明會團體〉，《民俗曲藝》53（1988），頁 47-64。

是常備組織，因此平時不容易看到其作用[140]。張珣想提供大甲
進香一個比較個案，而進行苗栗白沙屯為期九天的往北港進香的
調查[141]。其博士論文則企圖發展中國人的宗教象徵語詞
「氣」，並以之來貫串進香活動的旨趣，乃至以「氣」來說明民
間信仰的思考本質[142]。繼之以大甲進香材料說明 V. Turner 和 M.
Eliade 二人「神聖空間」觀念之差異，以及前者允許有階層差異
的可能，表現出的具體事實是，香客捐款多寡可決定其在聖廟所
佔位置之前後[143]。以母廟子廟之間的一來一往的分香與進香制
度，說明透過宗教活動與儀式象徵而確立的社會人群關係[144]。

　　《民俗曲藝》第 53 期（1988）又推出「進香專號」，此次
針對大甲進香，共收有六篇文章（陳維新等人）[145]。在上述這
波進香研究風潮之前，宋龍飛就臺北市松山區慈祐宮，及臺中縣
大雅鄉永興宮的進香活動，全程加以記錄，並指出「香會」乃昔

---

[140] 張珣，〈臺灣民間信仰的組織——以大甲鎮鎮瀾宮進香組織為例〉，中
央研究院民族所與太平洋文化基金會合辦，「中國人與中國社會」研討
會宣讀論文，1988。

[141] 張珣，〈白沙屯拱天宮進香活動與組織〉，《臺灣大學考古人類學刊》
46（1989），頁 154-78。

[142] Chang Hsun, "Incense-Offering and Obtaining the Magical Power of Ch'i:
The Matsu Pilgriamge in Taiwan", (Ph.D dissertation, University of
California at Berkeley, 1993).

[143] 張珣，〈大甲媽祖進香儀式空間的階層性〉，收於黃應貴編，《空間、
力與社會》（臺北：中央研究院民族學研究所，1994），頁 351-90。

[144] 張珣，〈分香與進香——媽祖信仰與人群的整合〉，《思與言》33:4
（1995），頁 83-106。

[145] 陳維新，〈信仰、懼怕、與權力：以大甲進香團為例〉，《民俗曲藝》
53（1988），頁 65-100。

日「社會」的變相，推測其與古代「軍社」的遷移廟主有關[146]。與早期民俗學家，如顧頡剛的《妙峰山》、郭立誠的《北平東嶽廟》等在河北省的「廟會」作法相呼應，惜此種作法後繼無人。

這一波進香研究仍在持續發展中，臺灣大學、清華大學人類學研究所學生仍有人投入其中。潘英海[147]與魏捷茲[148]分別用象徵人類學的理論指出新的研究方向。目前已有徐雨村企圖在神明會與祭祀圈二方向中，找尋一個新路，來解釋民間信仰的組織型態[149]。祭祀圈此一相當鄉土的概念一直吸引人類學做民間信仰的人的注意。實在因為即使到今日，在鄉下仍可由報導人口中，問出大小廟宇的祭祀範圍與鄰里名稱。不可說沒有這個祭祀圈現象存在，但問題是僅憑祭祀圈並無法全面勾勒出鄉下宗教活動或宗教組織之全貌，往往得借助其它輔助面向交叉訪問。原因之一是祭祀圈之原創人岡田謙，或後來的施振民與許嘉明，原不純是為了解宗教組織，而更多是為了解人群社會組織之目的而設計。因此而有八〇年代重新反省祭祀圈概念的研究。

---

[146] 宋龍飛，〈臺灣地區媽祖進香的兩個實例〉，《中央研究院民族學研究所集刊》31（1971），頁 65-134。

[147] 潘英海，〈儀式：文化書寫與體現的過程〉，收於黃美英，同註 134 前引書，頁 15-26。

[148] 魏捷茲，〈人類學朝聖研究的新禾〉，收於黃美英，同註 134 前引書，頁 1-10。

[149] 徐雨村，〈宗教組織的同心圓架構——以雲林縣六房天上聖母的祭祀組織為例〉（臺灣大學人類學系學士論文，1994）。

（二）重訪「祭祀圈」

　　林美容由草屯鎮誌開發史之編纂工作，深入臺灣中部鄉下社會生活，探討聚落的形成與發展，因而觸及血緣宗族組織與地緣的祭祀圈組織。在 1986 年文章中[150]，林女士問了二個足資反省前人祭祀圈概念之問題，一、岡田謙的祭祀圈包括祖先祭祀和神明祭祀，施振民的定義也同時包含寺廟神和祖先神，許嘉明則著重村廟神，鬼則從未被以上三人考慮，林女士遂問：一個合宜的祭祀圈模式應該包括那些祭祀對象？是否神、祖先、鬼等都要涵蓋？事實上，在林女士後來研究中，均去除祖先與鬼，而只就寺廟神來談祭祀圈。第二個問題是筆者自林女士〈草屯鎮之聚落發展與宗族發展〉一文引伸的：如果以往研究宗族的學者，僅重視宗族組織本身的發展，而未把宗族當作地方組織，那麼，研究祭祀圈者可否只重視祭祀圈組織本身發展，而不視之為地方組織？事實上林女士在後來研究中，兼採二個角度來處理祭祀圈，一個是視祭祀圈為宗教組織[151]，一個是視祭祀圈為地方組織[152]。

　　林美容也力圖釐清一、祭祀圈是個描述架構或解釋架構？如是一個描述架構，它要描述信仰組織？或地方組織？或二者的融合？如是解釋架構，它要解釋什麼？二、祭祀圈有角落、莊、鄉

---

[150] 林美容，〈草屯鎮之聚落發展與宗教發展〉，收於中央研究院編，同註87 前引書，頁 319-48。

[151] 林美容，〈由祭祀圈到信仰圈──臺灣民間社會的地域構成與發展〉，收於張炎憲主編，《中國海洋發展史論文集》第三輯（臺北：中央研究院三民主義研究所，1988），頁 95-126。

[152] 林美容，〈第五十三次臺灣研究研討會〉，《臺灣風物》37:4（1987），頁 143-68。

鎮、超鄉鎮等大小層級之不同，其擴大縮小的原因為何？或也應包括無廟之神之祭祀[153]？上述問題雖無解答，但同文以土地公廟來反省許嘉明的祭祀圈的四個指標：(1)共同負擔建廟修廟費用及祭祀費用的人。(2)有資格當爐主頭家的人。(3)有資格請神像回家供奉的人的住地範圍。(4)神明巡境範圍，林女士認為以土地公廟的情況來說，因土地公神格低只能滿足前二項。又許嘉明著重村廟層級的祭祀圈，而林美容則敘述比村廟低的聚落廟（土地公廟）。

〈第五十三次臺灣研究研討會〉的文章中，林美容在許嘉明四個指標上，又加上一項指標來畫定祭祀圈界限，即演戲費用的分擔人所居住地之範圍。同文中指出「祭祀圈反映傳統漢人社會組織原則：a.信仰結合，b.同庄結合，c.同姓結合，d.水利結合，e.自治結合」[154]，這五個組織原則，筆者以為，如前文林女士自己所問述，祭祀圈是信仰組織？或地方組織？或二者的融合？此處林女士已採取一個立場，即祭祀圈是信仰組織與地方組織二者的融合。因為 a. c. d. e.應屬信仰組織的祭祀圈，而 b.具備地方組織的祭祀圈的屬性。

〈由祭祀圈來看草屯鎮的地方組織〉是一篇針對祭祀圈作全面探討的文章；包括祭祀圈的定義，如何劃定，以往研究回顧，並以草屯鎮為例說明祭祀圈的層次、改變、祭祀圈與地方組織關係。林女士增衍〈第五十三次臺灣研究研討會〉之文，在本文中說明一個主要問題：祭祀圈內之人的結合原則（亦即什麼人可結

---

[153] 林美容，〈土地公廟——聚落的指標：以草屯鎮為例〉，《臺灣風物》37:1（1987），頁 53-81。

[154] 林美容，同註 152 前引文。

合成一群體來共拜一神明）。並對上述 a、b、c、d、e 五個原則加以細述。唯想以田野訪談資料推測早期人群結合原則，恐怕有其限制。〈由祭祀圈到信仰圈〉以「信仰圈」一詞來說明祭祀圈發展後期朝向開放資格，空間上涵蓋更大區域，神明趨向一神為主等現象。接著以彰化媽祖的會媽會，來說明其所提信仰圈一詞之具體運作[155]，再以彰化媽祖的十個會媽會所形成之信仰圈，與本省其它地區的聯庄信仰圈，如西港慶安宮 78 庄、大甲鎮瀾宮 53 庄、枋橋頭天門宮 72 庄、大肚萬興宮 53 庄、竹南慈裕宮 53 庄等，綜合說明此些區域性宗教組織之特性[156]。

　　林美容由草屯鎮地方史進入早期漢人移墾時的社會組織，進而探討藉宗教來結合地方組織的祭祀圈，繼而擴大到信仰圈概念的確立。綜合來說，紮實細密的草屯鎮田野材料，提供林女士對祭祀圈等地緣宗教組織一個好的反省基礎，加上林女士關懷「臺灣民間信仰的『社會』本質」及突顯「臺灣民間宗教發展的自主性，完全是漢人在臺灣社會與歷史的特殊脈絡下，依據幾種不同的地域人群之結合原則而產生，與官方宗教無涉」[157]，一系列的著述，延續了社會人類學對民間信仰的研究旨趣，即從社會結構面探討宗教。但也因此而忽略了宗教性地方組織與地緣性宗教組織之分別。地方史上二者極易互相滲透而難以分開。但一個以結合同庄人而藉宗教組成的「祭祀圈」，是異於一個以神明會為

---

[155] 林美容，〈彰化媽祖的信仰圈〉，《中央研究院民族學研究所集刊》68（1990），頁 41-104。

[156] 林美容，〈臺灣區域性宗教組織的社會文化基礎〉，《東方宗教研究》2（1991），頁 345-64。

[157] 林美容，同註 151 前引文，頁 97。

本質然要求成員共居住同一地區的地緣性宗教組織。

　　畢竟岡田謙提祭祀圈概念至今已有五十年歷史，其目的亦是為了解聚落形成初期人群結合的信仰媒介，而非為了解民間信仰的組織。因此，余光弘以現時鹿港天后宮資料，說明「地區性廟宇已經發揮全臺性影響力的事實，這是社會日漸開放的自然結果，已經與日本人治臺之前，各寺廟常形成封閉性的祭祀圈之情況不可同日而語」[158]。之前余光弘也以澎湖資料，說明除地域群體外，還有根據其它非地域原則所組成的群體所建有之廟宇，如郊行、提標水兵、清潔隊員、乃至當初是住廟附近的人組成而今其後代已不再聚居一隅的群體等，異於臺灣鹿港各廟均由各類範圍大小不同的地域性群體所支持之廟的情形[159]。

　　綜合第三階段的祭祀圈與村廟研究，及第四階段的重訪祭祀圈，所有有關祭祀圈研究的學者在使用「祭祀圈」一詞，其指涉對象並不一致，即使施振民畫出的模型，許嘉明作出的定義及四個指標，也並未得到一致的共識。目前為止，僅可說此一概念仍未得一定論，其概念內容仍有歧異：1.祭祀圈所指涉的地區範圍不一：有以角頭（林美容），有以村（許嘉明、施振民），有以鄉鎮（許木柱），有以超鄉鎮[160]。2.祭祀圈指涉的神明不一，造成定義指標不一：有以土地公則只能有收丁口錢及爐主頭家資格

---

[158] 余光弘，〈鹿港天后宮的影響範圍〉，收於漢學研究中心編，同註 110
　　　前引書，頁 455。

[159] 余光弘，《媽宮的寺廟》（臺北：中央研究院民族學研究所，中央研究
　　　院民族學研究所專刊乙種之十九，1988），頁 161。

[160] 莊英章，〈新竹枋寮義民廟的建立及其社會文化意義〉，收於中央研究
　　　院編，同註 87 前引書，頁 223-40。

二項指標（林美容），有以三山國王則有收丁口、當爐主頭家、請神、遶境四項指標（許嘉明），有的則不談是否有依四指標或任何指標來定義其所稱的祭祀圈（許木柱、余光弘、胡台麗、莊英章）。3.祭祀圈所指涉的活動不一：原先岡田謙指土地公和媽祖的祭祀範圍（祭祀圈），往往和日人的「小字」（角頭）或「大字」（村里）的大小單位一致，而中元普渡的祭祀圈，則由數個祭祀土地公或媽祖的小祭祀圈組成。所以圈子大小因活動而有不同[161]。但許嘉明〈祭祀圈之於居臺漢人社會的獨特性〉一文中[162]，未說活動是否造成圈子之大小或會員資格差別，林美容則顯然已分出進香圈（林稱信仰圈）並以之大於一般祭祀圈，許木柱也把建醮、謝平安、進香、遶境四種活動區分出來，莊英章則指出春秋二祭及中元普渡。4.成員資格是否為義務或志願：岡田謙及許嘉明均指為義務且具排他性，但林美容、許木柱、莊英章則已把志願會員所在地也劃入祭祀圈範圍。5.與 4.相關的是居民參加祭祀圈的原因，各學者所提不同：岡田謙、許嘉明、施振民固守地域原則，亦即強制性的，居住本位原則；林美容則加入同姓原則、水利原則、自治原則、信仰原則；許木柱、莊英章亦加有行政轄區重劃、人情交往酬酢、祖籍神認同等因素使某地區人加入某一祭祀圈。6.祭祀圈在岡田謙文章中，可包括有廟無廟之神及祖先，在許嘉明則偏村廟之神，在林美容則又可包含無廟之神。7.但上述三人均指涉廟之下直達到個人，中間不再有層級之分，而許木柱「竹林山觀音寺的祭祀圈現已增加為二十六個

---

161 岡田謙，〈臺灣北部村落之祭祀範圍〉，《臺北文物》9:4（1960），頁 14-29。

162 許嘉明，同註 73 前引文，頁 59-68。

坪位，直屬坪位六個，正爐六個，巡迴十四個坪位」，似乎祭祀圈內尚有高低不同層級，劉枝萬〈臺灣之瘟神廟〉文亦有三層級之分[163]。8.岡田謙、許嘉明、林美容均隱指祭祀圈可追溯到早期移墾聚落，亦即自然村或自然聚落，但周宗賢及許木柱的岩村之例，均提醒祭祀圈可能是編制村（行政轄區劃分出的）範圍的反映[164]。9.與 8.有關的是，究竟由角頭祭祀圈發展到村祭祀圈到鄉鎮祭祀圈，或反過來由鄉鎮到角頭（王崧興 1981 年亦提及此問題）？如果是由鄉鎮到角頭，則祭祀圈不一定會反映早期移墾自然聚落。如許嘉明關渡調查，先有村祭祀圈再分裂出角頭祭祀圈。莊英章的枋寮義民廟亦有由大分裂小的過程。

　　同用祭祀圈一詞之學者尚有以上分歧，更何況不用此名詞，而用「信仰圈」的王世慶[165]，劉枝萬用「醮區」、「信徒分佈圈」、「交陪境」等名詞[166]，余光弘用「影響範圍」[167]，溫振華用「宗教組織的地域範圍」[168]，林美容後期用信仰圈指涉更大區域性，自由參加的地域宗教組織[169]，莊英章兼用信仰圈、祭祀圈二詞，但隱指信仰圈指全省二十六座義民廟的祭祀圈的總

---

[163] 劉枝萬，同註 99 前引文（1966），頁 53-96。

[164] 周宗賢，《臺灣的民間組織》（臺北：幼獅文化事業公司，1986）。

[165] 王世慶，〈民間信仰在不同祖籍移民的鄉村之歷史〉，《臺灣文獻》23:8（1972），頁 1-38。

[166] 劉枝萬，同註 105 前引文。

[167] 余光弘，〈鹿港天后宮的影響範圍〉，收於漢學研究中心編，同註 158 前引書，頁 455-70。

[168] 溫振華，〈清代一個臺灣鄉村宗教組織的演變〉，《史聯雜誌》1（1980），頁 91-107。

[169] 林美容，同註 151 前引文。

和之意[170]。

黃應貴曾敘述，以「信仰圈」取代「祭祀圈」的作法是忽略了祭祀圈要處理的是社會結構而不是宗教信仰或組織[171]。王崧興在 1991 年曾對濁大計劃重新檢討岡田謙祭祀圈概念作出評語，稱之為「重大成果之一」，但也「種下禍根」[172]。種下禍根在於誤導後人把許嘉明的天門宮 72 庄村落同盟關係的祭祀組織，與具有階序性的地域單位的祭祀組織混在一起，而一律用「祭祀圈」概念來分析。村落之間某種契機（志願性因素）而建立的同盟關係，因而有進香、遶境的共同祭祀活動，並非因此就形成一個「祭祀圈」。亦即，筆者所謂宗教性地方組織（祭祀圈），與地緣性宗教組織應分開之意。可見祭祀圈概念及相關現象仍可繼續發展並釐清。如果再加上日本學者或歐美學者的不同使用法，或是臺灣學者但偏史地學科的使用法則可另文專題討論了。

祭祀圈的概念雖紛歧不一，但可藉之從同時限角度看宗教組織與社會人群關係，不失為一概念工具。而其「同時限」之限制，若與歷史學的社會史角度，例如，媽祖何以能在咸豐、光緒初年成為超祖籍群神明的研究相配合[173]，則可對臺灣宗教社會

---

[170] 莊英章，〈新竹枋寮義民廟的建立及其社會文化意義〉，收於中央研究院編，同註 87 前引書，頁 223。

[171] 黃應貴，〈近六年來臺灣地區出版人類學論著選介〉，《漢學研究通訊》8:4（1989），頁 232。

[172] 王崧興，〈臺灣漢人社會研究的反思〉，《國立臺灣大學考古人類學刊》47（1991），頁 8。

[173] 李國祁，〈清代臺灣社會的轉型〉，收於王曾才編，《臺灣史研討會記錄》（臺北：臺灣大學歷史系，1978），頁 55-75。

史有更進一步瞭解。

（三）其它取向的媽祖研究

在未結束本階段「媽祖信仰研究」前，我們可以提一下有關媽祖研究其它學科學者的貢獻，僅舉常被人類學者採用者。如李獻璋以笨港資料說明民間對進香的分類及刈香與刈火的差別[174]，北港到臺南大天后宮刈火祭典[175]。之前李先生並分別從《元明地方志》[176]、《三教搜神大全》、《天妃娘媽傳》[177]，來考查媽祖傳說的原始形態[178]，並從琉球蔡姑婆傳說加以考證[179]分別在《臺灣風物》刊出。後以博士論文為基礎出版的《媽祖信仰の研究》一書於 1979 年出版，是歷年研究媽祖信仰最完整的一本書，此書有鄭彭年的中譯本[180]。李先生新的文章大體

---

[174] 李獻璋，〈笨港聚落的成立及其媽祖祠祀的發展與信仰實態〉，《大陸雜誌》35:7（1967），頁 7-11；35:8，頁 22-26；35:9，頁 22-29。

[175] 李獻璋，〈安平、臺南媽祖祭典〉，《大陸雜誌》30:9（1965），頁 4-8。

[176] 李獻璋，〈元明地方志的媽祖傳說的原始形態〉，《臺灣風物》11:1（1961），頁 20-38。

[177] 李獻璋，〈以三教搜神大全與天妃娘媽傳為中心來考察媽祖傳說〉，《臺灣風物》13:2（1963），頁 8-29。

[178] 李獻璋，〈媽祖傳說的原始形態〉，《臺灣風物》10:10-12（1960），頁 7-22。

[179] 李獻璋，〈琉球蔡姑婆傳說考證關連媽祖傳說的開展〉，《臺灣風物》13:5（1963），頁 17-28；13:6（1963），頁 14-26。

[180] 李獻璋，鄭彭年譯，《媽祖信仰研究》（澳門：澳門海事博物館，1995）。

上延續以前研究，而無新意[181]。

以史學材料考證媽祖史蹟的另有石萬壽[182]，夏琦[183]、莊德[184]、黃師樵[185]、李玉昆[186]、朱天順[187]，異軍突起的盧嘉興[188]及承襲盧嘉興認為「明鄭沒有奉祀媽祖」思考路線而發展的蔡相煇[189]。蔡先生並提出「媽祖信仰為宋代摩尼教信仰支系」之新解[190]。

---

[181] 李獻璋，〈媽祖傳說的開展〉，《漢學研究》8:1（1990），頁 287-307。

[182] 石萬壽，〈康熙以前臺灣的媽祖信仰〉，收於中央研究院近代史研究所編，《近代中國初期歷史研討會論文集》下冊（臺北：該所，1989），頁 945-76；〈明清以前媽祖信仰的演變〉，《臺灣文獻》40:2（1989），頁 1-21。〈康熙以前臺澎媽祖廟的建置〉，《臺灣文獻》40:3（1989），頁 1-28；〈清代媽祖的封諡〉，《臺灣文獻》41:1（1990），頁 139-52。

[183] 夏琦，〈媽祖傳說的歷史發展〉，《幼獅學誌》1:3（1962），頁 1-37。

[184] 莊德，〈媽祖史事與臺灣的信奉〉，《臺灣文獻》8:2（1957），頁 5-16。

[185] 黃師樵，〈媽祖婆的考據與在臺的神蹟〉，《臺北文獻》36（1976），頁 133-52。

[186] 李玉昆，〈媽祖信仰的形成和發展〉，《世界宗教研究》33（1988），頁 122-36。

[187] 朱天順，〈清代以後媽祖信仰傳播的主要歷史條件〉，收於楊德金編，《媽祖研究資料匯編》（福州：福建人民出版社，1987），頁 49-65。

[188] 盧嘉興，〈明鄭有無奉祀媽祖考〉，《臺灣文獻》34:4（1983），頁 45-57。

[189] 蔡相煇，〈明清政權更迭與臺灣民間信仰關係之研究──清初臺灣王爺、媽祖信仰之關係〉（臺灣師範大學歷史學研究所博士論文，1984）。

[190] 蔡相煇，〈媽祖信仰起源新考〉，《高雄文獻》22、23 期合刊（1985），頁 51-76。

此說與稍早李岳勳推論「媽祖信仰法脈淵源於馬祖道一禪師，後並滋生洪門天地會以推展反清革命活動」[191]，同為主流外之新解。蔡相輝著作集中在媽祖信仰與政治之間關係，明清政權轉移反映在玄天上帝與媽祖祭祀權的轉移[192]。媽祖信仰在中國本土之傳播有夏琦[193]，在南洋華僑人群中之傳播有韓槐準[194]、李天錫[195]。北港朝天宮的祭典[196]及北港信仰中心的形成[197]。說明中部臺灣媽祖信仰的群體性[198]及中縣媽祖廟之進香[199]。媽祖傳說與三教的關係[200]，彰化媽祖的傳說[201]，以文字學的聲義相假原

[191] 李岳勳，《禪在臺灣──媽祖與王爺信仰之宗教哲學及其歷史的研究》（臺中：國際佛教文化出版社，1972）。

[192] 蔡相輝，〈以媽祖信仰為例──論政府與民間信仰的關係〉，收於漢學研究中心編，同註110前引書，頁437-54。

[193] 夏琦，〈媽祖信仰的地理分佈〉，《幼獅學誌》1:4（1962），頁1-32。

[194] 韓槐準，〈天后聖母與華僑南進〉，《新加坡南洋學報》2:2（1941），頁51-73。

[195] 李天錫，〈媽祖信仰在華僑中傳播的原因及其啟示〉，《世界宗教研究》34（1988），頁92-101。

[196] 廖漢臣，〈北港朝天宮與其祭典〉，《臺灣文獻》16:3（1965），頁69-83。

[197] 溫振華，〈北港媽祖信仰大中心形成試探〉，《史聯雜誌》4（1984），頁10-20。

[198] 劉汝錫，〈從群體性宗教活動看臺灣的媽祖信仰〉，《臺灣文獻》37:3（1986），頁21-50。

[199] 林淑鈴，〈重現超凡入聖之境？──臺中縣媽祖廟之進香〉，收於臺中縣立文化中心編，《中縣開拓史學術研討會論文集》（臺中：該中心，1994），頁2-43。

[200] 李豐楙，〈媽祖傳說的原始及其演變〉，《民俗曲藝》25（1983），頁119-52。

則而推論媽祖為古代水神宓妃[202]。

　　近年引起正統媽祖爭戰的大甲北港不和事件，之前有北港新港之爭，及鹿耳門土城子與顯宮里之爭。由於事關地方史考證乃至考古挖掘求證工作，學者多半採旁觀立場。亦有加以記錄留傳待日後釐清者，如林明峪[203]，林衡道[204]，許炳南[205]，林文漲[206]。各大媽祖廟為增加廟志撰寫之正確性及權威性，也力邀文人學子撰稿，因而提高廟志被參考及使用的機會，如郭金潤編的《大甲媽祖進香》[207]，蔡相煇撰的《北港朝天宮志》[208]，及林德政編纂的《新港奉天宮志》等[209]。

　　媽祖信祀由於是臺灣最普遍且盛行的信仰之一，且近年又與臺海二岸文化交流息息相關[210]，引起中國大陸一陣研究熱潮，

[201] 林美容，〈與彰化媽祖有關的傳說、故事與諺語〉，《中央研究院民族學研究所資料彙編》2（1990），頁 107-12。

[202] 陳育崧，〈天妃考信錄〉，《南洋學報》8:2（1952），頁 29-32。

[203] 林明峪，《媽祖傳說》（臺北：聯亞書局，1980）。

[204] 林衡道，〈鹿耳門天后宮真偽論戰之解決〉，《臺灣風物》11:5（1961），頁 3-5。

[205] 許炳南，〈「鹿耳門」天上聖母像之考據〉，《臺灣風物》11:7（1961），頁 12-15。

[206] 林文漲等，〈鹿耳門天后宮遺蹟辯〉，《臺灣風物》11:7（1961），頁 3-6。

[207] 郭金潤，《大甲媽祖進香》（臺中：臺中縣立文化中心，1988）。

[208] 蔡相煇，《北港朝天宮志》（雲林：財團法人北港朝天宮董事會，1989）。

[209] 林德政編纂，《新港奉天宮志》（嘉義：財團法人新港奉天宮董事會，1993）。

[210] 張珣，〈媽祖信仰在兩岸宗教交流中表現的特色〉，《兩岸宗教現況與展望》（臺北：臺灣學生書局，1992），頁 263-95。

陸續有《湄州媽祖》、《媽祖研究資料匯編》、《媽祖東渡臺灣》、《媽祖研究論文集》[211]、《媽祖》[212]，歐美各國學者亦多所注意，惟不在本文範圍，可參見張珣相關論著[213]。

　　最近（2019）張珣提出「媽祖環境學」的新研究觀念，與江燦騰博士及蔡淑慧碩士合寫《臺灣民眾信仰中的兩性神：海神媽祖與海神蘇王爺的與當代變革與敘事》（臺北：前衛），提出有關臺灣擁有眾多信仰且多面向的海神：一男神蘇王爺，一女神媽祖，都經歷了從海神到陸上守護神的變遷。而當信徒轉行改業，或當信徒從漁民轉成海商，或當信徒從水軍班兵轉成一般居民時，其神祇的神格、功能、儀式與祭祀組織也因應做出變遷。此「媽祖環境學」新詮釋視角，非常不同於當代臺灣宗教學界大量現有的研究模式與敘事方式。換言之，現代媽祖宗教信仰與其社會生活環境是互相辯證存在的。所以早期人類遇到天災海難祈求神祇護佑，神祇是高高在上，懲惡獎善，人是戰戰兢兢地仰賴神恩。如今已進入現代科技社會，不只有天災、海難或是地震，更令人寢食難安的是人禍。而人類自己製造出來的禍害，其中之一，是環境污染。因此，無論是工業或農業造成的環境污染，以及目前仍然縈繞於臺灣人民心中的核能發電安全問題。或無論是當年鹿港杜邦的工業汙染疑慮或是貢寮核四廠核安疑慮，便讓我們看到原來媽祖信仰並不是一種象徵或是懷舊情操，而是一種與

---

[211] 參見李獻璋，〈媽祖傳說的開展〉，《漢學研究》8:1（1990），頁287-307。

[212] 參見李祖良編，《媽祖》（福州：福建教育出版社，1989）。

[213] 張珣，〈臺灣的媽祖信仰——研究回顧〉，《新史學》6:4（1995），頁89-126。

土地結合的道德堅持，一種以群眾力量解決某一階段的社會發展
問題的方式。亦即當代的民間信仰展現出來的是，作為信徒的人
類，本身具有主動性，能夠運用信仰，運用儀式，來解決人世間
無法解決的利益衝突與發展矛盾。因而一但能採取「媽祖環境
學」的論述角度，則研究者便能夠對於本土性、當代性、文化
性、社會性與法治性的宗教信仰特質，賦予深切的人性關懷與愛
鄉情感。

（四）書目整理與定義問題

　　在這十年內，人類學界有幾件與整體的漢人民間信仰有關，
而不限於媽祖信仰之出版品及研討會也需述及的，黃應貴於
1983 年整理的《光復以來臺灣地區出版人類學論著目錄》[214]，
書內臺灣漢人宗教與信仰體系項下，收有 282 種論著，方便學子
使用。1991 年，林美容特專就臺灣漢人民間信仰而擴大收編各
學科相關論著，體制上亦針對民間信仰特性而作分類，費時三年
而完成《臺灣民間信仰研究書目》[215]，可說目前為止臺灣學界
唯一一本漢人民間信仰研究書目的工具書。

　　民間信仰中的生命禮俗部分，有 1984 年的《生命禮俗研討
會論文集》[216]，該集內輯有成年禮、婚禮、喪禮、生命禮俗等

---

[214] 黃應貴主編，《光復以來臺灣地區出版人類學論著目錄》（臺北：漢學
研究中心，1983）。

[215] 林美容編，《臺灣民間信仰研究書目》（臺北：中央研究院民族學研究
所，1991）。

[216] 參見中華文化復興運動推行委員會編，《生命禮俗研討會論文集》（臺
中：該委員會，1984）。

四次討論會的文章，及與會學者參與討論內容。省政府民政廳除
了 1982 與東海大學合作，共同舉辦「民間信仰與社會」研討會
之外，1985 年與中國民族學會合辦「民間宗教儀式之檢討」研
討會[217]，並委託學者，就民間信仰相關議題作研究計劃，以供
施政參考，如《民間現行曆書的使用及其影響之研究》[218]，
《民間信仰與經濟發展》[219]。另外，如內政部委託的《宗教法
研究》等[220]。臺灣大學人類學系 1985 年舉辦了一個國際知名的
臺灣人類學研討會，但其中有關民間信仰的只有一篇文章[221]。

　　討論會集合眾多學者於一堂交換意見，彼此不免先就何謂民
間信仰作一溝通，才可討論衍伸之議題。委託計劃亦面臨相同問
題，即委託單位與學者間得就基本觀念先取得共識，才能進行合
作。因此越來越有需要澄清何謂「民間信仰」或「民間宗教」，
異於早期個人田野調查階段可暫不處理定義問題。因此在這些書
目整理，或研討會中，便有對於定義與分類的論述出現。

　　前述 1966 年臺灣大學考古人類學系舉辦「臺灣的民間宗教
信仰」研討會中，主席陳奇祿曾提他個人對民間宗教信仰的看

---

[217] 漢學研究中心編，同註 110 前引書，頁 1-7。

[218] 李亦園、莊英章，〈民間現行曆書的使用及其影響之研究〉，臺灣省政
府教育廳委託研究報告書，1984。

[219] 瞿海源，〈民間信仰與經濟發展〉，臺灣省政府民政廳委託研究報告
書，1989。

[220] 瞿海源，〈宗教法研究〉，行政院內政部委託研究報告書，1989。

[221] Steven Sangren, "Ma Tsu 'History' and the Rhetoric of Legitimacy", paper
presented at the International Conference on Anthropological Studies of the
Taiwan Area: Accomplishments and Prospects, Dec. 25-31, Taipei: National
Taiwan University, 1985.

法：「民間的宗教信仰就是所謂 folk belief，有時翻譯為『世
人』或『俗民』，但也可譯作『常民』，所以我們今晚所要討論
的就是『臺灣的常民的宗教信仰』。每個社會都有其指導層，中
間層和基底層……帶有基底層特質的中間階級和基底層合起來就
是所謂『常民』。」[222]。陳奇祿可以說道出人類學民間信仰一
語之來源，原從英文來的。英文的俗民（folk）相對於知識分子
（elite）。當人類學家由部落社會研究到鄉民社會（peasant
society）時，發現社會不再像部落社會般具同質性，亦不能視宗
教行為是全社會所有人為一體地處理，如澳洲土人宗教的圖騰信
仰，或如非洲的 Nuer Religion, Lugbara Religion 的寫法。中美洲
或東南亞、中國鄉民社會等至少可有知識分子（elite）和鄉民
（peasant）二個階層，或 Robert Redfield 說的大小二個傳統的不
同。M. Freedman 因此在處理中國宗教時，得特別指明他不視中
國的士大夫文化（elite culture）和鄉民文化（peasant culture）為
二個不同的事情，他要視其為一件事的二個版本[223]。然而，由
於人類學家不若漢學家有完整的中國文獻訓練，人類學家又著重
田野調查，因此將研究焦點放在鄉民文化，而暫不處理知識分子
文化，而謙稱自己研究的僅為中國的俗民宗教（folk religion）或
民間宗教（popular religion）而不是整個中國宗教（Chinese

---

[222] 國立臺灣大學考古人類學系編，〈臺灣的民間宗教信仰——臺灣研究研
討會第三次集會〉，《國立臺灣大學考古人類學刊》27（1966），頁
89-97。

[223] Freedman, Maurice, "On the Sociological Study of Chinese Religion", in
Arthur P. Worlf ed., *Religion and Ritual in Chinese Society* (Stanford:
Stanford University Press, 1974), pp.14-42.

religion）。至於俗民宗教的範圍，則視各人研究而有偏重。如早期 M. Freedman, A. Wolf, E. Ahern 因宗族研究而偏重祖先崇拜，而 S. Harrell、R. Weller 由祖先到鬼魂研究，D. Jordan, S. Sangren, G. Seaman 作社區宗教等，不在本文範圍不多談。

　　李亦園在 1985 年討論會上，說明「祖先崇拜正是我國民間宗教的核心」，並闡釋楊慶堃「制度宗教」與「擴散宗教」之定義，而以「民間宗教擴散於日常生活中，所以可包括以下各種儀式：1.祖先崇拜（合牌位崇拜和墳墓崇拜），2.神靈崇拜（合自然崇拜和精靈崇拜），3.歲時祭儀，4.農業儀式，5.占卜風水，6.符咒法術」[224]。阮昌銳於同一個會上，表示「民間宗教攝取了儒家的倫理、佛家的哲學、道家的思想以及傳統的原始巫術信仰，融合而成為一種多彩多姿的綜合的宗教。這種綜合性宗教，既非道教與儒教，亦非佛教，而是我國特有的『中國教』」[225]。劉枝萬視民間信仰幾乎等同於道教，因為從漢人民間社會產生的超自然信仰，都是以道教為基底的[226]。林美容以民間信仰源流有佛教、道教、儒教、新興教派，但純粹的民間信仰，則是異於儒釋道的獨立信仰體系[227]，呂理政闡揚李亦園的說法，認為民間信仰以儒家的道德倫理、祖先崇拜鬼靈信仰為基礎[228]。

---

[224] 李亦園、莊英章編，同註 131 前引書。

[225] 阮昌銳，〈如何端正民間宗教信仰〉，收於李亦園、莊英章主編，同註 131 前引書，頁 130-44。

[226] 劉枝萬，《臺灣民間信仰論集》（臺北：聯經出版事業公司，1983）。

[227] 林美容編，同註 215 前引文。

[228] 呂理政，《天、人、社會：試論中國傳統的宇宙認知模型》（臺北：中央研究院民族學研究所，1990）；〈鬼的信仰及其相關儀式〉，《民俗曲藝》90（1994），頁 147-92。

上述的看法大致上也被別的學科學者同意，例如基督神學教授董芳苑亦以「臺灣民間信仰既非佛教、又非儒教、道教，似且又包含著三教之內容，其基本特質係精靈崇拜（animism）」[229]；哲學家陳榮捷認為「……大多數中國人並非同時信仰三個獨立的、對等的、相互衝突的三個宗教，而是一個折衷的宗教」[230]及蔡彥仁[231]。可知因各人著重點不同，則對民間信仰偏重不同。

（五）其它取向的民間信仰研究

順著對何謂民間信仰的討論，或許可於此處介紹幾位著述頗豐的研究人員，雖非人類學家，然而他們在研究方法上除其本科外，兼採有田野調查法，分析概念上借用到人類學的觀念，並有一二作品於《中央研究院民族學研究所集刊》發表。

鄭志明先生專研民間思想與民間宗教。對民間宗教定義為「含民間通俗信仰與民間宗教結社」[232]，鄭先生著力於臺灣民間新興教派，及秘密教派之研究，並進而思考民間宗教的思維方式，及其未來趨勢，如一貫道的無生老母信仰[233]，慈惠堂西王

---

[229] 董芳苑，《臺灣民間宗教信仰》（臺北：長青文化事業公司，1975），頁 12。

[230] 陳榮捷，廖世德譯，《現代中國的宗教趨勢》（臺北：文殊出版社，1987），頁 180。

[231] 蔡彥仁，〈中國宗教研究——定義、範疇與方法學芻議〉，《新史學》5:4（1994），頁 125-40。

[232] 鄭志明，《臺灣民間宗教論集》（臺北：臺灣學生書局，1984），頁 18。

[233] 鄭志明，《無生老母信仰溯源》（臺北：文史哲出版社，1985）。

母[234]，鸞書與鸞堂[235]，臺灣秘密宗教[236]，中國社會的神話思維[237]，臺灣「萬佛會」宗教組織[238]，清海無上師的「禪定學會」[239]等。近年並主持佛光大學宗教研究中心，舉辦宗教相關議題研討會，及出版宗教學科大學用書等。

　　兼採人類學與史學作法的宋光宇先生對一貫道及新興教派宗教亦鑽研頗深：〈一貫道的民族學探討〉[240]，《天道鉤沈》[241]，〈試論無生老母宗教信仰的一些特質〉[242]，有關正宗書畫社[243]，有關鸞書善書的[244]，以博士論文部分內容改寫的〈霞海

[234] 鄭志明，《中國社會與宗教：通俗思想的研究》（臺北：臺灣學生書局，1986）。

[235] 鄭志明，《臺灣的鸞書》（臺北：正一善書出版社，1989）；《宗教與文化》（臺北：臺灣學生書局，1990）；《中國意識與宗教》（臺北：臺灣學生書局，1993）；《中國善書與宗教》（臺北：臺灣學生書局，1988）。

[236] 鄭志明，《臺灣的宗教與秘密教派》（臺北：臺原出版社，1990）。

[237] 鄭志明，《中國社會的神話思維》（臺北：谷風出版社，1993）；〈臺灣民間信仰的神話思維〉，收於漢學研究中心編，同註 110 前引書，頁95-140。

[238] 鄭志明，〈從臺灣萬佛會談佛教的社會參與〉，臺北農禪寺中華佛教研究所主辦，「佛教與中國文化」國際學術會議宣讀論文，1994 年 7 月23-25 日。

[239] 鄭志明，〈臺灣禪定學會的宗教現象〉，佛光山臺北道場主辦，「佛教現代化」學術會議宣讀論文，1994 年 10 月 8-10 日。

[240] 宋光宇，〈一貫道的民族學探討〉，《中華文化復興月刊》1:6（1978），頁 69-79。

[241] 宋光宇，《天道鉤沈》（臺北：作者，1983）。

[242] 宋光宇，〈試論無生老母宗教信仰的一些特質〉，《中央研究院歷史語言研究所集刊》52 本第 3 分（1981），頁 559-90。

[243] 宋光宇，〈正宗書畫社：記臺北市一個以醫生為乩手的神壇〉，淡江大

城隍祭典與臺北大稻埕商業發展的關係〉[245]，以及近年關心的
《宗教與社會》[246]。

　　具文史哲素養，又受過專業道士訓練的李豐楙先生，對民間
信仰亦有其獨到的研究角度。其著作除前述媽祖傳說[247]之外，
有關道教的仙道[248]、不死觀念[249]、解脫觀[250]、神宵派的形成[251]、
道藏的研究成果[252]、西王母研究[253]、送王習俗[254]、奠安儀式[255]，

　　　學主辦，「國家、宗教與社會」研討會宣讀論文，1994 年 6 月 3-5
　　　日；《正宗神乩書畫冊》（臺北：財團法人正宗書畫社，1995）。

[244] 宋光宇，〈從最近十幾年來的鸞作遊記式善書談中國民間信仰裡的價值
　　　觀〉，《中國人的價值觀國際研討會論文集》（臺北：漢學研究中心，
　　　1992），頁 741-60；〈清代臺灣的善書與善堂〉，收於漢學研究中心
　　　編，同註 110 前引書，頁 75-94；〈解讀臺灣第一本善書《覺悟選
　　　新》〉，《中央研究院歷史語言研究所集刊》65 本第 3 分（1994），
　　　頁 673-723。

[245] 宋光宇，〈霞海城隍祭典與臺北大稻埕商業發展的關係〉，《中央研究
　　　院歷史語言研究所集刊》62 本第 2 分（1993），頁 291-336。

[246] 宋光宇，《宗教與社會》（臺北：東大圖書公司，1995）。

[247] 李豐楙，同註 200 前引文。

[248] 李豐楙，〈仙道的世界──道教與中國文化〉，收於藍吉富主編，《敬
　　　天與親人》（臺北：聯經出版事業公司，1982，「中國文化新論宗教禮
　　　俗篇」），頁 249-305。

[249] 李豐楙，〈不死的探求──道教信仰的介紹與分析〉，收於藍吉富主
　　　編，同註 248 前引書，頁 189-242。

[250] 李豐楙，〈六朝道教的度脫觀〉，「東方宗教討論會」第九屆年會宣讀
　　　論文，1994，作者手稿。

[251] 李豐楙，〈道教神宵派的形成與發展〉，《幼獅學誌》19:4（1987），
　　　頁 146-69。

[252] 李豐楙，〈當前《道藏》研究的成果及其展望〉，收於鍾彩鈞編，《中
　　　央研究院中國文哲研究的回顧與展望論文集》（臺北：中央研究院中國

進而對「煞」與「出煞」的分析[256]、瘟疫觀的分析[257]、對「常」與「非常」理論架構的提出[258]。近年，並在中央研究院中國文哲研究所主持大型宗教整合計劃「道教與民間文化」，以及「宗教與二十一世紀臺灣」，強調實地訪查法，希望結合不同訓練的學者成立中研院的宗教研究中心。

　　受漢學及宗教學訓練，對道教亦有專業興趣的康無惟（康豹，Paul Katz），對屏東東港鎮的迎王祭典有一系列調查與著述[259]，用 Van Gennep 通過儀式理論分析迎王祭典的英文文章[260]。

文哲研究所，1992），頁 541-71。

[253] 李豐楙，〈西王母五女傳說形成及其演變〉，《東方宗教研究》1（1987），頁 67-88。

[254] 李豐楙，〈東港王船和瘟送王習俗之研究〉，《東方宗教研究》3（1993），頁 227-66。

[255] 李豐楙，〈金門閭山脈奠安儀式及其功能──以金湖鎮復國墩關氏家廟為例〉，《民俗曲藝》91（1994），頁 395-464。

[256] 李豐楙，〈煞與出煞──一個宇宙觀的破壞與重建〉，東方宗教討論會主辦，「東方宗教研討會」宣讀論文，1992。

[257] 李豐楙，〈行瘟與送瘟──道教與民眾瘟疫觀的交流和分歧〉，收於漢學研究中心編，同註 110 前引書，頁 373-422；〈臺灣送瘟、改運習俗的內地化與本土化〉，國立臺灣師範大學文學院、人文教育中心主辦「第一屆臺灣本土文化學術研討會」宣讀論文，1995。

[258] 李豐楙，〈臺灣慶成醮與民間廟會文化──一個非常觀狂文化的休閒論〉，行政院文化建設委員會主辦，「寺廟與民間文化研討會」宣讀論文，1994。

[259] 康豹（Katz, Paul），〈東隆宮迎王祭典中的和瘟儀式及其科儀本〉，《民族學研究所資料彙編》2（1990），頁 93-106；〈屏東東港鎮的迎王祭典──臺灣瘟神與王爺信仰之分析〉，收於鄭志明編，同註 235 前引書，頁 279-90；〈屏東東港鎮的迎王祭典──臺灣瘟神與王爺信仰之分析〉，《中央研究院民族學研究所集刊》70（1991），頁 95-211。

其對臺灣王爺信仰，有異於劉枝萬及李豐楙之看法。劉枝萬視王爺與瘟神無分別：「瘟神非單數存在，係包括許多姓氏，形成雜姓群聚之複數神。成為王爺神，並無一定程序與資格之限制，神誕日期亦區區不一。」[261]李豐楙以瘟神疫鬼包括壞軍死將、凶死、橫逆而亡者行瘟行疫於人[262]。而康豹則以瘟神為天庭瘟部之神，由天帝命令來懲罰人；王爺則為包括英靈、厲鬼、瘟王的一群神，二者各有其不同屬性與指標[263]。

受史學訓練，由佛教思想[264]入臺灣佛教史[265]，及佛教現況[266]的江燦騰先生，近年來，也採用訪談資料及史料，並推動臺灣民間宗教的研究及出版（如主編商鼎文化出版社的「宗教文化叢書」），編纂臺灣佛教文獻[267]，中國佛教研究[268]，由佛教而入

---

[260] 康豹(Katz, Paul), "Rite of Passage or Rite of Affliction? A Preliminary Analysis of the Pacification of Plagues Ritual"，收於《中國祭祀儀式與儀式戲劇研討會論文集》（《民俗曲藝》92，1994），頁 1013-92。

[261] 劉枝萬，《臺灣民間信仰論集》（臺北：聯經出版事業公司，1983），頁 231-32。

[262] 李豐楙，同註 257 前引文，頁 378-79。

[263] 康豹（Katz, Paul）同註 259 前引文（1990），頁 279-90。

[264] 江燦騰，〈臺灣當代淨土思想的新動向——思想史的探討〉，《東方宗教研究》2（1988），頁 163-84。

[265] 江燦騰，〈慈航法師與光復後的臺灣佛教〉（一～六），《新雨佛教文化》15-21（1991 年 3-9 月）；〈臺灣佛教史的回顧與展望〉，《新雨佛教文化》51-59（1991）。

[266] 江燦騰，《臺灣佛教與現代社會》（臺北：東大圖書公司，1992）。

[267] 江燦騰編，《臺灣佛教的歷史與文化》（臺北：靈鷲山般若文教基金會國際佛學研究中心，1994）。

[268] 江燦騰、藍吉富編，《當代中國人的佛教研究》（臺北：商鼎文化出版社，1993）。

齋教研究[269]，分析佛教與政治間的關係[270]，臺灣佛教動向[271]及
長跨百年的臺灣佛教史[272]。正統佛教因為是制度宗教，比較上
是大傳統宗教，較少人類學家研究，江先生的著作可以有敦促作
用。近年，林美容因為編撰高雄縣誌，而延伸出對民間佛教的訪
察及著述[273]。

---

[269] 江燦騰、王見川編，《臺灣齋教的歷史觀察與展望——首屆臺灣齋教學
術研討會論文集》（臺北：新文豐出版公司，1994）。

[270] 江燦騰，〈日治時期臺灣佛教的改革運動〉，淡江大學歷史系主辦，
「中國政治、宗教與文化關係」國際學術研討會宣讀論文，1994 年 6
月 3-4 日；〈解嚴後的臺灣佛教與政治〉，中國佛學研究所主辦「佛教
與中國文化」國際學術會議宣讀論文，1994 年 7 月 23-25 日。

[271] 江燦騰，《臺灣佛教文化的新動向》（臺北：東大圖書公司，1993）；
《二十世紀臺灣佛教的轉型與發展》（高雄：淨心文教基金會，
1995）。

[272] 江燦騰，除《臺灣佛教百年史之研究》（臺北：南天書局，1996）之
外，還有(1)《臺灣當代佛教》（臺北：南天書局，2000）、(2)《日據
時期臺灣佛教文化發展史》（臺北：南天書局，2001）、(3)《新視野
下的臺灣近現代佛教史》（北京：中國社會科學出版社，2006）、(4)
《臺灣佛教史》（臺北：五南圖書出版股份有限公司，2009）、(5)
《當代臺灣心靈的透視——從雙源匯流到逆中心互動傳播的開展歷程》
（臺北：秀威資訊科技公司，2019）、(6)主編《跨世紀的新透視——
臺灣新竹市 300 年佛教文化史導論》（臺北：前衛出版社，2019）、
(7)主編《臺灣民眾信仰中的兩性海神——海神媽祖與海神蘇王爺的現
代當代變革與敘事》（臺北：前衛出版社，2019）、(8)合著《當代臺
灣本土大眾文化——雙源匯流與互動傳播精選集》第一集（臺北：元華
文創公司，2020）等。

[273] 林美容，〈臺灣本土佛教的傳統與變遷：巖仔的調查研究〉，收於許俊
雅編，《第一屆臺灣本土文化學術研討會論文集》（臺北：臺灣師範大
學文學院，1995），頁 701-22；〈從南部地區的「巖仔」來看臺灣的

　　長期對臺灣各大宗教、教派及民間信仰有研究的瞿海源先生，以社會學方面的宗教世俗化理論，分析戰後臺灣基督教[274]、天主教[275]、佛教與民間信仰[276]的發展與變遷。以現代化理論，分析臺灣民眾的宗教態度[277]，到近年，利用臺灣地區社會變遷基本調查的長期且大批資料，探討臺灣社會的不確定性增加，使民眾使用巫術、術數行為增加，且民間信仰中具巫術成分的部分亦大為流行[278]。社會學式的大調查樣本，如何與人類學式的個案調查結合，以深入瞭解臺灣民眾的宗教行為，一直是瞿海源的努力。這方面，人類學家顯得相當被動，因而也失去視全臺灣為一個單位，及對臺灣宗教做整體瞭解的機會。

　　1996 年臺灣宗教界因「中臺山集體剃度出家」、「宋七力

民間佛教〉，《思與言》33:2（1995），頁 1-40。

[274] 瞿海源，〈臺灣地區基督教發展趨勢之初步探討〉，中央研究院三民主義研究所主辦，「歷史與社會變遷」研討會宣讀論文，1981。

[275] 瞿海源，《臺灣地區天主教發展趨勢之研究》，《中央研究院民族學研究所集刊》51（1982），頁 129-54。

[276] 瞿海源，〈我國宗教變遷的社會學分析〉，收於朱岑樓主編，《我國社會的變遷與發展》（臺北：東大圖書公司，1981），頁 357-95；瞿海源、姚麗香，〈臺灣地區宗教變遷之探討〉，收於瞿海源、章英華主編，《臺灣社會與文化變遷》（下）（臺北：中央研究院民族學研究所，中央研究院民族學研究所專刊乙種之十六，1986），頁 655-86；瞿海源，〈民間信仰與經濟發展〉，臺灣省政府民政廳委託研究報告書，1989。

[277] 瞿海源，〈臺灣地區民眾的宗教信仰與宗教態度〉，收於楊國樞、瞿海源編，《變遷中的臺灣社會》（臺北：中央研究院民族學研究所，中央研究院民族學研究所專刊乙種之二十，1988），頁 239-376。

[278] 瞿海源，〈術數、巫術與宗教行為的變遷與變異〉，《國家科學委員會研究彙刊：人文及社會科學》3:2（1993），頁 125-43。

顯像放光」、「妙天禪師售賣靈骨塔」、「清海無上師提供隱秘修道場」等事件引發的風暴，社會大眾思考宗教教育及宗教法的制定。瞿海源早受政府相關部門委託研究：《宗教法研究》[279]、《宗教教育之國際比較及政策研究》[280]，但是距離政策之推行仍遠。

　　基督教神學家董芳苑，以知己知彼百戰百勝的心理，要求神學院學生對民間信仰力求瞭解。他對臺灣民間信仰的定義是：「既非佛教、又非儒教、道教，似且包含著三教之內容，其基本特質係精靈崇拜（animism）」。以實地調查得來的資料，加上宗教學訓練與民俗學興趣，而有豐富的著作：《臺灣南部宋江陣之研究》[281]，《臺灣民宅門楣八卦牌守護功用的研究》[282]，《臺灣民間宗教信仰》等[283]。

　　文榮光等人從精神醫學角度分析「要神也要人」民俗療法的使用心理，及神媒的靈魂附身現象[284]。從李亦園在七〇年代探討臺灣鄉下童乩的附身機轉，及其治病解釋背後的文化因素之

---

[279] 瞿海源，同註 220 前引書。

[280] 瞿海源，〈宗教教育之國際比較及政策研究報告書〉，行政院教育部委託研究報告書，1995。

[281] 董芳苑，〈臺灣南部宋江陣之研究〉，神學院論文手稿，1972。

[282] 董芳苑，《臺灣民宅門楣八卦牌守護功用的研究》（臺北：稻鄉出版社，1988）。

[283] 董芳苑，同註 229 前引書。

[284] 文榮光，〈要神也要人：精神疾病與民俗醫療〉，不著編人，《民間信仰與社會研討會論文集》（臺中：臺灣省政府民政廳與東海大學，1982），頁 102-15；文榮光等，〈靈魂附身現象：臺灣本土的壓力因應行為〉，《中央研究院民族學研究所集刊》73（1992），頁 1-31。

後，以乩童為焦點的「宗教醫療」，乃至一般的「民俗醫療」便陸續有人類學者作[285]。宗教的醫療功能與面向的論述，提供我們對宗教與社會關係更廣泛的瞭解。

　　敘述了這幾位「親」人類學式研究法的作者後，不能不論及臺灣省文獻委員會的多位委員。事實上，省文獻會在戰後即成為官方編撰臺灣省通志的專職單位，組織完備，委員人力均一時之選。所出版刊物《文獻專刊》自 1949 年創刊，1955 年改名為《臺灣文獻》，至今從未間斷。在史料及地方民俗收集與保存上，堪稱臺灣研究之功臣。有關宗教部分，有數位主要著者，前述劉枝萬，繼承日人寺廟普查工作，整理出〈臺灣省寺廟教堂調查表〉[286]，貢獻良多。林衡道在其基礎上，分析各地寺廟主祀神的分佈意義。如〈宜蘭縣寺廟祀神之分析〉一文[287]，由宜蘭縣兩百七十所寺廟五十九種主祀神分析，開拓初期影響力大、民間多奉祀的地方性、鄉土性神，如開彰聖王、廣澤尊王、三山國王等趨於式微，全國性神明，如玉皇大帝、關聖帝君、孚佑帝君等則祭祀很盛。〈臺灣民間信仰的神明〉一文[288]，分析全省四

---

285 宋和，〈臺灣神媒的社會功能──一個醫藥人類學的探討〉（臺灣大學人類學研究所碩士論文，1978）；張珣，〈社會變遷中仰止鄉之醫療行為──一項醫藥人類學之探討〉（臺灣大學考古人類學研究所碩士論文，1981）。

286 劉枝萬，〈臺灣省寺廟教堂（名稱、主神、地址）調查表〉，《臺灣文獻》11:2（1960），頁 37-236。

287 林衡道，〈宜蘭縣寺廟祀神之分析〉，《臺灣文獻》22:2（1971），頁9-22。

288 林衡道，〈臺灣民間信仰的神明〉，《臺灣文獻》26:4（1976），頁96-103。

千兩百二十所寺廟主祀神兩百四十七種，其中廟數達五十所以上之神，有十五種，是民間最受崇拜之神。林先生並遍訪全省寺廟，融宗教、古蹟、飲食風俗於一，撰文刊載，自 1959 年的卷10，至 1982 年的卷 33 均有。1983 年的《鯤島探源》[289]總集了他的田野調查資料。黃有興[290]則集中在澎湖宗教的調查[291]。

六、學科研究期（1993-1996）

從 1993 年來的幾篇文章：張珣[292]，黃美英[293]，高怡萍[294]，李翹宏等[295]，及行將撰就的幾篇博碩士論文看來，臺灣人類學的宗教研究，有走向「儀式分析」的趨勢。唯人數不多，尚待觀

---

[289] 林衡道口述、楊鴻博記錄，《鯤島探源》1-4 冊（臺北：青年戰士報社，1983）。

[290] 黃有興，〈澎湖民間信仰初探〉，《臺灣文獻》38:2（1988），頁 51-133；〈記澎湖風櫃溫王殿迎送「五府千歲」活動〉，《臺灣文獻》39:3（1988），頁 165-239；〈澎湖內垵內塹宮迎送「三府千歲」活動紀略〉，《臺灣文獻》40:2（1989），頁 51-98。

[291] 近年民間的劉還月、黃文博的宗教民俗調查亦頗多貢獻，可參見林美容，同註 4 前引文。

[292] 張珣，同註 143 前引文；〈媽祖與女神信仰之比較研究〉，《中央研究院民族學研究所集刊》79（1995），頁 185-203。

[293] 黃美英，同註 134 前引書。

[294] 高怡萍，〈澎湖的犒軍儀式〉，《中國民族學通訊》32（1994），頁 77-99。

[295] 李翹宏，〈官澳的寺廟與儀式象徵〉，收於余光弘、魏捷茲編，《金門暑期人類學田野工作教室論文集》（臺北：中央研究院民族學研究所，1994），頁 103-28。

察。

　　歐美人類學界的「儀式分析」，乃始於六〇年代 Clifford Geertz，及 Victor Turner 的象徵理論（symbolism）。Geertz 探討象徵（symbol）如何形塑社會行動者對外在世界的觀看、感覺、思考的方式。視象徵為「文化」的負載工具。象徵蘊含豐富的文化意涵，透過象徵個人學得整體的宇宙觀與精神倫理。Turner 賦與象徵更大的力量。認為象徵的操作、運用、安排可以帶來社會轉變。透過由象徵串組成的儀式，個人可以改變社會地位，解決社會對立，將個人網織入社會範疇中。Turner 的象徵與儀式理論風靡歐美，大批學者跟進，蔚起「儀式分析」熱潮。舉凡儀式的力量，儀式的過程，儀式的社會轉變機制，儀式的表現與表演（performance），儀式的溝通特質，儀式的情緒本質等均被詳加鑽研。

　　臺灣人類學的漢人宗教研究另一趨向是「婦女研究」層面的帶入。如盧蕙馨[296]，黃美英[297]，鍾幼蘭[298]。及中央研究院民族學研究所召開的「婦女與宗教」系列討論會，會中探討女神、女鬼、女祖先、女乩童、女修道者、女傳教士等，及「胎殺」等與婦女宗教生活有關的議題。

　　經過人類學家大力調查著述的、原來不受人重視的俗民信仰，逐漸被文史哲、社會學等各學科重視，紛紛加入研究陣容。

---

[296] 盧蕙馨，〈佛教慈濟功德會的兩性與空間之關係〉，中央研究院民族學研究所主辦，「空間、家與社會」研討會宣讀論文，1994。

[297] 黃美英，同註 135 前引文。

[298] 鍾幼蘭，〈官澳查某佛的初步研究〉，收於余光弘、魏捷茲編，同註 295 前引書，頁 129-63。

加上臺灣戰後經濟復甦飛躍發展，宗教活動也蓬勃發展，不只廟宇建築多所擴建增建翻修，廟會活動也辦得多又大，各教信仰人口有增無減，當然與政策開放不無關係，官方民間一片鼓勵之聲宣導其正面的整合社會功能。宗教及其相應社會活動越多，也就有越多的研究。1993 年之後至今，將近三年的時間，我們可收集到數倍於以往的出版品，及各式各樣研討會論文集。大部分非由人類學單位籌辦，臺灣漢人宗教研究已非人類學家獨作的形態。不同學科的合作已是不可避免，因此，將三年來的重要討論會，及近年部分碩士論文列下，缺漏必多僅供參考。

（一）學位論文

學士論文：1971 年王志明的基隆路聖皇宮乩童[299]，1972 年張燕秋的臺北行天宮[300]，1972 年陳明珠的臺北竹圍福海宮[301]，及 1993 年徐雨村的雲林六房媽祖等。

碩士論文：1974 年宋光宇的「在理教」碩士論文[302]，1981 年盧月玲的佛光山與星雲法師[303]，1978 年宋和的乩童研究則偏

---

[299] 王志明，〈臺北市基隆路的一個民俗醫生和他的信徒們〉（臺灣大學人類學系學士論文，1971）。

[300] 張燕秋，〈臺北市行天宮調查〉（臺灣大學人類學系學士論文，1972）。

[301] 陳明珠，〈竹圍福海宮的研究〉（臺灣大學考古人類學系學士論文，1972）。

[302] 宋光宇，〈在理教──中國民間三教合一信仰的研究〉（臺灣大學人類學研究所碩士論文，1974）。

[303] 盧月玲，〈臺灣佛寺的現代功能──佛光山田野研究〉（臺灣大學考古人類學研究所碩士論文，1981）。

醫療人類學取向。上述論文大多為田野材料之描述。1986 年宋錦秀的傀儡戲除煞儀式的分析已開始使用象徵及語意分析「煞」的主客觀意涵[304]。1993 年林瑋嬪的鹽水蜂炮企圖用歷史馬克斯主義分析儀式象徵與地方史及地方社會結構關係[305]。以上為臺大人類學研究所方面。

　　清大人類學研究所方面，則有陳美燕 1991 年分析「迷信」一詞的言說現象與民間信仰經驗[306]，黃美英 1992 年的媽祖進香以 V. Turner 的象徵論分析進香儀式，高怡萍 1993 年澎湖離島果葉村的犒軍儀式與其象徵分析，游蕙芬 1996 年白沙屯媽祖進香儀式之象徵分析[307]。清華大學的社會人類學研究所自 1992 年以來，在中央研究院民族學研究所的主題研究計劃，與高級人才培育計劃下，有多位碩士班學生參與工作，有關民間信仰方面的文章可見《中國民族學通訊》第 31、32 期，以及該計劃印行的《金門暑期人類學田野工作教室論文集》[308]。

　　除了臺灣境內二所人類學研究所的碩士論文，幾所相關研究所亦有民間信仰之論文，茲舉一二：臺灣大學社會學所朱柔若

---

[304] 宋錦秀，〈蘭陽地區傀儡戲的除煞儀式──一個宗教人類學的研究〉（臺灣大學人類學研究所碩士論文，1986）；《傀儡、除煞與象徵》（臺北：稻鄉出版社，1996）。

[305] 林瑋嬪，〈火樹銀花──鹽水蜂炮〉（臺灣大學人類學研究所碩士論文，1993）。

[306] 陳美燕，〈「迷信」與民俗宗教信仰──一個言說現象的反省與批判〉（清華大學社會人類學研究所碩士論文，1991）。

[307] 游蕙芬，〈社會的延續、情感交融與認同──白沙屯媽祖進香儀式象徵意義體系之分析〉（清華大學社會人類學研究所碩士論文，1996）。

[308] 參見余光宏、魏捷茲編，同註 295 前引書。

1986 年探討民間宗教世俗化[309]。東吳大學社會所林淑鈴 1990 年以媽祖廟為例探討寺廟政策與寺廟活動[310]，何淑華 1993 年探討花蓮佛教慈濟功德會的社區醫療組織[311]。東海大學社會所周雪惠 1989 年幾項民間信仰行為的分析[312]，建築所文毓義〈臺灣傳統式廟宇的空間系統及其轉變之研究〉[313]。另外，師範大學地理學研究所高麗珍〈臺灣民俗宗教活動之空間活動——以玄天上帝活動為例〉[314]，方淑美〈臺南西港仔刈香的空間性〉[315]，池永歆運用祭祀圈原則分析〈嘉義沿山聚落的存在空間〉[316]。中興大學都市計化研究所黃勝雄探討廟宇建築與土地使用問題[317]，社會系蔡金蓉描述雲林崙背鄉的村廟組織[318]。

[309] 朱柔若，〈社會學世俗化理論的回顧、溯源、與臺灣民間宗教的世俗化〉（臺灣大學社會學研究所碩士論文，1986）。

[310] 林淑玲，〈寺廟政策與寺廟活動之研究——以兩座媽祖廟為例〉（東吳大學社會學研究所碩士論文，1990）。

[311] 何淑華，〈佛教慈濟綜合醫院志工服務隊之組織文化及其表達形式〉（東吳大學社會學研究所碩士論文，1993）。

[312] 周雪惠，〈臺灣民間信仰的宗教儀式行為之探討〉（東海大學社會學研究所碩士論文，1989）。

[313] 文毓義，〈臺灣傳統式廟宇的空間系統及其轉變之研究——以鹿港廟宇實調為例〉（東海大學建築研究所碩士論文，1985）。

[314] 高麗珍，〈臺灣民俗宗教活動的空間活動以玄天上帝為例〉（臺灣師範大學地理學研究所碩士論文，1988）。

[315] 方淑美，〈臺南西港仔刈香的空間性〉（臺灣師範大學地理學研究所碩士論文，1992）。

[316] 池泳歆，〈嘉義沿山聚落的「存在空間」：以內埔仔「十三庄頭、十四緣」區域構成為例〉（臺灣師範大學地理學研究所碩士論文，1996）。

[317] 黃勝雄，〈民俗宗教建築及活動土地使用秩序問題之探討——以臺北市媽祖廟為例〉（中興大學法商學院都市計劃研究所碩士論文，1992）。

臺灣地區解除戒嚴以後，反映在教育上的是宗教人文科系的發展。輔仁大學宗教學系率先成立，淡水工商管理學院宗教學系也於 1996 年招生。由佛教界辦理的華梵工學院、佛光大學、及未來的慈濟大學、玄奘大學、法鼓山大學也都有宗教研究相關科系所。未來的相關碩博士論文會更多。

（二）研討會

研究人員與研究經費的增加及宗教活動的增多使各相關議題的研討會如雨後春筍般展開。依時間先後列表如下，可對目前研究主題有一約略掌握：

時間	研討會名稱	主辦單位	地點
1993.4.26-28	「民間信仰與中國文化」	中央圖書館	漢學研究中心
1994.3.18-22	「寺廟與民間文化」	行政院文化建設委員會、漢學研究中心	臺南南鯤身代天府
1994.4.4-8	「中國宗教與社會」	中央研究院歷史語言研究所、臺灣大學歷史系暨所、清華大學歷史系暨所	臺北縣金山鄉
1994.5.12-14	中國祭祀儀式與儀式戲劇	清華大學、漢學研究中心	中央圖書館
1994.5 月	首屆臺灣齋教學術研	臺南市德化堂	臺南市文化中

---

318 蔡金蓉，〈豐榮村村廟之組織與活動〉（中興大學法商學院社會學系畢業論文，1989）。

	討會		心
1994.6.1-3	第三次閩臺社會文化比較研究工作研討會	中央研究院民族學研究所	中央研究院民族學研究所
1994.6.3-4	中國政治、宗教與文化關係	淡江大學歷史系	淡江大學校本部
1994.7.9-10	重返臺灣民間生活：常民生活的分析	臺灣研究基金會	臺灣大學法學院
1994.7.23-25	「佛教與中國文化」國際學術會議	農禪寺中華佛研所	中央圖書館
1994.10.8-10	佛教現代化	佛光大學籌備處	佛光山臺北道場
1994.10.15	宗教與詮釋	淡水工商管理學院宗教研究室	淡水工商
1994.10.15-16	宗教的解脫觀	東方宗教討論會第九屆年會	師範大學校本部
1994.12.10-11	第一屆臺灣本土文化研討會	臺灣師範大學文學院	師範大學校本部
1995.4.21-23	中國神話與傳說	漢學研究中心	中央圖書館
1995.4.28-29	道教、民間信仰與民間文化	中央研究院中國文哲研究所籌備處	中央研究院活動中心
1995.5.23	漢人宗教研究的回顧與前瞻	中央研究院民族學研究所	中央研究院民族學研究所
1995.12.15-16	臺灣史研究百年回顧與專題	中央研究院臺灣史研究所籌備處、臺灣大學歷史系	臺灣大學思亮廳
1996.1.26-29	第一屆宗教文化國際學術會議	佛光大學宗教文化研究中心	佛光山寺

1996.4.13	宗教與社會	玄奘人文社會學院、東吳大學社會系	東吳大學
1996.4.13	宗教學術研討會	淡水工商管理學院宗教研究室	淡水工商
1996.5.25-26	宗教與二十一世紀的臺灣	中央研究院中國文哲研究所籌備處	中央研究院中國文哲研究所籌備處
1996.6.1-2	臺灣佛教學術研討會	佛教青年文教基金會、行政院文化建設委員會	臺灣大學思亮廳
1996.6.8	婦女與宗教（一）	中央研究院民族學研究所	中央研究院民族學研究所
1996.6.15	臺灣民間信仰科際研究	中央研究院民族學研究所	中央研究院民族學研究所
1996.8.12-14	媽祖信仰國際學術研討會	北港朝天宮、臺灣省文獻會	北港朝天宮
1996.10.5	婦女與宗教（二）	中央研究院民族學研究所	中央研究院民族學研究所
1996.11.1-3	亞洲宗教與高等教育	佛光山文教基金會	佛光山寺

（三）期刊

　　舊有的刊物推出宗教專號猶無法滿足市場需要，新的刊物也相繼應市。《思與言》的「伊斯蘭教專號」（1995）、「臺灣宗教研究專號」（1996）。有多年歷史，結合國內多學科鑽研宗教學者的「東方宗教討論會」，每個月的月會針對不同宗教議題由

會員做報告，每年並有年會聚集研討。由年會論文集結成的《東方宗教研究》雖以佛教論文為多，但亦旁及其它宗教及民間信仰。一向關懷中國宗教文化的淡江大學中文系曾舉辦多次宗教會議，1989 年的「中華民族宗教國際學術會議」即曾出版《宗教與文化》一書，由鄭志明主編。1995 年又在鄭志明主辦及主編下出版了《文化臺灣——臺灣民俗田野調查論文集》[319]。1996 年由於鄭志明離開了淡江大學中文系，《文化臺灣》卷 2 改由「臺灣宗教文化工作室」發行[320]。內容以臺灣各地寺廟調查資料為主，撰稿者為在學學生，為他們培養興趣並提供一個發表園地。尚在攻讀史學博士學位的王見川與江燦騰同為勤奮治學的新起之秀。除了論文有關的齋教資料的收集與出版《臺灣的齋教與鸞堂》[321]，王見川主編了《民間宗教》刊物，由第 1-3 輯（1995-1997）目錄來看，大抵以教派宗教的探討為主[322]。

　　1996 年創刊的《常民文化》內容兼載有臺灣漢人與平埔族宗教信仰，由劉還月的「臺灣常民文化學會」出版。民間學人劉還月憑著對臺灣民俗祭儀的興趣，上山下海走訪大小人物，除了編有《臺灣歲時小百科》2 卷，《臺灣民間信仰小百科》5 卷[323]，也以自己的調查經驗編出《田野工作實務手冊》[324]、《田

[319] 鄭志明，《文化臺灣》卷 1（臺北：淡江中文系，1995）。

[320] 鄭志明，《文化臺灣》卷 2（臺北：大道文化公司，1996）。

[321] 王見川，《臺灣的齋教與鸞堂》（臺北：南天書局，1996）。

[322] 王見川編，《民間宗教》期 1（臺北：民間宗教研究室，1995）。

[323] 劉還月，《臺灣民間信仰小百科》（臺北：臺原出版社，1994）。

[324] 劉還月，《田野工作實務手冊》（臺北：常民文化事業有限公司，1996）。

野調查速記表》[325]，雖非學院式訓練，也具實際效用。

學界在道教研究方面夙有「南丁（煌），北李（豐楙）」之稱，二人分別在成功大學歷史系與政治大學中文系領導學生探討。成功大學歷史系並成立有「道教研究室」出版《道教學探索》。內容除正式研究論文，也有譯介歐美道教研究。撰稿者亦擴及大陸學者。1995 年問市的《性與命》，由「中國性命雙修協會」出版，學術性雖不及《道教學探索》高，亦有可供參考之文章。出版社也開發宗教文庫或宗教叢書，範圍不限民間信仰或傳統宗教，而兼及外來宗教。前述商鼎文化出版社的「宗教文化叢書」，淑馨出版社的基督教、景教、泰國華人信仰。靈界探索的書充斥，張開基的《臺灣首席靈媒與牽亡魂》仍是報導多過研究[326]。

七、結論

本文主要以戰後臺灣地區人類學家，旁及少部分相關學者，對漢人信仰研究之中文文獻資料作一回顧，分期及每期標題乃權宜之設，所納入討論文獻限於筆者個人能力及時間多所遺漏及偏頗。總括來說人類學對臺灣漢人信仰研究有二項貢獻，有四特色、有六限制，茲分述之。

限制：一、與英美人類學理論扣緊，有其優點，即理論視野

---

[325] 劉還月，《常民文化田野調查述記表》（臺北：常民文化事業有限公司，1996）。

[326] 張開基，《臺灣首席靈媒與牽亡魂》（臺北：學英文化事業公司，1995）。

廣及中國之外，但亦受其限制而未能突顯本土觀念及材料特色。
如 M. Freedman 理論籠罩了祖先崇拜研究。二、不視宗教為獨立
現象，而視其為社會文化之反映或運作機制之一。則宗教經驗、
宗教神秘部分，乃至宗教哲學部分被宗教行為與組織取代，以致
忽略。三、忽略大傳統士大夫的宗教、制度宗教（佛教宗教、基
督宗教等）、教派宗教（一貫道、慈惠堂、齋教等）、文字科儀
記錄，而著重市井小民的沒制度、沒體系教義的宗教行為及口頭
資料，則對漢人信仰的了解亦非全貌式地了解。相關的，以為小
民沒有思考能力，因此甚少建構民間信仰的思考層面資料而重行
為材料。四、著重現時性，忽視異時性、歷史發展，對一行為的
歷史因素無法全面掌握。尤其，中國社會為有歷史的複雜社會，
漢學文獻史料如何與田野材料並置？在解釋上二者是時代變遷之
差異？或大小傳統之差異？或理想現實之差異？或直接模型與理
想模型之差異[327]？五、強調田野調查則受限於調查村落之資
料，而無法作大範圍之理解。即使拼湊出全中國上萬個村落，也
不一定可了解何謂「中國宗教」。相關的，我們總以為臺灣漢人
民間信仰是中國民間信仰，事實上二者在概念上，在現象上，應
如何地異？如何地同？六、以往田野調查單位以村落為主，以致
近年對都市宗教現象，對個人宗教活動有力不從心的缺陷感覺。
例如，卜卦行為在都市中上階層人士頗盛行，但不限於社區或一
固定具體的群體，因此傳統人類學田野作法得有修正才能加以掌
握。再如全島性慈濟佛教會的組織也得待研究者摸索適合的研究

---

[327] 王崧興，〈漢學與中國人類學：以家族與聚落型態之研究為例〉，收於
　　　中央研究院編，同註 87 前引書，頁 400；唐美君，〈人類學研究中國
　　　社會運用文獻之探討〉，收於同註前引書，頁 385-98。

途徑才能理解之。

　　上述之限制如果由另一角度看，卻是人類學做漢人信仰的特色及貢獻所在。竊以為人類學作漢人信仰特色有四：一、有人類學整體理論作背景，則對臺灣漢人宗教現象不致有管窺之限，而能與世界各地民族文化參考對照，如進香與朝聖理論可互相發明等。二、視宗教現象與其它社會行為密切相關，則對宗教行為可有宗教體系外的說明，如祖先崇拜不是單純的人鬼信仰，可有父系社會結構的觀照，乃至再與非洲的世系群作比較，又可知宗族與國家組織之關係，而這些倒過來影響祖先崇拜內容。再如由祭祀圈概念知其不純為宗教組織，而與地方開拓史、族群移動路線等相關。三、有泛文化的比較眼光及基礎，盡量跳脫研究者本身亦為漢人之限，而能以其它文化之角度來客觀分析臺灣漢人宗教信仰，避免一些連研究者自己也沒察覺的偏見，及先入為主之見。例如身為中國人實在很難提出「我家祖先是你家的鬼」的論點。盡量把自己置身於他位（other）文化，來剖析己位（self）文化是人類學訓練不共於其它學科的。四、人類學重視不成文的民間知識，不成形（組織）的信仰行為，使民間文化有了代言人，讓民眾發音，而不只限於專業宗教執事人員之聲音。如建醮時候，醮儀科本及道士的解釋不同於社區民眾的解釋。以往士大夫的研究斥之為迷信荒謬的俗民觀念和行為，對一個想了解當地文化的外來者（研究者）來說，均成了珍貴而不可取代的材料。知識不再有高低好壞真假之分，而是不同詮釋及角度之分。

　　人類學家的研究，異於記者的現場報導，或民間學人的來自內部的記錄。人類學以連續的，長期的深入訪問和參與觀察的田

野方法，加上理論關懷與訓練[328]，應對漢人信仰研究有兩個貢獻：一、田野調查的知識，異於史料文獻知識，並可互補不足。對於史學訓練的學生來說「史料乃前人經考證過後的記錄」所以可信，以史料作的分析推論才是客觀的真理，田野報導人口說無憑如何判其真偽，以口述資料作推論危險之極。吾人可質疑史學家本人之訓練、經驗、情緒、考證會否影響其著述？史料僅可視為一種版本或一種說法，其真理性不若想像中大。徹底質疑每一種說法的權威性，並對每一種說法保留可發展、可驗證性，以訪談驗證文字資料，是人類學處理材料時的態度，也是其對漢人信仰研究貢獻之一。

其次，人類學家不斷反省自己的文化偏見，盡量去除自己下意識被自己文化塑模的價值判斷，來研究「異文化」。以一個「趨近太空人」的中立位置來研究文化。以了解並欣賞被研究者的文化為職志。以往力求區分出主位（emic）／客位（etic）分析角度，以客位地、客觀地分析被研究者主位的角度，對本身是漢人的民間信仰研究者來說，特別難但也特別有貢獻。今日人類學理論不斷進行內部批判，研究者與被研究者不斷進行互動溝通，殖民者與被殖民者，歐美中心國家與第三世界邊陲國家不斷對話，帶來人類學對本身研究法、研究目的及理論之修正。今日不再高唱理性、客觀、唯一、科學、而要求研究者反省自己的研究心態、研究目的、研究過程。研究者不是唯一的權威，出版的書不是唯一真理，讀者及漢人信仰全體民眾是共同參與人。大家

---

[328] 黃應貴，〈從田野工作談人類學家與被研究者的關係〉，《山海文化雙月刊》6（1994），頁18-26。

的目的是更了解漢人信仰，雙方（事實上不可再分雙方）都經由
實踐（有多種層面的實踐）漢人信仰來了解漢人信仰。

　　上述貢獻是對照於臺灣學界來說，但是人類學研究宗教現象
的限制畢竟仍多。所幸近年其它學科加入研究行列——彌補了往
日研究的缺陷。來自史學的著作提供了異時性瞭解，文學者爬梳
了經典文字資料，哲學者解析了教義思維，民俗學者突顯了本土
材料與觀念，宗教學者強調了宗教主體及神秘經驗，社會學者擴
大研究單位並進入都市調查等等。以這幾年之出版書刊來看，臺
灣的宗教研究不但量大質也精。

參考書目

丸井圭治郎編
1919　《臺灣宗教調查報告書》卷 1，臺北：臺灣總督府。

文崇一
1958　〈濊貊民族文化及其史料〉，《中央研究院民族學研究所集刊》
　　　5:115-210，臺北：中央研究院民族學研究所。
1960　〈九歌中河伯之研究〉，《中央研究院民族學研究所集刊》9:139-
　　　160，臺北：中央研究院民族學研究所。
1961　〈九歌中的水神與華南的龍舟賽神〉，《中央研究院民族學研究所
　　　集刊》11:51-119，臺北：中央研究院民族學研究所。
1964　〈九歌中的上帝與自然神〉，《中央研究院民族學研究所集刊》
　　　17:45-72，臺北：中央研究院民族學研究所。

文崇一、許嘉明
1975　《西河的社會變遷》，中央研究院民族學研究所專刊乙種第六號，
　　　臺北：中央研究院民族學研究所。

文榮光

1982　〈要神也要人：精神疾病與民俗醫療〉，《民間信仰與社會研討會論文集》：102-115，臺中：臺灣政府民政廳與東海大學。

文榮光等

1992　〈靈魂附身現象：臺灣本土的壓力因應行為〉，《中央民族學研究所集刊》73:1-31，臺北：中央研究院民族學研究所。

文毓義

1985　〈臺灣傳統式廟宇的空間系統及其轉變之研究——以鹿港廟宇實調為例〉，東海大學建築研究所建築碩士學位論文。

王世慶

1972　〈民間信仰在不同祖籍移民的鄉村之歷史〉，《臺灣文獻》23（8）:1-38。

王見川

1995　《臺南德化堂的歷史》，臺南：德化堂。

1995　《民間宗教》第一期，臺北：民間宗教研究室。

1996　《臺灣齋教與鸞堂》，臺北：南天書局。

王志明

1971　〈臺北市基隆路的一個民俗醫生和他的信徒們〉，臺灣大學人類學系學士論文。

王崧興

1967　《龜山島——漢人漁村社會之研究》，中央研究院民族學研究所專刊甲種之十三，臺北：中央研究院民族學研究所。

1971　〈中日祖先崇拜的比較研究〉，《中央研究院民族學研究所集刊》31:235-252，臺北：中央研究院民族學研究所。

1975　〈濁大流域的民族學研究〉，《中央研究院民族學研究所集刊》36:1-10，臺北：中央研究院民族學研究所。

1981　〈漢學與中國人類：以家族與聚落型態之研究為〉，《中央研究院國際漢學會議論文集——民俗與文化組》：399-412，臺北：中央

研究院編印。

1991 〈臺灣漢人社會研究的反思〉，《國立臺灣大學考古人類學刊》
47:1-11，臺北：國立臺灣大學考古人類學系印行。

王嵩山

1983a 〈進香活動看民間信仰與儀式〉，《民俗曲藝》第 25 期合刊：61-
90，臺北：施合鄭民俗文化基金會。

1983b 〈戲曲與宗教活動——大甲進香之例〉，《民俗曲藝》第 25 期合
刊：91-118，臺北：施合鄭民俗文化基金會。

方淑美

1992 〈臺南西港仔刈香的空間性〉，國立臺灣師範大學地理研究所碩士
論文。

仇德哉

1981 《臺灣廟神傳》。嘉義：FU-LO。

中華文化復興運動推行委員會

1984 《生命禮俗研討會論文集》，臺北：中華文化復興運動推行委員
會。

石萬壽

1989a 〈康熙以前臺灣的媽祖信仰〉，《近代中國初期歷史研討會論文
集》（下冊）：945-976，臺北：中央研究院近史所編。

1989b 〈明清以前媽祖信仰的演變〉，《臺灣文獻》40(2):1-21。

1989c 〈康熙以前臺澎媽祖廟的建置〉，《臺灣文獻》40(3):1-28。

1990 〈清代媽祖的封諡〉，《臺灣文獻》41(1):139-152。

2000 《臺灣的媽祖信仰》，臺北：臺原出版社。

朱天順

1987 〈清代以後媽祖信仰傳播的主要歷史條件〉，《媽祖研究資料匯
編》（楊德金編）：49-65，福州：福建人民出版社。

朱柔若

1986　〈社會學世俗化理論的回顧、溯源、與臺灣民間宗教的世俗化〉，
　　　國立臺灣大學社會學研究所碩士論文。

池泳歆
1996　〈嘉義沿山聚落的「存在空間」：以內埔仔「十三庄頭、十四緣」
　　　區域構成為例〉，國立臺灣師範大學地理研究所碩士論文。

江燦騰
1988　〈臺灣當代淨土思想的新動向──思想史的探討〉，《東方宗教研
　　　究》2:163-184。
1991a　〈慈航法師與光復後的臺灣佛教〉（一一六），《佛教文化》15-21
　　　（1991 年 3-9 月），臺北：佛教文化雜誌社。
1991b　〈臺灣佛教史的回顧與展望〉，《佛教文化》23-?，臺北：佛教文
　　　化雜誌社。
1992　《臺灣佛教與現代社會》，臺北：東大圖書公司。
1993　《臺灣佛教文化的新動向》，臺北：東大圖書公司。
1994a　《臺灣佛教的歷史與文化》（江燦騰主編），臺北：靈鷲山般若文
　　　教基金會國際佛學研究中心。
1994b　〈日治時期臺灣佛教的改革運動〉，淡江大學歷史系主辦「中國政
　　　治、宗教與文化關係」國際學術研討會論文 1994 年 6 月 3-4 日。
1994c　〈解嚴後的臺灣佛教與政治〉，中國佛學研究所主辦「佛教與中國
　　　文化」國際學術會議論文 1994 年 7 月 23-25 日。
1995　《二十世紀臺灣佛教的轉型與發展》，高雄：淨心文教基金會。
1996　《臺灣佛教百年史之研究》，臺北：南天書局。

江燦騰、王見川主編
1994　《臺灣齋教的歷史觀察與展望──首屆臺灣齋教學術研討會論文
　　　集》，臺北：新文豐出版公司。

江燦騰、藍吉富編
1993　《當代中國人的佛教研究》，臺北：商鼎文化出版社。

芮逸夫

1951　〈民族學在中國〉，《大陸雜誌》3(7):1-4；3(8):17-20。

李天錫

1988　〈媽祖信仰在華僑中傳播的原因及其啟示〉，《世界宗教研究》
　　　34:92-101，北京：中國社會科學出版社。

李玉昆

1988　〈媽祖信仰的形成和發展〉，《世界宗教研究》33:122-136，北京：
　　　中國社會科學出版社。

李岳勳

1972　《禪在臺灣──媽祖與王爺信仰之宗教哲學及其歷史的研究》，臺
　　　中：國際佛教文化出版社。

李亦園

1966　《文化與行為》，臺北：臺灣商務印書館。

1971　〈十六年來的民族學研究所〉，《中央研究院民族學研究所集刊》
　　　31:1-16，臺北：中央研究院民族學研究所。

1972a　〈從若干儀式行為看中國國民性的一面〉，《中國人的性格》中央
　　　研究院民族學研究所專刊乙種之 4，頁 175-99，臺北：中央研究院
　　　民族學研究所。

1972b　〈二十年來我國行為科學的發展與展望討論會〉，《思與言》
　　　10(4):1-20。

1978　《信仰與文化》，臺北：巨流圖書公司。

1982　〈臺灣民間信仰發展的趨勢〉，東海大學民間信仰研討會論文，臺
　　　中。

1984a　〈宗教問題的再剖析〉，《臺灣的社會問題》，頁 385-412，臺北：
　　　巨流圖書公司。

1984b　〈社會變遷與宗教皈依──一個象徵人類學理論模型的建立〉，
　　　《中央研究院民族學研究所集刊》56:1-28，臺北：中央研究院民族
　　　學研究所。

1984c　《民間現行曆書的使用及其影響之研究》（與莊英章共同主持），

　　　臺灣省政府教育廳委託研究報告書。

1985a 〈現代化過程中的傳統儀式〉，《現代化與中國化論集》，臺北：
　　　桂冠圖書公司。

1985b 《民間宗教儀式之檢討研討會論文集》（與莊英章合編），臺北：
　　　中國民族學會編印。

1985c 〈民間宗教儀式之檢討：討論的架構與重點〉，《民間宗教儀式之
　　　檢討研討會論文集》：1-7，臺北：中國民族學會。

1986 〈中國家族與其儀式：若干觀念的探討〉，《中央研究院民族學研
　　　究所集刊》59:47-62，臺北：中央研究院民族學研究所。

1987a 〈和諧與均衡：民間信仰中的宇宙詮釋與心靈慰藉模型〉，「現代
　　　人心靈學術研討會」，中壢：中原大學。

1987b 〈個人宗教性變遷的研究：中國人宗教信仰研究若干假設的提出〉
　　　（與宋文里合著），《中央研究院民族學研究所社會變遷研討會論
　　　文》，臺北：中央研究院民族學研究所。

1994 〈傳統中國宇宙觀與現代企業行為〉，《漢學研究》12(1):1-26。

1995 〈端午與屈原：傳說與儀式的結構關係再探〉，漢學研究中心主辦
　　　「中國神話與傳說」研討會論文。

李國祁

1978 〈清代臺灣社會的轉型〉，王曾才編《臺灣史研討會記錄》：55-
　　　75，臺北：國立臺灣大學歷史系印行。

李翹宏

1994 〈官澳的寺廟與儀式象徵〉，《金門暑期人類學田野工作教室論文
　　　集》：103-128，臺北：中央研究院民族學研究所。

李豐楙

1982a 〈仙道的世界──道教與中國文化〉，《中國文化新論宗教禮俗篇
　　　敬天與親人》：249-305，臺北：聯經出版事業公司。

1982b 〈不死的探求──道教信仰的介紹與分析〉，《中國文化新論宗教
　　　禮俗篇敬天與親人》：189-242，臺北：聯經出版事業公司。

1983　〈媽祖傳說的原始及其演變〉，《民俗曲藝》第 25 期合刊：119-152，臺北：施合鄭民俗文化基金會。

1987a　〈道教神宵派的形成與發展〉，《幼獅學誌》19(4):146-169。

1987b　〈西王母五女傳說形成及其演變〉，《東方宗教研究》1:67-88，東方宗教討論會。

1992a　〈當前《道藏》研究的成果及其展望〉，《中研院中國文哲研究的回顧與展望論文集》：541-571。

1992b　〈煞與出煞──一個宇宙觀的破壞與重建〉，東方宗教研討會。

1993　〈東港王船和瘟送王習俗之研究〉，《東方宗教研究》3:227-266。

1994a　〈臺灣慶成醮與民間廟會文化──一個非常觀狂文化的休閒論〉，文建會主辦的「寺廟與民間文化」研討會論文。

1994b　〈行瘟與送瘟──道教與民眾瘟疫觀的交流和分歧〉，《民間信仰與中國文化國際研討會論文集》：373-422，臺北：漢學研究中心。

1994c　〈金門閭山派奠安儀式及其功能──以金湖鎮復國墩關氏家廟為例〉，《民俗曲藝》91:395-464。

1994d　〈六朝道教的度脫觀〉，東方宗教討論會第九屆年會論文。

1995　〈臺灣送瘟、改運習俗的內地化與本土化〉，第一屆臺灣本土文化學術研討會論文。

李獻璋

1960　〈媽祖傳說的原始形態〉，《臺灣風物》10:7-22。

1961　〈元明地方志的媽祖傳說之演變〉，《臺灣風物》11(1):20-38。

1963a　〈以三教搜神大全與天妃娘媽傳為中心來考察媽祖傳說〉，《臺灣風物》13(2):8-29。

1963b　〈琉球蔡姑婆傳說考證關連媽祖傳說的開展〉，《臺灣風物》13(5):17-28；13(6):14-26。

1965　〈安平、臺南媽祖祭典〉，《大陸雜誌》30(9):4-8。

1967　〈笨港聚落的成立，及其媽祖祠祀的發展與信仰實態〉，《大陸雜誌》35(7):7-11；35(8):22-26；35(9):22-29。

1979　《媽祖信仰之研究》，東京：泰山文物社。

1990　〈媽祖傳說的開展〉，《漢學研究》8(1):287-307。

杜而未

1959　《中國古代宗教研究——天道上帝之部》，臺北：華明書局。

1960a　《中國古代宗教系統——帝道后土研究》，臺北：華明書局。

1960b　《山海經神話系統》，臺北：華明書局。

1966　《鳳麟龜龍考釋》，臺北：臺灣商務印書館。

1978a　《崑崙文化與不死觀念》，臺北：臺灣學生書局。

1978b　《老子的月神宗教》，臺北：臺灣學生書局。

1983　《儒佛道之信仰研究》，臺北：臺灣學生書局。

吳燕和

1986　〈中國宗族之發展與其儀式興衰的條件〉，《中央研究院民族學研究所集刊》59:131-142，臺北：中央研究院民族學研究所。

余光弘

1981　〈綠島的喪葬儀式〉，《中央研究院民族學研究所集刊》49:149-174，臺北：中央研究院民族學研究所。

1983　〈臺灣地區民間宗教的發展——寺廟調查資料之分析〉，《中央研究院民族學研究所集刊》53:67-104，臺北：中央研究院民族學研究所。

1987　〈沒有祖產就沒有祖宗牌位？——E. Ahern 溪南資料的再分析〉，《中央研究院民族學研究所集刊》62:115-178，臺北：中央研究院民族學研究所。

1988　《媽宮的寺廟》，中央研究院民族學研究所專刊乙種第十九號。

1994　〈鹿港天后宮的影響範圍〉，《民間信仰與中國文化國際研討會論文集》頁 455-70，臺北：漢學研究中心。

余光弘、魏捷茲合編

1994　《金門暑期人類學田野工作教室論文集》，臺北：中央研究院民族學研究所。

宋光宇

1974 〈在理教——中國民間三教合一信仰的研究〉，國立臺灣大學人類學研究所碩士論文。

1978 〈一貫道的民族學探討〉，《中華文化復興月刊》11(6):69-79。

1981 〈試論無生老母宗教信仰的一些特質〉，《中央研究院史語所集刊》52 本第 3 分，臺北：中央研究院史語所。

1983 《天道鉤沉》，臺北。

1985 〈臺灣民間信仰的發展趨勢〉，《漢學研究》3(1):199-233。

1992 〈從最近十幾年來的鸞作遊記式善書談中國民間信仰裡的價值觀〉，《中國人的價值觀國際研討會論文集》：741-760。

1993 〈霞海城隍祭典與臺北大稻埕商業發展的關係〉，《中央研究院史語所集刊》62 本第 2 分，臺北：中央研究院史語所。

1994a 〈清代臺灣的善書與善堂〉，《民間信仰與中國文化國際研討會論文集》：75-94，臺北：漢學研究中心。

1994b 〈正宗書畫社：記臺北市一個以醫生為乩手的神壇〉，淡江大學舉辦「國家、宗教與社會」研討會論文 1994 年 6 月 3-5 日。

1994c 〈解讀臺灣第一本善書《覺悟選新》〉，《中央研究院史語所集刊》65 本第 3 分：673-723，臺北：中央研究院歷史語言研究所。

1995a 《正宗神乩書畫冊》，臺北：財團法人正宗書畫社。

1995b 《宗教與社會》，臺北：東大圖書公司。

宋　和

1978 〈臺灣神媒的社會功能——一個醫藥人類學的探討〉，臺灣大學人類學所碩士論文。

宋錦秀

1986 〈蘭陽地區傀儡戲的除煞儀式——一個宗教人類學的研究〉，國立臺灣大學人類學研究所碩士論文。

1996 《傀儡、除煞與象徵》，臺北：稻鄉出版社。

宋龍飛

1971 〈臺灣地區媽祖進香的兩個實例〉，《中央研究院民族學研究所集

刊》31:65-134，臺北：中央研究院民族學研究所。

呂理政

1990　《天、人、社會：試論中國傳統的宇宙認知模型》，臺北：中央研究院民族學研究所。

1994　〈鬼的信仰及其相關儀式〉，《民俗曲藝》90:147-192。

阮昌銳

1972　〈臺灣的冥婚與過房之原始意義及其社會功能〉，《中央研究院民族學研究所集刊》33:15-38，臺北：中央研究院民族學研究所。

1982　《莊嚴的世界》上、下冊。臺北：文開出版公司。

1985　〈如何端正民間宗教信仰〉，李亦園、莊英章主編「民間宗教儀式之檢討」研究會論文集，130-144，臺北：中國民族學會。

何淑華

1993　〈佛教慈濟綜合醫院志工服務隊之組織文化及其表達形式〉，東吳大學社會學研究所碩士論文。

岡田謙

1937　〈村落と家族──臺灣北部の村落生活〉，《社會學》5(1):38-55。

1938　〈臺灣北部村落に於ける祭祀圈〉，《民族學研究》4(1):1-22。

1960　〈臺灣北部村落之祭祀範圍〉，陳乃蘗譯，《臺北文物》9(4):14-29。

林文漲等

1961　〈鹿耳門天后宮遺蹟辯〉，《臺灣風物》11(7):3-6。

林明峪

1980　《媽祖傳說》，臺北：聯亞書局。

林美容

1986　〈草屯鎮之聚落發展與宗族發展〉，《中央研究院第二屆國際漢學會議論文集──民俗與文化組》：319-348，臺北：中央研究院編印。

1987a 〈土地公廟——聚落的指標：以草屯鎮為例〉，《臺灣風物》37(1):53-81。

1987b 〈第五十三次臺灣研究研討會〉，《臺灣風物》37(4):143-168。

1987c 〈由祭祀圈來看草屯鎮的地方組織〉，《中央研究院民族學研究所集刊》62:53-114，臺北：中央研究院民族學研究所。

1988 〈由祭祀圈到信仰圈——臺灣民間社會的地域構成與發展〉，《中國海洋發展史論文集》第三輯（張炎憲主編）：95-126，臺北：中央研究院三民主義研究所。

1990a 〈與彰化媽祖有關的傳說、故事與諺語〉，《中研院民族所資料彙編》2:107-112。

1990b 〈彰化媽祖的信仰圈〉，《中央研究院民族學研究所集刊》68:41-104，臺北：中央研究院民族學研究所。

1991 〈臺灣區域性宗教組織的社會文化基礎〉，《東方宗教研究》2:345-364，臺北：國立藝術學院傳統藝術研究中心。

1995a 〈臺灣本土佛教的傳統與變遷：巖仔的調查研究〉，《第一屆臺灣本土文化學術研討會論文集》701-722。

1995b 〈從南部地區的「巖仔」來看臺灣的民間佛教〉，《思與言》33(2):-40。

1995c 〈臺灣民俗學史料研究〉，《中央圖書館臺灣分館慶祝建館八十週年論文集》，頁 625-46。

林美容編
1991 《臺灣民間信仰研究書目》，臺北：中央研究院民族學研究所。

林祖良編撰
1989 《媽祖》，福州：福建教育出版社。

林淑鈴
1987 〈清水鎮紫雲巖——一個歷久不衰的鄉村廟宇〉，東吳大學社會學系畢業論文。

1990 〈寺廟政策與寺廟活動之研究——以兩座媽祖廟為例〉，東吳大學

　　　　社會學研究所碩士論文。

1994　〈重現超凡入聖之境？——臺中縣媽祖廟之進香〉，《中縣開拓史
　　　　學術研討會論文集》：2-43，臺中：臺中縣立文化中心編印。

林德政
1993　《新港奉天宮誌》，嘉義：財團法人新港奉天宮董事會。

林瑋嬪
1993　〈火樹銀花——鹽水蜂炮〉，國立臺灣大學人類學所碩士論文。

林衡道
1961　〈鹿耳門天后宮真偽論戰之解決〉，《臺灣風物》11(5):3-5。
1971　〈宜蘭縣寺廟祀神之分析〉，《臺灣文獻》22(2):9-22。
1976　〈臺灣民間信仰的神明〉，《臺灣文獻》26(4):96-103。

林衡道口述，楊鴻博記錄
1983　《鯤島探源》1-4 冊，臺北：青年戰士報社。

周宗賢
1986　《臺灣的民間組織》，臺北：幼獅文化事業公司。

周雪惠
1989　〈臺灣民間信仰的宗教儀式行為之探討〉，東海大學社會學研究所
　　　　碩士論文。

施振民
1975　〈祭祀圈與社會組織——彰化平原聚落發展模式的探討〉，《中央
　　　　研究院民族學研究所集刊》36:191-208，臺北：中央研究院民族學研
　　　　究所。

胡台麗
1979　〈南屯的字姓戲：字姓組織存續變遷之研究〉，《中央研究院民族
　　　　學研究所集刊》48:55-78，臺北：中央研究院民族學研究所。
1989　〈神、鬼與賭徒——「大家樂」賭戲反映之民俗信仰〉，《中央研

究院第二屆國際漢學會議論文集——民俗與文化組》：401-424，臺北：中央研究院編印。

洪秀桂
1968　〈臺灣人居喪百期嫁娶婚禮俗的研究〉，《思與言》6(1):36-40。

徐雨村
1993　〈宗教組織的同心圓架構——以雲林縣六房天上聖母的祭祀組織為例〉，國立臺灣大學人類學系學士論文。

徐福全
1984　〈臺灣民間傳統喪葬儀節研究〉，國立臺灣師範大學國文研究所博士論文。
1994　〈論臺灣民間喪葬禮俗中之禁忌及日常生活中因喪葬禮俗所引起之禁忌〉，《民間信仰與中國文化國際研討會論文集》：141-166，臺北：漢學研究中心。

高怡萍
1993　〈澎湖離島果葉村的犒軍儀式與儀式象徵〉，國立清華大學社會人類學研究所碩士論文。
1994　〈澎湖的犒軍儀式〉，《中國民族學通訊》(32):77-99。

高麗珍
1988　〈臺灣民俗宗教活動的空間活動以玄天上帝為例〉，臺北：國立臺灣師範大學地理所碩士論文。

宮本延人
1988　《日本統治時代臺灣における寺廟整理問題》，日本天理市：天理教道友會。

宮崎直勝
1942　《寺廟神の昇天》，臺北：東都書籍株式會社臺北支店。

夏　琦

1962a 〈媽祖傳說的歷史發展〉，《幼獅學誌》1(3):1-37。

1962b 〈媽祖信仰的地理分佈〉，《幼獅學誌》1(4):1-32。

凌純聲

1956 〈臺灣的航海帆筏及其起源〉，《中央研究院民族學研究所集刊》
1:1-23，臺北：中央研究院民族學研究所。

1957a 〈古代中國與太平洋的犬祭〉，《中央研究院民族學研究所集刊》
3:1-36，臺北：中央研究院民族學研究所。

1957b 〈中國與東亞的嚼酒文化〉，《中央研究院民族學研究所集刊》4:1-
23，臺北：中央研究院民族學研究所。

1958a 〈太平洋地區嚼酒文化的比較研究〉，《中央研究院民族學研究所
集刊》5:45-76，臺北：中央研究院民族學研究所。

1958b 〈臺灣土著族的宗廟與社稷〉，《中央研究院民族學研究所集刊》
6:1-46，臺北：中央研究院民族學研究所。

1959a 〈中國祖廟的起源〉，《中央研究院民族學研究所集刊》7:141-
176，臺北：中央研究院民族學研究所。

1959b 〈中國古代神主與陰陽性器崇拜〉，《中央研究院民族學研究所集
刊》8:1-46，臺北：中央研究院民族學研究所。

1960 〈國殤禮魂與馘首祭梟〉，《中央研究院民族學研究所集刊》9:411-
450，臺北：中央研究院民族學研究所。

1961a 〈中國古代的樹皮布文化與造紙術發明〉，《中央研究院民族學研
究所集刊》11:1-28，臺北：中央研究院民族學研究所。

1961b 〈匕鬯與醴柶考〉，《中央研究院民族學研究所集刊》12:179-212，
臺北：中央研究院民族學研究所。

1963 〈北平的封禪文化〉，《中央研究院民族學研究所集刊》16:1-100，
臺北：中央研究院民族學研究所。

1964a 〈中國古代社之源流〉，《中央研究院民族學研究所集刊》17:1-
44，臺北：中央研究院民族學研究所。

1964b 〈秦漢時代之時〉，《中央研究院民族學研究所集刊》18:113-142，
臺北：中央研究院民族學研究所。

1965　〈中國的封禪與兩河流域的昆侖文化〉，《中央研究院民族學研究所集刊》19:1-52，臺北：中央研究院民族學研究所。

1966　〈昆侖丘與西王母〉，《中央研究院民族學研究所集刊》22:215-255，臺北：中央研究院民族學研究所。

1967　〈埃及金字塔與中國古王陵〉，《中央研究院民族學研究所集刊》24:187-217，臺北：中央研究院民族學研究所。

1971　〈中國古代的龜祭文化〉，《中央研究院民族學研究所集刊》31:17-46，臺北：中央研究院民族學研究所。

唐美君

1976　〈人類學在中國〉，《人類與文化》7:9。

1981　〈人類學研究中國社會運用文獻之探討〉，《中央研究院國際漢學會議論文集——民俗與文化組》：385-398，臺北：中央研究院編印。

張光直

1960　〈中國遠古時代儀式生活的若干資料〉，《中央研究院民族學研究所集刊》9:253-268，臺北：中央研究院民族學研究所。

張開基

1995　《臺灣首席靈媒與牽亡魂》，臺北：學英文化事業公司。

張珣

1981　〈社會變遷中仰止鄉之醫療行為——一項醫藥人類學之探討〉，國立臺灣大學考古人類學研究所碩士論文。

1986　〈進香、刈火與朝聖宗教意涵之分析〉，《人類與文化》22:46-49。

1988a　〈大甲鎮瀾宮進香團內部的神明會團體〉，《民俗曲藝》53:47-64。

1988b　〈臺灣民間信仰的組織——以大甲鎮鎮瀾宮進香組織為例〉，中研院民族所與太平洋文化基金會合辦「中國人與中國社會」研討會論文。

1989　〈白沙屯拱天宮進香活動與組織〉，《臺灣大學考古人類學刊》46:154-178。

1992　〈媽祖信仰在兩岸宗教交流中表現的特色〉，《兩岸宗教現況與展望》頁 263-95，臺北：臺灣學生書局。

1994a　〈大甲媽祖進香儀式空間的階層性〉，《空間、力與社會》（黃應貴編），頁 351-90，臺北：中央研究院民族學研究所。

1994b　《疾病與文化》，臺北：稻鄉出版社。

1995a　〈分香與進香──媽祖信仰與人群的整合〉，《思與言》33(4):83-106。

1995b　〈臺灣的媽祖信仰──研究回顧〉，新史學 6(4):89-126。

1995c　〈媽祖與女神信仰之比較研究〉，中央研究院民族學研究所集刊 79:185-203。

1999　〈香客的時間經驗與超越：以大甲媽祖進香為例〉，《時間、歷史與記憶》（黃應貴編），頁 75-126，臺北：中央研究院民族學研究所。

張恭啟

1987　〈多重宇宙觀的分辨與運用：竹北某乩壇問乩過程的分析〉，《中央研究院民族學研究所集刊》61:81-104，臺北：中央研究院民族學研究所。

張燕秋

1972　〈臺北市行天宮調查〉，國立臺灣大學人類學系學士論文。

莊　德

1957　〈媽祖史事與臺灣的信奉〉，《臺灣文獻》8(2):5-16。

莊英章

1970　〈臺灣鄉村的建醮儀式──一個漁村的例子〉，《中央研究院民族學研究所集刊》29:131-150，臺北：中央研究院民族學研究所。

1971　〈南村的宗族與地方自治〉，《中央研究院民族學研究所集刊》31:213-234，臺北：中央研究院民族學研究所。

1975　〈臺灣漢人宗族發展的若干問題──寺廟宗祠與竹山的墾殖型態〉，《中央研究院民族學研究所集刊》36:113-140，臺北：中央研

究院民族學研究所。

1978　〈臺灣漢人宗族發展的研究評述〉，《中華文化復興月刊》11(6)：49-57。

1981　〈臺灣鄉村社區研究的回顧〉，《思與言》19(2):120-134。

1989　〈新竹枋寮義民廟的建立及其社會文化意義〉，《中央研究院第二屆國際漢學會議論文集──民俗與文化組》：223-240，臺北：中央研究院編印。

莊英章、許嘉明

1990　《從喪葬禮俗探討改善喪葬設施之道》，臺北：行政院研究發展考核委員會編。

陳中民

1967　〈晉江厝的祖先崇拜與氏族組織〉，《中央研究院民族學研究所集刊》23:167-194，臺北：中央研究院民族學研究所。

（清）陳文達

1958　《臺灣縣志》全二冊，臺中：臺灣省文獻委員會印行。

陳其南

1985　〈四十年來臺灣人類學研究的回顧與前瞻〉，《中國論壇》21(1):72-79。

1987　《臺灣的傳統中國社會》，臺北：允晨文化實業公司。

1990　《家族與社會──臺灣和中國社會研究的基礎理念》，臺北：聯經出版事業公司。

陳金田譯

1993　《臺灣私法》，南投：臺灣省文獻委員會編印。

陳明珠

1972　〈竹圍福海宮的研究〉，國立臺灣大學考古人類學系學士論文。

陳育崧

1952　〈天妃考信錄〉，《南洋學報》8(2):29-32。

陳奇祿

1960　〈臺灣人類學研究和中美學術合作〉，臺灣大學考古人類學刊
　　　　(15/16):149-153。

1980　〈臺灣的人類學研究〉，《中華文化復興月刊》13(4):5-10。

陳祥水

1975　〈「公媽牌」的祭祀——承繼財富與祖先地位之確定〉，《中央研
　　　　究院民族學研究所集刊》36:141-164，臺北：中央研究院民族學研究
　　　　所。

1978　〈中國社會結構與祖先崇拜〉，《中華文化復興月刊》11(6):32-
　　　　39。

陳玲玲

1978　〈八仙在元明雜劇和臺灣扮仙戲中的狀況〉，中國文化學院藝術研
　　　　究所碩士論文。

陳美燕

1991　〈「迷信」與俗民宗教信仰——一個言說現象的反省與批判〉，國
　　　　立清華大學社會人類學研究所碩士論文。

陳榮捷（廖世德譯）

1987　《現代中國的宗教趨勢》，臺北：文殊出版社。

陳紹馨

1966　〈中國社會文化研究的實驗室——臺灣〉，《中央研究院民族學研
　　　　究所集刊》22:9-14，臺北：中央研究院民族學研究所。

陳維新

1988　〈信仰、懼怕、與權力：以大甲進香團為例〉，《民俗曲藝》53:65-
　　　　100，臺北：財團法人施合鄭民俗文化基金會。

郭金潤

1988　《大甲媽祖進香》，臺中：臺中縣立文化中心。

許木柱

1977　〈岩村的宗教活動───一個農村的工業化與社區生活研究之三〉，
　　　《中央研究院民族學研究所集刊》42:73-96，臺北：中央研究院民族
　　　學研究所。

許炳南

1961　〈「鹿耳門」天上聖母像之考據〉，《臺灣風物》11(7):12-15。

許嘉明

1968　〈松山建醮與社區〉，《中央研究院民族學研究所集刊》25:109-
　　　156，臺北：中央研究院民族學研究所。

1975　〈彰化平原的福佬客的地域組織〉，《中央研究院民族學研究所集
　　　刊》36:165-190，臺北：中央研究院民族學研究所。

1978　〈祭祀圈之於居臺漢人社會的獨特性〉，《中華文化復興月刊》
　　　11(6):59-68。

康豹（Paul Katz）

1990a　〈東隆宮迎王祭典中的和瘟儀式及其科儀本〉，《民族所資料彙
　　　編》2:93-106，臺北：中央研究院民族學研究所。

1990b　〈屏東東港鎮的迎王祭典───臺灣瘟神與王爺信仰之分析〉，《宗
　　　教與文化》（鄭志明編）：279-290，臺北：臺灣學生書局。

1991　〈屏東東港鎮的迎王祭典───臺灣瘟神與王爺信仰之分析〉，《中
　　　央研究院民族學研究所集刊》70:95-211，臺北：中央研究院民族學
　　　研究所。

國立臺灣大學考古人類學系編

1966　〈臺灣的民間宗教信仰───臺灣研究研討會第三次集會〉，《國立
　　　臺灣大學考古人類學刊》27:89-97，臺北：國立臺灣大學考古人類學
　　　系印行。

游蕙芬

1996　〈社會的延續、情感交融與認同───白沙屯媽祖進鄉儀式象徵意義
　　　體系之分析〉，國立清華大學社會人類學研究所碩士論文。

黃有興

1988a　〈澎湖民間信仰初探〉，《臺灣文獻》38(2):51-133。

1988b　〈記澎湖風櫃溫王殿迎送「五府千歲」活動〉，《臺灣文獻》39(3):165-239。

1989　　〈澎湖內垵內塹宮迎送「三府千歲」活動紀略〉，《臺灣文獻》40(2):51-98。

黃美英

1979　　〈八千里路雲和月〉，《民俗曲藝月刊》第 2 期（報紙型）。

1980　　〈我送大甲媽祖回娘家〉，《綜合月刊》138:36-45。

1982　　〈大甲媽祖回娘家〉，《民生報》副刊，1982 年 5 月 13、16、18、20-22、25、28 日、6 月 4 日共九篇。

1983a　〈訪李亦園教授從比較宗教學觀點談朝聖進香〉，《民俗曲藝》第 25 期合刊：1-22，臺北：施合鄭民俗文化基金會。

1983b　〈大甲媽祖進香記〉，《民俗曲藝》第 25 期合刊：23-57，臺北：施合鄭民俗文化基金會。

1984a　〈隱沒在現代社會的民間劇團與藝人〉，《民俗曲藝》31:35-49，臺北：施合鄭民俗文化基金會。

1984b　〈民間劇場外的思考——探討民間戲曲技藝的提倡與發展〉，《民俗曲藝》32:22-32，臺北：施合鄭民俗文化基金會。

1985　　〈神聖與世俗的交融——臺灣宗教活動中的戲曲和陣頭遊藝〉，《民間宗教儀式之檢討研討會論文集》：80-95，臺北：中國民族學會編印。

1988　　《千年媽祖——湄州到臺灣》（黃美英主編），臺北：人間出版社。

1992　　〈權力與情感的交融：媽祖香火火儀式的分析〉，國立清華大學社會人類研究所碩士論文。

1994a　《臺灣媽祖的香火與儀式》，臺北：自立晚報社文化出版部。

1994b　〈香火與女人——媽祖信仰與儀式的性別意涵〉，行政院文化建設委員會：寺廟與民間文化研討會論文。

黃師樵

1976 〈媽祖婆的考據與在臺的神蹟〉，《臺北文獻》36:133-152。

黃順二

1975 〈萬華地區的都市發展——萬華地區社會變遷研究之〉，《中央研究院民族學研究所集刊》39:1-18，臺北：中央研究院民族學研究所。

黃勝雄

1992 〈民俗宗教建築及活動土地使用秩序問題之探討——以臺北市媽祖廟為例〉，國立中興大學法商學院都市計劃研究所碩士論文。

黃應貴

1984 〈光復後臺灣地區人類學研究的發展〉，《中央研究院民族學研究所集刊》55:105-146，臺北：中央研究院民族學研究所。

1989 〈近六年來臺灣地區出版人類學論著選介〉，《漢學研究通訊》8(4):227-238。

1994 〈從田野工作談人類學家與被研究者的關係〉，《山海文化雙月刊》6:18-26。

黃應貴主編

1983 《光復以來臺灣地區出版人類學論著目錄》，臺北：漢學研究中心。

富田芳郎

1954 〈臺灣鄉鎮之地理學的研究〉，《臺灣風物》4(10):1-16。

1955 〈臺灣鄉鎮之研究〉，《臺灣銀行季刊》7(3):85-109。

曾景來

1938 《臺灣宗教と迷信陋習》，臺北：臺灣宗教研究會發行。

臺灣社寺宗教刊行會

1933 《臺灣社寺宗教要覽——臺北州一卷》，臺北：臺灣社寺宗教刊行會。

溫振華
1980　〈清代一個臺灣鄉村宗教組織的演變〉，《史聯雜誌》1:91-107。
1984　〈北港媽祖信仰大中心形成試探〉，《史聯雜誌》4:10-20。

鈴木清一郎
1934　《臺灣舊慣冠婚葬祭と年中行事》，臺北：古亭書屋（1974 版）。

鈴木清一郎（高賢治、馮作民編譯）
1981　《臺灣舊慣習俗信仰》，臺北：眾文圖書公司。

董芳苑
1972　〈臺灣南部宋江陣之研究〉（神學院論文手稿）。
1975　《臺灣民間宗教信仰》，臺北：長青文化事業公司。
1988　《臺灣民宅門楣八卦牌守護功用的研究》，臺北：稻鄉出版社。

楊國樞、瞿海源主編
1987　《變遷中的臺灣社會》，中央研究院民族學研究所專刊乙種第二十
　　　號，臺北：中央研究院民族學研究所。

廖漢臣
1965　〈北港朝天宮與其祭典〉，《臺灣文獻》16(3):69-83。

臺灣省政府民政廳主編
1982　《民間信仰與社會研討會》論文集。臺中：臺灣省政府。

蔡金蓉
1989　〈豐榮村村廟之組織與活動〉，國立中興大學法商學院社會學系畢
　　　業論文。

蔡彥仁
1994　〈中國宗教研究──定義、範疇與方法學芻議〉，《新史學》5(4):
　　　125-140。

蔡相煇
1984　〈明清政權更迭與臺灣民間信仰關係之研究—清初臺灣王爺、媽祖

　　　　信仰之關係—〉，國立臺灣師範大學歷史學研究所博士論文。

1985　〈媽祖信仰起源新考〉，《高雄文獻》22、23 期合刊：51-76，高雄
　　　　市：高雄市文獻委員會。

1989　《北港朝天宮志》，雲林：財團法人北港朝天宮董事會。

1994　〈以媽祖信仰為例——論政府與民間信仰的關係〉，《民間信仰與
　　　　中國文化國際研討會論文集》：437-454，臺北：漢學研究中心。

鄭志明

1984　《臺灣民間宗教論集》，臺北：臺灣學生書局。

1985　《無生老母信仰溯源》，臺北：文史哲出版社。

1986　《中國社會與宗教：通俗思想的研究》，臺北：臺灣學生書局。

1988　《中國善書與宗教》，臺北：臺灣學生書局。

1989　《臺灣的鸞書》，臺北：正一善書出版社。

1990a　《臺灣的宗教與秘密教派》，臺北：臺原出版社。

1990b　《宗教與文化》，臺北：臺灣學生書局。

1993a　《中國意識與宗教》，臺北：臺灣學生書局。

1993b　《中國社會的神話思維》，臺北：谷風出版社。

1994a　〈臺灣民間信仰的神話思維〉，《民間信仰與中國文化國際研討會
　　　　論文集》：95-140，臺北：漢學研究中心。

1994b　〈從臺灣萬佛會談佛教的社會參與〉，臺北農禪寺中華佛研所主
　　　　辦，「佛教與中國文化」國際學術會議論文 1994 年 7 月 23-25 日。

1994c　〈臺灣禪定學會的宗教現象〉，佛光山臺北道場主辦「佛教現代
　　　　化」學術會議論文 1994 年 10 月 8-10 日。

1995　《文化臺灣》卷 1，臺灣宗教文化工作室，臺北：淡江中文系。

1996　《文化臺灣》卷 2，臺灣宗教文化工作室，臺北：大道文化公司。

鄭彭年

1995　《媽祖信仰研究》，澳門：澳門海事博物館。

劉汝錫

1986　〈從群體性宗教活動看臺灣的媽祖信仰〉，《臺灣文獻》37(3):21-

50。

（清）劉良璧
1977　《重修臺灣府志》，臺中：臺灣省文獻委員會印行。

劉枝萬
1960　〈臺灣省寺廟教堂（名稱、主神、地址）調查表〉，《臺灣文獻》
　　　11(2):37-236，臺北。
1963a　〈清代臺灣之寺廟〉，《臺北文獻》4:101-120、5:45-110、6:48-
　　　66，臺北。
1963b　〈臺灣之瘟神信仰〉，《臺灣省立博物館科學年刊》6:109-113，臺
　　　北。
1966　〈臺灣之瘟神廟〉，《中央研究院民族學研究所集刊》22:53-96，臺
　　　北：中央研究院民族學研究所。
1967　《臺北市松山祈安建醮祭典》，中央研究院民族學研究所專刊之
　　　14，臺北：中央研究院民族學研究所。
1971　〈臺灣桃園縣龍潭鄉建醮祭典〉，《中國東亞學術研究劃委員會年
　　　報》10:1-42，臺北。
1972　〈臺灣臺北縣中和鄉建醮祭典〉，《中央研究院民族學研究所集
　　　刊》33:135-163，臺北：中央研究院民族學研究所。
1974　《中國民間信仰論集》，中央研究院民族學研究所專刊之 22，臺
　　　北：中央研究院民族學研究所。
1979　〈臺灣臺南縣西港鄉瘟醮祭典〉，《中央研究院民族學研究所集
　　　刊》47:73-169，臺北：中央研究院民族學研究所。
1981　〈中國殯送儀禮所表現之死靈觀〉，《中央研究院國際漢學會議論
　　　文集——民俗與文化組》：117-128，臺北：中央研究院編印。
1983　《臺灣民間信仰論集》，臺北：聯經出版事業公司。

劉還月
1994　《臺灣民間信仰小百科》，協和臺灣叢刊，臺北：臺原出版社。
1996a　《田野工作實務手冊》，臺北：常民文化事業有限公司。

1996b 《常民文化田野調查述記表》，臺北：常民文事業有限公司。

增田福太郎

1935 《臺灣本島人の宗教》，東京：財團法人明治聖德記念學會發行。

1939 《臺灣の宗教》，東京：株式會社養賢堂發行。

潘美玲

1990 〈清代儀式性支配及其危機——太平天國之亂與鐵路風潮〉，國立清華大學社會人類學研究所碩士論文。

潘英海

1994 〈儀式：文化書寫與體現的過程〉，黃美英著《臺灣媽祖的香火與儀式》，15-26。

盧月玲

1981 〈臺灣佛寺的現代功能——佛光山田野研究〉，國立臺灣大學考古人類學研究所碩士論文。

盧嘉興

1983 〈明鄭有無奉祀媽祖考〉，《臺灣文獻》34(4):45-57。

盧蕙馨

1994 〈佛教慈濟功德會的兩性與空間之關係〉，中央研究院民族學研究所主辦之「空間、家與社會」研討會論文，臺北：中央研究院民族學研究所。

韓槐準

1941 〈天后聖母與華僑南進〉，《新加坡南洋學報》2(2):51-73。

瞿海源

1981a 《臺灣地區基督教發展趨勢之初步探討》，中央研究院三民主義研究所主辦之「歷史與社會變遷」研討會論文，臺北：中央研究院民族學研究所。

1981b 〈我國宗教變遷的社會學分析〉，朱岑樓主編《我國社會的變遷與

發展》：357-395，臺北：東大圖書公司。

1982　《臺灣地區天主教發展趨勢之研究》，《中央研究院民族學研究所集刊》51:129-154，臺北：中央研究院民族學研究所。

1989a　《民間信仰與經濟發展》，臺灣省政府民政廳委託研究報告書。

1989b　《宗教法研究》，內政部委託研究報告書。

1993　〈術數、巫術與宗教行為的變遷與變異〉，國家科學委員會研究彙刊：人文及社會科學 3(2):125-143。

1995　《宗教教育之國際比較及政策研究報告書》，教育部委託研究。

瞿海源、姚麗香

1986　〈臺灣地區宗教變遷之探討〉，《臺灣社會與文化變遷》（瞿海源、章英華主編），中央研究院民族學研究所專刊乙種第十六號，臺北：中央研究院民族學研究所。

魏捷茲（James Wilkerson）

1994　〈人類學朝聖研究的新禾〉，黃美英著《臺灣媽祖的香火與儀式》：1-10。

鍾幼蘭

1994　〈官澳查某佛的初步研究〉，《金門暑期人類學田野工作教室論文集》：129-163，臺北：中央研究院民族學研究所。

Baker, Hugh

1964　*Aspects of Social Organization in the New Territories*. Hong Kong: Royal Asiatic Society, Hong Kong Branch.

Campbell, William

1982　*Formosa Under the Dutch: Described from Contemporary*. 臺北：南天書局重印。

Chang, Hsun

1993　"Incense-Offering and Obtaining the Magical Power of Ch'i: The Matsu Pilgriamge in Taiwan", Ph. D. dissertation, University of California at

Berkeley.

Crissman, Lawrence William

1972 "Marketing on the Changhua Plain, Taiwan", in E. W. Wilmott ed., *Economic Organization in Chinese Society*. Stanford: Stanford University Press.

Fustel de Coulange, N. D.

1864 *The Ancient City*. Baltimore: John Hcpkins University, 1980 重印。

Freedman, Maurice

1958 *Lineage Organization in Southeastern China*. London: The Athlone Press.

1974 "On the Sociological Study of Chinese Religion", *Religion and Ritual in Chinese Society*, Arthur P. Worlf (ed.), pp. 19-42. Stanford: Stanford University Press.

Hsiao, Kung-chuan

1960 *Rural China: Imperial Control in the Nineteenth Century*. Seattle: University of Washington Press.

Katz, Paul

1994 "Rite of Passage or Rite of Affliction? A Preliminary Analysis of the Pacification of Plagues Ritual"，載於《中國祭祀儀式戲劇研討會論文集》、《民俗曲藝》92:1013-92。

Li, Yih-yuan

1966 "Ghost Marriage, Shamanism and Kinship Behavior in a Rural Village in Taiwan", proceeding, 11th Pacific Science Congress, Tokyo.

Potter, J. M.

1968 *Capitalism and the Chinese Peasant*. Berkeley: University of California Press.

Sangren, Steven

1985　"Ma Tsu History and the Rhetoric of Legtimacy", paper presented at the International Conference on Anthropological Studies of the Taiwan Area: Accomplishments and Prospects, Dec. 25-31, 1985. National Taiwan University.

Skinner, William G.

1964　"Marketing and Social Structure in Rural China", *Journal of Asian Studies*, 24(1):3-43.

Topley, M.

1968　"Chinese Religion and Rural Cohesion in the Nineteenth Century", *Journal of the Hong Kong Branch of Royal Asiatic Society*, 8:9-43.

Yang, M.C.

1945　*A Chinese Village: Taitou, Shangtung Province*. New York: Columbia University Press.

Yang, C.K.

1961　*Religion in Chinese Society*, University of California Press.

第二部

臺灣民眾道教三百年史
的核心主題及其
現代詮釋建構之開展

第六章
清代臺灣的巫覡與巫俗
——以《臺灣文獻叢刊》為主要材料的初步探討*

林富士
中央研究院歷史語言研究所特聘研究員

一、引言

　　童乩（乩童）是臺灣宗教世界裡備受爭議卻又耀眼無比的明星。他們人數之多，分佈之廣，影響之大，讓政府、學者和異教的傳教人絲毫不敢輕忽，傳播媒體也不時關注他們的舉動。因此，從二十世紀初期到現在，百年來關於臺灣童乩的各種研究，包括他們的名稱、信仰、儀式、社會功能、人格與精神特質、社會地位等，始終不曾中斷。然而，在眾多研究者之中，卻絕少有人是歷史學者或是從歷史學的角度研究童乩。換句話說，幾乎所有的研究者都是利用他們當時所觀察、調查所得的當代資料進行分析和敘述，這樣的研究途徑基本上近乎「同時性」（synchronic）

的「民族誌」式的研究。[1]因此，我們對於臺灣童乩的了解便有兩大限制，一是侷限於近一百年左右的面貌，二是無法理解童乩在歷史長河中的常與變。

為了解除這兩大限制，我希望能利用更早（尤其是二十世紀以前）的文獻，勾勒出童乩在清代臺灣社會中的大致輪廓，[2]然後，再進行「貫時性」（diachronic）的歷史研究。不過，涉及臺灣的文獻，無論是語言、屬性或數量都相當多，受限於時間和個人的能力，本文擬只從清代及日治初期中國士人（及少數日人）所留下的方志、筆記、詩文、碑銘等漢文資料入手，藉助數位化的資料庫及檢索系統，以掌握關鍵性的資料。其次，由於當時有些漢文資料的作者是以巫或巫覡稱呼「童乩」這種人，而有時候，廣義的巫或巫覡還包括了「童乩」之外的一些宗教人物，因此，本文擬採取較為寬鬆的做法，以所謂的「巫覡」做為探討的對象，但仍聚焦於現今所說的「童乩」。以下便先闡明「童乩」與「巫覡」這兩個名詞所指涉的對象及彼此之間的關係。

---

[1] 詳見林富士，〈「童乩研究」的歷史回顧〉，收入林富士著，《小歷史——歷史的邊陲》（臺北：三民書局，2000），頁 40-60；林富士，〈臺灣童乩的社會形象初探（二稿）〉，發表於中央研究院歷史語言研究所、中央研究院亞太研究計畫主辦，「巫者的面貌」學術研討會（臺北：中央研究院歷史語言研究所，2002 年 7 月 17 日）；陳藝勻，〈童乩的社會形象與自我認同〉（臺北：輔仁大學宗教學研究所碩士論文，2003）。

[2] 本文所說的「清代」，大致是指清廷統治臺灣時期（1683-1895），不過，這只是為了行文的方便及簡潔，事實上，文中所引的文獻，其撰述或其所反映的時代，有些稍早於 1683 年，有些則稍晚於 1895 年。

二、「童乩」與巫覡釋義

倘若以「童乩」做為關鍵詞，使用中央研究院「漢籍電子文獻」「瀚典全文檢索系統」查索其中的「臺灣方志」、「臺灣檔案」、「臺灣文獻」（1-5）這七個資料庫，我們會發現，並沒有任何一筆與「童乩」有關的資料。[3]

這項查詢結果相當令人意外，因為，這七個資料庫事實上便是臺灣銀行經濟研究室於 1957-1972 年所出版的《臺灣文獻叢刊》的電子版，共計有 309 種文獻。這個叢刊雖然並未收入所有早期的漢籍文獻，但已涵蓋了各種類型的方志和公、私檔案及文獻。[4]

因此，有人或許會推測，清代的臺灣社會可能根本沒有「童乩」。也有人可能會認為，當時的士人根本不知道或忽視臺灣「童乩」的存在。更審慎一點的可能會說，士人的書寫傳統中並不使用或極少使用「童乩」這個詞彙。

這三種揣測，應該以第三種最有可能。事實上，「童乩」是近代閩南語中的口語詞彙，讀為 dang-gi，無論是在福建、臺灣，還是在東南亞的閩南語族群中，都可以耳聞這個詞彙，主要用來指稱那些可以「降神」（神靈附體）以替人祈福解禍的「靈

---

[3] http://www.sinica.edu.tw.ftms-bin/ftmsw3。

[4] 詳見詹素娟，〈「臺灣方志資料庫」簡介〉、〈「臺灣檔案資料庫」簡介〉、〈「臺灣文獻資料庫」（一）（二）（三）簡介〉（http://www.sinica.edu.tw/ftms-bin/ftmsw3?ukey=-1795506103&path=/1.1）。

媒」，但是，轉寫成文字時卻大多寫成「乩童」。[5]因此，當我們改以「乩童」做為關鍵詞進行查索，便會發現，在上述的資料庫中確有「乩童」，不過，只有十四筆資料，而且只出現在十九世紀下半葉至二十世紀初的文獻中。[6]

　　這個結果不免又會引發一些不同的推測：一、童乩在當時的臺灣社會中是否並不常見或不活躍？二、當時的士人階層是否有

5　詳見 J. J. M. de Groot, *The Religious System of China*, vol. 6 (Leiden: E. J. Brill, 1892-1910), pp.1269-1294；Alan J. A. Elliott, *Chinese Spirit-medium Cults in Singapore* (London: London School of Economics and Political Science, 1955)；陳潤棠，〈巫術、童乩與降頭〉，收入陳潤棠著，《東南亞華人民間宗教》（香港：基道書樓，1989），頁 162-198；佐佐木宏幹，〈東南アジア華人社會のシャーマニズム〉，收入關西外國語大學國際文化研究所編，《シャーマニズムとは何か》（東京：春秋社，1983），頁 18-30；佐佐木宏幹，《シャーマニズムの人類學》（東京：弘文堂，1984），第 3 部〈東南・南アジアのシャーマニズム〉，頁 279-367；佐佐木宏幹，〈シンガポールにおける童乩（Tang-ki）の治病儀禮について〉，收入白鳥芳郎、倉田勇編，《宗教的統合の諸相》（名古屋：南山大學人類學研究所，1985），頁 175-194；佐佐木宏幹，〈東南アジア華人社會における童乩信仰のヴァリエーション考〉，收入直江廣治、窪德忠編，《東南アジア華人社會の宗教文化に關する調查研究》（東京：南斗書房，1987），頁 107-134；藤崎康彥，〈童乩〉，收入植松明石編，《神々の祭祀》（東京：凱風社，1991），頁 294-419；劉枝萬，〈臺灣之 Shamanism〉，《臺灣文獻》，54：2（南投，2003），頁 1-31；林富士，《孤魂與鬼雄的世界——北臺灣的厲鬼信仰》（臺北：臺北縣立文化中心，1995），頁 159-164。

6　關於這個詞彙出現的年代的初步討論，詳見林富士，《孤魂與鬼雄的世界——北臺灣的厲鬼信仰》，頁 162-164。

意或無意的忽視童乩的活動？三、童乩在當時人的書寫習慣中是否有其他的稱謂？

　　這三種猜測似乎都有其可能性，但也無法輕易確判。不過，從查詢所獲的資料來看，我們至少可以知道，當時有不少文獻都將「乩童」和所謂的「巫」連繫在一起。例如，幾乎所有方志都曾提到臺灣有「尚巫」的風俗，而完成於十九世紀下半葉的一些方志，包括陳培桂（曾任淡水同知，fl. 1849-1871）的《淡水廳志》（1871）、[7]沈茂蔭（曾任苗栗知縣，fl. 1873-1893）的《苗栗縣志》（1893）、[8]蔡振豐（附生，fl. 1877-1897）的《苑裏志》（1897）、[9]鄭鵬雲（新竹士紳，1862-1915）、曾逢辰（新竹附生，1858-1929）的《新竹縣志初稿》（1898）、[10]林百川（附生，fl. 1878-1898）、林學源（曾任訓導，fl. 1878-1898）的《樹杞林志》（1898），[11]在具體闡述「巫俗」之時，大都會列

---

[7]　陳培桂，《淡水廳志》，卷 11〈風俗考〉，頁 303-304。按：本文所提到的人物相當多，為免繁瑣，其生卒年（或大致的存活年代）以及簡略的社會背景和事蹟，除非另外註明或依其著作之自敘，否則全依張子文、郭啟傳、林偉洲編撰之《臺灣歷史人物小傳：明清暨日據時期》（臺北：國家圖書館，2003）一書之考訂。其次，本文所使用的史料，除非特別註明，否則全部援用臺灣銀行經濟研究室於 1957-1972 年所出版的《臺灣文獻叢刊》的版本，為免繁瑣，個別史籍之出版年代便不一一註明，而其原刊年代之考訂，主要是根據書前之序文或臺灣銀行經濟研究室之出版說明。

[8]　沈茂蔭，《苗栗縣志》，卷 7〈風俗考〉，頁 119-120。

[9]　蔡振豐，《苑裏志》，下卷〈風俗考〉，頁 89。

[10]　鄭鵬雲、曾逢辰，《新竹縣志初稿》，卷 5〈風俗〉，頁 186。

[11]　林百川、林學源，《樹杞林志》，〈風俗考〉，頁 103-104。

舉：菜堂、客師、乩童和紅姨的活動。唯《苑裏志》增道士而去「菜堂」，《樹杞林志》則將「菜堂」吃齋者視為「道士」。而《新竹縣志初稿》則不提「客師」，但尚存「進錢補運」之說。

此外，二十世紀初期，連橫（1876-1936）《臺灣通史》（撰寫於 1909-1918）在介紹臺灣的「道教」時也說：

> 然臺灣道士，非能修煉也。憑藉神道，以贍其身，其賤乃不與齊民齒。……顧此猶未甚害也，其足惑世誣民者，莫如巫覡。臺灣巫覡凡有數種：一曰瞽師，賣卜為生，所祀之神，為鬼谷子，師弟相承，祕不授人，造蠱壓勝，以售其奸；二曰法師，不人不道，紅帕白裳，禹步作法，口念真言。手持蛇索，沸油於鼎，謂可驅邪；三曰紅姨，是走無常，能攝鬼魂，與人對語，九天玄女，據之以言，出入閨房，刺人隱事；四曰乩童，裸體散髮，距躍曲踊，狀若中風，割舌刺背，鮮血淋漓，神所憑依，創而不痛；五曰王祿，是有魔術，剪紙為人，驅之來往，業兼醫卜，亦能念咒，詛人死病，以遂其生。凡此皆道教之末流，而變本加厲者也。[12]

由這段文字可以知道，在連橫的觀念裡，巫覡是道教之「末流」或「變種」，而巫覡則包括瞽師、法師、紅姨、乩童和王祿這五種人。

根據晚近學界的研究來看，清代方志中的「菜堂」也許就是

---

[12]　連橫，《臺灣通史》，卷 22〈宗教志〉，頁 575-576。

「齋教」的「齋堂」，[13]而「客師」或許就是現在習稱的「法師」，[14]他們能否和乩童、紅姨歸為同一宗教類型，還有待商榷。而道士與巫覡、法師之間錯綜複雜的關係，也有待進一步釐清。不過，道士、法師和童乩三者，在閩臺一帶，在儀式和信仰方面常有融混的現象。而且，有人兼習道、法（即所謂的「道法二門」），或是兼具法師與童乩二者的技能，而有時候（如建醮、喪禮之場合），三者（或其中二者）還會合作、參與儀典。因此，無論是當時的士人或是近代的學者，有時候也不容易分辨他們之間的差異。[15]有人以巫統稱之，有人將他們全部歸為道家（道教），有人則含混其詞。例如，闕名者所撰之《安平縣雜

13　關於臺灣的齋教，參見江燦騰、王見川主編，《臺灣齋教的歷史觀察與展望》（臺北：新文豐出版公司，1994）；王見川，《臺灣的齋教與鸞堂》（臺北：南天書局，1996）。

14　關於臺灣的「客師」，參見李豐楙，〈臺灣中部「客仔師」與客家移民社會〉，收入宋光宇編，《臺灣經驗（二）──社會文化篇》（臺北：東大圖書股份有限公司，1994），頁 121-157。按：李豐楙先生關於「客師」的研究前後發表多篇論文，但大體意見並無太大不同，故本文不一一具引。

15　參見劉枝萬，〈臺灣的靈媒──童乩〉，《臺灣風物》，31：1（臺北，1981），頁 104-115；劉枝萬，〈臺灣のシャマニズム〉，收入劉枝萬著，《臺灣の道教と民間信仰》（東京：風響社，1994），頁 143-172；劉枝萬，〈臺灣之 Shamanism〉，頁 1-31；黃有興，〈澎湖的法師與乩童〉，《臺灣文獻》，38：3（南投，1987），頁 133-164；林富士，〈試論六朝時期的道巫之別〉，收入周質平、Willard J. Peterson 編，《國史浮海開新錄：余英時教授榮退論文集》（臺北：聯經出版事業公司，2002），頁 19-38；Edward L. Davis, *Society and the Supernatural in Song China* (Honolulu: University of Hawai'i Press, 2001), pp. 87-152.

記》（大約撰於日治初期）介紹臺灣的「僧侶及道士」時便說：

> 道士，臺灣名曰「師公」。不蓄全髮、不持齋，大約即巫
> 覡之類。就其家中設壇。凡民間有沖犯土煞者，請其到家
> 作法，名曰「起土收煞」。有命運不佳者，請到廟中祈禱
> 作法，男人曰「補運」，女人曰「栽花換斗」。其大者，
> 城廂及村莊各里廟建三、五天醮事，或作王醮，……必延
> 請道士演科儀、誦經咒、上表章於天曹以祈福。……法官
> 者，自謂能召神遣將，為人驅邪治病，作一切禳解諸法
> （其派有紅頭師、青頭師之分，其弟子均名曰「法
> 仔」）。神佛出境、淨油及踏火必用之，以請神焉，……
> 為人治病，亦有時應驗。謝貲亦多少不一。餘若男巫、女
> 巫，作種種幻法，亦近於師公者流，合附錄焉。[16]

在此，道士（師公）、法官（法師）、巫覡便被「合錄」，因
為，作者認為他們的種種「作法」都很接近。另外，周凱《廈門
志》（1832）也說：

> 別有巫覡一種，俗呼為「師公」，自署曰道壇；倡為作福
> 度厄之說，以蠱惑人心。[17]

在此，則是將所謂的「師公」視為「巫覡」之「一種」，而由其

16　闕名，《安平縣雜記》，〈僧侶並道士〉，頁 21-23。
17　周凱，《廈門志》，卷15〈風俗記〉，頁 651。

「名目」來看，則廈門的「師公」似乎是「道法二門」者流，稱之為道士或法師大概都無不可。

　　無論如何，從以上的材料來看，我們至少可以確信，當時人在記述童乩的作為之時，除了使用「乩童」這個詞彙以外，有可能以「巫覡」做為代稱。換句話說，目前我們所認知的「童乩」，在清代的臺灣社會中，除了「乩童」之外，可能還有其他的稱呼。因此，關於清代「童乩」面貌的探索，絕不能拘泥於「童乩」或「乩童」一詞，尤其是在漢籍文獻中，他們似乎更常以「巫覡」、巫者的名義出現。而從先秦時期以來，漢籍文獻所載的巫或巫覡通常是「指一種具有某種精神特質和特殊知能，而又能交通鬼神以祈福解禍者」，至於其「交通鬼神」的方式則主要是「降神」（神靈附體）與「視鬼」。[18]因此，就狹義而言，「童乩」與「巫覡」幾乎可以等同。當然，當時士人筆下的巫者有時並不專指童乩。

　　總之，本文將以有關「乩童」的材料為主，以有關巫覡的材料為輔，概略推估日治時期（1895-1945）之前臺灣童乩的信仰對象、儀式特質、社會角色，以及士人對他們的態度。

---

[18] 詳見林富士，《漢代的巫者》（臺北：稻鄉出版社，1999），頁 15-26、50-53；Fu-shih Lin, "Chinese Shamans and Shamanism in the Chiang-nan Area during the Six Dynasties Period (3rd-6th Century A.D.)" (Ph.D. diss., Princeton University, 1994), pp. 15-24.

三、巫覡的信仰對象

　　巫者在傳統中國社會中的主要職能是擔任人神之間的「媒介」，但巫者及其信徒所崇奉的神靈常會因時代和地域的不同而有所差異。[19]以日治時期之前的臺灣地區來說，童乩（巫者）所奉祀的神明，有文獻可考者，大致有下列七種。

（一）王爺與瘟神

　　根據最近幾年的調查，臺灣童乩所奉祀的神明以所謂的「王爺」佔最大多數，[20]而這種情形似乎從清代以來便是如此。例如，新竹士紳陳朝龍（1859-1903）的〈竹塹竹枝詞〉便說：

> 里社殘冬競賽神，王爺骨相儼如真；刀輿油鑊甘心試，堪笑乩童不惜身。[21]

這是關於新竹地區迎神賽會時童乩儀式的描述和批判。從中可以知道，當地有童乩以「王爺」為主神。至於「王爺」究竟是何神，參酌其他文獻來看，應該是流行於中國南方一帶（尤其是浙、閩、粵濱海地區）的瘟神。例如，金門人林豪（1831-1918）《澎湖廳志》（1894）便記載澎湖的風俗說：

---

[19]　詳見 Fu-shih Lin, "Chinese Shamans and Shamanism in the Chiang-nan Area during the Six Dynasties Period (3rd-6th Century A.D.)," pp. 116-170.

[20]　詳見林富士，《孤魂與鬼雄的世界——北臺灣的厲鬼信仰》，頁 173-178；林富士，〈臺灣童乩的社會形象初探（二稿）〉。

[21]　收入鄭鵬雲、曾逢辰，《新竹縣志初稿》，卷 6〈文徵〉，頁 256。

各澳皆有大王廟，神各有姓，民間崇奉維謹。甚至造王船、設王醮，其說亦自內地傳來。內地所造王船，有所謂福料者，堅緻整肅，旗幟皆綢緞，鮮明奪目；有龍林料者，有半木半紙者。造畢，或擇日付之一炬，謂之遊天河；或派數人駕船遊海上，謂之遊地河。皆維神所命焉。神各有乩童，或以乩筆指示，比比然也。澎地值豐樂之歲，亦造王船，顧不若內地之堅整也，具體而已。間多以紙為之，然費已不貲矣。或內地王船偶遊至港，船中虛無一人，自能轉舵入口，下帆下椗，不差分寸，故民間相驚以為神。曰王船至矣，則舉國若狂，畏敬持甚，聚眾鳩錢，奉其神於該鄉王廟，建醮演戲，設席祀王，如請客然，以本廟之神為主，頭家皆肅衣冠，跪進酒食。祀畢仍送之遊海，或即焚化，亦維神所命云。竊謂造船送王，亦古者逐疫之意，使遊魂滯魄有所依歸，而不為厲也。南人尚鬼，積習相沿，故此風特甚，亦聖賢所不盡禁。[22]

又說：

又有法師與乩童相結，欲神附乩，必請法師催咒。每賽神建醮，則乩童披髮仗劍，跳躍而出，血流被面。或豎長梯，橫排刀劍，法師猱而上，乩童隨之。⋯⋯或堆柴爇火熾甚，躍而過之，婦女皆膜拜致敬焉。[23]

22　林豪，《澎湖廳志》，卷9〈風俗・風尚〉，頁325。
23　林豪，《澎湖廳志》，卷9〈風俗・風尚〉，頁326-327。

這兩段文字相當清楚的說明，澎湖各地都有所謂的「大王廟」，廟神各有「姓」，也各有乩童。而這種「大王」的信仰主要是「內地」（中國大陸）傳來，和「王船」、「王醮」的宗教活動息息相關。這種活動的主要目的在於「逐疫」（送瘟），而負責「賽神建醮」儀式的宗教人物則是法師和乩童。事實上，這和學者近年來在澎湖的觀察和研究是相當一致的，而所謂的各姓「大王」，其實便是臺灣地區普稱的諸姓「王爺」。[24]

　　以上所述是十九世紀下半葉的情形，而若不要拘泥於「乩童」一詞，那麼，我們會發現，除了新竹和澎湖之外，臺灣各地似乎也都有此信仰，而且，其時代相當早。例如，曾於清康熙五十三至五十八年（1714-1719）擔任「知諸羅縣事」的周鍾瑄（1671-1763），其主修的《諸羅縣志》（1717）提到臺灣的「風俗」時便說：

> 斂金造船，器用幣帛服食悉備；召巫設壇，名曰王醮。三歲一舉，以送瘟王。醮畢，盛席演戲，執事儼恪跽進酒食；既畢，乃送船入水，順流揚帆以去。或泊其岸，則其鄉多厲，必更禳之。相傳昔有荷蘭人夜遇船於海洋，疑為賊艘，與礮攻擊，往來閃爍；至天明，望見滿船皆紙糊神像，眾大駭；不數日，疫死過半。近年有興船而焚諸水次者，代木以竹，五采紙褙而飾之。每一醮動數百金，少亦

24　詳見黃有興，《澎湖的民間信仰》（臺北：臺原出版社，1992），頁185-248；黃有興、甘村吉，《澎湖民間祭典儀式與應用文書》（澎湖：澎湖縣文化局，2003），頁308-417。

中人數倍之產；雖窮鄉僻壤，莫敢恡者。[25]

這大致是「王醮」的情景及「瘟王」信仰的概況。其後，由貢生陳文達纂修的《臺灣縣志》（1720）、[26]劉良璧的《重修福建臺灣府志》（1741）、[27]曾任鳳山知縣的王瑛曾（fl. 1744-1764）所修的《重修鳳山縣志》（1764）、[28]金門貢生林焜熿所修的《金門志》（1882），[29]也都有關於以「王醮」「逐疫」的記載。

　　由此可見，從十八世紀初期一直到十九世紀末，這樣的記載始終不斷，而其所描述的內容，和現代臺灣東港東隆宮三年一度的「王醮（瘟醮）」似乎沒有太大的差別。只不過當時是「召巫設壇」，而目前主持醮典的一般都是道士，但仍有童乩參與祭典。[30]也許在當時士人的觀念裡，道士與童乩都可以統稱為巫。

---

[25]　周鍾瑄，《諸羅縣志》，卷 8〈風俗志〉，頁 150-151。按：福建監生陳夢林（1770-1845）擔任此書之編纂，在編寫過程中，扮演關鍵性的角色。

[26]　陳文達，《臺灣縣志》，〈輿地志・風俗〉，頁 60-61。

[27]　劉良璧，《重修福建臺灣府志》，卷 6〈風俗〉，頁 95-96。

[28]　王瑛曾，《重修鳳山縣志》，卷 3〈風土志・風俗〉，頁 59。

[29]　林焜熿，《金門志》，卷 15〈風俗記・雜俗〉，頁 397。

[30]　關於臺灣東港東隆宮的「王醮」，參見李豐楙，《東港王船醮》（屏東：屏東縣政府，1993）；李豐楙等，《東港迎王：東港東隆宮丁丑正科平安祭典》（臺北：臺灣學生書局，1998）；康豹，《臺灣的王爺信仰》（臺北：商鼎文化出版社，1997）；黃文博，〈航向不歸海──臺灣的王船文化〉，收入《臺灣風土傳奇》（臺北：臺原出版社，1989），頁 110-118。

　　事實上，在清代的臺灣各地，所謂的「送王」（迎王）、「王船」祭典應該極為盛大，當時士人的詩文對此也有所描述。例如，新竹貢生林占梅（1821-1868）在乙卯年（清咸豐五年，1855）所寫的〈與客談及崁城妓家風氣偶成〉一詩便云：

> 臺郡盛秋娘，相欣馬隊裝（各境七月盂蘭會，夜放水燈，多以妓女裝成故事。年紀至二十餘者，尚辦馬隊；殊不雅觀）；倩粧簪茉莉，款客捧檳榔。最尚巫家鬼，頻燒野廟香；儘觀花與柳，須待送迎王（有神曰南鯤身王爺，廟在鹿耳口。每年五月初至郡，六月初始回；迎送之際，群妓盛服，肩輿列於衝道兩傍，任人玩擇）。[31]

由此可見，除了「七月盂蘭會」，當時臺南地區每年五月至六月會有熱鬧的「迎王」、「送王」慶典。

　　其次，丁紹儀根據其 1847-1848 年留臺期間的見聞所撰成的《東瀛識略》（1873），在記述臺灣的「習尚」時也說：

> 臺民皆徙自閩之漳州、泉州、粵之潮州、嘉應州。其起居、服食、祀祭、婚喪，悉本土風，與內地無甚殊異。惟氣性剛強，浮而易動。……南人尚鬼，臺灣尤甚。病不信醫而信巫。……凡寺廟神佛生辰，合境斂金演戲以慶，數人主其事，名曰頭家。最重者，五月出海，七月普度。出海者，義取逐疫，古所謂儺。鳩貲造木舟，以五彩紙為瘟

31　林占梅，《潛園琴餘草簡編》，〈乙卯（咸豐五年）〉，頁 72-73。

王像三座，延道士禮醮二日夜或三日夜，醮盡日，盛設牲醴演戲，名曰請王；既畢，昇瘟王舟中，凡百食物、器用、財寶，無不備，鼓吹儀仗，送船入水，順流以去則喜。或泊於岸，則其鄉多屬，必更禳之。每醮費數百金。亦有閒一、二年始舉者。福州諸郡亦興出海，船與各物皆紙為之，象形而已。[32]

這是將「五月出海」和「七月普度」視為臺灣巫俗的兩大盛典。而他更進一步指出，這都是源自中國大陸的原鄉。

此外，曾以知府身分來臺的何澂（fl. 1874-1881），其《臺陽雜詠》（1881）也有詩云：

閩人信鬼世無儔，臺郡巫風亦效尤：出海大儺剛仲夏（出海在五月，義取逐疫。造木舟，以五彩紙為瘟神像；禮醮演戲畢，昇像舟中，鼓吹儀仗，送船入海），沿鄉普度又初秋（普度，自七月初起至月盡止。設壇禮醮、搭臺演劇、結綵張燈，鋪設極盛；豬魚雞鴨等類，積如岡阜）；婦男枷梏虔迎送（出會之日，頳衣遍路；閨閣婦女，亦荷枷、帶鎖跪迎道左），酒肉池林敬獻酬。譌語客師能愈病，喧天鑼鼓妄祈求（有非僧、非道專事祈禳者曰「客師」；書符、行法，謂能愈病）。[33]

---

[32] 丁紹儀，《東瀛識略》，卷 3〈習尚〉，頁 32-35。

[33] 臺灣銀行經濟研究室編，《臺灣雜詠合刻》，頁 67。

這是對於臺灣閩人「巫風」的描述，而其中最令他注目的也是初秋七月的「普度」和仲夏五月「出海」的「送船」、瘟神醮典。

必須注意的是，「王爺」或「瘟神」信仰並不必然和「王船」、「王醮」連結在一起。閩臺一帶另有所謂的「五帝」信仰，事實上也是「瘟神」信仰。[34]總之，從相關的文獻來看，十七、十八世紀的閩、臺一帶，瘟神信仰曾相當興盛，並受到官方的壓制和批判，祠廟和神像都曾遭破壞。[35]

---

[34] 關於中國江南及閩臺一帶的「五帝」與瘟神信仰，詳見王振忠，〈徽州「五通（顯）」與明清以還福州的「五帝」信仰〉，《徽州社會科學》，1&2（黃山，1995），頁 68-75；王振忠，〈歷史自然災害與民間信仰：以近 600 年來福州瘟神「五帝」信仰為例〉，《復旦學報（社會科學版）》，2（上海，1996），頁 77-82；王見川，〈西來庵事件與道教、鸞堂之關係：兼論其周邊問題〉，收入王見川、李世偉著，《臺灣的宗教與文化》（臺北：博揚文化事業有限公司，1999），頁 309-335；Qitao Guo, *Exorcism and Money: The Symbolic World of the Five-Fury Spirits in Late Imperial China* (Berkeley: Institute of East Asian Studies, University of California, Berkeley, Center for Chinese Studies, 2003)；Richard von Glahn, *The Sinister Way: The Divine and the Demonic in Chinese Religious Culture* (Berkeley, CA; London: University of California Press, 2004)；木津祐子，〈赤木文庫藏《官話問答便語》校〉，《沖繩文化研究》，31（東京，2004），頁 543-657（618-621）。

[35] 詳見劉枝萬，〈臺灣之瘟神信仰〉、〈臺灣之瘟神廟〉，收入劉枝萬著，《臺灣民間信仰論集》，頁 225-234、235-284；李豐楙，〈行瘟與送瘟——道教與民眾瘟疫觀的交流與分歧〉，收入漢學研究中心編，《民間信仰與中國文化國際研討會論文集》（臺北：漢學研究中心，1994），頁 373-422；Paul Katz, *Demon Hordes and Burning Boats: The Cult of Marshal Wen in Late Imperial Chekiang* (Albany: SUNY Press, 1995).

（二）媽祖

誠如眾多研究所示，媽祖從宋元以後，由一地方小神逐漸成為中國南方一帶的海神，乃至「萬能」的「天妃」、「天上聖母」，而從十七世紀以來，也在臺灣地區擁有眾多的信徒和廟宇，似乎可以和「王爺」並稱為臺灣民間信仰的兩大支柱。[36]因此，臺灣童乩奉祀媽祖應該是理所當然之事。最近的調查也顯示，以媽祖為主神的童乩仍不在少數。

但是，以清代士人的描述來看，目前甚為熱鬧的「三月迎媽祖」的場面，在當時似乎還比不上前述的「七月普度」和「五月出海」。而且，在清代的漢籍文獻中，童乩或巫者幾乎和媽祖沒有任何關聯，唯王松（1866-1930）《臺陽詩話》（1905）載云：

> 「六街炬火與天齊，隊伍堂堂東又西。為掃妖魔驅魍魎，癡人癡夢自癡迷」。此永井甃石（完久）觀竹城追疫祭而作也。甃石有記云：「爆竹漫天，炬火匝地，人山人海，編隊成行，蜂擁而過者，名為追疫祭。奉媽祖於神輿，前後從行數千百人。其間有捧旗者、舁輿者，敲金鳴鼓，騎

---

36 參見李獻璋，《媽祖信仰の研究》（東京：泰山文物社，1979）；蔡相輝，《臺灣的王爺與媽祖》（臺北：臺原出版社，1989）；黃美英，《臺灣媽祖的香火與儀式》（臺北：自立晚報出版社，1994）；林美容、張珣、蔡相輝主編，《媽祖信仰的發展與變遷》（臺北：臺灣宗教學會，2003）；林美容，《媽祖信仰與漢人社會》（哈爾濱：黑龍江人民出版社，2003）；張珣，《文化媽祖：臺灣媽祖信仰研究論文集》（臺北：中央研究院民族學研究所，2003）。

> 馬徒行。或奇裝被假面者、或牛首而人面者，群相追隨，
> 誠不異觀一幅百鬼夜行圖也。甚有乩童袒裼立輿上，右持
> 劍、左執斧，自傷其額，鮮血淋漓，慘不畏死。或把銅針
> 貫頰咬之，備極慘刻之狀。……」。甃石先生此記，誠善
> 於敘事矣。吾臺此俗，相傳已久；今地經易主，而遺俗猶
> 有存者![37]

這是日治初期日人永井甃石對於新竹「追疫祭」場景的描述及批判。[38]以「追疫祭」這個名稱來看，這似乎是前述的「五月出海」的「逐疫」、「放瘟」之祭，應是以王爺為主神，但以他所見，交雜在各種「陣頭」中的神輿所奉祀者卻是媽祖，另外還有乩童也站立在神轎上。倘若這是「實見」之作，觀察又無誤失，那麼，不管這是不是「追疫祭」，當時新竹的童乩似乎有以媽祖為主神者。不過，這也不能排除另一種可能，那就是奉祀其他神明的童乩和供奉媽祖的神轎一起出現在當地的祭典之中。

　　無論如何，以當時媽祖信仰之興盛，童乩不可能捨棄此神而不奉。事實上，明神宗萬曆七年（1579）蕭崇業與謝杰等人奉命出使琉球的過程中，便曾多次祈求媽祖庇祐，並記錄天妃之「顯異」事蹟，而「記錄」中也再三提及「巫者」、「巫女」、「巫

37　王松，《臺陽詩話》，下卷，頁 77-78。

38　王松《臺陽詩話》的〈自序〉雖然紀年為 1905 年，但書前另兩篇他人序文之紀年則分別為 1898 及 1899 年，可見此書之主要內容應該完成於 1898 年之前。

師」。[39]根據他們的記載，當時航行海中之驚險與航海人對於各種奇光異景之畏怖，而其對應之道幾乎全賴祈禳之術；船上設有「神舍」以供祈禱，也有「巫者」負責「降箕」（降乩）。而當時航海人船上的「神舍」所奉祀的主神應該就是媽祖。

總之，以明清之時臺海地區海上活動之頻密，以及媽祖信仰之興盛的情勢來看，[40]臺灣童乩似乎不可能沒有人以媽祖為主祀神明。至少，到了日治初期（1897），彰化南瑤宮（媽祖廟）曾有主祀媽祖的童乩降神消災、開示藥方的記載。[41]

（三）城隍

中國城隍信仰的起源也許相當早，但是，一直要到明太祖重新整頓國家「祀典」之後，城隍才成為明清時期中國社會中相當重要的一位神明，[42]其重要性幾乎可以等同於漢代的社和社

---

[39] 夏子陽，《使琉球錄》（收入臺灣銀行經濟研究室編，《使琉球錄三種》），卷上〈敬神〉，頁 250-251；蕭崇業，《使琉球錄》（收入臺灣銀行經濟研究室編，《使琉球錄三種》），卷上〈使事紀〉，頁 78-79；卷上〈敬神〉，頁 106-107；卷上〈敬神・天妃顯異記〉，頁 104。

[40] 詳見李獻璋，《媽祖信仰の研究》，頁 387-460。

[41] 詳見王見川，〈日據時期的彰化南瑤宮與臺南大天后宮：兼談藝閣廣告化問題〉，收入王見川、李世偉著，《臺灣的寺廟與齋堂》（臺北：博揚文化事業有限公司，2004），頁 77-104（頁 83）。

[42] 詳見濱島敦俊著，沈中琦譯，〈明清江南城隍考〉，《中國社會經濟史研究》，1（廈門，1991），頁 39-43，108；濱島敦俊，〈朱元璋政權城隍改制考〉，《史學集刊》，4（上海，1995），頁 7-15；濱島敦俊，《總管信仰：近世江南農村社會と民間信仰》（東京：研文出版，2001），頁 113-176；鄭土有、王賢淼，《中國城隍信仰》（上海：上海三聯書店，1994）。

神。[43]

　　基本上，城隍廟係依傳統「祀典」而設置，屬於官方宗教的系統，因此，臺灣現存的城隍廟幾乎都是創建於清廷統治時期。[44]而當時的童乩似乎也有人以此為主神。例如，於清光緒二十四年（1898）來臺，寓居基隆的徐莘田（fl. 1898），[45]其〈基隆竹枝詞〉便云：

> 跳童袒臥鐵釘床，斫腦穿腮血滿腔；金鼓喧闐人逐隊，神輿顛倒戲街坊。……城隍娶婦事真奇，彼妄言之此聽之；安得西門豹重出，嚴懲巫覡破群疑！[46]

由此可見，當時基隆地區的迎神賽會，童乩似乎是必有的靈魂人物。此外，當地有所謂的「城隍娶婦」之事，而據詩文末句研判，此事似乎也是由「巫覡」（童乩）主導。

　　另外，曾於清乾隆四十至四十三年（1775-1778）擔任臺灣知府的蔣元樞（1738-1781），在〈新修郡城隍碑記〉中也說：

> 臺灣之設郡建官，創自康熙甲子。其置城隍祠，祀於郡署西偏，蓋即其一時興舉者。……余深有感於幽明之故為甚

43　詳見林富士，《漢代的巫者》，頁 175-177。

44　關於臺灣的城隍廟，詳見增田福太郎，《東亞法秩序序說》，收入增田福太郎著，黃有興譯，《臺灣宗教論集》（南投：臺灣省文獻委員會，2001），頁 21-67；仇德哉，《臺灣之寺廟與神明》，頁 167-173。

45　臺灣銀行經濟研究室編，《臺灣詩鈔》，卷 13，頁 231。

46　臺灣銀行經濟研究室編，《臺灣詩鈔》，卷 13，頁 233。

微也。神人相接，理本幻誕。愚夫愚婦，攜一囊之錢，動言施捨，糜頂踵於範金博土之前，眩心目於琳宇璿宮之次，而曰吾以求利益也，……若夫城隍之神，其接於人也較近，則其利於人也較靈。古言守令為親民之官，然則城隍不當為親民之神乎？此邦氓庶，昕夕來祠下，牲醪雜然，史巫紛若，摐金伐鼓，報賽爭前，謂非神之靈之通於呼吸者為捷耶？。[47]

由此可見，當時臺南之郡城隍雖然是官設、官修，但平時也是一般百姓禱祀之所，而由「史巫紛若」一詞推斷，童乩可能也是其中一員。

不過，相關的資料顯示，從清到現代，以城隍為主祀神明的童乩相當罕見，這也許和城隍的官方色彩太濃，而官方又禁巫有關。

（四）水仙

臺灣是濱海的島嶼，居民的水上活動又多，崇祀水神、水仙似乎是相當自然之事，但事實上，全臺的水仙廟並不多，至於「水仙」究竟指何神，也眾說紛紜，大禹、伍員、屈原、王勃、李白、項羽等人都在名單之列。[48]無論如何，臺灣民眾奉祀水仙

[47] 收載謝金鑾，《續修臺灣縣志》，卷7〈藝文〉，頁509-511。
[48] 目前全臺的水仙廟大約有 12 座；詳見仇德哉，《臺灣之寺廟與神明》，頁54-56。

甚早，[49]曾於清乾隆二十八至三十六年（1763-1771）至臺灣任官的蔣允焄在〈水仙宮清界碑記〉中便說：

> 水仙之祀，不知所昉，祠官闕焉；獨濱海間漁莊蟹舍、番航賈舶崇奉之。然其說杳幻，假借附會，殆如所稱「東君」、「河伯」、「湘夫人」流亞歟？郡西定坊，康熙五十四年建廟，志稱「壯麗工巧，甲他祠宇」。蓋有其舉之，莫敢廢矣。廟前舊有小港，通潮汐，滌邪穢，居民便之，亦神所藉以棲託。歲久汙塞，市廛雜沓，交相逼處，遂侵官道；非所以奉神，即非所以奠民。甲申歲，予諭左右居民撤除之，自祠前達小港，……氣局軒敞，廟貌莊嚴。繼自今父老子弟操盂酒豚蹄走祠下者，可無時怨時恫之虞矣。即勒諸石，侑之以歌曰：神所棲兮元冥宮，侶陽侯兮友任公。風颯颯兮雨瀟瀟，驂文魚兮渡洪潮。吹簫兮繫鼓，靈巫酌酒兮醉代神語。蛟龍遠避兮黿鼉迴，浪不使溯滂兮風不使喧與隤。神降福兮祝告虔，祐利濟兮年復年！……蔣諱允焄撰文。乾隆三十年歲次乙酉孟夏穀旦。[50]

重修「水仙宮」應該是清乾隆二十九年（甲申歲；1764）之事。而勒碑之事則是在乾隆三十年（1765）。事實上，此碑目前仍

---

[49]　關於清代臺灣的水仙信仰及相關祠廟，詳見李泰翰，〈清代臺灣水仙尊王信仰之探討〉，《民俗曲藝》，143（臺北，2004），頁271-303。

[50]　臺灣銀行經濟研究室編，《臺灣南部碑文集成》，〈甲・記（上）〉，頁68-69。

在。[51]

　　總之，由這段碑文來看，當時臺南西定坊有一座「水仙宮」，係創建於清康熙五十四年（1715），是港口一帶居民的信仰中心。而由「碑文」「靈巫酌酒兮醉代神語」一語研判，當地的水仙之祀也許有巫者（童乩）介入其中。不過，這畢竟是詩文，蔣氏也有可能只是用楚辭之典，而非記實之作。事實上，根據近年來的調查，也尚未見童乩以水仙為主祀神明。然而，水仙中之伍員（伍子胥）、屈原、項羽等都是橫死的「厲鬼」，而且最晚從六朝以來便成為中國江南地區巫者主要的奉祀對象，[52]因此，臺灣童乩以水仙為主神的情形仍有其可能性。

（五）七娘

　　在傳統中國社會，不同的宗教或社會階層對於某一些節日的意涵往往有不同的解讀或各自採行其獨有的慶典，七月十五日是最明顯的例子，而臺灣的七月七日也是如此。例如，曾任雲林訓導的倪贊元在《雲林縣采訪冊》（1894）中描述「斗六堡」的風俗時便說：

---

[51]　《臺灣南部碑文集成》編者黃典權說：「碑現龕臺南市西區神農街水仙宮廟大殿右壁，高二二一公分，寬九三公分，花崗岩。碑記本文，謝金鑾『續修臺灣縣志』卷七收之，然缺作者及年月、題款，並文後商人跋記及題名均不錄」，見臺灣銀行經濟研究室編，《臺灣南部碑文集成》，頁70。

[52]　詳見宮川尚志，《六朝史研究・宗教篇》（京都：平樂寺書店，1964），頁336-414。

> 七月初七日，士子為魁星誕。是日世傳為牛女渡河，巫家
> 以為七娘誕，登壇說法，鼓角諠譁；兒女多惑其術，冀為
> 解厄消災。臨期赴會，曰過關限度。[53]

由此可見，七月七日，既被認為魁星誕，又被認為牛郎、織女渡
河相遇之日，而「巫家」則認為是「女娘」誕。

「七娘」又稱「七娘媽」、「七仙姊」、「七仙姑」，有人
懷疑此七娘為北斗七星之配偶神，也有人認為指「牛郎織女星」
或指「織女星」。無論如何，在一九八〇年代的雲林地區至少還
有兩座主祀「七娘媽」、「七仙姑」的廟宇。[54]可見雲林當地的
「七娘」信仰至少從十九世紀一直延續到二十世紀。

至於文中所說的「巫家」是否包括童乩在內，還有待考察，
因為，所謂的「登壇說法」、「過關限度」似乎是指法師的儀
式，[55]但也不能排除當地童乩兼習法師的儀典，或是由童乩聯合
法師舉行儀典。[56]

---

[53] 倪贊元，《雲林縣采訪冊》，〈斗六堡・風俗〉，頁 26。

[54] 雲林縣斗六鎮重光里竹頭路 11 號「湄安宮」奉祀「七仙姑」；雲林縣
水林鄉後寮村後寮埔 29 號「七星宮」祀「七娘媽」；詳見仇德哉，
《臺灣之寺廟與神明》，頁 289-290。

[55] 關於臺灣的法師及其儀式，詳見劉枝萬，《臺灣の道教と民間信仰》，
頁 173-188。

[56] 以最近由真德大師和永靖大師兩位法師所出版的家傳科儀書《閭山乩童
咒語秘法》（臺北：進源書局，2002）的內容來說，其科儀既有所謂的
「開關打限」，又有「乩童法科」，可見兩者之間以及他們和「過關限
度」這一類的科儀之間確有緊密的關係。

（六）何仙姑

在臺灣民間信仰中，「八仙」是相當重要的崇拜對象，但很少有廟宇主祀「八仙」，唯主祀八仙之一的「呂洞賓」的祠廟數量相當多。[57]不過，吳子光（1819-1883）在《淡水廳志擬稿》中談到淡水地區的「方技」時曾說：

> 淡水以三百餘里之地、四十餘萬之生靈，且開闢至百餘年之久，豈無事可紀者乎？曰：誠有之。有非仙才而名仙者，如今世女巫力能召神面談，遂襲潛確類書何仙姑之號是也。有無道行而名道者，如今道家者流為人治病驅邪魅是也。或謂野狐禪教主，即此一家，不知道可道非常道，老子為道教宗主者已言之矣。[58]

這是對當時民間俗信的批判，但無意間也透露，當時淡水有「女巫」能「召神面談」（降神），並以「何仙姑」為號，而此何仙姑或許就是「八仙」之一的唐代女仙。可惜的是，目前臺灣似乎尚無任何祠廟主祀此神，[59]在田野調查中，也尚未見以她為主神的童乩。

不過，當地女巫所祀之「何仙姑」也有可能是一名未婚早夭的女性亡靈。於十九世紀末來臺的馬偕博士（George Leslie Mackay, 1844-1901）曾記載了當時淡水附近一位「仙女娘」成

---

[57] 詳見仇德哉，《臺灣之寺廟與神明》，頁 222、225-230。

[58] 吳子光，《臺灣紀事》，附錄三《淡水廳志擬稿》，頁 85-86。

[59] 詳見仇德哉，《臺灣之寺廟與神明》，頁 224-225。

神的故事說：

> 1878 年有個少女住離淡水不遠的地方，患肺病而死了。
> 附近有個狡黠的人（案：應是一名童乩或法師），散佈謠
> 言，說她已經成神，竟能使她的枯骨成為聞名的偶像。他
> 稱她為「仙女娘」，為她造了一個小廟，把她的屍體放在
> 鹽水中過些時候，然後使她坐在一把椅子上，肩上披著紅
> 布，頭戴結婚用的禮帽，外面加上一個玻璃框子。這個女
> 神臉孔烏黑，露著牙齒，很像埃及的木乃伊。前面點著香
> 燭，時時焚燒紙錢。那個人逢人就講女神的故事；他們原
> 有輕信神佛的習慣，所以都盲從附和，輾轉傳述，以致善
> 男信女紛至沓來，頂禮膜拜。[60]

這是一則死後成神、稱仙的故事，背景就在淡水附近。此外，在
關渡地區，有一座已歷百年而不頹的「玉女宮」（又稱「玉女娘
廟」），宮中所奉祀的「玉女娘娘」也是一名未曾出嫁就去世的
少女。據該廟的信徒所寫的「玉女娘娘傳略」來看，「玉女娘」
姓林，生於清朝道光年間，其父在淡江以捕魚為業，家在「關渡
宮」（主祀天上聖母）旁。這位林姑娘自幼便茹素，聰穎過人，
鄰里譽為神童。長大後修得法術，具有神通，能替人占卜，並曾

---

[60] George Leslie Mackay, *From Far Formosa* (London: Oliphant Anderson & Ferrier, 1896), pp. 126-128. 中文譯文引自周學普譯，《臺灣六記》（臺北：臺灣銀行經濟研究室，1960），頁 53。案：譯文中所說的「有個狡黠的人」，原文是說這個人 "more gifted than the rest"，並無狡黠之意，似乎是指童乩、法師這類具有「特殊才能」的人物。

替新莊縣丞祈雨成功，遠近聞名。清道光十六年（1836），得道升天，年十八歲。值得注意是，在她死後，村民「將其玉體，塑裝金身，建廟奉祀，香火鼎盛」。[61]這段傳說和馬偕所敘述的「仙女娘廟」，雖然在年代上有些出入，[62]但二者的遺體都被人塑裝成神像，並立廟供奉，又有地緣上的關係，因此，極有可能是同一間廟。即使不是同一間廟，至少，關渡玉女宮的存在可以證明，十九世紀的北臺灣確有崇奉這類未曾出嫁就去世的「仙女娘」的風俗，而根據蔡佩如於 1997 年在南臺灣一帶所做的調查，當地有不少女性童乩所奉祀的神靈（「偎身神」）也是這種早夭的未嫁女，而且，大多以「仙姑」為名。[63]因此，我們或許可以大膽的推測，臺灣童乩崇奉這種神靈的傳統至少可以追溯至十九世紀的北臺灣。

（七）九天玄女

連橫《臺灣通史》在介紹臺灣各種「巫覡」的時候，曾提到一種被稱之為「紅姨」的人，至於其行事，他說：

---

[61] 詳見謝金撰，〈關渡玉女娘廟種種〉，《臺灣風物》，22：1（臺北，1972），頁 22-24。

[62] 上引謝金撰的文章中所提到的一些年代似乎有些錯謬，假如關渡的「玉女娘廟」就是馬偕所記載的「仙女娘廟」，那麼，該名少女的死期應如馬偕所說，是在 1878 年，因為根據北投公學校長在 1916 年所做的調查報告顯示，「玉女娘廟」係建成於清光緒十一年（1885），距 1878 年才七年之久，因此 1878 年應該比較可能是其死亡的年代；詳見臺灣總督府，《社寺廟宇ニ關スル調查（臺北廳）》（1916）。

[63] 詳見蔡佩如，《穿梭天人之際的女人：女童乩的性別特質與身體意涵》（臺北：唐山出版社，2001），頁 149-192。

　　　　紅姨，是走無常，能攝鬼魂，與人對語，九天玄女，據之
　　　　以言，出入閨房，刺人隱事。[64]

這段文字和其他文獻對於「紅姨」主要職能的描述大致相同，也
就是「牽亡」（降死人魂）。但是，唯獨他提到「九天玄女，據
之以言」，可見「紅姨」也可以「降神」，而「九天玄女」似乎
是其中相當重要的一位神明。但是，《臺灣文獻叢刊》309 種著
作中提到「九天玄女」的，也只有這一條資料，因此，我們很難
做進一步的討論。

　　然而，這是相當值得注意的記載。因為，有些學者認為，
「紅姨」（又作「尫姨」）和童乩雖然都可以讓鬼神附體，但童
乩主要為男性，所降者為屬「陽」（尊）之「神」，紅姨主要為
女性，所降者為屬「陰」（卑）之「鬼」（亡魂），因此，有所
謂「扶童乩問神」、「為亡魂牽尫姨」之說。[65]但根據連橫的記
載，則最晚在二十世紀初期，已有「紅姨」可以降神。

　　更值得注意的是，近年來以「牽亡」聞名全臺的花蓮慈惠堂
（石壁部堂、勝安宮），其負責儀式的靈媒便有男有女，而且能
降亡魂也能降神明（主神為瑤池金母），而學者對於他們的稱呼
以及他們的自稱，也莫衷一是，或稱尫姨、或稱童乩、或稱靈

---

[64] 連橫，《臺灣通史》，卷 22〈宗教志〉，頁 575-576。
[65] 詳見謝世忠，〈試論中國民俗宗教中之「通神者」與「通鬼者」的性別
　　優勢〉，《思與言》，23：5（臺北，1986），頁 511-518；劉枝萬，
　　〈臺灣之 Shamanism〉，頁 5。

乩、或稱鸞生。[66]此外，興起於一九八〇年代，深受慈惠堂影響
的所謂「會靈山」現象，其信徒所要「會」的主要就是所謂的
「五母」，包括：金母、王母、地母、九天玄女和準提佛母，而
主祀「九天玄女母娘」的苗栗仙山靈洞宮則是「會靈山」的五大
聖地之一。[67]至於以「九天玄女」為主祀神的童乩，在田野調查
中，也不少見。由此可見，九天玄女應該可以列入早期童乩的信
仰對象之中。

四、童乩的儀式特質

要全面而深入的探討任何一個宗教的儀式或任何一種宗教儀
式，自應從儀式的結構、功能、象徵、過程等層面入手，但是，

66　參見詹碧珠，〈尪姨與其儀式表演：當代臺灣女性靈媒的民族誌調查〉
　　（新竹：國立清華大學社會人類學研究所碩士論文，1998）；彭榮邦，
　　〈牽亡：恬念世界的安置與撫慰〉（花蓮：國立東華大學族群關係與文
　　化研究所碩士論文，2000）；張開基，《臺灣首席靈媒：花蓮「石壁部
　　堂」牽亡法會現場報導與探索》（臺北：新潮社，2000）。

67　參見呂一中，〈「會靈山」運動興起及其對民間宗教之影響〉，《臺灣
　　宗教學會通訊》，7（臺北，2001）；丁仁傑，〈會靈山現象的社會學
　　考察：去地域化情境中民間信仰的轉化與再連結〉，發表於國家科學委
　　員會社會科學研究中心、中央研究院民族學研究所主辦，「宗教教義、
　　實踐與文化：一個跨學科的整合研究」（臺北：中央研究院民族學研究
　　所，2004 年 4 月 16-17 日）；Yi-Jia Tsai, "The Reformative Visions of
　　Mediumship in Contemporary Taiwan," (Ph.D. diss., Houston, Texas: Rice
　　University, 2003)；Yi-jia Tsai, "The Writing of History: The Religious
　　Practices of the Mediums' Association in Taiwan," *Taiwan Journal of
　　Anthropology*, 2:2 (2004), pp. 43-80.

多數的清代士人並非宗教專家，其有關童乩的寫作大半也不是為了詳實而完整的記錄宗教儀式。不過，也正因為如此，我們反而可以從他們有限度的描述中知道童乩儀式中最能吸引當時人注意的究竟是什麼。換句話說，從一些「局外人」或旁觀者眼中，有時候我們反而更容易掌握童乩儀式的主要特質。例如，臺灣銀行經濟研究室所編的《福建省例・雜例》十六集中有一案為「禁迎神賽會」，其中便提到：

> 乾隆三十二年（1767）十一月，奉巡撫部院崔示諭：……查閩省向有迎神賽會惡習。本部院自幼親泛澎臺外海，還經八閩地方，每見誕妄之徒，或逢神誕，或遇令節，必呼朋引類，旗鼓喧鬧，或擡駕閭神，或迎賽土鬼。更有一種私巫馬子，妄降假神，用大椎貫穿口內，茨毬捶擊其背，血肉模糊，竟立駕上，繞市號召，竟同兒戲。且若與他迎神相遇，則又彼此爭途。稍有不讓，群起互毆，反置神駕於道旁，每致滋生事端，身蹈刑法。是求福而反得禍者，總由狎褻不敬之所致也。近年法禁森嚴，此風或亦稍息。第恐法久禁弛，愚頑之輩，或有仍蹈故轍，擾害地方，亦未可定。合行明白示禁。[68]

崔應階（?-1780）是在清乾隆三十二年（1767）七月代莊有恭為

---

[68] 臺灣銀行經濟研究室編，《福建省例・四》，〈雜例〉，頁 1201-1202。

福建巡撫，[69]上任才三、四個月，便有這道禁令，可見閩（臺）一帶的「迎神賽會」的「惡習」是他上任後急欲處理的要務。[70]而他之所以嫌惡「迎神賽會」，一則是擔心民眾「滋生事端」，另一則是無法認同所謂的「私巫馬子」在迎神賽會中的種種舉止。他認為，這種人「妄降假神」，「用大椎貫穿口內，茨毬摔擊其背，血肉模糊」，「竟立駕上，繞市號召」，簡直是「兒戲」。

值得注意的是，這是崔應階「自幼親泛澎臺外海，還經八閩地方」的親自見聞，而他在「示諭」中針對「私巫馬子」儀式展演所做的描述，基本上已非常扼要的勾勒出臺灣（及福建）童乩儀式的主要場景和特點。以下便根據十九至二十世紀初的材料，做進一步的剖析。

（一）場合──迎神賽會

崔應階的「示諭」是為了禁止「迎神賽會」而下，因此，提及巫者（童乩）活動的場會自然會限於「神誕」、「令節」之時，不過，其他的文獻述及童乩也多半和迎神賽會有關。例如，前引林豪《澎湖廳志》便云：

69　詳見趙爾巽等，《清史稿》（北京：中華書局，1976-1977），卷 13〈本紀〉，頁 476。

70　事實上，這並不是崔應階的創舉，在乾隆年間，各地的地方首長曾多次針對類似的「迎神賽會」下達禁令，但卻屢禁屢復。參見木津祐子，〈赤木文庫藏《官話問答便語》校〉，頁 550-553。

> 每賽神建醮，則乩童披髮仗劍，跳躍而出，血流被面。[71]

其次，鄭鵬雲、曾逢辰的《新竹縣志初稿》也說：

> 里社迎神賽會，乩童以刀劍，油鑊遍試身體，以示神靈顯赫。[72]

此外，徐莘田〈基隆竹枝詞〉也說：

> 臺俗：遊神賽會，必有跳童相隨。[73]

至於確切的日子，則會因各地所奉神明之「誕辰」或節慶不同而有所差異，不過，如前所述，清代童乩多半以「王爺」為主神，其主要的節慶多半在夏季，尤其是仲夏「五月」應該是各地童乩最活躍的日子。

除了「迎神賽會」的場合之外，童乩應該也會應信眾之要求，臨時或在特定的日子舉行宗教儀式。但因欠缺資料，在此無法細說。

（二）通神——憑附與視鬼

任何一種宗教儀式都不免會涉及如何與鬼神「交通」，而童

71　林豪，《澎湖廳志》，卷 9〈風俗〉，頁 327。
72　鄭鵬雲、曾逢辰，《新竹縣志初稿》，卷 6〈文徵〉，頁 256。
73　臺灣銀行經濟研究室編，《臺灣詩鈔》，卷 13，頁 233。

乩在儀式中最常採用的就是所謂的「憑附」（possession）。[74]前
引崔應階的「示諭」中雖然曾批判巫者「妄降」「假神」，但似
乎不曾否定巫者能「降神」，而前引徐莘田〈基隆竹枝詞〉中所
說的「跳童」其實也就是「降神」，例如，連橫《臺灣語典》便
說：

> 跳童：童為乩童，為巫者之類；謂有靈憑附，能與人問答
> 也。靈至之時，必先跳動，故俗有「熟童快覡」之語。[75]

又說：

> 牽亡：猶靈子也；謂能牽死者之魂，與人問答也。俗以女
> 巫為之。[76]

「跳童」大多由「童乩」擔任，所降大多是公眾奉祀的各種「神
明」，而「牽亡」則大多由所謂的「紅姨」（尪姨）擔任，所降
大多是亡魂。例如，沈茂蔭的《苗栗縣志》便說：

> 有為乩童，扶輦跳躍，……手持刀劍，披髮剖額，以示神

靈。有為紅姨，託名女佛，採人隱事。[77]

蔡振豐的《苑裏志》也說：

> 有乩童焉，作神替身，披髮執劍，扶輦狂跳，……有紅姨
> 焉，能代已死魂靈現身發話；採人隱事，多奇中。[78]

鄭鵬雲、曾逢辰的《新竹縣志初稿》便說：

> 有乩童者，披髮露背，手持刀劍剖額、刺膚以示神
> 靈，……有紅姨焉，託名女佛，為人問鬼探神，雖遠代祖
> 先，能勾其魂附紅姨以傳言。[79]

林百川、林學源的《樹杞林志》也說：

> 又有扶輦跳躍而為乩童者，披髮妄言，執劍剖額，……有
> 代魂靈說話而為紅姨者，採人隱事，宛如現身與言，言則
> 屢中。[80]

連橫《臺灣通史》也說：

77　沈茂蔭，《苗栗縣志》，卷 7〈風俗考〉，頁 119-120。

78　蔡振豐，《苑裏志》，下卷〈風俗考〉，頁 89。

79　鄭鵬雲、曾逢辰，《新竹縣志初稿》，卷 5〈風俗考〉，頁 186。

80　林百川、林學源，《樹杞林志》，〈風俗考〉，頁 104。

> 紅姨，是走無常，能攝鬼魂，與人對語，九天玄女，據之
> 以言，出入閨房，刺人隱事；……乩童，裸體散髮，距躍
> 曲踴，狀若中風，割舌刺背，鮮血淋漓，神所憑依，創而
> 不痛。[81]

上述引文的內容可以說大同小異，但都將童乩和紅姨相提並論。
因此，兩者在主要職事和性別比例上雖然有一些差異，但他們都
可以招降鬼神，基本上應視為同一類型的宗教人。事實上，吳子
光《臺灣紀事》便說：

> 周禮，司巫掌群巫之政令，又有男巫、女巫。……今臺中
> 女巫，強半不假師授，至時輒有神附其身，常為人家治
> 病，與託訴幽冥事，有驗有不驗。鬼神以生人代之，理雖
> 迂誕，惟事有徵信，故民間婦女奉祀尤虔，謹厚者亦復如
> 之。按此與漢代宛若神君事相類。[82]

由此可見，臺灣女性巫者既可降神也可令亡魂附身，文中所說的
漢代「宛若神君」其實便是女巫奉其因產難而死的姊娌為神，[83]
類似現在金門、澎湖、臺南一帶所說的「查某佛」。[84]

---

[81] 連橫，《臺灣通史》，卷 22〈宗教志〉，頁 576。

[82] 吳子光，《臺灣紀事》，附錄三《淡水廳志擬稿·師巫》，頁 95-96。

[83] 詳見林富士，《漢代的巫者》，頁 92。

[84] 參見鍾幼蘭，〈金門查某佛的初步研究〉，收入余光弘、魏捷滋編，
《金門暑期人類學田野工作教室論文集》（臺北：中央研究院民族學研
究所，1994），頁 129-161；李翹宏、莊英章，〈夫人媽與查某佛：金

　　無論如何，以近年來的田野調查資料來看，童乩之中其實也有不少女性（約佔百分之三十），[85]而無論男性還是女性童乩，都有人能在「降神」之外從事「牽亡」的工作，至於以「牽亡」為主要職能的「紅姨」目前多半也會被稱之為「靈乩」或「童乩」，他們也是有男有女，而且在亡魂之外，也可以讓神明附體。[86]更重要的是，根據臺灣的鬼神觀念，絕大多數的「神」其實都是由人的「亡魂」經由特定的程序轉化而成，[87]因此，神鬼之差別其實不大，童乩與紅姨也沒有本質上的差異，都可以稱之為巫。例如，俞樾（1821-1906）為其兄俞林（俞任甫，1814-1873）所寫的〈家傳〉中曾說：

門與惠東地區的女性神媒及其信仰比較〉，收入黃應貴、葉春榮主編，《從周邊看漢人的社會與文化：王崧興先生紀念論文集》（臺北：中央研究院民族學研究所，1997），頁 63-89；余光弘，〈臺灣區神媒的不同形態〉，《中央研究院民族學研究所集刊》，88（臺北，1999），頁 91-105；蔡佩如，《穿梭天人之際的女人：女童乩的性別特質與身體意涵》，頁 149-192。

[85] 從 1999 年歲末開始，我和一群年輕的學生展開一項名為「臺灣童乩基本資料」的調查工作，截至 2003 年 12 月底為止，共計完成 596 個童乩的初步訪談工作，其中，男女童乩的比率各為 70.3% 及 29.7%。

[86] 詳見劉枝萬，〈臺灣之 Shamanism〉，頁 4-5；詹碧珠，〈尪姨與其儀式表演：當代臺灣女性靈媒的民族誌調查〉；彭榮邦，〈牽亡：惦念世界的安置與撫慰〉；蔡佩如，《穿梭天人之際的女人：女童乩的性別特質與身體意涵》，頁 12-20。

[87] 詳見林富士，《孤魂與鬼雄的世界——北臺灣的厲鬼信仰》；蔡佩如，《穿梭天人之際的女人：女童乩的性別特質與身體意涵》，頁 149-164。

> 閩俗：故信鬼，有巫者自言為神所馮，握利刃刳其腹，血
> 灕灕注盤盂，不膚撓；俄創合如故。取竹箸百，寸寸斷
> 之，雜碎醉咽之；又或跣足行烈燄中，均無所苦：信者甚
> 眾。[88]

文中既言閩俗「信鬼」，而巫者又「自言為神所馮」，可見在俞氏的用語中，鬼與神可以互通。而這名巫者的「神異」表演幾乎和臺灣的童乩沒有兩樣。

此外，陳梅峰（1858-1937）《西瀛誌異》所提到的幾則澎湖童乩的軼事也顯示，澎湖童乩「通神」的方式也是以「降神」、「降乩」為主，而其主祀之神的性格也與人無異。同時，陳梅峰也將乩童與法師、尫姨、巫女連稱並舉。[89]

除了憑降鬼神之外，中國傳統巫者還擅長所謂的「視鬼」，亦即能看見鬼神之形貌、舉止，甚至與之酬酢言談，[90]而根據田野調查，目前臺灣的童乩也有人具有這樣的技能，不過，他們通常自稱「通靈者」或「靈乩」以顯示自己的能力或道行高於一般的童乩。[91]可惜的是，傳統文獻中較少這一類的記載，唯明末清初盧若騰（1598-1664）〈鬼鳥〉詩〈序〉（寫於清康熙元年壬寅之歲；1662）曾提到金門的巫者既能「視鬼」，又能讓冤魂附

88　臺灣銀行經濟研究室編，《續碑傳選集（一）》，頁 110。
89　收入連橫編，《臺灣詩薈・下》（南投：臺灣省文獻委員會，1992），頁 269-272。案：此一材料係由審查人賜告，特此致謝。
90　詳見林富士，《漢代的巫者》，頁 52-53。
91　詳見林富士，〈臺灣童乩的社會形象初探（二稿）〉。

身說話。[92]

　　這種於病中召巫「視鬼」以診斷病因、吉凶的習俗可以說自漢以後，一直久存於中國社會，[93]明清士人在詩文中往往也有所提及，例如，董應舉在《崇相集》（1639）中也說：

> 譬如病人不調理氣血，但使巫視鬼；巫說多端，病亦不起矣。[94]

　　董應舉是閩人，明神宗萬曆二十六年（1598）的進士，[95]因此，當時福建地區應該也有病人「使巫視鬼」的習俗。

（三）裝扮與展演──裸體披髮與鮮血淋漓

　　幾乎所有的宗教人在舉行宗教儀式時都會以特殊的裝扮和展演突顯自己的身分和角色，有時候，裝扮和展演甚至是達成儀式目的不可或缺的一部分。

　　以清代臺灣的童乩來說，他們最引人注目的似乎是「裸體」、「散髮」的裝扮，以及狂跳和以各種利器自傷造成鮮血淋漓的展演。諸多方志都有類似的記載，例如，沈茂蔭的《苗栗縣志》說：

92　盧若騰，《島噫詩》，頁 27-28。

93　詳見林富士，〈中國六朝時期的巫覡與醫療〉，《中央研究院歷史語言研究所集刊》，70：1（臺北，1999），頁 1-48。

94　董應舉，《崇相集選錄》，〈與畢見素〉，頁 16-17。

95　張廷玉，《明史》（北京：中華書局，1974），卷 242〈董應舉傳〉，頁 6289。

有為乩童，扶輦跳躍，……手持刀劍，披髮剖額。[96]

林豪《澎湖廳志》說：

> 每賽神建醮，則乩童披髮仗劍，跳躍而出，血流被面。或
> 豎長梯，橫排刀劍，法師猱而上，乩童隨之。鄉人有膽力
> 者，亦隨而上下。或堆柴熾火熾甚，躍而過之，婦女皆膜
> 拜致敬焉。[97]

蔡振豐的《苑裏志》說：

> 有乩童焉，……披髮執劍，扶輦狂跳。[98]

鄭鵬雲、曾逢辰的《新竹縣志初稿》說：

> 有為乩童者，披髮露臂，手持刀劍剖額、刺膚以示神靈。[99]

林百川、林學源的《樹杞林志》說：

> 有扶輦跳躍而為乩童者，披髮妄言，執劍剖額。[100]

96　沈茂蔭，《苗栗縣志》，卷 7〈風俗考〉，頁 119。
97　林豪，《澎湖廳志》，卷 9〈風俗〉，頁 327。
98　蔡振豐，《苑裏志》，下卷〈風俗考〉，頁 89。
99　鄭鵬雲、曾逢辰，《新竹縣志初稿》，卷 5〈風俗〉，頁 186。
100　林百川、林學源，《樹杞林志》，〈風俗考〉，頁 104。

連橫《臺灣通史》也說：

> 乩童，裸體散髮，距躍曲踴，狀若中風，割舌刺背，鮮血
> 淋漓。[101]

對此，當時士人在詩文中也有所描述。例如，吳德功（1850-
1924）《施案紀略》（1893）記載清光緒十四年（1888）九月施
九緞（?-1890）「圍彰化縣城」一案時也說：

> 〔施〕九緞，彰之二林上堡浸水莊人，耕作營生，家頗
> 饒，性獸戇，信鬼神，常仗劍破額作乩童狀。……初一
> 日，施九緞身立神轎後，如迎神乩童，率楊中成、許得
> 龍、施慶、李盤等，并餘匪數百，以索丈單為名，旗書官
> 激民變，下令不准搶劫人家財物。[102]

看來，此案的主角施九緞應該就是一名童乩，而他受人注目的展
演則是「仗劍破額」，並運用神轎。

其次，徐莘田〈基隆竹枝詞〉說：

> 跳童袒臥鐵釘床，斫腦穿腮血滿腔；金鼓喧闐人逐隊，神
> 輿顛倒戲街坊。臺俗：遊神賽會，必有跳童相隨；刀斫錐刺，略無

---

101 連橫，《臺灣通史》，卷 22〈宗教志〉，頁 576。
102 吳德功，《戴施兩案紀略‧施案紀略》，頁 97-98。

痛苦。[103]

這是基隆的童乩。

再者，陳朝龍〈竹塹竹枝詞〉也說：

> 臺俗：里社迎神賽會，乩童以刀劍、油鑊遍試身體，以示
> 神靈顯赫。[104]

這是新竹的童乩。而日治初期日人永井甃石對於新竹「追疫祭」
場景的描述也說：

> 有乩童袒裼立輿上，右持劍、左執斧，自傷其額，鮮血淋
> 漓，慘不畏死。或把銅針貫頰咬之，備極慘刻之狀。有心
> 者所以顰顧而不忍見也。嗚呼！民人習俗，有善有不善，
> 宜存其善捨其不善者。夫乩童託言神靈，扶乩蠱惑愚夫愚
> 婦，其行也蠻而野，於理不合；毀傷膚髮，更與聖人之教
> 大相背馳，君子不取焉。[105]

此外，臺南進士施士洁（1853-1922）〈泉南新樂府〉中有一首
以「乩童」為題的詩歌也寫道：

---

[103] 臺灣銀行經濟研究室編，《臺灣詩鈔》，卷 13，頁 233。
[104] 鄭鵬雲、曾逢辰，《新竹縣志初稿》，卷 6〈文徵〉，頁 256。
[105] 王松，《臺陽詩話》，下卷，頁 77-78。

　　咄哉！乩童爾何人？……爛頭破面驚為神！父老焚香婦孺
　　拜。……此獠公然恣饕餮，既醉既飽神之旁。宴罷騰身立
　　神轎，血汗淋漓路人笑。[106]

　　由以上所引這些材料可以知道，幾乎所有的作者都注意到童乩
「披髮」（散髮）一事，有些則還提到他們「裸體」（袒裼）、
「露臂」。這樣的裝扮，在今日臺灣各地迎神賽會的場合都經常
可以看到，似乎不足為奇。但是，相對於道士之「束髮」戴冠，
僧尼之「剃髮」，童乩之「披髮」確有其特色，更何況當時是對
於「髮式」極為敏感的清代社會，[107]士人自然會格外留意。同
樣的，裸露身軀以當時的標準來看，也是不合「禮教」的。

　　而更令當時士人震驚的應該是童乩以「刀劍」（刀錐）割
舌、刺背（刺膚）、剖額、斫腦、穿腮，以致「爛頭破面」、
「鮮血淋漓」的展演。以現代田野調查的資料來看，童乩用以自
傷的利器其實並不限於刀劍，較常用的便有俗稱「五寶」的七星
劍、鯊魚劍（骨刀）、刺球（紅紺）、月斧和狼牙棒（釘棍），
以及銅針、鋸刀等。[108]事實上，前引崔應階的「示諭」中所提

---

106 施士洁，《後蘇龕合集》，《後蘇龕詩鈔》，卷 6，頁 122-123。

107 詳見李思純，〈說民族髮式〉，收入李思純著，《江村十論》（上海：
　　上海人民出版社，1957），頁 45-62；馮爾康，〈清初的剃髮與易衣
　　冠〉，《史學集刊》，1985:2（長春，1985），頁 32-42；大形徹，
　　〈被髮考〉，《東方宗教》，86（町田，1995），頁 1-23；林富士，
　　〈頭髮的象徵意義〉、〈披髮的人〉，收入林富士著，《小歷史：歷史
　　的邊陲》，頁 165-170、171-179。

108 參見黃文博，〈忘了我是誰──乩童巫器揮祭泊鮮血〉，收入黃文博
　　著，《臺灣信仰傳奇》（臺北：臺原出版社，1989），頁 14-26。

到的利器便有「大椎」（貫穿口內）、「茨球」（摔擊其背）。
而十九世紀末年荷蘭漢學家高延（J. J. M. de Groot, 1854-1921）
[109]在福建所做的調查也顯示，當地童乩在儀式中通常是披散頭
髮、赤腳、裸露上身，穿著圍兜（繡肚），手中持拿劍和刺球，
並且能以粗針（或大椎）貫穿兩頰或舌頭。[110]

　　這種以「自傷」（self-mutilation）造成鮮血淋漓的展演，有
其儀式上的功能和意義，學者雖無一致的看法，但歸結而言，不
外乎是：用以淨化、除穢、驅邪；用以獻祭；用以展示神靈附
體；用以催化童乩進入精神迷離（trance）的狀態。在世界各地
的「巫俗」（shamanism）之中，中國童乩（包括華南、臺灣及
東南亞華人社會）這種「自傷」的儀式可以說相當獨特。[111]不

---

[109] 有關 J. J. M. de Groot（1854-1921）的生平及著述，參見 Maurice
Freedman, "On the Sociological Study of Chinese Religion," in A. P. Wolf
ed., *Religion and Ritual in Chinese Society* (Stanford: Stanford University
Press, 1974), p. 25；Leonard Blussé, "Of Hewers of Wood and Drawers of
Water: Leiden University's Early Sinologists (1853-1911)," in Willem
Otterspeer ed., *Leiden Oriental Connections, 1850-1940* (Leiden: E. J. Brill,
1989), pp. 317-353；Wilt L. Idema, "Dutch Sinology: Past, Present and
Future," in Ming Wilson and John Cayley eds., *Europe Studies China:
Papers from an International Conference on The History of European
Sinology* (London: Han-Shan Tang Books), pp. 88-110 (pp. 91-92).

[110] J. J. M. de Groot, *The Religious System of China*, vol. 6 (Leiden: E. J. Brill,
1892-1910), pp. 1274-1278.

[111] 詳見 Mitsuo Suzuki, "The Shamanistic Element in Taiwanese Folk
Religion," in A. Bharati, ed., *The Realm of the Extra-Human: Agents and
Audiences* (The Hague and Paris: Mouton Publishers, 1976), pp. 253-260；
Ruth-Inge Heinze, *Trance and Healing in Southeast Asia Today* (Bangkok,

過，在清代士人的眼中，這無異違反「身體髮膚，受之父母，不敢毀傷」的聖人教訓，必須加以譴責。

除了裸體披髮、以兵器自傷之外，根據上述文獻，我們知道，澎湖的童乩還有「爬刀梯」和「過火」的儀式，基隆則有「祖臥鐵釘床」的展演，新竹則會以「油鑊」試身。這些場景在現代臺灣也都還可以看到。

（四）法器

在宗教儀式中，常會使用各式各樣的器具和物品，在此或可通稱之為「法器」。而以上述童乩的展演內容來看，清代童乩常用的法器應該就是「刀劍」之類的兵器。

其次，神輦（神轎）幾乎也是必備的。前引文獻中有「扶輦」跳躍、狂跳之語，有時則有童乩「立」於神轎之上或其前、後之語，對此，徐莘田〈基隆竹枝詞〉中的描述最為傳神，他說：

> 臺俗：遊神賽會，必有跳童相隨；刀斫錐刺，略無痛苦。神座以四人舁之，或二人舁之；右推左扶，東倒西歪：云是神力所為，雖壯夫莫禦。閩人信神，一何可笑！[112]

Thailand: White Lotus Co., Ltd., 1988)；Donald S. Sutton, "Rituals of Self-Mortification: Taiwanese Spirit-Mediums in Comparative Perspective," *Journal of Ritual Studies*, 4:1 (Winter 1990), pp. 99-125；加藤敬，《童乩——臺灣のシャーマニズム》（東京：平河出版社，1990）。

[112] 臺灣銀行經濟研究室編，《臺灣詩鈔》，卷13，頁233。

這種場景在現代迎神賽會的場合還經常可見。此外，吳德功
（1850-1924）《戴案紀略》在敘述清同治元年至三年（1862-
1864）戴潮春之亂時，曾載有「白沙坑口莊」一役之事，在這一
場戰役中，由於白沙坑的「福德爺（土地公）甚為靈應」，「凡
賊來攻，輒先降乩示莊民」，甚至顯靈相助，令「賊死者數百
人，負傷不計其數」，終於「鳴金而退」。[113]而在許多靈異之
事中，有一段便和童乩的神轎有關，他寫道：

> 神道設教，有識者詆其妄，然觀白沙坑一役，於不可信之
> 中，亦有可信者。當與賊相持之時，凡賊欲來攻，必先降
> 乩指示。莊民素信重之，輒著靈驗。常聞福神言，賊明天
> 排長蛇陣，當排蜈蚣陣以破之。如是者甚多。雖莊民信而
> 行之，屢打勝仗，或者會逢其適，而觀當日偵探人入莊，
> 伏在廢塚內，乩童扶神輦直抵坑內廢塚窟擄之。……余舞
> 象時，避亂莊中，親見其事，故知之詳。[114]

這是他親見之事，可見童乩也可以利用「扶輦」「降乩」。[115]

---

113 吳德功，《戴施兩案紀略》，《戴案紀略》，卷中，頁 25-26。
114 吳德功，《戴施兩案紀略》，《戴案紀略》，卷中，頁 26-27。
115 「扶輦」降乩有時也可以稱之為「扶箕」、「扶乩」或「扶鸞」，這和
　　童乩的「憑降」儀式有相當密切關係，而兩者之間的異同也值得進一步
　　探討。首先，「扶乩」與「憑降」都是一種「降神」儀式，但「扶乩」
　　之時神是憑附在「乩筆」、神輦、神轎上書寫文字以傳達神意，而「憑
　　降」則是憑附在童乩身上開口說話（有時也可以手寫）。其次，扶乩之
　　「乩手」在儀式過程中可以保持清醒的意識狀態，甚至可以中途「換
　　手」，不必經過特殊訓練的人就可以擔任。但童乩則不然，在儀式過程

　　神輦、神轎可以讓童乩「立」其上或「坐」其中，但主要還是「神明」的交通工具，其中通常會放置神像。例如，前引日人永井甃石對於新竹「追疫祭」的描述中便有「奉媽祖於神輿」一語。不過，神像主要還是設置於祠廟之中，供人膜拜。[116]童乩舉行儀式之地點，包括祠廟、神壇和信徒家中，通常也都設有神像。事實上，神像幾乎可以說是童乩信仰、儀式中不可或缺之物，每一神皆有像，其信仰之傳播也往往透過神像的移動而散佈。[117]

　　除此之外，符和紙錢也是其儀式中常用之物。例如，林焜熿《金門志》論金門之風俗時說：

　　　惑鬼神，信機祥，病雖用醫，然扶鸞撞神問藥、延巫覡禳

中，他們通常會進入精神迷離（trance）的狀態，而且不是一般人都可以擔任此一工作。然而，根據近幾年的調查，我們發現，有若干童乩是由乩手轉變而成，而在成乩之初，他們往往還必須藉助扶乩（關手轎仔）的動作以讓神明附體。因此，有些人事實上是兼任乩手和童乩的工作，或許是這個緣故，也有人稱乩手為「文乩」，而稱那些能以兵器自傷的童乩為「武乩」。不過，「文乩」有時也被用以稱呼那些「通靈」而無激烈自傷動作的童乩。詳見許地山（1893-1941），《扶箕迷信底研究》（長沙：商務印書館，1941）；黃文博，〈神在輿中跳──輦轎狂舞與桌頭看字〉，收入黃文博著，《臺灣信仰傳奇》，頁 27-38；劉枝萬，〈臺灣之 Shamanism〉，頁 4-7。

[116] 前引文獻中已多次提及，不再贅述。

[117] 關於神像與童乩信仰之關係，參見林瑋嬪，〈臺灣漢人的神像：談神如何具象〉，收入黃應貴主編，《物與物質文化》（臺北：中央研究院民族學研究所，2004），頁 335-377。

符燒紙，至死不悟；誣蔽甚矣。[118]

關名者所撰的《嘉義管內采訪冊》（大約撰於 1897-1901 年）也
說：

> 俗尚巫家，動輒深信巫言。每年八月十五日，令其設臺禳
> 災解厄，進錢補運，敕符作法，鼓角喧天，手舞足蹈，約
> 費白金十餘元，俗曰「過關度限」。[119]

中國巫者用符的傳統由來已久，大概自先秦時期便已開始，至於
用紙錢雖然較晚，但大約從南朝之時（420-589）開始也已見於記
載。[120]臺灣（包括金門）的童乩於祭祀、祈禳之時，用符請神、
去邪，燒化紙錢以享鬼神大致是源自這個傳統。值得注意的是，
臺灣的道士與法師在他們的儀式中也大量使用符和紙（錢）。[121]

---

[118] 林焜熿《金門志》，卷 15〈風俗記·雜俗〉，頁 396。

[119] 關名，《嘉義管內采訪冊》，〈打貓南堡·雜俗〉，頁 43。

[120] 參見 Ching-Lang Hou, *Monnaies d'offrande et la notion de trésorerie dans la religion chinoise* (Paris: Collège de France, Institut des Hautes Etudes Chinoises, 1975)；Anna Seidel, "Buying One's Way to Heaven: The Celestial Treasury in Chinese Religions," *History of Religions*, 17:3&4 (1978), pp. 419-431；Hill Gates, "Money for the Gods," *Modern China*, 13:3 (July, 1987), pp. 259-277；Fu-shih Lin, "Chinese Shamans and Shamanism in the Chiang-nan Area during the Six Dynasties Period (3rd-6th Century A.D.)," pp. 104-105.

[121] 參見峨嵋居士，《道壇作法》，17 冊（臺北：逸群圖書公司，1984-1985）；Ching-Lang Hou, *Monnaies d'offrande et la notion de trésorerie*

五、童乩的社會角色

由信仰對象及儀式特質來看，童乩在清代的臺灣社會中主要是在宗教儀式中擔任鬼神的代言人，扮演「靈媒」（medium）的角色，替人祈福解禍。一如傳統中國社會中的巫者。[122]至於具體的工作內容，從「禍福」的角度來看，大致可以畫分為下列四項。

（一）治病

在童乩的各種工作項目之中，應該是以替人治病最受矚目。清代文獻中，這一類的記載也相當多。首先，各個時期各地的方志在談論「風俗」、「習俗」時幾乎都會提到閩、臺之人「信巫鬼」、「信鬼尚巫」，疾病時則求巫相助。例如，周鍾瑄《諸羅縣志》便說：

> 尚巫，疾病輒令禳之。又有非僧非道，名曰「客仔師」。攜一撮米，往占病者，謂之「米卦」，稱說鬼神，鄉人為其所愚，倩貼符行法而禱於神，鼓角喧天，竟夜而罷。病未愈，費已三、五金矣。不特邪說惑人，亦靡財之一竇也。[123]

---

dans la religion chinoise.

[122] 詳見林富士，《漢代的巫者》，頁 15-26。

[123] 周鍾瑄，《諸羅縣志》，卷 8〈風俗志〉，頁 147-148。

其後，劉良璧的《重修福建臺灣府志》、[124]范咸的《重修臺灣府志》（1747）、[125]王必昌的《重修臺灣縣志》（1752）、[126]余文儀的《續修臺灣府志》（1760）都有同樣的記載。[127]由此可見，十八世紀臺灣各地的病人通常會請巫者以禳除之法治病。而巫者之中，應含童乩在內（詳下文），但所謂的「客仔師」似乎又特別受人青睞，且以「米卦」診疾最具特色。

到了十九世紀，在方志中，類似的記載仍然不絕於書。例如，周璽的《彰化縣志》（1830）便說：

> 俗素尚巫。凡疾病輒令僧道禳之，曰進錢補運。又有非僧非道，以紅布包頭，名紅頭司，多潮人為之。攜一撮米，往占病者，名占米卦。稱神說鬼，鄉人為其所愚，倩貼符行法，而禱於神，鼓角喧天，竟夜而罷。病未愈而費已十數金矣。不特邪說惑人，亦糜財之一竇也。又有尋神者，或男或女不等，到家排香燭金楮，其人以紅帕複首掩面，少頃即作鬼語，若亡魂來附其身而言者，竟日十數次，費數百錢。婦女尤信而好之。此風不可不嚴禁使止也。[128]

柯培元《噶瑪蘭志略》（1837）也說：

---

[124] 劉良璧，《重修福建臺灣府志》，卷 6〈風俗〉，頁 96。

[125] 范咸，《重修臺灣府志》，卷 13〈風俗〉，頁 401。

[126] 王必昌，《重修臺灣縣志》，卷 12〈風土志・風俗〉，頁 402。

[127] 余文儀，《續修臺灣府志》，卷 13〈風俗〉，頁 499。

[128] 周璽，《彰化縣志》，卷 9〈風俗志〉，頁 293。

俗尚巫，疾病輒令禳之。又有非僧非道者，以其出於粵客，名「客子師」，又以其頭纏紅布名「紅頭師」，拈一撮米往占病者，謂之「米卦」，稱說鬼神，鄉人為其所愚，倩貼符行法而禱於神，鼓角喧天，竟夕而罷，病未嘗減而費已三、五金矣。大抵村俗病甫臥褥，不思飲食，輒進以山東甜粉湯，稍愈則以一盞米泡九盞水煮食，名曰「九龍糜」，否則食以雛雞，苟不再起，則做紅頭師矣。至符咒無所施，於是請佛，佛更不靈，遂乃磨刀向豬，與棺槨衣衾而齊備。迨其亡也，弔客臨門，而豕亦就屠矣。[129]

陳淑均《噶瑪蘭廳志》（1852）也說：

俗尚巫，疾病輒令禳之。又有非僧非道者，以其出於粵客，名客子師；以其頭纏紅布，又名紅頭師。所居門額各標壇號，實則道家者流也。[130]

倪贊元《雲林縣采訪冊》也說：

俗尚巫，凡疾病輒令僧道禳之。又有非僧非道以紅布包頭名紅頭司，鄉人為所愚：倩其貼符作法、鼓角諠天、跳舞達旦，日進錢補運；動費十餘金。邪說惑人，婦女尤信。[131]

---

[129] 柯培元，《噶瑪蘭志略》，卷 11〈風俗志〉，頁 111。

[130] 陳淑均，《噶瑪蘭廳志》，卷 5〈風俗〉，頁 191。

[131] 倪贊元，《雲林縣采訪冊》，〈斗六堡・風俗〉，頁 29。

闕名者所撰的《嘉義管內采訪冊》也說：

> 俗又尚巫。凡人有疾病，或請道以禳災，或延僧以解厄，
> 而最可用者，紅頭司以紅布包頭，土神安胎更應（？）。
> 一時鼓角喧天，跳舞動地，安符作法，隨解而安。大則進
> 錢補運，祈安植福，當天請神念經，香案茶品潔淨，虔誠
> 祈禱，無事不靈。是邪說惑人，拐騙財物，甚多婦女信
> 之，至若文明之士，則不然也。[132]

上述記載基本上是沿革十八世紀方志的內容，但都各有增刪，彼
此也有所出入。例如，有些地方（如彰化、噶瑪蘭）便指出，
「客師」或「客仔師」又叫「紅頭師」（「紅頭司」）。有些地
方（如雲林、嘉義）則不提「客師」或「客仔師」，只稱之為
「紅頭師」（「紅頭司」）。《澎湖廳志》則直言：「澎俗雖有
米卦，而無客子師。」[133]而值得注意的是，有些地方（如噶瑪
蘭），也延請僧人、道士參與治病的工作。

　　總之，由以上記載來看，清代臺灣社會的病人似乎慣於向各
種宗教人物及鬼神求救，而這些宗教人物，當時文獻往往以
「巫」做為總稱。例如，曾於乾隆三十一至三十四年（1766-
1769）擔任澎湖通判的胡建偉，[134]其《澎湖紀略》（1771）便
說：

---

[132] 闕名，《嘉義管內采訪冊》，〈打貓西堡・雜俗〉，頁 13。
[133] 林豪，《澎湖廳志》，卷 9〈風俗〉，頁 325-327。
[134] 林豪，《澎湖廳志》，卷 6〈職官名宦傳〉，頁 222-223。

> 澎湖之人信鬼而尚巫；凡有疾病，不問醫藥，只求神問卜
> 而已。[135]

長期擔任學官的謝金鑾（1757-1820）在十九世紀初所修的《續
修臺灣縣志》（1807）也說：

> 居臺灣者，皆內地人，故風俗與內地無異。……俗信巫
> 鬼，病者乞藥於神。[136]

林焜熿的《金門志》也說：

> 惑鬼神、信禨祥，病雖用醫，然扶鸞擡神問藥、延巫覡禳
> 符燒紙，至死不悟；誣蔽甚矣。[137]

這是傳統中國社會「信巫不信醫」的舊習俗。

　　至於能替人治病的巫者所指的宗教人物，除了上述的僧、道
和「客仔師」（紅頭師）之外，應該也包括童乩在內。例如，陳
培桂《淡水廳志》論當地「雜俗」時說：

> 又信鬼尚巫，蠻貊之習猶存。……有為客師，遇病禳禱，

135　胡建偉，《澎湖紀略》，卷 7〈風俗紀〉，頁 149。

136　謝金鑾，《續修臺灣縣志》，卷 1〈地志・風俗〉，頁 51。又見李元
　　春，《臺灣志略》，卷 1〈風俗〉，頁 35-36。

137　林焜熿，《金門志》，卷 15〈風俗記〉，頁 396。

曰進錢補運。金鼓喧騰，晝夜不已。有為乩童，扶輦跳
躍，妄示方藥。[138]

沈茂蔭的《苗栗縣志》論當地「雜俗」也說：

又信鬼、尚巫，蠻貊之習猶存：……有為「客師」，遇病
禳禱，曰「進錢補運」；金鼓喧騰，晝夜不已。有為乩
童，扶輦跳躍，妄示方藥。[139]

蔡振豐的《苑裏志》也說：

苑裏習氣，與全臺同；大都信鬼神、惑巫蠱，……有道
士、有客師，人病則延為禳禱，曰「進錢補運」；又能建
功德道場，以超昇亡靈也。有乩童焉，作神替身，披髮執
劍，扶輦狂跳，妄示藥方，且云能驅妖怪；人信若狂。[140]

林百川、林學源的《樹杞林志》也說當地之俗：

尚巫信鬼，用財亦甚耗。……有菜堂吃齋而為道士者、有
代人禳禱而為客師者，遇病則延為祈保，曰「進錢補
運」；金鼓喧騰，人謂其能建醮功德，超度幽魂也。又有

---

[138] 陳培桂，《淡水廳志》，卷11〈風俗考〉，頁304。
[139] 沈茂蔭，《苗栗縣志》，卷7〈風俗考〉，頁119-120。
[140] 蔡振豐，《苑裏志》，下卷〈風俗考〉，頁89。

> 扶輦跳躍而為乩童者，披髮妄言，執劍剖額，示以方藥，
> 謂其能驅邪逐疫；人皆信之。[141]

鄭鵬雲、曾逢辰的《新竹縣志初稿》也說當地「雜俗」：

> 又信鬼、尚巫，遇病群相禱禳，曰「進錢補運」；金鼓喧
> 騰，晝夜不息。有為乩童者，披髮露臂，手持刀劍剖額、
> 刺膚以示神靈，妄示方藥；又有扶乩出字，謂神下降，指
> 示方藥，並能作詩作文，事尤靈怪，不可深知。[142]

由此可見，能替人治病的巫者所包括的宗教人物，各地都有些出
入。有些地方有「客仔師」，有些地方則無（如澎湖）或不見敘
述（如新竹）。有些地方甚至有「道士」（如樹杞林、苑裏、嘉
義、彰化）和僧人（如彰化、噶瑪蘭）。不過，僧道還是比較少
見。但是，幾乎各地都會提到童乩，而更值得注意的是，童乩替
人治病的方法主要是用「方藥」，也就是由童乩憑降神明之後，
開示方藥給病人。

　　這和目前的情形很不一樣。根據近幾年的調查發現，雖然有
不少童乩在開壇「濟世」（「辦事」）時仍扮演醫療者的角色，甚
至以善於治病聞名或自豪，但是，卻極少會利用藥物或指示方
藥。他們絕大多數都是利用符咒或藉助神力和儀式，偶而則會在

---

[141] 林百川、林學源，《樹杞林志》，〈風俗考〉，頁 103-104。
[142] 鄭鵬雲、曾逢辰，《新竹縣志初稿》，卷 5〈風俗〉，頁 186。

宗教儀式之外，指示信徒前往醫院或尋覓某位醫師進行診療。[143]

這是極大的轉變，而其關鍵應該是日本殖民政府所採行的管理措施。在日治時期，政府嚴格禁止童乩開示藥方替人治病。而國民政府來臺之後（1945-）也持續這樣的政策。[144]在明顯觸法的情形之下，童乩即使具備醫藥知識，也很少敢指示方藥。不過，以前童乩常用的方藥，目前倒還可以略知一二。[145]

以上都是方志對於臺灣地區用巫者治病的習俗所做的敘述。除此之外，當時士人的詩文中對此也有一些記述。例如，清初沈光文（1613-1688）〈平臺灣序〉描述鄭成功治下之臺灣的幅員地理、「民情土俗、山川出產」時便說：

> 伏臘歲時，徒矜末節；冠婚喪祭，爭好虛文。病則求神而
> 勿藥，巫覡如狂；貧則為盜而忘身，豺狼肆毒。[146]

其次，孫爾準（1772-1832）在〈臺陽雜詠〉「病來煩米卦」一句之下自注云：

---

143 詳見林富士，〈醫者或病人：童乩在臺灣社會中的角色與形象〉，《歷史語言研究所集刊》，76：3（臺北，2005），頁 511-568。

144 詳見林富士，〈臺灣童乩的社會形象初探（二稿）〉；林富士，〈醫者或病人：童乩在臺灣社會中的角色與形象〉。

145 詳見峨嵋居士，〈道壇乩童常用藥方〉，收入峨嵋居士編，《道壇作法・8》，頁 1-81。

146 收載范咸，《重修臺灣府志》，卷 23〈藝文〉，頁 704-705。

　　　　俗尚巫，病，輒延客子師攜撮米占之，曰「米卦」。[147]

這應該是他在清道光四年（1824）擔任福建巡撫渡臺「巡閱」時
的作品。而丁紹儀《東瀛識略》也說：

　　　　南人尚鬼，臺灣尤甚，病不信醫，而信巫。有非僧非道專
　　　　事祈禱者曰客師，攜一撮米往占曰米卦；書符行法而禱於
　　　　神，鼓角喧天，竟夜而罷。病即不愈，信之彌篤。[148]

這都是對於臺人「信巫不信醫」的印象。此外，佚名者所撰之
《臺遊筆記》（約撰於 1877-1897）也提到：

　　　　風俗尚樸。惟男子大半食鴉片。……人有疾病，不用醫而
　　　　用巫；巫謂禱告某神、某鬼，謂病立可愈。病愈之後，另
　　　　請齋公謝神。齋公者，猶內地之道士也；所穿袍服不倫不
　　　　類，與戲中之小丑相似。……每年五月十三日，迎觀音像
　　　　遊行街市，甚為熱鬧；……惟與人治病之巫祝，以利刃刺
　　　　腦門或用鐵鍼穿入脣內，嬉笑自如，隨於神後。[149]

由此可見，從明末到十九世紀末葉，臺人治病一直有用巫不用醫
的情形，至於治病之巫，根據《臺遊筆記》的描述，至少包括童

---

[147] 臺灣銀行經濟研究室編，《臺灣詩鈔》，卷 4，頁 63。
[148] 丁紹儀，《東瀛識略》，卷 3〈習尚〉，頁 35。
[149] 收入臺灣銀行經濟研究室編，《臺灣輿地彙鈔》，頁 101-102。

乩在內，而和童乩合作的「齋公」，可能是「法師」。此外，前面曾提過的「客師」也被認為是以治病聞名的巫者。

以上所引的材料都是針對「習俗」所做的概括性描述。除此之外，有一些士人還留下若干比較個人性的記錄，例如臺中人林朝崧（1875-1915）《無悶草堂詩存》（1935）收錄其〈哭內子謝氏端〉一詩便云：

> 歲在馬羊間，親見陵為谷；全家載以舟，辭鄉遠漂泊。吾母陳夫人，老態太羸弱；避地遷徙頻，舊疾歲數作。我遍求巫醫，汝不離床蓐；雖勞無倦容，歷久心轉肅。至誠感神明，病危輒平復；母得週花甲，汝功殊不薄。[150]

這是他十三首悼念亡妻詩作中的一首，所敘述的是 1894-1895 年（歲在馬羊間）甲午之戰至乙未割臺之際，全家至中國大陸避難之後的情形。當時，其母陳夫人舊疾復發，林氏因而「遍求巫醫」，而其妻也悉心照料，才轉危為安。背景雖在大陸，但遇疾「求巫醫」卻是遵循臺俗。

其次，彰化舉人陳肇興（1831-?）《陶村詩稿》（1878 年初刻）有〈觀我〉一詩，自述其對「生、老、病、死」的感受，其中，〈病〉云：

> 靈苗毒草強支持，藥性多從此日知。幾度驚疑防飲食，一家奔走為巫醫。茂陵秋雨相如賦，禪榻茶煙小杜詩，別有

---

150 林朝崧，《無悶草堂詩存》，頁 148。

煙霞防痼疾，餐英茹菊到期頤。[151]

這應該是他中、老年罹病之時，家人為他奔走，延請巫醫的記實之作。

又其次，林占梅《潛園琴餘草簡編》中有一首清咸豐四年（1854）所作的〈赴郡苦熱，得雨偶作〉之詩云：

> 酷暑風來亦為咳，暖風熛怒幾爍石；惡氛刻復逐征塵，白晝道傍鬼捉客。嘆我南行當其時，健夫十人九喪魄；徹夜傳呼巫與醫，身心交瘁莫安席。想見武侯渡瀘時，精誠在抱消瘴疫；古今無數匡濟才，許國御微敢自惜！捧檄我亦奉命來，旅次焦勞熱反劇；欲逃樂土苦無從，救兵一夜來風伯。大塊噫氣夾雷鳴，俄頃滂沱勢溟濛；此時消盡胸中愁，旱魃成群接辟易；吁嗟乎！安得王師如此雨，露布一朝傳遐僻！[152]

這應該是咸豐三年（1853）林恭之變（臺南、鳳山一帶）或是咸豐四年（1854）小刀會之亂（基隆一帶）時，林占梅助官軍平亂之時的詩作。[153]由詩中可以知道，當時正值暑熱的季節，軍中或許正流行「瘴疫」，或是有這一方面的恐慌，因此才會有「徹

---

[151] 陳肇興，《陶村詩稿》，頁 45。

[152] 林占梅，《潛園琴餘草簡編》，頁 48。

[153] 參見徐慧鈺，〈林占梅年譜〉（臺北：國立政治大學中文研究所碩士論文，1990）；林文龍，《林占梅傳》（南投：臺灣省文獻會，1998）。

夜傳呼巫與醫」的情形。

　　再其次，施士洁有〈癸卯歲除，病幾殆而獲愈；新正戚友來賀，書此以博一笑〉一詩云：

> 鯉城昏昏度新歲，沉疴乍起魂猶悸。登堂有客相疑年，主
> 人笑以一歲對。四坐聞之大軒渠，云此讝言毋乃大！我為
> 諸君道所以，主人滑稽客勿怪：去年賤子四十九，一病幾
> 乎不可諱。年未五十尚稱夭，淒然茹痛撤心肺。巫醫束手
> 妻孥哭，男而死耳復誰懟？歲方云暮我告終，四序之功成
> 者退。不圖有腳陽春回，我以轉否而為泰。[154]

癸卯歲在清光緒二十九年（1903），當時施士洁全家避居中國大陸。據此，則在他重病之際，家人也是遍求「巫醫」。另外，其〈四孫滄池殤，感懷書此〉一詩也說：

> 世運既不辰，長理亦顛倒，如何三歲孫，先反老人老？去
> 年春秋間。于役榕門道。客從鷺江來，對予誇汝好。家書
> 每及汝，語語平安報。洎予旋歸時，見汝貌殊槁，始悟友
> 與孥，諱疾不以告。嗟予慣離家，內顧太草草；壯者不惜
> 別，寧復戀幼小！汝爺正東渡，遠隔七鯤島，艱辛累汝
> 孃，醫巫日紛擾。啟知衛生家，勿藥以為寶；況讀近世
> 史，神權今以渺。女流苦迷信，久作驚弓鳥。開門向盜
> 揖，救火將薪抱，殺人咎醫巫，噬臍悔不早！予本信天

---

154 施士洁，《後蘇龕合集・後蘇龕詩鈔》，卷6，頁141-142。

> 翁，天道究難曉，鼓盆方悼亡，喪明更傷天。惟有強達
> 觀，忘情此禍裯！回顧諸兒嬉，膝下覓梨棗。翻想五嶽
> 游，婚嫁何時了？咄哉鏡中人，兩鬢霜華皓！[155]

這是在他三歲的孫子夭殤之後所作的感懷詩，由詩中可以知道，施士洁在乙未割臺之後，雖然攜眷避居大陸。但仍有子孫留居臺南，他也曾返回探視。而其孫得病之後，其媳婦大概是因「迷信」「神權」，不用醫藥（勿藥以為寶）而求「醫巫」，以致夭亡。

另外，日人鷹取田一郎《臺灣孝節錄》（1916）載有清光緒十八年（1892）廖天維的事蹟云：

> 孝子廖天維，南投廳包尾莊人廖士朝子也。家世業農。
> ……明治二十五年（光緒十八年），父罹於病。天維憂心
> 不已，晝耕隴畝，夜侍藥爐，懇問其所望，……無不必侑
> 之。……病漸革，不離席間，日夜侍側。及死，擗俑慟
> 哭。三十八年（光緒三十一年）八月，南投廳長褒賞厚
> 貺。父歿之年，母林氏（字險）亦患眼，醫藥巫祝，無方
> 不試，遂失明，天維深傷之。爾來移床於母側，以窺安
> 否。……湯藥不必使人奉之。……大正四年五月，內田民
> 政長官接引於廳，厚貺賞恤。越十二月二日，特賜欽定綠
> 綬褒章。[156]

---

[155] 施士洁，《後蘇龕合集・後蘇龕詩鈔》，卷6，頁168。
[156] 收入吳德功，《彰化節孝冊》，附錄二《臺灣孝節錄》，頁81-82。

這是日本殖民政府所褒揚的一名臺灣孝子，但他侍奉雙親的方式，其實和傳統中國的「孝子」非常類似，一方面「醫藥巫祝，無方不試」，另一方面又親奉湯藥。無論如何，由這個孝子故事也可以知道，並非所有人都棄用醫藥，但在求醫用藥之時，往往也會同時求助於巫者。

總之，無論是從方志作者或其他士人對於臺灣「習俗」的描述，或是從士人對於個人或旁人經驗的敘述來看，清代臺灣民眾生病之時確有「信巫不信醫」或「巫醫並用」的情形。而這種社會習尚應該和移民原鄉的習俗同源。[157] 舉例來說，全祖望（1705-1755）所撰的〈大理悔廬陳公神道碑銘〉曾說陳汝咸（1657-1713）：

> 出知漳浦縣。漳浦最健訟，胥吏能以一訟破中人產。……俗尚巫，民有病，舁諸妖師狂祈謬祝，費不貲。藥食皆卜之，食其吉者；食而死，則曰：「神所不佑也」！公開陳曉諭，巫風以息。[158]

陳汝亮出知閩省漳浦縣是在清康熙丙子歲（1696），前後達十三年之久（1696-1708）。任期之內，主要工作都在「改良」當地

---

[157] 詳見林富士，〈中國六朝時期的巫覡與醫療〉；林富士，〈試論傳統中國社會中的巫醫關係〉，發表於中央研究院歷史語言研究所、中央研究院蔡元培人文社會科學研究中心「亞太區域研究專題中心」主辦，「巫者的形象」學術研討會（臺北：中央研究院歷史語言研究所，2003 年 8 月 22 日）。

[158] 臺灣銀行經濟研究室編，《碑傳選集（三）》，頁 400-401。

「風俗」，禁毀各種宗教（包括天主教、佛教、無為教等），獎掖儒學。[159]而在各種風俗之中，求巫治病的「巫風」便是他要禁絕的要項之一。雖然「碑銘」說當地在他「曉諭」之後「巫風以息」，但實情恐怕不是如此。清代臺灣移民有不少來自漳浦一帶，無論是在祖居地或是新住地，以巫治病之風似乎始終不息。

附帶一提的是，清代臺灣的「原住民」也有以巫者治病的習俗。例如，胡傳（1841-1895）的《臺東州采訪冊》（1894）便說：

> 番俗疾病無醫藥，或宰牛、豬以祈禱，或請「响婆」禳之。……「响婆」，猶內地之女巫也。[160]

其次，吳子光《臺灣紀事》也說：

> 方書有華陀五禽之術，詭秘異常，後惟李笠翁深得此意，固不假藥物為醫也。今番俗亦有百道之說。其法令病者力疾出戶外，被髮正立東嚮；司禁魔者皆老番婦，亦散髮，手樹枝禹步作咒語，喃喃不可曉，時以樹枝拂病者毛髮，若梳櫛然，約食頓飯頃乃畢。問之，有驗有不驗。即番有竊盜之事，亦用此術治之。其術傳女不傳男，亦中國師巫

---

[159] 詳見蔡世遠，〈大理寺少卿陳公汝咸墓誌銘〉，收入臺灣銀行經濟研究室編，《碑傳選集（三）》，頁396-399。

[160] 胡傳，《臺東州采訪冊》，〈風俗〉，頁52。

之類耳。[161]

由此可見，清代的臺灣原住民主要也是由巫者以祈禳之法替人治病，而這種習俗也一直延續到現代。[162]

（二）逐疫

除了個人性的疾病之外，清代臺灣的童乩也是民眾防治瘟疫時求助的主要對象之一。例如，周鍾瑄《諸羅縣志》論臺灣之風俗時便說：

> 斂金造船，器用幣帛服食悉備；召巫設壇，名曰王醮。三歲一舉，以送瘟王。醮畢，……乃送船入水，順流揚帆以去。或泊其岸，則其鄉多屬，必更禳之。[163]

類似的記載還可見於其他十八至十九世紀的方志。[164]總之，以

---

161 吳子光，《臺灣紀事》，卷1〈紀番社風俗〉，頁28。

162 參見丘其謙，〈布農族卡社群的巫術〉，《中央研究院民族學研究所集刊》，17（臺北，1964），頁 73-94；丘其謙，〈布農族郡社群的巫術〉，《中央研究院民族學研究所集刊》，26（臺北，1968），頁 41-66；吳燕和，〈排灣族東排灣群的巫醫與巫術〉，《中央研究院民族學研究所集刊》，20（臺北，1965），頁 105-153；阮昌銳，《台東麻老漏阿美族的社會與文化》（臺北：臺灣省立博物館，1994）；林明美，〈阿美族巫師儀式舞蹈研究：吉安鄉東昌村 miretsek 實例分析〉（臺北：國立藝術學院傳統藝術研究所碩士論文，1996）。

163 周鍾瑄，《諸羅縣志》，卷8〈風俗志〉，頁 150-151。

164 詳見本文第三節。

現代臺灣的情形來說，舉行「王醮」時，主要是由道士主持儀式，但在過程中，往往也有童乩參與。事實上，清代澎湖的「王醮」便少不了童乩，而且是由「法師與乩童相結」演出。[165]而目前澎湖的「王醮」，主要仍是由法師掌控，但在「請王」、「送王」之時，童乩也不可少，而且，極少有道士參與的情形。[166]

　　童乩除了參與和「王爺」（瘟神）信仰結合的「逐疫」儀式之外，在瘟疫流行之際，應該也是病人求助的主要對象，例如，施士洁〈泉南新樂府〉中有〈避疫〉一詩云：

> 世間奇劫無不有，一疫乃至十年久！郡南山海萬人煙，鬼錄搜羅已八九。海氣曾騰山氣淫，觸之不覺頭岑岑；耳邊隱約催鬼伯，活血斗然成死核。秦醫束手越巫逃，咄哉滿地腐鼠嚇！一人染疫一家危，百金求巫千金醫。劣醫驕蹇□□□，神道荒□□□；□□□□□愈多，此輩何如□□者？渠渠□□□□□，□肉未敢張哭聲。惡乜呼群瞰其室，斷絕人蹤與鼠跡；昔乜而瘠今盜肥，阿堵探囊如鼠碩。炎天薰葬叢山紛，乜助負土營新墳。豈知狐埋復狐搰，是乜是盜二而一。「摸金校尉」、「發丘郎」，木石心腸鬼亦怵！晨酣午飫宵攎蒲，腦後不聞新鬼呼！惡乜之惡惡若此，彼蒼降罰何時已？君不見前明崇禎癸未春，邏卒驚倒喪門神；又不見河北羊毛入茄裏，千人食之萬人

---

165 林豪，《澎湖廳志》，卷9〈風俗〉，頁325-327。

166 詳見黃有興、甘村吉，《澎湖民間祭典儀式與應用文書》，頁 308-417。

死！安得有司行大儺，黃金四目揚盾戈？騎士傳火倀子
歌，逐之四裔投之河。疫鬼敢向天橋過？[167]

從詩中所描述的疫情（一疫乃至十年久、滿地腐鼠）及其他文獻
來看，這首詩應該是日治時期「鼠疫」的實錄。這場鼠疫始於明
治二十九年（1896），一直到大正六年（1917）才被撲滅，前後
達二十二年之久。若此詩果真寫於發生疫情之後的第十年
（1905），則該年及其前後數年正好是這一場瘟疫的高峰期，每
年死亡人數都高達二、三千人。[168]無論如何，當時的臺灣社
會，面對瘟疫，雖有殖民政府以「公共衛生」的手段（捕鼠與清
潔環境）進行防疫，但染疫者卻幾乎無藥可醫，患者的死亡率高
達八成，[169]因此，所造成的恐慌可想而知。「秦醫束手越巫
逃」、「一人染疫一家危」，絕對不是詩人浮誇之詞。在這種情
況之下，病者「百金求巫千金醫」的舉措便不令人意外，而在詩
末，施士洁似乎也只好訴求「大儺」逐疫的宗教力量。

（三）生育

在傳統中國社會，自先秦以來，婦女在生育之事上，無論是
求子或是生產，常會尋求巫者相助，[170]即使在現代臺灣，我們

---

[167] 施士洁，《後蘇龕合集·後蘇龕詩鈔》，卷 6，頁 120。

[168] 詳見小田俊郎著，洪有錫譯，《臺灣醫學 50 年》（臺北：前衛出版
社，1995），頁 17-28。

[169] 詳見小田俊郎著，洪有錫譯，《臺灣醫學 50 年》，頁 26-27。

[170] 詳見林富士，《漢代的巫者》，頁 80-83；Fu-shih Lin, "Chinese Shamans
and Shamanism in the Chiang-nan Area during the Six Dynasties Period

仍可看到不少「不孕」、「無子」的婦女至神壇向童乩求助。
[171]但在清代的臺灣社會，卻幾乎沒有任何文獻直接提及這一類
的情事。唯周凱《廈門志》（1832）曾說：

> 別有巫覡一種，俗呼為「師公」，……一切禱符、燒紙、
> 噴油、栽花、步斗諸名目，率偽妄不經。愚婦人無識，為
> 所簧鼓，花費尤多；書禮之家，亦所不禁。[172]

文中所說雖然是廈門的情形，但臺灣恐怕也有。而其中所謂的
「栽花」又叫「栽花換斗」或「進花園」，基本上是一種替不
孕、屢屢流產或殤子的婦女求子的儀式，在日治時期及「光復」
初期的臺灣社會還相當流行，而能進行這種儀式的，除了法師之
外，主要就是尪姨和童乩。[173]

(3rd-6th Century A.D.),” pp. 206-207.

[171] 詳見林富士，〈臺灣童乩的社會形象初探（二稿）〉。

[172] 周凱，《廈門志》，卷15〈風俗記〉，頁651。

[173] 參見片岡巖著，陳金田譯，《臺灣風俗誌》（臺北：眾文圖書公司，
1990，譯自 1921 年臺灣日日新報社），頁 527-531；臺南州衛生課，
《童乩》（臺南：臺南州衛生課，1937），頁 66-70；國分直一，〈乩
童的研究〉，《民俗臺灣》（中譯本），1（臺北，1942），頁 90-
102；國分直一，〈臺灣のシャマニズム──とくに童乩の落嶽探宮を
めぐって〉，收入國分直一著，《壺を祀る村：臺灣民俗誌》（東京：
法政大學出版局，1981），頁 310-338；吳瀛濤，〈臺灣的降神術：關
於觀童乩的迷信〉，《臺灣風物》，9：5&6（臺北，1959），頁 25-
27；吳瀛濤，《臺灣民俗》（臺北：眾文圖書公司，1975）；劉枝萬，
《臺灣の道教と民間信仰》，頁 165-166。

（四）咒術

自漢代時起，傳統中國文獻屢屢有關於以「巫蠱」、「咒詛」（祝詛）、「厭魅」之術害人的記載。這一類的事多發生於宮廷、皇室之家，常引爆激烈的政治衝突。當事人也大多是后妃、皇族和王公大臣，但巫者通常也在其中扮演關鍵性的角色。[174]童乩既擅長符、咒及相關的「法術」，似乎也容易被人認為具有害人的技能。

然而，清代臺灣並非中國政治中心之所在，因此，也未見主要發生在宮廷之中的巫蠱或祝詛事件。但是，民間仍有一些這一類的傳說。例如，丁紹儀《東瀛識略》便說：

《小琉球志》云，往時北路番婦能作法詛咒，謂之向；向者，禁制也，先試樹木，立枯，解而復蘇，然後用之，恐能向不能解也。田園阡陌，數尺插一代，以繩環之，山豬麋鹿弗敢入；人有誤摘其瓜菓啖者，脣立腫，解之平復如初。問之諸番，近已無有。今聞淡水廳屬尚有能持符咒殺人者，以符灰雜烟茗檳榔閒食之，罔迷弗覺，劫財恣淫，一任所為；然皆未見。惟娼家遇客至，利其賞，不利其去，潛以妓口嚼餘檳榔汁濡客辮尾，客即留連不忍他適；或數日間閣，妓向所奉土神前焚香紙，默誦數語，客輒心動趨往。言者鑿鑿，當非臆造，是魘制餘習猶未絕也。[175]

---

[174] 詳見澤田瑞穗，《中國の呪法》（東京：平河出版社，1984），頁174-212；林富士，《漢代的巫者》，頁71-80。

[175] 丁紹儀，《東瀛識略》，卷3〈習尚〉，頁36。

這一段敘述透露了三個重要的訊息。第一，當時人相信「番婦」
也有「祝詛」之術。第二，當時人相信有人能「持符咒殺人」；
第三，當時人相信，妓女有「法術」能令客人留連不去或經常光
顧。

其中，妓女「迷人」的法術頗類傳統中社會所謂的「媚道」
或「厭魅」之術。[176]但不知妓女從何習得這種法術，也不知當
時是否有巫者嫻習此術。

至於「持符咒殺人」的情事，陳培桂《淡水廳志》論當地
「雜俗」時便說：

> 又信鬼尚巫，……最盛者莫如石碇堡：有符咒殺人者，或
> 幻術而恣淫，或劫財而隕命，以符灰雜於烟茗檳榔間食
> 之，罔迷弗覺，顛倒至死。其傳授漸廣。[177]

沈茂蔭《苗栗縣志》在敘述苗栗當地的民俗之時也有同樣的記
載。[178]而施行這種法術的目的，以現在的流行語來說，就是
「騙財」（劫財而隕命）和「騙色」（幻術而恣淫）。至於精通
這種法術的「巫者」，連橫認為，包括所謂的「瞽師」和「王
祿」。[179]但是，似乎也不能將童乩排除在外。事實上，無論是
令人生病、死亡的祝詛、巫蠱之術，或是能令人著迷的「厭魅」

---

176 詳見林富士，《漢代的巫者》，頁 77-80。

177 陳培桂，《淡水廳志》，卷 11〈風俗考〉，頁 304。

178 沈茂蔭，《苗栗縣志》，卷 7〈風俗考〉，頁 119-120。

179 連橫，《臺灣通史》，卷 22〈宗教志〉，頁 575-576。

之術，在近人所編的《道壇制法》之中仍有不少相關的符咒。[180]清代的童乩應該不難習得這一類的法術。

此外，關於「原住民」的咒術，清乾隆二十二年（1757）的臺灣進士王必昌（王克捷），在其〈臺灣賦〉中便曾針對「番俗」有以下描述：

> 且聞遠社番婦，能作咒詛，犯之即死，解之即蘇。喝石能走，試樹立枯。傳疑之語，豈其然乎。[181]

這種咒術，曾於清乾隆九至十二年（1744-1747）擔任巡臺御史的六十七也曾提到，其〈秋月雜詩〉說：

> 眼底天民在，熙熙共往來。忘年驚髮變……，改歲待花開……。即鹿群看箭……，安家密咒灰（提防漢人掠取其物，以巫術咒灰土，名曰下卦，過者畏之）。唱歌爭款客，喚取女郎回。[182]

「安家密咒灰」這一句的注文所說的「下卦」應該就是丁邵儀引《小琉球志》所說的「向」，而這個字或許也可以寫作「响」，也就是前面提過的「响婆」（女巫）的「响」字。

---

[180] 詳見峨嵋居士，《道壇作法》。

[181] 王必昌，〈臺灣賦〉，收入王必昌著，《重修臺灣縣志》，卷 13〈藝文志〉，頁 479。

[182] 六十七，《使署閑情》，卷 1〈秋日雜詩八首〉，頁 17-18。

事實上，向或响這個字，除了有「禁制」之意，可能還有
「巫者」或「巫術」之意，例如，《安平縣雜記》（大約撰於日
治初期）敘述「四社番喪祭」時便說：

> 四社番喪祭，一切禮節，猶若閩人。其掛孝一事，男人與
> 閩人無殊；番婦則不同。閩婦只用黃綠兩色之布捆於頭布
> 上面。惟有「問向」一俗。何曰「問向」？當人死將收殮
> 之時，必請番婦為尫姨（即女巫者）到家，就死人屍前祝
> 告，請其投身詳說因何致死緣由，是否壽數當終，抑係誤
> 藥枉死，或是被人毒害；而死者之魂，每能詳說細告親
> 人。究其有無實事，則不可知。奈俗例如斯，莫不如此；
> 即自己家有尫姨，亦須他人尫姨來問。徒此一事，番俗所
> 有，其餘喪祭殮葬及延僧功果，均同閩人。[183]

文中所說的「問向」，就是在喪禮之時，請「尫姨」（紅姨；女
巫）到家中讓亡魂附身，由家人問明其亡故之緣由。可見「問
向」就是「問女巫」，這有點像漢代人死之後，請巫者「下死人
魂」的習俗。[184]此外，此書還提到四社番「作向」的習俗，其
內容和意義有點類似漢人的「齋戒」，但期間長達六個月之久。
而且，「向」又可以分成「公向」和「私向」。「私向」是由
「尫姨」施行。四社番人相信，可以請「尫姨」以「向」傷害

183　闕名，《安平縣雜記》，〈調查四番社一切俗尚情形詳底〉，頁 59。
184　詳見林富士，〈「巫叩元絃」考釋——兼論音樂與中國的巫覡儀式之關
　　係〉，《新史學》，7：3（臺北，1996），頁 195-218。

人，令人生病，也必須請「尪姨」解除才能免禍，[185]可見「向」也可以指「巫術」。但不知道「向」是否為平埔族之語，而「尪姨」（「紅姨」）似乎也是緣於臺灣「原住民」的語詞。[186]

六、士人對於童乩的態度

以上所引的諸多文獻的作者，除極少數是日本人之外，大都是中國人，其身分或是基層的生員、貢生、士紳，或是稍有名望的舉人、進士，或是擔任官職的士大夫。他們之中，有的是在臺灣土生土長，有的是從中國大陸移居來臺長住，有的是因為任官短暫來臺居留，有的則是因旅遊經臺，有的則只是在海峽對岸間接聽聞或想像臺灣的種種。無論如何，從文化或社會階層的角度來看，他們都可以統稱為「士人」階層。

整體來說，他們雖然承認「尚巫」、「好鬼」是臺灣的「習俗」，也知道童乩這一類的巫者在宗教及醫療事務上深受民眾信仰與倚賴，在現實生活中甚至還可能尋求過巫者（童乩）的幫忙，但是，在形諸筆墨之時，對於童乩（及其他類型的巫者）及其相關的信仰和儀式，卻非常一致的抱持否定的態度。有人蔑視、譏諷，有人嚴加批判，有人痛恨不已，有人甚至採取禁斷的

---

[185] 詳見闕名，《安平縣雜記》，〈調查四番社一切俗尚情形詳底〉，頁 59-62。

[186] 關於平埔族的「作向」及其與巫者的關係，參見國分直一，〈四社平埔族の尪姨と作向〉，收入國分直一著，《壺を祀る村：臺灣民俗誌》，頁 265-272；李國銘，〈頭社夜祭與祀壺信仰初探〉，《臺灣風物》，48：1（臺北，1998），頁 63-136。

措施。以下便舉若干事例略加說明，並進一步探討他們採取這種態度的緣由。

（一）蔑視與批判

　　清代士人對於童乩（巫者）的蔑視主要表現在「語言」上。例如，湯彝（字幼尊，號柚村）《柚村文》（1847）中有一篇〈臺灣內附考〉，敘述臺灣進入中國版圖之始末，而在「附論」中，他便說：

> 然臺灣本番土，一屯於日本，再攘於荷蘭，繼為鄭氏所據；淫巫之風、澆凌之習，雖大化旁流，驟難盡革。[187]

「淫巫」一詞顯然帶有貶損之意。

　　其次，彰化舉人陳肇興（1831-?）〈觀物〉一詩寫其對「仙、佛、鬼、神」四物的看法，其中，〈神〉這一首寫道：

> 下為河嶽上辰星，正氣歸然俎豆馨。萬古聖王資教化，一時木偶竊威靈。村巫作態非非想，婦女何知事事聽。不信聰明兼正直，任人游戲似優伶。[188]

詩中以「任人游戲似優伶」比擬降神之「村巫」，可見其態度之

---

[187] 收入臺灣銀行經濟研究室編，《臺灣關係文獻集零》，〈柚村文選錄〉，頁 60。

[188] 陳肇興，《陶村詩稿》，卷 3〈戊午〉，頁 44-45。

輕蔑。

　　此外，彰化進士丘逢甲（1864-1912）在清光緒二十六年庚子歲（1900），曾因感時局之紛亂而有詩云：

> 滿目獅章更鷟章，沉沉龍氣不飛揚。秋風石馬昭陵慟，夜雨金牛蜀道長。元老治軍收白號，中朝厄閏等黃楊。若教死殉論忠義，何止區區李侍郎！金幣全輸玉並俘，止兵幡未下驕虜。六宮急作拋家髻，三界難飛召將符。殿下雷顛嘗大敵，軍中風角走妖巫。即今神聖猶爭頌，莫笑當時莽大夫。[189]

　　這首詩雖然是在表達他對當時「義和團之亂」的不滿和對朝廷的失望，但「妖巫」一語也顯示他對「巫」的蔑視。

　　無論是妖巫、淫巫還是優伶，都帶有輕賤之意，因此，對於童乩（巫者）的種種作為及相關的俗尚，清代士人也往往以愚陋、弊害視之。例如，周鍾瑄《諸羅縣志》論臺灣漢人之風俗時便說：

> 好巫、信鬼、觀劇，全台之敝俗也。[190]

　　其次，臺灣銀行經濟研究室所編的《福建通志臺灣府》

---

[189] 丘逢甲，《嶺雲海日樓詩鈔》，卷7〈庚子稿〉，頁159。
[190] 周鍾瑄，《諸羅縣志》，卷8〈風俗志・漢俗〉，頁136。

（1868），[191]在敘述臺灣「尚巫」之風俗及「客子師」、「米卦」之事後，也說：「鄉人為其所愚」。[192]

又其次，闕名者所撰之《臺遊筆記》（約撰於 1877-1897）在提到臺灣「與人治病之巫祝」（童乩）以利刃自傷的場景之後，也說：「以此愚人」。[193]

再其次，新竹士紳陳朝龍的〈竹塹竹枝詞〉，在描述當地迎神賽會時童乩的展演之後，也說：「此等頹風，不知何年得挽。」[194]

再者，林豪《澎湖廳志》論澎湖之風俗也說：

> 夫澎之積習，守分則有餘，進取則未足。邇來生齒日眾，質者漸恣，愨者漸漓，或尚鬼而信巫，或恃眾而暴寡，或托持齋以惑世，或搆刀筆以陷民，或搶掠失水商船而漠不為怪。……民困彌甚，則民俗彌偷，非有大力者主持於上，其孰從而挽之哉？[195]

而陳淑均《噶瑪蘭廳志》〈祀典〉論「厲祭」之時，在「附考」中引用吳榮光（1773-1843）《吾學錄》的意見說：

---

[191] 輯自孫爾準等人所修的《重纂福建通志》1868 年刊本。

[192] 臺灣銀行經濟研究室編，《福建通志臺灣府》，頁 206，引《臺灣縣志》。

[193] 闕名，《臺遊筆記》，頁 102。

[194] 收入鄭鵬雲、曾逢辰，《新竹縣志初稿》，卷 6〈文徵〉，頁 256。

[195] 林豪，《澎湖廳志》，卷 9〈風俗〉，頁 328。

按「春秋傳」，子產為伯有立後，使鬼有所歸，遂不為
厲。則厲壇之設，正以無主孤魂，或能依草附木、求食殃
民，故於季春、仲秋、孟冬，歲祭者三；迎城隍神以為之
主，即國僑治鄭之遺法也。然無主之鬼，既有此祭，自不
敢復為民害。即間有搏膺之晉厲、被髮之良夫，彼其冤孽
相尋，又豈祈禳可免？惟有省愆修德，以正勝邪，自能郤
路鬼之揶揄，而為神明所默祐。晉人不禱桑林，楚子不修
河滎，而鬼神究不得而祟也。昧者不察，值陰陽偶戾、寒
暑違和，不推其致病之由，輒以為群魔所祟。雖有和、
緩，不取驗於參苓。乃召巫師立為收魂祛鬼之計，遂使病
者僵臥在床，聽其日就沈錮；一家男婦，徒營營於飯巫化
楮渺茫無益之為。而巫師遂得憑其符籤，造作誣詞，謂某
日某方鬼神作祟，竟使其家愈增惶惑，乞靈茶於野廟，舁
木偶於通衢，為門外之祛除，舍室中之湯藥。及至病成□
愲，即使華扁重來，亦將望而郤走。是病原可治，一經引
邪入室，乃真為鬼所祟矣，豈不謬哉！[196]

這是對於民間「厲鬼」信仰及「巫醫」治病的批判。

　　此外，連橫在也指斥「開光」、「建醮」、「祈雨」、「報
恩」、「收煞」、「補運」、「求子」（栽花換斗）這些儀式都
是道士「欺罔愚頑」的「迷信」。但他覺得道士「猶未甚害」，
真正足以「惑世誣民者」，「莫如巫覡」（包括童乩、紅姨

---

[196] 陳淑均，《噶瑪蘭廳志》，卷 3（中）〈祀典〉，頁 108-109。

等），他甚至說他們「如蛇如蝎」。[197]

　　在這種觀念的影響之下，雲林地區的蕭氏婦女「嚴絕女巫輩往來」，也成為當時士人頌揚她「節孝」的主要表現之一。[198]

（二）痛恨與禁斷

　　由於士人相當輕視或痛恨巫者（包括童乩）的作為，因此，一旦擔任官吏，掌握權柄，有時便會壓制巫者的活動或禁斷巫俗。例如，前面曾提過，崔應階（?-1780）在乾隆三十二年（1767）擔任福建巡撫之後，不到四個月，便馬上頒佈命令，禁止閩臺一帶「迎神賽會」、「私巫馬子」（童乩）降神的「惡習」。[199]而他的舉動其實也是延襲前人的做法，例如，曾任澎湖通判的胡建偉在《澎湖紀略》中便提到：

> 傳曰：國之大事，在祀與戎。……唐狄仁傑毀天下淫祠四千七百餘所，誠以惑人耳目、亂人心志，敗人風俗，愚夫愚婦赴之若渴、慕之如飴，燒香結會，大為世道人心之蠹者，不可不懲也。況閩俗人情浮動，信鬼而尚巫，如迎賽闔神、崇奉五帝（閩人稱瘟神為五帝），則尤為淫祀之尤者也。督憲蘇、撫憲莊痛悉其弊，凡有土木之偶，盡毀而投諸水火，於乾隆三十二年六月恭奏奉旨嚴禁，斯真振頹拯弊之一大政也哉！其習俗相沿，無愆於義者，則亦例不

---

[197] 連橫，《臺灣通史》，卷 22〈宗教志〉，頁 574-576。

[198] 倪贊元，《雲林縣采訪冊》，〈沙連堡・列女・節孝節〉，頁 167。

[199] 臺灣銀行經濟研究室編，《福建省例》，〈雜例〉，頁 1201-1202。

禁焉。澎湖自歸版圖以後，即設有專官以鎮斯土，以主斯
祀。雖無山川、社稷、風雲雷雨諸壇與夫文廟春秋釋菜之
禮，而奉文致祭，載在國典者，歲時肇舉，斯亦守土者之
所有事也。至於一十三澳，澳各有廟，士庶奉為香火者，
率皆土神，因地以祭；均無敗俗傷化，與閭神、五帝二事
相似為淫惡之祀，在所必禁也，則亦仍之而已。[200]

文中所說的乾隆三十二年嚴禁閩省巫俗之事，是在崔應階的「示
諭」之前，文中的蘇姓督憲或許是指閩浙總督蘇昌（?-1768），
[201]而莊姓撫憲則應該是崔應階之前一任的福建巡撫莊有恭。[202]
至於胡建偉本人，也同意禁止類似閭神、五帝（瘟神）這一類的
「淫祀」。

　　其次，王凱泰（1823-1875）在同治九年（1870）擔任福建
巡撫之後，次年（1871）十一月二十一日也下令禁止其轄內之
「迎神賽會」，其禁令說：

照得迎神賽會，久干禁令。有司失察，並予處分。良以民
間各有本業，要在務民之義，鬼神則敬而遠之可也。閩省
俗尚盧誕，崇信神鬼。刁徒惡棍，藉賽會之名，為染指之
計。甚有閏殿、塔骨等項不經名目。疊次諭禁，未盡斂
跡。他如神廟之夜戲，道旁之淫祠，門條之詭異，治病之

---

200 胡建偉，《澎湖紀略》，卷2〈地理紀・廟祀〉，頁36-37。
201 趙爾巽等，《清史稿》，卷309〈蘇昌傳〉，頁10607-10609。
202 崔應階是在乾隆三十二年七月接任。

荒謬，有降童以惑眾，亦魑魅而殺人。婦女入廟燒香，青
年尤乖禮法。民人結會遊戲，醜態更駭聽聞。種種頹風，
必應力挽。除出示禁止，並通飭內地九府、二州暨福防
廳、閩縣、侯官一體查辦外，合并札司，即便會同藩司通
飭遵辦，毋違。[203]

至於其「禁止」之細目則包括下列十項：一、「不准聚眾迎神，
並捏造請相出海名目」；二、「不准迎神像赴家，藉詞醫病，駭
人聽聞」；三、「不准道旁添搭矮屋，供奉土神，如男堂、女
室、長爺、短爺之類，標榜名目，候東候西，最堪駭怪」；四、
「不准沿街張貼某神行臺、公所字條，如威靈公、太子、及馬元
帥、溫將軍各行臺、大班公所、隨駕公所之類」；五、「不准扮
作長爺、矮爺」；六、「不准假扮兇惡罪犯」；七、「不准各廳
演唱夜戲」；八、「不准非僧、非道，混號降童」；九、「不准
挾嫌打牛頭。如與人有隙，將其姓名、年庚往訴牛頭神，並買鐵
板所印口紙，暗中飛打，期畢其命」；十、「不准青年婦女入廟
燒香，如請花、求子等類，情尤可鄙」。[204]這些項目幾乎都和
巫者的信仰對象與儀式活動有關，其中，所謂「降童」就是指
「童乩降神」，例如，俞樾（1821-1906）便記載黃巖縣（現屬
浙江省，在浙閩交界之處）的「降童」之俗云：

降童者，焚符降神，求示機兆也。神依人而言，所依之人

---

[203] 臺灣銀行經濟研究室編，《福建省例》，〈雜例〉，頁1218。
[204] 臺灣銀行經濟研究室編，《福建省例》，〈雜例〉，頁1219。

謂之童身。神降，則童身自倒於地，口吐白沫，俄而躍
起，竟登神坐，謂之上壇。於是眾皆羅拜，求神指示，神
輒示以隱語。酬對既畢，童身又倒地如初，謂之退壇。[205]

這和目前臺灣各地神壇的「法師」以符咒讓童乩「降神」的過程
並無太大不同，至於其「科儀」的名稱，以普庵派的法師來說，
或叫「降神童」，或叫「降童子」，或叫「降乩童」，或叫「扶
童」。咒語中則稱降神者為「童」、「童身」、「靈童」。[206]
有趣的是，清代黃巖縣民眾的「降童」活動主要的目的之一也是
為了在「納花會」（類似近代臺灣的「大家樂」、「樂透」）的
「賭博」中贏錢，但也有人是為了治病。[207]

　　總之，閩地的巫風似乎在王凱泰的禁斷之後稍有冷卻的跡
象，例如，兩江總督沈葆楨（1820-1879）在光緒元年（1875）
十一月八日所上奏的〈福建撫臣王凱泰請卹摺〉中提到：

閩省向有淫祠，每年賽會，舉國若狂，聚眾誣民，莫此為
甚；自經嚴禁，乃息巫風。[208]

摺中所述的嚴禁「巫風」，便是王凱泰擔任福建巡撫期間（1870-

---

[205] 俞樾著，徐明霞點校，《右台仙館筆記》（上海：上海古籍出版社，
　　　1986），卷12，頁203。

[206] 詳見周沛松，《降乩童科文》（彰化：逸群圖書有限公司，2000，與
　　　《普庵陰陽鎮法度》合編）。

[207] 俞樾，《右台仙館筆記》，卷12，頁203-204。

[208] 臺灣銀行經濟研究室編，《福建臺灣奏摺》，〈附錄〉，頁82。

1875），在閩臺一帶所行的「德政」之一。[209]

　　此外，清光緒十一年（1885），劉銘傳也以福建巡撫的名義在澎湖媽宮設立石碑，宣示禁令。其碑文提到：

> 左道異端，實閭閻之大害；妖言惑眾，為法律所不容。乃有不法之徒，輒敢裝扮神像，妄作乩童，聚眾造謠，藉端滋事，往往鄉愚無知，被其煽惑，此風斷不可長。……爾等須知：藉神惑眾，例禁甚嚴。[210]

無論是禁止「迎神賽會」、禁毀祠廟神像，還是禁制童乩的活動，清代的官員其實都有法律上的依據，例如，大清律令中便有「禁止師巫邪術」律，其條文規定：

> 凡師巫假降邪神，書符咒水，扶鸞禱聖，自號端公、太保、師婆名色；及妄稱彌勒佛、白蓮社、明尊教、白雲宗等會，一應左道異端之術；或隱藏圖像，燒香集眾，夜聚曉散，佯修善事，煽惑人民；為首者，絞監候；為從者，各杖一百，流三千里。若軍民裝扮神像，鳴鑼擊鼓，迎神賽會者，杖一百，罪坐為首之人。里長知而不首者，各笞

---

[209] 其他還有禁械鬥、火葬、溺女等舊俗；詳見趙爾巽等，《清史稿》，卷426〈王凱泰傳〉，頁1250。

[210] 轉引自伊能嘉矩，《臺灣文化志》（東京：刀江書院，1965，重印1928年版），中卷，頁457-458。

四十。其民間春秋義社以行祈報者，不在此限。[211]

這條律文規範的範圍遍及全國，因此，往往成為各地官員禁絕或改易「巫俗」時的主要依據。

（三）拒斥之緣由

清代士人之所以拒斥童乩與巫俗，主要可能是為了順應國家律令的要求，但是，制訂這樣的律令究竟有何考量，官吏為何要援引這樣的律令禁抑巫風，還有待進一步探查。

1、治安

首先，他們似乎擔心童乩具有集結與煽惑群眾的能力，怕他們會威脅社會治安。例如，崔應階禁止閩臺「迎神賽會」的主要理由便是由「私巫馬子」（童乩）帶隊的「陣頭」會有「互毆」鬧事的情形，容易「滋生事端」，「擾害地方」。[212]

更令他們擔心的是，童乩（巫者）有時候還會帶頭叛變或參與叛亂團體。例如，前述「施案」中的施九緞便是彰化地方的童乩，而戴潮春的陣營中，據說也有不少「星卜師巫之類」的人擔任參謀。[213]

不僅臺灣如此，福建原鄉也有類似的叛亂事件，例如，清康熙十六至十七年（1677-1678）在福建漳浦、泉州、同安一帶便

---

[211] 引自薛允升著，黃靜嘉編校，《讀例存疑》（臺北：成文出版社，1970 重刊本），卷18〈禮律〉，頁421。

[212] 臺灣銀行經濟研究室編，《福建省例》，〈雜例〉，頁1201-1202。

[213] 吳子光，《臺灣紀事》，附錄：〈奉旨建坊入祀昭忠祠贈忠信校尉羅公傳〉，頁53-54。

有所謂的「蔡寅之亂」或「白頭賊」之亂，而其首領蔡寅便是一名巫者。[214]

　　除此之外，社會一般相信巫者（童乩）能以咒術害人，這很容易引起社會恐慌，[215]再加上他們常能吸引眾多信徒，甚至領導或參與叛亂活動，所以，巫者很容易被政府視為一種治理上的潛在威脅。[216]事實上，有些學者便認為，咒術或「降神」之術（possession）是「弱者的武器」，是被壓迫者、社會底層的人

---

[214] 臺灣銀行經濟研究室編，《福建通志臺灣府》，〈雜錄〉，頁 974；臺灣銀行經濟研究室編，《漳州府志選錄》，〈志事·寇亂〉，頁 21；臺灣銀行經濟研究室編，《閩海紀略》，〈後紀略〉，頁 41-42；阮旻錫，《海上見聞錄》，卷 2，頁 52；彭孫貽，《靖海志》，卷 4，頁 83；周凱，《廈門志》，卷 16〈舊事志·紀兵·國朝〉，頁 672。

[215] 參見陳潤棠，〈巫術、童乩與降頭〉，收入陳潤棠著，《東南亞華人民間宗教》（香港：基道書樓，1989），頁 162-198；澤田瑞穗，《中國の呪法》，頁 123-332；中村治兵衛，《中國シャーマニズムの研究》（東京：刀水書房，1992）；林富士，《漢代的巫者》，頁 71-80；Fu-shih Lin, "Chinese Shamans and Shamanism in the Chiang-nan Area during the Six Dynasties Period (3rd-6th Century A.D.)," pp. 214-217；Philip A. Kuhn, *Soulstealers: The Chinese Sorcery Scare of 1768* (Cambridge and London: Harvard University, 1990).

[216] 事實上，明清政府除了對於巫者有這一方面的顧忌之外，對於一些所謂的「教派宗教」（如白蓮教、白雲宗、羅教等），也是百般提防。詳見歐大年（Daniel L. Overmyer）著，劉心勇等譯，《中國民間宗教教派研究》〔*Folk Buddhist Religion: Dissenting Sects in Late Traditional China*〕（上海：上海古籍出版社，1993），頁 13-52；B. J. ter Haar, *The White Lotus Teachings in Chinese Religious History* (Leiden: E. J. Brill, 1992), pp. 173-195, 247-288.

反抗的主要工具。[217]

2、經濟

　　除了社會治安之外，清代士人拒斥童乩主要是擔心他們藉機「歛財」，或是鼓勵民眾浪費太多財物於宗教活動上。例如，周鍾瑄《諸羅縣志》批評臺地以巫攘病的習俗說：

> 病未愈，費已三、五金矣。不特邪說惑人，亦靡財之一實也。[218]

其次，周璽的《彰化縣志》也說這一類的巫俗：

> 費數百錢。婦女尤信而好之。此風不可不嚴禁使止也。[219]

又其次，蔡振豐的《苑裏志》也說當地童乩、紅姨這一類的巫者：

> 皆乘間取利，而惑之者則牢不可破。陋俗相沿，安得如西

---

[217] 詳見 I. M. Lewis, *Ecstatic Religion: A Study of Shamanism and Spirit Possession*, second edition (London and New York: Routledge, 1989), pp. 25-31；Donald S. Sutton, "Ritual Trance and Social Order: The Persistence of Taiwanese Shamanism," in Andrew E. Barnes and Peter N. Stearns, eds. *Social History and Issues in Human Consciousness* (New York: New York University Press, 1989), pp. 105-129.

[218] 周鍾瑄，《諸羅縣志》，卷 8〈風俗志〉，頁 148。

[219] 周璽，《彰化縣志》，卷 9〈風俗志〉，頁 293。

門豹者除而去之之為愈也。[220]

再其次，林百川、林學源的《樹杞林志》也斥當地巫者與巫俗說：

此皆乘間取利，蠱惑人心。種種陋俗相沿既久，已為牢不可破矣。[221]

同樣的，鄭鵬雲、曾逢辰的《新竹縣志初稿》也說當地巫者：

大抵皆乘便取利。婦女尤為酷信，其心牢不可破。蓋蠻貊之風猶存焉。[222]

此外，林豪《澎湖廳志》在敘述當地的「造王船、設王醮」的習俗之後說：

南人尚鬼，積習相沿，故此風特甚，亦聖賢所不盡禁。然費用未免過奢，則在當局者之善於撙節已。[223]

這是比較溫和的批評。事實上，連橫在敘述臺灣的「王爺」信仰

---

220 蔡振豐，《苑裏志》，下卷〈風俗考〉，頁 89。

221 林百川、林學源，《樹杞林志》，〈風俗考〉，頁 104。

222 鄭鵬雲、曾逢辰，《新竹縣志初稿》，卷 5〈風俗〉，頁 186。

223 林豪，《澎湖廳志》，卷 9〈風俗〉，頁 325。

之餘，對於「造船建醮」之事便有相當嚴厲的指責，他說：

> 師巫之徒，且藉以斂錢，造船建醮，踵事增華，惑世誣
> 民，為害尤烈。[224]

不僅志書的作者有這樣的批評，其他士人的詩文中也有類似的聲
音。例如，施士洁的〈乩童〉一詩便說：

> 咄哉！乩童爾何人？一時見利不見身。賺錢攫物巧於盜，
> 爛頭破面驚為神！父老焚香婦孺拜，搢紳坐視不敢怪。爾
> 非孫泰斗米師，或是方臘紅巾派？釀貲賽會紛如狂，腥羶
> 雜沓村醪強。此獠公然恣饕餮，既醉既飽神之旁。宴罷騰
> 身立神轎，血汗淋漓路人笑。爾豈獨非父母身？世上無如
> 此不肖！乩童！乩童！何為乎？爾何不為耕稼徒？爾何不
> 為漁樵夫？或為僧道為醫巫，或為輿隸為傭奴；不然入市
> 圚屠沽，不然浮海從賈胡！嗟□愚人還自愚，爾賣爾肉堪
> 壺盧！爾□□□□區區，□□爾罰膺刀鈇；蓬飛爾首赤爾
> □，□□□□劍爾膚！童爾妄稱已足汙，乩爾偽託尤當
> 誅！泉南豈乏君子儒，竟容此獠行通衢！何況媚灶俗所
> 趨，紅男綠女相染濡。邇來妖氣無處無，妖而雌者為神
> 姑。爾獪類鬼騷類狐，誰滅爾醜正爾辜！左道昔有琅邪

　　于，安得江東孫伯符？[225]

　　詩中除了描述童乩的儀式場景（如「爛頭破面」、「騰身立神
轎」、「血汗淋漓」）之外，大多以負面的話語批評童乩，如：
「此獠公然恣饕餮」、「血汗淋漓路人笑」、「世上無如此不
肖」。但其中最關鍵的地方還在於一開頭所說的「一時見利不見
身，賺錢攫物巧於盜」，詩的後半段也反覆批評童乩「不事生
產」，認為他們是「愚人還自愚」，而當時臺灣卻又是「妖氣無
處無」，因此他認為應該有人出面誅滅童乩這種人。

　　其次，彰化鹿港人洪棄生（1867-1929）在癸巳年（清光緒
十九年，1893）所寫的〈與邱仙根進士書〉也提到：

　　　　前為敝門徒託君拯溺，深蒙垂憫；敝門徒銘之，僕亦感
　　　　焉！乃自仁臺北上，而事機遂棘。是即仁臺所云「言之行
　　　　與不行，視地方之福運」；此亦南北投之無福，非僅敝東
　　　　家之有禍也。是後變態非常，主人別請巫覡以為祈禳；悉
　　　　索所至，幾致破家。[226]

　　信中所提到的事情，究竟詳情如何還有待考證，但至少透露出其
主人曾因禍事而請巫覡祈禳，卻因巫者「悉索」無度，幾乎「破
家」。可見，當時似乎有些巫者（包括童乩）確會乘機斂財。

---

[225] 施士洁，《後蘇龕合集‧後蘇龕詩鈔》，卷 6〈泉南新樂府〉，頁 122-
123。

[226] 洪棄生，《寄鶴齋選集》，〈文選‧書札〉，頁 175。

　　總之，對於傳統中國社會的士人而言，農、桑（織）才是本業，基本的工、商活動也有其必要，宗教、祭祀、娛樂則應儉省，例如，王必昌（fl. 1757）的〈臺灣賦〉便說：

> 爰稽習尚，競事侈靡。土沃民逸，大抵如是；逐末既多，本務漸弛；工鍼繡而棄枲菅，輕菽粟而艷羅綺；群尚巫而好鬼，每徵歌而角投。思易俗以移風，賴當途之經理。[227]

3、禮教

　　除了社會治安和經濟上的考量之外，清代士人拒斥巫者（童乩）還有禮教上的因素。例如，六十七《使署閒情》（1747）收錄臺灣廩生董夢龍〈臺灣風土論〉一文，其中便說明鄭至清初的臺灣居民：

> 無醇厚敦朴之意。相期以詐，相陵以力。好鬼好巫，婦女好遊，桑間濮上之風熾焉。[228]

所謂「桑間濮上之風」便是巫風，也就是「淫風流行」。[229]事實上，吳子光《臺灣紀事》也說：

> 或疑鄭氏闢國時，屏聲色、絕紛華，貽謀宏遠；後乃風同

---

[227] 收入王必昌，《重修臺灣縣志》，卷13〈藝文志〉，頁479。
[228] 收入六十七，《使署閒情》，卷3〈雜著（一）〉，頁101。
[229] 收入六十七，《使署閒情》，卷3〈雜著（一）〉，頁102。

> 鄭、衛，何耶？余按陳太姬好巫覡，國人化之，今株林月
> 出諸詩，猶可考證，所謂楚人鬼而越人機，自古巫祝紛拏
> 之地，未有不淫亂者。……臺地多巫覡，卻少女冠子一
> 流，蓋齋魚粥鼓、冷雨孤燈，非有根器者消受不得清涼世
> 界耳。[230]

這都是將臺灣的巫風和「淫亂」畫上等號，而儒家的「禮教」完全無法容許「淫亂」之事，士人自然必須起而攻之。

此外，在儀式過程中，童乩裸體、披髮、自傷、流血、狂舞的展演，似乎也一一背反禮教的規範。

然而，更根本的是，自漢代以來，士人一直努力透過官方的「祀典」全面掌控各個宗教領域，而巫者卻常常不聽節制，不受規範，甚至透過「憑附」之技能，直接以神的身分和信眾交通，因此，歷代的士大夫幾乎無不以禁斷巫者（尤其是童乩這一類型的巫者）為其職責。清代臺灣士人之所以貶抑、批判、痛恨、鎮壓童乩，其實不過是延續漢代以來士大夫的傳統而已。[231]

---

230 吳子光，《臺灣紀事》，卷 1〈臺事紀略〉，頁 18。

231 詳見林富士，《漢代的巫者》，頁 27-48；Fu-shih Lin, "Chinese Shamans and Shamanism in the Chiang-nan Area during the Six Dynasties Period (3rd-6th Century A.D.)," pp. 266-278；王章偉，〈在國家與社會之間：宋代（960-1279）巫覡信仰研究〉（香港：香港大學博士論文，2003），頁 144-208；Donald S. Sutton, "From Credulity to Scorn: Confucians Confront the Spirit Mediums in Late Imperial China," *Late Imperial China*, 21:2 (2000), pp. 1-39.

七、結語

　　人類許多事物乍看之下很新鮮，一經追查，卻是源遠流長，臺灣社會的童乩就是其中一個例子。

　　就一種研究對象或研究課題而言，童乩要到一九七〇年代以後才逐漸受到學界的注意，而吸引較多人的目光則是最近十年左右的事，單是以童乩（包括尪姨）為主題的學位論文至少有十篇左右。[232]因此，童乩及與其相關的信仰和儀式，很容易被認為是近年來新興的宗教現象，至少，有人會認為最近幾年比較興盛。

　　但是，稍稍翻閱史籍便會發現，早在清代，臺灣的風俗就以「尚巫、信鬼」、「巫風」熾盛聞名，而前引施士洁〈乩童〉一詩也直陳「邇來妖氣無處無」，其他士人也屢屢針對與童乩相關的「陋習」提出批判，可見「童乩」絕對不是近年來的產物。

　　事實上，根據本文的研究結果來看，現代童乩與清代童乩確有一脈相承的關係。但是，兩者之間也有「古今之變」的地方。

　　以信仰對象來說，無論古今，「王爺」（瘟神）或是廣義的「厲鬼」信仰一直是其主軸。可是，現代童乩常有的一些主祀神或偎身神，如濟公、三太子（中壇元帥）、關公、王母娘娘（瑤池金母）等，在清代文獻中卻完全不見或與童乩沒有任何關聯。而當時文獻所提到的一些較為次要的主祀神，除了媽祖之外，其他像城隍、七娘、何仙姑、水仙等，在近年來的田野場合中已很

---

[232] 詳見林富士，〈「童乩研究」的歷史回顧〉；林富士，〈臺灣童乩的社會形象初探（二稿）〉；陳藝勻，〈童乩的社會形象與自我認同〉。

少能找到以其為主神的童乩。比較特殊的是九天玄女，這位女神
在清代的臺灣社會似乎非常罕見，但已和「紅姨」有所牽連，而
近些年來卻又成為新興的「靈乩」、「會靈」、「母娘」信仰的
主神之一。

　　其次，以儀式特質來說，無論古今，迎神賽會一直是童乩現
身於公眾的主要場合，「憑附」與「視鬼」也一直是他們「通
神」的主要方式。他們在儀式過程中的裝扮也一直以裸露（赤裸
上身、胸背、雙腳）與披髮（散髮）為基調，並以各種兵器、利
刃「自傷」，包括：破頭、剖額、砍背、割舌、刺膚、穿腮等，
以致鮮血淋漓，令人觸目驚心。有時則還會有爬刀梯、「過
火」、「煮油」、臥（坐）釘床（椅）的展演。至於他們所使用
的法器，則是以用以「自傷」的利器為主，另外則有神輦（神
轎）、符、紙錢等物。就此而言，古今之間幾乎沒有任何差別。
不過，大約從一九七〇或一九八〇年代開始，日漸增多的私有神
壇，似乎也讓童乩現身或工作的場所不再以「公廟」為主。[233]
而且，當時的記錄也不及於童乩在「開壇濟世」（「辦事」）時
的儀式，而這一部分卻又是近代學者關注的焦點之一。[234]此
外，現代童乩在迎神賽會中經常持拿或運用的香（香爐）和令

---

[233] 詳見林衡道，〈臺灣寺廟的過去與現在〉，《臺灣文獻》，27：4（南
　　　投，1976），頁 41-49；李亦園，〈是真是假話童乩〉，收入李亦園
　　　著，《信仰與文化》（臺北：巨流圖書公司，1978），頁 101-115；陳
　　　杏枝，〈臺北市加蚋地區的宮廟神壇〉，《臺灣社會學刊》，31（臺
　　　北，2003），頁 93-152。

[234] 詳見林富士，〈「童乩研究」的歷史回顧〉；陳藝勻，〈童乩的社會形
　　　象與自我認同〉。

旗，清代文獻似乎也不曾提及。但是，這可能只是當時士人觀察和描述上的疏漏所致，而不是不存在。事實上，清代士人對於童乩的裝扮及法器的描述都非常簡略。

第三，就社會角色來說，古今之間也具有高度的延續性。基本上，童乩在臺灣社會始終扮演神人之間的「媒介」角色，確可稱之為「靈媒」（medium），而其主要工作則在於替人「祈福解禍」。具體而言，其職事包括替人治病、逐疫、求子，或以咒術傷害或迷惑別人。其中又以醫療的工作為主軸。事實上，他們一直是臺灣社會中非常重要的醫療者。[235]不過，清代童乩在替

---

[235] 詳見王志明，〈臺北市基隆路的一個民俗醫生和他的信徒們〉（臺北：國立臺灣大學考古人類學研究所學士論文，1971）；鈴木滿男，〈臺灣の祭禮における男性巫者の登場──民間道教に對する巫術の位相──〉，收入鈴木滿男著，《マレビトの構造》（東京：三一書屋，1974），頁 161-196；董芳苑，〈臺灣民間的神巫──「童乩」與「法師」〉，收入董芳苑著，《臺灣民間宗教信仰》（1975；臺北：長青文化事業股份有限公司，1984 年增訂版），頁 246-266；Bruce Holbrook, "Chinese Psycho-Social Medicine, Doctor and Dang-ki: An Inter-Cultural Analysis," *Bulletin of the Institute of Ethnology, Academia Sinica*, 37 (1975), pp. 85-111；Emily M. Ahern, "Sacred and Secular Medicine in a Taiwan Village: A Study of Cosmological Disorders," in A. Kleinman et al. eds., *Medicine in Chinese Culture* (Washington, D.C.: U.S. Government Printing Office, 1976), pp. 91-113；K. Gould Martin, "Medical Systems in a Taiwan Village: The Plague God as Modern Physician," in A. Kleinman et al., eds., *Medicine in Chinese Culture*, pp. 115-141；Yi-yüan Li, "Shamanism in Taiwan: An Anthropological Inquiry," in W. Lebra, ed., *Culture-Bound Syndromes, Ethnopsychiatry, and Alternate Therapies* (Honolulu: Hawaii University Press, 1976), pp. 179-188；宋和，〈童乩是什麼〉，《健康世界》，5（臺北，1976），頁 35-41；宋和，〈臺灣神媒的社會功能

人治病時，除了宗教儀式之外，往往會開示方藥，但經過日本殖民政府及國民政府長期的取締和禁止，目前已很少童乩敢或能提供病患藥方或藥物。

第四，就童乩的社會處境來說，無論古今，他們都遭受士人或知識階層的蔑視、貶抑、痛恨或批判，同時也受到官方的禁斷和壓迫。不過，清代士人（及官方）和近代知識分子（及政府）拒斥童乩的緣由和手段似乎不盡相同。前者主要著眼於社會秩序（暴力）、政治控制（叛亂）、經濟（糜財、斂財）和禮教的規範（淫佚、裸露、自殘、狂亂），並以律令明文禁斷。後者則主要強調童乩「騙財」、「騙色」等負面的社會行為，並以「迷信」、瘋狂、「不科學」指斥童乩的宗教行為和宗教活動，企圖否定其醫療者的角色而塑造其「病人」的形象。同時，其壓制童乩的方法也比較常透過大眾傳播、教育、宣導的手段，或是透過「非宗教」的法令取締童乩的作為（主要是醫藥、環保方面的法律）。無論如何，從清代到現代，童乩在臺灣社會中的處境始終

──一個醫藥人類學的探討〉（臺北：國立臺灣大學考古人類學研究所碩士論文，1978）；Arthur Kleinman, *Patients and Healers in the Context of Culture* (Berkeley: University of California Press, 1980)；Richard C. Kagan and Anna Wasescha, "The Taiwanese *Tang-ki*: The Shaman as Community Healer and Protector," in S. L. Greenblatt, R. W. Wilson, and A. A. Wilson, eds., *Social Interaction in Chinese Society* (New York: Praeger Publishers, 1982), pp. 112-141；周榮杰，〈閒談童乩之巫術與其民俗治療〉，《高雄文獻》，30&31（高雄，1987），頁 69-122；張珣，〈民俗醫生──童乩〉，收入張珣著，《疾病與文化》（臺北：稻鄉出版社，1989），頁 73-82；林富士，〈臺灣童乩的社會形象初探（二稿）〉；林富士，〈醫者或病人：童乩在臺灣社會中的角色與形象〉。

相當艱困，可以說是被禁制和壓抑的弱勢族群。[236]

　　最後，我們不免要進一步追問，這樣的一個弱勢族群，究竟如何能在臺灣社會中長期存活？他們何以始終能吸引那麼多的信眾？他們並無經典及組織，又何以能傳承其信仰和儀式？各地童乩的儀式展演又何以會具有高度的相似性？臺灣近數百年來的社會變遷又對他們的宗教世界造成什麼樣的影響？[237]這些問題，恐怕不是單純的歷史學式的文獻解析或是人類學式的田野調查就可以回答，也不是任何人單打獨鬥就可以完成任務。或許，我們必須等待更多人，以更多樣的研究方法和角度，投入臺灣童乩的研究，才能找尋一些比較可信的答案。

（本文於 2005 年 5 月 5 日通過刊登）

---

[236] 詳見林富士，〈臺灣童乩的社會形象初探（二稿）〉；林富士，〈醫者或病人：童乩在臺灣社會中的角色與形象〉；陳藝勻，〈童乩的社會形象與自我認同〉。

[237] 初步的探討，參見 Donald S. Sutton, "Ritual Trance and Social Order: The Persistence of Taiwanese Shamanism," pp. 105-129；Paper Jordan, "Mediums and Modernity: The Institutionalization of Ecstatic Religious Functionaries in Taiwan," *Journal of Chinese Religions*, 24 (1996), pp. 105-129；Yi-Jia Tsai, "The Reformative Visions of Mediumship in Contemporary Taiwan"；李亦園，〈社會變遷與宗教皈依：一個象徵人類學理論模型的建立〉，收入李亦園著，《文化的圖像（下）》（臺北：允晨文化實業公司，1992），頁 14-63；丁仁傑，〈會靈山現象的社會學考察：去地域化情境中民間信仰的轉化與再連結〉。

Shamans and Shamanism during the Ch'ing Dynasty (1644-1911) in Taiwan

Fu-shih Lin

Research Fellow, Institute of History and Philology, Academia Sinica

This essay explores the shamanic activities and the role and status of the shaman in Taiwan during the Ch'ing Dynasty (1644-1911). During this period, the cult of plague deities (wen-shen) and vengeful ghosts (li-kuei) featured prominently in shamanism in Taiwan. Yet shamans also worshipped well-known deities such as Ma-tsu (Goddess of the Sea), Ch'eng-huang (city gods), Ch'i-niang (the Seventh Female Immortal), Ho hsien-ku (the Female Immortal Ho), Shui-hsien (Deities of the Water) and Chiu-t'ien hsüan-nü (Mysterious Woman of the Nine Heavens).

Shamans communicated with the spirits through visual contact and possession, and usually performed their rites during pilgrimages and temple festivals. Typically bare-foot and half-naked with unkempt hair, shamans usually engaged in a bloody frenzy of self-mutilation or self-mortification. They sometimes even climbed ladders with blades in place of rungs, walked across fire, sat on nail-studded chairs, and so forth. In order to perform these rites, shamans usually required equipment or ritual objects such as weapons, talismans, and paper money. In Taiwanese society, shamans primarily acted as mediums between humans and spirits, praying for blessings and warding off misfortune. People sought shamans to heal sickness, to exorcise pestilence, and to pray for fertility as well as to recite incantations or to use sorcery against others.

Shamans incurred the abhorrence, disdain, refutation, and denigration of scholarly circles and even government suppression and persecution. The literati officials sometimes cracked down harshly on shamanistic cults primarily to maintain law and order, to consolidate political control, to enhance economic development, and to adhere to Confucian doctrine. Despite this, shamans invariably attracted a great many devout followers in Taiwan.

Keywords:　shaman,　spiritual medium,　religion,　Taiwan, Ch'ing dynasty

第七章
清末日治初期新竹的道士林汝梅與
江西龍虎山張天師：
兼談其時臺灣北部宗教人物的
「龍虎山朝聖」

王見川
南臺科技大學通識教育中心助理教授

　　最近幾年，歷史學界流行區域研究，這一潮流似乎感染到道教學界。不少研究者在廣州、香港、浙江、陝西、湖北、山東、杭州，從事當地道教及道壇的相關研究，出現不少成果[1]。

　　其實，在區域研究潮流之前，早已出現類似的研究模式：即以道士或道壇為個案探索，追究道士或道壇與地方之關係。如施舟人、大淵忍爾等人之於臺南道士、田仲一成對香港道士、勞格文對臺灣北部道士。這些成果均引起道教學界極大的注目。不過，其中有一個例外，即蘇海涵（M. Saso）的新竹道士莊陳登

---

[1]　其中的例子有 Pro. Vincent Gossart（高萬桑）主持的 "T&T Project"，
　　其成員已初步提出成果。可惜，此案成果並未成書出版。

雲的研究，招致一些批評[2]。

筆者無意替蘇海涵翻案，只是想在蘇海涵建立的基礎，根據新的資料如教內資料《萬法宗壇分司正一嗣壇傳度表》、教外文獻《臺灣日日新報》等，對他所描繪的清末、日治初期臺灣新竹城道士的活動情況，有所回應，並對當時臺灣北部宗教人物到龍虎山朝聖的歷程有所呈現，試圖提醒近代道教或區域道教研究者注意，當時是有道教領袖的：張天師。不管是對近代道教派別或是地方寺廟的理解，恐怕不應忽略張天師的角色[3]。

一、清末日治初期新竹的道士

新竹舊稱竹塹，是縣城所在地。光緒元年分治前，隸淡水廳管下轄括臺北、淡水、桃園、新竹，是清代臺灣北部的重要城市。竹塹的核心含括竹塹城及周邊五十三庄，約今日新竹縣市，城中最著名的廟宇是城隍廟。不僅是官府例行參拜的廟宇，也是竹塹重要事務的中心。每年固定的宗教活動是中元普渡。地方遇有大事，官紳齊聚城隍廟舉行相關儀式，祈度困境，城隍廟可說

---

[2] 關於施舟人、榮格文等人對臺灣道士的研究，其相關作品詳見林美容編《臺灣民間信仰書目》增訂版，頁 247-254，中研院民族所，1997 年。至於對蘇海涵的批評見 Michel Strickmann, History, Anthropolgy, and Chinese Religion, *Harvard Journal of Asiatic Studies*, Vol.40, No.1, pp.201-248, 1980。

[3] 近幾年來，注意到近代張天師重要性的有施舟人、高萬桑、黎志添等人。

是竹塹的公共廟宇（公廟）[4]。

　　清末的竹塹城有鄭、林、周等大家族。其中東門鄭家，以科舉著名，族中出現，不少功名者，南門林指林占梅家族，以商起家（業戶名林恒茂），以武著名[5]。從地方志《新竹縣采訪冊》來看，當時的竹塹宗教活動似乎與佛、道宗教師毫無關係。可是若照《臺灣日日新報》就可清楚看到道士的身影。

　　一般來說，清代社會對道士印象不好，所以文獻上即少記載道士的活動，就算有也是負面看法。這一情況，到日治時代，稍有改善，主要的原因是報紙的出現。尤其是《臺灣日日新報》，喜歡報導庶民的宗教、信仰生活[6]。其中不乏與道教有關者。就筆者初步的估算，約三十餘則記載，涉及道士，而言及新竹道士活動，約十則，由此可見新竹道士在臺灣道教界，受注目的程度[7]。

---

[4]　關於新竹城隍廟的初步討論，見新竹市文化中心編印《老城隍、新新竹：新竹都城隍廟建基二百五十週年城隍學術研討會會議手冊》，1998年10月。

[5]　黃朝進《清代竹塹地區的家族與地域社會：以鄭、林兩家為中心》，臺北國史館，1999年再版。

[6]　在《臺灣日日新報》發行之前有《臺灣新報》、《臺灣民報》等報紙。國家圖書館臺灣分館存有《臺灣日日新報》、《臺灣新報》的原件、微捲及複印件，後二種可供調閱。另《臺南新報》亦有一些庶民宗教信仰資料，值得蒐集。至於日治中期臺籍維新人物辦的《臺灣民報》、《臺灣新民報》也有些許宗教信仰史料，不過要注意的是，這些都是從批判的立場報導的。

[7]　以下新竹道士內容取材王見川〈日治時期報紙史料呈現的新竹民情、風俗與信仰〉頁 63-66，新竹市文化中心編印《聆聽歷史跫音：竹塹生命史研討會會議手冊》，2001 年 10 月。

根據這些報導，當時新竹道士的主要活動如下：

1. 在中元普度時主持誦經儀式[8]。
2. 主持祈雨儀式[9]。
3. 主持城隍廟建醮儀式[10]。
4. 從事喪葬活動[11]。

除了第四項屬私人活動外，其他三者皆是公共事務，由此可見，道士在新竹市的重要性。由於新竹士紳們相信、尊崇新竹的道士，以致在明治四十五年（1912）日本天皇病危之時，士紳們竟商議聘請道士在城隍廟進行祈禱，希望天皇早日康復[12]。

日治時期新竹的道士崇高地位的形成（或建立），與道士們自我提昇有關。所謂的道士們自我提昇是指道士們主動參與大眾活動，爭取掌聲以及自我進修，提高水平而言。前者最顯著的例子有二：一是他們在明治四十二年，北港媽祖第一次蒞臨新竹，準備回鑾時，新竹的道士們聚集在外天后宮搬演法會，恭送北港媽祖[13]。二是大正十一年（1922）農曆七月十五日新竹城隍遶境時，新竹的道士亦組藝閣參加[14]。至於後者，新竹的道士曾於昭和二年（1927）十月組織道士會，磋商選拔優秀道士入會、關於

8　《臺灣日日新報》漢文版明治 41 年 8 月 11 日〈中元彙誌〉。
9　《臺灣日日新報》漢文版明治 43 年 6 月 14 日〈祈雨續誌〉。
10　《臺灣日日新報》日文版明治 33 年 3 月 3 日〈道士續談〉。
11　《臺灣日日新報》漢文版明治 42 年 2 月 14 日〈宗教改良〉。
12　《臺灣日日新報》日文版大正 1 年 8 月 6 日〈驚電遙傳〉。
13　《臺灣日日新報》漢文版明治 42 年 12 月 18 日〈道士輸誠〉。
14　《臺灣日日新報》日文版大正 11 年 8 月 30 日〈城隍遶境〉。

道士人格養成等事項[15]。這個「新竹道士會」是目前所見臺灣最早的道士組織。

除了以上特點之外，新竹道士承受的道教傳統，亦是其地位受士紳尊崇的原因。明治四十二年，地方記者批評新竹的「道士沿明朝遺法，流傳至今」[16]的現象，點出了新竹道士遵守傳統的一面。

二、蘇海涵的「發現」與林汝梅（1834-1894）的角色

這個所謂的「明朝遺法」的道教傳統，似與竹塹早期的道士流派應無關連，可能與新竹士紳林汝梅從事改革道士的活動有關。根據蘇海涵的敘述，在道光初期林占梅幼年，從泉州來了一位黑頭道士吳景春，應聘至他家，教他兵法。這位吳道士的經卷，目前仍留存，收錄於《莊林續道藏》。吳景春去世後，其兒子吳周嚴繼承家業，開設道壇「法真壇」。透過林占梅的力量，新竹城內的紅頭法師被驅趕出去，由吳家獨占城中道士業務。從《莊林續道藏》收的資料來看，吳景春，道號韞玉，授「太上三五都功經籙」，但其表文、文檢中仍崇奉張聖君等法教主神，可見他是兼習法教的道士。

同治七年（1869）林占梅去世，西門林家由林汝梅領導。蘇海涵認為在道法上，林汝梅未受到吳景春、吳周嚴的影響，他於

---

15 《臺灣日日新報》日文版昭和 2 年 10 月 18 日〈新竹道士〉。
16 《臺灣日日新報》漢文版明治 42 年 2 月 14 日〈宗教改良〉。

清末到龍虎山（詳後），向張天師學習道法。《新竹縣志》說：
林汝梅「素有求道之志，而目睹新竹地方道士，除為餬口計，為
人作法事外，毫無修養，深以為憾。乃決意西渡，恭詣江西龍虎
山，求教於第六十一代天師，學成正一派道法。歸後夙夜勤習，
凡步罡踏斗之術，皆能按法實演。有譏其既為孔門弟子，何又學
習異端？亦不多辯。更為增進道士等對道教之認識，招邀眾道
士，集於己家，詳為闡述道教教義，並說明南北分派，作風不同
等事。附近以道士為業者，莫不登門求教，時人視為新竹之天師
府也」[17]。

　　這位林汝梅是新竹望族的領導者，在清末曾在許多公共事務
上，扮演重要的角色。陳鶴荃在《新竹叢誌》提到他參與佛、道
的情況：

　　　　鶴山賚志沒後，其弟林汝梅，人稱曰五老爺，以其行五，
　　　　性倜儻，人豪放，履厚席豐，有烟霞癖，想入非非，崇尚
　　　　超昇，意更茫茫。篤信虛無，其與盤桓者，非僧即道，故
　　　　諺有之曰：座上僧人常漏，堂中道士不空，蓋其時日本自
　　　　牡丹社事件後，雄心勃勃，企圖侵略，乃遣僧陀為間諜細
　　　　作，潛入臺疆，或扮行腳僧，或禮路頭陀，陽則念佛誦
　　　　經，陰乃測繪地圖，時至竹塹，汝梅竟闢城東冷水坑，金
　　　　川禪寺為叢林，藉為常住。乙未割臺之役，此輩僧陀，則

17　黃旺成主修、郭輝等纂《新竹縣志》卷九〈人物志〉頁 10。此一縣志
　　修於民國四十六年，六十五年排印，本文用的是成文出版社複印本。
　　《新竹縣志》卷八〈宗教志〉頁 17，亦有近似的記載。

充鄉導指揮其初入城，先鋒隊之翳鬚板大佐，即其行腳僧之一也……

汝梅于戊子年，倡議重修城隍廟，竣工後，曾涉重洋，朝舟山南海，詣福州鼓山，探求佛跡，遍訪高僧，渺無所得，乃轉道而至江西廣信府貴溪縣龍虎山，面訪嗣漢六十一代張天師。雖抄習道藏經典，其哲理玄機，亦無所得。及辭行之際，天師諭汝梅曰：君處海島，今也天狗星，躔度於牛女之間，其災殃主應在貴地，既蒙虔誠朝真，余有先代遺法，神勅靈符一張，歸可懸於城隍廟，將廟門關閉十二天，苟禳制得法，其災殃則十二年。不然必遭蹂躪滿五十年。汝梅既旋，依囑懸掛廟內，豈知日數未滿，廟門未加鎖鑰，因群犬野狗互鬥狂奔，將廟門衝開，但該符則依然懸於前殿，至丁未年，北埔事變後，在城隍廟建靖難祭，乃為撤去，該符今尚存於聚星樓陳老恢氏什襲珍藏。憶及日本之祭神行列，前導開路神，所塑天狗將軍，紅臉白髮高鼻圓睜，左執右持盾，人方悟天狗星所由來也。豈意割臺始政滿五十週年，竟然光復，恰應其讖，奇哉怪哉，雖謂迷信，間有哲理之不可想議歟……[18]

　　文中的冷水坑金川禪寺，乃金山禪寺之誤。該寺位於香山金山面，名叫「長清禪寺」，俗稱金山寺，是由林汝梅、鄭如蘭等人於光緒十四年重修的。資料記載，金山寺是個佛寺，是以浙江

18　陳鶴荃〈潛園憶梅〉，張谷誠編《新竹叢志》13 輯，頁 402-403，1952年。

普陀山僧人為住持的道場[19]。其中住的都是中國僧人與日方僧侶無關。陳鶴荃的說法，純屬訛言，並非真實。至於林汝梅與張天師的關連，早在日據中期連雅堂在《臺灣詩乘》卷四上即提及：

> 林若邨觀察汝梅，鶴山之弟也。負經濟才，好道書，遂習焚符拜斗之術。曾赴江西龍虎山，謁張真人。歸語鄉里曰：「五年之後，我臺當遭天狗之厄，惟修德者可免。顧吾不及見，諸君勉之」。越乙未其言果驗，而若邨已於甲午逝世。天狗者，日人所號惡……。

比連雅堂說法更早的類似記載，是清末民初的王松的《台陽詩話》：

> 林若邨（汝梅）喜佛老學，雪邨方伯之弟也。嘗往廣信府謁正一真人張氏，歸語人曰：「全臺五六年後，當犯天狗之劫，惟為善者可脫此禍。吾身不及見，汝曹慎之」。先生果於甲午赴道山，而乙未遂割臺矣。天狗者，日本神道之一派也，初不解其意，今人始服其言。[20]

從上述記載來看，林汝梅與龍虎山張天師有關，主要有下列

19　王見川〈光復前新竹市的佛寺、齋堂與普陀山〉頁 31-36，《竹塹文獻雜誌》38 期，2007 年，4 月號。

20　王松《台陽詩話》（初刻於 1905 年，1959 年臺灣銀行經濟研究室點排，1994 年省文獻會複印）頁 10。此書在點排時與《滄海遺民賸稿》合刻。

幾件事：

1. 林汝梅在清末到龍虎山見張天師。

2. 張天師預言臺灣命運。

3. 林汝梅在城隍廟貼天師符弭禍。

究竟林汝梅在何時去龍虎山？是光緒十四年（1888）或是光緒十二年呢？蘇海涵根據其日記的敘述提供一點線索：

> 1886 年（光緒十二年）農曆三月，林汝梅帶著九弟林修梅一行人從新竹南寮港搭船出發。途中遇上暴風雨，林汝梅暈船，吐血，整團人在廈門滯留一個月。期間神明指示，林汝梅是被凶神入侵致病，因此他舉辦消災醮會。同年農曆五月，一行人到龍虎山附近的清州，林汝梅舉辦祈安謝恩醮會，恭請六十一代天師主持。林汝梅並在七月七日寫平安抵達的感恩疏文。他在龍虎山向六十一代天師購買經卷、靈符和取得二品授職，總共花了二千銀元。1888年（光緒十四年）一行人返回新竹。林汝海將靈符貼在城隍廟，他的聲望達到頂峰。其家西門別院成為北臺灣的正統道士研習中心，林汝梅建立的道壇叫「正一嗣壇」。[21]

照現存的證據來看，林汝梅建立的道壇確叫「正一嗣壇」，

---

[21] M. Saso, *The Teachings of Taoist Master Chuang*, pp.72-73, Yale University press, 1978. 本文用的是南天書局 1978 年複印本。M. Strickmann 曾指出 Saso 在另一文中提及林汝梅是在 1851 年（咸豐元年）到龍虎山是有問題的。

其全稱為「萬法宗壇分司正一嗣壇」[22]。由此可知，林汝梅的確
以龍虎山正統自居。以往，學者提及林汝梅道號「元悟」、林修
梅道號「蘊達」，但未言及林汝梅入道時間及道名涵義。照林汝
梅帶回的《龍虎山師傳法派職籙壇靖治炁心印傳道》：「三山滴
血派（字派）：守道明仁德，全真復太和。志誠宣玉典，忠正演
金科，沖漢通元韞（蘊），高宏（弘）鼎大羅，三山俞興振，福
海湧洪波」[23]，「元悟」是林汝梅在龍虎山被六十一代天師授與
的。而林修梅晚一代，屬蘊字輩。如果我們不健忘，生存時代早
於林汝梅的道士吳道春，其字號「韞玉」，在輩份上反低林汝梅
一輩，可以說林汝梅通過龍虎山張天師已取得高階授籙道士的身
分。

　　當時，他除了收有陳捷三外，另有齋堂分子拜其為師，新竹
金幢教存齋堂主持黃清海即在光緒十九年成為其弟子[24]。資料記
載，林汝海也從事建醮服務，光緒十七年他即應邀至臺北龍山寺
設醮：

> 光緒辛卯十七年（七日間）
> 此辛卯年醮事，特聘新竹林汝梅氏執掌，當時雖有鐵路，
> 尚未完全，往回皆乘輿，故款待同人及一行隨員，使費甚
> 多云。林氏通稱五老爺，法號元悟，為北臺首屆名望家林

---

[22] 張綉玲《新竹市佛教寺廟藝術之研究》頁 162，圖 2-19 光緒十九年黃
　　清海入正一嗣壇表，文化大學藝術史研究所碩士論文，1996 年 6 月。

[23] Saso 編《道教秘訣集成》頁 32，東京龍溪書舍，1978 年。

[24] 張綉玲《新竹市佛教寺廟藝術之研究》頁 162。

占梅之弟，若年秀才及第，後修斯道，為精神上之慰安
云。

左揭者林氏所讀之表章

閣艋城廟內外暨三邑各街庄眾等，暨紳耆郊行舖戶人等，
敢昭告于三界雲天，列聖爐前。伏以化溥無私，群生共受
因材之篤，恩沾罔極，欲報宜伸寸草之忱，茲眾等淡邑鳩
居，艋津蟻聚，思自乙酉年冬，因時氣之乖和，叩穹窿以
求庇，五朝醮禮，陳願夙殷。丙戌歲中，復遭疫作，丁亥
年內，更值病多。眾志驚惶，集本寺而商謝願，同詞禱
告，仗佛祖以代祈安。既屢應夫叩求，尚遷延夫仰答。戊
子己丑兩載，氣沴之流行連遇，穆靖之默佑仍叨，計經疊
次乞憐，當竭微忱報賽。庚寅六月，火災冀免，靈感尤
蒙，是則建醮酬恩，不容緩焉，而且本年億兆，再求合境
平安，時加兩晝經壇，湊作七朝醮事。凡諸誓願，皆關愛
戴之誠，幸固身家，愈憶禱祈之語，爰是謹諏吉日，虔卜
良辰，未（末？）請沙門，宣經兩日。先延道士，演法五
天，就宇立壇，眾庶悉經齋戒，屆期開醮，情由宜達聽
聞，臣據此因，奉一通之表，叩陳三界所司。第一朝敬啟
芳筵，恭迎帝駕，燃九光之燈炬，列五綵之繪旛，揭榜揚
旗，通知各位神將，行香繞境，禮拜諸廟列真，坦道淨
薰，妖氣徧埽。過午至各壇而頂禮，獻清供以明虔，並具
心香，奏啟聖師，主維大教。迨至分燈捲簾，鳴金戞玉，
第二朝演拜朝天十部大懺，解雪閣屬眾人愆尤，宿啟禁
壇，崇修醮禮，安鎮真文，懺悔十極，疏奏九天，少息樂

音，暫停法事。第三朝金雞方唱，玉磬復鳴，青詞上達於三天，丹悃披陳乎四府。午朝行道，疏奏薇垣，臨晚肅緘密之表章，奏通明之玉陛，開誦玉皇五品妙經。持念鴻明，以揚御號。第四朝玉宇氣清，金爐和藹，朝禮九幽寶懺，運轉飛輪水轍，超度水陸一切沉魂，靜講度人真經，崇建救苦道場，呈進東極表章。夜放蓮燈於水上，廣照殍魄於途中。第五朝重白至尊，總宣科典，拜砂表於天宮，達元辰於本命，晶瑩世界，照耀人寰，寅具清酒淨供，賽答諸天。是夜登座說法，普施幽魂，禳祭火部，完滿正醮。註銷善愿，頒勅符令，安鎮各家，犒勞兵將，尊奉境主，法事云畢，恭送聖駕回宮。乃焚金寶資財，伏祈俯納，俾化和風甘雨，加慰蒼生。從此永慶安瀾，陸欣沃土，士登高第，農慶豐年，萬商遂意於經濟，百藝稱心於創造。處處見衢童壤叟，家家充女布男錢。自完醮於七朝，永垂麻於千載，不勝忭舞，歡欣之至，謹拜表以……。[25]

　　文中的《朝天十部大冊》即《朝天寶懺》十卷、《九幽寶懺》即《九幽拔罪懺法》十卷，這些經卷並非林汝梅從龍虎山帶回，似乎是吳景春遺留下來的，由此可見，林汝梅受到吳景春的影響，並非全盤捨棄其道典。

---

[25]　劉克明編《艋舺龍山寺全志》頁 23，臺北龍山寺，1951 年。

三、林汝梅、張天師與新竹城隍昇格事件

為什麼林汝梅會選擇到龍虎山張天師處求經習法而不是向前輩吳景春學習茅山或華山道法呢？除了龍虎山張天師是當時公認的道教領袖外，恐怕與其個人經驗有關。清末吳子光《一肚皮集》中提到林占梅剿平的戴萬生之亂云：

> 前彰邑戴萬生之亂，賊勢洶洶，鎮道敗亡。久之，有曾提軍至臺，賊以為亞夫將軍自天而降也，頗驚疑，謀以城降者屢屢矣……曾提軍者，前彰化副將，曾挾智術平一二劇盜者也；故在上憲前毅然以平臺為己責，意氣殊慷慨甚。至軍中，臺人士將觀其設施也，則大張文告曰：本軍門伐暴救民，起程伊始，已將臺變情節敬咨江西龍虎山天師府協同辦理、汝等能激發天良、皈依正果，則天師府與本軍門有光輝矣。檄到急急如律令。按此公與王內史請天師兵，同是一家眷屬。[26]

林占梅平定戴萬生（潮春）之亂是新竹西門林家最大的功績與光榮，參與其事的林汝梅想必耳聞此事，對龍虎山張天師名號留下深刻印象。以往，臺灣民間雖信仰張天師，但幾無道士或個

---

[26] 原文刊吳子光《一肚皮集》〈道教〉部分。民國四十八年臺灣銀行經濟研究室從《一肚皮集》中抽取與臺灣有關之事，彙為成書，叫做《臺灣紀事》出版。引文見《臺灣紀事》附錄三〈淡水廳志擬稿〉「道教」部分，頁93。這裏用的是臺灣省文獻會1996年複印本。

人前往龍虎山朝聖，林汝梅之舉可說是創舉。前已提及張天師面諭林汝梅在城隍廟貼靈符拯救臺灣免於淪陷一事。這一事流傳甚廣，新竹城隍廟方亦寫入廟志[27]。大約同一時期，新竹城隍廟城隍又有異於常例昇格為「都城隍」、「威靈公」，不少人視為與此有關。有的學者即認為：光緒十七年，全臺官民在城隍廟舉行護國佑民除厄法事，新竹城隍因此晉封為「威靈公」、「都城隍」，新竹都城隍廟在全臺之地位，於此時確立[28]。

　　這些說法對不對呢？我們先來看看二則光緒年間與新竹城隍有關的資料：

1.晉封威靈公新竹縣都城隍監理醮務為懸牌示知事（新竹縣都城隍監理醮務飭司判等下屬巡查驅邪）

晉封威靈公、新竹縣都城隍、監理醮務為懸牌示知事。本年十月初一日，據本城信紳林汝梅等僉稱：「緣因夏秋以來，膏雨愆期，驕陽亢烈，梅等忝屬梓里，當經就於武廟設壇，叩乞據情轉奏天曹，求赦既往之愆，速起沉疴之疾，俾閭屬居民，脫離苦厄，而樂安康。如蒙乞憫苦劫，

27　陳鶴荃〈潛園憶梅〉「姑妄言之」部分，此文收錄於《新竹叢誌》。這用的是新竹文化中心 1996 年再版本。引文見該書頁 462。另見新竹城隍廟公局印贈之《新竹城隍廟簡史》頁 10〈祭天狗星〉部分。林汝梅到龍虎山面謁張天師「抄習道藏經典，及辭行之際」，天師諭曰：君居海島，今也天狗星躔度於牛女之間，其災殃主應在貴地，既蒙虔誠朝真，余有先代遺法，神敕靈符一道，歸可懸於城隍廟，將廟門關閉十二天，苟禳制得法，其災殃十二年，不然必遭踩躪滿五十年。

28　顏芳姿〈譯介 The Teachings of Taoist Master Chuang：兼論林家的道教事業〉，頁 99-100，《竹塹文獻雜誌》5 期，1997 年 10 月。

而沛殊恩，梅等以渥沐天庥，除災赦過。涓於本年十月廿三日，恭設華壇，啟建三朝夕醮會一宗，仰答鴻慈。但醮事攸關，未敢擅便，理合聯名叩乞，俯賜親臨監醮。一切科表，分別核轉，以便接駕朝真。梅等誠惶誠恐，謹疏以聞」等情，到堂。據此，除批示外，合行懸牌示知。為此牌，仰所屬司判、吏役及各鄉都土、司神等，一體遵照，至期務宜恪供厥職，遵依榜示期，分班巡查街道，驅逐邪魔，護衛法壇，廓清境域，以昭誠肅，而佑生靈。各宜凜遵，毋違，切切。須至牌者。

右　牌　示　懸掛轅門

天運己丑年拾月（印一枚，文曰：新竹縣城隍印）初十日稿

威靈公　行

2.新竹縣都城隍為懸牌示知事（懸牌示所屬司判吏役及該莊都土至期分班巡查街道驅逐魔等事）

監理醮務、新竹縣都城隍，為懸牌示知事。本年十月十五日，據竹北一保聯庄紳董彭殿華暨士庶人等僉稱：「緣因去年夏秋間，照詞云云敘至，謹疏以聞」等情，到堂。據此，除批示外，合行懸牌示知。為此牌，仰所屬司判、吏役及該庄都土等，一體遵照，至期，務宜恪供厥職，分班巡查街道，驅逐邪魔，護衛法壇，肅清境域，以昭誠敬，而佑生靈。俱各凜遵，毋違，切切。須至牌者。

右　牌　示　懸掛轅門

前銜　為牌事。照得

本爵定於□日，親詣竹北一保樹杞林聯庄法壇，監理醮務。除先期懸牌示知外，合行遣牌。為此牌，仰所屬當境司土等，至期，務即前途伺候。所有一切邪魅，先行驅逐出境，勿許庇護。分班恭迎憲駕遙臨，各宜凜遵，毋違。須牌。

右　牌　示　發貼高腳牌……

太歲辛卯年拾月（印一枚，文曰：「新竹縣城隍印」）[29]

　　第一則資料是在光緒十五年，林汝梅等人在城中「武廟」舉行祈安謝恩三朝醮會。當時是由道士操辦，故告示中有對道士的專門規定：衣冠整潔、誦經音韻和諧，出入有序，行止雍容合度[30]。第二則資料則是在光緒十七年，竹北一保地區紳董彭殿華舉行祈安醮，敦請新竹城隍監醮。該醮會規模頗大，道士負責五

29　第一則資料，見淡新檔案校註出版編輯委員會《淡新檔案》（一）第一編行政總務類：禮儀、吏務、吏紀、薪津，頁 16，臺北臺灣大學 1995年 9 月。第二則資料，見同書頁 19。

30　《淡新檔案》（一）頁 17：「晉封威靈公新縣都城隍監理醮務示事（新竹縣都城隍監理醮事示告戒道眾守則）晉封威靈公、新竹縣都城隍、監理醮務示：

酬恩慶成福醮，法壇供設斯堂。示爾在壇道眾，各宜恪靜端方。內則凜嚴齊（齋）戒，外維潔整冠裳。行止雍容有度，語言簡訥有章。一切專司執事，舉行毋涉慌忙。道眾誦經禮懺，音韻尤貴諧詳。慎勿交頭接耳，褻瀆嬉笑輕狂。不許無端出入聲色，觸穢道場。天威不違咫尺，尤須敬謹恭莊，為此諄諄告戒，期各遵照毋忘。

右　牌　示　懸掛壇前

天運己丑年拾月初十日稿

威靈公　行」

朝，而僧侶三朝，共八天[31]。

　　從光緒十五年林汝梅的疏文，可以知道新竹城隍當時已晉封為「都城隍」、「威靈公」。光緒十七年彭殿華的呈文亦延續此稱呼，可見這一稱呼在光緒十五年以來已被新竹城內外、紳眾接受，變成新竹城隍的新頭銜。

　　值得注意的是，這些稱新竹城隍為都城隍、威靈公的文書上又蓋有「新竹縣城隍印」。這樣的分歧，並非訛誤，而是顯示新竹城隍晉升（格）一事，純是林汝梅等的操作，尚未得官府之認可，故送件給官府報備，還得使用官方許可之印。

　　既然如此，那林汝梅等為何要替新竹城隍升格呢？他有能力晉升神明嗎？一般來講，地方有時疫流行、乾旱、雨潦等天災或戰爭、兵亂等人禍，地方士紳或官員只要到地方著名廟宇祈求即

---

[31] 《淡新檔案》（一），頁 18：「竹北一保聯莊紳董彭殿華等責無旁貸循章瀆請僉乞俯賜親臨監督護衛法壇事

　　　疏文

具疏詞，竹北一保聯莊紳董彭殿華、詹鵬材、曾捷勝、彭世和、陳四和、鄭獻瑞、曾永發、官九和、陳義生、陳源順、鍾逢源、劉長和、劉正記、陳九思、彭良桐、暨聯莊士庶人等，為責無旁貸，循章瀆請僉乞，俯賜親臨監督，護衛法壇事。緣因去歲夏秋間，時氣流行，異災暴作，華等忝屬梓里，當經邀集眾等，恭設香案，據情叩禱，求赦既往之愆，速起沉疴之疾，已蒙殊恩宥釋，咸沐平安。華等既渥天庥，理當叩答，敬涓本年十月二十四日，爰集眾等虔設華壇，啟建五朝夕道場，三旦夕釋典醮會，共同一宗，上酬鴻慈。但事關醮典，責無旁貸。恭惟公爺為陰陽之主宰，當禍福之權橫，合亟聯合，僉乞恩期下逮，俯賜親臨，監督護衛，分別核轉科表，以便接駕朝真。華等誠惶誠恐，不勝懇禱之至。謹疏以聞。

天運辛卯年拾月十五日……」

可，不需要觸及神明的升格，如上引光緒十五年、十七年的事
例。由此可見，新竹城隍的升格「新竹都城隍」、「威靈公」，
一定是林汝梅等人碰到比地方天災、人禍的事還大、嚴重的事，
也就是說，這是超越地方的大事。如果我們不健忘，前引提及林
汝梅在龍虎山。六十一代天師張仁晸曾告知臺灣幾年後有淪為外
族統治的災厄。對於林汝梅而言，這事關全臺，是全臺大事。從
另一方面來看，按體制主管臺灣府的城隍，是正二品的「公
爵」。結合二者來看，新竹城隍的昇格與此有關。也就是說，林
汝梅等接受新竹城隍升格「新竹都城隍」、「威靈公」，似乎為
了禳解張天師告知的全臺災厄。

　　從南宋以來，張天師的聲望越來越高，不只是全國宗教領
袖，明清民間更傳言他有三種特殊能力：

　　1. 預言未來。

　　2. 役使鬼神。

　　3. 封賜神明。[32]

所謂的「封賜神明」係指張天師可以封印妖狐、精怪，讓她
們變成神明，此外明清地方志則記載天師另一種封神情況：

　　1. 嘉慶《同里志》：城隍廟……祀唐太宗第十四子，姓李名
　　　　明……國朝康熙二十五年，天師奏封廣佑王……[33]

---

[32]　王見川《張天師之研究：以龍虎山一系為考察中心》頁 50-128，中正
　　　大學歷史所博士論文，2003 年。又見王見川《張天師之研究：以龍虎
　　　山一系為考察中心》（博論增補版，臺北博揚文化事業公司，2015
　　　年），頁 66-168。

[33]　轉引自濱島敦俊著、朱海濱譯《明清江南農村社會與民間信仰》頁
　　　301，廈門大學出版社，2008 年 9 月。

2.民國《法華鄉志》：……清婁李邑侯復興為婁縣城隍
神……在康熙時襲封張真人蒞松，而邑人請封者也要
之……[34]

在傳統中國人的思維中，一般認為神明受敕封有二種方式：
一是國封，一是道封。所謂的「國封」是指由皇帝封敕神明「徽
號」或「晉階」，而道封是指由道士經由上疏玉帝敕封神明。前
者是國家封賜，而後者是私封。其實在此之外，尚有「巫封」
（即民間宗教師傳達上天封敕）、「佛封」（指佛教僧侶封神）
和張天師敕封。其中，佛封罕見，並不流行，國封程序冗長，員
額不多，考核較嚴，最常見是「道封」，「巫封」和「張天師
封」。這三者可歸為「玉封」，是民間神廟取得封號的主要來
源。之中，「道士封」、「巫封」具合理性但不具權威性、可靠
性，而「張天師封」因張天師本身具有官方及宗教領導身分，則
兼具合法性與權威性。

依此來看，新竹城隍在光緒十五年或稍前的晉封「都城
隍」、「威靈公」之舉，應是林汝梅聽到張天師之示警，向他請
求攘解之法的結果。也就是說，為了拯救全臺，張天師在林汝梅
請求下，晉升新竹城隍至相應位階，以利執行道家攘災法事。不

---

[34] 同前註，頁 303。又頁 303（史料 148）：《道光黃溪志》卷八，叢記
〈真人府封威靈王敕文〉：「泰元都省，恭奉玉旨金書敕，曰：凡守土
之神，寧社福民，宜加敕詔。照得江南蘇州府吳江縣范陽鄉二十五都西
依字圩北方金神廟，守土正神，一方保障……慈封爾神為護國佑民威靈
王，頒賜恩敕，加增榮封……嘉慶九年四月日正一嗣教五十九代天師大
真人臣張珏承詔奉行。」關於封神，施舟人〈「道藏」中的民間信仰資
料〉有所涉及，該文收入氏著《中國文化基因庫》頁 84-100。

管如何，林汝梅的龍虎山之行及其後行為，無疑進一步加強張天師在臺灣的影響力。

四、清末日據初臺灣北部宗教人物的 「龍虎山朝聖」

就目前所得資料顯示，清末日據初期至少有下列人士到龍虎山「朝聖」[35]：

時　間	姓　名	所屬廟宇或地點	備　註
清末日據初	葉氏純	基隆富翁太太	朝名山
1901	溫德貴	竹東代勸堂	送印善書
1903	林修梅	新竹林家	學道
1903	碧霞宮廟方	宜蘭碧霞宮（鸞堂）	送印善書

其中，溫德貴寫下一份朝聖日程。其文云：

> 往江西路程日誌　香盟自記
> 余自四十八歲時在飛鳳山代勸堂經理効勞。因廟宇造就，奉三恩主箕派回唐督刊《渡世回生》善書，並往江西引見天師求符及玩各處勝景名山。辛丑年六月十三日由鍾添進繼滿叔家中齊集。丑刻起程徃鳳山崎頂坐車，至稻埕街高四伯榮春棧內宿四晚。此際臺北艋舺四處時行瘟疫。在媽

35　次表是綜合《基隆誌》、《正一妙法敦倫經》、《溫氏族譜》及蘇海涵 *Teachings of Taoist Master Chuang* 相關敘述而成。

祖廟港口大埕街，一晚連看十三枱戲，鬧熱非常。十七日
由臺北乘火車出滬尾街江夢居住店，……二十一日乘日人
大火輪，船號大義丸，午後四點鐘啟行，至二十二日午前
八時到廈門街港口鼓浪嶼前，請小船，乘至水仙宮前上
岸，至三十六崎頂嘉應州人葉發伯悅來館客棧，住宿九
天。二十三日往南普陀山觀音廟進香。二十四日往白鹿洞
朱夫子廟及書房又虎溪岩佛祖廟進香，七月初一日由廈門
港乘小輪船號飛龍。午前八時啟行，午後三時至安海街洪
復春號客棧宿一晚。申中刻，往龍山寺佛祖進香……愚至
十二日乘病起程，由泉州府出東門外，有一東岳大帝廟，
石牌樓甚多……俟七月二十四日，由日陞館起程出南台鎮
三保街挈公樓前，諸友五人請得船夫，黃三弟夫妻，小船
內宿一晚，二十五日乘船上江西……初二日由吉溪村至延
平府城腳下宿一晚……十二日由黃塘街至邵武府城，入東
門外街市黃義盛客棧（宿三晚），十五日由邵武府城出東
門陸路乘轎至光澤縣城外張家客棧（宿一晚），十六日由
光澤縣至大力街客棧（宿一晚），十七日由大力街至黃溪
村客店（宿一晚），十八日由黃溪村至冷水坑街客棧（宿
一晚），十九日由冷水坑街至上清宮街天師府衙內，宿九
晚（八月十九日午後五時到天師府內），二十四日由府衙
前，乘小船至龍虎山，並天竺峰獅岩洞……及水仙岩，仙
洞等處進香。斯時有一廣東省陳姓人氏，家財數十萬貫，
因他子往白雲山祭墓，回家發大狂亂，差一承勞潮州人氏
姓姓鄭帶有三千兩銀到此建醮五天，求符收妖，普施燃放

　　水燈。俟捌月二十八日，由天師府衙內起程回家……[36]

　　溫德貴是由福州、延平走山路到江西龍虎山。他在龍虎山天師府見到廣東富人來府中尋求幫助。其中做一場五朝醮會、兼求

---

[36] 其回程是這樣：「至九月十九日到南台鎮小船內（宿一晚），貳拾日仍到福省陞館住宿十一天。因邱永河染病並候船期所以延遲，遊各處賞玩往省城隍看戲、鬧鬧比不可勝言矣。九月二十九日與劉奇清、余慎齋三人乘小船至鼓山湧泉寺進香玩各景。十月初二日由陞館出南台街港口，乘小船至馬尾港街（宿一晚），初三日，乘小船出港至日人大火輪船，號平安丸。午前八時啟行，至初四日，與林水弟復往泉州。二十五日，仍在城內敬送善書。二十六日邀林會川三人，全至南安縣城內又往至松仔嶺下（宿一晚）申中刻，仝辦牲儀，往鳳崎郭聖王公廟酬宅舊願，隨路發送善書。二十八日回轉下蘇村，二十九日至泉州府城內廣平倉古地謝老爺之子阿再書妨（宿三晚），此時李協台（士官章）有年請到衙內扶鸞。因三義河鸞友何旭辰目疾，叩求施方。十二月初三日，由泉州至安海街（宿一晚）。由安街港乘小船輪至廈門閭各街道溫福安堂藥舖，係嘉應州家侯五爺店，敬送善書，十三日乘小船上水道至漳州府衙前左片宜文堂坊內住宿五天，城內各處發送善書，十八日乘小船回轉石馬街家侯五店內，酉刻諸友邀往獅頭山下鄭家村建醮，觀結彩樓三枱，巍峩輝煌勝景，並七枱戲棚相連，其佳景難言矣。此處風俗賭淫男女混雜衣裳，與台地不相上下。婦人裹足搭棚看戲。十九日乘小輪船回至廈門。三十六崎頂悅來館。二十二日午後四時坐火車入大稻埕榮春棧。二十五日乘小船復出滬尾請日官試驗書籠。二十六日經驗後回臺北。二十七日由榮春棧起程乘火車。戌刻至紅毛田劉海家。二十八日時始別家中。余自光緒二十七年辛丑歲季夏月回唐，付梓刊。」此份資料是鄭寶珍首先使用，見其《日治時期客家地區鸞堂發展：以新竹九芎林飛鳳山代勸堂為例》頁 62-64，中央大學歷史所碩士論文，2008 年 7 月。感謝鄭寶珍惠賜此資料影本。又此資料另見王見川、高萬桑編《近代張天師史料彙編》（臺北博揚文化事業公司，2013 年）頁 292-296。

符要三千兩。由此來看，林汝梅花二千兩購買經卷、符籙、建醮不算貴。

相對於此，宜蘭碧霞宮在 1906 年鸞文著造完成後，廟方人員將書稿呈請龍虎山張天師校閱，並授籙，《正一敦倫經》即云：

> 蓋開元始說法，闡道蘊以開天，太上談經，傳教典於奕世，嗣而五祖七真，丕衍玄門，萬典千經，宣揚正教，要皆體上聖之慈悲，開下愚於覺悟，同昇樂土，共出苦輪，無如人情澆薄，物欲紛茫，逐妄迷真者往往，順邪棄正者匀匀，致夫上蒼震怒，浩劫頻施，感此列聖群真，疾首蹙額，是以齊騎並駕，普濟同聲，下臨凡土，降筆鸞堂，冀挽人心，以回天意，所以善篇疊出，神經頻傳，我恩主精忠武穆王岳生為宋室藎臣，歿為天朝元帥，忠心昭日月，孝行振風雷，節烈特超今古上，義氣長存天地間，本純全盛德，施溥博降恩，時維丙申桐月，駕臨甲子蘭陽，乃命將以掌堂遂飭神而顯化，斯時也，續成案之罪頭，延況奇之殘命，兵所以禦災捍惠，濟世覺民，則見其大小兼周，而幽顯並著者也，茲即資扶三數，敗敘五倫，故現身而說法，率俗士以修真，不說難知難能之，惟陳易行易作之言，又有徐仙翁練氣靈文，指陳捷徑，是經也，謂為覺世篇者可，謂為度身寶筏者亦無不可也，余也欲赴梓頒行，以開神化，故先稿齋遠投上清宮，俱稟龍虎山正一真人，六十二代嗣位張天師轅下，披呈鑒定，收錄玄宗果蒙細閱，准此付刊傳世，一切神人魔鬼，各宜欽服，不得有人

違教旨，干犯玄科，由是觀之，則此經之俾益於人世，良
非淺也，是以指引數言，以告夫知音者，知所遵奉焉。
天運丁未年六月　日碧霞宮總董鷥務：太上三五都功經
籙、神霄玉府伏魔仙宮、北極運雷斗中天醫事，陳錫靈與
沭敬撰。[37]

　　所謂的「太上三五都功籙」是張天師授籙的第二品級，可見
碧霞宮的正鷥是道士。除此之外，一般人亦熟知天師的威名，
《基隆志》報導清末日據初富紳太太，即到此參拜，其實情，當
事人的孫子十餘年後有所回憶：

天師江西龍虎山也，其姓張，其名不詳，因世人都稱他為
天師，我也稱他天師。離今四十年前，外祖母因舅父目疾
沉重，差不多快要失明的時候，才聞知天師能治百病，愛
子心切，不畏辛苦，不怕危險，費了數月的光陰，親到龍
虎山去拜求天師。啟程之前，她連吃了十二天的清齋，到
了天師府，她就九叩十二跪地，跪到天師面前。天師憐她
一片誠心，賜她一符帶回家，等她回來時，舅父的兩目已
經失明了，這莫非是命嗎？現在此符仍存在，但因日久已
經糊塗不明了。她告訴我們說：天師府像北平的皇宮一
般，一門過了又一門，一殿了又一殿，極其偉大而華麗。

---

[37] 碧霞宮《正一精忠武穆王玅法天尊說教敦倫經》（廈門文林堂，1907）
〈引〉頁 1-2。此經又叫《正一妙法敦倫經》。此處引文原件，可見王
見川、高萬桑編《近代張天師史料彙編》圖集頁 XVI。

是時的天師是一位白髮童顏的老翁，留着白雪似的鬍鬚，
長得很文雅可敬，一些也不害怕，雖然有他的司爺傳舌，
因有方言的隔膜，不能盡達其意，可惜！誠可惜！我想唐
三藏到天竺國去取經時，有千變萬化，翻天覆地的孫行者
和猪八戒等保駕，有什希奇？有什麼值得呢？外祖母往龍
虎山求符，路上無人作陪，又係女流，交通不便，言語又
不通，多麼艱難！多麼危險呀！[38]

對於日益增多的朝山宗教人物或學習道法之人，當時龍虎山
張天師如何面對呢？根據光緒十六年《張氏宗譜》記載，當時的
天師是六十一代天師張仁晸。其生平如下：

六十一代天師，有誠公之子，名仁晸，字炳祥，號清岩。
生於道光庚子年三月初六日子時，幼遵父訓，長習祖傳。
……同治元年九月初一日奉旨襲爵，覃恩誥授「通議大
夫」。四年游粵東，胡生狀異，以一黑玉印贈。滬城屢回
祿，求書避火符，以印蓋者得免。人見有黑面金甲附符焉。
光緒六年禱母壽於南海，遇風幾覆，大士現身於雲遂濟。
九年省祖墓於西蜀青城山，見祖天師於天師洞。出川徑重
慶，布賣述神告，以劍贈。會館青龍閣，有巨蟒，天陰朝
夕吐氣如雲，仗劍以登，書雷火符焚之，怪滅。……[39]

---

[38] 《臺灣民報》977 號。雞籠生〈張天師訪問記〉，1933 年 1 月 8 日。

[39] 光緒十六年《張氏宗譜》卷 4，頁 5。其「娶南昌府豐城縣上點誥授
『奉政大夫』楊公諱士林長……生子四：松森、柏森（過繼禹旬公為嗣

　　小柳司氣太《白雲觀志》所附張元旭《續漢天師世家》取材於此，內容較簡。這位張仁晸可說是近代龍虎山天師府的中興者，他不只還清五十九代天師向官方的龐大借款，也回川謁祖、修祖墓，更增修張天師寫祖譜《張氏宗譜》。此外，他還是一改革道教者，清代四川巴縣檔案提供二個張仁晸天師改革地方宗教人士的案例。[40]

　　以往，大家只知道張天師管領全國道教，似乎只管領道士。這二條資料反映張天師還管理看日子的陰陽先生。由此可知，六十一代天師接納這些民間道教或宗教人物，除滿足他們的生存需求，得到收入外，尚有改造他們之意。

五、結語

　　1964 年秋蘇海涵在臺灣觀察寺廟活動。他接觸到竹北紅頭道士錢枝彩。在一次苗栗的寺廟法會中，蘇海涵看到道士在儀式演示過程中從衣服中，抽出一本小冊子誦讀，引起他莫大的興趣與好奇。錢枝彩告訴他，那是秘訣本，是道士重要手印、指訣手冊，新竹市內的正一嗣壇派道士擁有不少此類秘笈[41]。

　　經由錢枝彩的介紹，蘇海涵接觸道士莊陳登雲，從而寫成 *The Teachings of Taoist Master Chuang*，「發現」這一被遺忘的

　　孫）、長森、春森。生女五：長適南昌黃、次適本邑……三適建邪南城黃，四適本邑蔡訪周，幼適本邑洋塘汪。副室吳女……生子一：蓬森」。

40　王見川、高萬桑編《近代張天師史料彙編》，頁 78-80。

41　《道教秘訣集成》解說部分頁 1-3。

地方道教傳統[42]。

　　蘇海涵發現的不只是一個地方道教傳統，他還呈現清末新竹一個重要士紳如何參與並發展地方道教。更重要的是，這一地方道教也受到當時龍虎山張天師的影響，進而形成中央與地方，正統道教與地方道法混合的特點。

　　此外，蘇海涵還編有《莊林續道藏》（1975）、《道教秘訣集成》（1978），披露六十一代天師與清末至戰後臺灣北部道士使用的經卷、文檢、口訣等資料，初步奠定近代道教文獻的基礎。雖然此舉惹起軒然大波，但其引發當代道士抄本應該出版與否問題，仍值得關注。

附記：本文原刊於黎志添主編《十九世紀以來中國地方道教變遷》頁 133-156，香港三聯書店，2013 年。此次收入，更改篇名並略作增刪。又《王見川臺灣史名家研究論集》（臺北：蘭臺出版社，2018 年），頁 131-150 相近論文，亦請參考！

---

[42] 錢枝彩、莊陳登雲都是日據末期光復初期新竹著名道士，莊陳登雲字宏圖，更是一位漢文詩人，昭和十五年出版的《瀛海詩集》（臺灣詩人名鑑刊行會）收錄戰爭時期全臺詩人作品，莊陳登雲亦名列其中（頁152-153），其詩略舉如下：

蛙聲

六更鼓吹報春暄，風韻悠揚聽更煩。似為不平鳴井底，餘音閣閣最銷魂。

蝶裙

閨人穿著趁東風，真與湘江六幅同。一自莊周微夢後，曾無妒煞石榴紅。

離杯

羈愁別思滿征途，對酌請卮興不孤。風笛數聲聽未忍，共傳合惜不能無。

第八章
二戰後臺灣張天師及其傳承新論：
有關六十三代天師張恩溥及其後繼者的
紛爭商榷

王見川

南臺科技大學通識教育中心助理教授

一、前言

　　最近幾年，六十三代天師張恩溥引起海峽二岸的重視。不僅在江西龍虎山天師府旁的天師家廟中設有其塑像，臺灣也有研究者，為其立傳，標名「弍代天師」[1]。張恩溥可說是重新出土，

---

[1]　李麗涼《弍代天師：張恩溥與臺灣道教》，新北市新店國史館，2012年。另有張恩溥晚年弟子張智雄口述《太極流轉：向六十三代張恩溥天師尋道的故事》（中華道教祖庭龍虎山嗣漢天師府，未標年代，自印本）。此書是張智雄為「紀念嗣漢天師府六十三代張恩溥天師一百二十歲冥誕」而出版，感謝黃發保先生惠賜此書。李麗涼《弍代天師：張恩溥與臺灣道教》此書有優點，如第陸章講述張恩溥在臺弟子與其有關的道士「嗣漢天師府大法師」，即補我研究之不足。但此外的敘述與使用資料，多取材我的先前的張天師研究成果！康豹在 *Journal of Chinese*

備受肯定！筆者十餘年來已陸續撰文討論六十三代天師張恩溥的早年事蹟與在臺活動！特別是考查他與臺灣民間宗教,寺廟的關係！[2]近年,又得到一些新材料,有助於我們更深入對六十三代天師張恩溥的了解,特撰此文,以就正於方家！以下就幾方面展

Religions（2012）評介李麗涼《弌代天師：張恩溥與臺灣道教》,已初步提及此事。經我稍加比對發現,李麗涼著作取材王見川張天師研究論文獨特的發現,至少有下列幾方面：

張天師六十三代歇一歇預言。

張天師受政府補助。

張天師戰後初即曾來臺。

張天師與慈惠堂關係。

張天師與其他教派：慈惠堂部分注明,但一貫道等皆未言及拙著！

張天師與碧霞宮部分等,我在香港會議論文已提出,李則未注明！李麗涼書中提及拙著：頁 8,學術史部分,簡單提及,不言拙著之貢獻。特別是李麗涼在其書頁 9 及第三章專門討論 1947 年張恩溥天師第一次來臺的情況,相當得意此發現。不過,此事在我的〈張天師信仰在臺灣：一個地域的例子〉（《道統之美》創刊號,頁 12-13,2003 年）早已指出,而我用的恰恰是《自立晚報》,但整個第三章及學術回顧,皆未提出拙著此部分敘述。我相信在我之前,從未有人提到此事。

2　我關於張天師的相關研究,除博士論文《張天師之研究：以龍虎山一系為考察中心》（中正大學歷史所,2003）外,有以下數篇：〈張天師與慈惠堂〉,〈「義和團運動」中的宗教與信仰：普濟、張天師、孔聖人及其他〉,頁 134-148,陳方中編《義和團運動與中國基督宗教》,臺北輔仁大學出版社,2004 年。〈近代（1840-1949）變局下的張天師：兼談其對華南道教之影響〉,頁 386-404,黎志添編《香港及華南道教研究》,香港中華書局,2004 年。〈張天師信仰在臺灣：一個地域的例子〉,《道統之美》創刊號,頁 7-18,2003 年。另在研討會發表的有〈戰後的張天師與臺灣（1950-1970）〉「臺灣宗教史學術研討會」論文,國立中正大學臺灣人文研究中心、歷史學系暨研究所等,2007。

開論述：

1. 張元旭去世時間。
2. 張恩溥的繼位與初期活動。
3. 張恩溥及其家人與中共。
4. 張恩溥的憂慮與天師繼承問題。

最後針對最近的六十四、六十五代張天師爭奪現象，發表看法！

二、六十二代天師張元旭去世時間與張恩溥繼位

眾所周知，張恩溥是六十三代天師，他的繼任是在六十二代天師張元旭去世後不久，可是張元旭何時去世，卻是眾說紛紜。有的說是民國十四年（1925），有的說是十三年（1924）！[3]李麗涼在《弍代天師：張恩溥與臺灣道教》中說：「如果民國十四年 1 月 22 日張元旭天師於滬羽化是以陽曆計算的話，換成農曆則是民國十三年 12 月 28 日，則此問題即獲得解釋。」[4]

民國三十六年編的《張道陵天師世家》，則說張元旭是民國十三年正月於上海去世。[5]然而 1925 年的《興華》卻報導說：

> 龍虎山張天師自去歲來滬後，即為某洋行經理邀寓私宅，嗣因猝患足疾，故遲遲未返。今者潰爛羈半，步履頗覺艱

---

[3]　李麗涼《弍代天師：張恩溥與臺灣道教》頁 33。

[4]　李麗涼《弍代天師：張恩溥與臺灣道教》頁 33。

[5]　吳宗慈《張道陵天師世家》頁 27，江西文獻委員會，1947 年 9 月。此書列為「江西文獻叢書甲集」，感謝陸仲偉先生提供此書影本！

難，病勢日益增劇，乃延至二十二日二時竟駕歸道山……
聞天師身後殊蕭條，一切後事俱由管某及二三慈善家集資
辦理云。[6]

當時的雜誌《蜀評》有稍微不同的報導：

以治鬼辟邪自負的張天師元旭，上年來滬遊歷（其實獵
艷）已於二月十五日因患腳腫死了！……據二月十八日時
事新報上海欄說：張天師元旭之死是因為嫖私娼過度
的……聞他死後，由他家屬電請中央和龍虎山，由其子錫
齡蔭襲為六十三代天師……[7]

這個錫齡是瑞齡之誤，即是張恩溥。張元旭天師是否因情色
過度而死，仍需確證！不過，他應是死於民國十三年新曆二月中
旬。1925 年 2 月 25 日出刊的著名刊物《東方雜誌》（22 卷 4
期）即說：

江西龍虎山張天師元旭字曉初，於上年秋來滬遊歷，僑寓
於本埠黃陸路六十號管宅之別墅。近因腳腫病醫治無效，
於二月十六日黎明逝世。聞其夫人及第三公子均在滬，其
天師職務自張來滬後，即由其長子錫齡攝行。現已電陳中

6　《興華》22 卷 9 期，頁 24，1925 年。
7　《蜀評》4 期，頁 41 傑手〈張天師變了風流鬼〉，1925 年。

央及龍虎山，仍由其子錫齡蔭襲為六十三代天師。[8]

由此可見，張元旭死於民國十四年新曆 2 月 16 日。這個日子換算成農曆，是 1 月 23 日。不管是 2 月 15 或 16 日，當時的雜誌《蜀評》、《東方雜誌》都說張元旭死於新曆民國十四年二月中旬，而非一月二十二日。所以不論新舊曆，六十二代天師張元旭都是民國十四年初去世。

《東方雜誌》提到張元旭來上海住在黃陸路的管宅別墅，這是上海著名富商管趾卿的房子！照包天笑回憶，管趾卿他是無錫人，上海德國人分設西門子洋行買辦。[9] 1923 年 10 月初的《申報》報導張元旭到上海即住在管際安（管趾卿）家，並於火神廟召集同道，「商議整頓道教公會規章，提倡道教宗風等事」。會後跟姚子梁、王省三、王一亭等人餐敘，暢談道法。散席後，王一亭等請張元旭到東喬嘉斌梓園內遊玩，並賞鑑各種名人字畫。[10]

由於張元旭與王一亭有如此因緣，民國十四年（1925）四月三十日（農曆四月八日）六十二代天師張元旭出殯，即由管趾卿、王一亭等人幫忙安排出殯，扶棺返回江西事宜。當時多家報紙報導張元旭出殯盛況，如《興華》即說：

> 卅日為出殯之期，上午十時，靈柩由寓所出發，各宇觀道院之羽士，親至執紼者，計有三千餘人，儀杖約長二里許，所有嗣漢六十二代天師大真人府各種銜牌均插入其

---

[8]　《東方雜誌》22 卷 4 期，〈張天師符籙無靈〉，1925 年 2 月 25 日。

[9]　包天笑《釧影樓回憶錄》頁 331，中國大百科全書出版社，2009 年。

[10]　《申報》1923 年 10 月 3 日，〈道教所稱張天師來滬〉。

間，其他穿法衣各執綢旗之羽士，裝成「風雷火電」、「金木水火土」、「子丑寅卯辰巳午未申酉戌亥」暨各符號旂幟外，又有玉印劍敕、令劍靈牌等各種黃色彩亭，並有馬執事鸞駕、馬吹手音樂等種種名目，沿途觀者頗眾。至下午三時許，靈柩抵南市大碼頭登輪，訂於即晚開駛出口，運回江西原籍安葬云。南市一區警察署米署長，因昨日午後一點餘鐘時，已故張天師之靈柩由租界進老西門，出大東門，往南中華路肇浜路，直達外灘，至大碼頭，用船運至招商局金利源碼頭，換登長江班輪船，盤回故里。所過之處，觀者塞途。爰特遵奉常警廳長令，知當派長警多名，由巡官督同在碼頭畔加意彈壓，浦江水巡隊沙隊長，亦派巡官督帶隊士在浦濱照料。[11]

當時之所以有不少警察維持秩序與照料，並不是因為張元旭天師的身分，而是有王一亭事先行文警察廳高層，要求關照，幫忙維護出殯行程。[12]

三、張恩溥天師的第一次秀：
到漢口主持羅天大醮

雖然張恩溥繼位為六十三代天師，並未得到政府的認定，但

---

[11] 《興華》22 卷 17 期，頁 44〈張天師出殯〉，1925 年。另見吳亞魁〈天師在滬活動散記〉，頁 10，《中國道教》第 2 期，1992 年，李麗涼《弋代天師：張恩溥與臺灣道教》頁 34。

[12] 《申報》1925 年 4 月 29 日，〈張天師出殯之派警保護〉。

社會大眾仍受傳統舊習影響，視他為擁有奇能的神異人物，非常重視他。當時一些軍閥，如吳佩孚，也是如此。特別是吳佩孚還特地請張恩溥到漢口一遊，並向他請益。這是張恩溥初任天師的大事，也是武漢宗教界盛事，值得一述！民國十五年五月六日，申報「自由談」〈張天師蒞漢之盛況〉云：

> 吳佩孚將建水陸道場，設羅天大醮，追薦年來死亡將士，特由葛中將蔭湘至江西廣信府龍虎山虔忱奉請。張天師當允下山，即於本月初六日由廣信府起節，乘民船舟行七日，十三日始達南昌。……一日……抵漢。……迎至藥王廟後堤街大化善堂駐節。
>
> 張天師之略歷：天師為道教鼻祖張道陵六十三代孫，去歲始承襲斯職，派名恩溥，字瑞齡，現年二十三歲。面如冠玉，戴五嶽朝天冠，身穿品藍花緞八卦衣，簾幪被面，態度雍容，沿途警蹕森嚴，頗難瞻仰廬山真面目。
>
> 軍警保護之嚴密：先由招待處備置八人抬綠呢大轎一乘，頂為「五岳朝天」。外旁有符籙二道，上書「龍王免朝」、「諸神免參」字樣。前有香案執事引導。沿途警衛森嚴，各界來賓概行免見。
>
> 隨來護從之人數：張天師隨來有道行高超之法師四人，暨天師之教讀陳某，書記曾某。又護法童子一名，攜有天師符籙、玉璽切重要文件，坐一包車隨後。尚有廚丁、雜役共二十三人。
>
> 本坊道教恭迎之禮節：本坊陶家巷管道士為道教之巨擘，茲因掌教天師蒞漢，為千載難逢之盛典，特在陶家巷口當

街擺設香案，恭迎法駕，府伏稱「臣」。天師駐節，微啟
珠簾，點領受禮。管道士方睹聖顏，驚喜若狂，稱為異
數。……[13]

當時吳佩孚為弭平武漢一帶的旱澇，災異以及安撫軍心，超
度陣亡將士，先前已請蒙古喇嘛白普仁來武漢誦經禮懺[14]。這次
又請張天師來建四十九天的羅天大醮，顯見吳佩孚希望透過著名
佛道神異人物來做法會，增強民眾信心，共度危難！張天師此行
於十五年（1926）農曆三月初六由江西啟程，所帶人員陣容浩
大，計有法官吳紫暉、詹仙峰、吳拙臣、汪月清[15]，陳姓教讀、
書記曾某，以及僕役共二十三人。張恩溥天師出門的排場，猶如
清代有官職般的儀仗有「八人抬綠呢大轎一乘，頂為『五岳朝
天』。外旁有符籙二道，上書『龍王免朝』、『諸神免參』字
樣』。」[16]前有香案執事引導，警衛森嚴，很是威風！他們在南
昌逗留多天，後經九江，於新曆五月一日到漢口，更受到吳佩孚
隆重歡迎，沿途都有警察開道，維持秩序。一路上觀看民眾繁
多，但都被警察阻隔[17]，無法近身看天師，只能遠觀。

---

[13] 《申報》1926 年 5 月 5 日〈張天師將到漢口〉。李麗涼《弍代天師：
張恩溥與臺灣道教》頁 34-36 根據《臺灣日日新報》，也提到張恩溥到
漢口之事。

[14] 《申報》1926 年 5 月 6 日〈張天師蒞漢之盛況〉。

[15] 《興華》23 卷 23 期，1926 年。

[16] 關於張天師的排場，詳見王見川〈清代張天師的職責與財源〉，《南臺
學報》39 卷 2 期，頁 163-174，2014 年。

[17] 《申報》1926 年 5 月 6 日〈張天師蒞漢之盛況〉。

　　資料記載，張恩溥一行人被安排住在漢口的化善堂與樂善堂，不只漢口道士求見，上門求符民眾更是絡繹不絕，進帳不少！[18]從當時報導來看，張恩溥此行，有不少神異如捉妖事蹟流傳[19]，當時民眾也相傳吳佩孚邀請張天師來的主要目的，是想請張天師教其士兵掌心雷與隱身術，以便在戰爭中取勝。[20]

　　就天師權威的宣揚而言，張恩溥此行相當成功！不過仍有一些負面觀感，如「天師煙癮甚大，終朝吞雲吐霧」[21]的形象留在當地民眾中！

　　據當時報紙報導，吳佩孚曾向張恩溥天師詢問和平之道。[22]此一舉動顯示，當時軍閥如吳佩孚已有和平的念頭，他們認為張恩溥天師等宗教人物可能有奇方妙法阻止戰爭，求得和平！其實，不只是軍閥這樣想，商界領袖也有如此的認知。所以他們在民國十五年八月底在上海準備舉行五省和平祈禱大會，邀請張恩溥天師主法建醮，祈求和平！[23]

18　《申報》1926 年 5 月 14 日〈張天師抵漢後之瑣聞〉，6 月 11 日〈張天師在漢時之瑣聞〉。

19　《申報》1925 年 7 月 3 日〈張天師在漢捉妖記〉。

20　《申報》1926 年 6 月 7 日〈大帥與天師之今昔〉。

21　《申報》1926 年 6 月 11 日〈張天師在漢時之瑣聞〉。

22　《申報》1926 年 5 月 14 日〈張天師抵漢後之瑣聞〉。

23　《申報》1926 年 8 月 29 日〈五省和平祈禱會之發起〉。

四、張恩溥天師的首次上海行：
五省和平祈禱大會與逃難

關於「五省和平祈禱大會」，少有人談及。由於這是新任天師張恩溥首次在滬參與的活動，有必要詳述！根據當時報載，這次法會，是在 1926 年 8 月 28 日下午三時在上海白克斯路「商界聯合會」召開發起人會，到會者有贛省呂靜齋、許鈞彥、謝喜波，閩省廖朗熹，浙省項茂松，蘇省黃瑞生，皖省呂宋亭等人，「議決分電五省督理，請勿輕開戰釁，各自保境安民，一面並延請龍虎山張天師真人鑲醮消災，以其福國利民。懺罪悔過而伢天和」。[24]

這個邀請張恩溥天師的重任委由上海名人王省三、王一亭等人辦理。[25]

根據報載主辦單位擬舉辦的五省和平祈禱大會，是請張恩溥天師建四十九天羅天大醮，希望感動上天，挽回天心，消弭浩劫！[26]

由於時局不靖，擔心沿途安全，張恩溥遲未成行。後在地方政府保證與軍隊保護承諾下，張恩溥於 1925 年 11 月 27 日方回函已準備啟程。[27]就在他準備去上海時期，國內時局大變，國民革命軍北伐，佔領湖北、江西等地。江西國民黨黨部函請地方執政當局江西政務處，於民國十五年 12 月中下令取消張天師稱

---

[24] 《申報》1926 年 8 月 29 日〈五省和平祈禱會之發起〉。

[25] 《申報》1926 年 8 月 13 日〈各團體之和平運動〉。

[26] 《申報》1926 年 9 月 18 日〈五省和平祈禱會之進行〉。

[27] 《申報》1926 年 11 月 28 日〈五省和平祈禱會緊急會議紀〉。

號,並派專員邵式平前往龍虎山,沒收天師田產等物業。[28]因事出突然,張恩溥只帶天師印等少量東西,經九江逃至上海。當時他行蹤隱密,連其父成立的江西道教會高層都找不到他。[29]當然無從慰問他,所幸有江西旅滬工商聯合會致電贛省政務處,質疑取消張天師稱號及沒收田產之不當,並咨請盡速送張天師來滬主持羅天大醮。[30]本來張恩溥是風光準備主持法會,頓時變成逃難,張恩溥的首次上海行,可謂狼狽不堪!

五、張恩溥及其家人與中共

民國十六年,張恩溥到南昌辦事,正值國共分裂,中共人士方志敏率部「起義」,拘禁一些地方官員與國民黨員,張恩溥亦在其中。[31]民國二十四年《興華》的記者曾至龍虎山天師府訪問張恩溥。他提到此事:

> 天師於十六年被方志敏拘捕而得釋放後,即逃寓上海數載。去年臘月始返其上清宮……被赤匪佔據時,「天師府即為彭德懷之司令部」[32],而其「兄弟六人,被匪殺其

28　王見川〈民國以來的張天師與政府〉,《正一道教研究國際學術會議》論文,上海,2013 年。另見《申報》1926 年 12 月 21 日〈南昌〉相關報導及何植三〈關於張天師〉,《藝風》,1935 年。

29　《申報》1927 年 1 月 9 日〈張天師業已北行〉。

30　《申報》1927 年 1 月 13 日〈為取消張天師封號之呼籲〉。

31　王見川〈近代(1840-1949)變局下的張天師:兼談其對華南道教之影響〉,頁 396。

32　《興華》32 卷 20 期〈參觀龍虎山天師上清宮〉,1935 年。

一，病死二，現尚有二弟在校讀書。」[33]

在《興華》訪問稿中記者還描述說：

> ……達上清，張天師及該地區長來迎，張天師為一三十餘
> 歲之中年，駝背曲身，目光近視，似有嗜好者……由上清
> 小學入天師府……大門有直牌顏曰「嗣漢張天師府」……
> 現為天師之張恩溥……本人老實而有嗜好，故更不能振
> 作，其夫人姓丁……彼尚有一妾在滬未歸。其妻去年始產
> 一男，是將承續為六十四代之天師者。聞上清昔有一民謠
> 曰：滅不滅，絕對（不？）絕，六十三代歇一歇！……[34]

這個觀察，值得注意處有二：一是張天師吸鴉片。二是六十
三代歇一歇的問題。張恩溥天師吸鴉片，是老問題，早在民國十
五年他到漢口時，即被看出！雖然有報導宣稱他已戒掉[35]，實際
上張恩溥並未戒除煙癮，不只身體日漸消瘦，形象更受傷害，所
以當時江西民眾流傳六十三代歇一歇的民謠，普遍認為張天師權
威至此衰弱[36]，天師傳統面臨重大危機！以往幾無學者注意以上
二事，在我於多年前論文指出後[37]，方有人引用後一事實[38]，最

---

[33]　《興華》32 卷 20 期〈參觀龍虎山天師上清宮〉。

[34]　《興華》32 卷 20 期〈參觀龍虎山天師上清宮〉。

[35]　唯公〈嗣漢天師府訪問記〉，《逸經》50 期，1936 年。

[36]　《興華》32 卷 20 期〈參觀龍虎山天師上清宮〉。

[37]　王見川〈近代（1840-1949）變局下的張天師：兼談其對華南道教之影
　　響〉，頁 397、401。

近我又找到幾則六十三代歇一歇的傳言[39]，可見這一傳言流傳之廣！這二個問題都對張恩溥天師造成壓力與影響。前者驅使他不斷找錢，以至於他不斷到上海賣符[40]，與黃金榮、杜月笙等名人周旋，應人邀請屢建羅天大醮[41]，他甚至在對日戰爭結束後（1947）到臺灣賣符[42]，而後者則逼他要努力振興張天師地位，以免天師傳統斷在他手中，於是他在民國二十三年向內政部聲請加封[43]，即是此理念下的實踐。需要說明的是，當時正值國民政府提倡新生活運動，倡導傳統文化的熱潮，國民政府封賜孔子77 代孫孔德成為「大成先師孔府奉祀官」，剛好給張天師靈感與先例[44]，所以他趁此復古氣氛，呈文內政部，希望國民政府如清朝般認可張天師，贈與封號！可惜，事與願違，直到他到臺灣

---

[38] 李麗涼《弌代天師：張恩溥與臺灣道教》頁 396。

[39] 王見川、高萬桑主編、吳亞魁協編的《近代張天師史料續編》（未出版）「民國期刊」部分。另有一相近的傳言是「窮不窮來滅不滅，六十三代有一劫」，《禮拜六》5 期〈張天師之今昔〉，1931 年。

[40] 王見川、高萬桑主編、吳亞魁協編的《近代張天師史料續編》「申報」部分。

[41] 王見川、高萬桑主編、吳亞魁協編的《近代張天師史料續編》「申報」部分。

[42] 《一四七畫報》17 卷 4 期（1947 年）〈天師臺灣賣符〉，頁 3：「張天師法駕已抵臺灣，在臺大賣其神符。據說球符者甚為踴躍……」。此一課題，是我在〈張天師信仰在臺灣：一個地域的例子〉首先提出，後李麗涼《弌代天師：張恩溥與臺灣道教》頁 59-62 有進一步增補相關資料。

[43] 詳見王見川〈民國以來的張天師與政府〉。我在〈戰後的張天師與臺灣（1950-1970）〉附錄早已披露張恩溥呈文，可是李麗涼《弌代天師：張恩溥與臺灣道教》頁 40-43 引用此資料卻未說明。

[44] 謝興堯〈張天師與道教〉，《逸經》9 期，頁 11，1936 年。

後才得到政府補貼。[45]

　　至於六十三代歇一歇的傳言，一直縈繞在張恩溥心中，據曾任中華民國道教會秘書長的徐榮說：

> 嗣漢六十三代天師張恩溥民國五十八年春季訪問菲律賓期間，馬尼拉華僑商報轉載一篇臺灣李敖所寫的文章……天師看過以後，曾就六十四代天師問題徵詢我的意見……以後就時常告訴我龍虎山上的神跡故事，以及相傳多年的一首民謠：「不會絕，不會滅，六十三代歇一歇」。每次提到這首民謠，都有很深沉的表情。五十八年中秋夜在苗栗獅潭鄉洞靈宮前院……也提到「六十三代歇一歇」，但沒明白表示是怎麼樣的歇法……！[46]

　　六十三代天師張恩溥至死未立繼任天師，或許與此傳言有關！

六、64、65 代張天師繼承問題[47]

　　不管如何，1969 年冬，六十三代天師張恩溥去世後，由於他未立遺囑與口述傳人，以致出現天師繼承問題！有他的養子張

---

[45]　王見川〈張天師信仰在臺灣：一個地域的例子〉頁 13-14。

[46]　民國 61 年 7 月 7 日徐榮致郭海龍信。感謝張道禎提供該信影本。

[47]　以下這一段敘述，可與王見川〈略談「張天師」的重要性：兼談最近的天師繼承問題〉（武當山道教學術論壇論文，2013.9.26，武當山），王見川〈民國以來的張天師與政府〉參看。

美良，姪子張源先爭當六十四代天師。對於天師繼承問題，民國五十九年初的《中央日報》有所報導：

> 現在道教正一嗣漢六十三代天師張恩溥業已羽化……非嫡系子孫不能接承，從無以庶出或養子承續道統者……據臺灣省道教會理事長趙家焯表示，現在天師的家族中，有景星一叔、欣政、源先、潤生三侄，均可接續天師之道統。……十一年前，張恩溥即以年老多病，對道統傳承深為焦慮，曾託請省道教會，代向國防部申請，准其堂姪張源先退役，嗣承道統。此一請求獲當局同意，源先旋即退役，隨侍天師學習教儀，頗得門徑……[48]。

早在民國四十七年，張恩溥確實找張源先跟在身旁學習，準備接位。不過，因生活太苦張源先半途放棄，離開張恩溥。他多年後寫給族中長輩敘述其中原委：

> 道禎族叔尊鑑：回想民國四十七年，我……聽說六十三代天師張恩溥伯父住在臺北市……鄧習賓負則炊事，政府每個月發給伯父，每月生活費新臺幣五千元……伯父帶來的兒子允賢，已在民國四十三年就讀的私立強恕高中……急性肺癌……吐血而死……我和他談話中有意思要我退下來，他……要省道教會理事長趙家焯立法委員幫忙，向國防部關說，要我……向上報請准予退伍，於民國四十八年

七月十六日獲得核准，以「繼承教統」名義退伍……和伯
父……約有兩年時間。我看到伯父沒有經濟能力培植我，
只好向退伍軍人輔導委員會申請就業……從事種水稻工
作。約在民國五十五年申請回軍中，經核准分配到龍岡北
部軍團……民國五十七年報考一年制陸軍官校經理科專修
班……錄取……被分發原單位對面的經理營以少尉組長任
職。民國五十八年十二月二十五日，伯父因罹膀胱癌而仙
逝……此時趙家焯立法委員又幫我向國防部關說，要我再
從原單位申請退伍，到六十年八月一日經核准以「依額退
伍」名義退下來。在未退前，先經數位老道長選在臺南市
天壇舉行三晝夜的道教天師繼承法會，在臺我張姓家族也
開會決定由我來繼承為嗣漢六十四代天師職位，於是根據
伯父生前每月所領之生活補助費金額數呈報內政部轉請行
政院核准，繼續領取每月生活補助費新臺幣伍千元，於民
國六十一年獲得核准……族姪張源先敬上，八八、四、二
十五日[49]。

　　文中的道禎族叔是指張道禎，他年紀較張源先小 20 餘歲，
但輩分高一輩，與六十三代天師張恩溥同輩！張源先這封信雖有
些錯誤，如內政部每個月補助 5000 元一事，但內容大體可信。
[50]這封信涉及張恩溥、張源先等人，有幾點值得分疏：

---

[49]　民國 88 年 4 月 25 日張源先致張道禎信。感謝張道禎提供該信影本。
[50]　如提及鄧習賓此人，即少人知曉，2013 年 9 月 26 日在黃發保先生幫助
　　下，我與張恩溥天師弟子張智雄認識，並聽他講述張恩溥天師來臺情
　　況，即提及小鄧。

（一）張源先（1930-2008）與張恩溥（1894-1970）的 關係

據目前所知，民國三十八年（1949）跟隨國民政府來臺的張
天師族人，有張恩溥及其長子張允賢，侄子張源先、張欣政、張
正生與族叔張星景。民國四十三年（1954）張允賢因病去世，五
十三年（1964）張星景在臺再娶的妻子生子道禎。[51]以親疏論，
張源先與張恩溥天師關係最近，所以在張允賢亡故後，張恩溥考
慮繼位者，首先想到的就是張源先。照張源先信中所說，民國四
十八年七月他退伍到臺北與張恩溥同住，二年後離去。李麗涼在
《弌代天師：張恩溥與臺灣道教》說：根據 1958 年尉遲酣訪問
張恩溥天師的記錄，張天師當時表示「曾計畫三年內訓練其堂姪
張源先為繼承人」。「然不知何故」，1961 年《道學雜誌》登
載尉遲酣訪問稿中譯，譯者加上按語：「天師對其繼承人之選定
已改變計畫」。[52]其實，答案很簡單是張源先離開，所以張恩溥
改變繼承人選。至於張源先離開原因，他自己說是生活困難，這
是實情，但另有他因。據張欣政說是：與張恩溥相處不睦[53]。在
張源先離開後，張恩溥想收養子嗣，後又否定此念！民國五十四
年（1965）張恩溥天師與陳月娟結婚，後在 1968 年收養陳月娟
與胡姓前夫生的三名子女。之中的兒子胡美良，成為張恩溥養

51　關於張允賢就讀學校，來臺早期是大龍峒補習學校（李麗涼《弌代天
　　師：張恩溥與臺灣道教》頁 371），後於就學強恕高中時死亡。

52　李麗涼《弌代天師：張恩溥與臺灣道教》頁 372。

53　民國 88 年 4 月 25 日張源先致張道禎信。感謝張道禎提供該信影本。

子，改叫張美良。[54]由於張美良是養子只能繼承張恩溥財產，沒血緣關係不能繼承天師之位。張恩溥深知張家的天師繼承傳統，至死未立張美良為六十四代天師。

（二）張恩溥的繼承者

那麼何人要繼承張恩溥，成為六十四代天師？照龍虎山張家天師繼承傳統[55]，張家在臺族人都是人選，張正生在張恩溥天師去世後不久，寫信給張天師在臺族長張星景，對這些相關者有所分析：

> 星景族祖鈞鑒：……日前我與欣政碰過一次面，談起六十四代由何人接替問題，所得結論是：1.若以親疏論，源先似比較適當，但我總認為源弟太老實一點，以其過去為繼承道統退伍，此期間時間亦不算太短。雖與伯父相處不睦，然對道教行政及內部人事一點也沒有建立。若以其繼承，將來似無多大作為，實可斷言。族祖以為如何？2.欣政弟自退伍後，一直在省道教會搞道教行政工作，與會內人事接觸頻繁，瞭解較為深刻，以其繼承道統最為適當。關於伯母方面雖然極力反對，但此乃關係道業發展問題，且亦係張姓族內之事。況且伯母所需者，僅為爭取生活保障。設若此事得到圓滿解決，伊亦無堅持到底的必要。因

54　這是綜合李麗涼《弌代天師：張恩溥與臺灣道教》頁 374 與《道學雜誌》14 期頁 29 所附胡美良收養書，所作的敘述。

55　龍虎山張家天師繼承傳統：1.傳男不傳女 2.傳嫡不傳庶 3.傳長不傳幼 4.傳子不傳弟 5.傳侄不傳叔 6.傳叔不傳族人 7.傳族人不傳外族人。

此問題重心必須徵族祖同意，並予鼎力促成，蓋族長係我張姓族長耳……59.2.19……族孫張正生謹立。[56]

　　張正生的分析，從現在來看，有其銳見！可是為什麼張欣政沒能繼承天師之位？不是因伯母陳月娟反對，主要與張欣政娶的太太是天主教徒有關。當時道界領袖與張姓族人都怕張欣政繼承天師位後，如受其太太影響而改宗天主教，那可是道教與張家天大的打擊！所以，最好的處理方式就是把他排除天師繼承之外，那就萬無一失！[57]

　　與當時臺灣道教界關係最好的張欣政，因此出局。張姓族侄只剩二人：張正生、張源先夠資格繼承天師之位。從張正生的信來看，他對繼承天師並不感興趣，所以，張源先就以血緣最近，得到立法委員趙家焯、臺灣道教界部分領袖與張天師在臺族長張星景等族人、江西籍中央民意代表等的支持，繼承為六十四代張天師。臺灣著名道士李叔還接受此事實，於民國六十一年印行己著的《道教要義問答大全》，即稱六十三代天師張恩溥去世後，「由其在臺堂侄源先繼為六十四代。」[58]

（三）張源先與張道禎

　　在張源先當六十四代天師不久（1972 年），他預立一份遺書給族祖張星景說：「在吾未成家或無兒子之前，倘有不測，一

---

[56]　民國 59 年 2 月 19 日張正生致張星景信。感謝張道禎提供該信影本。

[57]　2013 年 9 月 26 日我與張恩溥天師弟子張智雄談話記錄。

[58]　李叔還《道教要義問答大全》頁 155，高雄軟盧自印本，1972 年修訂出版，本文用的是 1978 年 4 版。該書從序來看，初版於張恩溥天師生前。

切權益由族祖張星景之子道禎小叔承襲。若其尚未成年，天師職務必須由其父張星景攝理……」。[59]由此來看，似乎在張源先成為六十四代張天師過程中，張星景發揮關鍵作用，所以張源先要投桃報李，立此遺書！這就是張源先會在民國八十八年寫信給張道禎，表達要培養他繼位天師的原因！民國八十八年（1999）七月，張道禎同意張源先的提議，接受其栽培，並在 7 月 6 日立下「誓詞」：「宣誓絕不背祖叛師……要以救人濟世，弘揚道教為終身職責……宣誓人裔孫張道禎，監誓人嗣漢六十四代裔孫張源先」。[60]

　　經過一段時間的相處磨合，二人還是分道揚鑣！張源先於 2008 年 10 月去世，張道禎在 2009 年 6 月 10 日宣稱繼位為六十四代天師。他這一舉動，讓道教界嚇一跳，議論紛紛！不是要稱六十五代天師？怎叫六十四代天師？張道禎宣稱張源先是署理（代理）六十四代張天師，並非真正六十四代張天師。這麼說有無道理？我們先來看看 2001 年重修的《重修留侯天師世家張氏宗譜》卷九的相關記載：

　　　　源先，克明公幼子，……現居……臺灣省，並在臺灣省攝理道教事……[61]

59　民國 61 年 9 月 10 日張源先致張星景信「預立遺書」。感謝張道禎提供該信影本。需要注意的是網路上有人認為此一「預立遺書」是假造的！不過，這不影響張源先繼任時得到張星景幫助的事實。

60　民國 88 年 7 月 6 日「誓詞」。感謝張道禎提供該信影本。

61　王見川、高萬桑主編、吳亞魁協編《近代張天師史料彙編》頁 63，臺北博揚文化事業公司，2013 年。

　　可見早在 2001 年重修的《重修留侯天師世家張氏宗譜》即
視張源先為攝理道教事（攝理天師），由於《重修留侯天師世家
張氏宗譜》是張天師家族全族共修，代表張天師家族共識。依此
來看，張道禎稱六十四代天師是說得通的，也可在歷代天師事蹟
中找到例證！對於此事，張源先得知後相當在意，寫一封信給大
陸族叔張德雨請他幫忙「正名」：

> 德雨族叔尊鑒……請在農曆丁亥年年初，務必要去上清留
> 侯家廟（我張家祠堂）參加家族會議。關於我已繼承嗣漢
> 六十四代天師職位三十多年，於情於理都應該在家譜上補
> 登我為「嗣漢六十四代天師」，否則第六十五代天師就毫
> 無依據。關係重大，務必堅持到底，要得到大多數人同意
> 必須補登族譜上，如此天師職位才能傳下去……族侄張源
> 先敬上，2007.1.20 [62]

一個月後，張源先又寫一封信給張德雨：

> 德雨族叔尊鑒；據幾位道友告知我，他們曾去中共國務院
> 宗教局見到葉小文局長，請局長表示對江西龍虎山張天師
> 第六十五代繼承之看法，葉局長說：張天師之繼承事由它
> 們張家去處理，宗教局不過問不干涉此事……據我所知，
> 張明熹有意支持張華山繼承六十五代天師，張繼禹有意支
> 持金濤繼承六十五代天師。這二股勢力不相上下，但是

---

[62] 2007.1.20 張源先致張德雨信。感謝張道禎提供該信影本。

我認為此二人都非我張家血脈，違背了第一代張道陵祖天師的遺訓，因為張華山的父親張允康不是六十三代天師張恩溥天師親生，而是抱來養大的！不論哪一方勝利，都是我張家莫大的恥辱，也將使我全族人沒臉面對歷代祖先（天師）……族侄張源先敬上 2007.2.8 [63]

張明熹是現任張天師家族族長，張金濤是現任天師府住持，他本姓魯，是張恩溥之女的兒子，也就是張恩溥外孫[64]，是外姓人當然也不能繼承天師職位。

七、結語

張源先做夢也沒想到，他去世後，出來稱六十五代天師的人，不是張華山，也不是張金濤，而是張意將。張意將這個六十五代天師稱號，既沒政府認定，也沒張天師家族通過推舉，當然是「自稱」，講白的就是仿冒山寨的，沒想到居然有知名道廟高雄道德院翁姓負責人與著名道教學者，深信不疑！[65]

張意將說他是六十二代張元旭四子之後的證據，主要有二：一，是《獨家報導》講述其是張元旭天師後人：

---

[63] 2007.2.8 張源先致張德雨信。感謝張道禎提供該信影本。

[64] 王見川、高萬桑主編、吳亞魁協編《近代張天師史料彙編》頁 63。

[65] 在《道法海涵》（臺北新文豐出版公司，2013 年）ISBN 頁出現贊助單位「第六十五代天師張意將先生」。又在 2012 年 6 月中研院舉辦的「國際漢學會議」，宗教組會上某著名道教學者公開向與會學者介紹張意將，並在當晚該組晚宴也請張意將參加，與兩位著名道教學者坐第一桌，而我與葛兆光同坐第二桌！

　　有關的六十二代天師張元旭曾孫張意將的身世，必須從張
元旭當年預見國共內戰即將爆發，烽火遍地開始追朔，他
命一護法與家僕將次子送往東方，攜帶「龍虎天師印」血
脈暗藏，並在聖境寶地等候全新機緣……[66]

　　這是對張意將的專訪，並非記者亂掰。稍有常識的人都知道
國共內戰是在 1946-1949 年，張元旭已去世多年，怎能說國共內
戰即將爆發？若以張元旭其生前送子往東方，那其子至少在
1925 年前已到臺灣。那時，臺灣是日本政府統治，中國人來臺
定居是特定戶口，會標示！可是張意將提供的另一證據：一張臺
灣日據時期的戶口謄本。其中寫著：張新君，次男，父張金鳳，
「天師の子」，大正二年生。有趣的是，這張戶口謄本種族寫著
「福」，意指出身福建，可是張天師是江西人，應填「中國」，
而張意將其祖父「張新君」、曾祖父「張金鳳」都沒註明養子，
顯示他們真是親生父子，非收養關係！不論親生或收養，這些名
字，都與張天師家族字號無關，可見張意將與其父親都與龍虎山
張天師家族無關！至於「天師の子」是寫在職業欄，意指道士，
並非指天師後代！若是天師後代則其父兄為何皆未註明「天師の
子」！若張意將祖父張新君是養子，日據時期戶口謄本通例也會
註記。總之，張意將未拿出任何與龍虎山張天師家族有關的內部
證據，也未得到任何張天師家族人認同、認證，《重修留侯天師
世家張氏宗譜》也未登錄，也就是說他並無任何證據，證明他是

---

[66]　《獨家報導》1055 期（2008 年 11 月 17-23 日）包克明〈六十四代張天師羽化，張意將有希望繼承祖業〉頁 93。

張天師族人，當然就沒資格稱六十五代天師或龍虎山天師、嗣漢天師。

　　不過，在這自由、開放、民主時代，張意將可以大聲稱自己是張天師，不然只好約張天師家族人一起去驗 DNA，那就真相大白！

附記：本文初刊於江燦騰主編《當代臺灣宗教研究精粹論集：詮釋建構群像》頁 399-419，臺北博揚文化事業公司，2014 年。此次收入略改篇名及內容。又王見川《張天師之研究：以龍虎山一系為考察中心》（博論增補版，臺北博揚文化事業公司，2015年）中相關文章，也請參看！

附錄：筆者收到之邀請函

第九章
多面相的神仙：
永樂宮的呂洞賓信仰導言

康豹
中央研究院近史所特聘研究員
吳光正、劉瑋　譯

一、緣起

　　香客和遊客可以用多種方法前往祭拜神仙呂洞賓的一處最古老、最重要的宗教聖地——永樂宮。1991 年春，我和妻子劉淑芬前往永樂宮時是先乘火車到河南省的三門峽[1]，在那兒租了一輛轎車。車得先用渡船運過黃河，而這並非易事，因為那段時間連降大雨，河水暴漲，渡船無法靠岸。我們只好先下船，然後蹚水走過最後的幾步，才上了岸。接著我們驅車在山西山間那曲折而顛簸的土路上行駛了五十公里，又穿過一片片塵土飛揚的麥田，就到了芮城鎮。從芮城再往北走，便到了永樂宮。永樂宮的

---

[1]　除了穿過陝西潼關可到達永樂宮外，還有一條通往這座宮觀的路線，即從山西運城出發。

舊址在芮城西南約十六公里的永樂鎮，位於黃河北岸，緊靠著位於河南與山西兩省之間的一個渡口。20 世紀 50 年代末和 60 年代初，這裏要建一座水庫。為了給這項工程讓路，整座永樂宮被遷到了它現在所在的芮城鎮[2]，舊址則被淹沒。[i]

　　買了門票，我們從正門進入永樂宮。這正門是清代修建的[3]。宮內草青樹綠，與宮外那頗為貧瘠的地貌形成鮮明的對照；加上殿宇東西兩側沿牆聳立的石碑，越發讓人感到自己置身於一個聖地。從正門進去後，我們決定先去看永樂宮最初的入口——修建於元代的無極門。爬上一組石階，我們到了聖地更高的一層，來到無極門那巨大的木門前。穿過無極門的大門，走過一條小徑，再次拾級而上，便可依次參觀永樂宮的三座大殿（對此三大殿，本書第一章將有詳細描述），即三清殿[4]、供奉呂洞賓的純陽殿[5]和供奉全真教創始人王嘉（1113-1170 年）及其主要弟子的重陽殿[6]。無極門和這三大殿中有最早繪於 14 世紀的舉世聞名

2　在搬遷過程中，幾座主要宮殿及其裡面的壁畫保存得相對完好，但一些年久失修的殿堂廢墟卻沒有搬遷。此外，據說呂洞賓的墳墓原來位於主殿的前面，現在則位於主殿的後面。在搬遷之前，考古學家曾對呂洞賓墓及埋在此處的其他道士的墳墓進行過發掘，一些墓葬品（包括安葬這些道士的棺木）現在永樂宮的一個博物館展出。

3　本書第一章對搬遷至芮城之前的永樂宮有詳細的描述，包括整座宮觀的圖示。

4　「三清」是道教眾神中最高的神，分別為元始天尊、靈寶天尊和道德天尊（即老子）。

5　「純陽」是呂洞賓的道號。

6　「重陽」是王嘉的道號。關於全真教運動歷史的更多內容，見陳垣 1962 [1941]；Eskildsen 1989；Goossaert 1997；蜂屋邦夫 1992；Kubo 1968；任繼愈 1990；Yao 1980；及鄭素春 1987。

的壁畫，這在本書第四章中將作詳細介紹。

　　走下重陽殿，我們慢步穿過一座花園。園中滿是鮮花和古樹，其中一株古老而盤曲的銀杏樹據說是呂洞賓親手所種。園中還有一塊石碑，原是傳為呂洞賓墓上的碑。殿的西側有一個博物館，裏面陳列著與永樂宮歷史有關的各種物品，還有當地氣功協會的一間大廳[7]。在這一側我們還參觀了供奉呂洞賓的一座小廟。這座石構建築叫作呂祖祠，牆上沒有壁畫，而是掛滿了各種條幅，主要是臺灣來的進香團獻上的。在祠堂裏，香客可以在呂洞賓的石雕像前焚香，旁邊有負責監管該處的全真教道士在小心看視。香客還可以在這占卜，方法是抽籤，即抽取標有不同編號的竹棍，而後查一本寫於 19 世紀中葉的手冊，以確定跟竹籤上的編號相對應的文字是什麼意思（Smith 1991: 235-245）。遊覽結束後，從正門出來，我們回到了華北的鄉村世界。我們遊覽永樂宮的路線只是多種可能的路線之一。許多旨在祭拜呂洞賓的香客選擇的路線，是繞過那些大殿，直接去呂祖祠。其他遊客往往是先去花園，然後再去各大殿和其他建築。

　　我偕妻子參觀永樂宮時，我研究永樂宮的歷史以及呂洞賓崇拜的項目已進行了好幾個月。呂洞賓是中國近古時期最為有名也最具多面性的神靈之一。永樂宮最初興建於 10 世紀，當時只是供奉呂洞賓的一個小小的祠堂。但在 13 世紀，全真教重修祠堂，作了大規模的擴建。我去永樂宮一方面是想對呂洞賓崇拜有更清晰的認識，但同樣重要的是，在那裏我可以查看廟中的碑文，以便找到以往的學者在抄錄這些碑文時省略掉的一些段落。

---

[7]　練氣功者和進行其他形式修行的人常常也都很崇拜呂洞賓。

此外，我還希望能對永樂宮祭祀場所的安排及這種安排會對來訪
者（包括香客和遊客）產生什麼樣的效果有一個更好的把握。參
觀永樂宮使我的注意力集中到構成聖地物質力量和精神力量的各
種因素上。植物、殿堂等建築、塑像、石碑、壁畫，這些構成了
一個聖地。它們不僅僅是物質的東西，而且形成了各種類型的
「文本」。「文本」這個詞常被用作指任何傳遞給讀者、聽眾或
觀眾的符號構型（configuration of signs）。在分析永樂宮所包容
的這塊聖地時，整個聖地又可以看作一個巨文本，由各種不同的
文本組成，其中有的互補，有的則互相矛盾。本書將討論促成這
種文本的多樣性的各種因素，同時還將討論兩對重要的概念，一
對是文本與文本性（textuality），另一對是「霸權」（hegemony）
與「反抗」。

二、研究目的與方法

本書主要的目的是要探索中國宗教聖地的文化多樣性。近一
個世紀前，法國著名漢學家沙畹（Edouard Chavannes, 1865-
1918）就曾集中研究這類聖地的重要性，指出中國的山實際上是
一種神靈（Chavannes 1910: 1）。從那時起，特別是近幾年來，
學者們為認識山、寺觀和其他宗教聖地在中國文化史上的作用傾
注了大量的努力[8]。我的研究工作就是沿著這一學術傳統繼續前
行，特別是要討論韓書瑞（Susan Naquin）與于君方（Yü）在其

---

[8] 詳見 Naquin and Yü 1992 中諸文及卜正民有關晚明佛教的重要著作
（Brook 1993）。

《中國的香客與聖地》一書那篇頗為重要的「緒論」中提出的問題和論題，即宗教聖地專職宗教人員的作用，這類場所的佈局與建築，聖地與商業貿易活動的交叉，祭祀同一神靈的多個祠堂之間的各種聯繫，以及神聖時間（sacred time）的重要性（Naquin and Yü 1992: 26-30）。但同時，我也希望本書能幫助學者們克服一個傾向即用一元化的觀點去看中國的宗教聖地，並且從「假定香客」（implied pilgrim）或所謂普通香客的視角來闡釋這些聖地。為了達到這一目的，我考察了永樂宮這樣的宗教聖地所表達的多種多樣的思想、價值觀和信仰。這樣，在更廣泛的意義上，本書集中關注的問題是宗教聖地及其文本是如何產生的，也可以說是關注中國近古時期的歷史是如何書寫的。這樣一來，我不會只描述永樂宮的一種「歷史」，而是要考察哪些文本講述的是從誰的角度來寫的歷史，以及這樣寫歷史是出於什麼目的。

　　我的第二個目的是追溯永樂宮對呂洞賓所作的各種表現（representations）（或者說其所呈現的呂洞賓的各種「形象」）。作這種追溯時，我提出如下的問題：呂洞賓崇拜在歷史上是如何變化的？是誰在推動這些變化？呂洞賓的多種不同形象是如何並存和相互影響的？我對當地各種呂洞賓形象的研究基於多種文本，包括《道藏》中的仙傳[ii]、方志、當地的民間故事、戲劇、小說，還特別包括保存在永樂宮中的壁畫與碑文。儘管中國各地的宗教聖地還有其他許多有關呂洞賓的文本（參見 Naquin and Yü 1992 中的文章）[9]，但永樂宮的碑文和壁畫代表的是一些特

9　這些文本包括山志（或寺觀志）、宣講錄（特別是語錄）、善書（包括在寺院宣講中為祭拜者講述的「扶乩」或「扶鸞」文本）、民歌（尤其

定的呂洞賓形象，這些形象反映了該聖地的施主的動機。

　　對永樂宮歷史和呂洞賓崇拜的詳細描述旨在達到本書的第三個目的，即考察產生於永樂宮這樣的宗教聖地的文本在多大程度上具有塑造中國近古時期民眾心態的潛能。我要仔細審視這樣一個問題：永樂宮不同的施主是如何用宮觀碑文和壁畫來強化他們所認同的該聖地的歷史及呂洞賓崇拜，以及他們的努力在多大程度上獲得了成功。這樣，本研究將力圖跨越思想史與社會史之間經常會出現的鴻溝，架設起一座能夠溝通二者的橋樑。如何架設這種橋樑呢？對這個問題的探究可以一直追溯到呂西安・費夫賀（Lucien Febvre, 1878-1956）等第一代「年鑑派」學者那裏（Burke 1986: 440, 442；Burke 1990；Chartier 1982: 16-18, 32）[10]。我還強調永樂宮所產生的文本具有多樣性，以克服心態史家[iii]的一種傾向，即過度強調歐洲中世紀社會文化的統一性（Burke 1986: 443；Chartier 1982: 24-31；Davis 1983）。因此，我不擬將中國的心態視作迪爾凱姆式的「集體表象」（collecitve representations），而是將其視作當地社會流傳的各種態度與信仰。我還試圖探索觀念如何隨時代變化，從而超越把心態看作是靜止的這樣的觀念（Burke 1992: 93-94）。因此，本書不僅將描述流行於永樂宮這樣的宗教聖地的祭祀活動和文本，而且也將揭示中國近古時期廣大民眾形形色色的心態如何受到這種聖地的影

是朝聖歌曲），以及關於節日的詳細描述（包括現代學者的田野報告）。

[10]　我在這個問題上的思考受到包弼德（Peter Bol）1995 年 5 月在臺灣「中央研究院」歷史語言研究所做的一次講座的啟發，該講座題為《思想史與唐宋之間的轉型》。

響。

　　由於要集中探討一個宗教聖地及其祭祀活動，本書將借用微觀史學家所採用的方法。微觀史學（microhistory）是產生於 20世紀 70 年代末和 80 年代意大利北部的一個史學分支，最著名的代表人物是卡羅‧金茲伯格（Carlo Ginzburg）[11]。儘管微觀史學家所做的大量研究還具有實驗的性質，且集中於對歐洲較低的階層或「被遺忘的民族」的研究，但對我這個想研究一座特定宮觀中的宗教崇拜史的漢學家來說，微觀史學的某些方面是頗有吸引力的。微觀史學在史學實踐與史學家的研究程式上有意識地採取反思的方法，選擇縮小研究的範圍，以對社會實踐詳加描述，並系統地檢驗各種概念和理論。微觀史學還強調選取與社會歷史相關的少量文本來認真閱讀。然而，微觀史學同時也很注重把文本放在相關的歷史背景中來加以闡釋，因為它認識到文本實際的受眾——讀者、聽眾或觀眾——會對文本作多種闡釋。微觀史學的優勢在於其高度的折衷性，允許用人類學、心理學和民俗學等多種學科的方法和理論來進行研究。在本書中，我將運用微觀史學的方法對永樂宮作詳細的描述，並對產生於該聖地的文本如何流傳和被受眾接受細加解讀。

　　本書的結構如下：第一章將詳細描述永樂宮，並扼要敘述其歷史[12]。這一章首先對永樂鎮及其周遭環境加以描述，重點是當

---

[11] 介紹微觀史學的文章見 Levi 1991 和 Muir 1991。

[12] 對佛教及民間宗教聖地的研究很多，但關於由道教徒經營的聖地則極少有人研究。僅有的研究中較重要的有 Chavannes 1910；五十嵐賢隆 1986 [1938]；Lagerwey 1992；王光德和楊立志 1993；以及 Yoshioka 1979。

地的經濟及社會宗教組織。接下來將根據方志與宮中碑文對永樂宮歷史和發展中的主要事件加以敘述。第三節將集中描述宮裏空間格局的安排及其意義。儘管本章會提到永樂宮許多最重要的施主，但要到第三、四章討論由他們的施捨而產生的一些文本時，纔對他們支持永樂宮的動機加以探討。

　　第二章介紹民眾對仙人呂洞賓的崇拜[13]。這一章的大部分內容主要圍繞反映呂洞賓崇拜形成的各種帶有神聖性質的仙傳尤其是那些促進永樂鎮呂洞賓崇拜發展的傳說而展開。現有的證據表明，呂洞賓崇拜在宋代就呈現出多樣化的特點，有的崇拜者認為呂洞賓是雲遊道士，有的把他奉為全真教的鼻祖，有的把他當作神醫和示現異跡的神仙。從墨匠到妓女，有很多行業的人把他奉為本行業的守護神。不少扶乩教派以他為威力巨大的神靈，同時他還位列神通廣大而桀驁不馴的「八仙」之中。呂洞賓的多種形象，是中國近古時期好幾個世紀中的多個不同社會群體創造出來的，這些群體包括士大夫、道士、劇作家、商人和工匠。華琛（James Watson）等學者提出過一種理論，認為崇拜活動在其發展過程中會走向標準化（Watson 1985），但這種現象在呂洞賓崇拜中並沒出現。相反，隨著呂洞賓的崇拜者越來越多，這位神仙的形象也越來越多樣化。

　　第二章還描述了呂洞賓信仰被金、元兩代全真教採用的情況。全真教是中國近古時期最大的有組織的教派之一，該教信徒

---

[13]　關於呂洞賓崇拜已有大量的研究，如 Ang 1993, 1997；Baldrian-Hussein 1986；馬曉宏 1986；小野四平 1968；浦江清 1936；Yang 1958。

甚多，男女信徒都奉行清修，試圖通過艱苦的修行求仙得道[14]。
中國、日本和西方的眾多學者都研究過這個教派[15]，然而，大多
數研究集中於三個論題：全真教的愛國性[16]；全真教的教義，特
別是其三教（佛教、儒教、道教）合一的性質；全真教與政府的
關係[17]。相比之下，對全真教大師及其俗家弟子的信仰與實踐的
關注卻很少，近來纔有一些學者的研究開始填補這一空白，包括
鮑菊隱（Boltz 1987）、艾斯基岑（Eskildsen 1989）、高萬桑
（Goossaert 1997）及常志靜（Reiter 1981, 1986, 1988, 1994,
1996）。本書考察全真教如何吸收呂洞賓崇拜時，重點是研究中
國近古時期使全真教在中國北部盛行的社會與宗教因素，特別是
全真教的領袖以什麼方式來宣傳該教關於成仙與修行的教義。永
樂宮給我們提供了一個機會，讓我們可以審視全真教運動是如何
展開的，並確定這個運動在多大程度上影響了非全真教徒的心

---

[14]　高萬桑（Vincent Goossaert）估計大約三分之一的全真教神職人員為女
　　性。

[15]　參見 Goossaert 1997 的「緒論」及文獻目錄（565-577 頁）。

[16]　自陳銘珪（1824-1881，原為儒士，後成為全真教徒）起，一些中國學
　　者就把丘處機及其同道說成是愛國者，說他們用武功反抗征服（《長春
　　道教源流》1974 [1879]；陳垣 1962 [1941]）。這種觀點在金庸《神鵰
　　俠侶》之類的現代小說中廣泛傳播。然而，全真教本身的記載卻表明丘
　　處機及其追隨者不僅跟元統治者合作，還幫他們招降了山東抗元的漢人
　　（鄭素春 1987: 63-64, 87-89）。

[17]　斯蒂芬・艾斯基岑（Eskildsen 1989: 24-36）對此前有關全真教的學術研
　　究有精彩的評論。然而，即使是最近的道教史研究，如賀畢來
　　（Isabelle Robinet）的力作，依然只集中於全真教的折衷傾向，而忽略
　　了宮觀和儀式在早期全真教運動中的重要性（Robinet 1997 [1992]: 222-
　　224）。

態。

第三章和第四章將分析保存在永樂宮中的兩類最重要的文本：宮觀碑文與壁畫。這些文本有幸被保存下來，並且本世紀中國一些一流的學者已錄下這些文本的內容並對之加以研究。宿白記下了永樂宮中 37 組碑文的大部分（宿白 1962, 1963），而這些文本中有很多已被錄下來，並以現代標點的形式付印，收在主要由陳垣（1880-1971）及其孫子陳志超搜集和編輯的道教碑文集中（陳垣等 1988）。遺憾的是，無論宿白還是陳垣都沒有抄下永樂宮所有的施主名單[18]。然而，他們的研究還是提供了足夠的材料，可以用於對描述永樂宮歷史的碑文作初步研究。還有一些學者對永樂宮的壁畫有過全面的研究（Jing 1993, 1995；Steinhardt 1987；Tsang 1992；王暢安 1963a, 1963b）。

第三章集中研究在永樂宮發現的四類碑文：紀念性碑文、官方文獻性碑文、仙傳類碑文和詩歌類碑文。在分析這些碑文內容的基礎之上，我將探討前往永樂宮進香並為其發展壯大作出貢獻的男女施主的身分。碑文及其他證據表明，永樂宮的施主主要是在當地任職的官員、地方上的精英及其家屬，以及住在永樂宮或來訪的全真教徒。在描述永樂宮的男女信徒及其為永樂宮的發展壯大所作的貢獻時，我將遵循卜正民（Timothy Brook）和其他一些學者的方法，指出這些施主的行動往往涉及「符號資本」（symbolic capital）的投資，也指出寺觀之類的宗教聖地實際上構成了中國的「公共領域」的一部分（Brook 1993；Dean

---

[18] 宿白提到他曾從永樂宮中採集了全部的摹拓本，題為《永樂宮碑錄》（宿白 1962: 86）。但他最近告訴我這部著作已經佚失。

1997；Duara 1988a, 1988b；Katz 1995）[19]。

在第四章中，我將描述並分析永樂宮兩類不同的壁畫。第一類見於無極門和三清殿，大概是給這裏經常舉行的道教儀式作背景，甚至可能是作為祭拜的對象。第二類見於純陽殿與重陽殿，可能是用作一種教材，用於教導全真教徒，也可能用於教導香客。我之所以特別關注永樂宮的壁畫，是因為在對中國宗教聖地的研究中，這些壁畫及其他類似的藝術品尚未被作為一種資料加以充分利用[20]。

本書最後一章探討的是永樂鎮及其周邊地區的人們對上述文本接受的情形，還將考察永樂宮不同的施主試圖用什麼方式讓社會其他成員接受他們各自認同的永樂宮歷史和呂洞賓崇拜，以及他們這些努力所獲得的成功和遭受的失敗。由於沒有直接證據說明中國近古時期人們對這些文本作出過什麼樣的反應，我解答這個問題所用的方法是探討其他材料如何表現這些文本的內容，或忽略這些文本。因為現有材料十分有限，而且往往不易弄清不同的口頭的或書面的傳說產生於何時何地，這種方法很難說是什麼萬全之策。然而，通過對精英和永樂宮道士之外的人創作的文本

---

[19] 我對中國精英的分析受到了孔飛力（Philip Kuhn）等學者的影響。這些學者主張對士紳（通過科舉考試並可能作過官的人）和精英（對地方事務發揮重大影響的人）的概念加以區分。參見 Esherick and Rankin 1990: 1-24；Kuhn 1970: 3-5。因此，我對精英的界定涵蓋了所有對當地社會較有影響力的人，包括士紳、富農和地主、富有的店主和勞工，以及商人。「士大夫」一詞則指有官職的士紳。

[20] 關於中國宗教藝術，更多的研究見 Grootaers 1952, 1995；Gyss-Vermande 1988, 1990；Mair 1986；Murray 1992, 1994, 1995, 1996a, 1996b；Powers 1991；Sommer 1994, 1995；Wu 1989, 1992, 1995。

的考察，能夠揭示出永樂宮及其呂洞賓崇拜的形象極為多樣化。特別是第五章中提出的證據表明，方志與民間故事中所描述的永樂宮歷史與宮觀碑文所描述的大不相同。對宮觀碑文和壁畫所呈示的呂洞賓形象的接受似乎更為複雜，以至方志、戲劇、小說及民間故事中的呂洞賓形象極為多樣化。儘管我們不大可能完全充分地瞭解產生這些不同形象的背景及這些不同形象之間如何相互影響，但存在這麼多樣化的形象這個事實，足以表明宮觀碑文和壁畫之類的文本對當地社會的影響是有限的。

三、文本與文本性

我意識到保存於永樂宮的文本帶有各種傾向性，這種意識影響到我對這些文本的解讀。《道藏》中的著作明顯地反映著創作這些著作的道教徒的動機，他們把呂洞賓描繪成能度賢者為徒並指導其修煉內丹祕法的大師[21]。那些壁畫作為全真教徒施捨的產物，提出了相近的觀點，只是為適應大眾的欣賞水準而作了些改變。由士大夫和其他文人創作的文本（包括方志和碑文）則把呂洞賓描述成一個飽學之士。第四、五章中將要描述的戲劇的情況

---

[21] 內丹是用各種存想、服食、調息的技術來獲得長壽或長生。關於中國丹法的更多內容見最近由普雷加迪奧（Fabrizio Pregadio）收集的注釋文獻目錄（1996）。在 Baldrian-Hussein 1990；Eskildsen 1989；Robinet 1989, 1995, 1997[1992]；Schipper 1993[1982]；及 Sivin 1968 中能找到關於內丹修煉的大量資料。多數學者把「內丹」譯作 "interior alchemy" 或 "internal alchemy"，但艾斯基岑將其譯作 "physiological alchemy"（生理丹法）。

較為複雜，因為它們反映的是受過正統教育但卻由於某種原因而名落孫山、不能躋身官場的士人的世界觀。這些文本強調呂洞賓在儒、道方面的學問，同時也描寫呂洞賓熱心於度脫他人，以及呂洞賓作為一個成功修煉者體驗到的仙家之樂。在市面上出售或出租的還有《東遊記》等價格低廉印製粗糙卻配有大量插圖的小說；這些小說中的呂洞賓形象是面向那些有點文化但不一定受過傳統的文言文教育的讀者[22]。這類小說以及地方上的民間故事著重描繪呂洞賓非凡的法力，偶爾也會講一些比較幽默甚至有點下流的關於這位位居八仙之列的神仙的故事。

　　在這個包羅甚廣而又有多方面問題的文本體系中，每種文本都有自己的呂洞賓形象，所以這總的文本體系給社會史家提供的資料似乎是一團亂麻。但這團亂麻也頗有價值，因為它能使我們充分意識到中國近古時期充滿活力而又豐富多彩的社會與宗教生活。這種多樣性促使我對學者們研究中國宗教的方法作出重新思考。一般用「中國宗教」的複數形式時，是指在中國流行的不同的宗教傳統，包括佛教、儒教、道教、基督教和伊斯蘭教。基於下面將要給出的證據，我認為我們還可以用「中國宗教」的複數形式來指中國人以多種不同的方式建構和解釋他們的宗教信仰和實踐。

　　對多樣性的強調還影響到我對產生於永樂宮的文本的分析。在本書的寫作過程中，我嘗試著不是僅僅去閱讀這些文本，把它們翻譯過來，再對其內容加以分析，以再現歷史；而且也從文本

---

[22]　據羅友枝估計（Rawski 1979: 1-23），這在中國近古時期包括約三分之一的男性公民。

性的角度來分析這些文本，即分析它們產生、傳播及被理解的過程。我對這些問題的理解受了 W. F. 漢克斯（W. F. Hanks）等學者的影響。漢克斯認為，必須將文本性視作一種工具，一種產品，以及一種社會行動方式（Hanks 1989: 103）[23]。不同文本的文本性還與其文體（genre）有關，也就是說，既有的寫作規範和寫作模式會影響到作品的創作及其接受[24]。漢克斯認為，要成功地對一個文本的文本性進行研究，得「在形式主義與可以稱之為社會學主義的研究之間找到一種平衡。前者將典籍作為封閉的文化產品，著重研究其形式、寫作手法及構建方式；後者則宏觀地研究典籍中話語的產生、流佈及接受的情況」（同上引：100）。他說這番話針對的是社會科學家，但我認為這些話也可以促使研究中國宗教史的學者用批判的眼光來考察有關文本是如何反映著產生這些文本的社會並與之互動的。

　　在文本與文本性的問題上，我的想法還受到艾德里安・威爾遜（Adrian Wilson）一篇關於社會史闡釋學的文章（Wilson 1993）的影響[25]。威爾遜指出，社會史的研究面臨著「獲取歷史

---

[23] 我還受到 A. L. 貝克（Becker）關於「文本構建」（text-building）的研究的影響。該研究強調一個文本的連貫性，它與其他文本的聯繫，作者與受眾之間的聯繫，以及文本和它所屬的社會世界之間的聯繫（Becker 1979: 212, 215-216）。還可參見多明尼克・拉卡普拉（Dominick LaCapra）關於「閱讀文本」的重要文章（1982: 57-78）。

[24] 對中國宗教文本各種體裁的研究較少，但也有 Dudbridge 1978, 1982, 1990, 1995；Sutton 1989 等。Cullen 1997 就文本體裁是如何影響了對華佗等名醫的描述作了有趣的討論。

[25] 還可參見 Duara 1988a: 261-265；Thompson 1978；Rowe 1990；Zunz 1985。

知識的難題」（problem of historical knowledge），因為歷史學家並非總能獲得回答其研究問題所需的證據。結果，社會史學家面臨著這樣一個問題：他們試圖重構歷史，但事實上又還沒有一種公認的方法可以達到這一目標，這一矛盾該如何調和呢？換句話說，儘管正確的史學方法能幫我們找到歷史的證據，但這些方法是否就能讓我們獲得實際的歷史知識卻很難說。因此，威爾遜得出結論說：社會史學家面臨著「不可見性悖論」（invisibility paradox）——他們在做史學研究時往往不去考慮自己的研究在理論上意味著什麼。

　　針對上述問題，威爾遜提出兩種解決辦法，即概念批評（concept-criticism）與文獻生成（document-genesis）研究。概念批評涉及到在研究過程中對研究假定的修正，特別是當研究者提出的研究問題與他所能獲得的資料之間配不上的時候。概念批評還涉及到一些概念起源的探究，包括「社會」、「傳統社會」等概念，甚至包括「社會史」的概念。文獻生成研究是指歷史學家在理解研究過程中搜集到的文獻時所用的三種方法：第一種方法是把有關文獻視作「權威性資料」或「歷史的視窗」，以為通過它們就可以把歷史提取出來。R. G. 科林伍德（R. G. Collingwood）曾把這種方法譏為「剪刀加漿糊」的方法。第二種是馬克・布洛克（Marc Bloch）等早期年鑑派史學家的研究所體現的方法，即歷史學家把文獻作為一種證據，並通過對此證據的審視來恢復歷史的本來面目。然而，這種方法也假定了文獻資料是對歷史的直接的記錄，在這一點上與第一種方法是一致的（同上引：303）。第三種方法是威爾遜所主張的，即把文獻看作歷史的結果，而歷史學家是要努力地去認識產生這些結果的文

化過程。

　　威爾遜認為這三種立場代表著不同的認識水準，第三種立場
能幫助歷史學家避免將文本視為對歷史的描述或歷史的證據，而
走向一種更嚴格的闡釋學立場，把重點放在文本的文本性上。從
這種立場出發，社會歷史學家不應把文本當作文獻去讀，而應將
它們看作反映不同動機的著作，這些動機以不同形式為人們所接
受。這種闡釋學的態度有許多優點。首先，它使我們認識到每個
文本都有其長處，也都有其局限性，認識到沒有哪種形式的資料
內在地就比別的資料更「有價值」或更為「精確」。其次，它能
使我們看到同一文本在不同的語境中可以有不同的意義。最後，
如果把文本看成一種結果，我們能看到一個社會所產生的所有文
獻都對這個社會作了某種記錄，看到「每一種文獻都是我們所研
究的社會的『記錄』」（同上引：319）。我認為威爾遜的觀點
對中國宗教史學家頗有價值，因為它能促使我們重新審視自己的
研究方法，思考在我們的研究工作中採納一種更為理論化的或跨
學科的方法可能帶來的利與弊[26]。

　　為了確定永樂宮文本的文本性，我在若干重要的闡釋學問題
上下了不少功夫，尤其是在作者意圖（authorial intention）、文
本的語境性（contextualism）以及文本的接受等問題上。首先得
承認，任何試圖確定作者意圖的嘗試都充滿危險。例如 E. D. 赫
施（E. D. Hirsch）就指出，對任何文本的闡釋都是出於讀者的選
擇，而非事實本身（Hirsch 1967: 24-25）。「文本的性質就是：
它的意義乃是我們認為它所具有的任何意義。……是我們而非我

---

[26]　柯文在他對義和團的開創性研究（Cohen 1997）中用了類似的方法。

們的文本創造了我們所理解的意義，文本僅僅是為意義提供了一個情境。」（同上引：75-76；另見 Juhl 1980）[27]。另有一些學者則指出，許多作者在創作不同形式的文本時採取不同的假定作者身分（implied authorship），這使得要確定作者的意圖更加困難（Chatman 1978: 146-151）。除了假定作者身分外，文本還有其假定受眾（implied audiences），即作者認為會贊同自己觀點的其他人。同一作者在不同的文本中可以採取不同的假定作者身分，以便向各種假定受眾講話，甚至在同一文本中都可能變換其假定受眾。然而，要想推斷其所面向的受眾是否真的讀了那些作品或接受了作者的意圖是極為困難的[28]。研究文本性的學者還必須面對這樣一個事實，即我們自己的觀念與我們所讀的文本的作者的觀念之間是存在差距的（Harlan 1989a: 584-587, 592；另參見 LaCapra 1982: 57-58）[29]。

「語境論」（contextualism）同樣也是一個複雜的概念。這種觀點認為，理解文本最好的方式是把文本置於其歷史與社會背景中去理解。在對中國及其他複雜社會的研究中，人們所面對的不是一種，而是許多種背景，這使得人們很難精確地確定哪些社會與文化現象對一個特定文本的形成產生了影響，更不用說確定

---

[27]　我非常感謝南薇莉（Vivian-Lee Nyitray）讓我注意查特曼（Chatman）和赫施（Hirsch）的著作。同時也非常感謝韓明士（Robert Hymes）向我推薦普爾（Juhl）的著作。

[28]　關於中國近古時期作者與受眾問題的更多討論，參見 Johnson 1985；Lufrano 1997。蘇堂棣（Donald S. Sutton）對假定的作者身分是如何影響士人對馬援這位神靈的表現的研究也很有幫助（Sutton 1989）。

[29]　這些問題甚至使得一些學者宣稱「作者死了」（Barthes 1977）。

這些現象是如何影響有關文本的了。而且，社會與文化本身也可視為一種文本，在研究具體的文字文本之前有必要先對社會與文化做出解釋（Harlan 1989a: 594, 596, 602-603, 605；Harlan 1989b: 624；LaCapra 1982: 57）。涉及到本書所要研究的問題，由於我們對中國近古時期的地方文化與社會的知識還很不完備，對與永樂宮文本相關的作者與受眾問題的研究會受到極大的阻礙。

　　歷史學家該如何處理這些問題呢？沒有什麼簡單的方法。部分地受諾姆・喬姆斯基著作（Chomsky 1966）的啟發，大衛・哈蘭（David Harlan）主張從當代人感興趣的觀念出發來逆推過去人們的觀念（Harlan 1989a: 604-605, 608）。但夏蒂埃（Chartier）認為，用這種方法很可能並不能讓我們明確過去人們的思維方式，相反倒是掩蓋了這些思維方式，模糊了特定時間、特定地點的思想體系中那鮮活的獨創性與複雜性（Chartier 1982: 16, 19-20）。總的說來，夏蒂埃[iv]與其他學者主張慎重的觀點是正確的、有價值的，特別是如果這些觀點能有助於克服某些歷史研究的「認識論上的幼稚」（Hollinger 1989: 611；Novick 1988）的話。不論是研究永樂宮歷史和呂洞賓崇拜，還是研究中國文化史的任何一個方面，我們都不能指望可以輕巧地避開諸如作者意圖與文本的語境性這類關鍵問題。我們別無選擇，只能在前代學者成果的啟發下前行，同時也把自己的先入之見作為一種工具而非障礙。本著這樣一種精神，本研究將對中國宗教研究的方法論問題予以關注，對統一性（unity）與霸權（hegemony）等概念作出新的評價。希望這能有助於將此領域的研究推向前進。

　　當我們從文本的作者問題轉到文本的接受問題時，會出現很

多與上述的頗不相同的方法論問題，首先便是對文化這一概念該
如何理解[30]。受柯利弗德‧格爾茲（Clifford Geertz）等符號人類
學家著作的影響，許多歷史學家和社會科學家傾向於將文化看作
一個總體上靜態的、統一的體系。結果，大量的研究工作集中
於符號如何作為表達意義的工具，卻很少有人關注符號（以及
表達符號的文本）實際上是如何傳播和被解釋的問題[31]。不過
最近已有一些學者開始強調文化及其符號的多重性或多樣性
（D'Andrade 1995；Barth 1993；Sharpe 1990: 181；Skorupski
1976；White 1990: 245）。例如，弗雷德里克‧巴思（Fredrik
Barth ˇ）在對巴厘文化的研究中就論述了這樣的觀點：多樣性是
大多數文明與文化中「無所不在的」一個特性。這種多樣性在許
多領域都能見到，包括不同的人在技能方面的差異，在社會地位
與日常生活經驗上的不同，以及人們的社會行為背後在多大程度
上具有目的性與意圖性這方面的差別（Barth 1993: 4-5）。這種
文化觀對新一代的年鑑派史學家們的思想產生了影響，他們正將
注意力從心態史轉移到社會實踐史上來（如 Cerruti 1995；
Lepetit 1995）。

　　文化研究中另一個重要的創新是實踐理論（practice theory）
的興起[32]。理查‧鮑曼（Richard Bauman）、謝麗‧奧特納
（Sherry Ortner）及馬歇爾‧薩林斯（Marshal Sahlins）等學者開

---

[30]　我從韓明士（Robert Hymes）即將出版的一本書（譯者案：指 Hymes
　　　2002）中關於文化的統一性與多樣性的討論中獲益匪淺。

[31]　還可參見謝麗‧奧特納（Ortner 1984: 128-132）對格爾茲的批評。從後
　　　現代主義的背景對這些問題的討論見 Jenkins 1995；Marshall 1992。

[32]　對實踐理論的概述參見 Ortner 1984: 144-146。

始研究個體（他們往往將個體稱為「行動者」〔agents or actors〕）是如何操縱各種形式的社會結構和社會行動，又是如何被社會結構和社會行動操縱的（Bauman and Sherzer 1974；Ortner 1984；Sahlins 1981）。另有一些學者則強調表演理論（performance theory）的重要性，同時強調有必要將語言視作一種充滿爭競的交往形式（Bauman and Briggs 1990；Becker 1979）。實踐理論使社會學研究的重點從固定的文化與社會結構轉向反映這些結構的行動的類型，這些行動有時甚至創生了這些結構。如赫伯特・布魯默（Herbert Blumer）[vi]所指出的：「諸如『文化』、『社會系統』、『社會分層』或『社會角色』的結構特徵給〔人們的〕行動設定了一些條件，但並不決定他們會採取什麼行動。」（Blumer 1962: 152）表演理論家們也運用「霸權」與「反抗」的概念來研究社會結構與個體行動之間的關係，這是基於這樣一種假設：很多人類行動是在以支配與服從為特徵的關係中發生的（Ortner 1984: 147-150；Williams 1977）。

　　用韓明士（Robert Hymes）的話來說，上述文化研究方法的優點，是使學者能「把文化以及其中的宗教看作一個包括各種不同的模式、體系、規則和其他符號資源的倉庫，這些資源有著不均勻的分佈。人們從這個資料庫獲取資源，並通過這個資料庫，以對自身經驗、社會地位和目的有意義的方式，來協調生活中彼此間的問題」（Hymes 2002）。換言之，文化不是一個固定的系統，而是一個由多種文本表達的思想的流動體。

　　要明確特定文本的傳播和接受情況，需要我們對一個特定社會中人們所能掌握和實際利用的交往方式有詳細的瞭解。具體到中國近古時期研究的問題上，姜士斌（David Johnson）試

圖以這樣一種方式達到這個目標：根據人們的教育背景和在社會統治結構中的地位，把這一階段的社會分成九個社會文化群體（Johnson 1985）。姜士斌最近的研究集中於戲劇表演（特別是宗教劇）在傳播不同的心態上的重要性（Johnson 1989, 1997）。許舒（James Hayes）對香港新界的專門家與書面材料所作的研究提供了一些重要的資料，說明村莊中都流傳著一些什麼樣的文本——各種手冊、通俗百科讀物、民謠、白話文學作品及善書（Hayes 1985）。陸冬遠（Richard John Lufrano）研究一種較為人們所忽視的資料——中國近古時期的商人手冊。他討論了這些文本中所包含的儒家價值觀及其被接受的方式（Lufrano 1997）。本書第四章中對宮觀壁畫的研究將對這一研究有所補充，那就是我將論證視覺媒介在中國近古時期心態史上的重要性，並將「閱讀能力」的定義擴展到包括歷史學家和社學家普遍認可的三種基本的閱讀模式：讀、聽和看（Chatman 1978；Cort 1996；Paret 1988；Scribner 1981: 3）。確定能夠傳達各種心態的文本有什麼類型，這只是對這些文本的影響作出評價的第一步。接下去便涉及到這些文本所表達的思想在何種程度上被接受和被理解的問題。在解答這一問題時，我遵循了一些學者的思路。這些學者認為：文本是動態的，且具有多義性，因而一旦它們開始傳播，就允許有多種多樣的解釋（White 1990: 244-245；亦請參見 Culler 1975；de Man 1971；Ingarden 1973；Pellowe 1990）。近年來，越來越多的學者開始強調文本接受過程的主動性，其中的代表人物之一是法國理論家米歇爾・德・瑟托（Michel de Certeau），他集中研究人們如何對那些傳達給他們的資訊重新進行創造性的解釋（Certeau 1980；另見 Darnton 1984, 1991）。這方面卡羅・金

茲伯格提供了一個有名的例子：磨坊主曼諾齊奧（Menocchio）
的思想「網格」是如何影響了他對《聖經》文本的解讀（在對他
進行審訊的宗教法庭審判官看來則是如何導致了他對《聖經》文
本的曲解）。這一例子表明主動接受過程是如何塑造了中世紀歐
洲人的想像（Ginzburg 1980）[33]。羅伯特・夏普（Robert Sharpe）
的一篇文章（Sharpe 1990）可說是對接受理論及其對當今學者
的意義作了最清晰的系統闡述。夏普認為，通過自己的寫作，一
個文本的作者可以說是創造了一個可能的世界，儘管作者往往會
對這個世界作很清晰的描寫並不乏誇飾之辭，但這個世界依然有
著許多不確定之處，永遠不可能被完全說清楚。結果，讀者或觀
眾便能按照自己的背景和經驗去填補這一想像的圖景的空白（同
上引：185-186）。在〈讀者的誕生〉一文中，懷特（R. S. White）
把夏普的觀點向前推了一步，指出因為文本是要讓人讀的，所以
「讀者便將自己的意義加於文本之上。每個讀者都會給文本加上
一種意義，或一層結構，而此意義跟另一讀者給予該文本的意義
無可避免地會有差異」（White 1990: 247-248）。

　　關於中國宗教聖地文本接受的複雜性，一個有趣的例子是晉
祠。晉祠位於山西北部，在太原附近。大多數記載都把晉祠看作
祭祀周代晉國第一位國君唐叔虞的場所。然而，這座廟中又有一
個稱為聖母殿的祭祀場所。聖母曾是當地的水神，但自宋代以
來，士大夫們就聲稱聖母不是別人，而是唐叔虞之母、周代創始

---

[33]　其他學者還用「佔用」（appropriation）或「強行改寫」（transgressive
reinscription）等概念來描述對文本的接受（Fiske 1989；Hebdige
1979；Holub 1984；另見 McGregor and White 1990）。

人之妻邑姜。據倪雅梅（Amy McNair）的研究，宋仁宗（1023-1063 年在位）年幼時，劉太后[vii]攝政。約 1050 年，劉太后下令把一些新塑的、栩栩如生的邑姜像安放在聖母祠中。她這樣做是為了強化自己與邑姜之間的聯繫，同時提高自己在男性官員眼中的合法性。雖說宋代的精英們很可能理解了她要傳遞的訊息，但這資訊顯然沒對當地民眾產生多大的影響；民眾繼續把聖母當作一位送子娘娘來崇拜。大殿前面的柱子上刻有八條龍，對精英階層來說，這些龍是皇權的象徵，但太原當地的許多居民卻認為它們代表的是掌管雨水的龍王（McNair 1988-1989）[34]。

　　看一下十七世紀初的小說《三教開迷歸正演義》對我們會有很大啟發，這部小說講的正是對中國的宗教專門家所製作並加以宣傳的文本的接受的問題。朱迪思・柏玲（Judith Berling）和澤田瑞穗曾研究過這部小說（Berling 1985；澤田瑞穗 1960）。在小說中，三個分別代表儒教、佛教和道教的專門家向一群村民們宣道，結果發現人們對他們所講的不知所云。當儒士解釋說《大學》講的是大人之知時，一個村民問他「大人」是不是指胖大的人。另一個村民以為正在宣講般若波羅蜜多（prajñāpāramitā）（即智慧完成）的僧人是在講一種陌生的方言，而道士的說教則引起一陣陣哄堂大笑（Berling 1985: 198-200）。儘管文學作品就其性質而言不一定是社會的實錄，但這部小說還是能提醒我們，在閱讀旨在進行說教或宣傳某些規範的作品時，必須注意不

---

[34] 克雷格・克拉納斯（Clunas 1997: 112-113）也討論過聖母殿。賓夕法尼亞大學的特蕾西・米勒（Tracy Miller）正在撰寫一篇關於晉祠的博士論文。

要假定這些文本的讀者會按作者期待的方式去接受文本的內容。丁荷生（Kenneth Dean）關於「三一教」的最新研究揭示出，其教義曾以多種不同方式「被吸收、同化和重新解釋」（Dean 1998: 14-15）。全真教的很多訓誡和宣講（特別是語錄）有幸保存了下來。頗為有意味的是，連這些由全真教徒編寫、傾向於吹捧全真教的作品偶爾也會寫到俗家弟子對全真教教義的微妙之處不甚了了（Goossaert 1997: 376-396）。

不同的接受過程不僅影響著書面的和口頭的文本，而且對那些通過視覺媒介表達的文本也有影響。儘管通常認為形象比文字更為雄辯（參見 Chartier 1987；Standing 1973），但二者都要依賴於符號體系與指稱規則來傳遞資訊（Goodman 1976）[35]。

在永樂宮的問題上，本書第三、四兩章中的材料表明，作為永樂宮主要施主的全真教道士和地方精英作了系統的努力，試圖以碑文和壁畫的形式來表現他們認可的永樂宮歷史和呂洞賓形象。我將論證這樣的觀點：道士和精英們創作這些文本，部分是為了宣揚自己的思想並描述他們所生活的世界，甚至是為了使之合法化（見 Burke 1992: 95-96；Ortner 1984: 140, 153；Sangren 1987a, 1987b, 1991, 1995；Gates and Weller 1987: 5, 6）。這一觀點反映了我對文化的意識形態方面（Zito and Barlow 1994: 4-5），特別是對宗教背景下反映不同意識形態的文本是如何產生的這一問題的興趣。同時，這些不同的文本又可能被以各種各樣的方式解讀。宮觀碑文和壁畫是專門知識的產物，很多香客可能

---

[35] 劉揚提出中世紀道教的石柱雕塑也有說教的功能，對它們的接受也是有問題的（Liu, Yang 1997: 116）。

並不能充分理解或欣賞這些產物，也就是說對這類文本的接受是很成問題的[36]。永樂宮的文本所描述的呂洞賓形象反映了兩種相互交叉的傳統：全真教傳統與士人文化傳統。由屬於這兩種傳統的人創作的文本的意義對製作者及其同道而言是沒有問題的，但這兩種傳統之外的人們如何接受這些文本卻是另一回事。

四、霸權與反抗

　　永樂宮文本的接受問題對理解霸權與反抗這一對概念有重要意義。在二戰前的歲月裡，意大利的馬克思主義者安東尼奧・葛蘭西（Antonio Gramsci）就提出了「霸權」這一概念，用以解釋意大利的統治階級是如何成功地運用教育、語言、儀式及大眾傳媒等手段將他們的意識形態強加於社會其他階層的（Gramsci 1971）[37]。20 世紀 80 年代，霸權這一概念傳入漢學研究，對若干領域的學術話語產生了重要影響，特別是在性別研究與種族研究領域[38]。在一篇關於中國近古時期社會的開創性論文中，姜士

36　例如，弗雷德里克・巴思認為「產生於一種知識傳統的知識是由屬於該傳統的有效性尺度來評判的，在別的背景下就不一定能為普通的人們所接受」（Barth 1993: 309）。

37　對葛蘭西著作的研究見 Burke 1992: 84-88；Mouffe 1979；Ortner 1984: 147, 149；Rude 1980；Texier 1979；Williams 1977。一個相關的概念是「符號暴力」（symbolic violence），皮埃爾・布迪厄用此概念來解釋統治與社會控制的過程（Bourdieu 1977: 190-197）。

38　有若干重要著作論證了霸權話語及其他的權力概念會影響中國的性別觀，例如 Zito and Barlow, 1994；Furth 1988；Ko 1994；Mann 1997；Widmer and Chang 1997。最近對中國古代民族問題的學術研究也在關

斌以葛蘭西的著作為基礎，論述了「社會統治集團或僧侶階層精心地灌輸某些價值觀念，以增進自己的利益，或拯救民眾，或二者兼而有之」（Johnson 1985: 35-36）。姜士斌對一個現象印象深刻，那就是「有利於統治階層利益的價值觀與信仰高度地滲透於民眾的意識之中」（同上引：46）。他認為中國近古時期文化上的整合不可能是「人們相互之間以及人們跟自己的傳統之間相互作用的自然結果，而是一個特定的階層有意識地造成的」（同上引：48）。

姜士斌這一頗具穿透力分析，特別是他以敏銳的歷史眼光對中國近古時期主要社會文化集團所作的討論，在方法上給後來研究這一時期思想、價值觀和信仰的產生與傳播的學者以不少啟迪。本研究也集中研究他提出的一些問題，特別是集中探討地方精英及全真教的成員是如何通過永樂宮不同的文本來宣揚他們的價值觀的。研究者往往高估了中國近古時期統治階層建立長久的霸權或統治的能力，例如，華琛對天后（媽祖）崇拜進行研究後指出：「政府以微妙的方式進行干預，以圖使區域性和地方性的祭祀統一起來」（Watson 1985: 293）[39]。一些研究道教儀式的

注類似的問題，見 Harrell 1995；Honig 1992；Huang et al. 1994。對中國社會的霸權與反抗的較有趣的研究包括 Brook 1993；Esherick and Rankin 1990；Fu 1993, 1997；Naquin and Rawski 1987；Zito 1984, 1987, 1998；等等。賀蕭（Hershatter 1996）對上述研究中相當大的部分作了述評。艾里福‧德利克（Arif Dirlik）最近發表了一篇關於該領域研究狀況的重要文章，討論這裡面的某些問題如何影響了中國的史學（Dirlik 1996）。

[39] 華琛（Watson 1993）也描述了中國文化的統一性是如何通過對正確行為（orthopraxy）的要求來實現的。

學者認為道教能夠通過「道教禮拜儀式的框架」影響地方上的祭祀，這隱含了對文化霸權說的支持（Dean 1993；Schipper 1985a, 1985b, 1993[1982]）。對中國宗教聖地歷史的研究也經常論及皇室成員、士大夫和僧侶們是如何試圖在宗教聖地實施霸權的（Faure 1992；Lagerwey 1992；Yü 1992）。

　　為中國近古時期各種統治階級是否真正成功地支配了地方上的宗教信仰與實踐這一問題，研究者的關注要少得多。這並非只是漢學界存在的問題。夏蒂埃指出，西方心態史研究的一個核心假定是心態的產生與接受的二元對立，前者往往被認為充滿創造性，而後者則被視作是消極被動的（Chartier 1982）。然而，最近關於接受與實踐的研究卻打破了這種二元對立。例如，在伯明翰學派（the Birmingham School）的影響下，一些美國歷史學家現在把文本視作開放性的，可以被賦予多種意義，包括互相對立的意義。勞倫斯 W. 列文（Lawrence W. Levine）便強調，不應該把「大眾文化」看作是「將文本加於頭腦有如白紙的被動的人們，而應把它看成是複雜的文本與受眾之間互動的過程。文本並非只有一種統一的意義，受眾也並非是由一些順民組成的統一的集合」（Levine 1992: 1381）。

　　對中國的霸權與反抗問題的研究始於 20 世紀 80 年代，主要是由人類學家與歷史學家進行的[40]。他們對反抗問題的興趣部分是由於對葛蘭西著作的精妙的解讀。葛蘭西這方面的興趣源於他

---

[40] 請參見葛希芝（Hill Gates）和魏樂博（Robert P. Weller）發表於 *Modern China*（現代中國）雜誌的「霸權與民間意識形態研討會」的一組論文寫的序（Gates and Weller 1987）中對霸權作的批評性分析。

的一個願望，那就是要找到意大利無產階級的聲音，把這種聲音發動起來，用以反抗精英的統治（Weller 1994: 9）。不斷增多的關於反抗的學術研究（Burke 1986；Certeau 1980；Fiske 1989；Scott 1976, 1985, 1990；Williams 1977, 1991[1980]）也對漢學家們產生了影響。後現代主義的發展也給對反抗的研究增添了新的理論動力（參見 Jenkins 1991）。

　　反抗是如何發生的問題已開始對中國宗教的研究產生顯著的影響[41]。儘管華琛關於標準化的研究提出文化統一性觀點，但他也揭示出：中國近古時期的政府和地方精英對於非精英階層如何表現天后等神仙的控制微乎其微，其標準化的努力也極少獲得廣泛的成功（Watson 1985）。宋怡明（Michael Szonyi）將華琛的論述向前推了一步，指出諸如方志和碑文之類的地方性文本只是製造了一種「標準化的假象」，其背後隱藏著「一個活潑的、不斷變化的地方傳統」（Szonyi 1997）。丁荷生關於三一教的書頗有誘惑力地給我們展示一幅複雜的圖畫，說明地方性的儀式如何提供了一種手段，可以用來反抗霸權話語（Dean 1998）。桑高仁（P. Steven Sangren）在其關於各種社會宗教背景下意義的創造與再創造的研究中指出，儘管霸權在某些情況下基本上不容置疑，但在其他一些情況下又會受到挑戰（Sangren 1987a, 1987b, 1991, 1993, 1996）。最後，韓書瑞和于君方在《中國的香

---

[41] 儘管自 20 世紀 70 年代至今已出版了大量關於中國的教派運動與教派起義的著作（馬西沙、韓秉方 1992；野口鐵郎 1986；Naquin 1976, 1981, 1985；Overmyer 1976；ter Haar 1992），但這類著作集中研究的不是反抗理論本身，而是這些教派運動的性質以及是什麼因素使它們有時會採取反抗政府的形式。

客與聖地》一書的「緒論」中提出：「香客不僅可以抵制那些
〔關於宗教聖地的統一性的〕宣傳的影響，而且就是對聖地本身
的結構也可以進行抵制」（Naquin and Yü 1992: 23）。

　　社會史學家王銘銘在對明清時期泉州「鋪境」系統的研究中
考察了霸權與反抗這對概念（Wang 1995）。王銘銘的研究揭示
出，儘管政府是要用「鋪境」系統來維持其社會控制，但泉州市
民們卻通過在「鋪境」中組織節日活動和其他公共活動來挑戰這
種控制。王銘銘認為，在中國近古時期，「場地」（place）的
創造並非簡單的一種霸權性活動，而也代表了不同的社會與政治
力量間一種「積極的鬥爭過程」（同上引：70）。受米歇爾・福
柯（Michel Foucault）關於監獄的研究的啟發，王銘銘得出這樣
的結論：中國的「場地」的歷史代表了「一種政治征服與反征服
的過程：『場地』的起源一方面以向心的方式發生，起到將多樣
化的社會文化統一於一個政府結構的作用；另一方面，它又以一
種離心的方式發生，有利於形成基層的禮儀文化和地方的社會經
濟活動。」（同上引：71；著重號〔英文為斜體〕為原文所有）
儘管永樂宮中的祭祀場所與中國近古時期泉州的「鋪境」有很大
不同，但王銘銘這種既涵蓋中國統治者建立霸權的企圖又涵蓋地
方社會反抗這種霸權的努力的分析卻頗具啟發性[42]。跟他的研究
相類似，與永樂宮歷史和呂洞賓崇拜相關的不同文本的製作似乎
也是由多種力量激發出來的。對中國反抗問題最系統的研究可能
要數魏樂博（Robert P. Weller）所作的研究。魏樂博把歷史學和

---

[42]　王銘銘的研究在很多方面與白愷思（Catherine Bell）所描述的研究大眾
　　宗教的「第三階段」方法相似。

人類學方法相結合起來，對中國古代的一些反抗個案進行研究（Weller 1987a, 1987b, 1994, 1996），也研究世界範圍的農村反抗的問題（Weller and Guggenheim 1982）。

　　魏樂博還提出一個重要的觀點：許多中國人願意讓一些公認的專家來對信仰和儀式作系統的詮釋，但這樣做容易產生多種不同的解釋（Weller 1994: 115-124）。中國古代宗教有著分散的結構，從而導致其多義性，這對人們反抗霸權提供了一個富有活力的、自由的空間（同上引：115）。有的學者想通過搜羅書面資料來發現對中國古代宗教信仰與宗教實踐的權威的解釋，但魏樂博的研究表明，這麼做需要考慮一個問題，那就是中國的精英能否讓普通民眾接受這樣的解釋。對中國近古時期的研究表明，國家試圖控制地方祭祀和民眾宗教的其他方面，但它在這方面獲得的成功是有限的（Overmyer 1989-1990；Taylor 1990）。地方精英對地方上的祭祀能進行較好的控制，但他們的努力也常常達不到目的（Schneider 1980；Weller 1994: 53-56）。這類現象不僅存在於中國近古時期。魏樂博的書有幾章討論臺灣的十八王公（包括十七個人和一條忠誠地陪伴他們的狗）崇拜[viii]。在這幾章中，魏樂博描述說：時至今日，很多想發財的人，包括娼妓和臺灣下層社會的罪犯，還會向十八王公的神靈奉上香煙等供品。政府和廟委會在大眾傳媒中反覆宣講關於這座廟及其所奉神靈的傳說，試圖改變公眾的觀念，但這些努力基本上沒有起到作用；這主要是因為寺觀祭祀通常都不能維持一種「傳播其解釋的強社會關係」（strong social relations of interpretation）來支持其觀點（Weller 1994: 156-157, 169；另見 Weller 1996）。

　　本書的觀點並非要否認霸權的存在，然而，對本項研究的目

的而言，我更關注的不是形象從上往下（或從下往上）的傳播，而是中國近古時期互動的多種不同形象如何影響了人們的心態，即一種我此前曾在一部研究溫元帥[ix]崇拜的書中所描述的「迴響」（reverberation）的過程（Katz 1995）。用「迴響」的比喻意在解釋中國這樣的複雜社會中為何會不斷產生各種互不相同但又互相關聯的文本，這個比喻為把握不同的心態之間的動態互動提供了一個方法。在對溫元帥崇拜的研究中，我曾經指出，道士、士大夫和地方上的崇拜者創造了不同的文本來描述溫元帥崇拜的歷史和意義，但他們又有一點相同，那就是他們都把溫元帥表現為一個能驅除瘟疫的威力巨大的戰神。呂洞賓崇拜更為複雜，因為其文本體系更大，而且這些文本是由更為多樣化的人士創作的，代表著更廣泛的社會背景。然而，在兩種情況下迴響都提供了一種方法，讓我們能理解在中國近古時期，人們何以能一方面崇拜著同一神仙，另一方面在關於其崇拜與宗教聖地的問題上又接受多種不同的形象。

參考書目

小野四平（Ono Shihei）
1968　呂洞賓傳說について（論呂洞賓傳說）。東方宗教 32: 52-69。

五十嵐賢隆（Igarashi Kenryu）
1986[1938]　道教叢林──太清宮志。東京：國書刊行會。

王光德、楊立志
1993　武當山道教史略。北京：華文出版社。

王暢安

1963a　純陽、重陽殿的壁畫。文物 8: 40-43。

1963b　永樂宮壁畫題記錄文。文物 8: 66-78。

任繼愈

1990　中國道教史。上海：上海人民出版社。

浦江清

1936　八仙考。清華學報 11(1): 89-136。

馬西沙、韓秉方

1992　中國民間宗教史。上海：上海人民出版社。

馬曉宏

1986　呂洞賓神仙信仰溯源。世界宗教研究 3: 79-95。

宿　白

1962　永樂宮創建史料編年。文物 4/5: 80-87。

1963　永樂宮調查日記。文物 8: 58-73。

野口鐵郎（Noguchi Tetsuro）

1986　明代白蓮教史の研究（明代白蓮教史研究）。東京：雄山閣。

陳　垣

1962[1941]　南宋初河北新道教考。北京：中華書局。

陳垣等

1988　道家金石略。北京：文物出版社。

陳教友

1974[1879]　長春道教源流。刊於道教研究資料第二輯，嚴一萍編，頁 1-
　　　　　414。臺北：藝文印書館。

蜂屋邦夫（Hachiya Kunio）

1992　金代道教の研究：王重陽と馬丹陽（金代道教研究：王重陽與馬丹
　　　　陽）。東京：汲古書院。

鄭素春

1987　全真教與大蒙古國帝室。臺北：臺灣學生書局。

澤田瑞穗（Sawada Mizuho）

1960　三教思想と平話小說（三教思想與平話小說）。ビブリア 16: 37-
39。

Ang, Isabelle

1993　Le culte de Lü Dongbin des origines jusqu'au debut du XIVe siècle.
Characteristiques et transformations d'un Saint Immortel dans la Chine
pre-moderne. Ph.D. dissertation. University of Paris VII.

1997　Le culte de Lü Dongbin sous les Song du Sud. Journal Asiatique 285(2):
473-507.

Baldrian-Hussein, Farzeen

1986　Lü Tung-pin in Northern Sung Literature. Cahiers d'Extrême Asie 2:
133-169.

1990　Inner Alchemy: Notes on the Origin and the Use of the Term neidan.
Cahiers d'Extrême Asie 5: 163-190.

Barthes, Roland

1977　The Death of the Author. *In* Image-Music-Text: Roland Barthes. Stephen
Heath, ed. pp. 142-148. New York: Hill and Wang.

Barth, Fredrik

1993　Balinese Worlds. Chicago: The University of Chicago Press.

Bauman, Richard, and Charles L. Briggs

1990　Poetics and Performance as Critical Perspectives on Language and Social
Life. Annual Review of Anthropology 19: 59-88.

Bauman, Richard, and Joel Sherzer, eds.

1974　Explorations in the Ethnography of Speaking. Cambridge: Cambridge
University Press.

Becker, Alton L.

1979　Text-Building, Epistemology, and Aesthetics in Javanese Shadow Theatre. *In* The Imagination of Reality. A.L. Becker and A.A. Yengoyan, eds. pp. 211-243. Norwood, NJ: Ablex.

Berling, Judith

1985　Religion and Popular Culture: The Management of Moral Capital in The Romance of the Three Teachings. *In* Popular Culture in Late Imperial China. David Johnson, Andrew J. Nathan and Evelyn S. Rawski, eds. pp. 188-218. Berkeley: University of California Press.

Blumer, Herbert

1962　Society as Symbolic Interaction. *In* Human Behavior and Social Processes. A.M. Rose, ed. pp. 179-192. Boston: Houghton Mifflin.

Boltz, Judith

1987　A Survey of Taoist Literature. Tenth to Seventeenth Centuries. Berkeley: Institute of East Asian Studies.

Bourdieu, Pierre

1977[1972]　Outline of a Theory of Practice. Cambridge: Cambridge University Press.

Brook, Timothy

1993　Praying for Power: Buddhism and the Formation of Gentry Society in Late-Ming China. Cambridge, MA: Harvard University Press.

Burke, Peter

1986　Strengths and Weaknesses of the History of Mentalities. History of European Ideas 7(5): 439-451.

1990　The French Historical Revolution. The Annales School, 1929-89. Cambridge: Polity Press.

1992　History and Social Theory. Cambridge: Polity Press.

Cerruti, Simona

1995　Normes et Pratiques, ou de la legitimite de leur opposition. *In* Les formes de l'exeprience: une autre histoire sociale. Bernard Lepetit, ed. pp. 127-149. Paris: Editions Albins Michel.

Chartier, Roger

1982　Intellectual History or Sociocultural History? *In* Modern European Intellectual History. Dominick LaCapra and Steven Kaplan, eds. pp. 13-46. Ithaca: Cornell University Press.

1987　The Cultural Uses of Print in Early Modern France. Lydia G. Cochrane, trans. Princeton: Princeton University Press.

Chatman, Seymour

1978　Story and Discourse. Narrative Structure in Fiction and Film. Ithaca & London: Cornell University Press.

Chavannes, Edouard

1910　Le T'ai-chan. Essai de monographie d'un culte chinois. Paris: Ernest Leroux.

Chomsky, Noam

1966　Cartesian Linguistics: A Chapter in the History of Rationalist Thought. New York: Harper & Row.

Clunas, Craig

1997　Art in China. Oxford & New York: Oxford University Press.

Cohen, Paul A.

1997　History in Three Keys. The Boxers as Event, Experience, and Myth. New York: Columbia University Press.

Cort, John E.

1996　Art, Religion, and Material Culture: Some Reflections on Method. Journal of the American Academy of Religion 64(3): 613-632.

Cullen, Christopher

1997　The Problem of Hua Tuo: Abdominal Trauma Procedures in East and West, and the Interpretation of Texts. Paper presented at Medicine and Chinese Society: A Symposium. Nankang, June 26-28.

Culler, Jonathan D.

1975　Structural Poetics: Structuralism, Linguistics and the Study of Literature. Ithaca: Cornell University Press.

D'Andrade, Roy

1995　The Development of Cognitive Anthropology. Cambridge: Cambridge University Press.

Darnton, Robert

1984　The Great Cat Massacre and Other Episodes in French Cultural History. New York: Basic Books.

1991　History of Reading. *In* New Perspectives on Historical Writing. Peter Burke, ed. pp. 140-167. Cambridge: Cambridge University Press.

Davis, Natalie Zemon

1983　The Return of Martin Guerre. Cambridge, MA: Harvard University Press.

de Certeau, Michel

1984　The Practice of Everyday Life. Steven Randall, trans. Berkeley: University of California Press.

de Man, Paul

1971　Blindness and Insight: Essays in the Rhetoric of Contemporary Criticism. New York: Oxford University Press.

Dean, Kenneth

1993　Taoist Ritual and Popular Cults of Southeast China. Princeton: Princeton University Press.

1997　Ritual and Space: Civil Society or Popular Religion? *In* Civil Society in

China. Timothy Brook and B. Michael Frolic, eds. pp. 172-192. Armonk, NY: M.E. Sharpe.

1998　Lord of the Three in One. The Spread of a Cult in Southeast China. Princeton: Princeton University Press.

Dirlik, Arif

1996　Reversals, Ironies, Hegemonies: Notes on the Contemporary Historiography of Modern China. Modern China 22(3): 243-284.

Duara, Prasenjit

1988a Superscribing Symbols: The Myth of Guandi, Chinese God of War. Journal of Asian Studies 47(4): 778-795.

1988b Culture, Power, and the State: Rural North China, 1900-1942. Stanford: Stanford University Press.

Dudbridge, Glen

1978　The Legend of Miao-shan. Oxford Oriental Monographs, No. 1. London: Ithaca Press.

1982　Miao-shan on Stone: Two Early Inscriptions. Harvard Journal of Asiatic Studies 42: 589-614.

1990　Yü-ch'ih Chiung at An-yang: An Eighth-Century Cult and Its Myths. Asia Major, Third Series, Volume III, Part 1: 27-49.

1995　Religious Experience and Lay Society in T'ang China. A Reading of Tai Fu's Kuang-i chi. Cambridge: Cambridge University Press.

Esherick, Joseph W., and Mary B. Rankin

1990　Introduction. In Local Elites and Patterns of Dominance. Joseph W. Esherick and Mary B. Rankin, ed. pp. 1-24. Berkeley: University of California Press.

Eskildsen, Stephen E.

1989　The Beliefs and Practices of Early Ch'üan-chen Taoism. M.A. thesis. Department of Asian Studies, University of British Columbia.

Faure, Bernard

1992 Relics and Flesh Bodies: The Creation of Ch'an Pilgrimage Sites. *In* Pilgrims and Sacred Sites in China. Susan Naquin and Yü Chün-fang, eds. pp. 150-189. Berkeley: University of California Press.

Fiske, J.

1989 Understanding Popular Culture. Boston: Unwin Hyman.

Fu, Poshek

1993 Passivity, Resistance, and Collaboration: Intellectual Choices in Occupied Shanghai, 1937-1945. Stanford: Stanford University Press.

1997 The Ambiguity of Entertainment: Chinese Cinema in Japanese-Occupied Shanghai, 1941 to 1945. Cinema Journal 37(1): 66-84.

Furth, Charlotte

1988 Androgynous Males and Deficient Females: Biology and Gender Boundaries in Sixteenth and Seventeenth Century China. Late Imperial China 2: 1-30.

Gates, Hill, and Robert Weller

1987 Hegemony and Chinese Folk Ideologies: An Introduction. Symposium on Hegemony and Chinese Folk Ideologies, Part I. Modern China 13(1): 3-16.

Ginzburg, Carlo

1980 The Cheese and the Worms. John and Anne Tedeschi, trans. Baltimore: Johns Hopkins University Press.

Goodman, Nelson

1976 Languages of Art: An Approach to a Theory of Symbols. Indianapolis: Hackett Publishing Company.

Goossaert, Vincent

1997 La creation du taoisme moderne. L'ordre Quanzhen. Ph.D. thesis. École

Pratique des Hautes Études.

Gramsci, Antonio

1971　Selections from the Prison Notebooks of Antonio Gramsci. Quintin Hoare and Geoffrey N. Smith, trans. & ed. New York: International Publishers.

Grootaers, Willem A.

1952　The Hagiography of the Chinese God Chen-wu. Folklore Studies 11(2): 139-81.

1995　The Sanctuaries in a North-China City. A Complete Survey of the Cultic Buildings in the City of Hsuan-hua (Chahar). *In* Melanges Chinois et Bouddhiques, volume 26. Bruxelles: Institut Belge des Hautes Etudes Chinoises.

Gyss-Vermande, Caroline

1988　Demons et merveilles -- vision de la nature dans une peinture litugique du XV siecle. Arts Asiatiques 43: 106-122.

1990　The All-Chinese Pantheon of the Shui-lu chai. Paper presented at the Conference on the Rituals and Scriptures of Chinese Popular Culture. Bodega Bay, January 3-7.

Hanks, W.F.

1989　Text and Textuality. Annual Review of Anthropology 18: 95-127.

Harlan, David

1989a　Intellectual History and the Return of Literature. American Historical Review 94(3): 581-609.

1989b　Reply to David Hollinger. American Historical Review 94(3): 622-626.

Hayes, James

1985　Specialists and Written Materials in the Village World. *In* Popular Culture in Late Imperial China. Johnson, et. al., eds. pp. 75-111.

Berkeley: University of California Press.

Harrell, Stevan, ed.

1995　Cultural Encounters on China's Ethnic Frontiers. Seattle: University of Washington Press.

Hebdige, Dick

1979　Sub-Culture: The Meaning of Style. New York: Metheun.

Hershatter, Gail

1996　Remapping China. Fissures in Historical Terrain. Stanford: Stanford University Press.

Hirsch, E.D., Jr.

1967　Validity in Interpretation. New Haven: Yale University Press.

1976　The Aims of Interpretation. Chicago and London: The University of Chicago Press.

Hollinger, David A.

1989　The Return of the Prodigal: The Persistence of Historical Knowing (reply to David Harlan). American Historical Review 94(3): 610-621.

Holub, R.C.

1984　Reception Theory: A Critical Introduction. London: Metheun.

Honig, Emily

1992　Creating Chinese Ethnicity. Subei People in Shanghai 1850-1950. New Haven & London: Yale University Press.

Huang, Shu-min, et. al.

1994　Introduction: Problems of Ethnicity in the Chinese Cultural Context. *In* Ethnicity in Taiwan. Social, Historical, and Cultural Perspectives. Shu-min Huang, et. al., ed. pp. 3-22. Nankang: Institute of Ethnology, Academia Sinica.

Hymes, Robert P.

2002　Way and Byway. Taoism, Local Religion, and Models of Divinity in Sung and Modern China. Berkeley: University of California Press.

Ingarden, Roman

1973　The Literary Work of Art: An Investigation on the Borderlines of Ontology, Logic and Theory of Literature. G. Grabowicz, trans. Evanston: Northwestern University Press.

Jenkins, Keith

1991　Re-thinking History. London: Routledge.

1995　On "What is History?". London: Routledge.

Jing, Anning

1993　Yongle Palace: The Transformation of the Taoist Pantheon during the Yuan Dynasty (1279-1368). Ph.D. dissertation. Princeton University.

1995　A Pictorial Hagiography of Lü Dongbin. Paper presented at the Cult of Saints and the Cult of Sites: Sources of Chinese Local History and Hagiography, Paris, May 30 - June 2.

Johnson, David

1985　Communication, Class and Consciousness in Late Imperial China. *In* Popular Culture in Late Imperial China. Johnson, et. al., eds. pp. 34-72. Berkeley: University of California Press.

1989　Actions Speak Louder than Words: The Cultural Significance of Chinese Ritual Opera. *In* Ritual Opera, Operatic Ritual: "Mu-lien Rescues his Mother" in Chinese Popular Culture (Publications of the Chinese Popular Culture Project, Number 1). David Johnson, ed. pp. 1-45. Berkeley: Chinese Popular Culture Project

1997　Confucian Elements in the Great Temple Festivals of Southeastern Shansi in Late Imperial Times. T'oung Pao 83: 126-161.

Juhl, Peter D.

1980　Interpretation. An Essay in the Philosophy of Literary Criticism. Princeton: Princeton University Press.

Katz, Paul R.

1995　Demon Hordes and Burning Boats: The Cult of Marshal Wen in Late Imperial Chekiang. Albany, NY: SUNY Press.

Ko, Dorothy

1994　Teachers of the Inner Chambers: Women and Culture in Seventeenth-Century China. Stanford: Stanford University Press.

Kubo, Noritada (窪德忠)

1968　Prologomena on the Study of the Controversies between Buddhists and Taoists in the Yuan Period. Memoirs of the Research Department of the Toyo Bunko 26: 39-61.

Kuhn, Philip A.

1970　Rebellion and its Enemies in Late Imperial China. Militarization and Social Structure, 1769-1864. Berkeley: University of California Press.

LaCapra, Dominick

1982　Rethinking Intellectual History and Reading Texts. *In* Modern European Intellectual History. LaCapra and Kaplan, eds. pp. 47-85. Ithaca: Cornell University Press.

Lagerwey, John

1992　The Pilgrimage to Wu-tang Shan. *In* Pilgrims and Sacred Sites in China. Naquin and Yü, eds. pp. 293-332. Berkeley: University of California Press.

Lepetit, Bernard, ed.

1995　Les formes de l'exeprience: une autre histoire sociale. Paris: Editions Albins Michel.

Levi, Giovanni

1991 On Microhistory. *In* New Perspectives on Historical Writing. Peter Burke, ed. pp. 93-113. Oxford: Polity Press.

Levine, Lawrence W.

1992 The Folklore of Industrial Society: Popular Culture and its Audiences. American Historical Review 97(5): 1369-1399.

Liu, Yang

1997 Manifestation of the Dao: A Study in Daoist Art from the Northern Dynasty to the Tang (5th - 9th Centuries). Ph.D. dissertation. School of Oriental and African Studies, University of London.

Lufrano, Richard John

1997 Honorable Merchants. Commerce and Self-Cultivation in Late Imperial China. Honolulu: University of Hawaii Press.

Mair, Victor

1986 Records of Transformation Tableux (pien-hsiang). T'oung-pao 73: 3-43.

Mann, Susan

1997 Precious Records. Women in China's Long Eighteenth Century. Stanford: Stanford University Press.

Marshall, B.K.

1992 Teaching the Postmodern. London: Routledge.

McGregor, Graham, and R.S. White

1990 "Introduction". *In* Reception and response: hearer creativity and the analysis of spoken and written texts. Graham McGregor and R.S. White, ed. pp. 1-9. London; New York: Routledge.

McNair, Amy

1988-1989 On the Date of the Shengmudian Sculptures at Jinci. Artibus Asiae

49(3/4): 238-253.

Mouffe, Chantal

1979 Hegemony and Ideology in Gramsci. *In* Gramsci and Marxist Theory. Chantal Mouffe, ed. pp. 168-203. London: Routledge and Kegan Paul.

Muir, Edward

1991 Introduction: Observing Trifles. *In* Microhistory and the Lost Peoples of Europe. Selections from Quadreni Storici. Edward Muir and Guido Ruggiero, eds. pp. vii-xxviii. Baltimore & London: The Johns Hopkins University Press.

Murray, Julia K.

1992 The Hangzhou Portraits of Confucius and 72 Disciples (Sheng xian tu). Art in the Service of Politics. The Art Bulletin 74(1): 7-18.

1994 The Evolution of Buddhist Narrative Illustration in China after 850. *In* Latter Days of the Law: Images of Chinese Buddhism, 850-1850. Marsha Weidner, ed. pp. 125-149. Lawrence, KS: The Spencer Museum of Art.

1995 Buddhism and Early Narrative Illustration in China. Archives of Asian Art 48: 17-31.

1996 The Temple of Confucius and Pictorial Biographies of the Sage. The Journal of Asian Studies 55(2): 269-300.

1997 Illustrations of the Life of Confucius: Their Evolution, Functions, and Significance in Late Ming China. Artibus Asiae 57(1/2): 73-134.

Naquin, Susan

1976 Millenarian Rebellion in China: The Eight Trigrams Uprising of 1813. New Haven: Yale University Press.

1981 Shantung Rebellion: The Wang Lun Uprising of 1774. New Haven: Yale University Press.

1985 The Transmission of White Lotus Sectarianism in Late Imperial China. *In* Popular Culture in Late Imperial China. Johnson, et. al., eds. pp. 255-291.

Berkeley: University of California Press.

Naquin, Susan, and Chun-fang Yu
1992   Introduction: Pilgrimage in China. *In* Pilgrims and Sacred Sites in China. Naquin, and Yü, eds. pp. 1-38. Berkeley: University of California Press.

Naquin, Susan, and Evelyn S. Rawski
1987   Chinese Society in the Eighteenth Century. New Haven: Yale University Press.

Novick, Peter
1988   That Noble Dream: The "Objectivity" Question and the American Historical Profession. Cambridge: Cambridge University Press.

Ortner, Sherry B.
1984   Theory in Anthropology since the Sixties. Comparative Studies of Society and History 26(1): 126-166.

Overmyer, Daniel
1976   Folk Buddhist Religion: Dissenting Sects in Late Traditional China. Cambridge, MA: Harvard University Press.
1989-1990   Attitudes Toward Popular Religion in the Ritual Texts of the Chinese State: The Collected Statutes of the Great Ming. Cahiers d'Extreme Asie 5: 191-221.

Paret, Peter
1988   Art as History: Episodes in the Culture and Politics of Nineteenth-Century Germany. Princeton: Princeton University Press.

Pellowe, John
1990   Who is Context? *In* Reception and response: hearer creativity and the analysis of spoken and written texts. Graham McGregor and R.S. White, ed. pp. 69-95. London; New York: Routledge.

Powers, Martin J.

1991　Art and Political Expression in Early China. New Haven & London: Yale University Press.

Pregadio, Fabrizio

1996　Chinese Alchemy: An Annotated Bibliography of Works in Western Languages. Monumenta Serica 44: 439-473.

Rawski, Evelyn S.

1979　Education and Popular Literacy in Ch'ing China. Ann Arbor: University of Michigan Press.

Reiter, Florian

1981　The Soothsayer Hao Ta-t'ung (1140-1212) and his Encounter with Ch'üan-chen Taoism. Oriens Extremus 28: 198-205.

1986　Ch'ung-yang Sets Forth his Teachings in Fifteen Discourses. A Concise Introduction to the Taoist Way of Life of Wang Che (1112-1170). Monumenta Serica 36: 27-54.

1988　Grundelemente und Tendenzen des Religiosen Taoismus, das Spannungsverhaltnis von Integration und Indivdidualitat in seiner Geschichte zur Chin-, Yuan-, under fruhen Ming-zeit. *In* Munchener Ostasiatische Studieren, volume 48. Wiesbaden: Steiner.

1994　How Wang Ch'ung-yang (1112-1170) the Founder of Ch'üan-chen Taoism Achieved Enlightenment. Oriens Extremus 34: 497-508.

1996　The Ch'üan-chen Patriarch T'an Ch'u-tuan (1123-1185) and the Chinese Talismanic Tradition. Zeitschrift der Deutschen Morgenlandischen Gesellschaft 146(1): 139-155.

Robinet, Isabelle

1989　Original Contributions of Neidan to Taoist and Chinese Thought. *In* Taoist Meditation and Longevity Techniques. Livia Kohn, ed. pp. 297-330. Ann Arbor: Center for Chinese Studies.

1995　Introduction a l'alchimie interieure Taoiste: de l'unite et de la multiplicite. Paris: Les Editions des Cerf.

1997[1992]　Taoism. Growth of a Religion. Phyllis Brooks, trans. Stanford: Stanford University Press.

Rowe, William T.

1990　Modern Chinese Social History in Comparative Perspective. *In* Heritage of China. Contemporary Perspectives on Chinese Civilization. Paul S. Ropp, ed. pp. 242-262. Berkeley: University of California Press.

Rude, George

1980　Ideology and Popular Protest. New York: Pantheon Books.

Sahlins, Marshall

1981　Historical Metaphors and Mythical Realities: Structure in the Early History of the Sandwich Islands Kingdom. Ann Arbor: University of Michigan Press.

Sangren, P. Steven

1987a　History and Magical Power in a Chinese Community. Stanford: Stanford University Press.

1987b　Orthodoxy, Heterodoxy, and the Structure of Value in Chinese Rituals. Symposium on Hegemony and Chinese Folk Ideologies, Part I. Modern China 13(1): 63-89.

1991　Dialectics of Alienation: Individuals and Collectivities in Chinese Religion. Man 26: 67-86.

1993　Power and Transcendence in the Ma Tsu Pilgrimages of Taiwan. American Ethnologist 20: 564-582.

1995　Power' Against Ideology. A Critique of Foucaultian Usage. Cultural Anthropology 10(1): 3-40.

1996　Myths, Gods, and Family Relations. *In* Unruly Gods: Divinity and Society in China. Shahar and Weller, eds. pp. 150-183. Honolulu:

University of Hawai'i Press.

Schipper, Kristofer M.

1985a Vernacular and Classical Ritual in Taoism. Journal of Asian Studies 45(1): 21-57.

1985b Taoist Ritual and Local Cults of the T'ang Dynasty. *In* Melanges Chinois et Bouddhiques 22. Tantric and Taoist Studies in Honor of Rolf Stein. Michel Strickmann, ed. pp. 812-834. Bruxelles: Institut Belge des Hautes Etudes Chinoises.

1993[1982]   The Taoist Body. Karen C. Duva, trans. Berkeley: University of California Press.

Schneider, Laurence A.

1980   A Madman of Ch'u: The Chinese Mythology of Loyalty and Dissent. Berkeley & Los Angeles: University of California Press.

Scott, James C.

1976   The Moral Economy of the Peasant: Rebellion and Subsistence in Southeast Asia. New Haven: Yale University Press.

1985   Weapons of the Weak: Everyday Forms of Peasant Resistance. New Haven: Yale University Press.

1990   Domination and the Arts of Resistance: Hidden Transcripts. New Haven & London: Yale University Press.

Scribner, R.W.

1981   For the Sake of Simple Folk. Popular Propaganda for the German Reformation. Cambridge: Cambridge University Press.

Sharpe, Robert

1990   Where Interpretation Stops. *In* Reception and response: hearer creativity and the analysis of spoken and written texts. Graham McGregor and R.S. White, ed. pp. 181-195. London; New York: Routledge.

Sivin, Nathan

1968　Chinese Alchemy: Preliminary Studies. Cambridge, MA: Harvard University Press.

Skorupski, John

1976　Symbol and Theory: A Philosophical Study of Theories of Religion in Social Anthropology. Cambridge: Cambridge University Press.

Smith, Richard J.

1991　Fortune-Tellers and Philosophers. Divination in Traditional Chinese Society. Boulder, CO: Westview Press.

Sommer, Deborah A.

1994　Images into Words: Ming Confucian Iconoclasm. National Palace Museum Bulletin 29(1-2): 1-24.

1995　Icons of Imperial Ritual in the Ming Dynasty. Paper presented at the Conference on State and Ritual in East Asia. Paris, June 28 - July 1.

Standing, L.

1973　Learning 10,000 Pictures. Quarterly Journal of Experimental Psychology 25: 207-222.

Steinhardt, Nancy S.

1987　Zhu Haogu Reconsidered: A New Date for the ROM (Royal Ontario Museum) Painting and the Southern Shanxi Buddhist-Taoist Style. Artibus Asiae 48(1/2): 11-16.

Sutton, Donald S.

1989　A Case of Literary Piety: The Ma Yuan Cult from High-Tang to High-Qing. Chinese Literature: Essays, Articles, Reviews 11: 79-114.

Szonyi, Michael

1997　The Illusion of Standardizing the Gods: The Cult of the Five Emperors in Late Imperial China. The Journal of Asian Studies 56(1): 113-135.

Taylor, Romeyn

1990　Official and Popular Religion and the Political Organization of Chinese Society in the Ming. *In* Orthodoxy in Late Imperial China. Liu Kwang-ching, ed. pp. 126-157. Berkeley: University of California Press.

Tsang, Ka Bo (Zeng Jiabao 曾嘉寶)

1992　Further Observations on the Yuan Wall Painter Zhu Haogu and the Relationship of the Chunyang Hall Wall Paintings to "The Maitreya Paradise" at the ROM. Artibus Asiae 52(3/4): 95-118.

Ter Haar, Barend

1992　The White Lotus Teachings in Chinese Religious History. Leiden: E.J. Brill.

Texier, Jacques

1979　Gramsci, Theoretician of the Super-structures. *In* Gramsci and Marxist Theory. Chantal Mouffe, ed. pp. 48-79. London: Routledge and Kegan Paul.

Thompson, E.P.

1978　The Poverty of Theory. London: Merlin.

Wang, Mingming

1995　Place, Administration, and Territorial Cults in Late Imperial China: A Case Study from South Fujian. Late Imperial China 16(1): 33-78.

Watson, James

1985　Standardizing the Gods: The Promotion of T'ien Hou ("Empress of Heaven") Along the South China Coast, 960-1960. *In* Popular Culture in Late Imperial China. Johnson, et. al., eds. pp. 292-324. Berkeley: University of California Press.

1993　Rites or Beliefs? The Construction of a Unified Culture in Late Imperial China. *In* China's Quest for National Identity. Lowell Dittmer and

Samuel S. Kim, eds. pp. 80-103. Ithaca: Cornell University Press.

Weller, Robert P., and Scott E. Guggenheim, eds.

1982　Power and Protest in the Countryside: Studies of Rural Unrest in Asia, Europe, and Latin America. Durham, NC: Duke University Press.

Weller, Robert P.

1987a　The Politics of Ritual Disguise: Repression and Response in Taiwanese Religion. Symposium on Hegemony and Chinese Folk Ideologies, Part I. Modern China 13(1): 17-39.

1987b　Unities and Diversities in Chinese Religion. Seattle: University of Washington Press.

1994　Resistance, Chaos and Control in China: Taiping Rebels, Taiwanese Ghosts and Tiananmen. Seattle: University of Washington Press.

1996　Matricidal Magistrates and Gambling Gods: Weak States and Strong Spirits in China. *In* Unruly Gods: Divinity and Society in China. Shahar and Weller, eds. pp. 250-268. Honolulu: University of Hawai'i Press.

White, R.S.

1990　The Birth of the Reader. *In* Reception and response: hearer creativity and the analysis of spoken and written texts. Graham McGregor and R.S. White, ed. pp. 242-259. London; New York: Routledge.

Widmer, Ellen, and Kang-i Sun Chang

1997　Writing Women in Late Imperial China. Stanford: Stanford University Press.

Williams, Raymond

1977　Marxism and Literature. Oxford: Oxford University Press.

1991[1980]　Base and Superstructure in Marxist Cultural Theory. *In* Rethinking Popular Culture. Chandra Mukerji and Michael Schudson, eds. pp. 407-423. Berkeley: University of California Press.

Wilson, Adrian

1993   Foundations of an Integrated Historiography. *In* Rethinking Social History. English Society 1570-1920 and its Interpretation. Adrian Wilson, ed. pp. 293-335. Manchester & New York: Manchester University Press.

Wu, Hung

1989   The Wu Liang Shrine: The Ideology of Early Chinese Pictorial Art. Stanford: Stanford University Press.

1992   Art in a Ritual Context: Rethinking Mawangdui. Early China 17: 111-144.

1995   Monumentality in Early Chinese Art and Architecture. Stanford: Stanford University Press.

Yang, Richard L.S.

1958   A Study of the Origin of the Legend of the Eight Immortals. Oriens Extremus 5(1): 1-22.

Yao, Tao chung

1980   Ch'üan-chen: A New Taoist Sect in North China during the Twelfth and Thirteenth Centuries. Ph.D. dissertation. University of Arizona.

Yoshioka, Yoshitoyo (吉岡義豐)

1979   Taoist Monastic Life. *In* Facets of Taoism. Holmes Welch and Anna Seidel, eds. pp. 229-252. New Haven: Yale University Press.

Yü, Chun-fang

1992   P'u-t'o shan: Pilgrimage and the Creation of the Chinese Potalaka. *In* Pilgrims and Sacred Sites in China. Naquin, and Yü, eds. pp. 190-245. Berkeley: University of California Press.

Zito, Angela

1984   Re-presenting Sacrifice: Cosmology and the Editing of Texts. Ch'ing-shih wen-t'i 5: 47-78.

1987　City, Gods, Filiality, and Hegemony in Late Imperial China. Symposium on Hegemony and Chinese Folk Ideologies, Part II. Modern China, 13(3): 333-371.

1998　Of Body & Brush. Grand Sacrifice as Text/Performance in Eighteenth-Century China. Chicago: University of Chicago Press.

Zito, Angela, and Tani E. Barlow, eds.

1994　Body, Subject & Power in China. Chicago: The University of Chicago Press.

Zunz, Olivier

1985　Reliving the Past: The Worlds of Social History. Chapel Hill and London: University of North Carolina Press.

---

i　永樂宮舊址被淹數年後，三門峽水庫水位下降，永樂鎮形成了大片黃河灘塗，永樂宮舊址露出水面，遷走的一部分居民又遷回原地。不過，當地的自然生態狀況已大不如前。──譯者。

ii　仙傳：原文為 hagiography，原指聖徒傳，往往帶有高度理想化和偶像化的描寫。此譯作「仙傳」，以別於原則上應該忠實於歷史的傳記（biography），並遵循道教習慣用法。──譯者。

iii　心態史家：historians of mentalities。History of mentalities 一般譯作「心態史」（另一常見的譯法是「精神史」），有別於思想史（intellectual history 或 history of ideas）。──譯者。

iv　原文此處作 Harlan（哈蘭），然據上下文義此處應作 Chartier。──譯者。

v　Fredrik 原文作 Frederick，誤。──譯者。

vi　布魯默：芝加哥學派的社會學家，在米德、庫利等美國早期社會學家思想的基礎之上總結和發展了符號互動論（symbolic interactionism），為社會學理論的重要流派之一。──譯者。

vii　原文此處作 Empress Liu（劉皇后），實應作 Empress Dowager Liu（劉太后），即章獻太后，曾於仁宗天聖、明道年間垂簾聽政。以下 Empress Liu 皆仿此譯作「劉太后」。——譯者。

viii　臺灣島北端的石門與金山間有十八王公廟。相傳清中葉時有 17 位福州富紳相偕乘船往普陀山進香，不幸發生船難，屍體漂流到石門海邊。有隨行的一狗倖存，但也以身殉主。石門鄉人感其義，遂將 17 人與此狗合葬，並建廟奉祀，稱為「十八王公」。十八王公據言頗為靈驗，故祭拜者絡繹不絕。有傳說稱十八王公喜歡抽煙，故有下面提到信徒以煙奉祀的情景。——譯者。

ix　溫元帥：泰山神，位列東嶽十太保之首，名溫瓊。或謂其為東漢人（《三教源流搜神大全》），或謂其為唐時人（〔明〕宋濂《溫忠靖公廟碑》），傳說不一。——譯者。

第十章
你確實認識祂嗎？保生大帝吳本史料的真偽問題：
兼談其與淨明道吳猛、扶乩的關係

王見川
南臺科技大學通識教育中心助理教授

一、問題的提出

　　在閩臺地區，保生大帝是民眾耳熟能詳的神明之一。相傳其名叫吳本（讀音濤），生於宋太宗太平興國四年（979），卒於仁宗景祐三年（1036）。[1]歷來研究其信仰與發展者不少，累積一些成果。[2]保生大帝信仰研究之所以有所進展與深入，主要與新史料的發現有密切關係。所謂的新發現史料，指的意義有二：

---

[1]　范正義《保生大帝信仰與閩台社會》頁 29-30，福建人民出版社，2006年。范正義《保生大帝：吳真人信仰的由來與分靈》頁 13-14，北京宗教文化出版社，2008 年。謝貴文《保生大帝信仰研究》頁 9，高雄春暉出版社，2011 年。

[2]　謝貴文《保生大帝信仰研究》頁 9-52〈保生大帝信仰研究的回顧與分析〉。

一是田野調查所得的新資料與觀察記錄報告。二是找到古籍、碑文等文獻中的相關記載。在此不論前者，只談古籍、碑文等文獻中保生大帝相關記載新發現的情況。我們這裡所說的保生大帝新資料，指的是最近二十年新發現的古籍、碑文等文獻資料，目前所知至少有以下幾種：

1. 孫瑀〈西宮檀樾記〉。
2.《白石丁氏古譜》中的吳真君記載。
3. 萬曆方志中的保生大帝資料。
4. 明末清初扶乩碑文中的保生大帝敘述。

孫瑀〈西宮檀樾記〉首刊於臺灣「全國保生大帝廟宇聯誼」發行出版的《真人》第九期（1998 年出版）。此文被認為寫於北宋元祐二年（1087）[3]，不少學者視這記載為說明吳本出生地與生前活動的重要證據。[4] 孫瑀〈西宮檀樾記〉真的寫於元祐二年嗎？又《白石丁氏古譜》中的吳真君記載[5]，也可靠嗎？這些問題是本文首要討論的。

其次，我們想分析萬曆方志中的保生大帝資料，追索他與吳猛、許遜的關係。最後，則對二則明末清初提及保生大帝的扶乩碑文，略作闡釋，並探索其與保生大帝封號的關係！

---

[3]　范正義《保生大帝信仰與閩台社會》頁 35。

[4]　范正義《保生大帝信仰與閩台社會》頁 35。范正義《保生大帝：吳真人信仰的由來與分靈》頁 11-13。

[5]　范正義《保生大帝信仰與閩台社會》頁 34。

二、宋代吳本新資料的假：
孫瑀〈西宮檀樾記〉

關於孫瑀「西宮檀樾記」，全文見文後附錄，現摘錄相關敘述如下：

1.里之有吳西宮，猶白礁之有祖宮也。蓋白礁為吳公出生之鄉，而西宮為吳公得道之始基耳……[6]

2.……迨捐館，先大父痛不自禁，因自建小祠於屋西，塑像其間，歲時尸祝，志不忘也……[7]，

很多學者相信孫瑀「西宮檀樾記」是北宋元祐二年寫的，忘記上引文透露的疑點與時代破綻。我們先看第一段引文稱該里之吳本廟為吳西宮，可是標題與內文都叫做西宮。為何如此不一？

從上下文脈來看，恐怕是在凸顯其為西宮的地位，目的在爭正統。這樣的意識，絕非吳本信仰初期發展情況下所有，可能是東西宮建立後才產生的思維！這一點也可以從第一段引文：西宮為吳公得道之始基的敘述推知。孫瑀「西宮檀樾記」之所以要如此說，目的在強調西宮是吳公（吳本）成神時，建的第一間廟。

如果〈西宮檀樾記〉真是北宋元祐二年所寫，孫瑀如何知道

6　見本文附錄孫瑀〈西宮檀樾記〉。另見范正義《保生大帝信仰與閩台社會》頁35。范正義《保生大帝：吳真人信仰的由來與分靈》頁13。

7　見本文附錄孫瑀〈西宮檀樾記〉。另見范正義《保生大帝：吳真人信仰的由來與分靈》頁5。

他家建立的吳本廟是吳本成神後的第一間廟？按邏輯來說，只會說如第二段引文的內容：他的大父在屋西建小祠奉祀，後因信奉人多，捐地擴大改建成為吳西宮，不會特別說為吳公得道之始基，這應該是比較其他吳本廟後的結論。問題是當時有其他吳本廟嗎？從最早的莊夏「慈濟宮碑」與楊志「慈濟宮碑」，吳本去世後只有龍湫庵附祀其像而已，一直到南宋紹興二十一年白礁、青礁才立廟，其他吳本廟更在其後。由此可知，孫瑀「西宮檀樾記」當是南宋紹興二十一年之後寫的。

其次，上引第一段引文提到：里之有吳西宮，猶白礁之有祖宮也，顯見孫瑀寫「西宮檀樾記」，當時白礁已有吳本祖宮。然而現存碑文與研究指出：青礁、白礁吳本廟分別建立後，才開始有東宮，西宮之爭，後在明末清初演化為祖宮之爭。[8]可見孫瑀「西宮檀樾記」第一段引文寫作時間更晚。

總之，以上的分析透露孫瑀〈西宮檀樾記〉不是寫於北宋元祐二年，可能是清代或更晚的人所偽造，不能輕信，拿來做為北宋的吳本史料是錯誤的！而《白石丁氏古譜》也有類似的問題。這表現在該譜下列文字中：

> ……迨宋仁宗朝，吳真君以通家善書，為吾舍再錄此頌，及叙于祠堂，為世守芳規。其榜末題云：天聖五年臘月吉日，泉礁江濮陽布叟吳本謹奉命拜書。[9]

---

8 關於保生大帝祖宮之爭，詳見范正義《保生大帝信仰與閩台社會》頁206-283。

9 范正義《保生大帝信仰與閩台社會》頁34。

天聖五年是西元 1027 年。照《宋會要》所記，吳本廟原叫醫靈神祠，南宋孝宗乾道二年（1166）朝廷賜廟額慈濟，後封忠顯侯，嘉定元年（1208）封忠顯英惠侯，[10]顯示吳真君封號在此之後，可見此文寫於嘉定元年之後。若再參照引文中稱宋仁宗，可知此文是宋後（1278）之人所作，非宋朝人所著。由此來看，《白石丁氏古譜》的記載有很大問題，也不能相信。

三、宋代吳本新資料的真： 劉克莊文集中的保生大帝資料[11]

那麼，南宋時有值得相信的吳本新資料嗎？目前所知，至少有南宋中後期真德秀和劉克莊的記載可信。如《西山先生真文忠公文集》卷四十八「慈濟廟」，卷五十「春祈慈濟廟祝文」提到南宋中期真德秀任官泉州時曾立新定例：一歲兩祠，春秋祭祀吳本。

當時他是到同安的慈濟廟行香祝禱。《西山先生真文忠公文集》卷四十八則收錄幾篇他替民眾向吳本祈求平安，健康的祝文（如「慈濟廟」、「慈濟廟祝文」、「為民患痢告慈濟廟文」）。

10　范正義《保生大帝信仰與閩台社會》頁 153。

11　這一節係根據筆者〈保生大帝的信仰與傳說初探〉，《道統之美》第 4 期（2006）頁 46-47 修改而成。關於劉克莊《後村集》中的吳本信仰資料，徐曉望《閩國史研究》（福州海風出版社，2004 年）亦有提及。因這份重要資料，保生大帝信仰研究者都未注意，在此我特地在此文重提一次。

因真德秀的記載，范正義等已有觸及不多談。[12]

在此，只談劉克莊關於吳本信仰的敘述，其《後村集》卷三十九提及莆田慈濟殿。而卷二十三則提供龍溪人信仰吳本的情形：

> 古良醫如歧伯、雷公……如淳于意，如華陀，技雖高，身歿則已，惟扁鵲葬湯陰，相傳墓上土可療病，禱之有得小丸如丹藥。太史公謂至今天下言脈者，由扁鵲，豈非活人功大，身後靈異，有不可泯歟！顯佑真人起白焦，醫術妙一世，能於鬼手中奪人命。既仙去，人事之如生。始惟漳、泉二州尊信，今廟兒遍湖廣、江浙矣。龍溪蔡君德容奉香火尤謹，真人降焉，密傳符咒。蔡素修方，及得神授益自信。然顯以拯危厄，起膏盲，未嘗問賄謝。余每謂叢祠滿天下，小者希勺酒獨號之荐，大者受萬年之饗，真人則異於是，生不葷茹，死不血食，挹澗泉，擷溪毛而來，瘍者常痛，蓁者卻扶而去之……[13]

這份資料，相當重要，反映幾點事實。一、是吳本在南宋末期有「顯佑真人」稱呼。對照嘉熙四年封「冲應真人」的記載，可知「顯佑真人」是民間私封，當時至少出現二個不同的吳本封賜系統。[14]二是南宋末，白礁較為興盛，故不少信仰者都認為吳

12　范正義《保生大帝信仰與閩台社會》頁 157-159。

13　劉克莊《後村集》卷 23〈龍溪蔡德容道院〉，頁 315-316，《宋集珍本叢刊》版。

14　王見川〈保生大帝的信仰與傳說初探〉頁 45。

「真人起於白焦」。三是吳本信仰已遍及湖廣江浙。依此來看，莊夏碑文所稱吳本信仰「已逮莆陽、長樂、劍津，南被汀潮，以至二廣」並非完全虛語。此外，劉克莊《後村集》卷二十三還提供吳本籤詩的訊息：

> 慈濟籤：以易卦訓示籤意，舊惟霍山如此。今莆，漳，妃、真人二祠之籤亦然。雖其辭出於箕筆，然隨扣輒應，豈易道廣大，仙聖亦不能外歟……世傳孫思邈至今為地仙。真人平生探丸起人死多矣，蟬蛻之後，人有感奇疾危證，命在頃刻者，辨薌扶輿，博顙祈哀，或立愈或經昔，或數日，皆棄杖步歸。始惟閩人奉事，今香火徧江浙……自文王孔子皆以易占，然則以卦釋籤，雖箕筆也，亦真人意也。真人祠，里中非一所，余所書者在擷陽塘蕭氏太學平校生挂發家……[15]

著名學者林國平在其關於中國靈籤的博士論文中，提到宋代流行十一種靈籤：

1. 銀瓶娘子籤
2. 北極真聖籤
3. 吳真人籤
4. 張惡子廟籤

---

[15] 劉克莊《後村集》卷 23〈慈濟籤〉，頁 313。引文中的妃，指的是媽祖。

    5.　祠山籤

    6.　上天竺觀音籤

    7.　護國嘉濟江東王籤

    8.　陸使君祠籤

    9.　西山十二真君籤

    10.　天竺靈籤

    11.　大士籤[16]

　　此外，尚有定光古佛籤、泗州籤、張王籤（霍山籤）、顯佑籤、施真君籤等等[17]，可見南宋時期祠廟中普遍設有靈籤，預示吉凶。所謂的「大士籤」是指南宋初期的觀音籤。當時著名的觀音籤有二種，一是「天竺百籤」，另一是「越圓通百三十籤」。相傳其決吉凶，其應如響，是大士化身所述[18]。

　　至於林國平所謂的「吳真人籤」，照其引文，應是「吳真君籤」。這位吳真君叫吳猛，與許遜（許真君）是江西西山一帶普遍崇奉的神明，也是淨明忠孝道的祖師之一，並非吳真人（吳本）。

　　不過，南宋時期確實有吳真人籤，也就是上引《後村集》所稱的〈慈濟籤〉。照劉克莊的描述，這個「慈濟籤」與「媽祖籤」文都是出自扶箕，是以「易卦示籤意」。

16　林國平《中國靈籤研究：以福建為中心》頁 23-25，廈門大學歷史系博士論文，1998 年 4 月。感謝林國平教授惠賜影本。

17　詳見王見川〈預示未來：略論宋代的扶箕與靈籤〉，待刊。

18　南宋志磐《佛祖統紀》卷 33〈大士籤〉，頁 318。此書採用《大正新修大藏經》版。

四、二個吳真君：吳本與吳猛

從現有資料來看，吳本成神後被稱作吳真君，至少在明中期即已出現。萬曆年間何喬遠《閩書》卷十二「方域志」即說：

> 白礁：有慈濟宮，祀宋吳真君。真君名本，生太平興國四年。不茹葷，不受室，業醫活人，按病與藥……本無貴賤，悉為視療。景祐六年，卒。……歷宋累封普祐真君。皇朝永樂十七年，文皇后患乳疾，百藥不效，一夕夢道人獻方，牽紅絲纏乳上灸之，后乳頓瘥。問其居止，對云某所，明遣訪之，云有道人自言：「福建泉州白礁人，姓吳名本，昨出試藥，今未還也。」既不得道人所在，遂入閩求而知之。皇后驚異，敕封「恩主昊天醫靈妙惠真君萬壽無極保生大帝」，仍賜龍袍一襲[19]。

這個記載反映二個訊息：一、吳本在宋末至明初間，民間又私封其為「普祐真君」。二、明代中期相傳吳本被皇帝敕封「恩主——保生大帝」。

明末崇禎年間，《白礁吳氏族譜》所載的〈真君事實〉，也稱其為吳真君。[20]由這一點來看，許蔚發現的天啟《海鹽圖經》

---

[19]　何喬遠《閩書》卷 12〈方域志〉頁 274-275，福建人民出版社，1990年。

[20]　引自吳景祥重修（抄）《白礁吳氏族譜》頁 5-6〈真君事實〉，1978年。真人聖父諱通公四十歲，母黃氏參拾捌歲，至宋太平興國參年，母夢見白衣長齋清素下降，竟而有孕。至四年己卯參月拾伍日辰時誕生。

的吳真君記載，就值得注意：

> 醫靈道院，縣西南三十六里，澉浦鎮青山西南，《宋志》
> 云開熙三年，里人孟毅夢神語曰：吾閩中吳真君，當食此
> 方，福祐斯民。曩見海中有一主浮至，毅因舍基創殿，尊
> 奉。士人禱病多驗。今春月進香者甚中，百里感集，呼為
> 真君堂。廟前有井，水能愈疾，人多汲之。[21]

　　從廟名醫靈道院、文中提到他是閩中吳真君與禱病有驗這三
點來看，浙江海鹽縣澉浦鎮青山西南的醫靈道院，崇奉的神明吳
真君是吳本。據天啟《海鹽圖經》可知這間吳本廟是南宋開禧年

生時五老慶誕，三台列精，名曰本，字華基，號雲衷，世居泉郡，職登
御史。後退爵修真、普惠濟人，道全德備，善行清隆。生不茹葷，長未
婚娶，靈通三界，可伏群魔。至仁宗癸酉年，承老君之妙敕，得至人之
秘方，於四月初七日步罡呼氣。地震三都，叱鹽盂水，扶降真童。彼時
也，其性明暢，一見輒解。醫帝后線頭察脈，隔屏灸乳。寶祐五年皇后
醮謝於泉州府慈濟宮。向挽舟木以濟水旱，擁神兵以禦寇盜。湧甘泉以
卻疾苦，傳靈寶經法，以救世人。至丙子五月初二日仙化。精英凜凜或
有禱請，應於物，如扣鐘鳴，現於世，如鏡照人，是以生民披肝而崇祀
焉……國朝洪武五年封昊天御史，二十年封醫靈真君。永樂七年封萬壽
無極保生大帝。仁宗洪熙元年封昊天金闕御史慈濟醫靈沖應護國孚惠普
祐妙道真君萬壽無極大帝……。

[21] 轉引自許蔚《斷裂與建構：淨明道的歷史與文獻》頁 642，上海世紀出
版集團上海書店出版社，2014 年。又該書頁 642-643 提到：光緒《府
志》載「醫靈道院在澉浦鎮青山西南，宋開禧三年里人孟毅感夢吳真
君，舍基創殿，祈禱疾病甚驗（《澉水志》）。明萬曆丁亥道士沈祈山
重建」，「俗呼為真君堂，廟前有井水，能愈疾，人多汲之」，「嘉慶
七年道士黃延年、董瑞徵重建（《澉水新志》）」。

間創立。

　　由於民間稱吳本為吳真君，早在萬曆年地方文人就將其當成淨明道的吳真君吳猛，萬曆海鹽《府志》即載「醫靈道院在治南三十六里，宋開熙間邑人孟毅建，嗣許旌陽弟子吳猛。廟前古井水能愈疾，人多汲之」。[22]後更有士人沈友儒加以演繹吳猛事蹟與其與許遜之關係。其「重建醫靈道院記」即云：

> 嘉靖甲寅，倭寇猝至澉城東門，縱火焚祠，火不能燃，遂駭去，此神之賜也。神嘗授邑人丁義，符水療病，大行於吳晉間；嗣以授旌陽，誅蛟斬蛇，拯危袪害，益衍厥澤。其反風濟舟，吁天活慶，畫水渡江，於人為奇，於神為細。惟懼紋噬親，寧不去己；王敦稱兵，一木破天之夢，首以未字為解，折其逆謀，非篤忠孝者乎？神明猛，吳其姓，字世雲，豫章武寧人，宋政和二年封神烈真人。開禧三年，澉人孟毅感夢，始於青山王家畹西建殿崇奉。（光緒《嘉興府志》卷十九）[23]

　　後世傳說吳本升天等事蹟與許遜之關係[24]，即是在此情況下，逐漸演變的出現的！

---

[22]　轉引自許蔚《斷裂與建構：淨明道的歷史與文獻》頁 642。

[23]　轉引自許蔚《斷裂與建構：淨明道的歷史與文獻》頁 642。

[24]　范正義《保生大帝信仰與閩台社會》頁 129-132。

五、扶乩與保生大帝封號恩主詞語之出現[25]

關於「恩主」這一詞語，清末以來的扶乩團體非常流行，臺灣鸞堂中人亦非常耳熟。但大多數人卻不詳「恩主」此詞何時出現？目前所知，「恩主」最早出現於萬曆的碑文〈吳真人世修道果碑〉：

> ……明萬曆壬寅年三月十五日，仁濟傴官江聞茲香信呼魂，攝箕筆，紀吳真人世修道果，庠生謝甲先和南書。嘗聞維嶽降神，鍾而為人……惟慈濟吳真君之神手？……名曰本，字華基，號雲衷。世居泉郡……上帝聞其道德，命真人捧詔召本，本乘白鶴，白日昇天，衣則道，冠則儒，劍在左，印在右，計在五十八年。自昇之後，世間或有望禱，應於物如扣鍾鳴，現於世如鏡明照。大事身現宮禁，小事魂夢形軀。……國朝太祖洪武五年，封「昊天御史」；二十年，封「醫靈真君」。成祖永樂七年，封「萬壽無極大帝」；二十一年，封「保生大帝」。仁宗洪熙元年，封「恩主昊天金闕御史慈濟醫靈衝應護國孚惠普祐妙道真君、萬壽無極大帝」。……又曰：「天司命神，所鍾能如是，惟其吳真君手？」

25 這一節係根據筆者〈宋─明時期的扶箕、扶鸞與請仙：兼談「扶乩」、「恩主」等詞的起源〉頁 238-241 修改而來。該文是佛光大學舉辦《扶鸞文化與民眾宗教國際研討會》論文，2018 年 5 月 28-29 日。此文稍加修改後收入范純武主編《扶鸞文化與民眾宗教國際學術研討會論文集》頁 53-88，新北市博揚文化事業公司，2020 年。

郡庠生謝甲先和南書丹……。[26]

　　萬曆壬寅年是萬曆三十年（1602），仁濟僊官江是吳本（吳真人）弟子江仙君。由此可見，萬曆晚期已有地方神明信仰人士，藉由降箕在給神明保生大帝封號：「恩主昊天金闕御史慈濟醫靈衝應護國孚惠普祐妙道真君、萬壽無極大帝」。何喬遠《閩書》也提到類似封號，而明末的「重興白礁慈濟宮緣序」則寫著近似的封號：

> ……敕封恩主昊天醫靈妙惠真君、萬壽無極保生大帝，賜龍袍一襲，建廟京師。迄今禱者或夢、或珓、或乩、或降神附人，語咸諧厥願。[27]

　　江仙君降箕封神的情況，也可在順治三年「敕封仁濟醫局江仙君碑記」看到：

> 有宋江仙君……訪道宏理，時即棄官，拋家離邑，從吳真人，得道青礁而化。……乾道二年，封為「仁濟醫局仙官。」至洪武二年，分身武榮，箕筆縣樑，叩時即應。時

26　「吳真人世修道果碑」，鄭振滿、丁荷生編纂《福建宗教碑銘彙編》泉州府分冊南安縣頁 619-621，福州福建人民出版社，2003 年。此資料，鄭振滿〈吳真人信仰的歷史考察〉頁 199 首先使用，收入氏著《鄉族與國家：多元視野中的閩台傳統社會》，北京三聯書局，2009 年 5 月。

27　明池顯方《晃岩集》卷十二「重興白礁慈濟宮緣序」頁 283，廈門廈大出版社，2009 年 9 月。

> 黃縣令求之，箕云：「門前三竿竹，屋後一口池。本是三
> 胎子，奪長為男兒。」手指箕靈，一別而去。至萬曆戊戌
> 歲，呼童攝箕，濟世疾苦，流傳於今。因吳真人謁祖進
> 表，趙斗樞、彥琦邀吳震璟求表章，呼童降筆，咳唾珠
> 玉，焚香叩請，應也如響。……梧溪居士吳震交撰
> 文。……
> 大清順治三年十一月吉旦，武榮弟子洪伯舟……刻。[28]

　　這個江仙官的降乩活動，明末清初的朱舜水亦有所言及：

> 祭大道真君文並序
> 真君性吳氏，泉之白石礁人……據稱江仙官蒙大道恩主降
> 壇判示，年逢戊戌，瘟火為殃，合社人等齋戒禮塔，設醮
> 祭禳，製造彩舟，恭送大王諸神出海，祈保合社平安、災
> 消火滅者，致祭于大道真君及大王諸神曰：謹以某某等
> 物，敬薦大王真君……[29]

　　由此可知，「恩主」詞語的出現，與明萬曆末期以來閩南吳
真君（保生大帝）信仰者的扶箕活動有關。「恩主」詞語的出現
源自萬曆末期閩南吳真君信仰者的扶箕活動。也就是說，何喬遠
《閩書》提到吳本被敕封「恩主昊天醫靈妙惠真君萬壽無極保生
大帝」封號，是信徒透過扶乩得到的。

---

[28]　鄭振滿、丁荷生編纂《福建宗教碑銘彙編》泉州府分冊南安縣頁 644。
　　　另見鄭振滿前引文頁 200。

[29]　朱之謙點校《朱舜水集》卷 2，頁 36，北京中華書局，2001 年。

　　依此情況來看，我們可說吳本其他類似「恩主昊天醫靈妙惠真君萬壽無極保生大帝」的封號，可能也是信徒透過扶乩得到的。

六、結語

　　經過以上的論證，我們得到幾個結論：

　　1.孫瑀〈西宮檀樾記〉不是寫於北宋元祐二年，可能是清代或更晚的人所偽，不能輕信，拿來做為北宋的吳本史料。

　　2.〈白石丁氏古譜〉寫於嘉定元年之後，參照文中稱宋仁宗，可知此文是宋後之人所作，非宋朝人所著。由此可知，〈白石丁氏古譜〉的記載有很大問題，不能相信。

　　3.據天啟《海鹽圖經》，可知這間吳本廟是南宋開禧年間創立。由於民間稱吳本為吳真君，早在萬曆年間地方文人就將其當成淨明道的吳猛。後更有沈友儒加以演繹吳猛事蹟與其與許遜之關係。後世傳說吳本與許遜有關係的傳說，源自於這類的誤解！

　　4.吳本被敕封為「恩主昊天醫靈妙惠真君萬壽無極保生大帝」之類的封號，是信徒透過扶乩得到的。

　　5.臺灣鸞堂中的「恩主」一詞的出現，與明萬曆末以來閩南吳真君（保生大帝）信仰者的扶箕活動有關。也就是說，鸞堂「恩主」詞語的，源自萬曆末期閩南吳真君信仰者的扶箕活動。

　　如果我們的結論正確，之前的范正義《保生大帝信仰與閩臺社會》、謝貴文《保生大帝信仰研究》等著作，恐怕都應該要改寫或刪除其錯誤！

　　附記：感謝李世偉教授轉來范正義教授惠賜之孫瑀〈西宮檀

樾記〉，也謝謝謝貴文教授居中幫忙！另感謝王惠琛老師幫忙排版。此文原刊於黃敦厚編《保生大帝與民俗醫療國際學術研討會論文集》頁 79-94，臺中豐饒文化，2019 年。此次收入，略改文中標題與注釋，其餘仍保原貌。又此文主標題由本書主編所加。

附錄：孫瑀「西宮檀樾記」

第十一章
略論臺灣漢人社群的厲鬼信仰：
以臺北縣境內的有應公信仰為主的
初步探討

林富士
中央研究院歷史語言研究所特聘研究員

一、前言

　　1938 年，任職於臺灣總督府文教局社會課的曾景來為了響應當時正進行得如火如荼的「皇民化運動」，出版了《臺灣宗教と迷信陋習》一書，想藉著提倡「打破」臺灣的「迷信陋習」、「改善」「本土宗教」，以符「〔日本〕國民精神總動員」的旨趣。[1]而在種種「迷信」之中，最為曾景來所深惡痛絕的就是「有應公崇拜」。

　　曾景來認為，有應公崇拜是一種臺灣迷信，是本島文化發達的一大障礙。他說，這種信仰起源於明末清初渡海來臺的移民，

---

[1]　曾景來，《臺灣宗教と迷信陋習》（臺北：臺灣宗教研究會，1938），〈自序〉、〈凡例〉。

此後不斷有所發展，終至使大多數的島民都成為有應公的信徒，即使是社會賢達和知識分子也不能免俗。而有應公廟更是遍及全島各地，屹立於樹下、墓側、山麓、田邊、路旁、村落、和城市之中，其精確的數目雖然無法估算，但他仍羅列、介紹了全島七十八座登記有案的有應公廟和同質異名的廟宇（如金斗公廟、萬善祠、聖媽廟、千家廟、大眾廟等），並且指出，這些廟絕大多數都創建於 1740-1890 年之間，基本上奉祀死人的枯骨，因此往往建於墓地附近。這種信仰在他看來不僅是毫無用處的「迷信」，更是必須予以剷除的「邪信」，而其對策則是廢滅當時尚存的數千座有應公廟，改土葬為火葬，焚毀所有的枯骨，使這種「不合理、非倫理、沒因果」的信仰徹底消失。他認為在寺廟整理的諸多事務中這應該列為第一優先進行的工作。[2]

所謂的「寺廟整理」，是為配合「皇民化」運動，用以消滅臺灣宗教信仰的一種政策。雖說真正嚴格施行的時間只有短短的三、四年時間（1937-1940），但是「整理」的結果，有不少臺灣本土的廟宇和神像都慘遭焚毀和廢棄。[3]在此情形下，有應公

---

[2] 曾景來，《臺灣宗教と迷信陋習》，頁 87-118。

[3] 1936 年出任臺灣總督的小林躋造喊出了「皇民化、工業化、南進基地化」的口號，作為統治臺灣的三原則。其中，「皇民化」運動在 1937 年以後正式展開，其精神中樞則著重於宗教政策的施行，掌握臺灣人的宗教信仰，以達到徹底的皇民化。詳見宮本延人，《日本統治時代における寺廟整理問題》（奈良：天理教道友社，1988）；陳玲蓉，《日據時期神道統制下的臺灣宗教政策》（臺北：自立晚報社，1992），頁 231-286；蔡錦堂，《日本帝國主義下臺灣の宗政策》（東京：同成社，1994），頁 84-318；蔡錦堂，〈日據時期臺灣之宗教政策〉，《臺灣風物》，42 卷 4 期（1992 年 12 月），頁 105-136；黃昭堂著，

廟當然也是劫數難逃。不過，這一類的廟宇原本就像野草一樣，隨意蔓延，隨意生滅，雖然不易長成叢林，但也非常難以根除。所以，曾景來當年所估算的「數千座」有應公廟即使大部分都曾被摧毀，但今日看來，應有不少被重建，當然，也有一些是被新建造的。

除了曾景來之外，還有許多學者也都注意到，「有應公」（萬善爺）一直是臺灣漢人信仰的重要標幟。[4]然而，這種被指斥為「淫祠」、「邪神」、「墮落」、「迷信」的「本土」信

黃英哲譯，《臺灣總督府》（修訂版；臺北：前衛出版社，1994），頁164-182。

4 因地域或習慣的不同，有應公另有種種別稱，比如：聖公、聖媽、金斗公、有英公、大墓公、百姓公、萬姓公、普度公、萬恩公、萬善爺、義勇爺、義民爺、無嗣陰公、水流公、大眾爺、大眾媽等等，其實都是同一性質的神明，其中又以有應公和萬善爺最為通行，而學者一般多以「有應公」統括之。詳見洪惟仁，《臺灣禮俗語典》（臺北：自立晚報社，1986），頁 236-241；鍾華操，《臺灣地區神明的由來》（臺中：臺灣省文獻委員會，1979），頁 380-383；仇德哉，《臺灣之寺廟與神明（四）》（臺中：臺灣省文獻會，1983），頁 381-402；廖漢臣，〈有應公〉，《臺灣風物》，17 卷 2 期（1967 年 4 月），頁 17-20。蔡懋棠，〈本省民間信仰雜談〉，《臺灣風物》，25 卷 3 期（1975 年 9 月），頁 3-5；王力修，〈談「有應公」〉，《臺灣風物》，19 卷 3、4 期（1969 年 12 月），頁 30；高賢治，〈臺灣幽冥界特殊的神祇：大眾爺、有應公、崩敗爺及池頭夫人〉，《臺灣風物》，39 卷 3 期（1989 年 9 月），頁 125-150；劉昌博，《臺灣搜神記》（臺北：黎明文化事業公司，1981），頁 202-206；姜義鎮，《臺灣的民間信仰》（臺北：武陵出版社，1981），頁 64-66。除此之外，也有人將「有應公」的意涵擴大，用以含括「牲畜」的鬼魂；詳見黃文博，〈有求必應：臺灣民間有應公信仰〉，收入氏著，《臺灣冥魂傳奇》（臺北：臺原出版社，1992），頁 184-196。

仰，[5]其實並不是臺灣的土產，而是中國漢人社會「厲鬼信仰」的一種典型表現。對於這樣一種信仰，我們不應和曾景來及若干學者一樣，任意的將之歸類為一種不具任何「功能」的、「非倫理」的「邪信」，也不應輕率的認為臺灣人只會盲目、愚昧的崇拜一些「枯骨」以滿足其「貪婪」的欲望。而要釐清這種信仰的本來面目，我們必須回到臺灣漢人文化的根源地，去探一探傳統中國社會如何面對死亡、如何處置死者、如何看待鬼魂、如何界定「厲鬼」。

二、漢人社會的厲鬼觀念

（一）面對死亡：正常的模式

「有生必有死」，這條律則在道教徒看來或許有些武斷，因為他們相信人可以藉由修煉或其他方法而不死成仙。不過，對於芸芸眾生而言，死亡卻幾乎是命定的歸宿。奇怪的是，面對自己或親友的死亡時，雖然知道是普遍而無可逃脫的結局，卻很少有人能夠以看待花開花落、潮來潮往的心境坦然處之，而真能像莊子的信徒一樣，以死亡為大休息、大解脫而歡欣鼓舞者，更是罕見。總而言之，大家面對死亡的態度，往往因個人的思想、信仰、性格、年齡、性別、社會處境、以及生命歷程而有所差異。而面對單一的死亡事件時，我們所受到的心理衝擊和回應模式，則常會因我們與死者之間的關係，以及死者的身分地位、年齡、

5　見丸井圭治郎，《臺灣宗教調查報告書第一卷》（臺北：臺灣總督府，1919），頁 4-5。

性別、死亡的形式而變異。

　　以中國古代社會的情形來說，一般認為，人死之後會變成鬼而存活於另一個世界。鬼和人一樣，有喜怒哀樂，有知覺，在日常生活上有種種的物質需求。他們的世界幾乎就是活人世界的翻版，而兩個世界之間也有著緊密的互動關係。古人認為，在宇宙間，人與鬼共棲共生。人有賴鬼魂的庇佑、協助，鬼魂則有賴人的供養。不過，在正常的狀態下，這種關係基本上只存在於具有血緣關係的祖先與子孫之間。也因此，營建墳墓、葬埋死者、定期與不定期的祭祀求福、使死者與生者之間的聯繫不至斷裂，便成傳統中國社會的典型禮俗。[6]這一套死後世界觀、鬼魂觀和祖先崇拜，形成於佛教入華以前。而即使在佛教於西元二世紀傳進輪迴的觀念以及新的火葬習俗之後，傳統的那一套觀念和禮俗，雖然有了若干的變化，但基本結構仍在，並且持續支配著大多數中國人的心靈和行為。[7]

6　參見余英時，〈中國古代死後世界觀的演變〉，收入氏著，《中國思想傳統的現代詮釋》（臺北：聯經出版事業公司，1987），頁 123-143；蒲慕州，《墓葬與生死──中國古代宗教之省思》（臺北：聯經出版事業公司，1993）；楊樹達，《漢代婚喪禮俗考》（臺北：華世出版社，1981 年翻印）；小南一郎，〈漢代の祖靈觀念〉，《東方學報（京都）》，66 冊（1994 年 1 月），頁 1-62。

7　參見 C. K. Yang, *Religion in Chinese Society* (Berkeley: University of California Press, 1970)，頁 28-57；J. J. M. de Groot, *The Religious System of China* (Leiden: E. J. Brill, 1892-1910), vols. 1-4；James L. Watson and Evelyn S. Rawski, eds., *Death Ritual in Late Imperial and Modern China* (Berkeley: University of California Press, 1988)；郭于華，《死的困擾與生的執著──中國民間喪儀與傳統生死觀》（北京：中國人民大學出版社，1992）；徐吉軍，〈論中國民間喪俗靈魂信仰的演變〉，《民間信

　　臺灣的漢人社會基本上也延續了這一套傳統的禮俗和觀念，除了細節之外，並沒有太大的變革。無論是明清時期官修的方志和私人撰述、[8]或是日治時期日本官員和學者所做的調查和著述、[9]或是 1945 年之後，歐美、日本、和本地的學者和田野工作者所完成的報告和記錄，[10]都有類似的描述。

　　仰與中國文化國際研討會論文集》（臺北：漢學研究中心，1994），頁885-902。

[8]　清乾隆十一年（1764）范咸《重修臺灣府志》（排印本；南投：臺灣省文獻委員會，1993 年重印）記臺灣漢人「風俗」時，綜合新舊材料，寫道：「臺陽僻在海外，曠野平原，明末閩人即視為甌脫。自鄭氏挈內地數萬人以來，迄今閩之漳泉、粵之潮惠相攜負耒，率參錯寄居，故風尚略同內郡」（卷 13，頁 397）。可知當時隨著閩粵二省的移民日漸增多，且往往聚居形成以漢人為主體的社群和聚落，因此能保有其祖居地的風俗，而不為當時之「番俗」所同化。

[9]　參見片岡巖，《臺灣風俗誌》（臺北：臺灣日日新報社，1921），頁33-48，839-855；伊能嘉矩（1867-1925），《臺灣文化志》（1928；東京：刀江書院，1965 年重印），中卷，頁 348-384；鈴木清一郎，《臺灣舊慣・冠婚葬祭と年中行事》（臺北：臺灣日日新報社，1934），頁1-51，206-268；增田福太郎，《臺灣本島人の宗教》（東京：財團法人明治聖德記念學會，1935），頁 53-65。

[10]　參見渡邊欣雄，《漢民族の宗教——社會人類學的研究——》（東京：第一書房，1991），頁 131-193；Emily M. Ahern, *The Cult of the Dead in a Chinese Village* (Stanford: Stanford University Press, 1973)；David K. Jordan, *Gods, Ghosts, and Ancestors: Folk Religion in a Taiwanese Village* (Berkeley and Los Angeles: University of California Press, 1972)；Philip C. Baity, *Religion in a Chinese Town* (Taipei: Orient Cultural Service, 1975)，頁 238-269；Arthur P. Wolf, "Gods, Ghosts, and Ancestors," in idem, ed., *Religion and Ritual in Chinese Society* (Stanford: Stanford University Press, 1974)，頁 131-182；Robert P. Weller, *Unities and Diversities in Chinese*

總而言之，漢人社會對待死者的基本模式就是：透過特定的喪葬儀式和葬後定期與不定期的祭祀活動，以安置死者的遺骸和靈魂，使其在另一世界得以安然生活，藉以獲得死者的回報和福祐。而以「壽終正寢」這類「自然」和「正常」的方式過世的死者，若有子嗣予以安葬、祭祀，則成為所謂的「祖先」而能和生者共存共榮。但是，並不是所有人都能夠「善終」或有子嗣。那麼，面臨這種「異常」的狀態，漢人社會的反應模式又是如何？那些不得「好死」的鬼魂又有什麼樣的命運？

（二）「厲鬼」的古典涵義

基本上，古人非常畏懼那些在非正常的狀態下去世，或無人葬埋、奉祀的死者，並且稱之為「厲」或「厲鬼」。「厲」這個字，在古代文獻中，往往蘊含有「疾病」（尤其是流行病，或特指痲瘋病）、「罪惡」（惡行、惡德）、「惡鬼」的意思。這三

Religion (Seattle: University of Washington Press, 1987)；臺灣現行喪葬禮俗研究小組，《臺灣地區現行喪葬禮俗研究報告》（臺北：中華民國臺灣史蹟研究中心，1983）；董芳苑，〈臺灣民間的「鬼魂信仰」〉，收入氏著，《認識臺灣民間信仰》（臺北：長青文化事業股份有限公司，1985 年增訂版），頁 233-253；徐福全，〈臺灣民間傳統喪葬儀節研究〉，國立臺灣師範大學國文研究所博士論文（臺北，1984）；姚漢秋，〈臺灣喪葬習俗的研究〉，《臺灣文獻》，29 卷 2 期（1978 年 6月），頁 142-149；呂理政，〈禁忌與神聖：臺灣漢人鬼神信仰的兩面性〉，《臺灣風物》，39 卷 4 期（1989 年 12 月），頁 107-125；劉枝萬，〈死喪儀禮における死靈觀〉，收入氏著，《臺灣の道教と民間信仰》（東京：風響社，1994），頁 263-346。

層意思，事實上也常常互相糾結在一起。[11]

　　而當「厲」用來指稱鬼魂時，一則是指那些沒有後代子嗣供養的死者。例如，東漢王逸注《楚辭》〈九章〉，便以「殤鬼」解釋「吾使厲神占之兮」一語中的「厲神」，[12]而所謂的「殤」，據《小爾雅》的定義，就是「無主之鬼」。同樣的，唐代成玄英注《莊子》〈人間世〉「國為虛厲」一詞，也以「宅無人」解「虛」字，而以「鬼無後」釋「厲」。[13]其次，「厲」也被用來指那些橫死、冤死的亡魂。例如，春秋時代的鄭國大夫子產便說：「匹夫匹夫強死，其魂魄猶能馮依於人，以為淫厲」，[14]而所謂「強死」就是「無病」「被殺」之意。[15]當然，「厲」有時也兼具這兩層意思，例如，遭滅門之禍者便是。

　　借用李豐楙先生的概念來說，無後、乏嗣的死者就是「非常」（「非正常」）之鬼，橫死、冤死者就是「非自然」的亡魂。[16]無論是死後的喪葬、祭祀之事未得妥善處理的「非常」之鬼，還是在「非自然」狀態（指死亡時的年齡、所在的處所、或

11　詳見林富士，〈試釋睡虎地秦簡中的「癘」與「定殺」〉，《史原》，第十五期（1986），頁 1-38（4-14）。

12　見洪興祖，《楚辭補注》（臺北：漢京文化事業公司，1983 年翻印），〈九章・惜誦〉，頁 124。

13　見郭慶藩，《校正莊子集釋》（臺北：世界書局，1981 年翻印），卷二中，〈人間世〉，頁 139。

14　《左傳》（《十三經注疏》本），「昭公七年」，頁 764。

15　《左傳》，「文公十年」，頁 322，孔穎達疏文。

16　參見李豐楙，〈行瘟與送瘟——道教與民眾瘟疫觀的交流與分歧〉，收入漢學研究中心編，《民間信仰與中國文化國際研討會論文集》（臺北：漢學研究中心，1994），頁 373-422，見頁 380。

終結的方式「異常」）去世者的鬼魂，或是「非自然」死亡又不得「正常」善後者，都有資格成為「厲鬼」。

（三）撫慰與禳除

這種厲鬼，由於無人奉祀，或是遭受冤屈或各種慘痛的意外災害而死，故無法在另一個世界獲得安息。因此，他們往往會回到活人的世界，以威嚇、恐怖的手段，求覓飲食、供養，或是復仇、洩恨。若要平息厲鬼所造成的災害，最簡單的方法，就是為無後乏祀者立後，使之奉祀先人。舉例來說，魯襄公三十年（543 B.C.），鄭國人殺了伯有。八年以後，也就是魯昭公七年（535 B.C.），伯有的鬼魂出現於鄭國境內，到處作祟，並且殺死了二名仇人，弄得舉國惶惶。子產於是立伯有的兒子良止為大夫，以奉祀伯有。伯有獲得了安撫，災害果然因而止息。有人問子產這是什麼道理，子產便說：「鬼有所歸，乃不為厲。」[17]這意思是說，人死之後成鬼，鬼有了歸宿，有了歸附的對象（一般而言，就是其子嗣），才不會為害於人。

不過，歷代以來，絕後者恐怕不在少數。因此，祭祀的責任往往會落到社會群體或是其主政者身上。例如，《禮記》〈祭法〉便說王要為群姓立「七祀」，其中有「泰厲」，諸侯要為國立「五祀」，其中有「公厲」，大夫要立「三祀」，其中有「族厲」。[18]唐代儒者孔穎達對於〈祭法〉的這項規定有相當清楚的解析，他說：

17　《左傳》，「昭公七年」，頁763。
18　見《禮記》（《十三經注疏》本），〈祭法〉，頁801。

泰厲者，謂古帝王無後者也，此鬼無所依歸，好為民作
禍，故祀之也。

公厲者，謂古諸侯無後者，諸侯稱公，其鬼為厲，故曰公
厲。

族厲者，謂古大夫無後者，鬼也。族，眾也。大夫眾多，
其鬼無後者眾，故言族厲。[19]

這是將祭祀無後的古代帝王、諸侯、大夫的責任交付給各個層級
的執政者。然而，無後乏祀的匹夫匹婦又由誰來祭拜呢？先秦禮
制不曾明言，不過，東漢鄭玄曾提到漢代民家和巫祝有於秋季
「祠厲」的習俗，[20]可見尋常百姓的亡魂，即使無後，也有機會
得到照料。

　　除了以祭祀的方式撫慰這類有點暴戾、有點仇怨、有點困
餒、有點哀愁的亡魂之外，生者有時也會採取較為暴烈、嚴酷的
手段來對抗這種鬼魂的索求和侵擾。例如，東漢高誘注《淮南
子》便寫道：「兵死之鬼善行病人，巫能祝劾殺之」。[21]可見古
人相信，藉著巫祝的法術和力量，生者便可免除兵死之鬼（厲鬼
的一種）的為害。此外，傳衍二千多年的「大儺」（或叫「逐
疫」）之俗，其用意之一，便是藉歲末之時，以武力驅除居留於
生人屋室之間、造成種種禍害（尤其是疫病）的各種鬼怪，而厲

19　《禮記》，〈祭法〉，頁802。

20　《禮記》，〈祭法〉，頁802。

21　《淮南子》（四部備要本），卷十七，〈說林訓〉，頁6上。

鬼（癘鬼）正是其中最主要的禳除對象。[22]

（四）厲鬼的種類

　　無論是採取溫和的或嚴酷的、祈求的或抗爭的方式，厲鬼從來不曾從中國社會或從漢人的宗教世界中消失，因為活人的世界不斷在製造各式各樣痛苦的靈魂。

　　以高拱乾纂修的《臺灣府志》（康熙三十五年〔1696〕刊行）中所收錄的一篇「邑厲壇祝文」的內容來說。這篇祝文是清代康熙年間縣官通用的「祭厲文」，其祝祭對象雖然統稱為厲，但文中也詳細的列舉了厲所涵蓋的各種鬼魂。該文寫道：

> 昔為生民，未知何故而歿？其間有遭兵刃而橫傷者；有死於水火、盜賊者；有被人取財而逼死者；有被人強奪妻妾而死者；有遭刑禍而負屈死者；有天災流行而疫死者；有為猛獸、毒蟲所害者；有為饑餓凍死者；有因戰鬥而殞身者；有因危急而自縊者；有因牆屋傾頹而壓死者；有死後無子孫者。此等鬼魂，或終於前代，或歿於近世，或兵戈擾攘流移於他鄉，或人煙斷絕久闕其祭祀。姓名泯歿於一時，祀典無聞而不載。[23]

---

[22] 參見林富士，〈試釋漢代的巫術醫療法及其觀念基礎〉，《史原》，第 16 期（1987），頁 29-53；蕭兵，《儺蜡之風：長江流域宗教戲劇文化》（南京：江蘇人民出版社，1992）。

[23] 高拱乾，《臺灣府志》（排印本：南投：臺灣省文獻委員會，1993 年重印），卷六，〈典秩志〉，頁 182。

這份清單雖然不足以統括所有類型的厲鬼，但卻可以幫助我們理解古代文獻以「無後乏祀」和「橫死強死」之鬼界定「厲」的緣由。這份清單同時也提醒我們，只要人間還有水、火、疾疫，還有戰爭、盜賊、刑罰、爭奪，還有飢饉、猛獸、毒蟲、意外，還有不義、冤屈、流離和絕嗣，則人間總不免要充斥著形形色色的厲鬼。[24]

（五）臺北人的厲鬼信仰

這樣的一種厲鬼觀念，根植於中國社會至少已有二、三千年的歷史了。二、三百年來的臺灣漢人社會，雖然歷經不同政權的管轄，以及各種新舊宗教和思潮的洗禮，但是，對於厲鬼的信仰似乎不曾動搖。

以本文所探討的臺北地區來說。美國人類學家渥爾夫（Arthur P. Wolf）教授在 1974 年曾發表一篇題為〈神、鬼、與祖先〉的論文。[25]這篇文章，後來成為歐美學界探討中國人的鬼神觀念和祖先崇拜時，必讀的經典之作。事實上，這篇文章所根

---

24 許多人類社會都會有類似的厲鬼信仰。一個人會因其死亡的地點、時間、和方式而被認為是「好死」（good death）或「惡終」（bad death），雖然衡量的標準不一，但對於不得好死者，生者通常都有畏惡之感，而所採行的喪葬禮儀也會有所不同。相關的討論，參見 Maurice Bloch and Jonathan Parry, eds., *Death and Regeneration of Life* (Cambridge: Cambridge University Press, 1982), "Introduction," 頁 1-44。臺灣語詞中有所謂的「好死」（「快活死」）、「歹死」（「艱苦死」）、和「枉死」，基本上也反映了類似的概念；參見洪惟仁，《臺灣禮俗語典》，頁 236-238。

25 詳見 Arthur P. Wolf, "Gods, Ghosts, and Ancestors"。

據的，基本上只是他於 1960 年代在臺北三峽的田野工作所得的
資料。在這篇文章中，渥爾夫特別強調「神」、「鬼」、和「祖
先」這三者在三峽人的信仰和儀式中的分際，但他也注意到這種
區分有時候會很模糊。舉例來說，一個人的「祖先」對其鄰里而
言其實不過是「鬼」，基本上都是指亡魂而言。此外，他更注意
到亡魂之中，有一個獨特的類型，也就是那些不被家人請進廳堂
奉祀為「祖先」的鬼魂。這一類型包括夭殤的幼童、未出嫁即亡
的姑娘、無子嗣便過世的成年人、自殺者、被謀害者、含冤而死
者……等等怨靈。這其實也就是我們所說的「厲鬼」。

　　到了 1980 年代，又有另一位美國人類學家魏勒（Robert P.
Weller）教授來到了三峽，從事類似主題的研究。基本上，他所
觀察到的宗教活動和三峽人的鬼神世界，和二十年前渥爾夫教授
所見到的沒有太大差異。不過，這一回他特別注意不同的人在宗
教心態和鬼神觀念上的差異。此外，他更細膩的描述了中元節的
一些宗教活動，尤其是在當地已成傳統民俗的「搶孤」。他發
現，三峽人最關心的是如何妥善的處置被視為和乞丐、流氓同類
的「孤魂野鬼」，[26]也就是我們所探討的「厲鬼」。

　　這兩位美國學者所描述的雖然是二十世紀下半葉三峽人的宗
教世界，但無論是他們自己，或是其他學者，卻認為這樣的一個
圖像其實就是傳統中國宗教世界的一個縮影。[27]至少，我們相

---

[26]　詳見 Robert P. Weller, *Unities and Diversities in Chinese Religion*。

[27]　有關上述二人的著作介紹，參見康豹惟（Paul Katz），〈北縣的三峽：
　　　中國宗教世界的縮影——以兩位美國人類學家的著作為例〉，《北縣文
　　　化》，第 40 期（1994 年 4 月），頁 40-41。除此之外，以三峽做為田
　　　野工作的地點，探索中國宗教信仰的著作，還有：Emily M. Ahern, *The*

信，三峽人的鬼魂（厲鬼）觀念絕不是臺灣的特例，更不會是北臺灣的特例。因此，困擾著三峽人的厲鬼，應該也是其他臺北人和臺灣人所必須面對的問題。而民間的對待之道，最普遍的方式，就是在特定的時節祭拜「好兄弟」以救濟那些四處流浪的孤魂野鬼，以及在中元普渡的時候，以豐盛的祭品施食那些飢餓的亡魂，並以熱鬧的儀典和法事救贖那些痛苦的怨靈。另一種常用的方式，則是替各色各樣的厲鬼建造廟宇，以安置他們的魂神，並以廟宇做為膜拜和舉行祭典的固定場所。

　　以下僅以臺北縣境內現存或曾見於文獻的各種有應公廟，[28]

Cult of the Dead in a Chinese Village (1973)；Clyde Stevan Harrell, "Belief and Unbelief in a Taiwan Village," Ph.D. dissertation, Stanford University (Stanford, 1974)。有趣的是，這四位學者都是人類學家，而且彼此之間還有師生關係。E. M. Ahern 和 C. S. Harrell 都是 A. P. Wolf 的學生，而 R. P. Weller 則出自 E. M. Ahern 門下。

[28]　林衡道根據臺灣省政府民政廳於 1977 年編印的「臺灣省各縣市寺廟概況表」編的《臺灣寺廟概覽》（臺中：臺灣省文獻委員會，1978），絲毫不見臺北縣境內有「有應公」廟的記載。其後，仇德哉的《臺灣之寺廟與神明（四）》（1983）列舉了臺、澎地區的「有應公廟」22 座、「萬善公廟」8 座，以及其他同質異名的廟宇多種，可怪的是，臺北縣境內的「有應公」和「萬善公」仍不在列，只有四座「大眾爺」的廟上了榜（頁 381-402）。到了 1987 年，臺灣省政府民政廳編《臺灣省各縣市寺廟名冊》（南投：臺灣省政府民政廳，1987），才列有萬善公廟一座（新莊「英靈祠」）（頁 103）。以上三書所利用的都是「官方資料」，其疏漏是必然的。因為，凡是未在政府主管機關「登記有案」的，或是沒有依法成立「管理委員會」的，或是管理委員不願填報調查資料的，便不會出現在官方資料上。而有應公廟基本上都是一些簡陋的小廟，也絕少有管理委員會的組織，因此，官方所「調查」的資料很難反映有應公信仰的真實情形。黃文博說：「有應公祠廟數目之多，類型

舉要說明這些有應公的來源，並且考察當地居民建廟奉祀他們的緣由，藉以闡述臺灣地區漢人厲鬼信仰的表現模式，及其與臺灣獨特的自然、社會、政治和人文環境的關聯。

三、臺北的「有應公」

（一）族群戰爭下的犧牲者

臺灣基本上是由一波波的移民潮所構成的社會。這些先後來到的居民，為了爭奪土地、資源和生存的空間，再加上種族、語言、祖居地、風俗習慣上的差異，早期又久缺強有力的政治管轄和穩定的法律秩序，因此，漢番之間、閩粵之間、漳泉之間、宗姓之間、村落之間、團體之間，便常爆發各式各樣的衝突，演變成武裝械鬥或大規模武力衝突的次數也有不少。[29]歷年來，各個族群死於這類衝突的人不在少數，而他們的尸骸，或因禁忌、或因親友俱亡、或因隻身在臺、或因經濟等因素，往往無人收埋而

之龐雜，確實已到了滿山遍野的地步了」（黃文博，〈有求必應——臺灣民間有應公信仰〉，頁 196），這或許有些誇大，但距離真實的情況也不太遠。總之，完整的祠廟清單，有待來日透過地毯式的搜尋才得以建立。

[29] 參見伊能嘉矩，《臺灣文化志》下卷，第四篇第六章，〈分類械鬥〉，頁 929-957；陳其南，《臺灣的傳統中國社會》（四版；臺北：允晨文化實業股份有限公司，1991），頁 91-126；盛清沂等編著，《臺灣史》（臺中：臺灣省文獻委員會，1977），頁 420-425；陳孔立，《清代臺灣移民社會研究》（廈門：廈門大學出版社，1990），頁 227-291。

成枯骨殘軀，散置荒野，[30]其後必須仰賴官府的力量、或是善心人士的幫忙、或是由村里共同出資，加以集體埋葬，並在墓旁建立祠廟以便祭祀，而在廟門橫批的紅布上往往有「有求必應」（或「萬善同歸」）四字，墓碑上則常見題有「萬善同歸」四字，因此，「有應公」或「萬善爺」便成這些鬼魂的代稱。這種祠廟，現今還有幾座可考。

1、貢寮鄉龍門村的「有應公」與「萬年公」

　　在貢寮鄉龍門村外的濱海公路旁，位於龍門村「昭惠廟」入口處的北端，有兩座不到一坪大的小廟緊鄰而立，平頂的題為「萬年公」，瓦蓋的則題為「有應公」。廟裡都沒有神像而只有香爐，但在「有應公」廟內的香爐旁另有一寫有「吳氏」字樣的神主牌。廟後則是林木叢生的小土崙。這兩座小廟看來都有經過整修的痕跡，不過據龍門村內一位七十餘歲的吳姓老先生口述，這兩座廟已有百年以上的歷史，所供奉的都是一些「無主的孤魂」。[31]

　　那些「無主的孤魂」又是誰呢？據我大膽的推測，其中應該包括了許多早年因族群衝突而喪生的漢人和番人。根據文獻記載，現今的龍門村又叫「舊社」，在清代原本是三貂社平埔族（又被稱作「凱達格蘭」）人的大本營。清乾隆三十八年（1773），福建漳浦人吳沙移居此地。因他生性任俠，與番人交易又極有信

30　以禁忌而言，相傳漢人相信，如果祭祀被「高山族」（番族；原住民；早住民）殺死的人，那麼祭祀人或其子孫也會被高山族殺死。因此，凡是死於番害者就無人敢加以收埋祭祀而成枯骨；參見蔡懋棠，〈本省民間信仰雜談〉，頁3。

31　據筆者 1994 年 12 月 2 日田野工作日誌。

義，因此在漢番之間都頗有名望，自唐山來臺的漢人也喜歡投附
其下，因此，在當地逐漸形成以漳州人為主、泉州人和客家人居
次的漢人社群。然而，隨著漢人社群的壯大，漢番之間的衝突也
日益加深，屢經械鬥的結果，在道光年間（1821-1850）由客族
吳氏帶頭的漢人在當地取得了優勢，平埔族人則敗退，渡過雙
溪，移居到現今的雙玉村一帶，建立「新社」，其原居地則被稱
做「舊社」。事實上，以吳沙為首的漢人集團（十之七、八為漳
人，其餘為泉、粵人）便是以此為基地，逐漸進入噶瑪蘭（今宜
蘭）地區墾拓。[32]可是，逼退了番人，漢人之間的矛盾隨之而
起，例如，乾隆末年臺灣北部沿海一帶便有「泉粵械鬥」、道光
三十年（1850）三貂一帶有「漳泉械鬥」……，這一類的械鬥雖
然是起源某小地區，但消息一經傳聞往往會引發其鄰近地區的族
群衝突，[33]我們可以想見，為了爭奪三貂地區的土地和主導權，
在漢人的族群之間，就像在宜蘭的情形一樣，勢必會有最後的爭
戰，以今日龍門村中巍峨壯麗的開漳聖王廟「昭惠宮」來看，漳
人在該地應該取得了最後的勝利，然而，曾帶頭擊潰平埔族的吳

---

[32] 廖風德，《清代之噶瑪蘭》（臺北：正中書局，1990），頁 96-105；
黃清連，〈貢寮的滄桑──鄉土札記之一〉，《文縣文化》，第 43 期
（1995 年 1 月），頁 4-8；盛清沂，《臺北縣志》（臺北：臺北縣文獻
委員會，1959-1960），卷 5，〈開闢志〉，頁 29-31。溫振華，〈臺北
縣鄉土史的重建──以三貂社為例〉，《北縣文化》，第 43 期（1995
年 1 月），頁 35-48。此外，在龍門村「昭惠廟」（主祀開漳聖王）內
的牆壁上刻記有該廟的沿革，文中也提到其漳籍先人隨吳沙來此開拓
後，和平埔番民屢有械鬥、死傷累累之情形。

[33] 參見陳其南，《臺灣的傳統中國社會》，頁 95-97；廖風德，《清代之
噶瑪蘭》，頁 233-292。伊能嘉矩，《臺灣文化志》，頁 517-525。

姓客族下場又是如何呢？他們也許搬走了，也許式微了，但也有可能有一部分因和漳人有所衝突而被殺了，「有應公」廟裡的「吳氏」神主牌也許就是收歛著吳姓客人及其後代的亡魂吧！

　　總之，龍門村外的這兩座小廟，由於欠缺直接的文獻資料，而且可能曾經有過搬遷或改建，因此，該地的「有應公」和「萬年公」的來歷，已經無法確知，但由三貂地區的開發史來看，這個地方曾是爆發漢番遭遇戰的地點，也是閩粵、漳泉移民分道揚鑣，甚或引發械鬥的所在，因此，無論漢番、無論閩粵、無論漳泉、無論男女老幼，或死於族群衝突、或死於孤伶、或亡於其他因素，都有可能埋骨在這個地方，混成了所謂的「有應公」和「萬年公」，靜靜的接受村民的供奉，寂寂的等候有人來解說他們的歷史。

2、土城市「大墓公」旁的「萬善公」

　　在土城市埤塘里（原土城鄉埤塘村）有一座赫赫有名的「大墓公」（又叫「義塚公」）廟，一般都認為是清乾隆年間林爽文之亂時，枉死於戰火下的村民（詳下文），但是，在瞿海源先生編寫的《重修臺灣省通志》「宗教篇」中，卻說：

> 此（按：指「大墓公」）為乾隆年間，漳泉分類械鬥時，奉祀漳人戰死者之靈骨。初戰於兩者村落之境界地，即擺接堡大安寮人，此時漳人敗北，隱藏於陂塘庄之民家。泉人不放鬆，將其包圍，因此漳人一軍約八百人，全被誘出鏖殺，莊中小河為血染紅。事後漳人屍體埋於此地，稱為千人塚，漳人春秋祭掃之。咸豐三年（1853），有人祈禱

病癒，於是一時香火不絕云。[34]

很明顯的，他一反舊說，將這座廟定位為分類械鬥下的產物。那麼，他的憑據又是什麼呢？他說他所根據的是日據時期「臺灣總督府社寺臺帳」的記載。[35]可是，根據劉枝萬先生在 1958 年所做的清查，全臺灣的「寺廟臺帳」大半都已毀於戰火或已散佚，而有關臺北縣的部分，也只有新莊、萬里、泰山、深坑的「寺廟臺帳」尚存，土城的資料已經不見，不知瞿海源先生是否有了新發現？[36]無論如何，以目前尚存的一冊《社寺廟宇ニ關スル調查（臺北廳）》來看，這份由各地公學校校長、教員、和警察在日本大正五年（1916）所調查、撰寫的報告書，應是大正七年（1918）編訂《寺廟臺帳》的主要依據，[37]其中赫然有土城公學校校長所撰寫的有關「大墓公」的報告。觀其內容，可知，在當時的擺接堡埤塘庄有一座「義民祠」，其本尊為「大墓公」，其

34　瞿海源，《重修臺灣省通志》，卷三，〈住民志宗教篇〉（南投：臺灣省文獻委員會，1992），第二冊，頁 977。

35　瞿海源，《重修臺灣省通志》，卷三，〈住民志宗教篇〉，第二冊，頁 983。

36　詳見劉枝萬，〈臺灣省寺廟教堂名稱、主神、地址調查表〉，《臺灣文獻》，11 卷 2 期（1960 年 6 月），頁 37-236，見 37-39。按：根據陳乃蘗，〈各縣市日據時期「社寺廟臺帳」存留情形表〉，《臺灣文獻》，9 卷 4 期（1958 年 12 月），頁 127-133，則臺北縣尚存「社寺廟臺帳」的鄉鎮計有：新莊、三峽、五股、萬里、泰山、石碇，與劉枝萬先生統計有些出入，然當時總其事者係劉先生，且其文章發表在陳氏之後，若三峽部分尚存，當不致不知。或許因典藏、登錄上有所變動，以致有此牴牾。瞿海源先生所根據的資料，有待進一步查考。

37　詳見劉枝萬，〈臺灣民間信仰之調查與研究〉，頁 21-25。

由來則是清乾隆四十五年（按：應是五十一年）林爽文之亂時，因官兵圍剿「匪類」時傷及當地無辜的「良民」，尸橫遍野，地方官員憐其無辜受戮，才奏請清廷准予厚葬，並題「義塚公」之碑。[38]假如這項資料所說正確無誤，那麼，瞿海源先生又如何會有「械鬥」的說法呢？

為了釐清這之間的種種矛盾、謎團，我在 1994 年 12 月 20 日特地前往土城一探究竟。結果，赫然發現，在所謂的「大墓公」廟旁，另有一座「義塚萬善公」廟，廟後有塚墓，墓碑上題為「難民萬善遺骸墓」，立於嘉慶十年（1805）三月清明日。據一位住在附近、前往祭拜的中年男子說，早年當地的福建安溪人和漳州人曾經爆發激烈的械鬥，死傷累累，尸骸大多被拋棄在附近的水溝邊，平靜之後，地方人士才將之收葬，立祠祭祀。[39]可見當地除了有林爽文之亂時的死難事件之外，漳泉械鬥也製造了不少亡魂，而械鬥下的犧牲者應該是埋骨於「萬善公」廟後的墳墓，而不是「大墓公」背後的大塚。

3、中和「大眾廟」

據漳和公學校長在 1916 年所做的調查報告，在當時的擺接

---

[38] 日本大正五年完成的《社寺廟宇ニ關スル調查》只有臺北、桃園、新竹、南投、嘉義、臺南六廳的部分資料尚存於中央圖書館臺灣分館，我所依據的是藏於中央研究院民族學研究所圖書館的影印本。

[39] 今日已經不見水溝，然而，根據土城市志編纂委員會編，《土城市志》（臺北：土城市公所，1994），「大墓公位於埤塘山麓狗穴，正位於『狗頭』，左方環形小丘，為『狗身』趴伏，前左方小橋『狗尾』，右方二小丘乃『狗飯糰』，正前方水溜即為『狗糟』。風水形勢上為一隻狼狗趴伏地上欲咬飯糰之態。」（頁 325）可知現地在早年確曾有水溝、小河、或小水塘。

堡漳和庄廟仔尾有一座「大眾廟」，主祀「大眾爺」。該地埋葬著漳、泉二族死於械鬥、戰亂者的骨骸，廟祠則是立於清咸豐十一年（1861）。[40]漳和庄廟仔尾即今中和鄉廟美村，「廟仔尾」的地名由來，據說是由於村子位於枋寮村的廣濟宮（主祀「開漳聖王」）之後而起，而廟美村另有主祀「神農」（「五穀先帝」）的「福和宮」，香火頗盛。[41]至於「大眾廟」，在日治時期似乎已日漸衰頹，也不見於 1945 年之後的縣志、鄉志或其他官方資料，也許在市鎮發展的過程中已被摧毀了。

4、板橋「大眾廟」

在板橋市西門街的「接雲寺」旁，有一座規模不大的「大眾廟」，廟中主祀「大眾爺」。據說，這座廟建於清咸豐十年（1860），奉祀漳泉械鬥時的戰死者。清同治九年（1870）曾遷至北門橋，光緒五年（1879）後又移回現址，其祭日在農曆七月三十。[42]

5、新莊「有應公」

在新莊鎮丹鳳里（舊名十六份坑），有一座「慈悲寺」，主祀觀音，其側有「有應公」。據說清咸豐三年（1853），在塔寮坑溪一帶，漳泉之間爆發械鬥，死傷甚多，事後，居民將雙方的戰死者合葬一處，成為「有應公」墓，咸豐或同治四年（1854 或 1865），有一名叫陳心者，悲憫幽魂無歸，於是在墓側建

40　據《社寺廟宇二關スル調查（臺北廳）》。

41　詳見盛清沂，《中和鄉志》（臺北：中和鄉志編纂委員會，1960），頁 21-22。

42　據黃克武，〈清時板橋的開發與寺廟〉，《臺北文獻》（直字），45/46 期（1978 年 12 月），頁 387-410，見頁 403。

「慈悲寺」，以超度亡魂。據云，此寺已不存在，不知有應公又如何。[43]

6、林口「永善寺」

在林口鄉湖南村（或作「菁湖村」）有一座永善寺。據說，在清咸豐三年（1853），這裡是漳泉械鬥的主要戰場，死者有一百多人，其後，將散置各處的屍首聚集合葬，並建「永善寺」，祀「大眾爺」。[44]

（二）兵戈擾攘下的亡魂

清代的臺灣，號稱「難治」之地，有「三年一小反，五年一大反」、「三年一小變，五年一大變」的俗諺。除了上述的族群械鬥和較小規模的武力衝突不斷之外，引爆全島性動亂的「民變」和戰爭也不少。[45]明、清兩代，在臺北地區所爆發的戰爭，至少就有：1642 年荷蘭軍隊在淡水的爭奪戰；1664-1665 年奉明正朔的鄭經部隊和荷蘭軍隊在淡水的激戰；1841 年的清、英之戰；1884-1885 年的清、法之戰；自明鄭時期以至乙未割臺（1895）時的「臺、日」臺北諸役；滿清和日本政府對番族的戰

---

[43] 參見瞿海源，《重修臺灣省通志》，卷三，〈住民志·宗教篇〉，頁980。另參林滿紅，〈板橋新莊史蹟調查——民國六十二年十月二十一日調查〉，《臺灣文獻》，26 卷 3 期（1975 年 12 月），頁 31-35，頁35。

[44] 參見瞿海源，《重修臺灣省通志》，卷三，〈住民志·宗教篇〉，頁980；另參仇德哉，《臺灣之寺廟與神明（四）》，頁386。

[45] 詳見伊能嘉矩，《臺灣文化志》，上卷，第四篇〈治匪政策〉，頁751-928。

爭；清代多次的「反清諸役」或所謂的「民變」。[46]在這些大大小小的戰役中，各國的將軍和士兵都有陣亡的可能，官兵和盜匪也有喪命的機會，擁清和反清的官兵、「義民」、「黨人」也都有被殺的機會，至於不想捲入戰爭的平民百姓、老幼婦孺，當然也有「枉死」的機會。臺北縣境內，就有幾座祠廟，供奉著這些死於戰火下的亡魂。

1、土城市的「大墓公」

有關土城「大墓公」的由來，我在上一節曾引用了日治時期的資料，約略作了說明，其他的文獻記載，說法大致也都一樣。其中，以《臺灣古蹟集》的記載最為詳盡，該書寫道：

> 清乾隆五十一年（1786），天地會黨人林爽文於彰化起事，北路黨人林小文等起而響應。一時之間，便控制當時擺接（今板橋、土城、中和、永和一帶）、芝蘭、和金包里等地。次年（1787），清閩安協副將徐鼎士領兵二千自淡水登陸，駐紮於艋舺（今臺北市萬華），協同官兵，據河而守。其後，北路黨人進攻淡水三角湧，與官兵大戰於甘林陂（今臺北縣土城），清兵以火攻殺，天地會黨人死傷累累，當地居民被官兵誤殺者也頗不少。事後，鄉人檢其骨骸，聚葬於村郊，以其無故被冤殺，便表其墓曰「義塚」，一般民眾則稱之為「大墓公」。該塚幅員約 60坪。自清以降，擺接一帶的居民便常前往祭拜，並於每年

46　詳見盛清沂，《臺北縣志》，卷15，〈軍事志〉，頁24-47。

清明節和中元節舉行例行祭祀。[47]

　　我在 1994 年 12 月 20 日曾親往「大墓公」所在，發現該廟修繕
得極為完好，廟後的大墓以水泥完封，墓碑即在廟堂中，上刻
「難民萬善同歸墓」，「乾隆己酉（即乾隆五十四年，西元
1789 年）孟夏立」。廟旁牆壁上刻有「擺接義塚大墓公沿革
碑」，內容和上引文字並沒有根本上的差異。不過，廟貌、廟
碑、墓碑，似乎都已非舊物，這和三十多年前，盛清沂先生修
《臺北縣志》時所拍攝的照片或二十年前《臺灣古蹟集》所使用
的照片相比對，便可了然。[48]

2、樹林「十三公」

　　在樹林鎮往新莊的樹新路上，有一座小橋叫做「十三公
橋」，橋頭處有一座小墓，墓前有亭蓋，有香爐供人上香膜拜，
其左側供有土地公，墓碑題為「乙未抗日先烈樹林十三公之
墓」，也算是一座小小的祠廟。有關這座墓祠的由來，《臺灣古
蹟集》記載：

> 光緒二十一年歲次乙未（1895），臺灣因馬關條約割讓予
> 日本，是年閏五月，日人據有臺北，續揮軍南下，我抗日
> 義軍襲其軍糧於坡角火車站（今新莊鎮〔市〕），日軍悉

---

[47] 林衡道、郭嘉雄編著，《臺灣古蹟集・第一輯》（臺中：臺灣省文獻委
　　員會，1977），頁 27。類似的記載，見盛清沂，《臺北縣志》，卷
　　三，〈地理志下〉，頁 51；《土城市志》，頁 325。

[48] 見盛清沂，《臺北縣志》，卷三，〈地理志下〉，照片二十五；林衡
　　道、郭嘉雄，《臺灣古蹟集・第一輯》，頁 37，圖 43。

數被殲，農曆六月一日，日軍大隊進襲，與我義軍大戰於
圳岸腳之汴頭營，我軍因寡不敵眾，浴血苦戰，壯烈成仁
者有陳樟等十三人，鄉人感其忠烈，收其屍合葬一穴，以
姓名多不傳，因稱「十三公墓」。臺灣光復後，鄉人倡議
修建，並立碑記事，以慰先烈之靈。由黃純青氏撰文，王
連喜氏書丹，題曰「乙未抗日先烈十三公墓」並於每年農
曆六月一日烈士殉國之日由樹林鎮長主持祭禮。[49]

由此看來，這座墓早在日治時期就已存在，但因他們是「抗日」
之士，因此，當時恐怕無人敢公開祭祀或張揚其事蹟。臺灣「光
復」之後，因國民政府也是「抗日」的，所以他們就被奉為「義
士」、「先烈」了，其事蹟一隱一顯，都決定於「政權」的遞
變。

此外，值得一提的是，《臺灣古蹟集》說他們是「殉國」之
士，卻不明言所殉的國是什麼國，其中道理值得推敲。事實上，
十三公所殉的是「臺灣民主國」而不是大清國，更不是中華民
國，這由黃純青先生所撰，完好保存在墓側的碑文內容就可以知
道，黃氏寫道：

> 樹林十三公，不知何許人也，亦不詳其姓氏。乙未臺灣割
> 讓，臺胞義不臣倭，自立為臺灣民主國，決行民主抗戰。

---

49 林衡道、郭嘉雄，《臺灣古蹟集‧第一輯》，頁 27-28。盛清沂，《臺
北縣志》，卷三，也記有樹林「十三公抗日的遺址」，內容較為簡略，
且陳樟寫作陳章，死難日則是閏五月二十一日，而不是六月一日（頁
944），不知這兩種記載誰對誰錯。

六月初一日曉，樹林義勇軍在此戰死，十三人薦葬一穴，
稱十三公。乙酉（1945）臺灣光復，戊子（1948）三月二
十九日建碑彰之。臺灣參議員黃純青拜撰，樹林鎮長王連
喜拜書。

事實上，我於 1994 年 12 月 20 日前往察看，還可看到刻有「臺
灣民主國」五個大字的石碑，只是被人藏埋在十三公墓背面的灌
木叢裡，不見天日。藏埋這塊碑和這個國號的，不知是當局還是
民眾。總之，十三公還算幸運，有抗日的國民黨同志當家做主，
忠義才得以被顯露，而「臺灣民主國」則只好暫時在樹蔭底下乘
涼了。

3、林口「義民廟」

在林口鄉下福村有一座「義民廟」，相傳建於明朝末年，但
欠缺確實的佐證，至於其沿革，《臺灣古蹟集》記載如下：

相傳明末之際，西班牙人、荷蘭人侵臺，當地居民奮勇抵
抗，有廖蘭緒等 37 人被殺，居民感念其義勇，便建廟以
祀之。[50]

4、八里「大營公」

在八里鄉埤頭村挖子尾有一座「大營公」廟，根據記載，所
奉祀的是「清朝末年戰亡官兵」的鬼魂，[51]可惜的是，不知他們

50　林衡道、郭嘉雄，《臺灣古蹟集・第一輯》，頁 29。

51　臺灣省政府民政廳編，《臺灣省各縣市寺廟名冊》，頁 119。

是死於哪一場戰役，只知其早先登記的建立年代是日本昭和十八年（1943）。[52]

（三）大自然反噬下的死者

　　臺北靠山近海。海洋是先民來臺必經的旅程，是商貿經濟的命脈，是漁產資源的寶庫，但也是最險惡的所在，尤其在颱風的季節裡。山丘則是林木、香料、和礦產的母地，也是墾拓者最終不得不挑戰的目標，但是，看來不動的山，因豪雨、因地震、因挖掘，有時也會震怒。為了建立新的家園，為了在這塊土地上生存，先民必須通過海洋的考驗，通過颶風、惡浪、豪雨、地震、山崩、洪水的試煉，只有成功者才能在大自然的懷抱裡汲取養分，失敗就是死亡。數百年來，在大自然的反噬下，屍骨無存的，大有人在。只有少數能浮出水面或露出地表，也只有少數能返回人間，接受香火的供養。

1、石門「十八王公」

　　死於海難者，大多不是沈入海底，就是葬身魚腹，只有極少數的屍首會隨著浪潮漂流靠岸而成為俗稱的「水流屍」。據說，凡是見到水流屍者，必須撿取加以掩埋，否則就會遭殃，因此，在臺、澎的近海、河川地帶，常可見到這類「水流公」的祠廟。[53]目前，在臺北縣境內，聲名遠播，香火最盛的，要算是改建後座落於石門鄉乾華村的「十八王公」廟。

　　有關「十八王公」的由來，傳說紛紜。有人認為是：清初之

---

[52]　盛清沂，《臺北縣志》，卷7，〈民俗志〉，頁46。

[53]　參見黃文博，〈有求必應——臺灣民間有應公信仰〉，頁186-187。

時，有十七位「反清」義士帶著一條狗，共乘帆船要到臺灣來投靠鄭成功，不幸遭遇海難而溺斃，屍體在乾華村海濱被拾獲，並且共葬一處，鄰近居民節慶時都會前往祭祀，並稱之為「十八王公」。也有人認為是：清朝道光（或乾隆）年間有一名福州富人，帶著家人共十七人和其家犬，從閩江口出發，想前往南海普陀山朝聖禮佛，途中碰到暴風雨，不幸翻覆，人狗俱亡，其後在阿里老（乾華村）海岸被發現撈起，共葬一處，漁民祭祀、求禱有靈驗，因此，奉之為「十八王公」。另有人認為是：曾有十七名漁民帶著一條狗出海捕魚，碰到狂風巨浪，以致船毀人亡，只剩那條狗還活著。屍體漂流到阿里老海濱被人拾起，那一條狗藉著碎船板也跟著上了岸，並守護在屍體旁邊。當村民要將那十七具水流屍下葬時，那條狗竟然跳進墓穴，不肯出來，他們只好讓牠殉葬，並合稱之為「十八王公」。[54]

無論如何，「十八王公」的主角是十七具水流屍，外加一條狗，是毫無爭議的。他們的藏骨之處是一座砂土築成的「龜形墳墓」，一直到 1963 年，才有民眾在墓上加舖磁磚，並興建了一座小拜亭供人祭拜之用。1971 年，臺灣電力公司決定在當地興建核能發電廠，並且展開大規模的土地徵收工作，「十八王公」墓也在徵收的範圍之內。可是，當臺電公司展開整地、建廠工程

---

[54] 參見董芳苑，〈「十八王公」勃興現象之探討〉，收入氏著，《信仰與習俗》（1988；臺南：人光出版社，1995 年，增定版），頁 73-80；Robert P. Weller, "Capitalism, Community, and the Rise of Amoral Cults in Taiwan," in Charles F. Keyes, Laurel Kendall, and Helen Hardacre, eds., *Asian Visions of Authority: Religion and the Modern States of East and Southeast Asia* (Honolulu: University of Hawaii Press, 1944)，頁 141-164。

之後，工地卻頻出意外，甚至有人因而喪亡，而起重機也常常無法正常操作，再加上當地居民並不願意看到他們往常祭拜的「神明」被摧毀，因此，民眾和臺電公司最後達成協議，決定遷葬「十八王公」於淡金公路旁的空地，並替他們蓋一座更大的廟。1975 年 10 月 13 日新廟落成了，其信徒再集資興建客廳、廚、廁等週邊設備，才完成現在的規模。由於許多的「靈驗」故事，再加上 1980 年代臺灣盛行的「大家樂」和近些年來的「六合樂」賭風，使得各地人士爭相奔赴石門，向「十八王公」禱求他們的欲望。演藝人員、江湖兄弟、賭徒博客、風塵女子、富商大賈、販夫走卒、記者、學者……，以及好奇的民眾，紛紛前來參拜、觀光，日夜不絕，「十八王公廟」因而成為少數「服務二十四小時」的廟宇。而「十八王公」的事蹟也被編輯成書，被拍成電影，甚至在不遠處的白沙灣開設了一家「分店」。[55]這一類的有應公廟，由於通常要和骨骸、墳墓連結，因此絕少有建立分廟的情形，而一旦建立了分廟，其厲鬼祠的基本格局便開始有了變化了，並且走上大眾爺、王爺信仰的發展模式（詳下）。

　　除了「十八王公」廟之外，在石門鄉草里村另有一座「水流公」廟。[56]據說，這座廟所奉祀的是一條隨著潮水漂流上岸的殘肢，在核能發電廠興建以前，其香火比「十八王公」還要旺。有人認為，石門所以會有這兩座香火鼎盛的「水流公」廟，和當地

---

[55] 同上。按：董芳苑先生和魏勒（Weller）先生對於「十八王公」的敘述在情節上互有詳略，因此，以上所述是我試著根據自己多年前去參拜「十八王公」時「道聽途說」所得，並剪裁他們二人採集的資料，重加「報導」。

[56] 盛清沂，《臺北縣志》，卷 7，頁 47。

特殊的地理環境有關，因為石門的阿里老和阿里磅（也就是這兩座「水流公」廟的所在地）附近的海岸是船隻最容易觸礁和擱淺的區域。[57]

收葬漂流於海濱的「水流尸」，加以奉祀，以求免禍來福的情形，其實並不是臺北（臺灣）地區獨有的習俗。整個東亞地區的濱海地帶，舉凡日本群島、琉球、朝鮮半島、中國東南沿海的省分（尤其是福建）、和臺灣，屢屢可見這類祠廟和信仰的痕跡。就此來說，我們也許該跳出臺灣的地理限制和中國漢文化的版圖，將這種信仰納入東亞地區濱海地域的文化圈中，予以考量。[58]

2、瑞芳鎮九份「萬姓公」

在瑞芳鎮九份的市場後面有一座「萬姓公」廟，早在日治時代就已存在。據說，這一帶原為墓地，九份發展後人煙漸多，於是將骨骸集中一處，並建廟奉祀。在九份人心中，萬姓公是相當可親的，任由小孩子在其墓地上奔跑、遊戲，即使跌倒了，也不曾有人受傷。據傳，數十年前，萬姓公廟的墓穴年久龜裂，遇雨滲水，當地居民並未發覺，只是常有人看到廟埕前有一位陌生的老太婆帶著一個小孩在曬衣服，當墓穴修補完好之後，就不再有人看到這樣的景象。在 1966 年左右，有人請新莊的小西園布袋戲團到萬姓公廟演戲還願，據說，從此之後，萬姓公只愛看小西園的戲，如果想請別的戲團來演，在擲筊杯時一定都是「笑杯」，表示萬姓公不同意。所以，連續二十八年以上，七月十

57　詳見洪惟仁，〈十八王公〉，收入氏著，《回歸鄉土回歸傳統》（臺北：自立晚報社，1986），頁 85-87。

58　參見下野敏見，《東シナ海文化圈の民俗》（東京：未來社，1986），頁 120-162。

六、十七兩天萬姓公普度，都是由小西園負責演戲。[59]

　　由上述的傳說，我們可以知道，「萬姓公」應該是早期來到九份，客死於當地的移民和土著，他們的骨骸雖然因為當地聚落的發展而被掘出，但並未被拋棄，而是被聚攏收斂於一地，且被擺在熙熙攘攘的市集當中，這樣的一種安排，似乎有意讓萬姓公參與九份人的日常生活，分享那份熱鬧，而不像許多地方的有應公被擱置於人群的邊緣，孤寂的存在於荒郊野外。九份人同時也相信，萬姓公像是可親近的、溫和的鄰人，即使墓穴漏水也不以暴烈的手段要求修補。對待這樣一批無名無姓的鬼魂，九份人顯得特別慈善、特別寬容，推考其中緣由，應該和當地聚落的性格有關。

　　自從 1893 年掘露小金瓜礦脈之後，九份在這百年左右的歲月裡，基本上是一個以開採金礦為基調而形成的「礦山聚落」。這種聚落的特質就是：孤立、苦難、危險、衝突與不安定。來到九份的人，或是獨身、或是攜家帶眷，莫不懷抱著淘金的美夢。但是在礦山裡，必須面對孤絕的地理、社會和心理情境，以及日常物資的匱乏，進了礦坑，還必須面對氣爆、落磐的危險，隨時有可能長眠於烏黑而深邃的坑道中。[60]而一旦喪亡，獨身者自然成為無主的孤魂野鬼，即使有家眷，數年之後，生活的困苦往往會逼迫他們遷離礦山聚落，死者的墳墓，久而久之就成無人祭掃

59　據臺北市古風史蹟協會，《九份口述歷史與解說資料之建立──口述歷史紀錄彙編》（臺北：行政院文化建設委員會，1993），頁134。

60　有關「礦山聚落」的特殊性格，以及九份聚落的形成，詳見黃清連，《黑金與黃金：基隆河上中游地區礦業的發展與聚落的變遷》（臺北：臺北縣立文化中心，1995）。

的荒塚了。

　　這是大部分礦山聚落的居民所會面臨，至少是能體會的命運。因此，對於那些被挖掘出土的朽棺殘骨，自然會有一種同命相惜、相憐的情愫，自然會讓他們在自己的聚落之中仍有一塊棲身之地，因為，他們不知何時也會因大地的反噬而成冤魂。

（四）被遺棄與被遺忘的死者

　　清代早期嚴禁來臺的漢人攜帶家眷，[61]而即使沒有禁令，一般的移民，由於考慮到所面臨的將是一個全然陌生又充滿各種凶險的環境，連渡海都是趟生死未卜的旅途，因此，絕大多數是孤身前來臺灣。

　　孤獨來到臺灣的唐山客，或任戍卒、官將，或從事商貿，或參與墾拓，或替人幫傭，或淪為盜匪，或挾技游食四方。他們之中，有的幸運的平安返回大陸；有的在這島上成家立業，並且終老、埋骨於此，而成「開基祖」；有的則來不及返鄉，也來不及留下子嗣，就已斃命。他們或死於瘟疫、疾病，或死於族群衝突、戰亂、盜賊，或亡於各種天災、地變，而都成客死他鄉的羈旅之魂。由於漢人有安葬於故土的習俗，因此，如何將死者運回本籍安葬，或是就地收埋，便成清朝在臺政府的重要工作之一。基於這種需求，在當時也形成一套停棺、運骸、寄柩、設義塚、立祠祀的制度。[62]這套制度，可由乾隆二十四年（1759）臺灣知

61　詳見伊能嘉矩，《臺灣文化志》，中卷，頁 348。

62　伊能嘉矩，《臺灣文化志》，中卷，頁 348-365；盛清河，〈清代本省之喪葬救濟事業〉，《臺灣文獻》，22 卷 2 期（1971 年 6 月），頁 28-48。

縣夏瑚所寫的一件公文知道其運作的大致情形。夏瑚寫道：

> 伏查臺灣，遠隔重洋，內地商民人等謀利奔馳，往來如
> 織，其間留滯病故者，實繁有徒；悉寄南北二壇及城廂廟
> 宇。在臺既無眷屬管顧；而內地之親族慮及波濤之險阻、
> 工費之浩繁，運葬甚罕。停積日久，纍纍相望，傷心慘
> 目。前於飭埋民間棺骸之便，查出流寓棺骸共計三百五十
> 六具，悉屬歷年停頓，搬運無期。若不籌議歸埋，必致拋
> 殘海外，實堪憫惻。輾轉思維，惟將有姓名籍貫之棺骸代
> 運赴廈，仍先移知原籍，不必出差，只須示召親屬，定限
> 半年內赴廈認領；既免涉險多費，自必爭先恐後。而客死
> 枯骸，庶得咸歸故土。但至廈之日，必須寄頓有所、經理
> 有人，自應預擇附近海口寬曠廟宇一、二處，以資停寄；
> 選撥誠妥僧人，按月給予辛勞銀兩，峟司其事。……如一
> 年之後，無人赴領，就於廈門預擇無礙閒僻官山，作為義
> 塚；至期即令該僧人催工抬埋，將死者之姓名、籍貫，深
> 文鐫刻小碑，豎立墳頭，以便識認。……如此辦理，則流
> 寓棺骸不致再有累積，可免暴露拋殘之慘，似亦敬體憲仁
> 之一端。……如過期尚無移知，則屬實在無主，毋庸運
> 廈，就臺地另擇義塚掩埋。[63]

由此看來，當時有姓名籍貫可查，官府又有能力代為運送回大陸

---

[63]　余文儀纂修，《續修臺灣府志》（1760；南投：臺灣省文獻委員會，1993 年據排印本重印），卷二，「義塚」，頁115-117。

的死者恐怕不多。絕大多數應是無名無姓，或無親屬出面認領的客死者，他們的歸宿就是散佈在臺灣各地，或由官方、或由民間所設的「義塚」。[64]

　　有了埋骨的地方，倘若欠缺祭祀，乏祀的亡魂仍無法獲得安頓，仍將是令生人畏惡的厲鬼，因此，清代的官方「祀典」中便有設「厲壇」以「祭厲」的規定，[65]此外，鄰近義塚或收埋無主枯骨、牌位的地方，有時則建有「大眾廟」或「萬善祠」，做為祭拜鬼魂的場所。不過，這類的塚墓和祠廟所斂藏、奉祀的死者，不一定都是孤獨來臺、客死異鄉的漢人移民。孤伶的死在這座島上的，除了漢人之外，還有番人、荷蘭人、西班牙人、英國人、法國人、日本人……等，他們的屍骸，被草草掩埋，甚或被棄置，日久之後，又被人掘出或發現者應有不少。即使是那些在臺灣落地生根，善終之後被子孫安葬、奉祀的漢人，也不能庇祐其家族必能傳之百世、永不絕滅。或因災荒、或因戰亂、或因意外、或因絕嗣，那些已成「祖先」的亡魂，在數代之後，也有可能淪為被遺忘、被捨棄的「厲鬼」，而必須仰賴社群的集體供奉。臺灣地區林立的各色各樣的萬善祠、有應公廟、大眾廟，所供奉的大多就是這些無法辨別姓名、性別、年齡、族群和死因的亡魂，他們或無後嗣、或被遺忘、或被拋棄，而成困餒、怨厲之鬼。為了重新安頓他們，便造就了不少的墓場和祠廟，在臺北縣境內，雖然極少見於官方登錄的資料，其實卻不罕見，以下僅略述截至目前已查知的幾座。

64　各地義塚之詳細清單，詳見盛清沂，〈清代本省之喪葬救濟事業〉，頁28-38。

65　盛清沂，〈清代本省之喪葬救濟事業〉，頁40-43。

1、雙溪鄉平林村「大眾廟」

在雙溪鄉平林村的外平林，有一座大眾廟，創建於清同治十一年（1872），1972 年改建成現今的模樣，廟的主體建築只有十坪大，所奉祀的「大眾爺」，相傳是往日開拓平林平原時犧牲的亡魂。每年農曆七月廿九日的普渡時，有盛大的祭祀活動。[66]

2、金山鄉「大眾廟」

在金山國中旁的崙仔頂墳場，有一座大眾廟，廟內懸掛一塊紅布，寫上「有求必應」四字。據說，其創建年代頗為久遠，原本只是一座小祠，祭祀無主骸骨的孤魂，其中包括有在社寮、沙崙及網仔寮一帶的沙丘所發現的平埔番人的骨骸。日治時期闢建道路至水尾，曾將該地的有應公廟剷除，並將廟中的骨骸移到此地合葬。1952 年才翻修成現今的規模。[67]

3、蘆洲鄉「有應公」廟

據說，在蘆洲鄉中正路、中山路、仁愛路、復興路上有奉祀無主枯骨的有應公廟。[68]不過，其確切地點和現狀則有待查考。

4、新莊「萬應堂」

在新莊淡水河畔的小道上，華江大橋的橋基附近，有一座小廟「萬應堂」，據傳所收的都是無主的孤魂，其中也包括械鬥致

---

[66] 據游純澤編纂，《源遠流長話雙溪》（臺北：雙溪鄉公所，1992），頁 45-46。

[67] 據卓克華，〈金山小志〉，《臺北文獻》（直字），55/56 期（1981 年 6 月），頁 353-386，見頁 378-379。

[68] 據林秀英，〈蘆洲的寺廟與聚落〉，《臺灣文獻》，29 卷 1 期（1978 年 3 月），頁 176-180，見頁 179。

死者以及路斃者。[69]

5、泰山鄉「萬善公廟」

據「泰山鄉志撰寫小組」在 1993 年 8 月所做的田野調查，泰山鄉境內有五座「萬善公廟」，分別是：（1）山腳村的「萬善堂」，日本大正十年（1921）重修；（2）貴子村的「萬善公」，1977 年重修；（3）大科村的「羅姓萬善爺」，1982 年重修；（4）黎明村的「萬善爺囝仔公」，1988 年重修；（5）義學村的「有應公」，修建年代不詳。據說，這些廟所奉祀的都是「無主孤魂」。[70]

6、土城市「楊大人廟」

在土城市中央路三段，也就是大安圳圳頭的地方，有一座「楊大人廟」，據曾任土城鄉長的林德先生說，這座已有百年歷史，係當初為了祈求大安圳開圳灌溉平安而設。基本上這是一座枯骨合葬的「萬善堂」，稱之為「楊大人廟」是因為當初開圳時，圳地上原有一座無主的大墳，墳中所葬者名「楊大人」，因此便以此為名。日前為了道路的拓寬工程，已被拆，但新廟已在籌建中。[71]

7、鶯歌鎮「萬善堂」

在鶯歌鎮中正二路，緊臨鐵道和公路的空地上有一座「萬善堂」。廟的主體是一座大墓，墓碑上只題「萬善堂」三個大字。

69　據林滿紅，〈板橋新莊史蹟調查〉，頁 35。

70　見尹章義等編修，《泰山鄉志》（臺北：泰山鄉公所，1994），頁 289。

71　據《中時晚報》，1995 年 2 月 15 日，〈北部天地版〉，記者黃心慈報導。

廟的左前方另有一座較小的墳墓，形制非常類似，墓碑則較清楚
的交待了萬善堂的由來，碑文提到：

> 大正十年辛酉（1921），鶯（歌）桃（園）間鐵道改築，
> 沿道發廢墳、收枯骨，建堂以納之。鶯歌庄誌。[72]

可見其中所藏埋的，和土城的「楊大人廟」一樣，是自無主的廢
墳中挖掘出來的枯骨。

8、八里鄉米倉村的「大眾爺廟」

　　盛清沂的《臺北縣志》登錄有八里鄉米倉村一座建於清嘉慶
元年（1796）的「大眾爺廟」。[73]這座廟位於土名「渡船頭」的
地方，在早期因是水陸要衝，極為繁榮，廟應該也頗為興旺，但
是，根據日本大正五年（1916）海墘厝公學校校長的調查，隨著
地理的變革，當時的渡船頭已日漸衰微，大眾爺廟也有荒廢的跡
象，連舊有的一些廟誌、石碑都已煙滅，因此，其沿革已很難考
查。[74]不過，據增田福太郎在 1935 年所做的報導，該廟確是興
建於清嘉慶元年左右，當時在現今的廟址之前，漂浮、堆積著不
少的人骨，任由風吹雨打，無人祭祀。後因夜間常發「鬼火」，
居民便予以收葬，並建大眾爺廟以鎮撫，鬼火從此熄滅。[75]

9、新莊市「大眾廟」

　　在現今的新莊市中正路 84 號有一座香火鼎盛的「地藏

72　據筆者 1994 年 12 月 20 日「田野工作日誌」。

73　見盛清沂，《臺北縣志》，卷 7，〈民俗志〉，頁 46。

74　據臺北廳《社寺廟宇ニ關スル調查》（1916）。

75　增田福太郎，《臺灣本島人の宗教》，頁 62-63。

庵」，目前正在重建。據林滿紅女士在 1973 年 10 月 21 日所做的調查指出，這座廟正殿供地藏王菩薩，邊殿成為大眾爺廟，供奉漳泉械鬥陣亡的孤魂。[76]不過，日治時期所留下的資料卻和這個說法有點出入。

　　據興直公學校長在 1916 年所做的調查報告，這座廟在當時主要的名稱是「大眾廟」，別稱才是「地藏庵」，其興建的年代則是始於清乾隆二十二年（1757）七月，其後在嘉慶十八年（1813）八月又經整建，並在道光十七年（1837）、光緒十五年（1889）、日本明治三十六年（1903）屢有修繕、增建。據說，當初在廟址附近原有「共同墓地」，因年久荒廢，以致骨骸暴露，風吹雨淋，地方人士不忍，於是集資予以合葬，並建「大眾廟」，合祠地藏王菩薩和文武大眾爺。[77]這座廟在 1911 年曾有分靈至蘆洲（今得勝村，在蘆洲往八里的路旁），廟名即叫「文武大眾爺」。[78]可知這座廟的原來面貌應是以奉祀無主孤魂為主的「厲祠」，基本上和一般的有應公廟或萬善堂並無不同，但由廟宇名稱的變化和分廟的建立來看，這種大眾爺的面貌在民眾的信仰中其實也在改變之中。

10、新店「萬全堂」

　　日據時期的大坪林公學校長在 1916 年所做的調查報告指出，當時的大坪林庄（十二張）保甲於大正二年（1913）開闢道

---

[76] 林滿紅，〈板橋新莊史蹟調查〉，頁 35。

[77] 據臺北廳《社寺廟宇ニ關スル調查》（1916）。此外，鈴木清一郎，《臺灣舊慣冠婚葬祭と年中行事》（1934）記「新莊地藏庵」的沿革（頁 459-462），內容和這份報告書大致相同。

[78] 參見林秀英，〈蘆洲的寺廟與聚落〉，頁 179。

路時，發掘出一些骸骨，棄置於路旁，有人對之禱求而獲回應，靈驗的故事傳開之後，前往祭拜的人數大增、香火不絕。於是，到了大正三年（1914）十二月，當地居民便籌募資金，為其建立一座小祠，題名「萬全堂」。[79]大坪林庄的十二張即現今新店市百忍里一帶，[80]不知這座廟如今是否還安在？

除此之外，見於記載的，還有：石碇鄉石碇村的「無緣塚」，祀「有應公」；[81]瑞芳鎮上天里的「有應媽廟」，祀「有應媽」；[82]五股鄉洲後村的「萬善祠」（萬人塚），祀「萬善爺」。[83]

四、結語

有些美國的人類學家喜歡強調「厲鬼」在臺灣人心目中具有「流氓」、「乞丐」、「陌生人」的形象，並說「有應公」這類的信仰具有所謂的「非道德」或「與道德無涉」（amoral）的特質、是一種功利的（utilitarian）、「邊緣的」（marginal）的信仰。日治時期的官員、學者，當下的本土學者，也有類似的論調，大多將這種信仰貶斥為「陋習」、「迷信」、「邪信」、「自私自利」、「投機取巧」、「媚鬼求福」的行徑和心態。這

---

[79] 據臺北廳《社寺廟宇二關スル調查》（1916）。

[80] 參見尹章義編纂，《新店市誌》（臺北：新店市誌編纂委員會，1994），頁32，表。

[81] 見盛清沂，《臺北縣志》，卷7，〈民俗志〉，頁53。

[82] 見盛清沂，《臺北縣志》，卷7，〈民俗志〉，頁48。

[83] 參見黃文博，〈有求必應——臺灣民間有應公信仰〉，頁190。

樣的批判和指責也不是全然沒有道理。的確，假藉「厲鬼」譴祟
的傳說，以詐欺財色、傷害他人以滿足個人欲求的情事，並不罕
見。因畏懼這等厲鬼會作祟降禍於人而加以奉祀也是實情。但
是，這並不是臺灣厲鬼信仰的獨有特質，其他的宗教信仰，大概
也免不了有人會「濫用神的名字」，也免不了會摻雜有「求福避
禍」的欲念。在這一點上，獨獨譴責有應公信仰絕對是一種不
義、一種不公平。

　　更何況，埋葬、奉祀無主的屍骨，除了是因懼怕其作祟而不
得不採取安撫措施之外，基本上仍是出自於對於那些無所歸依的
孤魂野鬼的悲憫和同情。事實上，在許多被祀的有應公之中，對
於祭祀者而言，往往並非陌生人，而是其鄰里、鄉黨、親友，只
因集體死於戰亂、災變，因彼此的身分無法辨識，且基於禁忌的
理由，因此將他們共葬於一處，共同擔負起拜祭的責任，上述的
許多因械鬥而亡的有應公、大眾爺都是如此，他們其實也是不折
不扣的「祖先」。而透過這種共葬、合祀的方式，死者無論來自
何方、無論何種族群，也不論年齡、性別、階級有何差異，只要
一起埋骨於這座島上，一起藏魄於一穴，則自然凝成一體，集體
稱「公」、稱「爺」、稱「媽」，而接受生人的香火、牲品、禮
拜，生時的恩恩怨怨、隔閡衝突，在另一個世界頓然消釋。反過
來看，生人因須共同祭祀同一神明，因而無論原本是如何疏遠，
如何敵對，迎神賽會的場合，也不得不有所遭逢、有所往來，久
而久之，同一祭祀圈自成一命運共同體。就這個角度來看，有應
公信仰絕不是一種毫無社會功能的「邪信」、「迷信」。這樣的
一種信仰，其實也能泯滅恩仇，能消融族群隔閡，能使生者與死
者產生互為依存的關係和聯繫，能使人知所敬畏、知所悲憫。真

不知這樣的一種信仰怎會令人鄙棄、厭惡到非予以掃除、打破的地步呢？悲哉！無主之鬼魂！

後記：

　　本文完成於 1995 年 4 月 10 日，其後收入李豐楙、朱榮貴主編，《儀式、廟會與社區：道教、民間信仰與民間文化》（臺北：中央研究院中國文哲研究所籌備處，1996），頁 327-357。無論是寫作時間還是發表時間距今都已逾二十年，臺北縣已改制為新北市，若干當年調查的祠廟資料如今或已變改，但其所反映的宗教風貌與民眾的信仰心態應無根本上的改變，故依文章原貌未改，他日若有機會，當再進行二次田野調查，並增補最新的研究資料。

　　　　　　　　2016 年 12 月 12 日寫於臺北中央研究院史語所

第十二章
南臺灣和瘟送船儀式的傳承
與其道法析論

謝聰輝

臺灣師範大學國文系教授

一、前言

　　從中國長江中下游，以至福建、廣東及東南亞地區，凡請王送瘟多請道士、法師等專業者行之，乃是傳承千餘年來的悠久傳統；而在臺灣南部沿海王醮盛行的區域，據早期方志記載與專家學者研究，[1]以及筆者田野調查證實，能具備闡行王醮科儀道法的禮儀專家，多屬正一派靈寶道壇道士。本文題目使用「和瘟送船」一詞，除凸顯整個王醮核心的瘟疫禳除儀式──「和瘟」與「送船」的關鍵意涵外，亦希望探究以船作為載具，在傳統送瘟

---

[1]　主要前人研究成果，詳見康豹（Paul R. Katz）：〈臺灣王爺信仰研究的回顧與展望〉，收錄於是氏《從地獄到仙境──漢人民間信仰的多元面貌》（臺北：博揚文化事業公司，2009）第五章，頁 105-138。其他康豹文未及見錄而與本文相關者，將於後文引用時標註。

文化中所表現的功能特質與宗教情境。目前對於臺灣請王送瘟科儀抄本的相關研究者，大多僅能利用已出版的文獻，如《莊林續道藏》與《中国人の宗教儀礼：佛教道教民間信仰》等資料，[2] 較少能深入掌握其完整的秘傳古科儀抄本與文檢，[3] 進而探討其傳承的和瘟送船淵源和所顯示的道法特質，以及實際演行時身體技法的表現與依據。因此，本文將運用筆者多年來在臺灣與福建調查時所蒐集到的道壇相關古抄本，進行溯源與比對探討，並結合實際參與調查的認知，先梳理和瘟送船的傳統和抄本所保留的源流體系。接著析論和瘟送船的情境特徵，該送去哪裡所呈現的意涵和新園五朝王醮文檢所顯現的歷史意義。最後再探討「臺南

---

[2] 莊陳登雲傳、蘇海涵（Michael Saso）編：《莊林續道藏》（臺北：成文出版社，1973）。大淵忍爾編著：《中国人の宗教儀礼：佛教道教民間信仰》（東京：福武書店，1983）。

[3] 丁荷生（Kenneth Dean）調查且蒐集福建地區道教抄本，其研究與本題相關者，如 "Field Notes on Two Taoist Fiao Observed in Zhangzhou, in December 1985," *Cahiers d'Extrê me-Asie*, vol.2 (1986), pp.191-209. "Manuscripts frow Fujian," Cahiers d'Extrê me-Asie, vol.4 (1988), pp.217-226. "The Bureau of Smallpox: Exorcism and Spiritual Power in the Irrigated Putian Plain,"《民俗曲藝》130 期（2001.3），頁 1-56。論及送船部分，頁 42-45。康豹（Paul R. Katz）更能掌握道壇和瘟抄本，寫成諸多代表大作，如〈東隆宮迎王祭典中的和瘟儀式及其科儀本〉，《中央研究院民族學研究所資料彙編 2》（1990），頁 96-103。又如宋怡明（Michael A. Szonyi）所編，《明清福建五帝信仰研究資彙編》（香港：香港科技大學華南研究中心，2006），亦收錄不少珍貴資料。姜守誠：《中國近代道送瘟儀式研究》（北京：人民出版社，2017.2），也有許多溯源的相關考證。

道」與「鳳山道」[4]靈寶道士在實際闡行相關儀式時，其所運用
的法具物品和身體技法表演的內涵功能與道法特色，以充實臺灣
道教科儀文化研究史的內涵。

二、和瘟送船的傳統與
臺灣道壇抄本所保存的道法體系

此節主要是以溯源的角度，整理歷史文獻中較早的和瘟送船
習俗，並藉由經文的比對和考述，以驅瘟逐疫主辦者的「私密
性」與「公眾性」作為問題意識，[5]初步探究臺灣道壇禳災和瘟
古抄本與《道法會元》中神霄遣瘟道法，以及閩南明清《送彩科
儀》的關係，並析論其中所蘊藏的意涵，以見其所保存道法的可
能來源與體系。

（一）宋代以船送瘟的重要紀錄

濱水及臨海的區域，在逐疫儀式中最常使用的驅送工具就是
船，包括各式各樣、大小形制俱有的形式，乃因應當地自然、人
文環境而定。從物質文化理解這種送神驅瘟之船，不管是由竹、
木與紙所紮作，抑或是仿真船形制的木作，都是濱水居民的創
意；其乃資於事人以事鬼神的禮意原則，將船視為空間移動的道

4　丸山宏習稱臺南地區道壇或相關科儀道法傳承者為「臺南道」；筆者則
　　稱清屬鳳山縣（約今高雄與屏東縣市大部分）道法為「鳳山道」。

5　本文所指稱的「私密性」，指主辦單位為私人家庭，主要為家中成員驅
　　瘟治病；「公眾性」指主辦單位為社區或鄉鎮公廟，乃為整個地方掃除
　　瘟疫，祈求合境平安。

具，以作為從此岸送往彼岸的交通方式，並轉化為從此界送往他界的送行儀式。這種儀式性的送行儀具源遠流長，從古禮以至今儀、從原始宗教以至制度化宗教，都是民間社會在信仰儀式上的物質表現，作為解決生存危機的一種精神文化。[6]依據北宋末至明清的史志文獻，在長江中下游之湖南、江西與浙江等等區域，多有以船送瘟的習俗，研究學者也多有探討其與閩臺王醮的關係。[7]其常被引用與筆者讀到的重要記載，以宋代古籍資料為例，可重點歸納敘述如下。

北宋建安人（今福建建甌）、哲宗元符年間（1098-1100）進士范致明，被貶為湖南岳州監酒稅時所撰作的《岳陽風土記》一書，記言瀕江諸廟皆有船：「災民之有疾病者，多就水際，設神盤以祀神，為酒肉以犒櫂鼓者；或為草船泛之，謂之送瘟。」[8]南北宋之間人莊季裕《雞肋編》一書（其序時間為南宋高宗紹興三年，1133），也記錄了湖南灃州（今湖南灃縣）作「五瘟社」的習俗，其中「郡人皆書其姓名年甲及所為佛事之類為狀，以載於舟中，浮之江中，謂之送瘟。」[9]另南宋・黃震《黃氏日

6　李豐楙：〈王船、船畫、九皇船：代巡三型的儀式性跨境〉，收錄於《空間與文化場域：空間之意象、實踐與社會的生產》（臺北：漢學研究中心，2009.10），頁 245-298。

7　此部分的主要代表著作，如李豐楙：〈東港王船和瘟與送王習俗之研究〉，《東方宗教研究》新三期（1993.10）。康豹（Paul R. Katz）：《臺灣的王爺信仰》（臺北：商鼎文化出版社，1998）。

8　嚴一萍選輯：《原刻景印百部叢刊集成・古今逸史》（臺北：藝文印書館，1964），頁 23。

9　宋・莊綽撰、蕭魯陽點校：《雞肋編》（北京：中華書局，1997 湖北第二刷），頁 21。湖南送瘟的習俗考察，如李懷蓀：〈送瘟之船——

抄》卷七十九〈公移〉，記載其咸淳八年（1272）任江西提舉司時，所交割的公文有〈禁划船迎會榜〉，忠實反映江西撫州與贛州乾地划船送瘟風氣的盛行，以及官方禁止迎祭瘟神賽會的情形：「近在撫州，燒毀划船千三百餘隻，坼毀邪廟，禁絕瘟神等會；廣德、撫州連年皆得大熟，人民安樂，並無災癘，福不在此乎？」「內贛州乾地，划船之風尤盛，正與撫州之事一同。」[10] 而南宋・陸游（1125-1210）《劍南詩稾》卷四十九，記其 1201 辛酉年（78 歲）12 月 25 日隱居山陰（今浙江省紹興市）老家農村所撰的〈門外野望〉一詩中，親眼所見家戶禳疫與神船送瘟的情形：「僧唄家禳疫，神船社送窮。」[11] 又南宋末・杭州人董嗣杲《廬山集》卷五二首〈江州重午〉，也記載其家鄉端午時節禳災的風俗。[12]他具象而生動地描述西湖上民眾畫鼓喧闐競渡的情景，以及爭歌神曲以遙送瘟船的畫面：「不信滄江傳競渡，彩旗畫鼓鬧西城。」「爭歌神曲羞溪藻，遙送瘟船滾浪花。」[13]

湘西南儺儀擄瘟芻議〉，《民俗曲藝》130 期（2001.3），頁 169-224。又據鄔光潤：〈湘潭正一道教調查〉，《民俗曲藝》153 期（2006.9），頁 69-156。其頁 126-127，所引胡雨初道長《天符玄科卷》、《收五方瘟疫》與《造船陽言》科儀抄本，可見至今湖南湘潭一帶相關的送瘟道法傳承。

[10] 宋・黃震撰：《黃氏日鈔》（京都：中文出版社，1979），頁 840-841。

[11] 楊家駱主編：《陸放翁全集》（臺北：世界書局，1963），頁 725。

[12] 浙江省以送瘟神為主要的民俗，據顧希佳：〈浙江龍船考〉一文所調查，俗稱「送龍船」、「送紙船」、「送耗」、「拔茅船」、「送花船」、「打清醮」、「端午船」、「大暑船」、「龍船燈」等。《民俗曲藝》132 期（2001.7），頁 89-136。

[13] 《景印文淵閣四庫全書》本（臺北：臺灣商務印書館，1982-1986），頁 9。

（二）臺灣保存宋元私密性治病用途的神霄遣瘟送船經文

保存於《正統道藏》中的和瘟送船道法資料，以宋元時期的
《道法會元》為例：卷 44〈清微禳疫文檢〉中以「元始一炁萬
神雷司」所發出的〈檄土主〉與〈牒二雷君〉，分別祈請其各帥
所屬部將，收攝內外殃祥為禍，押送行瘟使者各歸所治：「就請
部送神舟，遠離本境」（8b），「鬼神齊受祭享之後，即便起離
本宅，各上神舟，遠泛長江，各歸所治。」（12b）另卷 219
〈神霄斷瘟大法〉雖大多使用強迫字眼：斷斬辟收隔滅遣等字，
但仍使用「和瘟」一詞，如和瘟大將、和瘟使者（1a）、太上好
生解厄和瘟符命（9a）與北帝和瘟寶章式符訣（10a）等。而卷
220〈神霄遣瘟送船儀〉經名即標明其主旨為「遣瘟送船」，若
進一步審視其經文：「恭詣患室之中，請起瘟司行化王神，卦中
占出一切等鬼，請上華船，受今拜送。」（2b）「令人捧船于患
室或廳上，仍具酒牲祭儀于船所在，然後祭獻。」（6a）可知其
適用的範圍，乃與卷 221〈神霄遣瘟治病訣法〉相同，是在家戶
中私密性為患者遣瘟治病為主。按〈神霄遣瘟治病訣法〉經文
〈疏意〉（3a）強調，道士乃因患者「感受病苦，飲食少思，醫
療罔效」求助，經卜課得知是瘟疫流殃，邪神為禍，[14]所以依其
所學神霄道法，「備以千眼神盤，敬伸禮送。」伏請神威，「收
拾時行瘴疢，捲藏毒藥包箱，赦放罪殃，寬疏病證，咸體好生之
德，各生歡悅之心，請上神舟，解繩放纜。務俾在患某人，刻自

14　勞格文(John Lagerwey), "The Origins of Daoist Exorcism," *Exorcism in
Taoism: A Berlin Symposium*, Edited by Florian C. Reiter, Harrassowitz
Verlag・Wiesbaden，頁 1-10，2011。

今晚回送之後，精神清爽，病患立痊。」而送走致病的瘟神疫鬼的法具，歸納此兩卷經文，可見華船、茅舟、陽船、陰船、五鳳仙船、畫船、神舟與龍舟等不同的稱呼；[15]且此法船不大，故可「令人捧船于患室或廳上」，或如〈造遣瘟神盤法〉下所註：「用潔淨葵茅為之，做成小船亦可。」（1b）[16]

　　再者，此處神霄〈造遣瘟神盤法〉與其法具「（五路）千眼神盤」，若是與前引《岳陽風土記》一書送瘟法所言：「設神盤以祀神」是同一系統，[17]則據〈神霄遣瘟治病訣法〉經文：「放下蘭橈，來吸泗洲之水」（5a）考察，已擴至江蘇省西部淮水、洪澤湖區域，泗洲之水一帶。[18]而這「泗州之水」的區域標顯，在高雄小港翁家保存的、題署「乾隆己巳夏月抄集玄妙壇權用末學陳琦珣抄錄」的《靈寶禳災祭船科》（附表一），似成為再獻酒文中「泗水」的隱藏意義：「恩膏與玉浪俱流，萬民感戴；爽

15　李懷蓀：〈送瘟之船──湘西南儺儀攆瘟芻議〉一文中，頁 176、178、183、185 所引文詞，亦稱「花船」、「龍船」、「草船」、「茅船」、「神船」等等。

16　三村宜敬、譚靜：〈湖南省藍山県過山ヤオの送船儀禮〉一文調查所見，亦是稻草所編紮的這類小型送瘟龍舟，名為「香龍」。收錄於《神奈川大學國際常民文化研究機構年報》（橫濱：神奈川大學，2012.9），頁 223-240。

17　此祭神的神盤，應接近李懷蓀：〈送瘟之船──湘西南儺儀攆瘟芻議〉一文中，頁 175 記錄的「香盤」：「巫師將大竹篩墊上紙，放在神案上，將神案上的所有供品（包含香燭、稻米、糯米粑、牙盤等）都擺在竹篩裏。這個盛有供品的竹篩，便稱為『香盤』」。

18　泗洲，依南宋嘉定元年（1208）地圖，南宋屬淮南東路，州治泗洲城，北臨淮水，東北近洪澤湖。譚其驤主編：《中國歷史地圖集》（上海：中國地圖出版社，1989）第六冊〈宋、遼、金時期〉，頁 62。

炁共彩航齊發，泗水生輝。」再對照其後所附、應是用於所經航路遍請的「船醮聖位」，亦出現「蘇州媽祖」來看，此抄本應有部分道法與此一區域有關。另外，更值得注意的是，《道法會元》卷 221 用於家戶個人的〈神霄遣瘟治病訣法〉，其在酒陳三獻後、化錢送船前的一段經文，[19]幾近相同地被新竹《莊林續道藏》小法卷廿四《送船科儀》（頁 7396-7399），與高雄市茄萣區黃家本《靈寶禳災祭船稍科》（附表一）保留下來。按新竹吳家《送船科儀》字跡，與其後卷廿五題署「道光弍拾陸年歲丙午（1846）臘月吉旦法真壇吳周嚴抄」的《天（元）始天尊說洞淵辟瘟妙經》相同（附表一），可知應是同時間抄寫者，且是傳承自泉州惠安系統。[20]而此兩者臺灣傳承的禳災祭船抄本，從經文內容看來，不僅只適用於家宅個人，已經擴充為鄉里與家戶通用。

（三）臺灣傳承明清公眾性禳災用途的和瘟送彩科儀

自從倫敦大英圖書館印度和東方圖書館寫本部（Oriental and India Office Collections Reading Room）裡，被發現庋藏有一批乾隆、道光間福建海澄縣和漳浦縣民間道教科儀手抄本後，引起了相關學界諸多的討論。[21]這一套道教科儀抄本，編號 or. 12693，

19　經文：「伏以，天作孽猶可違，深沐恩慈而盡釋；舟弗濟臭厥載，悉收疫毒以俱安。……吹送神船何處去，直歸三島十洲中。」（6b-7b）

20　李豐楙：〈東港王船和瘟與送王習俗之研究〉，頁 235。

21　丸山宏近作〈大英圖書館所藏福建漳州海澄縣道教科儀手抄本（Or. 12693）初探〉一文，公布了其親自前往抄寫的相關重要文本，對研究者幫助很大。發表於香港飛雁洞佛道社贊助，金門大學閩南文化研究

共有三十五種，至少在同治三年（1864）已著錄於該館的中文藏書目錄中；其中明確表明是與船有關的科儀，就有《送彩科儀》（or. 12693/15）與《安船酌餞科》（or. 12693/18），前者並標明抄寫時間為「乾隆己丑年（1769）季冬穀立」。（附圖 1）就其功能與價值，楊國楨認為出航地點「本港澳」即海澄（月港），乃經廈門以太武山（南太武）為望山放洋。[22]（附圖 2）而且後者特別有價值的是：「在安船儀式的最後，竟是『往西洋』、『往東洋』、『下南』、『上北』四個方向的海洋航路。如果不是道士和出海人經常接觸，從他們的針路簿取材，絕不可能有這樣的再創作。民間道士作安船化財功德，上祈高真賜福消災，保佑船隻在所有航路上行駛安全。儀式上『奏請』庇佑的航路，就是現世必經的航路。」[23]李豐楙認為福建即為濱海地區的海洋文化，海運的經驗又擴大了得原本盛行於江河地區的空間跨界知識，形成海船出航的海上經驗。並同意楊國楨對《安船酌餞科》後錄的航海針路地名與當地神祇，「原是船員記錄下來的」觀點，並推論前者主要是奏請神尊庇佑航路的安全，儀式舉行的時機可能是在造船過程中的安船儀式，或是在出航前作為祈祝之用。[24]

所、香港中文大學東亞研究中心、施合鄭民俗文化基金會合辦之「正一與地方道教儀式」研討會（2012 年 9 月 22-23 日，金門）。本文特別著重探討兩個方面：第一，1840 年代海澄道教儀式與其地區社會情況之關係，第二，從與臺南道教儀式比較的角度來看海澄道教儀式的特徵及其研究上的價值。

[22]　楊國楨著：《閩在海中：追尋福建海洋海洋發展史》（南昌：江西高校出版社，1998），頁 62。

[23]　楊國楨：《閩在海中：追尋福建海洋海洋發展史》，頁 81。

[24]　李豐楙：〈王船、船畫、九皇船：代巡三型的儀式性跨境〉。

若先就 1769 年海澄本經名探討，其封面直書《送彩科儀》（內頁則書《送船科儀》），即可知本質即為和瘟送船科儀本，如乾隆二十七年（1762）刊《海澄縣志》卷十五〈風俗考〉所記：「每二、三年間，倡為造王船之說」的迎送王爺傳統；[25]且應兼適用於海上為禳人船災害功能的施放彩船儀式。如北宋・徐競宣和六年（1124）《宣和奉使高麗圖經》卷三十四〈沈家門〉云：「每舟各刻木為小舟，載佛經糧糗，書所載人名氏納於其中而投諸海，蓋禳厭之術一端耳。」[26]元・汪大淵至正十一年（1351）記載於《島夷志略・靈山》條言：「舶至其所，則船人齋沐三日，具什事，崇佛諷經，燃水燈，放彩舶，以禳本舶之災，始度其下。」[27]又據向達所校注的《兩種海道針經》甲本《順風相送》，其乃作者於永樂元年（1403）奉差前往西洋等國的見聞實錄，[28]其中〈靈山大佛〉[29]記：「山有香爐礁，往回送彩船。」（頁 34）〈歌〉亦曰：「靈山大佛常掛雲，打鑼打鼓放彩船。」（頁 47）而歌詞中：「新做寶舟新又新，新打舽艭如龍根，新做艓齒如龍爪，拋在澳港值千金。」在臺灣屏東林德

25　清・陳鍈等修、鄧廷祚等纂：《海澄縣志》，《中國方志叢書》（臺北：成文出版社，1969）第九十二號，頁 725。

26　《景印文淵閣四庫全書》本（臺北：臺灣商務印書館，1982-1986），頁 9。又《浙江通志》卷十四「沈家門山」：「《定海縣志》在縣東九十里，外通蓮花洋最為要地。」（頁 28）

27　《景印文淵閣四庫全書》本，頁 28。

28　《順風相送・序》作者自謂：「永樂元年（1403）奉差前往西洋等國開詔，累次校正針路，牽星、圖樣、海嶼、水勢、山形，圖畫一本，山為微薄。」（頁 22）北京：中華書局，2006。

29　向達校注：即今越南地圖上綏和和白蓮之間之華列拉岬 Cape Varela。

勝闈行東港祭船之科本亦用類似的比喻：「一隻彩船像龍身，二條錠綟像龍根，四支錠齒像龍牙，拋在大海值千金。前面一山常掛雲，打鑼打鼓放彩船。」兩者應存在有某種傳承的關係。且此〈歌〉詞條下即有〈玉皇寶號〉，不知是否暗示乃用道教儀式祭祀？又明萬曆間，福建漳州府龍溪縣人張燮著《東西洋考》（萬曆四十五年，1617 刊），摭拾舶人舊有《航海針經》原載針路與相關祭祀習俗，改編收入其書卷九，其〈祭祀〉篇亦載：「都公者，相傳為華人，從鄭中貴抵海外，歸卒於南亭門，後為水神廟，食其地。舟過南亭，必遙請其神祀之；舟中至舶歸，遙送之去。靈山石佛頭，舟過者必放綵船和歌，以祈神貺。」[30]

　　若再比對海澄本《送彩科儀》與《安船酌餞科》經文內容，古籍中所載「都公」與「靈山大佛」亦出現在「往西洋」的針路，請「泊水林使總管」與「靈山大僊」，而且此條航線對照《順風相送》頁 32 以下的紀錄也十分的接近。因此筆者認為海澄縣保存的兩種和瘟送船的道教抄本，應是配合使用的，除可能在造船過程中的安船儀式中，固定遍請相關航程針路的神尊外；更明確的是在出航前或航行中彈性作為祈祝之用的「附屬請神名單」。即準備要航行哪條路線就預先恭請供養，或航行到該區路線時配合「送彩船」與相關定時或不定時的祈請儀式，如給船上配屬有道士或司香者[31]神職人員之用。另《安船酌餞科》後「上北」路線，與前文提及 1749 年陳琦珬抄錄的《靈寶禳災祭船科》後所

30　明・《東西洋考》（二），頁 126。王雲五主編：《叢書集成簡編》（臺北：臺灣商務印書館，1965）。

31　《東西洋考》卷九〈祭祀〉：「凡舶中來往，俱晝夜香火不絕，特命一人為司香，不他事事。舶主每曉起，率眾頂禮。」（頁 12）

附的「船醮聖位」地名與神衹也十分相符，（附圖 3）如湄州、平海、南日（陳本分作大、小南日）、磁澳（作磁頭）、三沙皆請媽祖，海澄本草嶼與鱟壳澳兩地請土地，陳本則請媽祖，應是同為福建到江蘇一帶沿海送船信仰圈接近的道法科儀系統。

又進一步探討海澄本《送彩科儀》與現存臺灣相關抄本的關係，田仲一成已拿《莊林續道藏》本進行比對，指出「基本上是同一儀禮系統的繼承」。[32]以《送彩科儀》所見的科儀內容，除結構程序與臺灣相關版本十分一致外，最明顯的傳承證據有二：一是科儀中所諷誦《元始天尊說洞淵辟瘟妙經》，在流傳於臺灣高屏地區翁宗庇的宴祀天仙科儀與新竹地區的吳家傳本，皆見運用同經名於和瘟送船科儀中；且除文字有很小的差異外，基本上與《正統道藏》本《太上洞淵辟瘟神咒妙經》同一系統。二是《送彩科儀》所保存的「三獻酒詩」與三段「送船下水」歌謠，以及被點名上船的「合船夥記」各職司人員內容結構，雖與臺南道有些小文字的部分差異，基本上與來自漳州龍溪縣的臺南陳家，以及來自泉州的翁家所保存的相關道法，有著密切的傳承關係傳承，且似乎反映漳、泉近海區域的和瘟送船道法複合的關係。

---

[32] 田仲一成：《中國鄉村祭祀研究：地方劇の環境》（東京：東京大學東洋文化研究所，1989），第一篇上基層祭祀第六章〈福建系漁村王船祭祀〉，頁 134。

三、和瘟送船抄本具顯的道法傳承特質與歷史意義

　　本節主要藉由臺灣與福建清代古和瘟送船抄本，討論以下三個具有顯著特質的問題：一是所傳承送船的情境為何？是由哪些角色職司和參與營造？二是奉旨行瘟與解瘟的瘟神使者，要回到哪裡去繳旨？道教抄本大多指明其明確的送船去處，為什麼要送到這些地方，其所象徵的意涵為何？三是為什麼鳳山道 1821 年會有一本特別清楚記載新園五朝王醮的文檢，其反映了的歷史意義與價值如何？

（一）鳴金擊鼓、歌唱送船

　　審視相關的文獻資料與田野調查所得，驅瘟送船入水的情境常是呈現神人押送、旌旗盛壯的熱鬧非常場面；[33]而且抄本中也一再出現鳴金擊鼓、歌唱送船的歡樂氣氛文字描述，並多以七字句押韻詩歌作為「送船歌」，讓人印象十分深刻。如前引的南宋末董嗣杲〈江州重午〉，具象而生動地描述西湖上民眾畫鼓喧闐競渡，爭歌神曲以遙送瘟船的畫面；《順風相送‧歌》：「靈山大佛常掛雲，打鑼打鼓放彩船。」《東西洋考》卷九〈祭祀〉：「靈山石佛頭，舟過者必放綵船和歌，以祈神貺。」（頁 14）皆說明須營造敲鑼打鼓、和歌歡唱的送船場景；清‧丁紹儀《東

33　如陳維緒：〈將樂縣鏞城的廟會與遊神〉，記錄福建省三明市將樂縣鏞城歲時節慶中，正月 15、16、17 三日送瘟船的活動，以及 17 日晚祭船、送船與化船的熱鬧情景。收錄於勞格文（John Lagerwey）主編：《客家傳統社會》（上編）（北京：中華書局，2005.12），頁 180-209。

瀛識略》卷三〈習尚〉也強調是：「鼓吹儀仗，送船入水。」[34]
而見於道教秘傳經典者，如《道法會元》卷 220〈神霄遣瘟送船
儀〉希望瘟神使者能滿心歡喜各歸所治：「相呼相喚水雲鄉，載
笑載言蓬島外。」自須以歡唱送行：「數句臨江仙曲，百千餘里
舉頭空。唱一聲下水船歌，三十六灣彈指過。」（6a）因此其情
境氣氛就如相關道壇抄本的熱鬧描述：如封面標明「自康熙年間
江西廣進府煌使公帶來」、福建永春萬寶壇古本《和瘟燈科》中
送船歌首句：「龍舡畫鼓響噹噹」，《祭花船全經》言想船上載
鬼災去，手執鼓仔打一段，然後唱船歌、鳴船送去，經文相關者
如：「紅旗閃閃墮江浪，畫鼓喧喧趨海潮。」陳琦瑝本祭船〈三
獻文〉：「旌旗蔽日，金鼓喧天，炮響則山川震動，喝聲與波撼
齊鳴；雄風凜凜，喜氣騰騰，蘭槳桂棹，飛帆直到於蓬萊。」
（附圖 4）送船歌首句：「江頭金鼓亂匆匆」。翁宗庇本在船前
請醮主開瓶奠酒、勸酒，其再獻上馬酒詩：「鳴鑼擊鼓鬧喧
天」。新竹吳本：「鳴金擊鼓歸天去」、「棹歌曳槳隨風去」
（頁 7419-7422），高雄黃本也唱讚：「江頭鑼鼓響咚咚」。

　　以上所引述資料，主要是記述整體的氣氛，除送行的神轎、
藝陣、民眾之外，若是再區分此一送船情境營造的職司者，從道
教抄本中可分為神使、兒郎與法師三種。第一類「神使」：指瘟
王儀駕中、神船上負責鼓樂的神將使者們。如永春萬寶壇《和瘟
燈科》有「歌樂二郎」，海澄乾隆本有「舞弄唱歌童子、吹簫打
柏郎君」，陳琦瑝本有「擊鼓大神、鳴鑼大神」，張傳世本有
「鳴鑼催鼓神將」，龍虎山天師府和瘟抄本也載有：「打鼓麾旗

劉元達，吹簫吹笛李家仙。」泉州安溪靈仙壇《禳災送王科》，
拜請諸神祇中有：「行船撥櫓、歌舞吹唱、槍旗鑼鼓神兵」，泉
州洪瀨洞明古靖《靈寶瘟神法聖科》，亦有請「唱歌大使」。這
些無形的神司，在臺南則表現於具象的王爺中軍府紙糊中敲鑼打
鼓神相關神兵神將造型，在東港則如同王駕出巡遶境隨行的「神
樂團」意象中。[35]

　　第二類「兒郎」：指神船上擔任划船的無形神兵和實際水
手。如泉州永春萬寶壇康熙抄本《造船科》（兼有祭船）有「歌
樂兒郎」，《祭花船全經》唱詞：「聖者收瘟齊捫毒，兒郎撥掉
盡逍遙。」莊林吳本《送船科儀》有：「黃冠兒郎，高聲拍唱；
白旗使者，奉命前驅。」（頁7397）亦即《道法會元》卷221〈神
霄遣瘟治病訣法〉擔任「噭聲擊楫」、「揚手鳴鑼」（6b），及
海澄縣本《送彩科儀》後送船歌所載：「裝載貨物滿船去，齊聲
唱噭到長江」工作者；以營現「旗掣波心之電，鼓喧水面之雷。
黃帽即屬聲後唱，白旗子奉命前驅。」（221: 7a）賣力划槳、歡
樂高唱的情境。

　　第三類「法師」：即是祭船送船的執法人員，在臺灣所見皆
用法場，道士變裝為閭山法師。其掐訣、念咒、吟詞、吹角，召
請當地城隍、土地諸神及所屬壇靖官將，配合後場熱鬧鑼鼓嗩
吶，表現「鼓角催行」的法術意涵。如《道法會元》卷221〈神
霄遣瘟治病訣法〉：「畫船載取瘟災去，纖爾無留神鼓催。」

35　請參見李豐楙總編纂：《東港迎王——東港東隆宮丁丑正科平安祭典》
　　（臺北：臺灣學生書局，1998）與《臺南縣地區王船祭典保存計畫——
　　台江內海迎王祭》（宜蘭縣：傳統藝術中心，2006年3月）相關章節
　　敘述。

（6a）陳琦瑱本《禳災祭船科》：初獻酒唱：「船不停而浪風恬息，旌向前而鼓角催行。」以及張傳世（1748 or 1778）《祭牛瘟設船醮科儀》（後署《禳灾船醮科儀》）（附表一）抄本一開頭：「一聲鳴角鬧紛紛，點開巡狩伍彩船。」這些經文中的神鼓、鳴角演法者，自是負責送船的法師。

（二）返天繳旨，遊樂仙界

《正統道藏》本宋元時期的《太上洞淵辭瘟神咒妙經》，[36] 以元始天尊之名解說瘟疫症狀、成因、來歷與轉經解除之法，其中強調瘟疫傳染除世人為非造罪外，蓋是「五帝使者，奉天符文牒，[37]行此諸般之疾。凡人之所為，係在簿書，遂行其毒。若人吸著，便成此疾。」（1a）但未言以船送瘟和應送往何處兩項重要問題；而海澄縣本、高雄翁家與莆田萬壽壇《五帝和禳科》（林國平，中華民國乙酉年（1945）孟夏下浣穀旦立普光門人鄭德添敬書）本《元始天尊說洞淵辭瘟妙經》，則指明送瘟：「速去洛陽大道之處，[38]莫害人民。」《道法會元》卷 220〈神霄遣瘟送船儀〉中，同時出現遣瘟送船至洛陽與蓬島兩個地方：「相呼相喚水雲鄉，載笑載言蓬島外。」「逍遙徑返於洛陽，便是神

36　李豐楙：〈行瘟與送瘟：道教與民眾瘟疫觀的交流和分歧〉，《民間信仰與中國文化國際研討會論文集》（臺北：漢學研究中心，1994），頁 373-422。頁 413 言《太上洞淵辭瘟神咒妙經》成立的年代約在南宋至元。而據游子安考察，此經今仍運用於香港道教送瘟祈福法會中：〈香港道教送瘟祈福法會及其辟瘟經文〉，《華南研究資料中心通訊》第 32 期（2003.7），頁 21-27。

37　海澄縣本、高雄翁本與新竹吳本，皆作「奉天司文牒」。

38　新竹吳本「洛陽」抄作「平洋」。

王安穩處。」（6a-b）卷 221〈神霄遣瘟治病訣法〉則指明：
「吹送神船何處去，直歸三島十洲中。」（7b）這些道教宋元抄
本所指出，奉天符文牒行瘟的五帝使者應被以船送往的去處，成
為後來流傳版本的依據，其雖有名稱的不同，但共同是聖潔他界
仙鄉的意涵，乃是神王遊樂安穩之處。如同《澎湖廳志》卷九
〈風俗・風尚〉雖載送船的方式有火化「遊天河」與付流「遊地
河」的區別，卻巧妙地拈舉出「遊」字，點出其仙遊、遊樂與神
遊等神仙意象。

1、遊通洛陽、逕詣九天

臺南陳榮盛本《靈寶禳災祈安打船醮科儀》言：「此境不須
回頭顧，無限歡娛在洛陽。」鳳山道重要傳承淵淵祖師的翁定獎
（1693-?）〈靈寶禳災祈安文檢〉（附表二）中，其〈玉清鎮禳
災運真符〉亦言：「攝毒藥於洛陽之中，集禎祥於仁鄉之內。」
而〈送瘟關〉更點明：「駕送仙舟，逕詣九天，遊通洛陽，投進
物件，毋致差互，立俟咸通，慎關。」（附圖 5）其後有天運年
時日夜關，指明在晚上送船，與今所見相同。此「逕詣九天，遊
通洛陽」關鍵兩句，點出了送船回到九天繳旨、完成「代天巡
狩」職司的神聖任務；而其過程須先「遊通洛陽」後，才能「逕
詣九天」，洛陽正是其回到上天必經的路線之一。因為洛陽在河
南西部，由周公營建，自夏商周以來曾有 13 個朝代在此定都，
是中國歷史上唯一被命名為「神都」的城市，「中國」一詞便源
自「洛陽」居為國之中的概念而來。所以洛陽不僅是帝都，更是
神話「地之中」的觀念，以對應玉帝所在天庭「天之中」；因此
李豐楙認為祈拜的瘟神就是「坐船來坐船走的神」，船之所自來

所自去則是「天上」，[39]如同莊林吳本《送船科儀》所言：「速
登萬里船，長往九重天」的旨趣（頁 7394）；並清楚指出：
「洛陽既為帝都象徵，也就隱喻從天朝下巡，巡畢再返回天
朝。」[40]而江西龍虎山《和允（瘟）酌餞科儀》，出現：「五湖
四海深萬丈，白浪滔天歸洛洋。」「押送龍舟一隻，迴轉洛
洋。」福州萬壽壇《禮瘟法懺》[41]也有：「笑送遨遊於洛洋，唱
起出離於他鄉。」此「洛洋」若非作他界的「大洋」解，則應為
「洛陽」之音誤。

2、遊樂仙鄉、各歸治所

　　除了送船歸經洛陽回到天上之外，道教抄本中也出現蓬瀛三
島、四海、五湖、海島與十洲等一組神秘「仙鄉」的去處。如永
春萬寶壇古本《和瘟燈科》與《祭花船全經文》載：「奉送瘟神
何處去，冥歸三島五湖中。」《造船科》則指向：「任意遨遊於
四海，從心通達於五湖。」乾隆海澄縣本《送彩科儀》：「拜辭
神仙離別去，直到蓬萊入仙門。」陳琦瑝《靈寶禳災祭船科》：
「乘風破浪，飛航直上於龍門；扶國安民，妖氛掃靖於海島。」
而這些回歸仙界的瘟神疫鬼，似乎不像鈴木滿男所言：「將他們
遠遠地放逐到東海的汪洋之中。」[42]雖說王爺兼有解瘟押煞的職

39　李豐楙：〈嚴肅與遊戲：從蜡祭到迎王祭的「非常」觀察〉，《中央研
　　究院民族學研究所集刊》第 88 期（1999），頁 135-172。

40　李豐楙：〈王船、船畫、九皇船：代巡三型的儀式性跨境〉。

41　收於宋怡明（Michael A. Szonyi）所編《明清福建五帝信仰研究資彙
　　編》，頁 264。此版本與福建師範大學林國平教授贈與筆者同一版本。

42　鈴木滿男著；郭如平、斯海濤譯：〈環東海諸地區的海上異域觀念——
　　比較民俗學的考察〉，收錄於鈴木滿男主編《福建民俗研究》（杭州：
　　浙江人民出版社，1990），頁 181。

責，但應是回去繳旨而非「放逐」，如依永春《造船科》所言：「乘載五瘟時厖蟲蚊豬牛神鬼等眾，盡上龍船花船，直上案州，前去蓬萊都水司管鬼案下。」（附圖 6）這「蓬萊都水司」則是行瘟者應「報到」之處，[43]乃是完成任務後的「歸建」。所以他們在海外仙鄉是歡樂盈盈、恣意歡娛，如吳本所唱：「塵世難留神聖駕，送歸海島意盈盈。」（頁 7395）臺南陳榮盛《祭船》所誦：「塵世豈留神聖駕，送歸海外恣歡娛。」此處用聖潔仙界來對應凡塵俗世，說明不管行瘟使者自願上船或被動押回，擔任和瘟禮儀的儀式專家，總是一再強調天界、仙鄉的潔淨美好，可肆志歡愉遊樂，以和氣勸誘瘟神疫鬼快速上船離去。

（三）新園五朝王醮文檢抄本具顯歷史意義

從附表一翁宗庇重錄抄用的《禳災請王安位祝聖科》所內附的《五朝謁王科儀》，顯示至少在 1801 年前鳳山道區域已舉行過五朝王醮科儀。但筆者所見相應的文檢，最早如翁定獎〈靈寶禳災祈安文檢〉中〈玉皇大疏〉所載只是三朝科事，明確指明五朝地點與蒐錄完整須用文檢者，則是岡山通妙壇余家所保存、題署為「道光辛巳年弟子呂應翔抄集」的《靈寶祈安文檢：二、三、五朝通用》文檢資料，其內容中就有「新園王醮五朝要用文字謹記抄錄」一批。（附表二、附圖 7）若考察其舉辦的地點與

43　北宋末《無上九霄玉清大梵紫微玄都雷霆玉經》有「蓬萊都水司」（6a），〈高上神霄玉清真王長生〉大帝曰：「禳水之法，申聞水府扶桑大君、水府馮夷君、波神玄冥君，徧牒五湖大神、四海龍王、九江水帝、四瀆源公、九河主者、崑崙河源君、河魁大神及蓬萊都水使者，可令速除水怪，障回狂瀾，殱滅妖殘，勿為民害。」（15b）

時間，可凸顯歷史層面上相當的意義；而且其中所紀錄的〈五朝疏意并法事在內〉，不僅可以瞭解當時五朝攘災王醮科儀法事安排架構與程序，也可對照翁家道壇所保存從 1749 年到 1809 年的相關抄本，分析其當時實際的運用狀況。

　　首先考察其所載「新園」的地望，應即是清中葉所見的「新園街」[44]區域，而境內在當時能舉行五朝王醮的公廟，應是清乾隆年間創建於古東港鹽埔的東隆宮（東港溪西岸，今新園鄉鹽埔村）。清康熙五十九年（1720）刊行的《鳳山縣志》所附的〈鳳山縣輿圖〉，屏東平原只有新園街，是下淡水溪的「下路頭渡」，乃先民坐船上岸或鳳山縣城到港西下里最重要的渡船口。而古東港鹽埔又為下淡水溪出海的門戶，對照「新園王醮五朝要用文字」中所記「另王船纜到用告示一張」，下註言：「紅箋墨書，發港口船頭處掛諭」，此言「港口」應即是指稱古東港。且根據康豹（Paul R. Katz）的研究，[45]引述《東港沿革與東隆宮溫王爺傳》、地方父老的說法，和 1943 年所編的《臺灣の寺廟問題》中宮本延人（1901-?）有關東隆宮的調查紀錄，以及到今日東隆宮在鹽埔，仍擁有 17.0275 公頃的廟地，以其收入來補貼每年的支出費用等證據，證明東隆宮創建於清乾隆年間的鹽埔，後來遷建到鎮海里，最後遷至今東隆里。清乾隆年間鹽埔時候的東隆宮，雖因地勢較低窪淹水而使得資料未被保留下來，但這本靈寶道壇內部秘傳的文檢，卻因緣際會下紀錄下這歷史的見證，具顯其重要的意義與價值。

---

[44]　據《鳳山縣志》卷二〈規制志・街市〉：「新園街，屬港西里・近年始設。」（頁 26）今屬屏東縣新港鄉。

[45]　康豹（Paul R. Katz）：《臺灣的王爺信仰》，頁 65-74。

　　這本文檢中是 1821 年配合新園五朝禳災的道教科事實錄，其中〈天仙疏〉還記「左營王醮無祀天仙，亦無祭水火部」；〈水部榜式〉下亦註言「新園〈天仙榜〉、〈水火部榜〉、〈三界觀音榜〉通不用」，乃實際參與或考察的比較，所以至今仍是鳳山道區域王朝禳災王醮文檢最重要的母本。而為什麼在道光辛巳年（元年，1821）會舉行盛大的王醮，其所具顯的歷史背景即是是年閩臺瘟疫的大流行。劉枝萬根據道光十五年（1835）程祖洛修、同治十年（1871）刊《重纂福建通志》中〈雜錄・祥異〉，分別整理福建唐代以降瘟疫發生史料，[46]其中特別記載：「道光元年七、八月間，福建全省大疫流行，皆吐瀉暴卒，朝人夕鬼，不可勝數。」陳勝崑〈弓形菌流行性霍亂傳入中國的經過〉一文，[47]引證浙江杭州人王楚堂（?-1839）所刊《痧症全書》（清・王凱編撰，成書於 1686 年）宋如林首序（道光元年七月望日所作）：「嘉慶庚辰年（1820）秋，人多吐瀉之疾，次年辛巳年（道光元年，1821），其病更劇，不移時而殞者，比比皆是。此症始自廣東，今歲福建、臺灣尤甚。或云自舶趕風來，此言未盡無稽。」考述此近代流行的亞洲霍亂，自清嘉慶二十五年（1820）流行於廣東、福建後，次年道光元年，蔓延至江浙，遠至燕京。

　　其傳染速度之猛烈，患者死亡率之高，不僅在清中葉的醫書多有記載見證，也讓當時的名醫束手無策。如清福建長樂人陳修

46　劉枝萬：《臺灣民間信仰論集》（臺北：聯經出版事業公司，1995），頁 240-258。

47　陳勝崑：《中國疾病史》（臺北：自然科學文化事業公司，1981）第四章〈弓形菌流行性霍亂傳入中國的經過〉，頁 29。

園（1753-1823）《醫學實在易》卷三〈霍亂詩・續論〉中載門人問曰：「庚辰、辛巳歲，吾閩患此而死者不少，然皆起於五月，盛於六七月，至白露漸輕而易愈。」又道光三年〈錄千金孫真人治霍亂吐下治中湯〉：載師命犀曰：「我數年所著之書，尚未完備，即霍亂、吐瀉二條，亦須重補。前三年患此病而死者，十有八九，其實皆死於藥。」[48] 王清任（1768-1831）《醫林改錯》中〈瘟毒吐瀉轉筋說〉條目：「至我朝道光元年，歲次辛巳，瘟毒流行，病吐瀉轉筋者數省，京都尤甚，傷人過多。貧不能葬埋者，國家發帑施棺，月餘之間，費數十萬金。」[49] 浙江陸以湉（1802-1865）《冷廬醫話》中〈霍亂轉筋俗稱吊腳痧〉條目：「余按此症自嘉慶庚辰年後患者不絕，其勢甚速，醫不如法，立時殞命。」並引許辛木云：「道光辛巳，此症盛行。」[50]

（四）呂應翔 1821 年抄本中〈五朝王醮疏意〉解說

題署為「道光辛巳年弟子呂應翔抄集」的《靈寶祈安文檢：二、三、五朝通用》文檢資料，其內容中就抄錄有「新園王醮五朝要用文字」一批，此即證明在清道光辛巳年（1821）鳳山縣新園街已舉行過五朝禳災王醮，且這是目前所見鳳山縣最早五朝王醮的紀錄。由於呂應翔家道法與翁家道壇有密切關係，解讀其中所登載〈五朝王醮疏意〉，不僅可以瞭解當時五朝禳災王醮科儀

---

[48] 清・陳修園：《大字斷句陳修園醫書七十二種》（臺北：文光圖書公司，1985），頁 58。

[49] 清・王清任：《醫林改錯》（臺北：力行書局，1990），頁 50

[50] 陸以湉（1802-1865）著，張向群校注：《冷廬醫話》（北京：中國中醫藥出版社，1996），頁 92-94。

法事安排架構與程序，而且也可對照翁家道壇所保存從 1749 年到 1809 年的相關抄本，分析其當時實際的運用狀況。其王醮〈五朝王醮疏意〉有關法事程序文字如下：

> 涓取今月△△日，仗就廟修建
>
> 靈寶禳災祈安一大會，行科五旦夕，△日吉時預先拜發一宗文字，申請
>
> 三界真司，恭迎
>
> 王駕俯降芳筵，敬演梨音，奉安寶座。越△日啟奏
>
> 聖真，披宣法事。揚旗掛榜，督將衛壇。開諷諸品妙經，演拜列科寶懺。中午陳供，散遶奇花。迨夜鳴（金）鐘而敲玉磬，分寶炬以捲珠簾。啟謁
>
> 師聖尊，習儀大教範。次日清晨，重白
>
> 帝真。再酌茗供。夜建道場，捻香致敬。三日，進拜朱表，上陳
>
> 御覽。各家行香，頒符煉疏。是夜，燃放水燈，普照晶宮澤國。暫息法音，稍停秘典。四日，續完經懺。復酌茗供。夜設斛筵，賑施男女孤魂等眾。祭獻
>
> 水火二部尊神，心星常行躔度，吉宿護臨境主。五日，重鳴法鼓，祝讚萬靈聖燈。祀祭
>
> 天仙六司。恭迎
>
> 帝輅，音觴作宴，羅列牲醞，依法正醮。關祝五雷神燈。特設和瘟淨醮。送仙舟歸，海島導福，慶集鄉閭。敕造靈符，安鎮五方。事竟禮謝，犒勞官軍。化煉疏財，送駕回程。

　　王醮法事程序首先得在數月前敬呈〈通醮表〉，稟明上蒼禳災建醮慶典的內容，以便預先禮請神尊屆時鑒臨。〈五朝王醮疏意〉中所呈現具體科儀內容，有關經懺的部分未指明轉誦哪些經懺，第一天只言：「開諷諸品妙經，演拜列科寶懺」，第四日則言：「續完經懺」；若按現在田野調查所見，靈寶南路五朝王醮使用經懺多種，除了將之平均分配於各日，以作為整體科儀結構調節搭配外，其主要的精神是消災祈福與懺悔省過。重要經懺諸如：《玉皇經》即在度死濟生，《朝天法懺》藉以投誠懺悔，《玉樞寶經》用於收煞禳災，《三官妙經》和《北斗真經》則用於解厄延生。其主要科事依其時間前後，可分析如下：

　　第一天：「啟奏聖真，披宣法事」，即《玉壇大發奏》、《祝聖》兩科儀，前者目的即呈奏表章，請功曹符使速為傳達，告聞三界，稟告此次舉行醮典的用意；後者則依次啟請各方神明降臨醮場，接受信眾的禮敬朝拜。接著「揚旗掛榜，督將衛壇」，即是藉著《豎燈篙》中使用象徵通達天地的竹篙、旗旛與燈盞法物，以召請幽明、普告天地；另「張掛榜文」，即督促相關受籙所屬官將吏兵，執行保護壇靖職責。而「中午陳供，散遺奇花」，乃是每天逢午必作的《午供》，以酌獻迎請的高真尊神。「迨夜鳴（金）鐘而敲玉磬，分寶炬以捲珠簾」，即晚上的第一個重要科儀《分燈》，主要藉由道法闡行其宇宙秩序重構與潔淨境域的功能；而其經文內容「先金鐘玉磬、而後分燈、再捲珠簾」，異於臺南通行的「先分燈、再捲珠簾、而後鳴金戛玉（即金鐘玉磬）」《分燈》版本。再來的「啟謁師聖尊，習儀大教範」，即是《宿啟科儀》，進行「安鎮五方真文、真符」的程序，請五方帝君符命風火驛傳，使五星與二十八宿掃穢除氛，明

度天輪；並輔助醮主五臟六腑安順，度厄消災，表現了道教在王醮傳統中所整備的一套驅瘟與安奠的儀式功能。

第二天：「次日清晨，重白帝真」，即《重白》科儀，乃重新禮請高真尊神，申啟科儀內涵與虔誠祈願。而「夜建道場，捻香致敬」，亦即《道場科儀》，乃演行朝見三清，以獻香、進茶與進爵，並疏奏表章的科儀。一般現在五朝醮典，均將《道場科儀》安排於第二天一早，此處卻載明是在夜間舉行。而對照上所引「乾隆己巳歲（1749）荔月後學道陳琦玕抄」的《靈寶禳災清醮道場科》抄本，其經文中正是敘明使用〈夜入戶咒〉與〈夜出戶咒〉（如附圖六），顯示其是可用於晚上的科本。應可證明呂應翔所抄錄科儀程序中，所反映運用的《道場科儀》內容，是與翁家所保存的、陳琦玕抄的《靈寶禳災清醮道場科》，乃是同一道法傳承的抄本。

第三天：「進拜朱表」，即《登壇拜表》科儀，道長以儀式象徵昇天呈進〈朱表〉，將王醮大典的信眾心意具體上呈，誠惶誠恐地將醮功圓滿的功德疏奏玉皇，以求其證盟與護佑。「各家行香，頒符煉疏」，即道長到各家各戶讀誦共通之〈燈篙疏文〉，重點在將各家丁口之本命元辰置念於疏文中，然後頒發平安符，以祈求家戶平安順遂。當夜即舉行《燃放水燈科儀》，以普照晶宮澤國，召請水面孤魂，來臨普度法筵，共享法食，聞經聽懺。

第四天：「夜設斛筵，賑施男女孤魂等眾」，即演行《普度科儀》，吟唱太乙救苦天尊法號以「巡筵淨斛」，再到大士爺、及寒林、同歸所孤魂暫棲神主前召請。然後道長率道眾登座說法，道長頭戴「五帝冠」變現為救苦慈尊，以其不可思議的公德

力為孤魂沐浴開喉、變現法食，讓召請而至的孤魂享用境內民眾豐盛祭品的普施；並讓其在聞經聽法後，也能懺悔覺悟而超度上界，或滿足離去，使得合境平安。而「祭獻水火二部尊神」，旨在驅逐火煞與避免水災，此處似僅為啟請水火二部尊神，並三獻祭奠的一個科儀。以筆者田野調查所見，靈寶南路科儀驅火辟水的道教儀式，可轉誦如《滅火經》與《龍王經》等一類祈祝祝融不臨、洪水勿侵與海上平安等功能的經典；或更擴大為各一天的「火醮」與「水醮」豐富的禳災科事。

　　第五天：「祝讚萬靈聖燈」即闡行《三界萬靈聖燈》，其重點功能是藉由點燃三元三界眾神法燈，祈求光明晃照境土，使得合境男女的本命元辰光彩。「祀祭天仙六司」，即敷演《靈寶禳災宴祀天仙科儀》，啟請並敬獻道教神譜中主管瘟疫的神尊真人，與行瘟放毒的瘟王、鬼王與使者；並轉誦《元始天尊說洞淵辟瘟妙經》，以執行收回疫毒、掃除病氣的任務。「依法正醮」即為搬演《正醮科儀》，其是靈寶南路醮典內壇中最後一個重要科儀，因此主旨即為證盟醮事完周、感謝神恩與奉送神祇。接下的儀式則轉到廣場舉行：《關祝五雷神燈》功能乃以祝燈功德，順遂五行，所以依次向五方誦咒；並焚化五張五方色的符命，以解除瘟疫、長養五方正氣，期能使四時得正，合境平安。

四、和瘟送船儀式的身體技法表演與內涵

　　以臺灣所見從清初到現今的禳災王醮文檢可知，不論是臺南道或鳳山道不同區域，或是三朝與五朝的時間差異，關鍵核心的

和瘟送船科儀，都排在最後一天，文字敘述也十分相近。[51]而中南部靈寶道壇道士，常配合運用閭山法師的法術：如慶成醮中的煮油淨穢、收內外煞、土煞與去火煞（禳熒），王醮中的祭船、押煞，與奏職中的請神、開營放兵及爬刀梯皆是。故今筆者所見和瘟送船的法場部分，皆由兼習靈寶法與閭山法的道士演行，此除與此區域素有先習小法，後再精進學習道教科儀的內部養成教育傳統外，更與其「奏職」時兼受道教與法派法籙密切相關，[52]所以能勝任王醮禳災的道法職能，表現出道教科儀與閭山法派兼融並用的特質。[53]如臺南道乃先道教後法派，鳳山道除保有「先

51 如天運庚戌年（1970）葭月陳宏真（陳聡）〈關廟山西宮金籙禳災芳醮服疏正啟〉（大淵本頁 405）與臺南曾椿壽整理之五朝迎王和瘟大榜式〈金籙迊王和瘟祈安華醮梵章〉，在第五天傍晚〈正醮〉完週後，闡行和瘟科儀節目為：「關五雷神燈、設和瘟淨醮、送仙舟歸於海島。」鳳山道翁定獎於三朝〈玉皇大疏〉中載〈正醮〉完週後，所闡行和瘟科儀亦言：「關祝五雷神燈、時設和瘟淨醮、送仙舟歸海島，導福慶集鄉閭」，呂應翔所記錄的〈五朝王醮疏意〉也載：「關祝五雷神燈，特設和瘟淨醮，送仙舟歸，海島導福，慶集鄉閭。」

52 丸山宏〈臺南道教の奏職文檢〉與〈道教傳度奏職儀式比較研究——以臺灣南部的奏職文檢為中心〉二文，分別收錄於《道教儀禮文書の歷史的研究》第五章，東京：汲古書院，2004；以及譚偉倫主編，《宗教與中國社會研究叢書（十四）：中國地方宗教儀式論集》，香港中文大學崇基學院宗教與中國社會研究中心，2011，頁 637-658。謝聰輝：〈受籙與驅邪：以臺灣「鳳山道」奏職文檢為中心〉。

53 有關正統道教道教與地方區域性法派的關係多元複雜，隨著學者地方性道教研究成果的逐漸累積，逐漸受到重視與深入討論。如施舟人（Kristofer Schipper）：〈都功の職能の關する二、三の考察〉，收於酒井忠夫主編：《道教の総合的研究》（東京：圖書刊行会，1981 三刷），頁 252-290。Paul R. Katz (康豹), *Demon Hordes and Burning*

道後法」原則外，又另添加〈召營〉與〈押煞〉法術。因此，以
下以《關祝五雷神燈》、《宴祀天仙》、《和瘟押煞》[54]與《禳
災祭船》四項關鍵科儀，先比較兩大區域道法與版本的異同，再
分析其行法者身體技法表演的特質與內涵。

（一）關祝五雷神燈與宴祀天仙

　　《關祝五雷神燈》的功能，主要是以祝燈功德，順遂五行，
使合境迪吉，人物阜康。以目前筆者所見版本，兩大區域此一科
儀的經文內容幾乎全同，但實際演出的地點和運用的法具則有部
分差異。以呂應翔 1821 年五朝禳災文檢所記，除五張五方〈玉
清鎮禳災運真符〉外，「設五雷燈式」並言：「關五雷灯用道士
五人，當用法角。王府二門內，用芎蕉叢一株，大灯盞五塊，以
竹佈列燈盞、置於芎蕉叢之上。其灯盞須必灯光燦爛，不可不
明。」（附圖 8）按目前筆者所見版本與實際演法，岡山以北道
壇多與此相同，只用一張桌案，用香蕉欉斜插的油燈，其燈盞數

Boats: The Cult of Marshal Wen in Late Imperial Chekiang, Albany: SUNY
Press, 1995. 葉明生編著：《福建省龍巖市東肖鎮閭山教廣濟壇科儀本
彙編》（臺北：新文豐出版公司，1996）。勞格文 (John Lagerwey),
"Patterns of Religion in West-Central Fujian: The Local Monograph
Record," 《民俗曲藝》129 期（2001.1），頁 43-236。Edward L. Davis
Society and the Supernatural in Song China, University of Hawaii Press,
2001。李豐楙：〈臺灣中、北部的道、法複合〉，收錄於譚偉倫主編：
《宗教與中國社會研究叢書（十四）：中國地方宗教儀式論集》（香港
中文大學崇基學院宗教與中國社會研究中心，2011），頁 147-180。
[54] 高屏地區和瘟押煞的專門討論，如 Paul R. Katz (康豹), "The Pacification
of Plagues: A Chinese Rite of Affliction," *Journal of Ritual Studies*, 9(1),
1995, pp.55-100.

目依東南西北中的聖數：九、三、七、五、一呈現。但屏東林邊
鄉林德勝道長與其傳法者，另從呂應翔本中「古者排和壇式：和
瘟壇排作五方，中書瘟司牌額，以香花灯灼（燭）供養」一句，
引以為據；因此自 1991 年辛未科起應聘東港王醮演出此一科儀
以來，即另選壇場之外的空曠廟埕上，搭起相疊的五方桌案。按
其除自認有根據外，亦是因應東港當地道士不被允許進入王府，
與其壇場內空間不足的一大創意調整與改變。

　　以筆者所見臺南道沒有獨立的《宴祀天仙》科本，雖臺南蘇
家禳災王醮文檢（內書乾隆、道光）中〈三朝無師聖證盟意〉曾
記載：「寅具菲筵，禳祭天仙，宴祀大王，鳴鑼擊鼓，旋歸海
島。」其中「禳祭天仙」不知是否有關？但在鳳山道文檢、科儀
表皆傳承有「祝祀天仙」程序，翁宗庇於 1809 年亦抄有《宴祀
天仙科儀》（附表一）。此一科儀相異於以「三獻」為主結構的
其他和瘟送船儀式，其最大的特色就是插入轉誦《元始天尊說洞
淵三昧天尊辟瘟妙經》，（附圖 9）其建構的基本儀節成為：步
虛、淨壇、三次焚香、分請諸神安座、宣意（初焚香文後念〈天
仙疏〉）、運香、獻茶、諷經如法：〈開經玄蘊咒〉後入轉經
文、〈玉皇誥〉、祈祝。此一經文結構也見於其他不以「宴祀天
仙」為名的相關和瘟科儀本：如海澄乾隆本《送彩科儀》與莊林
吳本和瘟送船的第一部分（頁 7423-7456）。

（二）和瘟三獻與押煞逐疫

1、和瘟三獻

　　臺灣南部禳瘟特別強調「和」瘟，表示溫和勸說，以和為
貴，即是和解、和和氣氣，而不使用驅、逐或斷等字眼，乃是繼

承宋、元《道藏》以來的傳統。[55]因而儀式中的三獻，都先有段
謙恭的念白，再行上香、獻茶與獻酒。一方面禮謝押送、和解的
尊神；一方面也善待討好各種各類瘟神疫鬼。整個和瘟的精神是
由原先的行瘟行毒的降行瘟疫，而經一再祈求之後，終能收瘟收
毒，使我境我土又得以恢復清淨平安。今所見之道教和瘟抄本，
其主體結構多是「三獻」性質的酌獻科儀，如 1749 年陳琦瑃抄
本即為《太上和瘟三獻科》，翁宗庇《宴祀天仙科儀》第二部分
書為《酌獻科儀》。而考察陳琦瑃抄本，除〈步虛詞〉不同、請
神聖位有極小的差異和沒有入轉《太上靈寶天尊說禳災度厄妙
經》外，其餘皆與大淵陳本《和瘟正醮科》（頁 386-388）幾近
相同，應可視為有共同淵源或同一漳州系統；另翁宗庇本三上香
後運用的三首〈獻酒詩〉，和三獻酒節次之後的吟白：「光明滿
月相，三界無上尊。」「勢分高厚，焄辨陰陽……虔伸再敗，奉
送仙馭。」也可在大淵忍爾陳本《靈寶禳災祈安打船打船醮》頁
389-390 找到相同的文字。再比對翁宗庇《酌獻科儀》與莊林吳
本〈請王三獻〉（頁 7458-7490），不僅結構相同，文字也十分
相近，可視為有共同淵源或同一泉州系統。

2、押煞逐瘟

　　臺南道區域在王府中做完《和瘟正醮》之後，接著就是祭船
送船儀式；但鳳山道自古以來，在壇場或廟埕前做完《和瘟三

---

[55] 按照李懷蓀：〈送瘟之船──湘西南儺儀攎瘟芻議〉一文考察所見：
「湘西南儺儀攎瘟對於瘟神、瘟鬼的處置，採取了與方相氏不同的方
式。它不採取『驅逐』，而是採取『和送』，即用送瘟之船裝載瘟神瘟
鬼，將其從儀式的舉行地和平送走。……總之，在儺儀攎瘟中，巫師們對
於瘟神、瘟鬼的處置，再三地突出『和』、『送』二字。」（頁 193）

獻》之後，即續接〈押煞〉法事。表示先用道教文的「和瘟」的
溫雅語氣和之送之，如果不聽，或仍未奏效；接下去就毫不客
氣，而要用武的法術、法力手段，即是逼迫性的「押煞」，押之
壓之，使之就範。[56]顯現道法既有懷柔也有嚴威，使旁觀的群眾
在嚴肅的送瘟儀式中，也能夠深刻感受到一種殺氣騰騰的氣氛，
表現出樸素的民俗情趣。此一部分法派押煞作法，未有科儀本，
但探索其整個演出的意涵與身體技法表現，筆者認為正是搬演陳
琦瑌《太上和瘟三獻科》最後一段經文情節：「伏望五瘟主宰、
大力魔王，命合部之仙靈，令行災之神使，鳴金振響，擊鼓喧
聲，收毒除殃……即俾家門肅靜，人物安寧。」（附圖 10）此
段經文重點也見於翁定獎《禳災王醮文檢・牒官將護送式》中，
更可在大淵陳本《和瘟正醮科》最後找到相對的文字（頁 387-
388），但陳本經文諸多舛誤不通，應按陳琦瑌本訂正。[57]

　　此段和瘟押煞儀式表演，頗能表現道法兼用與道士身體技法
精彩演出的情境，讓民眾感受嚴肅又熱鬧的氣氛，及其驅瘟押煞
的法術內涵。以下以筆者仔細記錄的東港丁丑科（1997）王醮為

56　此類道教驅邪儀式中的強制武力或軍事行動，康豹（Paul R. Katz）強
　　調應放在司法程序與法律脈絡來理解。詳見其〈「精魂拘閉，誰之過
　　乎？」——道教與中國法律文化的建構初探〉一文頁 574、579，收入
　　田浩（Hoyt Tillman）主編：《文化與歷史的追索：余英時教授八秩壽
　　慶論文集》（臺北：聯經出版事業公司，2009），頁 559-582。

57　如陳琦瑌《太上和瘟三獻科》：「伏望五瘟主宰、大力魔王，命合部之
　　仙靈，令行災之神使，鳴金振響，擊鼓喧聲，收毒除殃，負瓢揎尰，行
　　行奮發，墜墜（隊隊）辭離。陟逍遙雲路之間，超快逸遨遊之境。興滄
　　溟之內，雲浪滔天；施宇宙之間，祥光匝地。盡離境土，永返雲衢。」

例闡述：[58]在夜晚信眾群集的廟埕上，法場早已佈置妥當，中央
處擺放兩張板凳，下有烘爐燃燒熾熱的炭火，爐上則置一只新鍋
子，旁邊置放一鉛桶的清水。板凳上放著一個印有八卦圖形的米
篩，剛好覆壓在鍋上；板凳前則有另一個烘爐，上置油鼎，鼎內
翻滾著滾燙的熱油。儀式開始時，道長身著道袍，頭繫紅布，而
腳下則著草鞋、穿紅襪，為紅頭法中的法師（或稱法官）的裝
扮。他一手持中央黃色的和瘟旗旛，另一手持龍角；其餘四位道
眾則著法服，也一律繫紅布，著草履、紅襪，分別手持青、紅、
白、黑各色掃災旗旛，[59]又拿著法器：凡有劍、水瓢、牛角、草
席及掃帚之類，均為法場常見的轉用自日常器物的法器，其上均
貼有符令，故每一種法物也都各具有其象徵驅除瘟煞、消除不祥
的法術意義。

　　道長先領法眾到壇前禮請法界諸神並稟告事由後，即執旗按
五方八卦布陣，揚旗驅押地域中還不聽令上船、逗留不去的瘟神
疫鬼。他們先在地上布陣驅逐一巡後，就準備騰空鎮押，首先四
位道眾分別拿著水瓢、鍋蓋、掃帚及草席諸法器；其後即是持五
色旗的道眾及道長，都依序魚貫快跑登上板凳。其行法站在長板
凳上，即象徵翱翔空中，從半空中加以壓打，也就是表示押走邪

58　請參見李豐楙、謝聰輝、李秀娥、謝宗榮合撰：《東港迎王——東港東
　　隆宮丁丑正科平安祭典》與《東港東隆宮醮志——丁丑年九朝慶成謝恩
　　水火祈安清醮》二書，臺北：臺灣學生書局，1998。

59　依呂應翔《五朝禳災文檢》中〈設五方旗布〉規定格式：「東方淺布九
　　尺、南方紅布三尺、西方白布七尺、北方烏布五尺、中央黃布一丈一尺。
　　瘟旛正面畫符用白雄雞合神砂水粉調書。旛背書字：東（南西北中）方
　　行瘟使者承符奉轉通達九天星火奉行敕。」此五旗最後於祭船送船時，
　　置放於王船上。

煞疫鬼，布下天羅地網，不讓其遁逃走脫；尤其以水瓢取水倒進空鍋中，霎時冒出白氣時，並分別使用諸般法器或掃或撲，或壓或打，聲勢威猛而有力。類此撲打米篩的動作，在法場中乃是具有咒術性的象徵作用，白氣揚起則表示瘟疫之氣。道長押鎮在後，又時而口含烈酒噴在熾熱火油的鼎上，頓時火光上衝，這種借火之勢驅煞，也有威嚇清淨之意。[60]他們配合後場高亢而富於變化的法仔調音樂，邊快跑邊跳上板凳，同時也一路唸著〈掃災五斗咒〉，前後來回凡跑過五次；跳下地面之後隊形即變化布陣：第一陣為黃蜂出巢，四散而出；第二陣為花開五門，穿花經行，結成五梅形；第三陣為青龍盤柱，有點像一字長蛇陣，忽左忽右，前頭顧尾；第四陣則是醮功圓滿，以示收束；第五陣以後則可穿插宋江陣的打四門等陣式，視情況而添加變化，達到興兵布陣、驅邪逐穢的效果。來回五次，即表示恭請五斗星君協助禳災祭煞，將五方各界尚未驅上法船的邪祟煞神一律驅趕上去；等到最後一次跑過板凳後，才將板凳、烘爐及鍋、鼎等一起推倒，並將所持的法器棄置不顧，以此象徵押煞儀式已經大功告成，從此邪煞盡除，合境平安。

（三）禳災祭船與開河送船

　　和瘟送船最後進行的科儀是《禳災祭船》，或稱「打船醮」、「拍船」，所使用的科儀書依地區而有所不同，但基本結構都是先進行三獻請神科儀，然後唸誦疏文或關文，唱誦三段上

60　借火驅疫的實例，如徐宏圖：〈火災、瘟疫與道教煉火儀式〉一文，討論其在浙江所見瘟疫與道教煉火儀式的關係（頁 147），以及借火驅疫的儀式演行。收錄於《民俗曲藝》143 號，頁 119-161。

馬酒與三送船歌後，再依知名唱到原則，一一遍請「唱儺」船上
各職司與水手上船，最後開通水路與江邊送船。以臺南所見演行
《靈寶禳災祈安打船醮科儀》通用一道士，裝扮法場行裝法師在
王船前行科，當進行祭奠龍船三獻節次時，會將醴酒灑向王船代
表恭獻，接著會做出迴旋、騰跳或翻筋斗的動作，並以雙手模擬
扯船帆、撈船椗與繫繩索等身體技法，以象徵王船已完成揚帆啟
航的準備，同時配合龍角、太鼓與銅鑼，唱讚：「奮起大帆，起
了大碇。大鑼大鼓送儞爾去，莫得陽間作災殃。」再一邊奮力划
槳，一邊發出「爬櫓嗦」划櫓於漕的聲響。三獻完週後，隨即宣
讀《禳災祈安醮福疏》，並於船頭貼上以張天師、和瘟教主匡阜
先生署名發出的〈上清和瘟天赦符命〉[61]（附圖 11）；然後唸誦
三段上馬酒與三送船歌後，站立於靠船的梯子上一一唱儺，（附
圖 12）要求所有船員各個上船，並於船頭貼上靜候王爺上船發
令起駕。接下來便做「開水路」科介表演，法師手執長柄鋤頭，
先點燃古仔紙淨化，隨即在王船前方的左右兩側，由內而外地犁
開兩道痕跡，再將兩桶溪水（或海水）分別潑灑船頭和船尾，並
高聲宣白：「貫龍貫斗頭，順風順水流；貫龍貫斗口，順風兼賢
（意為「善於」）走。」當前往江邊時間一到，醮主斗首代表再
開水路於前，道士手持掃災旗押於船後，至燒化王船時，道士再
念〈化紙咒〉送船啟程，完成整個送船儀式。

　　鳳山道區域此一祭船送船科儀通用五位道士，以顯其聖壯威
儀，亦作閭山紅頭法師裝扮，對照高雄市小港區張傳世《祭牛瘟

　臺南此符命較簡略，如「時氣收回」一句：翁定獎〈禳災王醮文檢〉
　　作：「即今所患，若係天行時疫，亦體太上好生之德，即當收攝時疫之
　　氣，還治回司。」

設船醮科儀》本，首句即為「一聲鳴角鬧紛紛」，以及茄萣區黃
家《靈寶禳災祭船稍科》本，步虛前先吹龍角、唱〈三直符〉，
可知自有其傳統，如泉州永春萬寶壇古和瘟送船抄本所點出的
「閭山送災，出落幽冥。」又 1749 年陳琦瑐《靈寶禳災祭船
科》與黃家《靈寶禳災祭船稍科》（附表一），三獻請神經文雖
有差異，但共同於三獻後宣讀〈送瘟船關〉，此關文也保存於翁
定獎抄寫的文檢中。另陳琦瑐本在宣讀關文後，特別標出「召
營、淨船、點船目、化紙」等科介節次；（附圖 13）張傳世本
則在移船出灣前也標明「召營」，若以今所見簡單念咒召請五營
兵馬協助押船送船，也可衍為一段較熱鬧的「開營放兵」與「五
方結界」紅頭法術。而移船出澳的科介動作與技法描寫，如張傳
世本載：「船工、出海、阿班、水首、眾船伙人馬，各各拴齊，備
備鳴鑼搖鼓，車帆、起椗、較車、按帶、撐繚、拔繂、撐檔、格
櫓、扯船、出灣，詞候大王落船坐位，因時起身。」（附圖 14）

　　祭船送船的場所與科法配合問題，鳳山道有兩種方式：一種
是如同臺南道作法一樣，在廟前王船前皆已唱儀、開水路完畢，
五位道士再用兩支押瘟大旗：一支以「無上正真三寶天尊」為
名，一支以「和瘟教主匡阜靖明真人」為名（背後書〈和瘟
符〉），送去溪邊只做化紙送船起身，如翁宗庇本祭船部分：分
船前啟請諸神、船中唱儀、船前醮主開瓶奠酒、勸酒與送去溪邊
燒紙。另一種如茄萣區黃家本，後半標明「送船至江口，排華
筵、開河神、勸酒舉」，（附圖 15）表示於江邊另排華筵桌案
送船，乃繼承《道法會元》卷 220〈神霄遣瘟送船儀〉中〈宣
疏〉後，即「存前光後暗，送神舟到化船所」類似儀節。因此黃

本中法師先召神開河，[62]此一法術運用，在龍虎山天師府和瘟抄本也有相近的文字：「上帝勅召開河神，手執斧鑿降來臨。速開河道通大海，四海龍王盡來臨。」在三奠上馬酒（同大淵陳本頁389-390）後，續標明節次為「送聖、焚繚、吹角」，唱三送船歌（同大淵陳本頁 390），然後唱儀點名所有的水手船公上船。此唱儀節次名單，在翁定奬〈禳災王醮文檢〉中後附的：「喝船總號在船：大繚、頭聰、三板公、大炮、水蒼、大旗儷、阿班、水首、正舵公、副舵公、財主、船副、總舖、香公、直庫、總管公」，與陳琦玒〈靈寶禳災祭船科〉名稱順序完全相同，且張傳世此部分也十分接近，充分顯示三者有地域或傳承關係。雖離開廟前已做過一次「開水路」，但依慣例會再做一次，即以鋤頭在沙灘上劃開一條深深的壕溝，再灑上一些水，象徵水路開通——這乃是一種基於「象徵律」的咒術性思維，好讓王船能順利地開動出發。這一程序在龍虎山天師府和瘟抄本須先勅鋤頭、勅水，念咒：「上帝勅召開河神，手執金鋤速來臨。」顯示「鋤頭」法具，自有其道法傳承依據。最後，道眾們配合王船火化唸誦〈化紙咒〉、安鎮靈符後息鼓回壇。

62　唸誦：「上帝敕召開河神，手執鑿斧速降臨。速開河道通四海，四海龍王盡接迎。（此四句同莊林吳本頁 7491）河伯水官來迎接（吳本作「引接」），城隍社令聽敷陳。迎送瘟癀歸海島（吳本：押送瘟黃歸海外），毋令毒炁（吳本作「氣」）害生民。太上秘語親傳授（吳本作「受」），如違押送北羅酆（吳本作「酆城」）。」（此六句亦見莊林吳本頁 7412）

五、結語

　　北宋末至明、清的史志文獻，在長江中下游之湖南、江西與浙江等等區域，多有以船送瘟的習俗，研究學者也多有探討其與閩臺王醮的關係。回顧臺灣的歷史與發展，船隻是帶來瘟疫的主要載具，[63]同時也是被轉化運用作為送走瘟疫的法具。相關的方志多用「王船」稱呼，以凸顯所迎送的代天巡狩，不管是五帝、十二值年瘟王，或是眾姓王爺，都是兼具行瘟與驅瘟之神的雙重職能。而道教抄本中未見「王船」一詞，常用龍船、龍舟、龍舡，說明其形狀特徵；用神舟、神船、仙舟、仙船，強調其神聖神秘；稱花船、華船、畫船、彩船，描述其華麗的裝飾；名飛帆、飛航，可遊通洛陽、遊樂仙境而逕詣九天的非常超越性。除了送船歸經洛陽回到天上之外，道教抄本中也出現蓬瀛三島、四海、五湖、海島與十洲等一組神秘仙鄉的去處；另「蓬萊都水司」則是行瘟者應報到之處，乃是完成任務後的歸建。而不管行瘟使者自願上船或被動押回，擔任和瘟禮儀的儀式專家，總是一再強調天界、仙鄉的潔淨美好，可肆志歡愉遊樂，以和氣勸誘瘟神疫鬼快速上船離去。又審視相關的文獻資料與田野調查所得，驅瘟送船入水的情境常是呈現神人押送、旌旗盛壯的熱鬧非常場面，而且道壇抄本中也一再出現鳴金擊鼓、歌唱送船的歡樂氣氛文字描述，並多以七字句押韻詩歌作為「送船歌」，讓人印象十分深刻。若再區分此一送船情境營造的職司者，從道教抄本中可

63　陳勝崑：〈臺灣霍亂的發生年代（自 1902-1962）、患者數、來源、侵入方法及發端地一覽表〉一文統計，指出霍亂侵入的方法皆是船隻，見前引《中國疾病史》，頁 37。

分為神使、兒郎與法師三種：分別指瘟王儀駕中、神船上負責鼓
樂的神將使者們，和神船上擔任划船的無形神兵和實際水手，以
及祭船送船的執法人員，在臺灣所見皆用法場，道士變裝為閭山
法師。

　　臺灣的王爺信仰是從大陸傳播過來的，其途徑有二：一是通
過送王船傳播，二是請香火分爐。[64]在臺灣南部沿海王醮盛行的
區域，據早期方志記載與專家學者研究，以及筆者田野調查證
實，能具備閭行王醮科儀道法的禮儀專家，多屬正一派靈寶道壇
道士。其所承繼的和瘟送船科儀，自以福建、廣東道法為主，特
別是泉州與漳州的相關科儀抄本與文檢，除有共同的大傳統部分
外，並各自表現其自己道法的內涵特色與歷史意義。在「臺南
道」與「鳳山道」區域，尚保存宋元家庭私密性治病用途的神霄
遣瘟送船經文，但從經文內容看來，不僅只適用於家宅個人，已
經擴充為鄉里與家戶通用。另亦傳承明清地方公眾性禳災用途的
和瘟送彩科儀，如與漳州海澄本《送彩科儀》比較，除結構程序
與臺灣相關版本十分一致外，明顯的傳承證據有二：一是科儀中
所諷誦《元始天尊說洞淵辟瘟妙經》，在流傳於臺灣高屏地區翁
宗庇的宴祀天仙科儀與新竹地區的吳家傳本，皆見運用同經名於
和瘟送船科儀中；且除文字有很小的差異外，基本上與《正統道
藏》本《太上洞淵辭瘟神咒妙經》同一系統。二是《送彩科儀》
所保存的「三獻酒詩」與三段「送船下水」歌謠，以及被點名上
船的「合船夥記」各職司人員內容結構，雖與臺南道有些小文字

64 李玉昆：〈略論閩臺的王爺信仰〉，《世界宗教研究》1999 年第四
期，頁 119-127。

的部分差異，基本上與來自漳州龍溪縣的臺南陳家，以及來自泉州的翁家所保存的 1749 年陳琦玾抄錄的《靈寶禳災祭船科》等道法，有著密切的傳承傳承淵源，且似乎反映漳、泉近海區域的和瘟送船道法複合的關係。

　　翁家道壇翁宗庇重錄抄用的《禳災請王安位祝聖科》所內附的《五朝謁王科儀》，顯示至少在 1801 年前高屏鳳山縣道區域已舉行過五朝王醮科儀。另題署為「道光辛巳年弟子呂應翔抄集」的《靈寶祈安文檢：二、三、五朝通用》文檢資料，其內容中就抄錄有「新園王醮五朝要用文字」一批，證明在清道光辛巳年（元年，1821）鳳山縣新園街鹽埔的東隆宮已舉行過五朝禳災王醮；這是目前所見鳳山縣最早五朝王醮的紀錄，至今仍是鳳山道區域王朝禳災王醮文檢最重要的母本，而為什麼在道光辛巳年會舉行盛大的王醮，其所具顯的歷史背景即是是年閩臺瘟疫的大流行。且由於呂應翔家道法與翁家道壇有密切關係，解讀其中所登載〈五朝王醮疏意〉，不僅可以瞭解當時五朝禳災王醮科儀法事安排架構與程序，而且也可對照翁家道壇所保存從 1749 年到1809 年的相關抄本，分析其當時實際的運用狀況。

　　道教的儀式性表演與身體技法表現，其背後所用以支持的一套義理，乃是基於民族文化的宗教儀式理論。道教科儀在前後場密切配合下，演行經由家傳或師承的動作舞蹈與道法功訣，自具有豐富的儀式美學特質。尤其在繼承傳統詩歌樂舞祭祀形式，再加上存思與文檢的運用，又經歷代高道整備精緻的威儀，不論是模擬其朝元謁聖或依旨驅除邪氛，自不同於民間巫覡、乩童降神與法師赤腳披髮形象。以臺灣所見從清初到現今的禳災王醮文檢可知，不論是臺南道或鳳山道不同區域，或是三朝與五朝的時間

差異，關鍵核心的和瘟送船科儀，都排在最後一天，文字敘述也十分相近。其所見和瘟送船儀式中，都顯示其道法兼用的特色，臺南道乃先道教後法教，鳳山道除保有「先道後法」原則外，又另添加〈召營〉與〈押煞〉法術。但不管是古來傳承法場的《押煞》與《送船》，或是新變的《關祝五雷神燈》形式，其配合法具文檢，所表現的身體技法與科介舞蹈都非常豐富多樣，並具顯其宗教意涵與象徵功能。

附錄

附表一：筆者目前所見臺灣清朝禳災和瘟科儀抄本

資料 抄本	時間	抄手署文	鈐記	現存	備註
1 靈寶禳災清醮道場科	1749	乾隆己巳歲荔月後學道陳琦珃抄（花押）		高雄翁家	
2 靈寶禳災正醮下壇科	1749	乾隆己巳歲荔月玄妙壇權用南山琦珃抄（花押）	應會壇記	翁家	
3 靈寶禳災祭船科	1749	乾隆己巳夏月抄集玄妙壇權用末孝琦珃立（花押）	應會壇記	翁家	
4 太上和瘟三獻科	1749	乾隆己巳仲夏書錄玄妙壇權用後學琦珃氏抄立（花押）	應會壇記	翁家	
5 正一玄壇五雷燈科			應會壇記	翁家	陳琦珃字跡
6 禳災請王安位祝聖科	1801	時嘉慶辛酉清溪翁宗庇重錄抄用	應會壇記、爾蓉勝記、遙遠勝記	翁家	內含：五朝謁王科儀[65]
7 靈寶禳災宴祀天仙科範	1809	嘉慶己巳桐月榖旦清溪翁宗庇抄錄暫用	千里傳音（閒章）、遙遠勝記	高雄余家	僅是下本前面〈祀天仙〉部分
8 宴祀天仙科儀		（按包含：祀天仙、酌獻與祭船三部分）	應會壇記、爾蓉勝記、元宗	翁家	翁宗庇抄

---

[65] 屏東縣社皮村萬丹鄉有林天來抄寫之相同版本：封面《禳災請王及朝王謁五次全章》（首日臨晚、二日清晨二鼓朝謁、第二日晚朝謁、至第五日早朝謁），首頁《禳災請王安位祝聖科儀》。

9 靈寶祈安清醮禳瘟科儀	1806	嘉慶十年丙寅端月昆真壇抄錄港仔墘張傳世	源利兌貨	翁家	嘉慶十一年為丙寅年
10 太上祭牛瘟設船醮科儀全卷		（按內有船符二十道）	源利兌貨	翁家	張傳世字跡
11 靈寶禳災祭船稍科		（按首頁經名題《祭船稍科》）		臺南黃家	湖街底
12 送船科			莊林續道藏		吳周巖字跡
13 元始天尊說洞淵辟瘟妙經	1846	道光弍拾陸年歲丙午臘月吉旦法真壇吳周巖抄	莊林續道藏		泉州惠安系統
14 瘟司五雷燈儀	1862	同治壬戌年拾一月日吉、集真壇妙抄		翁家	疑為翁元達抄
15 太上和瘟三獻科儀	1866	同治丙寅年下院（浣）日吉抄　□□贊化壇流傳者受		屏東張家	林朝選抄
16 靈寶祈安瘟司五雷燈全科	1882	光緒八年孟春守真壇自筆			林朝選抄
17 瘟司五雷燈科儀全集	1884	光緒甲申年德真壇		翁家	翁道翔
18 靈寶禳災船醮祭船頭科	1900	歲在明治庚子年六月明真氏抄選		高雄吳家	吳友
19 瘟司五雷燈儀				吳家	吳友字跡

附表二：筆者目前所見臺灣清朝禳災和瘟科儀文檢抄本

抄本 \ 資料	時間	抄手署文	鈐記	現存	備註
1 靈寶禳災祈安文檢				高雄翁家	翁定獎字跡三朝
2 靈寶祈安文檢：二、三、五朝通用	1821	道光辛巳年弟子呂應翔抄集		高雄余家	
3 靈寶禳災王醮文檢	1833左右			屏東張家	林玉雲字跡
4 靈寶禳災祈安文檢			應會壇記、源利兌貨	高雄翁家	
5 靈寶祈安清醮二三五朝水火王醮通用文檢	1870	同治庚午陽月仲秋守真壇張集通抄錄			封面署：張德麟籙用
6 祈安禳災文檢	1873	同治歲次癸酉年梅月仲春置通真壇弟子王邦花自筆抄籍	蘇電	高雄蘇家	王建運抄
7 靈寶祈安禳災清醮文檢全集（共三部）	1883	光緒癸未年端月○日守真壇置祈安文檢		屏東張家	林朝選抄
8 靈寶祈安文檢與和瘟符式					林朝選字跡

附圖

附圖 1：1769 年海澄縣《送彩科儀》

附圖 2：1769 年海澄縣《安船酌餞科》

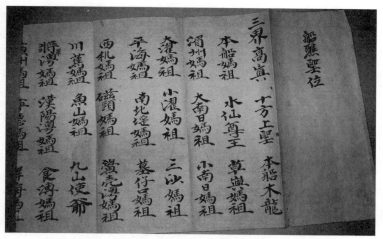

附圖 3：1749 年陳琦瑝抄錄的《靈寶禳災祭船科》
後附「船醮聖位」

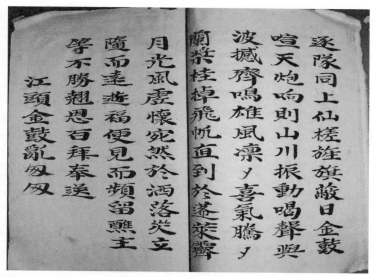

附圖 4：1749 年陳琦瑝抄錄的《靈寶禳災祭船科》中〈三獻文〉

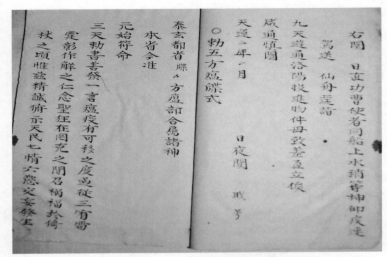

附圖5：翁定獎（1693-?）〈靈寶禳災祈安文檢〉中〈玉清鎭禳災運真符〉

附圖6：泉州永春萬寶壇康熙抄本《造船科》中「蓬萊都水司」

附圖 7：1821 年呂應翔抄錄的「新園王醮五朝要用文字」

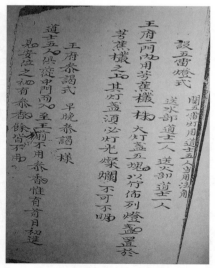

附圖 8：1821 年呂應翔抄錄的「設五雷燈式」

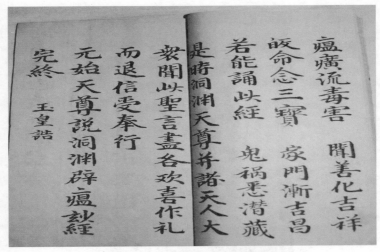

附圖 9：1809 年翁宗庇抄錄的
《元始天尊說洞淵三昧天尊辟瘟妙經》

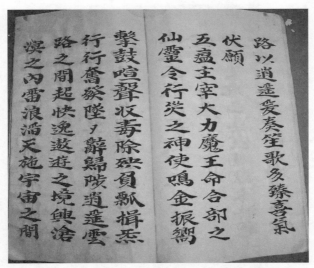

附圖 10：1749 年陳琦珚抄錄的《太上和瘟三獻科》

附圖 11：張天師、和瘟教主匡阜先生署名發出的
〈上清和瘟天赦符命〉

附圖 12：臺南道士扮演紅頭法師演行《靈寶禳災祈安打船醮科儀》

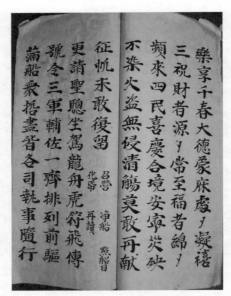

附圖 13：1749 年陳琦瑅抄本標出「召營、淨船、點船目、化紙」
等科介節次

附圖 14：張傳世《祭牛瘟設船醮科儀》中
移船出澳的科介動作與技法描寫

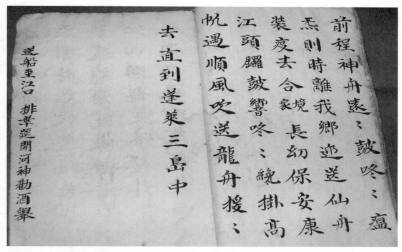

附圖 15：黃家《祭船稍科》標明「送船至江口，排華筵、開河神、
勸酒舉」

第十三章
臺灣道法二門道壇建醮文檢研究
——以基隆廣遠壇乙酉年松山慈惠堂
七朝醮典演法為例

謝聰輝

臺灣師範大學國文學系教授

一、前言

　　道教是中國人的民族宗教，從明末清初陸續隨著移民傳入臺灣，除了形成在地化的特色外，仍然堅韌地傳承古來閩、粵正一派的火居道法傳統。在中國諸大宗教中，道教與臺灣社會的關係，大體上仍能發揮其社會、文化功能：一方面既可因其「制度型宗教」（institution religion）的教團性格，將其教義及組織方式調整而與當代社會結合，作為奉道教徒身心安頓大道，並協助諸多相關的新興宗教發展。另一方面又可因其兼具「擴散又融合型宗教」（diffused religion）的特質，而與常民習俗信仰結合，深入民眾的文化生活中，扮演舉足輕重的地位，落實教化濟度的

功能。[1]道教科儀中專屬高功道長，一般被當作秘傳、慎傳部分的，就屬經典、文檢、存思、密咒、罡文，諱訣等「功訣」（高功法訣）。這些主壇者必備的核心資料與內涵，乃是經過「奏職授籙」[2]而獲得，始能具備主壇建醮的能力，與被信任能作為神人中界者的禮儀專家身分。

---

[1] 楊慶堃教授（C. K. Yang），*Religion in Chinese Society: A study of contemporary social functions of religion and some of their historical factors*（臺北：南天書局，1994）。又翻譯本參見范麗珠等譯：《中國社會中的宗教：宗教的現代社會功能及其歷史因素之研究》（上海：上海人民出版社，2007）。其引申瓦哈教授（Joachim Wach）所區分的「自然團體」（natural groups）與「特殊性的宗教組織」（specifically religious organizations）兩種宗教組織形式，為「制度型宗教」（institutional religion）與「擴散又融合型宗教」（diffused religion）。（p.294）其並在第十二章〈中國社會中的擴散性和制度性宗教〉中有專門的論述。

[2] 「奏職授籙」是指道教正一派向上天奏請傳授經籙，以認定受度籙士成為道長或之後晉昇品秩的儀式。從南宋歷元到明清，各符籙派多歸於正一派，龍虎山張天師掌控道士授籙傳度權力，也建立了制度化的道派傳統。奏職所傳度的經籙，即包含經典、戒律、文牒與法籙（紀錄有關道士人神溝通的秘訣功法和符圖文書）等。經由奏職授籙後，道士取得法名（依派詩字序命名）、經籙（初授為「太上三五都功」）、仙職（按《天壇玉格》經籙）、壇靖（依出生甲子）與相予配合應用的法物法器，始能具備主壇行持道法與成為道師的資格。臺灣在明鄭與滿清統治期間，道壇道士既已從福建、廣東祖籍地遷移而來。為了維續正一派的道脈傳統，他們之中雖有曾親往龍虎山受籙、或部分返回原籍接受傳度；但更多的則是因為海峽阻隔而在地傳授，遂漸形成臺灣本地的傳授譜系。請參拙著：〈正一經籙初探：以臺灣與福建南安所見為主〉，《道教研究學報》，2013 年第 5 期，頁 143-189。〈泉州南安奏職儀式初探：以洪瀨唐家為主〉，收錄於謝世維主編的《經典道教與地方宗教》（臺北：政大出版社，2014.12），頁 311-357。

　　臺灣道法二門：指修行道教「正一派」及閭山法教「三奶派」道法傳承者。其家中壇靖或齋醮內壇八卦乾位，設有「道法二門香火口傳宗師神位」（或書「道法二門前傳後教歷代祖師香座」）（附圖 1）。發表必有獻狀請宗師與所屬官將，演出科儀之前必至宗師神位前默禱，禮請護持指導，故稱「道法二門道壇」。臺灣道法二門道壇，據調查淵源於漳州及鄰近廣東的詔安、平和等縣發展而成，[3]目前在臺灣的分布情形：北部為臺北縣市，相鄰的桃園、中壢及新竹縣、苗栗縣，及宜蘭地區；中部地區則在臺中縣市、彰化縣市及雲林縣等「福佬客」（閩南福佬化的客家人）。[4]其在道壇上所用的科儀書誦念與道曲吟唱使用一種正音，異於泉籍道士的泉州腔音，經懺名上則通常題稱「正一」某經。由道壇使用的經典內容、文檢運用實況，皆稱「奉祖師三天扶教正一靜應顯佑真君張天師」主盟法事，可知此派道士所行的確為正一派的科儀傳統，故自稱「正一派」。而其三奶派法師身分的行法事跡，早在初期臺灣方志上（如陳夢林《諸羅縣志》卷八〈風俗志〉），既已敘及有「客仔師」、「紅頭司」（客家之紅頭法派法師）（《彰化縣志》卷九〈風俗志〉）的稱

---

3 勞格文（Lagerwey, John）著、許麗玲譯：〈臺灣北部正一派道士譜系〉，《民俗曲藝》103 期（1996），頁 31-48。〈臺灣北部正一派道士譜系（續篇）〉，《民俗曲藝》114 期（1998），頁 83-98。林振源：〈閩南客家地區的道教儀式：三朝醮個案〉，《民俗曲藝》158 期（2007），頁 197-253。

4 李豐楙：〈臺灣中部紅頭司與客屬聚落的醮儀行事〉，《民俗曲藝》116 期（1998），頁 143-173。李豐楙、謝聰輝：《臺灣齋醮》（臺北：國立傳統藝術籌備處，2001.12）。

號。此類道士主行吉慶醮事，而不作新亡者超薦性功德的喪祭齋
事（僅作公眾性普度，如中元普度、建醮末日普度），因此也被
俗稱為「紅頭道士」。其平常在自家設壇或依附廟宇為信眾服
務，主要依賴小型道門科事與三奶派小法營生。其道場行事諸如
拜斗、安太歲、安神位，拜天公，或是作一天三獻以至五朝大型
建醮科儀；而常見的小型法事，諸如為人祈子、安胎、栽花換
斗、斬桃花，和為生命中遭遇諸種厄運舉行消災解厄的祭解，以
及史志所記載紅頭司擅長的「進錢補運」醫療驅邪儀式。[5]

　　考察臺灣道法二門道壇的重要研究，大多著重在其淵源傳承
與道法科儀兩大部分，[6]而在相關文檢的研究上，僅觸及部分科

---

[5]　劉枝萬：《臺灣民間信仰論集》（臺北：聯經出版事業公司，1983）。
許麗玲：〈臺灣北部紅頭法師法場補運儀式〉，《民俗曲藝》105 期，
1997。李豐楙：〈臺灣中部紅頭司與客屬聚落的醮儀行事〉。戴如豐：
《戲謔與神秘——臺灣北部正一派紅頭法師獅場收魂法事分析》（嘉
義：南華大學美學與藝術管理研究所碩論，2006）。

[6]　劉枝萬：《臺灣民間信仰論集》。許瑞坤：《臺灣北部天師正乙派道教
齋醮科儀唱曲之研究》（臺北：臺灣師範大學音研所碩士論文，
1987）。呂錘寬：《臺灣的道教儀式與音樂》（臺北：學藝出版社，
1994）。勞格文（Lagerwey, John）著、許麗玲譯：〈臺灣北部正一派
道士譜系〉、〈臺灣北部正一派道士譜系（續篇）〉。許麗玲：〈臺灣
北部紅頭法師法場補運儀式〉。李豐楙：〈臺灣中部紅頭司與客屬聚落
的醮儀行事〉，《民俗曲藝》116 期（1998），頁 143-173。吳永猛、
謝聰輝合著：《臺灣民間信仰儀式》（臺北：空中大學，2005）。謝宗
榮、李秀娥與簡有慶編撰：《芝山嚴惠濟宮乙酉年五朝祈安福醮》（臺
北：芝山嚴惠濟宮管委會，2007）。楊秀娟：《道教正一派普度法事及
其唱腔研究：以朱堃燦道長為對象》（臺北：臺北藝術大學傳統藝術研
究所碩論，2006）。林振源：〈閩南客家地區的道教儀式：三朝醮個
案〉；〈福建詔安的道教傳統與儀式分類〉，譚偉倫主編：《宗教與中

儀而已，未有全面而專門的探討。因此本文選定長期參與觀察的
基隆廣遠壇為對象，[7]主要蒐集 2005 年 9 月底「乙酉年松山慈惠
堂七朝建醮」所拍攝的第一手資料，再佐以基隆廣遠壇抄本文
檢，以及蘇海涵（Michael Saso）所編的《莊林續道藏》第十九
冊第四卷中所流傳的道法二門《陳氏文檢》（下文簡稱陳本）原
文抄本作為研究文本。除了和以前拙文道教文檢的意涵、功能與
相關文體討論儘量不重複外，主要針對在建醮中道教科儀的重要
程序與文檢運用的關係，以及所有建醮文檢的名目、文類、體式
與內容深入研究，希望經過較全面地探究後，能逐步充實與建構
臺灣道教科儀文書史的實際內涵。

國社會研究叢書（十四）：中國地方宗教儀式論集》（香港：香港中文
大學崇基學院宗教與中國社會研究中心，2011），頁 301-324。塗婉
琪：《基隆廣遠壇道教四府掛軸之研究》（臺北：國立臺北大學民俗藝
術研究所碩論，2007）。李游坤：《臺灣基隆廣遠壇傳承與演變研究》
（臺北：輔仁大學宗教學系碩論，2010）。

7　有關「基隆廣遠壇」道法二門的特質與傳承探討，可參考李豐楙、謝聰
輝、謝宗榮等合著：《雞籠慶讚中元──己卯年林姓主普紀念專輯》
（基隆：基隆市林姓主普祭典委員會，2000）。林秋梅：《臺灣正一道
派基隆廣遠壇傳度儀式研究》（臺北：輔仁大學宗教學系碩論，
2005）。塗婉琪：《基隆廣遠壇道教四府掛軸之研究》。蘇西明：《臺
灣正一派安龍儀式研究──以基隆市正一廣遠壇為例》（臺北：輔仁大
學宗教學系碩論，2005）。李游坤：《臺灣基隆廣遠壇傳承與演變研
究》第三章〈基隆廣遠壇的歷史發展與傳承〉。

二、道法二門慶成建醮程序結構
與科儀文檢的運用

（一）主壇者基隆廣遠壇

　　「乙酉年松山慈惠堂七朝建醮」主壇者基隆廣遠壇，其之所以被選中榮任此一重要職責，應歸功於其長期以來主持人與合作團隊謙虛實在的作風、專精的道法名聲與豐富的建醮經驗累積而得。基隆廣遠壇為李松溪（1929-2018，道號通迅）道長於 1984 年所創，嗣男李游坤（1950-，道號玄正、大堃）道長繼承衣缽，至今傳承至第三代李一興（1982-）。李松溪道長十六歲時，開始學習臺北金包里（金山）家學法場，由父親徐洽波、叔父徐洽源親授三奶派法教，其間並曾學習子弟戲、武藝與後場鑼鼓。（附圖 2）三十歲時，一心希望能繼續精進道法，隨其兄長前往臺北中和枋寮師事林厝派知名道長林樹木（漢通）。三年四個月出師後，其師賜其法號「通迅」。之後又專心隨其師叔三峽王添丁（漢遜）學習苦修，盡得其真傳。道法皆學成後在基隆設壇行科，弘揚道法，由於其前後場所學專精，文武兼擅，且有志傳揚道法。不僅主持醮典演法功力得到教門內傳誦稱讚，慕名拜師者凡有多位，連著名的道教學者李豐楙教授 1989 年亦親撰拜師帖，按古禮拜師入門學習，遂開啟了與學術界良好互動的機緣。

　　其嗣男李玄正道長，從小耳濡目染道法精髓，長大並曾受現代醫學院高等教育，資質相當優異。1975 年自中國醫藥大學畢業後取得藥劑師資格，初以開設藥房為業；1980 年三十歲時受

李教授精神感召，才下定決心繼承衣缽奮力學習道法。由父親心傳口教、嚴格督導，兢兢業業磨了十年工夫出師後，李松溪道長才放心將重任賦予他承擔。玄正道長發願恢復師道尊嚴，弘揚正信道法與培育道教人才，乃於 1997 年在基隆創立「丹心宗壇」。除不斷自我學習與精進，收授教門內有心向道者外；並且與學術界密切合作，無私熱誠地提供許多研究上的協助，諸多道教研究學者亦紛紛拜進其道壇實修。三十多年來，其在道教上的貢獻有目共睹：不僅平日身兼臺北松山府城隍廟、北天宮、基隆天德宮三座廟宇的道務主持，與弟子用心為信徒服務。其在臺灣南北主持過的重要醮典，也不計其數，是相當受倚賴敬重的高功道長。更難得的是，他又進修得到宗教學碩士學位，融通了理論與實務，故常受聘出國交流參訪、示範演講與發表論文。這幾年來他為了弘道傳法，不僅足跡踏遍美洲、歐洲與亞洲各地演法宣道，也與不同宗教學門交流互動，學習他們成功宣揚道法的方法。更利用「臉書」無遠弗屆的功能，作為教化與溝通的現代平臺，為更多需要道法精進與協助的人服務。由於他的盡心盡力成為「有道之士」而得道多助，不僅讓基隆廣遠壇與丹心宗壇成為臺灣道法二門重要代表道壇之一；更實踐了自己的理念，為道教的弘揚貢獻了不少功勞。

（二）七朝科儀演法前的重要行事內涵

　　道教醮典的「醮」，本有祭祀星辰，酬神醮謝之意；而後延真降靈，蔬果清約、敬以成禮，以荐誠於天地，禱禮於神靈的公

眾性祭典，則統稱「建醮」。[8]其主要內涵即經由被信任的禮儀
專業道士為中介，透過道經的轉誦、朝科的進行、文疏的進呈與
法訣咒符的施用，來表達重構與潔淨、啟請與進表，以及懺悔與
祈福的宗教意義。整個醮典兼具嚴肅的祭儀與遊戲的慶歡，時程
由平時同質時空，進入非常慶典的神聖時空，是漸進而有區隔
的，而後再回復到正常的時空與生活，讓參與信徒融入渾沌與有
序交錯的宗教節奏，體會醮典之美與節慶之歡。[9]

---

[8] 「醮」之意義，根據劉枝萬歸納，凡有四端：（一）醮即祭；（二）夜
間在露天，供物祭祀天神星宿；（三）僧道設壇祈禱；（四）還願酬神
大祭。其兩者主要區別：即祭祀陽神、酬願天神謂之醮；祭祀陰神、追
薦亡魂謂之齋。見《中國民間信仰論集》第一章〈中國醮祭釋義〉，
《中央研究院民族學研究所專刊之二十二》（臺北：中央研究院民族學
研究所，1974）。又韓明士（Robert Hymes）：《道與庶道：宋代以來
的道教、民間信仰與神靈模式》（南京：江蘇人民出版社，2007）一書
第八章〈神祇信仰與醮〉，除同意文化人類學家將醮視為集體社區儀
式，具有週期性與結構性的意義外；並以南宋‧洪邁（1123-1202）
《夷堅志》中曾出現的十三次為私人目的而舉行醮儀，說明「建醮」一
詞，亦有其為「個人或特殊群體為個人的或具體理由舉行的，未涉及更
大的社區或宇宙的利益」。作者按：是為個人、家族或公眾目的的建醮，
關鍵在於「境意識」的界定。臺灣建醮強調為了公共境域的「合境平
安」，利用牌樓、醮燈與醮綵等有形裝飾，來區分「境內」與「境
外」，參與的家族與個人包含其中，故屬於集體的、公眾性的。《夷堅
志》中醮儀的「境」，只在「宮觀內」，參與的是偶然的、特殊需要的
家庭或個人，雖有文獻的記載與醮儀之實，但與一般對建醮的認知不
同。

[9] 此借用李豐楙教授「常 S 非常」與「嚴肅 S 遊戲」（「S」符號表中國
式陰陽互襯互補）理論觀點，其運用在醮典詮釋上，以〈嚴肅與遊戲：
從蜡祭到迎王祭的「非常」觀察〉一文最為深入，收錄於《中央研究院

　　建醮慶典的成功與否，一般深信關係全體聚落居民的共同命運，因此整個醮典時間安排全部都要經過儀式化的神聖象徵程序。當醮期一決定後，最重要的就是及早聘請高明掌壇道長，因為神聖又神秘的道教科儀溝通神人、完美完備演出與否，關鍵的就在乎「人」的因素；因此有經驗的宮廟主事都會多方探聽，或經由人神共鑒方式，以較優厚禮俸且親奉聘書，敦聘術德兼備高功組成道士團負責敷闡法事。道法二門醮典在正式建醮科儀演法前的重要行事（如附表一），可大分為三階段敘述內涵如下：

1、預告、豎燈篙及建外壇

　　第一階段重點凡有預告、豎燈篙及建外壇日期，它是對仙聖與居民的預備通告。其程序通常在數月前敬呈〈通醮表〉稟明上蒼建醮慶典內容，預先禮請神尊屆時鑒臨；再依時公告參與鑒醮、斗首認奉辦法，以及出巡遶境藝陣協調配合事宜，以期信眾提早準備而出錢出力共襄盛舉。豎立燈篙則是為醮儀揚旗儀式作準備，以便藉著象徵通達天地的竹篙、旗旛與燈盞法物，以召請幽明、普告天地。而以慶成醮為例，醮典前數日，醮區便預先搭

民族學研究所集刊》（臺北：中央研究院民族學研究所，2000），頁135-172。其文中運用了特納（Victor Turner）（根據 van Gennep 的通過儀式）所提出的「中介狀態」（liminality）和「交融」（communitas）理論（*The Ritual Process: Structure and Anti-Structure*. Chicago: Aldine Publishing, 1968），和巴赫汀（Mikhail Bakhtin）狂歡節（carnival）的節慶特質觀點（*Rabelais and His World*. Bloomington: Indiana University Press, 1984），以及加達默爾（Hans-Georg Gadamer）從存有詮釋遊戲的概念（《真理與方法──哲學詮釋學的基本特徵》，臺北：時報文化出版企業公司，1993），詮釋文獻與長期田野調查所見廟會節慶的特質，以期建構其理論內涵。

建外壇（最少要有天師、北帝、觀音與福德四壇）、各家各戶張
燈結彩，形象鮮明地表明醮區的一體感，共同營造出境內的「鬧
熱」景象，也重新塑造了一種共同開發時的歷史記憶。

　　道教齋醮儀式開始前準備工作的一項重要行事，就是關於燈
篙的籌辦與豎立，此乃一種流傳了千百年的古禮，且是讓齋醮區
內百姓印象特別深刻的儀式。一般豎立燈篙的工作，除由廟方主
普祭典組執事人員傳承的普度豎燈篙習俗所累積的經驗外，也會
特別徵詢主壇道長所提示的醮場規矩來共同辦理完成。首要工作
便是先挑選合格的竹材：需生長於潔淨之地，以合乎高大挺直、
竹色青綠，又頭尾完整三要件的刺竹為最佳。整個「豎燈篙」的
準備階段在決定了吉日良辰後，先由祭典人員鄭重地經過「採
竹」儀式：包含步虛、淨壇、請神、入意、三獻、宣牒[10]與化財
為主要儀節。然後請廟方主神蒞臨鑒察擲筊選竹後，並在一路鑼

---

[10]　靈寶大法司　　為取竿立篙事　　　　　　　　　　　今據
　　　　臺灣臺北市士林芝山嚴惠濟宮　　　　　　立壇　奉道，
　取竹告牒，祈安植福沐恩。　　　　　　　　　暨合信人等，
　仝誠心
　涓此本月　　日大吉，　　仗
　道抵就福地，擷取吉竹，爰為本宮建醮時之燈篙而所用。特此虔具菓品
　金帛等式，進呈
　福地山林土地伏惟依信民之請，肯予賜用。俾盟天告地，揚旛結燈，傳
　誠達悃，通幽達明，祗迓真遊。冀醮事以週隆，佑信民以均安。等因，
　　須至牒者
　　　　右牒請
　山林土地后土祗靈　　　准此
　天運乙酉年　　　月　　　日　具
　　牒

鼓鳴炮迎請聲中，用大貨車小心翼翼載回被選用為神聖的「燈篙竹」，此後即不可輕易接近或損傷。

在正式豎立燈篙儀式預告天地人鬼之前，要先擇定為象徵神聖中心之地豎好固定。並在其每一支青竹基莖部糊上破穢符令、天金紙；然後裹以草蓆，包上紅布，並露出竹頭根鬚部著地。此一「留頭尾」的作法，乃強調「有好頭尾」的意涵。除具體祈求醮事有頭有尾、順利完遂外，更是「出頭成功」的象徵，即希望境內人員皆能有功名，醮主頭人（參與醮事有頭有臉的地方領袖）皆有成就的期許。當燈篙竹豎好繫牢之後，再將燈篙區圍起，以區隔內外，不使閒人靠近入內，以免穢氣入侵神聖潔淨的境域；並供立神案，定時祭拜。此時此神聖區域不但有職司燈篙神將神兵守護，且是象徵天上神尊降臨之地。而臺灣正一道派豎立燈篙的方式有多種，大分為「聚集單排式」與「天地分開式」兩種。（附圖 3、4）靈寶道壇道士多以聚集方式為主，將要豎立的燈篙單排在一起，數量為單數（陽數），內容有代表天、地、星（七星）、值年太歲、主神與醮首等的旗幟與燈篙。道法二門道壇兩種皆有，但以代表天地分立的分開式最顯特色。基隆廣遠壇豎立燈篙的方式，特別講究道教義理的呈現與遵循正統的規矩，具體呈現了國人「分天地」、「別長短」、「有大小」與「陰陽通轉」的文化內涵。[11]其儀節過程依據《正壹祀立天旗科儀》經典儀軌進行，其結構包含揚旗、步虛、淨壇、請神、入意、三獻、宣牒與化財等主要儀節。

11　請參拙著：〈基隆廣遠壇普度科儀與文檢研究〉，《民俗與文化》第五期，頁 25-49，社團法人臺灣淡南民俗文化研究會。

2、封山、禁水、禁屠與禁曝

　　第二階段重點則為封山禁水、禁屠、禁曝等齋戒期：燈篙一經豎立，齋醮區域即由平常時間、空間，進入舉行宗教祭典的「非常」神聖時間與空間，且所有齋醮信徒得遵守非常的規矩與禁忌，以參與非常神聖的宗教活動。如封山（禁獵）、禁水（禁漁）、[12]禁屠（禁殺生）、禁曝（禁曝曬貼身衣物於外，以免褻瀆日、月、星三光）等齋戒規範。（附圖 5）此類宮廟建醮委員會依傳統公告醮典期間信眾所要遵守的戒約與相關禁忌，乃帶有神諭與集體制約的力量，目的乃從外在的身齋開始，然後逐漸向內以達到心齋的齋潔效果。其意涵深具意義的道教自然環保觀，即凡平常生產需取資於土地、自然者，至此全部暫停，生活因而得以進入迥異於日常的齋戒素食；讓山林、田野與海洋暫時終止一再地被榨取，而暫時地休養生息，回復到自然無為的渾沌狀態。直到最後一日子時拜天公敬呈齋醮功果後（王醮則在宴王後），始解除齋戒茹素生活，進入集體「吃喝玩樂」的狂歡慶祝，體現孔子「一國之人皆若狂」的嘉年華情景。[13]

---

[12] 此部分有〈封山禁水牒文〉，通聞五嶽名山府君聖眾與龍宮琅苑水國晶仙合作證明，要求「五嶽名山聖眾座前，山林羽毛、飛走異類，各宜肅靜山林，無塵埃之穢。水國琅苑晶仙位下，水府麟甲、沈潛濕生，無得犯戒，水界有清淨之源，管界土地龍神，遵依奉行，醮功完滿，不昧神麻。」

[13] 請參李豐楙：〈臺灣慶成醮與民間廟會文化——一個非常觀狂文化的休閒論〉，《寺廟與民間文化研討會論文集》（臺北：漢學研究中心，1994）。又《禮記・雜記》：「子貢觀於蜡，孔子曰：『賜也樂乎？』對曰：『一國之人皆若狂，賜未知其為樂也！』孔子曰：『百日之蜡，一日之澤，非爾所知也。張而不弛，文武不能也；弛而不張，文武不為也。一張一弛，文武之道也。』」

3、法天象地，建立內壇

　　第三階段則為建立內壇以演行道教科儀：道教用以禮天地、通真靈與申致敬，敷演儀式的場所稱為「壇場」，其有常設性的與臨時搭建的兩種。常設性的如天師道祭酒的「道治」、出家宮觀的「壇堂」，或奉道者家中的「靜室」，以及火居道士家中所安設的「壇靖」，儀式空間、桌案與神明等多已固定。臨時壇所常於外出演法場所搭建，多以神明圖像掛軸與桌案法具，配合實際的方位空間，建立神聖的儀式壇場。（附圖 6）道教在儀式之前整體壇場的布建，不論是直接於安壇儀式中強化，抑或是於壇圖中書錄，經文中所透露的儀式圖錄四隅概念，除部分附加新義外，大多繼承漢代已結構完成的「天地人鬼」四隅四門符號象徵系統。[14]這自是道教作為民族宗教的基本內涵，即將已模式化、圖式化的文化心理結構，採取既繼承又創新的態度；但又為了凸顯其作為制度化宗教的特徵，在不違反傳統原理原則下，自會靈活創發而附加具有新的意義，並藉由儀式落實，以宣化道教的教理教義。

　　道教齋醮儀式舉行之前要選擇吉日良辰，嚴守齋戒規定，精潔宅宇，法天象地，懸像掛幡，建設道場以降神；並燃燈燒香，依法行道。「以時新五果、茶酒香花、蘋藻齋羞，淨巾鎮信，銀錢雲馬、命米紋繪」（《太上洞神天公消魔護國經》卷中11-422，2b）等齋供，獻禮供養仙真，此一完備程序謂之「安壇」。明‧

---

[14]　請參拙著〈四隅方位：漢代式盤與道教科儀的運用析論〉，收錄於《第二屆儒道國際學術研討會──兩漢論文集》（臺北：臺灣師大國文系發行，2005.8），頁 645-676。

周思得《上清靈寶濟度大成金書》卷三「黃壇借地立纂儀」中「入意」即曰：「以今法天像（象）地，立纂舒壇。欲望洪慈廣覆，玄貺潛孚。流祖炁以輝華，錫靈光而照耀。變凡為聖，企碧玉之蕭臺；以人格天，現紫金之黼座。鼓節揮幢而扈翊，執籙把籍以班朝。梵炁周回，想玄之又玄之徹妙；流精洞煥，同上極無上之希夷。」此正繼承式盤「法天象地」意涵，即是建齋安壇的壇圖思想準則，有賴四維的建構與道場的有形裝飾。而「變凡為聖」的具體象徵，即須安壇化境儀式的進行，通過潔淨聖化壇場以降神後，將壇場幻化為瑤壇仙境的神仙世界，完成朝元玉京金闕神聖中心的建構，始能「建齋行道，歷天門而闡事，循地戶以朝元。」（《上清靈寶濟度大成金書》卷三乙集上）

（三）七朝道教科儀的重要結構內涵

臺灣常見的醮典，依其時間規模，曾有長達四十九天的羅天大醮，也有短僅一天的謝土醮。依其定期與否和功能區分，不定期舉行的如：謝土醮、慶成醮，攘災性質的水、火醮與路醮；較為定期舉行的如：祈福驅祟的王醮（或謂瘟醮）、祈安清醮。基隆廣遠壇李游坤道長於 2005 年（乙酉年）九月底主行的「松山慈惠堂七朝建醮」（附表二），乃是在傳統「五朝清醮」的規模下，[15]再加上「慶成」及「祝壽」所擴展開出的程序。其主要結

15　劉枝萬歸納所調查研究的四次由「道法二門」主壇的醮典科儀，區分祭
　　典對象為陽神與陰鬼二者，其進行過程與儀式搭配如下：（一）陽神
　　（內）：淨境（封山禁水、請水、開啟、禁壇）→迎神（發表、啟請）
　　→頌神（拜誦經懺、洪文夾讚）→饗神（獻供）→祈神（四朝科、掛
　　榜、拜表）→辭神（入醮、謝壇）。（二）陰鬼（外）：招鬼（放蓮花

構內涵可析論如下：

1、重構與潔淨

　　道法二門道壇慶成醮必定排出《安龍送虎科儀》，[16]藉由五方龍神的開光、安鎮，桃弓柳箭分射五方蟲害火疫，以及代表邪煞驅逐送虎，象徵其聖地秩序重構的過程；[17]並送走造成威脅的蟲害與虎煞污穢，以祈永固廟庥與全境驅祟納吉。（附圖 7）而在慶成醮首日重要的行事就是《請水安灶》，即從西北向乾方、壬水德方請水入壇，這是將「水」作為潔淨的儀式象徵。請水淨壇後備安灶君，旨在禮請諸天仙聖、召請十方萬類孤幽，皆需要

　　燈、放水燈）→饗鬼（普度：小普、大普），見《台湾の道教と民間信仰》（東京：風響社，1994），頁 228。此處稱「七朝」乃凸顯其七天的醮期，若以所排出的科儀與運用的建醮文檢衡量，仍是以傳統五朝醮為主體而作調整、增添。

[16] 其重要儀節與文檢運用配合如下：（1）（布壇：〈先天八卦草席符〉、〈龍神青符布〉、〈白虎白符布〉）敕水、敕劍、敕雞、敕五雷令、敕印、敕筆、敕符（〈安龍九宮符〉含〈四靈符〉與〈五方符〉、〈八卦安宅龍神符〉、〈五張剪刀尺鏡符〉開光）（2）破瓦鎮煞（3）龍神開光（4）淨壇請神（5）入意（〈安龍疏〉）（6）三獻酒（7）宣〈五方安鎮符命〉（8）桃弓柳箭分射五方（9）分發五寶（10）祭送白虎。相關研究如王天麟著：〈奠安與出煞：安龍科儀初探〉《民俗曲藝》，2004，94 期，頁 142-164。蕭進銘：〈連接根源、重建秩序及對於土地的懺謝：臺灣道教「奠土」儀式的「土地觀」及其現代意涵〉，收錄於《真理大學人文學報》（臺北：真理大學，2007），頁 1-29，以及與蘇西明前引碩論。

[17] 醮典儀式具有宇宙起源、結構再現與秩序重構的意義，John Lagerwey, *Taoist Ritual in Chinese Society and History* (New York: Macmillan Publishing Company, 1987) 一書中，頁 46 亦有相關的論述，而《安龍送虎科儀》是相當明顯的例子。

供獻諸品。特別是逢午獻敬，就是要禮敬天廚妙供天尊，自然也要以潔淨的供品，以九陳、十獻的方式敬獻於仙聖之前。所以首日的請水、安灶都要慎重地擇日看時。另《敕水禁壇》則以符咒淨水潔淨壇場，並存想變現四靈，四靈鎮守四方，慎重地五方結界，期能掃蕩妖氛，清淨內外。

2、啓請與進表

醮典的主體結構一開始依例要先請神呈表，就是由道長親自主持《發表》的儀式。其目的即呈奏表章，請功曹符使速為傳達，告聞三界，稟告此次舉行醮典的用意；然後才依次啟請各方神明降臨醮場，接受信眾的禮敬朝拜。而朝見天尊、疏奏表章的科儀，稱為「朝科」，道法二門有四大朝科：《早朝》所朝禮的是度人三十二天上帝，道士一人在三界壇前轉誦《度人經》。《午朝》所朝的是九天應元雷聲普化天尊，三位道長在三界壇前的「九天應元府」變身為天尊與文武二臣，演行談經說法，（附圖 9）拜誦《玉樞寶經》。《晚朝》所朝為中天大聖北斗九皇上道星君，高功於科儀中轉誦《北斗經》。《宿朝》則是朝天曹泰皇萬福真君，沒有經典轉誦。另《午朝》多呈四封牒文及召四靈，《宿朝》多宣讀〈謝狀〉後飛罡進狀。（附圖 8）¹⁸

---

18 請參拙著〈臺灣道法二門道壇發表科儀〉、〈臺灣道法二門道壇宿朝科儀〉，收錄於吳永猛、謝聰輝合著：《臺灣民間信仰儀式》（臺北：空中大學，2005）第三、七章，詳述其科儀程序與文檢運用。其大體可析為二十多個程序：1.祝香、禮請師聖 2.陞壇 3.啟師 4.請神 5.具職奏意（〈福疏〉）6.入戶（〈入戶符〉）7.上手爐香祝 8.宣衛靈咒 9.發爐 10.上奏上啟 11.請兩班 12.奉請九御 13.迎鑾接駕 14.十方獻供 15.三獻酒儀 16.宣讀〈心詞〉、〈關文〉17.薰表、飛罡呈表 18.禮謝發願 19.復爐 20.

3、懺悔與祈福

　　五朝建醮所轉誦的經典眾多，除了作為整體科儀結構調節搭配外，其主要的精神是消災祈福與懺悔省過。諸如：《玉皇本行集經》即在度死濟生，《朝天法懺》藉以投誠懺悔，《玉樞寶經》用於收煞禳災，《五斗經》和《三官寶懺》乃在祈求元辰光彩，《三官妙經》和《北斗真經》則用於解厄延生。又此派道士懺悔祈福的科儀，以第一天晚間的《解冤釋結》與《祝燈延壽》最具特色。具有解除各種冤結、改命改運，與祈求元辰光彩、延生長壽之功能。又最後一天的科儀，有《登壇拜表》的《拜天公》儀式，即是虔誠表示禮謝天公的庇佑。主壇道長率道眾分別讀丁口疏（書載境內出錢建醮家戶內男女姓名的文疏，亦稱〈紅榜〉），將所有參與者的各丁各口一一誦唸，並掛榜告示以示功德。其後「敬奉神兵，犒賞軍兵」儀式，以豐盛的祭筵隆重地犒賞禮謝平日與醮典期間的守護境土辛勞。緊接著就是傍晚開始的《普度》，以及《普度》後的《敕符謝壇》。晚間的《宿朝》，則旨在「入醮呈章」，乃是啟請諸神證盟醮功圓滿、醮事完周的意義，因此重點所在即為證盟、謝恩與奉送神祇。

4、普度賑濟

　　道教普度的時機有三類場合：一是中元普度，二是建醮普度，三是二朝以上功德齋儀普度，[19]三者皆需要以「豎燈篙」作

回駕出戶　21.謝師聖　22.謝過懺悔　23.送神落壇。另午朝多呈四封牒文（〈辟非牒〉、〈昌陽牒〉、〈禁壇〉牒、〈含陰牒〉）及召四靈，宿朝多宣讀〈謝狀〉後飛罡進狀。

[19] 此見於臺灣正一派靈寶道壇齋儀，若以大淵忍爾的《中國人の宗教儀禮：佛教道教民間信仰》一書頁189所載，以及田野調查所見，一般兩

為齋醮儀式之開端，以「普度」作為功德圓滿的結束，且前二者也都必須放水燈。所以說，每逢舉行建醮祭典，末日也一定依例安排有大普度，藉此普施賑濟孤幽，以達到「潔淨」地方的功效，期使普度的地區能「風調雨順、合境平安」。道法二門道壇齋醮大普度慣由資深道長親任高功，使用《靈寶正壹大普科儀》，左右道眾則使用《靈寶正壹左（右）壇玄科》敷闡救度教義。主要結構為巡筵淨孤、召攝魂識、登臺說法、化氒變神、藏魂、手訣化境、轉牒公告、讚美救苦天尊、變食開咽、施食濟幽、牒文度幽、十傷符救度、竹包獻孤、押孤送幽等重要儀節。（附圖10）

（四）七朝道教科儀與文檢搭配運用情形

乙酉年松山慈惠堂七朝慶成醮典科儀，既是在傳統道法二門「五朝慶成清醮」的基礎下，又加上為金母祝壽科儀，所以不僅規模是道法二門醮典少見的大規模，文檢數量的運用，也是筆者調查該壇所見最多的一次。除可與《莊林續道藏》中〈文檢卷四・陳氏文檢〉所列〈五天醮事表文關牒疏文〉，及其所載相關符、榜等文檢比對，重視其傳承的部分之外，還需注意到廣遠壇李游坤道長，因應實際需要所「新創」的文檢。以下先以文檢名稱為經，共分文類為「悃意、疏、狀、心詞、公文、牒、關、

天的「九幽拔度齋儀」以上，始有豎旛與普度。但依筆者所蒐集到的〈乾隆二年無上十迴大齋齋章草稿〉所記，早期清屬鳳山縣區域，一天半的「無上十迴大齋」（即「一朝宿啟」），已載有豎旛與普度儀式：「豎旛施筵，孤魂樂沾膏澤；捨衣濟利，荒魄欣得冥資。」

符、榜」九類；以儀式程序為緯，將此科七朝慶成醮典二十三個
儀式與文檢運用關係，忠實紀錄製表如附（附表三、四、五），
以利進一步地分析。從表中可見：每一個道教科儀都需要搭配文
檢的運用，呈現出「詩、歌、樂、舞、存想與文檢」兼備的演出
特質。[20]其中又以《安龍送虎》、《發表》、四大朝科與《普
度》等四科儀所運用的文檢種類與數量最多。一般四大朝科，主
壇道長會請同道相幫，擔任其中一、兩個朝科，其餘皆須親自擔
任高功演行。

　　依照學者對臺灣正一派道法二門的研究，早期的醮典僅止三
朝，而後隨著經濟的發展漸有五朝的規模，文檢的準備也需隨之
增加。因此道行內被認為能勝任五朝大醮知名道壇，除了該壇道
長有公認優異的演行能力外，所謂「簍底」（主壇所需要的經書
法物）的好壞，文檢部分往往是其中的關鍵。而文檢的來源有
「傳承」與「新變」：「傳承」的部分，指的是道壇文檢手抄本
所載，不論是得自其師壇或相關道壇傳抄，此部分可以比對南宋
以後《道藏》經典，考究其來源依據。「新變」的部分，指的是
原本文檢沒有或不合適，參酌舊有的文檢形式與內容，再加以調
整、組合後而改變為「新的文檢」。這是道教內部因應實際需要
的調整，自古即是如此，而依筆者目前在臺灣調查所見，尚未見
到沒有參酌舊式的全新文檢。以此科基隆廣遠壇所見文檢即兼具
此兩大性質，除可見其蒐集傳承自林派的系統外，我們也將對照

20　謝聰輝：〈臺灣道教齋醮科儀續論篇〉，收錄於《臺灣民間信仰儀式》
　　第一章。

《莊林續道藏》中〈文檢卷四・陳氏文檢〉，應威壇本文檢[21]與
劉枝萬（簡稱劉）的相關重要研究記載後，配合下兩節的分析說
明。

三、上行文檢文類功能與體式特質

作道教文檢研究，除了注重其配合科儀道法的實際運用內涵
外，其文書學上文體和文類的關係，以及相關傳承的規矩格式，
也是必須關心的重點。在文體與文類的意涵與關係研究上，顏崑
陽的研究指出了「彼此限定卻又相互依存的關係」。[22]就文體分

---

[21] 此為基隆廣遠壇內部文檢之一，封面題壇名為「威遠壇」，乃開壇道長
　　李松溪自命名題書，乃得自北部另一劉派文檢之一。

[22] 本文採用顏崑陽：〈論「文體」與「文類」的涵義及其關係〉一文中對
　　文體與文類意涵的相關論述：如「文體指涉的是諸多文章群『自身』在
　　『形構』與『樣態』這些面向的相似特徵；而『文類』指涉的是諸多具
　　有某些相似特徵的文章因而形成『類聚』相對『群分』的狀態；這也是
　　文章實存的某一面向的特徵。」「『文體』與『文類』就如『人體』與
　　『人類』，二個概念之所指涉當然並非『同一』，但另有其他關係。」
　　「古人有關『文體』與『文類』之實踐或認識的歷史情境中，經常採取
　　『依體分類』與『循類辨體』的雙向互用行為。因此『文體』與『文
　　類』雖是邏輯上二個不同的概念，但卻非矛盾對立（contradictory
　　opposition）；不管從邏輯概念或實存狀態來看，二者都有著彼此限定
　　卻又相互依存的關係。」收錄於《清華中文學報》（新竹：國立清華大
　　學中文系，2007.9）第一期，頁 1-67。另相關研究可參考：朱豔英主
　　編：《文章寫作學：文體理論知識部分》（臺北：麗文文化事業公司，
　　1994）吳承學著：《中國古代文體形態研究》（廣州：中山大學出版
　　社，2000）。

類學研究上的意義探究，道教文檢屬於劉勰（465-520）《文心雕龍‧總術篇》文、筆區分中，「無韻者筆也」的「筆類」：也是蕭繹《金樓子》所稱的「抵掌多識謂之筆」，乃是章表奏疏、詞表狀箋、榜帖關牒、檄劄符令等等古代公文書文類的道教化。清代陸世儀（1611-1672）撰‧張伯行（1651-1725）刪編《思辨錄輯要》云：「凡古文皆有體式，如詔、誥、命、書、疏、檄、露布之類，各有規矩，各有家數。」[23]因此以下兩節重點，先就此科七朝文檢文類的不同，探討其作為上行與下行功能意義；然後製表（附表六）呈現其不同文類的體製格式、結構秩序與可資比對的資料，再分類舉證說明其實際運用的情形與傳承規矩。

（一）上行詞表疏狀類的內涵功能

　　道法二門道壇所使用的上行文檢「表、疏、狀」類，是古代常見的官文書。「表類」：漢‧蔡邕（133-192）《獨斷》卷上即言：「凡群臣上書於天子者有四名：一曰章，二曰奏，三曰表，四曰駁議……下言『臣某誠惶誠恐，頓首頓首，死罪死罪』。」「臣某誠惶誠恐，頓首頓首」一句，也成為道教上行文檢，道長稱法位後續接的「套語」。此科預呈的〈通醮表〉[24]或稱〈預告疏〉：首書的「預告上蒼」即表明其目的。而「疏類」作為奏章的一種，是臣僚上書皇帝陳述下情時使用，《漢書‧賈

23　清‧陸世儀、張伯行：《思辨錄輯要》（臺北：藝文印書館，1966，百部叢書集成影印正誼堂全書本），冊2，卷5，頁2b。

24　參考劉枝萬：《中央研究院民族學研究所專刊之十四：臺北市松山祈安建醮祭典──臺灣祈安醮祭習俗研究之一》（臺北：中央研究院民族學研究所，1967），頁68〈通醮表〉。

誼傳》就記：「誼數上疏陳政事，多所欲匡建。」此科疏文類有
七：

（1）〈福疏〉（〈悃意〉）：習稱「手疏」，以紅紙墨
書，其主要特徵乃首書「悃意」二大字。載舉辦齋醮的地點、時
間、醮主斗首及事由、科儀內容，以及祝禱祈願。[25]

（2）〈安龍疏〉：用於慶成醮，首書的「龍圖獻瑞」即表
達「謝土安龍」的祈求。（附圖 11）

（3）〈玉皇疏〉：首書「叩答天恩」即表達「謝恩言功」
的主旨。

（4）〈灶君疏〉：無標題，主旨乃敬奉灶君監督齋食。
「狀類」亦為向上陳述報告的官文書，《舊唐書》卷四十三
〈志・職官二・尚書都省〉：「凡下之所以達上，其制亦有六：
曰表、狀、牋、啟、辭、牒。」

（5）〈發表獻狀〉：此科有〈發表獻狀〉13 方函，以凸顯
較高神祇的區別，[26]申明邀請聖駕齊臨法會，證明修奉迎福功
德。

（6）〈謝狀〉：此科用於排壇豎立聖位者 109 封，只用可
漏形式；用於《宿朝》1 封與《謝壇》12 封，並用可漏與方函。
三者內容相同，旨在感謝建醮尊神官將之鑒臨，狀文具申「今則
美事週隆，聖駕難仰盼，雲衢不勝攀戀之至」的款款衷情。

（7）〈心詞〉：上行文檢中〈心詞〉一類，是古代少見的

25　前引林振源〈閩南客家地區的道教儀式：三朝醮個案〉文後所附〈悃
意〉，內容較基隆廣遠壇完整。

26　John Lagerwey, *Taoist Ritual in Chinese Society and History*. p.67.

官文書，臺灣正一派的文檢中也只有道法二門朝科所呈奏文稱「心詞」。（附圖 12）但〈心詞〉作為上呈文檢文類之一的用語，在宋、元道經中可見不少例證（但未見以〈心詞〉為題的公文範例）。如北宋時《羅天大醮早朝科》：請稱法位、請神後「宣詞」前，言「齋官心詞，謹當宣奏。」（2b）南宋中·白玉蟾（1194-?）《修真十書·武夷集》卷之四十七〈法曹陳過謝恩奏事朱章〉：「昨各已錄心詞，上奏天庭，乞行傳度。」（1b）〈懺謝朱表〉：「以心詞上瀆於龍顏。」（5b）林靈真編撰的《靈寶領教濟度金書》卷之四十二：「凡有投告，所合關聞、齋意、心詞，謹當宣奏。」《道法會元》卷之一百四十一〈太一天章陽雷霹靂大法·傳度朝儀〉：「其諸情悃，具載心詞，願得十方正真生炁，下降流入臣身中。」（1b）特別是《道法會元》這一段經文，與目前臺灣道法二門道壇朝科〈發爐〉後所唱念經文是完全一樣的。此科的〈心詞〉有五封，用於四朝科與祝壽科，內容除變換相應的朝科名與聖位外，其餘皆是相同。其體式有「具職」形式、用語稱「上奏」，以及文檢本文與內外封函書寫神號聖位時，均特別用龍頭黃簽（或紅簽）墨書貼寫。[27]

（二）基隆廣遠壇詞表疏狀的體例格式

作為上行文檢的上述四類文書，相對於文體的制約就要表現

---

[27] 《无上黃籙大齋立成儀》卷三〈行遣通用式〉：「諸帝尊並用奏狀，聖位以黃簽書，臨時貼，其餘並用申狀。」又「諸可漏並帖黃。一位者用黃簽側帖，兩位以上者，用稍闊黃簽中帖。兩位四位以右為尊，三位、五位以中為尊。」（6a）

其對高真的尊敬，而通常表現於行文的平闕、行數、位置格式，用語、套語尊稱，以及內文用紙的折法、內外封函的顏色與貼籤等等規矩。以下就其中的特質分述如下：

（1）結構：內文必包含時間、主辦宮廟、時間、高功具職、事由、參與的重要醮主斗首名單、祈願、上呈之尊神聖位、天運年月日等結構點。

（2）標題：除〈灶君疏〉、〈發表獻狀〉與〈謝狀〉外，其餘五件上行文，皆以大字書題以表主旨。如〈福疏〉為「悃意」、〈通醮表〉作「預告上蒼」、〈安龍疏〉作「龍圖獻瑞」等。

（3）具職稱臣：僅稱「凡昧小臣（偏右小寫）李通迅」，而不用受籙法位全職稱。

（4）行文：以對聯開頭、四六文句與典雅文辭，表現駢麗韻文風格。如〈安龍疏〉開頭作：「道出先天，大道化生諸天；皇居后土，高皇主張五土。人處三才之內，神分一炁之靈。」〈心詞〉文疏言：「幸沐恩光默佑，垂錫佳珍之景既；果蒙聖德覃敷，當酬大澤之良緣。」且部分文字上，並以硃砂筆點讀與書寫月日。

（5）公文套語：模擬帝制時上呈皇帝之公文書套語，諸如「誠惶誠恐，稽首頓首」、「薰沐文疏，百拜申上」、「百拜上奏」、「激切屏營之至」、「聖慈洞垂昭格」、「以聞」等等套語經常出現。

（6）紙張：墨書，〈福疏〉用紅紙，〈發表獻狀〉與〈謝狀〉用白紙，其餘上行詞疏皆用黃紙。

（7）印信：除用紅紙墨書的〈福疏〉不蓋印外，有標題且

為四字者，蓋用五印，印文皆為「玉清至寶」，四印以菱形蓋於標題四字上，一印印於年下月上。其餘蓋一印者，除〈發表獻狀〉用「玉清至寶」外，皆用「道經師寶」。[28]乃按照一般習慣「留年蓋月」，且有日子在月初，則印下沿蓋在月字上端，月中蓋月字二橫劃中間，月底蓋於月字下沿的傳承規矩。

（8）平闕格式：「平」指行文遇到特定的字要提行另寫，稱為「平出」；「闕」指行文中遇到特定的字，要在此字上空兩字格或一字格。考此科上行文檢，多用「單抬平出」格式，歸納大分為三大類型：一是聖號，指高真仙官的稱號，如「三清」、「玉皇」、「后土」、「日月」、「灶君」、「功曹」、「瑤池金母」、「五土龍神」、「雷霆官將」等等。二是聖所，指官司仙曹的意涵，如「省壇」、「天地神闕」等等。三是聖德，指稱高真德澤與相關尊崇用語，如「帝心」、「乾坤」、「洪禧」及以「大」、「道」、「天」、「聖」等開頭的字眼。「闕」字格式，如所見在伏、涓、寅、干、叩、仗、仰等等字之前。

（9）可漏：上行文檢除〈悃意〉因常置於道士手中奏誦，未用可漏外，其餘皆有封套。其中〈發表獻狀〉13 封，皆用紅紙墨書，上貼龍頭黃籤，中書聖位，下書「呈進　雲（或殿）前采納　謹封」。其餘所有謝狀，皆用黃紙墨書，上貼龍頭紅籤，中書神位，下書「呈進　謹封」。

（10）方函：皆用黃紙墨書，上貼龍頭紅籤。〈心詞〉方函

---

28 臺灣正一派道壇常用的「道經師印」（或刻「道經師寶」），《大成金書》卷二十五言其：「諸齋功一應疏文獻狀通用，謂之三寶證盟功德之意也。」（25: 118b）

特別題署「天師門下凡昧小臣李通迅誠惶誠恐稽首頓首皈依百拜
上奏」，中書「御（或聖）前呈進」。其餘僅書「投奏（或申、
獻、進）」，並蓋「道經師寶」印於「謹封」二字上。

四、下行文檢文類功能與體式特質

（一）關牒類

1、以「靈寶大法司」額司具顯下行內涵

　　此科文檢中可歸屬關牒類者，計有關文 6 件、牒文 17 件
（附表七）與公文 6 件，合為 29 件。而此「公文」類不見於歷
代官文書，其意為公共建醮禮神之文牒，在《蔣氏立成儀》卷四
與《王氏大法》卷六十等科儀道經，同一形式者均稱為「公
牒」，[29]所以應歸為「牒類」。「關」意涵為合契通關，開通行
事，作為官文書據《文心雕龍‧書記篇》記載屬平行性質，而
《舊唐書》則兼有平行與下行公文特質。[30]「牒」原意為古代可

---

[29] 宋‧李燾（1115-1184）《續資治通鑑長編》卷二百八十二：「其公牒
行下州縣。」《宋史》卷一百六十七〈職官志‧職官七〉：「六部行移
即用公牒。」《无上黃籙大齋立成儀》卷四〈都大城隍司土地引〉：
「靈寶大法司　當司某月某日某時，發緊急公牒一角，仰　齋赴　天下
都大城隍司投落。」（4：11）王契真編《上清靈寶大法》卷六十：「一
公牒笥，共一十七道，摺角、封印全，前詣　天下都大城隍司、某府城
隍司、某州城隍司、某縣城隍司……。」

[30] 梁‧劉勰《文心雕龍‧書記》：「百官詢事，則有關、刺、解、牒。」
《舊唐書》卷四十三〈志‧職官二‧尚書都省〉：「諸司自相質問，其
義有三：關、刺、移。關，謂關通其事。刺，謂刺舉之。移，謂移其事

供書寫的簡札，後作為官府公文的一種，適用性質似可廣達上、平與下行使用。[31]但「關牒」作為道教文檢使用，在以召請官將與功曹符吏，負責牒傳關行齋醮法事。乃道教齋醮儀式中給付道法壇靖，與高功傳度受籙所屬神司的命令文書，二者皆以「靈寶大法司」為總發文曹司，故屬於下行文性質。[32]

此作為主壇高功道長總發文曹司，並據以認證為文檢下行性質的關鍵司額名稱「靈寶大法司」，乃來自於道士經由奏職傳度受籙後所得到權力。如南宋・金允中《上清靈寶大法・總序》言：「如籙進洞玄之品法，以靈寶為職，舊儀只稱三天門下南曹。又以靈寶大法司為曹局，故以其印而發文移，是本局之信記也。」執法行道的道長被授予能藉由祖天師之名，指揮「靈寶大法司」中經由秘傳受籙儀式所獲得的道法壇靖所屬官將吏兵，[33]

於他司。移則通判之官皆連署也。……凡京師諸司，有符、移、關、牒下諸州者，必由於都省以遣之。」

[31] 上行者：如《舊唐書》卷四十三〈志・職官二・尚書都省〉：「凡下之所以達上，其制亦有六：曰表、狀、牋、啟、辭、牒。表上於天子，其近臣亦為狀。牋、啟上皇太子，然於其長亦為之。非公文所施，有品已上公文，皆曰牒。」平行者如宋・歐陽修（1007-1072）《與陳員外書》：「凡公之事：上而下者，則曰符曰檄。問訊列對，下而上者，則曰狀。位等相以往來，曰移曰牒。」下行者：如唐玄宗敕撰官修的《唐六典》卷一言：「凡都省掌諸司之綱紀，與其百僚之程式。……凡制敕施行，京師諸司有符、移、關、牒下諸州者，必由都省以遣之。」

[32] 大淵忍爾認為：關牒類文檢，皆以靈寶大法司為總發文曹司，對象為傳度受籙時所領官將與下位鬼官，故為下行文。前揭書頁431。

[33] 籙通常指紀錄有關道士人神溝通的秘訣功法和符圖，乃道士之所以作為人神中介者的憑證與法術依據，其中多記載歷代傳承的天官功曹、神仙將吏的名諱、洞府、符令與召請秘法，大多為符、圖、文、訣相應配合

因為彼此存在著「盟約關係」。³⁴如南宋・王契真編《上清靈寶大法》卷之二十九〈傳度儀範門・牒靈寶法部官將〉，以「祖師三天扶教輔元大法天師真君」署名，經由「靈寶大法司」發出的牒文，除明白照請所配屬的：「靈寶大法萬司：如意大將軍、諸天赫奕萬神、玉女玉童、靈官將吏。神虎北魁玄範府：左右二大聖、七真玉女、三部使者、追魂攝魄吏兵。南昌煉度司：丹天左右侍衛大將軍、水火二司受煉一行官典；黃籙院諸司：考較（校）合干官屬、發遣章奏、運神會道官將吏兵、天醫院靈官仙宰。靈寶部屬諸司府院：金童玉女，使者吏兵，合干將佐。恭稟上天命令，潛分應化真身。」（1b）於傳度之日，下赴受籙者靖治之中，列職分司，按營治事之外。並強調：

> 自今而後，凡遇某為國為民：祈晴禱雨，扶持疾苦。濟拔幽冥，超度玄祖。煉氣服形，洞視朝元。飛章貢表，修齋行道，建德立功。並請前導後從，左挈右提。坐呼立召而響答隨形，意想心存而入无出有。聖凡交感，神氣密符。令在必行，動无不應。永佐玄元之教，同推利濟之仁。誓盟金石，終始股肱。積濟生度死之功勳，成學道修真之行願。闡揚大化，宣布真風。祇懇爾勤，益振乃職。苟宣勞而无怠期，嘉績之有成更。祈照應某所受法職印式，應干

的文書，乃道教傳承最為神秘、神聖的部分，故特具有秘傳、慎傳性格。

34 丸山宏：《道教儀禮文書の歷史的研究》（東京：汲古書院，2000）第五章〈臺南道教奏職文檢〉，頁396。

行持符檄。關盟所至，即為遵行，大彰報效。牒請依應，
毋輒慢違。（2a）

　　此一「靈寶大法司」內天仙、靈官、將吏，隨傳度香火交
撥，有永遠駐劄，平日隨同受籙者駐劄壇靖，以佐助行持；有非
駐劄者，遇修齋設醮時，則應時下降，聞召即至，同心贊化以完
成交付任務。[35]

2、基隆廣遠壇關牒類文檢的體例格式

　　（1）「關式」文檢，其體式特色即於文末有一明顯大
「關」字，其下以硃筆書「行」字，以表示「關行」之義。行文
言「煩為貴職下，赴玄壇，詳認標題，傳奏各屬天闕，各司神
祠」；並希望在雲途之中，幸勿阻滯，無曠功職，皆屬客氣命令
口吻。

　　（2）「牒式」文檢，其體式特色即於文末有一顯著大

---

[35]　《濟度金書》卷二百二十七〈科儀立成品・審奏祖師官將醮儀〉：「惟
　　授受之初，已佩師資之訓，不宜重復，懼淬聽聞。今惟策役仙靈，交撥
　　將吏，各宜整肅，恭演彝章。謹召靈寶大法司云云，各宜分形化景，嚴
　　裝顯服，隨香火交撥，前往弟子某靖治之中，如律公參。合駐箚者，永
　　遠駐箚，輔佐行持；非駐箚者，公參畢，即回所司。聞召即至，同心贊
　　化，一如靈寶玄壇律令。」（10b）
　　《大成金書》卷三十六〈文檢立成品・靈寶傳度大齋文字・申靈寶大法
　　主宰高真〉：「恭望　真慈，允茲申請。特希　宣告：靈寶大法司內天
　　仙、靈官、將吏，咸使知委。一合下赴新恩弟子某壇靖，分光駐箚，佐
　　助行持。如遇某人修齋設醮，請福祈　恩，禳災解厄，度死濟生，煉度
　　魂爽，達恫通誠。應時下降，輔翊修崇，大賜蕆揚，以昭　宸貺，至期
　　恭伺，云云。」

「牒」字，其下以硃筆書「号」字，以表示「雷霆號令」之義。文中、可漏或用「謹牒、上牒」，但文末套語「須至牒者」，亦屬客氣命令口吻。

（3）〈發表關文〉蓋「玉清至寶」之印於前「靈寶大法司」之「寶大」上，與後年月之「月」上。另四朝科與祝壽朝科關文內容幾乎相同，[36]差別僅在關請的上詞功曹使者有年月日時之差別（祝壽朝科用「上詞功曹日直使者」），只蓋「道經師寶」一印於月上。

（4）用紙：此科所見關牒內紙用黃色者：〈封山禁水牒〉、（附圖 13）〈發表關〉、（附圖 14）〈發表牒〉、〈豎立燈篙牒〉、〈孤魂牒〉與〈功勞牒〉，其餘皆用白紙墨書。又用黃紙者除〈功勞牒〉外，皆搭配蓋「玉清至寶」印，用白紙者蓋「道經師寶」印。

（5）可漏：下行文檢皆不用方函，關牒類所用可漏皆黃紙墨書，公文（公牒）則以白紙；[37]並以「靈寶大法司」為司額，

36　以《早朝》為例：

靈寶大法司　　　　本司今為修崇醮典　　　祈請

恩庥。今則早朝行道，拜進心詞一方函，封印全美　　謹謹上詣

度人天宮　　呈進　　　仰煩

神功疾速飛騰賚捧上達，所經雲程之中，切勿阻滯，立即感通。

　　須至關者

右關委

早朝中上詞功曹年值使者　　　准此

天運　　年　　月　　日具

關

37　以「靈寶大法司」為額司，下三行：右行書「公文一角遞至」，中行

蓋「道經師寶」印於「謹封」二字上。中書形式：關如「右關委當日傳章功曹奏事符使准此」；牒如「右牒請（或付）某某（召請對象）准此（照驗）施行」。

（6）批朱：即以朱筆批字點標。道教文檢製作完成皆須檢查點讀，屆時再以唱誦或念白的方式公布，乃具現發文單位對齎持護送的功曹官吏，宣達命令與點校核對的功能。另文末或於可漏文末以朱筆打勾畫記，前者應是表示宣達完畢，後者應表示指明召請特定功曹執行。體式似可上溯至南宋・蔣叔輿《无上黃籙大齋立成儀》卷四〈四直功曹關子〉，其關文標記形式為「批朱關四直功曹」（倒數二行）、「印法階姓　押」（最後一行）。

（7）摺角實封：關牒類文檢大多需讀誦，[38]為了取用方便，所以可漏常未黏封；但〈發表科儀〉遣送的「公文六角」因未宣行，因此都採特別的摺角實封（摺上兩角，成六角形）。此種體式在蔣叔輿《立成儀》卷三已見：「諸公牒關劄引，並批朱，公牒摺角封，書名押。」金允中《上清靈寶大法》卷十四〈牒某方無極飛天神王〉後註：「右用摺角實封。」此道教的用法依據，至少在北宋朝廷公文書相關規定已出現，[39]強調其不致漏泄。

「本月二十三日吉時發行」，左行（例）「本屬府縣城隍大老爺帳前投申」。謹封上蓋道經靈寶印，背書「內有一件」（朱筆圈）。其「二十三」、「吉」、「行」與「一」字，特別以朱筆書寫。

[38] 劉枝萬說紙張用黃者需宣讀，白者不須宣讀，恐有疑義。調查所見用白紙者，也多須宣誦。見前引書《中央研究院民族學研究所專刊之十四：臺北市松山祈安建醮祭典——臺灣祈安醮祭習俗研究之一》，頁70。

[39] 《宋會要輯稿》第五十九冊卷一千一百一〈職官二・通進司〉頁2372：「宋英宗治平三年（西元1066年）六月二十四日，李東之（996-1073）等又言：乞今後中外臣僚投進文字，但干機密及言時政得失利害，并體

（二）符榜類

1、符類

　　符是古代憑證符券、符節、符傳等信物的總稱。梁・劉勰《文心雕龍・書記》言：「符者，孚也。徵召防偽，事資中孚，三代玉瑞，漢世金竹，末代從省，易以書翰矣。」後作為一種下行的官文書，如《唐六典》卷一所言：「凡制敕施行，京師諸司有符、移、關、牒下諸州者，必由都省以遣之。」道教所運用作為「道符」者，可包括各式符籙簡文誥契，以為召神遣將，合符效信。故符命常與高功道長在儀式中的運念、呼吸、咒訣、罡步以及「關牒類」文檢配合，形成一組神秘命令與文檢訊息結合使用。而道法二門道壇慶成醮典所使用符類很多，可大分為三類：一是「以符為主者」：此類或有相關文字與靈符配合，但偏重在以符為主體，其主要功能與所召請神將，請參見附表八歸納。二是以法器圖式所組成的「符圖」：如配合〈安龍科儀〉使用的〈五方剪刀尺鏡符〉。[40] 三是「符文兼具者」：如〈普度科儀〉

量官員等事，並須褊捺，用全張小紙斜側摺角實封，所貴經歷官司不致作弊漏泄事宜。」北宋・李綱（1083-1140）《梁谿集》卷八十六〈表箚奏議四十八〉：「限摺角實封，專差人齎詣使司，聽候指揮。」

[40]　〈五方剪刀尺鏡符〉以綠紅白黑黃為裏，並在外緣圈以相生的五色，聖化後貼於廟宇的五個方位。用於廟宇的代表四天羅、一地網：在東南西北四個方位上的剪刀口向上，各打開約三分，貼於門中央的剪刀口向下，則閉鎖不開，以免傷人。用於家宅的則是一天羅、四地網：在東南西北四個方位上的剪刀口向下，各打開約兩一分，貼於門中央的剪刀口向上，則閉鎖不開。「剪刀尺鏡符」象徵著安置天羅地網，讓邪魅無法進入神聖境域，達到安鎮土地之效果。

中使用的五張真符，[41]以及呼召「十傷」孤魂用的〈元始無量天尊普召孤魂符命〉。（附圖 15）

2、榜類

　　榜（或作牓）乃以木牌懸掛揭示的文書。《晉書》卷二十六〈食貨志〉作為下行官文書：「於是懸鴻都之牓，開賣官之路。」《舊唐書》卷十一也強調其「牓示」的公告功能：「今後天下諸州府，切宜禁斷，本處分明牓示，嚴加捉搦。」而「榜」作為道教文檢的一種，仍屬下行式公告周知的意涵，旨在公布傳達齋醮訊息與證盟功德，其形式特色就是告文末有一明顯「榜」字。此科所掛出之榜文，依其內涵功能（附表九），可大分為三種：

　　一是證盟醮典功德〈紅榜〉：此科即揭示以「龍章鳳篆」為題的〈紅榜〉，榜文通常於敬拜天公、呈現醮功前貼出。公布舉辦齋醮的主壇者、地點、時間、詳細醮主斗首及參與信眾、事由、科儀內容，以及祝禱祈願。強調參與建醮的醮主斗首與信眾的功德，不僅為醮境周知，也上表於天上紀錄。（附圖 16）此紅榜內容恰好是陳本〈建醮大道疏式〉與〈靈寶酬恩保豐祈安植福　正一金文〉兩組構而成。[42]二是公告傳檄作用法榜：此科共

41　三天托化天尊頒令，三天化衣神王、神吏執行的〈靈寶化衣真符〉。法雲流潤天尊頒令，水府泉宮管水使者執行的〈靈寶解施法水流潤真符〉。太乙救苦天尊頒令，祇承甘露使者執行的〈靈寶解施甘露潤澤真符〉。十迴度人天尊頒令，天醫院煉度官屬將吏執行的〈靈寶解五體全形真符〉。太乙救苦天尊頒令，九天雲廚使者、變食天王執行的〈靈寶解變食真符〉。

42　請參陳本〈建醮大道疏式〉開頭「伏以」至祈安植福（沐恩），醮主

揭示〈慈惠堂酧恩五朝福醮祈安植福金榜〉、〈九天應元府榜〉、〈三界萬靈府榜〉、〈靈寶正一天師府榜〉、〈北極四聖府榜〉、〈監齋榜〉與〈勅封境主尊神榜〉七份公榜。其功能即啟請尊神高真，對負責齋醮的相關神祇與道法所屬官將神吏等，下達動員命令，以執行醮典期間交付之任務。此七榜除〈監齋榜〉見於內部所傳「應威壇」本〈監齋榜式〉，其餘大體借鏡於南部靈寶道壇相關榜式。三是賑濟孤魂榜文：此科有〈青玄救苦府榜〉、〈普度榜〉、〈孤魂黃榜〉、（附圖 16）〈約束孤魂榜〉與〈大士告示榜〉五榜文。內容載明設甘露孤筵，雅齋妙供，祈請太乙救苦天尊賑濟無主孤魂，度幽冥苦爽之虔誠。希望孤魂受召來臨法會，遵照相關約束，聞經聽懺，懺悔、覺悟後皈依天尊，以求合境平安。其中〈孤魂黃榜〉特別以大榜施放，而〈普度榜〉貼於普度臺前，〈大士告示榜〉則貼於大士爺案桌前，〈約束孤魂榜〉則取材自《蔣氏立成儀》卷十三同名文檢。如稱〈建醮孤魂大榜〉，靈寶道壇道士則貼於普度臺前，稱〈孤魂榜〉，以為放榜周知。

3、基隆廣遠壇符榜類的體例格式

此科符榜類文檢體式，除前文談及的形式外，主要凸顯在符類書符的質材，與榜類具全職稱、字體、簽畫批朱與花押的特色：

（名單），……日月照臨之厚德，祈禱是本安吉為心，續接〈靈寶酬恩保豐祈安植福　正一金文〉中「涓本月日」起到最後。此與陳本不同之處，起自何人何時之手改編尚有待考查，因據基隆廣遠壇內部文檢本即是如此。

（1）質材：道法二門書符用布者：如〈天布符：天旗〉
（青布黃書）、〈地布符：召魂旛〉（黃布墨書）、〈龍神符〉
（青布、粉筆書）、〈白虎符〉（白布、粉筆書）與〈安宅廟龍
神符〉（黃布紅繡）等。用紙者：如黃古仔紙用硃砂書符，淡黃
紙以墨書〈安龍九宮符〉，符文兼備者淡黃宣紙。特別用色紙搭
配者：如〈麒麟符〉（紅紙硃書）、〈鳳凰符〉（黃紙硃書）與
〈水符〉（黑紙白書）（如附圖 15）等。

（2）具全職稱：在布告的榜類文檢中，除第三類的賑濟孤
魂四榜文外，〈紅榜〉（〈龍章鳳篆〉）李通迅道長具全職稱
為：「上清三洞五雷經籙掌雷霆驅府祈安請福事主持醮事凡昧小
臣李通迅」。其餘各榜則加上其授男李游坤為：「天師門下拜授
上清三洞五雷經籙主持醮事嗣教弟子李松溪法名李通迅，率授男
李游坤法名李大堃職授太上正一盟威經籙當職玉樞掌法宏化仙卿
補任知南北斗兼雷霆院府事」，[43]表示其受籙作為地方公眾醮典
人神中界者的專業禮儀職司與能力。

（3）字體：基隆廣遠壇此科所布告的榜文，其體制格式除
有一「榜」大字外，其他標題、證盟主神，與如「右榜知悉，神
人通知」、「發掛壇前曉諭」這類字體，均作明顯大字。最有特
色的是〈紅榜〉的字體方正如印刻字，此即行內美稱的「道士
體」，以彰顯道長的書法造詣與虔誠用心。

43　李松溪（通迅）道長先後師承林樹木（漢通）、王添丁（漢遜），繼承
　　其師法位，此與陳本法位皆用「上清三洞五雷經籙」相同；李游坤道長
　　法位則是 2000 年至江西龍虎山正一家庭受籙取得。此部分牽涉到北部
　　道法二門較複雜的傳度問題，將另題討論。

　　（4）簽畫批朱：此乃配合「放榜」儀節。道長以蘸硃砂毛筆分別在內文點讀批朱，填上日期，與榜字下批「示」（表示告）、「号」（同牒類，表雷霆號令）日期外；並在榜文大字處均簽畫圓，或在其字體右側行朱畫連。

　　（5）花押：簽畫行朱後，主行科事高功道長「押名」、「印信」（通常已先蓋好）再以「花號」行草朱書「花押」，即表示榜示命令的簽署與負責。此精神特別表現在〈紅榜〉的掛放有兩處：一是以朱筆押名「通迅」，二是花押「一點丹心」，此二者代表法名、花號，皆受傳於其傳度之師。此「花押」一詞，意為以草書簽字或書畫符號，作為簽署的憑信。較早出現於唐・李肇（813 在世）《唐國史補》，北宋・歐陽修（1007-1072）、黃伯思（1079-1118）與元末・鎦績等人，皆說明其以「草書押字」的習慣；而據南宋・劉昌詩（1216 在世）《蘆浦筆記》卷五〈金花帖子〉所記，則已用於「牓帖」。[44]道教的早期傳承格式，也見之於以及《濟度金書》卷三一九〈齋醮須知品〉所言：「關剳後，具銜書姓，下法師不僉名，只押號」的格式，其「押」字正是「花押」、「簽押」之義。

---

[44] 唐・李肇《唐國史補》卷下始記：「宰相判四方之事，有堂案處分，百司有堂帖，不次押名，曰花押。」北宋・歐陽修（1007-1072）在《歸田錄》卷二便云：「俗以草書為押字。」北宋・黃伯思（1079-1118）《東觀餘論》卷上〈法帖刊誤叙下〉：「後人花押，乃以草書記其自書，故謂之押字，或謂草字，蓋沿習此耳。」南宋・劉昌詩《蘆浦筆記》卷五〈金花帖子〉：「唐進士登第者，主文以黃花牋書其姓名，花押其下。使人持以報之，謂之牓帖，當時稱為金花帖子。」元末・鎦績《霏雪錄》卷上：「押字謂之花字者，蓋唐人草書名為私記，號為花書。韋陟嘗書陟字，如五朵雲，時謂之五雲體，此花押之始也。」

五、結語

文檢是整個科儀的內涵所在，從其文類文體、形式規範與文字內容探析，可深入瞭解儀式的意義與功能，掌握其科儀中實際運用的規矩與傳承新變的情形。臺灣正一派道法二門道壇主行吉慶醮事，而不作新亡者超薦性功德的喪祭齋事，所以文檢的運用全會出現在建醮之中。此次作為主要研究的文本，乃基隆廣遠壇李松溪、李游坤兩位道長於 2005 年（乙酉年）九月底主行的「松山慈惠堂七朝建醮」所使用的文檢；其科儀程序即在傳統「五朝清醮」的規模下，再加上「慶成」及「祝壽」所擴展組合的結果，可謂是歷年來廣遠壇科儀與文檢演示最豐富的一次。由於基隆廣遠壇傳承正統北部道法二門林派，幾十年來又有闡行醮典科儀的豐富經驗，加上畢業於中國醫藥學院、輔大宗教所碩士班的李游坤道長致力於研究與弘道，所以此科醮典展現他鎔鑄傳統與適當創新的特色。不僅在科儀演法中加入新元素，如轉《北斗經》時醮主斗首人手一本經典，讓他們融入科儀教化的情境，感受道教經德教義的內涵。更在文檢上豐富其形式與內涵，如〈紅榜〉（標題〈龍章鳳篆〉）以「道士體」大榜呈現；並因應總統蒞臨放榜新擬儀節祝文，當場簽畫批朱與花押，確實讓醮主斗首更感慎重虔誠與道法高深。其中文檢的種類增加了一些，乃是配合額外「祝壽」科儀的演行，以及醮典實際的需要。然而皆是取材於前輩高道實際運用過而加以適當的調整，可謂有本有據，不是能全然創新，但大體仍在道法二門五朝慶成清醮的基礎上，展現其傳承與新變的協調工夫。

本文道教文檢研究的重點，除了在以往的研究成果基礎上，

再輔以多種詳細表格，希望能更細膩地呈現配合科儀道法的實際
運用內涵外；更集中在文書學上文體和文類「彼此限定卻又相互
依存的關係」，以及相關傳承的規矩格式。歸納其作為上行文類
功能的文檢：「表、疏、狀」三類，是古代常見的官文書；而
「心詞」一類，卻是未曾出現，其曾見於宋、元科儀道經用語
中。完整的內容與形式，則保存在臺灣正一派道法二門道壇之
中，且較林振源前文所附大陸漳州客家區道壇同類〈心詞〉更加
完整。而作為下行文類功能的「關、牒、符、榜」四類文檢中，
關與牒在古代官文書中，其性質並非完全是下行使用。道教轉化
的關鍵在於以「靈寶大法司」作為總發文曹司，乃是道教齋醮儀
式中給付道法壇靖，與高功傳度受籙所屬神司的命令文書。強調
其功能在以召請官將與功曹符吏，負責牒傳關行齋醮法事，以具
顯其經由奏職傳度受籙後所得到權力，故屬於下行文性質。以上
道法二門道壇這八種文類，我們以基隆廣遠壇製作的文檢體例格
式為例，分析其道教「文檢」一詞內涵中「內在的文」與「外在
的檢」的內涵：前者分別以公文結構、文章風格、平關格式、簽
畫批朱與具職、印信、花押、文體、質材、字體等等探究；後者
則以可漏、方函與摺角實封等分析其檢署規矩。希望盡量累積其
相關起源與傳承跡證，能逐漸建構道教文書學的實際內涵。

附錄

附表一：乙酉年松山慈惠堂七朝科儀前的重要行事表

重要程序	擇日與吉方
預告上蒼	擇乙酉年農曆六月十三癸卯日辰時，上午七時至九時吉。備香案茶菓，叩祝上疏，預告建醮日期，禱祈諸天神祇叶吉。
搭建醮壇動土	擇乙酉年農曆八月初二日壬辰日午時，上午十一時，從西邊月德方起手，動土吉。
取燈篙竹	擇乙酉年農曆八月十四甲辰日卯時，上午五時至七時吉。
豎燈篙	擇乙酉年農曆八月十八戊申日辰時，上午七時至九時，從西方月德方起手，施工豎柱吉。
通燈篙疏	擇乙酉年農曆八月二十庚戌日巳時，上午九時至十一時大吉。

附表二：乙酉年松山慈惠堂七朝道教科儀程序簡表

日　期	早上	下午	晚上
八月二十三日（第一天）	封山禁水、（子時）、發表起功、揚旗豎旛、啟聖請神、安壇主、安五方童子、外壇獻供	請水淨壇、奠安灶君、灶君寶經	皇壇奏樂、解結赦罪
八月二十四日（第二天）	重白啟聖、禮誦母娘真經、蟠桃祝聖	三官妙經、北斗真經、星辰寶懺	皇壇奏樂、祝燈延壽
八月二十五日（第	重白申啟、拜榜張掛、上元寶懺、	朝天法懺第一、二、三卷、交懺化財	皇壇奏樂、五斗真經

三天）	中元寶懺、下元寶懺	晚課獻供	
八月二十六日（第四天）	早朝、度人經、玉皇寶經上、中、下卷、獻供	朝天法懺第四、五、六、交懺化財	燃放水蓮燈
八月二十七日（第五天）	重白申奏、午朝、	朝天法懺第七、八、九卷、交懺化財	皇壇奏樂、小普
八月二十八日（第六天）	重白啟聖、安龍送虎、洪文讚經（玉樞寶經）	朝天法懺第十卷、交懺化財、晚朝（北斗真經）	皇壇奏樂、開啟禮聖、敕水禁壇
八月二十九日（第七天）	登壇拜表、入燈敬天（子時）、暫留聖駕、拜觀天尊、收榜回壇、宿朝、入醮呈章、三界回駕	犒賞軍兵、收五方童子、奉迎大士、大普度	謝宗師、敕符謝壇、熄燈謝篙

附表三：乙酉年松山慈惠堂七朝慶成醮典科儀與文檢運用關係表（一）

科儀＼文檢	預告	採竹	建壇豎篙	祀旗	封山禁水	安龍送虎	發表	啟請
悃意			悃意	悃意			悃意	悃意
疏	通醮表					安龍疏		
狀			笠狀109				發表獻狀13	
心詞								
公文							六角封公文 1東嶽 2府縣	

							城隍 3雷霆 官將 4醮家 神明 5福德 境主 6本壇 宗師	
牒		取竹牒		豎燈篙 牒、城 隍牒、 土地牒	封山禁 水牒		發表牒	破穢牒
關							發表關	
榜							1青玄 救苦榜 2九元 應元府 3三界 萬靈府 榜 4北極 四聖府 榜 5正一 天師榜 6雲廚 監齋榜 7勅封 境主尊 神榜 8慈惠 堂植福 金榜	
符			外壇動 土符、 豎燈篙	天布符 、地布 符	法甕中 ：破穢 符（黃	1先天 八卦草 席符2	1開天 門2淨 壇3水	

			動土符、燈篙破穢符、內壇五方護符、麒麟符、鳳凰符、水符		底紅符）、押煞符（黑底白符）	龍神青符布3白虎白符布4安龍九宮符（四靈符、五方符）5八卦安宅龍神符6五張剪刀尺鏡符	盃4香符5奉符6萬神7玉陽宮8官將符9三界符10四直11土地12焚炎13張14度火15普度16香請17請神18神虎19朱彥20萬神21帝令22鄧23苟24溫25張26辛27畢28馬29陶30趙31岳32度火	
其他					法甕封條	七星黑布、五方燈、瓦片下畫封禁符式		
備註			外壇一壇一張九牛破土符					

附表四：乙酉年松山慈惠堂七朝慶成醮典科儀與文檢運用關係表（二）

科儀\文檢	請水	安灶	早朝	禁壇	拜榜	朝天懺	午朝	晚朝
悃意			悃意	悃意			悃意	悃意
疏		灶君疏						
狀								
心詞			心詞（方函）				心詞（方函）	心詞（方函）
公文								
牒	請水牒			玄壇四靈牒		十道朝天牒	1辟非牒 2昌陽牒 3禁壇牒 4含陰牒	
關			早朝關（年）				午朝關（月）	晚朝關（日）
榜					9紅榜（龍章鳳篆）10黃榜（孤魂大榜）			
符			1早啟 2入戶（官將前）3壇角（玉皇前）4乾（老君前）				1午啟 2入戶（官將前）3壇角（玉皇前）4乾（老君前）	1晚啟 2入戶 3壇角（玉皇前）4老君 5手爐 6發爐 7伏爐 8出戶

			5手爐 6發爐 7伏爐 8出戶 9謝師 10謝聖				5手爐 6發爐 7伏爐 8出戶 9謝師 10謝聖	9謝師 10謝聖
其他								
備註				習慣在 第三天				

附表五：乙酉年松山慈惠堂七朝慶成醮典科儀與文檢運用關係表（三）

科儀 文檢	放水蓮燈	小普	拜表	普度	宿朝	敕符謝壇	祝聖科
愜意	愜意	愜意		愜意	愜意	愜意	愜意
疏			玉皇疏				
狀					排壇狀109	謝狀12封	
心詞					心詞（方函）		心詞（方函）
公文							
牒	放水燈牒			孤魂牒		功勞牒	
關					宿朝關（時）		祝聖關
榜		大士告示		臺前救苦榜、大士告示、黃榜（大士腰圍）			
符				十傷符十道、五道真符、一道符命	1宿啟 2入戶 3壇角 4老君 5手爐 6總靈 7發爐	平安符	

				8伏爐 9出戶 10謝師 11謝聖		
其他						
備註	或分兩天 、文檢同			收所有文 檢		祝聖斗科 同此

附表六：上行詞疏狀類的內涵功能與體式結構表

名稱	標題	主旨	主神	平闕	套語	印文	可漏	方函	比對
手疏	悃意	祈求齋醮 功德完滿	三清	○	○				
通醮 表	預告 上蒼	預先奏告 建醮事宜 上疏	玉皇上帝	○	○	玉清 至寶 五印	紅紙 黃簽		劉68
安龍 疏	龍圖 獻瑞	謝土安龍	土府九壘 高皇大帝	○	○	同上	紅紙 黃簽		陳本
玉皇 疏	叩答 天恩	謝恩言功	玉皇上帝	○	○	同上	紅紙 黃簽		
灶君 疏		敬奉灶君 監督齋食	太乙定福 司命灶君	○	○	道經 師寶	紅紙 黃簽		應威壇 本
心詞	紅簽 心詞	祈求齋醮 功德完滿	四朝尊神	○	○	道經 師寶	紅紙 黃簽	4	陳本
發表 獻狀		聖駕齊臨 證明醮功	十二宮尊 神	○	○	玉清 至寶	紅紙 黃簽	13	陳本
排壇 謝狀		備貢丹誠 感謝尊神	109 尊神	○	○	道經 師寶	黃紙 紅簽		陳本
宿朝 謝狀		備貢丹誠 感謝尊神	天曹泰皇 萬福真君	○	○	道經 師寶	黃紙 紅簽	1 函	陳本
謝壇 謝狀		備貢丹誠 感謝官將	十二宮尊 神	○	○	道經 師寶	黃紙 紅簽	12	陳本

附表七：牒式文檢體式

名稱	主旨	受文者	印文	紙	比對
1 取竹牒	採取燈篙竹	山林土地后土祇靈	道經師寶	白	
2 封山禁水牒	封山禁水	五岳名山府君聖眾、龍宮浪苑水國晶仙	玉清至寶 2	黃	陳本
3 發表牒	為拜發請章事	三界功曹、四直符使、承差官將、傳遞等神	玉清至寶	黃	陳本
4 破穢牒	破穢除氛	九鳳破穢大將軍麾下	道經師寶	白	陳本
5 豎燈篙牒	為豎列神旛事	持旗開導六甲使者、旗竿翊衛守護神將	玉清至寶	黃	
6 請水牒	為請賜清淨泉水淨壇事	水府解厄真君管水使者	道經師寶	白	
7 禁壇四靈牒	衛護解穢	四靈真君解穢官屬	道經師寶	白	
8 十道朝天牒	為懺除罪障事	十方童子	道經師寶	白	
9 午朝禁壇牒	召陰神	神霄禁壇大將軍	道經師寶	白	王氏[45]陳本
10 午朝辟非牒	召陽神	神霄辟非大將軍	道經師寶	白	王氏陳本
11 午朝金鐘牒	振金鐘	雷霆風火昌陽大將軍	道經師寶	白	
12 午朝玉磬牒	擊玉磬	雷霆風火合陰大將軍	道經師寶	白	
13 水蓮灯牒	為放水蓮燈事	水府解厄真官	道經師寶	白	陳本
14 孤魂牒	賑濟孤魂	本處界內一切男女無主無祀孤魂滯魄等眾	玉清至寶	黃	陳本
15 功勞牒	證明功德	醮主斗首	松山慈惠堂	黃	陳本

---

[45] 請參見南宋・王契真編《上清靈寶大法》卷65。

			印、瑤池金母		
16 城隍牒[46]	為建醮投牒事	當地城隍	道經師寶	白	劉 98
17 土地牒	為建醮投牒事	當地土地	道經師寶	白	

附表八：以符為主者功能與召請對象簡表

名稱	召請對象	功能	質材	參考
破土符	九牛破土大將軍	押煞	古仔紙	劉79
破穢符	九鳳破穢大將軍	清淨壇界	古仔紙	
內壇五方護符	八卦神	安鎮護壇	古仔紙	
麒麟符	麒麟星君	安鎮護壇	紅紙	劉116鎮壇符
鳳凰符	九鳳破穢大將軍	清淨壇界	黃紙	劉116淨符
水符	水德星君	清淨押煞	黑紙	劉116水符
天布符	玉皇上帝所屬	迎神鑒醮	青布	陳本
地布符	無主孤魂滯魄	賑濟孤幽	黃布	陳本
草席符	先天八卦神	安鎮	草席	陳本
龍神符	青龍神君	安鎮	青布	
白虎符	白虎星君	安鎮	白布	
安龍九宮符	九宮神	安鎮	淡黃紙	陳本
安宅廟龍神符	八卦神	安鎮	黃布	陳本
開天門符	三元將軍	開天門	古仔紙	陳本
發表淨壇符	水德星君	清淨押煞	下皆同	陳本
水盂符	九鳳破穢大將軍	清淨押煞		陳本

46　劉枝萬：《中央研究院民族學研究所專刊之十四：臺北市松山祈安建醮祭典——臺灣祈安醮祭習俗研究之一》頁 98〈城隍牒〉。其認為：「豎燈篙標示祭場以後，天神地祇可以憑之以下降，蒞臨醮場，故必有地方神為之迎接，以盡地主之誼。此一任務，當由該地城隍負責，蓋以城隍又稱境主，即神界地主之故。唯恐諸神蒞臨者眾多，腳忙手亂，故以當境之福德正神即土地公，輔助城隍，冀免疏忽也。」（頁 92）饒河街舊街頭霞海城隍廟，饒河街街尾土地祠福德正神。

香符	侍香金童玉女	心假香傳		陳本
奉符	功曹使者	傳誠達悃		陳本
萬神符 2	祖籍神、境主神、宗師	證明功德		陳本
官將符 1	馬趙溫殷四元帥[47]	護壇送章		陳本
三界符 3	天地水三界使者	傳送表章		陳本
四直符 4	年月日時值符使	傳送表章		陳本
土地符	當境土地神	傳送表章		陳本
焚炎符	焚炎楊符使[48]	護送表章		蔣氏立成儀卷52、陳本
張符	張天君（張玨）	護送表章		陳本
度火符 2	度火符使[49]	護送表章		王氏大法卷39、陳本
玉陽宮符	神虎大神所屬	召魂賑濟		陳本
普度	神虎大神所屬	召魂賑濟		陳本
神虎符	神虎大神	召魂賑濟		陳本
請香符	侍香金童玉女	心假香傳		陳本
官將符 12	神霄雷霆官將[50]	護送表章		陳本

47　指護壇官將溫（溫瓊）、康（康應）、馬（馬勝）、殷（殷郊）四大元帥。

48　《无上黃籙大齋立成儀》卷之五十二〈神位門・左二班〉有「九天捷疾焚炎楊符使」，疑為此召將對象。

49　王契真編《上清靈寶大法》卷三十九有〈度火符〉午文，南炁。其配合之咒語：「符使升真，速降威靈。擲火萬里，使我通神。天火地火，五雷真火，燒殺一切，無道斷絕。公文之神火，奉行升霞散真，五雷備明。前行明道，掃蕩除氛。急急如上帝敕。」比對其符雖不同，但其咒語內容功能接近，暫列參考。

50　其符為「朱彥、帝令、鄧、苟、溫、張、辛、畢、馬、陶、趙、岳」，乃召請以下重要官將：雷霆七大天君（主要見於元初《道法會元》中），即以主壇雷霆主令欻火律令大神炎帝鄧天君（鄧伯溫）、雷霆正令鐵筆注律大神青帝辛天君（辛漢臣）與雷霆行令飛捷催督大使暘谷張

十傷符[51]	相關負責神將	救度十傷孤幽		王氏大法卷43、陳本
啟科符	護壇官將	淨壇、啟師聖		陳本
入戶符	天門前守將	合契通關		陳本
壇角符	天門前守將	合契通關		陳本
老君符	當日值職功曹	合契通關		陳本
手爐符	功曹使者	上靈寶三師香		陳本
總靈總召符	五方神將吏	護衛高功身神		陳本
發爐符	出高功身神	關啟高真		陳本
伏爐符	入高功身神	各歸身宮		陳本
出戶符	天門前守將	回鑾還駕		陳本
謝師符	師班神將	禮謝天師		陳本
謝聖符	聖班神將	禮謝北帝		陳本
平安符	建醮廟宇主神	隨身護衛		

附表九：榜文類功能與體式簡表

名稱	主旨	發榜者	受榜者	具職	花押	印文	比對
龍章鳳篆（紅榜）	證盟功德	正一靜應顯佑真君	雷霆官將	具全職稱	一點丹心	玉清至寶	陳本

天君（張玨）為首，與其所屬苟留吉、畢宗遠二雷君的一組神霄天君。
又有龐靈、劉通、王善、馬勝、趙公明、殷郊、朱彥等七大雷霆元帥，
和以地祇上將充金昭武顯德元帥溫瓊為首的嶽府溫、鐵、康、張、李五
大元帥，嗣醮天醫高、許、陶、趙四天君，岳飛以及諸經法錄科中仙靈
官吏。

51　王契真編《上清靈寶大法》卷四十三有〈靈寶淨明解十傷符〉：解冢訟
　　符、解獄死符、解中藥符、解殺傷符（殺死○）、解溺水符○、解邪妖
　　拘執符○、解死胎符（胎產傷○）、解自縊符（縊死傷○○）、解冤債符
　　○、解伏連符（伏連死○）。比較陳本（○代表相同），另有毒藥傷、
　　蛇傷虎咬、雷打火燒三者不同，而廣遠壇乃用陳本。

慈惠堂酧恩五朝福醮祈安植福金榜	祈安植福	正一靜應顯佑真君	值日功曹里域真官守榜大神持旛使者	具全職稱		玉清至寶	
九天應元府榜	酧恩建醮保境	普化天尊	雷霆官將	具全職稱		玉清至寶	
三界萬靈府榜	酧恩建醮保境	三官大帝	三界所屬官吏	具全職稱		玉清至寶	
靈寶正一天師府榜	奏文委送上清膽錄院	正一靜應顯佑真君	雷霆翊衛官吏	具全職稱		玉清至寶	
北極四聖府榜	奏文委送上清膽錄院	玄天上帝	四聖衛佑官吏	具全職稱		玉清至寶	
勅封境主尊神榜	酧恩建醮保境		境主尊神	具全職稱		玉清至寶	
監齋榜	為雲廚監齋事	靈寶大法司	九天雲廚監齋使者			玉清至寶	應威壇本監齋榜式
青玄救苦府榜	酧恩建醮保境	救苦天尊	十類孤魂			玉清至寶	
普度榜（普度臺前）	為賑濟寒林孤魂滯魄事	廣度沈淪天尊	孤魂滯魄			玉清至寶	靈寶道壇本
孤魂榜（黃榜）	為賑濟孤魂事	救苦天尊	本處一切男女無主無祀孤魂滯魄等眾	一點丹心	玉清至寶慈惠堂印	陳本
約束孤魂榜	約束孤魂	靈寶大法司	孤魂滯魄			玉清至寶	蔣氏卷13
大士告示榜	賑濟孤幽	靈寶大法司	本處界內一切男女無主無祀孤魂等眾			玉清至寶	陳本孤魂告示

附圖

附圖 1：此為基隆廣遠壇在建醮內壇所安設的「正一道法二門歷代口教祖本宗師寶座」，演出儀式之前必至宗師神位前默禱，禮請護持指導。

附圖 2：此為基隆廣遠壇老道長李松溪擔任後場靈魂的司鼓樂師，專注地於發表前起鼓。

附圖 4：基隆廣遠壇豎燈篙之　　　附圖 3：基隆廣遠壇豎燈篙之
　　　　地邊　　　　　　　　　　　　　天邊

附圖 5：李游坤道長於《封山禁水科儀》中宣讀牒文與施放手訣

附圖 6：2005 年臺北慈惠堂建醮半封閉之內壇空間與布置

附圖7：李游坤道長於《安龍送虎科儀》中敕點米龍開光

附圖8：李松溪道長演行朝科中「飛罡呈文」，乃具象化上天呈奏表章的內涵，高功捧著奏函於雲蓆（即罡單）上，旋行做出「飛罡步斗」的科介。

附圖 9：道法二門道壇特有談經說法轉經方式

附圖 10：李游坤道長在普度科儀，手掐法訣並戴上五帝冠，變身為
「東宮慈父太乙救苦天尊」，以手訣變境化物，登座說法，普濟十
方孤魂，皆能皈依得度。

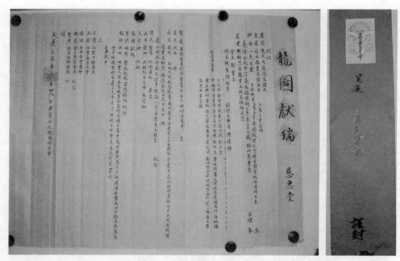

附圖 11：慶成〈安龍疏〉首書「龍圖獻瑞」，即表達「謝土安龍」
的祈求。

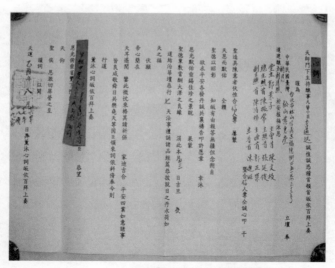

附圖 12：心詞與封函

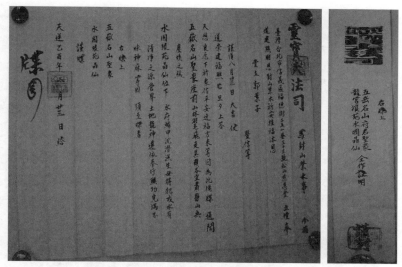

附圖13：封山禁水牒文與封函

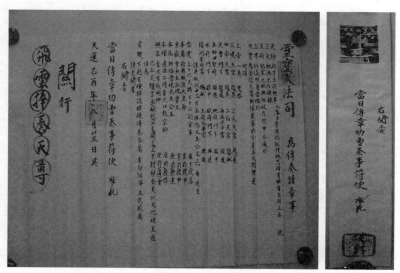

附圖14：發表傳奏關文與封函

附圖 15：解施法水流潤真符　麒麟符、水符、九鳳破穢符　鄧元帥符

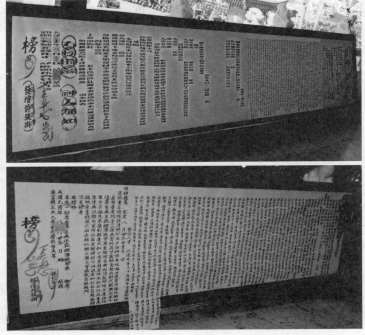

附圖 16：2005 年臺北松山慈惠堂之植福紅榜與普度黃榜

第十四章
當代臺灣道士儀式市場中的新對手：
略論宗教與文化創意產品下的
神明公仔流行潮[*]

張珣

中央研究院民族學研究所研究員兼所長

一、前言

　　為何當前臺灣社會的消費市場上，頗受大眾普遍喜好與逐漸被接受的新型現代宗教與文化創意產品下的神明公仔流行潮，有可能會成為當代臺灣道士儀式市場中的新對手？這完全取決於神明公仔的廣大喜愛者，是否會逐漸喪失其對臺灣各類神明或鬼神的神聖性或恐懼感？正如每年的西洋流行的萬聖節來臨時，頓時在當代臺灣社會各地民眾也競相戴上各種造型的鬼臉面具並搭配適合的鬼妝飾，來自娛娛人，毫無真正遇鬼的莫大驚懼那樣。

　　所以，這是值得我們持續觀察的信仰變革現象，假若神明公

[*]　本文原名〈宗教與文化創意產品：以神明公仔為例〉，原刊於《臺北城市科技大學通識學報》(ACI) 6：237-250，2017 年。

仔的廣大喜愛者，也將當代臺灣道士在相關齋醮中的儀式佈置與身體姿態，當成娛樂片中的有趣虛擬佈置來看，則職業道士的儀式市場，就一定要出現巨大轉型，否則必日趨式微。

但是，本文的重點並非全文都在討論當代臺灣道士在儀式上的處境問題，而是討論什麼是「神明公仔」？為何有此消費市場存在？所以，讓我們先來探討其理論背景？

二、理論背景

眾所皆知，二十世紀早期，人類學對於「物」的研究有兩個重點，一個是針對「物」本身，一個是針對物的交換。針對物本身開展出物質文化研究，例如博物館學。針對物的交換則開展出經濟人類學或物的交換象徵研究，例如主張「交換是社會基礎所在」的法國涂爾幹學派。在 1950-70 年代沈寂了一段時間的物質文化研究，在近年人類學又成為一個新興議題，尤其注重物質文化的再現層面與意識型態層面的探討。此論點可以追溯到法國人類學家 Marcel Mauss 以大洋洲的「禮物」觀念來批評西方的「人／物二分」架構（Mauss 1979），重新討論人與物的關係。Daniel Miller 也指出「人」的主體性並非獨立產生，而通常是與外物的互動中產生。他認為物品具有兩面性，一面是其物質性質，一面是可以溝通精神世界與物質世界，以及溝通意識與潛意識的橋樑（Miller 1987）。換句話說，物質兼有物質與象徵兩面性質。因為物的象徵性質，物可以被用來展現人的觀念，因為其物質性質，物也可以具有影響人的力量。

在 Thomas Csordas 提出的身體人類學（embodiment, Csordas

1990）理論，以及 David Howes 提出感官人類學（sensory experience，Howes 1991）的觀點之後，物的研究更被深入探討其與身體之間的關係。亦即，在追問人與物的關係時，可以進一步追問身體與物的關係。「身體感知」（bodily perception）或是「身體經驗」（bodily experience），指的是人體感官覺受的一種整全並且是連動的完形表現。例如，身體對於衣服與纖維的感覺，包括了有濕潤感，溫度感、觸覺、視覺、聽覺、安全感、遮羞感等整體感覺。藝術品激起我們的視覺、觸覺、空間感、立體感、記憶與認同等等的綜合感覺。人可以選擇他喜歡的家具、裝潢、空間設計等等，但是反過來，家居物品與空間配置也可以引領出人的親密感與舒適感，以及對於家具的喜惡感覺。因此，物質與人體感覺二者互動，互相影響。人並非遺世孤立自存，他是存在於物質世界與外在環境當中。

　　因此，對於物質與身體感知的相關研究可以提供我們一個新的角度，以便理解文化行為。文化不只是 C. Geertz 所定義的「一套意義系統」（a system of meaning），可以更進一步強調文化是「一套身體感知系統」（a system of total bodily perception）。我們的思想、價值判斷、行動、或意向，都與身體的喜、怒、哀、樂等等感知無法脫離。我們會趨向喜樂安逸而躲避苦痛恐懼的事物。此一基本生物需求會導引我們對於外界（包括自然環境事物與社會文化價值）的取捨與學習，甚至影響我們的記憶與其他文化能力的取得。外物會刺激人（身體）學習或給出反應。相對地，身體也會改造外物以符合身體需求。人的身體與外物持續地處於互相作用的情境中，讓我們更加細微地觀察人類處於文化情境當中每一個慣習（habitus 習癖）的身體感

知基礎。

在臺灣人類學界討論「物」的著作，可以黃應貴主編的《物與物質文化》（2004）為代表，該書囊括了不同族群與不同項目的物質文化研究。而討論物與身體關係的著作，則以余舜德主編的《體物入微：物與身體感的研究》（2008）為代表，該書討論了嗅覺、味覺、觸覺等不同身體感官與物質之間的關係。本文是在以上兩本書的啟發之下，進一步思考「物」的世界可以引發並塑造人群的思想、情緒、宇宙觀、社會關係，企圖說明物如何塑造人的身體感，以及身體感如何開發或改造物的使用，這是一個雙向的互動過程。

三、宗教物與身體感知

認知心理學家研究出顏色或色彩對人類心情有不同作用，運用到醫療上，有色彩療癒法，例如，光亮或溫柔的顏色給人安撫作用，黑暗或沈重的顏色給人陰鬱的負面作用。人類學家發現視覺在宗教信仰上也是舉足輕重，各式各樣的神像，畫在紙或牆壁上的畫像，或是以浮雕與半浮雕製作的雕像，西藏密宗唐卡畫布，這些宗教影像或是依照神祇的形象製作，或是神祇的附著媒介物。無論是耶穌受難圖，聖母瑪麗亞垂視圖，佛菩薩雕像，道教神祇，都是可以讓信徒瞻仰，供奉，學習，與膜拜的對象。

還有許多可以攜帶的護身符，上面鑄造或刻印有神佛的肖像，可以提供信徒隨身觀賞瞻仰。道教的黃色符紙上面以紅色硃砂畫押的文字符號，可以貼在門楣或牆壁，視覺上讓信徒產生驅邪安撫作用。風水師傅在房屋外牆或屋頂懸掛的八卦牌或鏡子，

在視覺上也給屋主心理安定作用。十字路口或蜿蜒山路矗立一座石碑，上面寫著「泰山石敢當」，是以視覺效用來提醒行人，小心行走，也用來阻擋妖魔鬼怪。高聳的教堂與十字架，或宏偉富麗堂皇的寺廟建築，都迥異於一般人民居住的低矮平凡建築，可以在視覺上引發信徒產生超越凡俗的效果。西藏儺舞神像面具，青面獠牙，用以震懾魔鬼，在視覺上也讓信徒敬畏。各種宗教喜歡殺牲祭祀鬼神，除了讓鬼神食用，其刺眼又血淋淋的牲體，也讓信徒在視覺上產生興奮作用。

　　宗教上的視覺刺激一如宗教燒香的嗅覺刺激，均不只是喚起單獨的視覺或嗅覺，而是經由視覺或嗅覺，串連起全身的感覺，引發「共感覺」（synesthesia）（Ackerman 1990），亦即本文要說明的「身體感知」，傳統神像與上述相關廟宇宗教氛圍，加上文化教導的認知，與學習過程中累積的記憶與認同等等心智上的作用，而能達到宗教上的神聖感、安全感、敬畏感，或是身心靈一體的超越感覺。

四、神像與神明公仔引發不同的身體感

　　我們再以其他宗教聖物來說明身體感與物之間的關係。任教於哈佛大學的錫蘭人類學家 Stanly J. Tambiah 研究泰國佛教，在1984 年的書《護身符》中，他分析泰國佛教發展出各式各樣的護身符，護身符的力量來自於佛典與佛經，用來提醒信徒或配戴者效法佛陀的美德與修行。護身符的製造必須經由高僧或是僧侶，完成之後，還需要僧侶念經並舉行儀式加持，才能給予護身符具有保護配戴者的力量。由於需求甚多，難免護身符大量製造

以應需求。而走入商品化之後，也有造假或哄抬價格的情形，但是護身符與一般商品的最大差異，在於其背後的宗教信仰，在於僧侶的製造與加持儀式所賦與的神聖性，也在於配戴者必須身懷善心才能有效。

　　Tambiah 在解釋護身符的力量來源時，也注意到製造護身符材料物的作用力。Tambiah 認為護身符的材料物本身也是力量（Tambiah 使用 power 一字）來源之一。通常護身符以玉石或金屬製造，以求其耐久堅固。人類對於美麗的玉石以及堅固的金屬，原本也是極其珍惜並成為貴重物品，也有其固定價格與行情。因此，以玉石或金屬打製的護身符此一物質本身也有其價值。Tambiah 的提示，也提供我們對於其他神聖物品的研究，應該注意其材料物質的物性。亦即，物質本身也是左右神聖物品價值成分之一。

　　本節要以四種神佛造像：1.廟宇神像，2.神明公仔，3.巨型戶外神佛雕像（臺灣彰化大佛，或是湄州島媽祖石雕巨像），4.擺飾觀音來說明同樣是神佛造像，但是因其「物」的差別，所引發的身體感完全不同。「物」的差別牽涉到製作過程，工匠種類，像的造型，像的神情，尺寸大小，材料物，流通路線，販售商人，價格，有否安座儀式，像的擺放空間與周遭環境等元素。雕像比起畫像更有擬人性與靈驗力，畫像是二度空間製品，雕像是三度空間的製品，增添神祇的再現性質與說服力，本節集中在討論雕像。

　　然而，文創產品「神明公仔」為何引發人們興趣呢？在2007 年夏天，臺灣的「全家便利商店」發售了一組「神明公仔」，是當作贈品送給平時來店購物的顧客。當累積的購物積分

點數到達一定數額時，即可領取，以做為酬謝，以及爭取新顧客之意。主要原因是，臺灣超商數目超過 9000 家，競爭激烈，因此突發奇想做出之促銷贈品。隨後，在 2008 年開春，與 2009 年暑假，「全家便利商店」繼續推出造型類似的神明公仔，總共三波，三組神像公仔。此一「好神公仔」系列，外面市場並無通路，無法購買。「神明公仔」包括有關公、媽祖、鍾馗、財神、月下老人、觀音菩薩等十位。為何超商會挑選出這十位神明，來做成公仔？筆者以關公、媽祖、鍾馗、月下老人這四位神明為例說明。首先是，其造型鮮明，具有獨特識別點，關公因為其紅臉，媽祖因為其頂戴冕旒鳳冠，鍾馗因為其戴判官帽宇，月下老人因其光頭白眉白鬚。每個公仔尺寸高度 5 公分，材質為樹脂纖維，每尊公仔都誇大其頭部比例而縮短身材，讓臉部的童趣神情更形突出，其訴求以趣味性與個性化為主，以迎合學生族群顧客的喜好。

　　廟宇神像的製作師傅有一定的宗教知識與訓練，熟知陰陽五行，神佛典故，神譜傳記，神像必須選擇高級樟木或黃花梨木雕刻（神像也可以是泥塑、銅雕或石雕，在此簡略不談），木料本身取其芬芳或堅固不易蛀壞，神像必須裝填五寶[1]，購買時神像必須經師傅（師傅可以是道士，法師，或是風水師）開光，進入家裡神龕必須請師傅舉行安座儀式，敬備紅圓、水果、茶葉、鮮花、香燭。如果進入廟宇的神座還需更隆重的安座儀式（林瑋嬪2004）。這些儀式都是賦予神像靈力的重要元素，讓神像區別於一般公仔或玩具。

---

[1]　金、銀、錢幣、生鐵、白絲線。

　　巨型戶外神佛雕像，例如福建湄州島上的媽祖石雕巨像，臺灣彰化大佛，臺南奇美公園內的林默娘雕像。這些大型神佛雕像，由於其形體巨大，很難放置於屋內，而被擺放在戶外，目的是作為標示，或為旅遊觀光作用。神像內部可以有樓梯向上，讓觀光客登高憑弔，或是配合夜晚特設燈光以營造觀賞目的。由於神像內部沒置放五寶，不具神靈，因此有藝術或宣揚作用，而非膜拜目的。

　　百變觀音的概念是根據《法華經觀音菩薩普門品》而來，以呈現觀音菩薩可以隨順眾生，千變萬化。因此，自古觀音造型是所有神佛菩薩當中，最為多姿多彩的。由於造型繁多，許多藝術家也嘗試創作各種藝術造型的觀音，出現觀賞用的觀音雕像、塑像或畫像。此些觀音雕像內部不裝填五寶，而為空心，材質可以是黃花梨木、樟木等高貴木材，或是易碎的玻璃，琉璃，陶瓷，也可以是堅硬的玉石。大小尺寸可以不拘，桌上擺飾用的大約高度 30 公分，目的用來觀賞而非膜拜。

　　臺灣近十多年來，政府鼓勵文化創意產業，民間許多設計師在民間信仰中找尋創意靈感，神明公仔有更多變型，例如做為手機吊飾的微型神明公仔，尺寸大約 2 公分，材質是更為輕薄的塑膠。或是新港奉天宮的「交趾陶媽祖」尺寸大約 5 公分，連同紅布縫製的神符一組，用來贈送來訪貴賓。或是奉天宮授權的沁光公司製作的「紅瓷媽祖」高度約 70 公分，可以放置在地上。也有紙製的神明公仔，可以巧妙地折疊出不同造型的神明公仔。這些神像內部不裝置五寶，購買時無須舉行開光儀式，放置時無須舉行安座儀式。甚至連臺北市政府要宣傳孔廟與儒家文化，也把孔子與文昌帝君做成公仔。桃園縣政府要宣傳蔣中正與蔣經國停

柩的慈湖景點，也把兩位已故總統做成公仔，以迎合觀光客需求。

在製造過程中，可以膜拜的（廟宇或家中）神像與其他神明公仔，或是城市地標神像，或桌上觀賞擺飾神像等的最大差異點，在於正式（用於膜拜）神像其內部裝填五寶，神像內部不能中空，神像經過開光與安座儀式。在物質上可以區分出經久耐用的樟木或黃花梨木，神像身體內部可以挖掘出一個小洞裝填五寶。玻璃容易碎裂，塑膠太輕薄等等材質，都不適合製造被膜拜的神像。

為何檜木、樟木或黃花梨木適合製造被膜拜的神像？此一問題牽涉到「物自性」。樹木具有生命，生命週期與人年齡一樣有年輪可計，樹木生命階段與人一樣由小到大苗壯成長，從幼苗到綠葉成蔭，也會開花結果，樹葉樹皮或樹幹也如人的身體一樣有頭髮軀幹皮膚，因此，在世界各地經常成為儀式象徵物品，或用以隱喻人類的生命（Rival 1998）。樹木與樹林崇拜，在印度有很長歷史（Haberman 2013）。在臺灣更常見大樹公或茄苳公等神木接受信徒膜拜，大凡只要是茄苳樹、榕樹等樹齡長久，枝葉茂密，生命力強壯的樹木均會引起人們膜拜祭祀。以樹木或金石雕刻神像，取其歷史久長綿延不盡，超越人一生一世的短暫時間。神聖感的層面之一，是其超越人一己之力，超越人一己的短暫生命。物質引發人對於超越時間與空間的限制，興起神聖崇拜的身體感覺。樹木孕育生命，開發生命，修補生命。

這可以說明物質本身具有區別力，是共通於各文化的，樹木具有生命力可以用於隱喻人的生命，是共通於各個文化的。取木材雕刻神像以吸取其生命力，是共通於各文化的。但是特別講求

木雕神像的吸取香煙與香氣以展現神的靈驗力，則是漢人民間信仰的特殊性。其次，選擇檜木、樟木或黃花梨木雕刻神像也是漢人民間信仰的特殊性。此些木材因為有獨特味道，可以防腐，可以驅蟲，可以防蟲蛀，加上其軟硬適中，可以刀刃雕刻出大小不一的神像尺寸，也可以挖掘出神像中空的藏放五寶的小洞。

　　以漢人民間信仰來說，更是喜歡樹木的一項獨特性，即為可以薰染外來氣味。因此，木雕神像可以吸收信徒的燒香味道，日久具有香氣。其次，以樹木製造的神像可以被香煙燻黑，呈現年代久遠的黝黑色，讓神明更顯靈力，例如媽祖信徒偏好「黑面媽祖」甚於金面或粉面媽祖，咸認「黑面媽祖」更具靈力。神像材質為樹木可以與外界相通，變黑變香，好似神明是活生生的，可以與信徒溝通。以木材製作神像比起金屬或玻璃，有強調神像的生命力的功能。可以理解民間信仰神像（使用木材）與佛教佛像（使用玉石或金屬）的目的不同，前者訴求可以有求必應，後者訴求金剛堅固不可摧毀。從所使用的雕像材料來看，在物性上完全可以傳達民間信仰與佛教的不同宗教意涵。木頭與石頭在觸覺上引起的身體感知因而不同，傳達了不同宗教背後的神學信仰。民間信仰要求神明有求必應，佛教佛菩薩要求信徒的是解脫輪迴。

　　桑高仁（Sangren 1988）討論過黑面媽祖，筆者（張珣1995）也寫過黑面媽祖，兩文均是從黑色象徵歷史悠久的角度來談媽祖的法力，本文從「物」的角度來看，可以進一步理解到黑面媽祖的靈力來源，還增加了以樹木雕刻的神像本身具有的生命力，以及神像持續不斷地在吸收香氣與香煙，增添其與信徒之間的依存互動性質。林瑋嬪（2004）談臺灣漢人神像靈力來源與社

區的地方定著有很大關係，本文則可以補充來自「物」──神像
雕刻物──木材的力量。

　　民間信仰的神像要用樹木雕刻，佛教的佛菩薩像則不限於樹
木雕製，而可以玉石或金屬雕製。Tambiah 討論泰國的玉佛寺內
供奉的白玉佛，是泰國王權象徵，也是泰國人民認同來源的重
要佛像。其選用物質為白玉是極為稀少的寶石，本身極具有高
度價值。宋朝陳敬在其所著《陳氏香譜》卷四記載：「焚香禮
佛漢武故事，昆邪王殺修屠王來降，得其金人之神，置之甘泉
宮，金人者皆長丈餘，其祭不用牛羊，為燒香禮拜」。「金人」
即為佛像。今日臺灣寺院內供奉的佛像可以用金屬雕製或通常鍍
金。Tambiah 認為佛像或護身符的作用是對信徒的「提醒」
（reminder）。提醒信徒效法佛陀的德行與覺悟的智慧。提醒信
徒要學習佛陀，而不只是要求佛陀保佑。信徒必須主動效法佛陀
修行以求覺悟。佛陀在世時不准信徒立佛像，只讓信徒參拜法
輪，菩提樹，佛足印，目的是用來提醒信徒，當佛陀不在城內
時，仍然要時時修行學法。佛陀初過世時，信徒膜拜佛塔，佛塔
內供奉的是佛陀的舍利，也是用來提醒信徒要時時修行學法，不
可荒廢時日（Tambiah 1984: 201）。佛像的出現要在西元第一世
紀印度北部的貴霜王朝（Kusana Dynasty）時候，以金幣鑄造國
王與佛陀的形像。逐漸地在貴霜王朝形成兩大藝術文化中心，一
是北部的腱陀羅（Gandhara）地區佛像呈現出希臘風格，高鼻、
深目、捲髮造型。一是印度中部秣菟羅（Mathura）地區呈現出
印度本土風格，薄衣貼體、螺髮、豐頰造型。其所使用的物質材
料有玉石金屬等來製造佛像，呈現佛法如金鋼石一般不可摧毀，
亙古彌新。

　　佛像內部不需裝填五寶，五寶中的黃蜂必須殺生，更不是佛教所要。佛力豈可以黃蜂來比？佛力豈是黃蜂可及？佛像是提醒與紀念，不是道教或民間信仰的神像目的是要回應信徒。那麼，拜佛像是否有保佑？泰國信徒回答說，主要是提醒信徒修行，因為時刻警覺，慈悲待人，所以可以遠離危險與災難。Tambiah 認為佛像的力量來自物質的力量，金屬，寶石，木材，石頭，以及來自僧侶的念經力量（Tambiah 1984: 202-204）。

　　筆者 2011 年在福建廈門大學參加會議，報告臺灣的宗教文創產業，其中一項是神明公仔。與會大陸學者紛紛提問，質疑臺灣怎麼可以製作神明公仔？不是對神明大為不敬嗎？如何防止被隨意丟棄？如何回收？這些問題對當時的筆者是一個文化衝擊。身在臺灣，對於可以膜拜的神像與神明公仔之分，是一般人的常識，不會混淆。因此可以欣賞神明公仔，而不覺得大不敬。對於筆者來說，神明公仔不曾成為一個研究問題。但是經過那一次的會議之後，此一問題一直縈繞於懷。可以膜拜的神像與神明公仔的差別是什麼？為何臺灣會製造神明公仔而大陸學者會如此驚奇，甚至覺得對神明侮辱？若是對兩岸民間信仰稍有涉獵的人，一定知道，臺灣的民間信仰雖經過日本時代五十年的壓抑，不曾中斷過，而中國大陸在 1949 年之後，民間信仰被視為迷信，不合法，1960 年代文化大革命更是嚴重毀壞廟宇及神像，不准舉行儀式，至今民間信仰仍未合法，僅有沿海少數地區開放，局部恢復民間信仰。

　　在臺灣一般人只要不是基督教、天主教信徒或伊斯蘭教信徒，大約對民間信仰都不陌生。而這所謂的一般人，大約佔臺灣總人口的百分之八十以上，即使是佛教徒、道教徒、新興教派教

徒，多數還是會進出於民間信仰的廟宇。對於廟宇內可以膜拜的
神像，一般人感受到的身體感，會是如何呢？外表視覺上，金碧
輝煌的翹翅屋頂，五彩繽紛的牆磚，雕樑畫棟，寬闊的廟埕，提
高的台階，進入內殿闃黑的廟宇牆壁，威嚴端坐的神像，左右兩
邊的鐘樓鼓樓，聽覺上鐘鼓齊明，嗩吶小鑼聲不絕，嗅覺上香煙
裊繞的空間，觸覺上廟內摩肩擦踵的人群，廟外熙來攘往的小
販，觸覺溫度上金爐燃燒旺盛的火焰，若要再加上味覺，則是廟
外總不乏聞名的小吃飲食，廟口一向是臺灣小吃的集中地，也經
常是市場所在。這種種物質與空間營造出熱鬧與歡慶的氣氛，也
給身體光亮神聖的感覺。廟宇帶給身體感官的集合，完全不同於
一般日常生活的感覺。若是臨到廟會，那更是一種興奮的身體感
覺，廟宇的擴音器不斷放出廟方人員的宣告廣播，震天賈響的鑼
鼓聲，不絕於耳的鞭炮聲，電子琴花車的流行音樂，交雜錯會，
花車上的妙齡女郎妖嬈多姿，曼妙起舞，令人眼花撩亂。戲臺上
的歌仔戲也粉墨登場，熱鬧滾滾，膏藥郎中也使出渾身解數地表
演，以便賣出幾瓶膏藥。這些廟會表演，競相比賽，交雜出的聲
音震耳欲聾。陣頭團體除了演奏出不同的音樂，更有乩童與八家
將青面獠牙的臉部化妝，嘴角穿刺銅針，背上以刺球或刀劍砍出
血滴，令人驚奇或是驚嚇。飲食小吃的販售聲，香味四竄，這一
切無不令人血脈噴張，興奮異常。

　　廟會中也會見到神轎上被人抬出來巡游的神明，神像有大有
小，大的坐八人抬的大神轎，小的是坐在輦轎上，這些神像都是
漆黑的臉部，以表示其歷史悠久被信徒香煙燻黑的臉，無論大小
神像前面一定有香爐讓信徒燒香膜拜。也一定有伴隨的音樂無論
是南管或北管音樂，一概是傳統樂器演奏出的神樂。因此一般人

見到可以膜拜的神像無論其材質，大小或造型，在視覺上、聽覺上、嗅覺上，是一起襲擊而上的一種身體感覺。神曲音樂與燒香味道以及漆黑的神像，少了其中一種感覺都是不恰當的。

而神明公仔，城市地標巨像或是觀賞觀音，都不會伴隨上述這些感官知覺。文化在教育人的時候是整體的感覺，物質不是單獨存在，而是包裹在其使用脈絡中，人們學習與區別該物質時，是一個系統地學習。漸次的學習到膜拜神像與神明公仔與觀賞神像的區別，進而等待膜拜神像與神明公仔其間差異的出現，總體形成一個區別不同性質與用途的神像的知識與能力。是以，臺灣信徒或學生不會混淆神像與公仔，二者具有截然不同的身體感知與社會功能。

雖然神聖與世俗是一組西方的學術用詞，漢人並未截然區分神聖與世俗。然而筆者在此權宜地引用涂爾幹（Durkheim 1912: 42-47）對神聖與世俗的定義，神聖（sacred）是「社會的再現」，世俗（profane）是個人的慾望。民間信仰的神聖與世俗並非截然二分，神聖與世俗是一條連續譜，我們可以將廟宇神像，戶外巨型神像，擺飾觀音，神明公仔此四者在神聖與世俗的連續譜上，拉出了程度上的差別。廟宇神像最具神聖性，其次是戶外巨型神像，其次是擺飾觀音，而神明公仔最具世俗性。神聖與世俗的學習有上述各種感官覺受來協助，讓文化中的人從小學會區辨神聖與世俗之差異，也學會其間的連續性質。

雖說戶外巨型神像，擺飾觀音，神明公仔並無開光儀式，不具備靈力，在製作材質或造型上也都不準備給信徒膜拜使用。但是，若有人對此三類雕像起恭敬心，也非不可。此三類雕像因其具像化了神明外型，也給予觀賞人某種神聖效應，不敢踐踏或汙

損之。下節便說明神明公仔也具有「類宗教」的療癒作用。

五、神明公仔的療癒作用

有學者研究為何有些系列的神明公仔造成收集熱潮？有些則乏人問津？Lin（2007，引自陳敬智、沈致軒 2011: 130）認為文化創意的設計有三個層次：1.外在層次：包括色彩、質感、造型、表面紋飾、線條、細節處理、構件組成等屬性，2.中間層次：包括功能、操作性、使用便利、安全性、結合關係等屬性，3.內在層次：產品的特殊意涵，產品的故事性，產品有感情的，產品具文化特質等。劉維公（2001）則提出文化產業的三要素是美感、價值與故事。我們可以看到「物」（文創產品）本身的重要性，第一印象要能夠吸引人的購買或收藏的特質，首先是產品的物質性質。其次是「物」演伸的功能，例如操作方便與安全，最後是「物」的故事與文化意涵。財神是帶來財運，人人喜愛，月下老人搓和姻緣是年輕人喜愛的，這些故事與意涵可以投合特定需求的顧客群。

學生族群或年輕人喜愛神明公仔，部分是因為公仔具有個人化特色，擁有者可以將公仔放在個人的房間或書包，可以隨身攜帶，可以個別凝視，這些是正式神像不能達到的功能。正式神像屬於社區或全家人，無法隨身攜帶。臺灣現代化之後民主與個人主義盛行，都市信徒的宗教信仰也逐漸傾向個人化，而減少社區性。公仔雖非正式神像具有靈力，但是公仔仍然可以提供感情安撫作用，增加公仔與收藏者之間的依存互動性。因此，雖然有人擔心神像商品化，使得「跪地迎接」媽祖的人減少（張依依

2009: 170），但是筆者認為多數購買並收藏神明公仔的人，對於神明仍然是親近多於排斥的。亦即，神明公仔提供了民眾接近宗教的一個現代化渠道，也是宗教年輕化與個人化的表現。因為臺灣社會的宗教信仰穩定成熟，民眾可以現代化方式與多元化方式來發展宗教，喜歡正式神像的靈力者可以到廟宇膜拜，喜歡公仔神像者可以購買，並不互相排斥。

　　其次，現代工作時時競爭，處處是壓力，身處都市空間內，個人被壓縮，個人需要輕鬆解放，宗教信仰不再是面向威嚴遙不可及的神明，而可以是面向親近可愛的神像。如同政治人物不再以威權而以民主對待人民，各級領袖人物或師長也都強調親和力大於威權力。還有一項筆者認為神明公仔冒犯宗教徒，而引起他們以「世俗化」或「商品化」撻伐神明公仔的深層心理因素，即為收藏者可以把玩神明公仔，翻轉神明與信徒之間的關係，顛覆神明是主宰或懲罰者的角色，信徒與神明之間比較是相互依存，或信徒傾訴私密感情的對象。宗教是什麼？在傳統社會中，宗教的三大功能是：提供對未知世界的神祕知識、整合群體認同、與表達個人感情。科技發達之後，大自然去除其神祕面紗，社群的離散與結合每天上演。那麼，宗教對於現代都市人是什麼？習慣於跨界的現代人還有什麼求助於宗教？對於現代都市人，孤獨、疏離而又充滿壓力的生活，宗教的功能最為凸顯的是填補其孤獨空虛或傾訴其私密感情。亦即，宗教在現代都市社會已經轉型成為一種去除了神祕與權威，留存下超越與修養的元素。宗教原有的三大功能，大概僅剩表達個人情感一項。

　　「療癒」（healing）是指不關現代生物醫學（bio-medicine）的其他各種文化醫療或是宗教醫療。在一篇分析公仔有療癒作用

的文章中，學者說明「微型與懷舊式童年的歷史有關，公仔與童年或歡樂事物有密不可分的關係」（張依依 2009: 183）。弱勢者藉由公仔可以操縱假想人物，支配外物，滿足他短暫的脫離現實，進入內心的安靜與理想境界。

其實，嚴謹地比較神像與公仔，一般廟宇所供奉的分身神像或用於繞境進香的神像，大約 30 公分高，在社區繞境進香儀式過程中，不乏要搬動手無寸鐵的分身神像。有時，搶香信徒強力搶奪神像，繞境於原本不在規劃內的廟宇或民宅時，神像有如被綁架，也形同公仔一般任人操弄。抑或許多大家樂賭徒將失算的神像丟棄在山間路邊。這些操弄神像的行為與收藏神明公仔的差別，僅是行為者是社區或個人之差別。全社區的人操弄神像是為宗教，個人玩弄神像是為公仔。如果我們承認宗教有撫慰個人情緒與安定社會的力量，公仔與正式神像差別，僅在於未經過某一個教會（廟宇）或專業神職人員（法師、道士、風水師、僧侶、神父）的神聖化（開光點眼，念經祝福，祝聖）。在涂爾幹（E. Durkheim）來說，人類要求的其實是群體的肯定與合法化，而不是在乎偶像的尺寸大小或造型。都是偶像崇拜，僅是社區或個人之別。無怪乎學者認為在當代，神聖性已經從宗教轉至科學，再從科學轉至消費（張依依 2009: 184）。大眾在消費與商品中尋求慰藉，滿足空虛。

在臺灣中研院民族所研究並策劃「偶文化展覽」的學者司黛蕊（Teri Sivil）指出，近十幾年來，創意公仔變成世界各國潮流，創意公仔的市場介於純藝術與玩具市場之間。創意公仔的收藏家多為年輕上班族與創意產業工作者。在創意公仔世界裡，香港的設計師扮演重要角色（司黛蕊 2013）。或許這也是「公

仔」一詞流行並成為臺灣國語，以及中國北京話的詞彙之因，用
來指稱人偶或各種人造玩偶。

六、結論

　　C. Geertz 說「文化是一套意義系統」揭開人類學家尋找行
為底層的意涵，T. Csordas 與 D. Howes 相繼提出身體人類學與
感官人類學的觀點之後，人類學家更進一步探索身體在文化養成
過程中扮演的角色。近年，物質文化研究的重新興起，則是強調
了身體是透過物與物質作為中間媒介來學習文化的價值觀或意義
系統。

　　神像作為神祇的再現，除了有其宗教上的象徵作用，雕製神
像的材料物質，或是金、銅、泥、石，或是黃花梨、樟、檜等香
木也因應不同教義，而有不同的取材與表現。漢人民間信仰喜歡
使用木材雕刻神像可以吸取香氣與香煙，轉喻了神靈的有求必
應。佛教喜歡使用金石塑造佛像以轉喻佛陀的解脫輪迴。臺灣近
年文化創意產品中以樹脂纖維製作的神明公仔，顛覆了傳統神像
製作工法與材質，給予了我們觀察物與身體感的良好案例。輕便
的塑膠與樹脂纖維加上小巧可愛的造型，價錢相對便宜，給予購
買者與收藏者提供了個人化的消費，既方便攜帶，又兼情緒安撫
作用。

　　本文透過傳統神像與文化創意產品神明公仔，二者不同製造
材質與造型，給予人不同的視覺與觸覺的不同經驗，呈顯出二者
背後具有不同的社會價值與宇宙觀。神像引發神聖感，具有傳統
社會宗教信仰的神秘與權威功能，給予信徒庇佑，呈現傳統社會

的集體主義。而公仔引發童年懷舊感，具有現代都市消費商品的療癒功能，呈顯了現代社會的個人主義。

參考書目

（宋）陳敬
1983　陳氏香譜。文淵閣四庫全書，844冊影印本。臺北：臺灣商務印書館。

司黛蕊（Teri J. Silvio）
2013　「偶的世界‧偶的魅力」展覽文字說明，中央研究院民族學研究所博物館展出。

余舜德主編
2008　體物入微：物與身體感的研究。新竹：清華大學出版社。

林瑋嬪
2004　臺灣漢人的神像：談神如何具象。黃應貴主編《物與物質文化》頁335-378。臺北：中央研究院民族學研究所。

張依依
2009　解構公仔社會文化現象，臺灣社會研究季刊73: 167-188。

張　珣
1995　女神信仰與媽祖崇拜的比較研究，中研院民族所集刊79: 185-203。

陳俊智、沈致軒
2011　對傳統文化的創新設計偏好之研究：以文化公仔設計為例，藝術學報89: 127-150。

黃應貴主編
2004　物與物質文化。臺北：中央研究院民族學研究所。

劉維公

2001　當代消費文化社會理論的分析架構：文化經濟學、生活風格、生活美學，東吳社會學報 11: 113-136。

Ackerman, Diane

1990　*A Natural History of the Senses*. New York: Random House.（莊安祺翻譯，《感官之旅》臺北時報文化出版企業公司，1993）

Csordas, Thomas J.

1990　"Embodiment as a paradigm for Anthropology." *Ethos* 18:5-47.

Durkheim, Emile

1912　*The Elementary Forms of Religious Life*. London: George Allen & Unwin.

Haberman, David. L.

2013　*People Trees: Worship of Trees in Northern India*. Oxford: Oxford University Press.

Howes, David ed.

1991　*The Varieties of Sensory Experience: A Sourcebook in the Anthropology of the Senses*. Toronto: University of Toronto Press.

Mauss, Marcel

1979　"The notion of self", in his *Sociology and Psychology: Essays*. Ben Brewster (trans.) London: Routledge and Kegan Paul.

Miller, Daniel

1987　*Material Culture and Mass Consumption*. Oxford: Basil Blackwell.

Rival, Laura

1998　*The Social Life of Trees: Anthropological Perspectives on Tree Symbolism*. Oxford:Berg.

Sangren, P. Steven

1988　Matsu's Black Face: Individuals and Collectivities in Chinese Magic and

Religion. Paper presented in Conference on the Historical Legacy of Religion in China.

Tambiah, Stanley

1984 *The Buddhist Saints of the Forest and the Cult of Amulets*. New York: Cambridge University Press.

第三部

現代研究典範學者的相關介紹

第十五章
作為臺灣人類學宗教研究的
二位典範學者：
劉枝萬和李亦園的
研究特色及其方法學的相關檢討[*]

張珣

中央研究院民族學研究所研究員兼所長

一、劉枝萬的時代背景與學術歷程

　　劉先生 1923 年出生於臺灣中部的埔里盆地，父親是漳州人，母親是客家人。劉先生跟從母姓，姓劉。1937 年，15 歲時到日本讀書，1945 年進入早稻田大學文學部史學科專修東洋史，八月日本無條件投降，戰爭結束，而於 1946 年，早稻田大學肄業回到臺灣，在埔里中學任教，同時展開南投縣埔里鎮的鄉土調查，結識金關丈夫、宮本延人與臺灣大學宋文薰等教授。

---

[*]　本文原名〈當代臺灣人類學研究的二位典範學者：劉枝萬與李亦園〉，
　　原刊於《世界宗教文化》81：41-46。北京：世界宗教研究雜誌社，
　　2013 年。

1946-1952 年期間，是劉先生的鄉土研究時期，有三本著作出版。1949 年國民黨撤退來臺，氏於 1952 年進入南投縣文獻委員會任職，時常北上臺北的圖書館與大學查閱資料而結識撤退來臺的大陸籍學者，先後於 1956 年進入臺灣省文獻委員會，1962 年到位於臺北市的省立博物館任職，這段文獻工作期間共出版十本著作。1965 年進入中研院民族所任職，到 1989 年 1 月自中研院民族所退休，共有五本著作出版。一生未在大學任教。只有 1966 年日本學者宮本延人在臺灣大學考古人類學系客座一學期，劉先生擔任隨堂翻譯，而短暫成為臺大兼任講師。一生也從未擔任學術行政工作，是一位鍾情於踏查、鑽研與撰述的純學者。

除了道教與民間信仰研究，早期劉枝萬也參與過考古學與少數民族的調查。1949 年參與大陸學者來臺第一次考古發掘工作，帶領石璋如、高去尋、宋文薰等考古學家到埔里大馬璘遺址發掘。1954 年與劉斌雄發掘集集洞角遺址以及日月潭湖畔遺址，後來兩人並合作出版《日月潭考古報告》。1955 年參加陳奇祿主持的日月潭邵族人類學調查，結識了人類學家李亦園、唐美君（後來任職臺灣大學人類學系）、李卉（後與張光直結婚）等人，讓劉枝萬與中研院民族所學者多所合作，而最終能共事於民族所。對於考古現場，民俗踏查，日本遺留的臺灣文獻頗為專精。

劉先生任職南投縣文獻委員會時，積極走訪南投與臺中縣市收集各種民間文書，契約書，古碑文等。開啟學界對於中部地區原住民的「岸裡文書」、「大茅埔文書」等蕃社文書的收藏與保存，以便研究漢蕃關係。1954 年出版《臺灣中部古碑文集成》

帶動臺南等地方史學者的古碑文調查與出版。1956-62 年任職臺
灣省文獻會時，為了編修《臺灣省通志》而進行全省宗教寺廟庵
堂調查，其第一步驟即是清查日治時代「寺廟臺帳」總數兩百冊
的存留情形，並調整日本總督府「寺廟臺帳」以統治為目的的調
查內容與項目，改為進行戰後臺灣第一次的學術性宗教大規模普
查，其成果是 1960 年出版了〈臺灣省寺廟教堂名稱、主神、地
址調查表〉連續三篇刊載於《臺灣文獻》。轉任職於中研院民族
所時，1963 年接受凌純聲所長指派到臺北松山慈祐宮調查建醮
儀式開啟了道教研究。1963-1979 年，之間到北部縣市與臺南縣
西港鄉調查道教建醮儀式與科儀，詳細記錄各廟建醮儀式與道士
團在後台的準備過程、儀式細項與儀式工具。集結為《臺灣民間
信仰論集》（1983）由臺北聯經出版事業公司出版。

二、劉枝萬的醮儀研究

　　劉枝萬可以說繼承了日本學者戰前在臺調查的旨趣，而進行
他的宗教研究，對比起當時主流的歐美人類學家視宗教為社會結
構的附屬品，劉先生與另一位同方向的臺籍民俗學學者林衡道，
可以說是視宗教本身為一獨立研究實體，來進行臺灣寺廟的普
查，及清帳工作。劉先生自述原在省文獻會任職，了解日人幾次
在臺宗教調查經過，及日人所完成「寺廟台帳」資料之可貴，而
想繼續此一基本而又深富價值之工作。除親身走訪各地採集，也
透過省政府，通飭各縣市政府所轄鄉鎮區負責調查。劉先生再將
彙集來的資料整理成冊發表。後以一人力量有限，乃選擇瘟神廟
等特殊部門下手，作專題研究。王爺與瘟神廟的研究動機也是來

自醮儀觀察所延伸。臺灣建醮祭典雖多，然而或名存實亡，或瀕臨絕跡，實際僅見的有祈安醮、瘟醮、慶成醮、火醮等四種。臺灣北部中部以祈安醮為多，南部以瘟醮為多。瘟醮又都是由王爺廟來舉辦。劉先生經由觀察醮儀而進入王爺信仰的研究。劉先生二篇瘟神信仰與瘟神廟之研究，主要考據瘟神傳說的起源，臺灣瘟神廟之分佈，瘟神與王爺的相近性，並替瘟神信仰演化過程作五階段說明。此後劉先生對臺灣各地醮儀展開一連串記錄與研究，計有：臺北市松山、桃園縣龍潭、臺北縣中和、臺北縣樹林、桃園縣中壢、臺南縣西港等，為 1970 年代臺灣道士團、醮場內外、及醮儀內容作一學術性記錄，至今仍為中外國際道教研究學者尊崇。

1974 年的〈中國醮祭釋疑〉及〈中國修齋考〉二文，則從歷代中國文獻，考證道教最重要的二大儀式「齋」、「醮」的文字學起源，及歷朝官方修齋記錄。1974 年的〈中國稻米信仰緒論〉一文，則對在中國民間信仰中，在祭神、通過儀禮、辟邪、招魂、占卜、黑巫術等儀式中，用途甚多的稻米，作一基本知識的文獻考查。諸如稻作起源、五穀種類、敬穀觀念、賤穀報應、穀神崇拜等項做說明。此文寫法以文獻考證的作法，而能突顯出宗教主題本色。1974 年的〈閭山教之收魂法〉是令人激賞的一篇文章，劉先生從宗教專業人員角度，將閭山派道教的收魂（收驚）法鉅細靡遺的描述，筆者認為是截至目前為止相關主題上最詳細最深入的記錄。這幾篇論文都收入中研院民族所出版的《中國民間信仰論集》（1974），氏並親自翻譯成日文《中國道教の祭りと信仰》以之作為申請日本東京教育大學博士學位的論文。

綜上所述，我們知道劉枝萬最有貢獻處，乃在從學術及道教

專業角度，為臺灣可見的重要道教儀式，作忠實完整的記錄，其成果勝過日治時期的學者。其方法為日本民俗學而與歐美人類學有所區別，例如松山建醮儀式，劉先生從道士團角度描述，而人類學者許嘉明則從社區民眾立場，莊英章亦從漁村社區整合功能立場來看建醮。亦即，人類學從社區多數人角度來看醮儀所產生的社會功能，而不針對道士專業人員的角度看醮儀的神譜或神學意涵。人類學家不視宗教為獨立研究對象，而是藉著宗教了解社會組織之運作與功能。人類學家喜歡以民俗大眾的、無文字記載的、報導人口頭敘述的、及真實行為等為資料來源，而不習慣採用宗教專業人士的敘述及科儀文字記錄。

　　劉先生最後一篇中文文章，應為 1981 年的〈中國殯送儀禮所表現的死靈觀〉，此後劉先生即往返於日本臺灣間，並多以日文發表文章。劉先生〈死靈觀〉一文，與余光弘、莊英章、許嘉明、洪秀桂等人類學學者的角度亦不同，同為研究漢人喪葬儀式，唯劉先生指出「殯送儀禮中嵌入不少辟邪行為，目的在防禦死靈作祟，加害生人，同時保護死靈免其為凶煞侵犯……」，及「通過複雜儀式將陰鬼具有之煞氣予以淨化，且將之轉化成近似陽神之祖靈以保佑後裔」。可說不但切中漢人喪葬儀式精神所在，且對中國漢人信仰中，死靈之「邪」與祖先之「正」的弔詭關係，藉儀式來轉化，一語說中。歪打正著，深深符合 1990 年代人類學「儀式理論」之旨趣。劉先生並不喜作理論分析，卻因其深入儀式內涵與道士儀式專家的詮釋，而能提點出儀式深層的宗教關懷，超越一般人對於儀式的表層描述。

三、李亦園的時代背景與學術歷程

李亦園 1931 年出生於福建泉州，父母均為教師，父親李根香 1926 年應聘到菲律賓華僑學校教書，1962 年過世。二次世界大戰後，1948 年李亦園十七歲隻身來臺灣大學就學，1955 年 9 月進入中研院民族所工作，1958 年前往美國哈佛大學就讀。家族中多位長輩是東南亞華僑，因此 1963-66 年李亦園也到馬來亞做田野調查，並關注東南亞華僑研究。李亦園自 1952 年開始於臺灣大學校刊撰寫體質人類學文章，至 1997 年 7 月 3 日於中央研究院民族學研究所榮譽退休，前後將近五十年的時間。退休後仍主持民族所「文化、氣與傳統醫學研究」集體計劃，籌劃漢學中心「社會、族群、與文化展演」大型研討會，最重要的，仍負責為蔣經國基金會推動全球對中國文化的研究。在學術行政上面，追隨凌純聲所長參與 1955 年中研院民族所籌備處的創始，及籌備 1965 年民族所的正式成所，1970 年凌先生卸任，李先生繼任所長，帶領民族所轉型，在民族所成立三個研究組：文化研究組（臺灣原住民族為主），行為研究組（臺灣漢人社會為主），區域研究組（海外華人研究為主）。兼在臺大母系任教數十年，又是新竹清華大學人文社會學院籌劃成立人，並於 1986 年擔任第一任院長，可以說是臺灣人類學界的重要推手。

李先生承先啟後，師承大陸撤退來臺的人類學家李濟、董作賓、凌純聲、衛惠林、杜而未、芮逸夫等先生，並與臺灣第一代社會學家陳紹馨、民族學家陳奇祿、林衡立、劉枝萬等人或學習或共事。廣汎涉獵考古學、民族學、社會學、民俗學，兼容並蓄。李先生早期從事臺灣原住民調查，撰有平埔族、邵族、排灣

族、阿美族、泰雅族、雅美族研究論文。繼而前往馬來西亞調查，撰有麻坡民族志、東南亞華人社會與東南亞原住民族 Ifugao 等論文多篇。後期投入臺灣漢人社會文化研究，關心時事，舉凡親屬家族、宗教問題、社會變遷、文化復振均有涉及。1990 年之後李先生更把觸角伸向中國大陸，或講學，或主持漢人與少數民族研究計劃。包羅廣博而不偏倚，可說是一位全方位的人類學家。

　　李亦園是從原住民宗教研究轉入漢人民間信仰研究的，因為人類學要求研究異文化。早期從 1954 年到 1963 年的著述均是有關臺灣原住民族，有多篇收錄入《臺灣土著民族的社會與文化》（1982b）一書。在此書序言，李先生自述其研究臺灣原住民之始末：1952 年在臺大人類系，即隨凌純聲、衛惠林二教授前往花蓮田埔調查南勢阿美族。1955 年九月受聘於民族所後，有三年時間隨凌純聲先生，與同事任先民在排灣、魯凱、卑南、阿美、賽夏等族為民族所採集標本。從具體的標本物質文化進而對各族有認識與感情，進而逐漸瞭解原住民社會組織與抽象的宗教信仰。人類學視原始宗教（原住民部落）為一體，因而轉入漢人研究時，也以代表多數人的民間信仰為研究主體，而不細做道教或佛教。

四、李亦園的宗教研究

　　關於雅美族的一篇文章〈Anito 的社會功能──雅美族靈魂信仰的社會心理學研究〉（1960），應是李先生運用「文化與人格」理論的代表作。雖然在之前的〈南勢阿美族部落組織〉

（1957b）文中，李先生已嘗試使用 M. Fortes, M. Herskovits, D. G. Mandelbaum，組織與功能的語詞，但「功能」一概念仍未定義，也未具體討論。而在本文，李先生則成熟地運用了 Robert K. Merton 的「功能」概念，並區分「功能」為表功能／裡功能（manifest／latent level）；正功能／反功能（function／dysfunction）。「功能」一概念首次被成功地運用來解釋 Anito 與雅美文化的關係。從表功能來看，Anito 在雅美社會的正功能是，無論在個人或群體，Anito 均可用以解釋一切不幸與失敗，鞏固了原有社會的價值觀。反功能則是 Anito 使人害怕不安，人人均須費很大力量與時間防禦它，而減少了從事其它文化創造工作。這樣一來正反兩功能互相均衡抵消，那麼為何 Anito 在雅美社會仍如此突出？李先生認為須要再深入探尋其「裡功能」是甚麼。裡功能的層面，李先生便運用了「文化與人格」理論來分析。在社會生活中，人與人之間難免有磨擦與衝突；一個人的社會化過程，也難免有因挫折而引起的侵釁衝動。這些激動與衝動情緒若不外洩，轉入內折，會有人格解體危機。而雅美族的生活環境是小島寡民，實在禁不起社會成員之間的互相殘殺或敵對，因為代價可能會是社會的解組。但雅美族既不見有精神病患的報導，傳統上也沒飲酒的習俗。均是因為 Anito 提供了雅美人發洩憤怒、仇恨、暴力情緒的對象，而免於危害到他人及社會。因此，可以說宗教文化中 Anito 的設置，不但平衡了個人心理，提供情緒發洩對象，也孕育雅美人和平溫善的「民族性」，而又鞏固社會秩序與價值觀。這可說是「文化與人格」理論首次使用在臺灣原住民的研究中。

　　把宗教信仰體系與社會組織作相關性考察，表現在 "The

structure of the Ifugao religion"（Li 1960）一文，李先生相信宗教反映一個社會的宇宙觀和價值觀，而各個社會宗教信仰與實踐所表現出來的差異，主要決定因素在各社會之基本組織形態的差異。李先生強調瞭解宗教現象應自分析社會與宗教之間的有機關係開始，並稱宗教體系這一個有機關係為宗教結構（the structure of religion）。李先生運用了著名的北呂宋 Ifugao 族專家 Roy F. Barton，與 F. Lambrecht 的詳細田野資料，成功地討論 Ifugao 族親屬組織、地緣團體、神職人員組織、與神明系統四者之間的投射關係。其表現是 1、鬆懈的雙系親屬組織；2、不固定的地緣村落團體；3、祭司卻又有時可被神靈附身而與巫師相混，這些為數眾多的儀式專家卻又互不統屬，各行其是，沒有一個階序組織；4、宗教上汎靈信仰加上龐大眾多卻無明確神統序列的神祇，四者之間所呈現的有機關係與相互的作用影響。

　　李先生研究漢人宗教表現出一些特色，諸如田野方法的注重，實證調查與分析，密切注意民間宗教的發展等。以下我們便選擇重要的多篇論文，依照四大主題來介紹：1、信仰與儀式所反映的中國人的性格或民族性，2、親屬組織與祖先崇拜之間的有機結構關係，3、臺灣社會現代化過程中民間信仰與新興教派的適應與復振，及 4、民間信仰與儀式所反映的中國文化的宇宙觀與價值觀，加以剖析李先生的漢人宗教研究的特色。

　　1、《中國人的性格》書中，李先生的〈從若干儀式行為看中國國民性一面〉一文是從文化產物（cultural products），如儀式行為，來探討中國人的民族性。從宗教信仰或神話儀式等文化的投射系統（projective system）探討一個民族的民族性，雖不如從心理測驗作出的人格特質來得直接，但也有其價值。李先生

以冥婚、找乩童醫病、與看風水三項臺灣民間常見的行為，來分析這些儀式滿足了甚麼樣的特殊的心理需求，而這些心理需要又與中國社會及中國人格特質有何關係。冥婚是為未婚去世的女兒成親以便其有後嗣祭拜，乩童醫病常為病人恢復其在家族親屬中之人際關係，二者均是中國人最基本的實質欲望（substantive desire），即是要在社會及親屬系統中占有一正常地位。看風水是滿足中國人自然、超自然、與社會達成和諧系統的認知欲望（cognitive desire）。而冥婚、找乩童看病、看風水三者又可總而說之，中國人的基本心理欲望，乃是希望在人與家族、人與社會、人與自然中取得和諧。在這篇文章中，李先生的興趣是以「文化與人格」理論來看三項儀式所反映的民族性格，

　　2、李先生注意到漢人親屬結構與其相關儀式行為，撰有〈中國家族與其儀式：若干觀念的檢討〉（1986），此文李先生提出多位臺灣本土人類學家，對 Freedman 等幾位研究中國家族及祖先崇拜的學者的理論修正與田野例證。當祖先沒有被祭拜或被觸怒時，會不會處罰並降禍給子孫？當祖先沒有遺留財產給子孫時，子孫會不會祭拜祖先？當祖先墳墓風水影響子孫運勢時，子孫會不會操弄祖先遺骸？在這三個問題上，中國（臺灣）學者與英美學者有不同看法。李先生引用 Meyer Fortes 非洲祖先崇拜研究，發展一個更全包性的架構來說明。李先生認為祖先崇拜有三個關係面相：親子關係、世系關係、權力關係。越是牽涉到世系或權力面向，祖孫關係越以契約式的權利義務方式對待。李先生並引用陳中民（1967）、陳祥水（1973，1978）、莊英章與陳其南（1982）等人的田野資料作例證。甚至從臺灣的田野材料來看，原有西洋學者對宗族與氏族二者之區分都太簡單了，臺灣尚

有按房份、丁份、股份之宗族組織方式，是介於宗族與氏族之間的。

3、現代化過程中，信徒藉著參與新興教派來調適個人心理，如果表現在社會層面的，便是藉著新興教派來復振文化。人類學中 R. Linton 首提本土運動（nativistic）指「土著文化在碰到西方文化時所引起的一種重整本土文化的反應行動」，並將此類運動分為四類，其中藉宗教信仰來恢復傳統文化的情形最多，如船貨運動、鬼舞、仙人掌教、及中國清末的義和團等（李亦園 1966：119）。A. Wallace 補充之並改名為振興運動（revitalization），擴大其含意為不只是受到外來文化衝擊，包括一切社會裏感覺自己文化衰弱時所作的振興行動。再依運動目標之不同，合共分為六類。李先生再修飾 Wallace 的架構，使更適合中國社會的使用。並認為臺灣鄉下一些寺廟活動外表是拜神，內裏其實蘊含有復興中國傳統道德與倫理的作用（李亦園 1984：236-240）。李先生並呼籲文化復興可結合宗教信仰（良好的一面）的復興一起作。以乩童所行的儀式來說，乩童為社區作的儀式中很重要的一項是巡境，掃除社區中的不潔與邪惡；為信徒個人作的儀式有很多是把病人身內的污穢致病物驅離，滌除體內之不潔。雖因現代化使乩童為信徒個人服務多於為社區團體的服務，但是為個人或為社區作儀式之象徵邏輯同樣是「滌淨」。一貫道與恩主公崇拜教派均鼓勵信徒不供魚葷，不燒金紙，服裝儀容整潔，行為莊嚴，企圖改革儀式以重振倫理道德。但是其象徵邏輯同樣是藉儀式達到形體及領域內的潔淨均衡。因此，可說民間宗教信仰對現代化導致的人體或環境中，有形或無形的污染的對應方法，均是藉儀式來恢復原有的秩序與均衡。

4、

基本宇宙觀

社會組織 ——————— 宗教信仰

　　民間信仰與中國文化的宇宙觀的相互關係。李先生擴展並精緻化原來在 "Ancestor Worship and the Psychological Stability of Family Members in Taiwan"（Li 1986）一文中的個人健康架構，成為「文化均衡」架構。此一文化均衡架構是貫通於士、民階層，及大、小傳統的。其表現在 1、個體或有機體系統，包括內在實質和諧（如攝取食物時講求冷熱均衡觀），及外在形式和諧（如個人取名時講求五行平衡觀）。2、人際關係系統，包括家庭親族和諧、祖先關係和諧、鄰人社區和諧。3、自然關係系統，包括時間系統（趨吉避凶以求和諧）、空間系統（注重風水地理以求和諧）、神明系統（祭鬼拜神以求平安和諧）。李先生運用此一文化均衡架構說明流行於當時臺灣社會的一些看似迷信反現代化的民俗活動，如「大家樂」、民間各種術數的使用等，其實仍是在中國文化均衡架構之下，可以被理解的行為與觀念。對一般人來說，民間信仰乍看似乎是落後不理性，其實是深深蘊含有中國文化價值觀與宇宙觀的。而中國文化價值觀與宇宙觀的核心即為追求和諧與均衡。

　　李先生後期致力於發展「致中和」的基本文化精神架構。在「致中和」之下，表現有 1、自然系統（天）的和諧，包括時間和諧與空間和諧。2、有機體系統（人）的和諧，包括內在的和諧與外在的和諧。3、人際關係（社會）的和諧，包括人間的和諧與超自然界的和諧。接著，在 1994 年的〈傳統中國宇宙觀與

現代企業行為〉一文中，李先生更明確地提出「致中和」的架構正可彰顯中國文化的宇宙觀，天、人、社會各層面均照顧到。而這一「致中和」的原則與上階層儒家倫理相契合，也與下階層的民間信仰相貫通。這一原則內有關人際關係系統的部分，要求人與人的和諧，互相考慮對方等，表現出來的便是中國人特有的，被學者們多方研究的「報」、「緣」、「關係」、「人脈」等。亦即，「致中和」的抽象原則隨時可轉化為現代社會及企業要求的精神與日常行為。

五、劉枝萬與李亦園研究特色與方法的比較

比較兩位學者的學術特色幾乎是日本民俗學與歐美人類學的典範比較。相對於劉枝萬從日本時代為了統治而進行臺灣全島宗教調查，再進入道教調查，李亦園是從原住民宗教研究進入漢人民間信仰研究。劉枝萬留學日本學習民俗學，而李亦園留學美國學習人類學。兩人受到學科訓練的影響，在研究主題上雖然重疊，但是在觀察角度與分析立場都截然不同。例如同樣是觀察乩童，李亦園注意其醫療功能與精神異常層面，劉枝萬注意乩童在道教的所屬派別與儀式。李亦園時時呼應歐美人類學理論潮流，而劉枝萬來往于臺日之間與日本道教研究學者對話。

劉枝萬開啟臺灣道教研究，一般學者嗤之以鼻的道士行業與儀式，劉枝萬不但追隨道士團南北奔走學習成為道士，並且深入道士師承與派別傳承，研習記誦道教科儀。不但將道教當作研究對象，而且本人親身學習喜愛道教。對於研究對象深深相信，而不將研究者與被研究對象做一個對立。其所記錄的道教科儀目前

成為臺灣各地宮廟建醮時遵守的教本，也成為歐美與日本道教學者參考的典籍，這都不是能夠輕易達到的。

李亦園的學術研究中，強調現代人類學的田野調察方法，不再使用早期的圖書館式的文獻推論法。著重人類學理論架構與概念的使用，而不是民俗記錄或民族志式資料的堆陳鋪述。注意現實社會與宗教的脈動，溝通政府與民間宗教之意見，要求學術勿脫離社會。保持與其它社會行為科學的交流互動，而不跼限於單一學科的範圍。這些學術原則與宗旨，已經成為臺灣人類學界普遍接受的基本精神。

劉枝萬與李亦園兩人宗教研究的異同，分別有如下幾點：

1、李亦園視宗教為社會文化的產物，與社會文化可互相發揮。可以說是一種無神論的研究態度。劉枝萬則不處理道教與社會的關係，是有神論的研究態度。

2、李亦園的宗教研究目地在瞭解社會文化，宗教是理解社會文化的必須工具。宗教研究目地不只是在宗教本身，而更重要的是透過宗教瞭解群眾心理，瞭解文化的價值觀，瞭解社會組織型態與社會動向。劉枝萬則視道教科儀的記錄、收藏與保存為研究目標。

3、因此在宗教研究的方法上，李亦園總是著重宗教與其它社會文化面向之間的關係，而不是跼限在宗教內部。例如探討宗教與經濟、宗教與政治、宗教與親屬、宗教與社會階層、宗教與性別等，而不純就宗教現象探討宗教。亦即，觀察宗教的外在關係，而不是看宗教本質。劉枝萬則相反，以探討道教內部為目標。

4、李亦園對宗教進行「去神祕化」的分析，盡量不涉及宗

教的神祕經驗或奇蹟。把宗教表現出來的具體可觀察的行為，可化為言語的述說，都當作一般社會行為來分析，不強調其超感或超能的部分。神祕經驗、奇蹟、或神話不會無中生有，必有其社會文化因素。因此，可以之為線索，追縱其形成之背後原因。劉枝萬則不處理宗教行為背後的預設或動機。

　　5、李亦園與劉枝萬相同的是採取價值中立的研究態度，除了研究者個人信仰不應牽涉研究過程，也不應涉入宗教內部的決策，不應有為之傳教之色彩，有害社會的教派也應予與謹慎的研究。不應有所謂的迷信、乃至邪教等之價值判斷。劉枝萬也不給宗教作價值判斷，甚至親身打破一般人視道教為迷信的誤解，親身學習成為道士。

　　6、李亦園與劉枝萬兩人相同的是都注意集體的宗教現象，而比較不討論個人的靈異感受或神祕經驗。宗教家個人的記錄或訪談資料可作為側證，但總是盡量取得多個個人樣本，於其中探討眾人的經驗與行為。避免純粹個人之生理或心理反應之描述，盡量找尋造成個人反應之集體因素。對於聖徒傳、高僧傳、靈驗記等相當個人性之材料，也要追究出其所反映的大社會背景。

參考書目

林美容等編輯
2008　學海遊縱：劉枝萬先生訪談錄。臺北：國史館。

黃克武等編輯
2005　李亦園先生訪問紀錄。臺北：中央研究院近代史研究所。

張珣

2000 信仰與文化：李亦園先生與臺灣人類學漢人宗教研究，中研院民族所集刊 88: 1-34。

1996 光復後臺灣人類學漢人宗教研究之回顧，中研院民族所集刊 81: 163-215。

第十六章
當代臺灣道教文化詮釋的典範學者：
李豐楙的研究特色及其方法學的相關檢討

張超然
輔仁大學宗教學系副教授

一、前言

　　李豐楙，是政治大學中國文學研究所博士，現任政治大學講座教授、中央研究院中國文哲研究所合聘研究員。上個世紀七○年代，國際道教研究方興未艾，當時正攻讀博士學位（1974-1978）的李豐楙將其研究領域由文學批評轉向道教，[1]不僅從此踏上與傳統中國文學研究不甚相同的道路，同時開創了臺灣道教學術的新領域。時至今日，臺灣幾所擁有宗教相關系所的公私立大學多由他的學生負責道教課程，而他個人則投入政治大學宗教研究所的華人宗教、道教與民間教派等課程，並於近期成立「華

---

[1]　李豐楙，《魏晉南北朝文士與道教之關係》（臺北：政治大學中國文學系博士論文，1978）。

人宗教研究中心」。[2]

　　李氏的學術研究橫跨文學、文化、宗教諸多領域，但他不以學術工作者自限，多強調具體的實踐，諸如早年轉向道教研究，隨即從事當代道教調查並拜師學藝；[3]少年起即持續的武術習練與內丹修持，[4]亦多反映在其內丹研究；而近年展開的道教文物收藏整理與出版，[5]將為區域道教與物質文化研究提供豐富素材。因此如須概述其研究特色，可以如此描述：即「設身處地」回到研究對象所處的歷史文化脈絡，甚至通過親自參與的方式，儘可能掌握其中的文化底蘊，最終又能通過微觀研究成果，得出具有涵蓋範圍的結構性觀點。

　　如此的研究特色始於李氏治學之初。除了竭力蒐羅各類資料，進行實地調查，力求結合「歷史」（History）、「文獻」（Texts）、「實地調查」（Field）的綜合方法，[6]同時重視「實踐」（Practice），以求掌握必須力行方能體知的深層底蘊。[7]如此研究態度與方法貫串李氏投身的諸多學術領域，以下嘗試從道教文學、文化思維、道教教義與實踐、中國宗教中的道教等方

2　「華人宗教研究中心」已於 2013 年 5 月 10 日揭牌成立。

3　謝聰輝，〈度己與度人：訪道教園丁李豐楙教授〉，《臺灣宗教學會通訊》第 6 期（2000），頁 118。

4　同註 3，頁 117。

5　李氏和他的學生整理的道教抄本與文物將由新文豐出版公司出版，大批神像也在整理當中。

6　歐大年，〈歷史、文獻和實地調查——研究中國宗教的綜合方法〉，《歷史人類學學刊》第 2 卷第 1 期（2004），頁 197。

7　李豐楙，《六朝隋唐仙道類小說研究》（臺北：臺灣學生書局，1986），頁 2-3。

面，評介其研究特色與方法。

二、道教文學研究：仙凡互動的永恒主題

　　道教文學可說是李氏在學術上的主領域，其他領域由此衍伸或與此相涉。此一早期的研究關注道教文學賴以形成的歷史情境、創作動機與目的，並且確認其在文學史上的地位與價值。由此延伸至道教文獻的考證與歷史研究，因而碰觸至今為止道教學者仍舊面對的難題、爭議以及仍在使用的解決之道。

　　除了版本考校、輯佚之外，李氏提醒必須辨證地使用正史與道教文獻，避免受到教內或教外帶有意識型態或過於偏頗的意見所誤導，同時必須辨明不同來源資料的襲用與改寫情形。這樣做的原因不在證明作品的託偽或虛構，而是為了分析作者整理、改寫舊有文獻的用意，以及作品反映的時代風尚、集體願望與意識型態。此外，文學作品透顯的道教觀念也可根據教義史的定位，成為判定作者道派或作品時代的依據。當時他已為此一研究擘畫藍圖：一旦累積足夠的個案研究，便可進一步發掘具有代表性的主題，進行貫時研究，印證道教在不同階段的發展過程。[8]這個早期規劃的學術藍圖後來得到落實，如以王母信仰為例，李氏既已從神話、道教、民俗等不同面向完成一系列研究。[9]

8　同註 7，頁 8-18。

9　李豐楙，〈西王母五女傳說形成及其演變──西王母研究之一〉，《東方宗教研究》第 1 期（1987），頁 67-88；〈多面王母、王公與昆侖、方諸聖境：從古神話到六朝上清經派空間神話的考察〉，李豐楙、劉苑如主編，《空間、地域與文化──中國文化空間的書寫與闡釋》（臺

　　但對他而言，道教文學的永恒主題在於仙、凡或彼、此二界
的溝通與往來。這是自遊仙文學推導所得的成果，成為他在道教
文學研究的核心部分。李氏通過不同時代、文體與群體的作品，
反覆論述這個主題，指陳其中追求不死與和諧樂園的隱喻，以之
說明中國自有他界文學系譜。[10]若以確立此一主題的六朝遊仙文
學為中心，可以上溯《楚辭》為代表的巫系文學，這類作品多與
巫俗活動與神遊經驗有關，成為接續其下漢代樂府遊仙詩、東晉
民間歌謠〈神弦歌〉以及道曲〈步虛辭〉等遊仙文學譜系的源
頭。[11]至於六朝遊仙文學，李氏特別拈舉「因憂而遊」作為此系
文學的中心思想，分別討論帝室貴遊、寒門文士或道教中人使用
此一體裁時，所表現的不同動機與想望。[12]時至唐宋，發展成熟
的遊仙語言與敘事結構則為新興娼妓文化提供隱喻系統，這同時
意味著遊仙文學在新的藝文環境中完成了世俗化過程。[13]

　　相對於韻文所發揮的言志詠懷功能，散文體裁更能充份表達
他界想像或彼此二界的溝通，因此李氏運用更多道教觀念，解釋

北：中央研究院中國文哲研究所，2002），頁 42-132；〈本相與變
　　相：王母信仰的形相與教義〉，「王母信仰文化世界」國際學術研討會
　　（花蓮：中華民俗藝術基金會等主辦，2009 年 7 月）。前兩篇收入李
　　豐楙，《仙境與遊歷：神仙世界的想像》，頁 82-174。

[10]　李豐楙，《憂與遊：六朝隋唐仙道文學》（北京：中華書局，2010），
　　頁 20。

[11]　同註 10，頁 1、143-144；又〈崑崙、登天與巫俗傳統──楚辭巫系文
　　學論之二〉，《第二屆中國詩學會議論文集──先秦兩漢詩學》（臺
　　北：萬卷樓圖書公司，1994），頁 54-102。

[12]　同註 10，〈導論〉，頁 6-12。

[13]　同註 10，〈導論〉，頁 12-18。

民間傳說或筆記小說如何深具本土宗教意識。其中，漢晉之際三種仙界等級的觀念成為支持這類故事的基礎。[14]鄰近人間的洞天福地成為凡俗之人「誤入」其中，或是崇道之人受到「引導」而前往的靜修之地；[15]天界官僚則可能違犯律儀而遭謫譴，這又與傳道目的而造訪學道者的情形不同。[16]李氏善於利用多種教內外材料，比對不同立場的敘述觀點，拈舉「引導／誤入」、「感遇／謫降」等不同仙凡互動類型。甚至為了分析往來仙凡兩界所存在的中介狀態，援引人類學「通過儀式」（rite of passage）理論，[17]或者循著社會學觀點，論述「誤入」故事所反映的是寒門士族如何在講究門第的六朝社會，以這類仙界想像滿足其婚配貴姓的願望。[18]

　　早在完成《誤入與謫降》之初，李氏已有「謫仙文學」專論的構想。[19]隨後集結的許遜與薩守堅研究，不僅持續關注不同社群文本所使用的語言、敘述策略及其傳播情形，同時思索其中敘事結構，及其在中國敘事傳統所發揮的功能。[20]對李氏來說，道

---

[14]　李豐楙，《誤入與謫降：六朝隋唐道教文學論集》（臺北：臺灣學生書局，1996），頁 33-92。

[15]　同註 14，頁 12-20。

[16]　同註 14，頁 21-29。

[17]　同註 14，頁 14、20。

[18]　同註 14，頁 19。

[19]　同註 14，頁 339。

[20]　李豐楙，《許遜與薩守堅：鄧志謨道教小說研究》（臺北：臺灣學生書局，1997），頁 2、8-10。吳光正，〈民族精神的把握與宗教詩學的建構——李豐楙教授的道教文學研究評述〉，《武漢大學學報》第 64 卷第 6 期（2011 年），頁 121。

教小說的永恒主題在於「謫譴－歷劫－回返」，這同時也是架構元代雜劇與明代小說的敘事結構。這樣的主題或結構更多得自道教聖傳「出身－修行－成道」模式的啟發，較之魯迅所提的「神魔小說」更能貼近中國本土的宗教文學性格。[21]無論是許遜或薩守堅的研究，李氏從未將視野自限於古代敘事傳統，而能深入道教文獻，考索神霄道派的歷史發展，或者通過實地調查，掌握當代教法傳緒的情形，諸如福州禪和派與北京白雲觀「玉陽（薩祖）鐵罐煉」科儀，或是淨明忠孝道與西河派的實地調查。[22]

　　總結以上，李氏的道教文學研究與道教史、道教文獻研究緊密結合。為了確立「道教文學」作為文學史上的新興範疇，他積極證明文學中的道教要素，同時整理道教中的文學成分。[23]只是對他而言，如要真切掌握「道教文學」的特質，就須運用道教義理來閱讀文學作品，以期穿透表象，直達背後隱微的喻意。

三、漢人宗教文化思維與詮釋架構：常與非常

　　自文學批評起家，李氏原即重視理論方法，轉入道教研究後多少接觸社會學、宗教學或人類學相關論著，諸如：涂爾幹（Émile Durkheim）對於宗教生活構成要件的分析；巴赫汀（Mikhail Bakhtin）與懷金格（Johan Huizinga）的嘉年華與遊戲

---

[21] 李豐楙，《許遜與薩守堅》，頁 6-10。
[22] 同註 21，頁 355-357。
[23] 李豐楙，〈仙詩、仙歌與頌讚靈章〉，《第三屆魏晉南北朝文學國際學術研討會論文》（臺北：文史哲出版社，1998），頁 645-693。

理論；伊利亞德（Mircea Eliade）的「聖與俗」；阿諾・范・基尼（Arnold van Gennep）與維克多・特納（Victor W. Turner）的「通過儀式」等。[24]為了有效理解道教乃至中國文化現象背後的核心理念，他既借鑑不同學科的理論，同時也顧慮這些理論的適用性，因此對諸多文化現象的詮釋仍多回歸古典文獻的爬梳以及當代田野的實地觀察。

　　基於長期考察，李氏認為道教乃至中國文化存在二元相對又互轉的思維方式。這樣的觀察得益於六朝志怪小說的「非常」論述以及「常」字字源學與構詞分析，而以生活中所能經驗、熟悉或掌握的事物情狀劃為「常」；相反的，違反經驗、不熟悉或無法掌握者則為「非常」。[25]李氏從中古以前的「變化」思想出發，指出其中彰顯的過去人們對於兩種不同生命延續模式的認識：生產與變化。同一物種通過「正常」生產過程延續生命，異類之間的變化非但屬於「非常」，而且常被視作精怪或災異象徵。[26]如此「怪異非常」的變化事件往往成為精怪傳說的主要內容，而這些變化精怪終被識破、剋治的敘事模式，說明了漢人追求生存秩序的集體意識。[27]

　　至於這類「非常」狀態的處置之道，主要源自古代巫術，故李氏多援引巫術思考原則理解其中現象。[28]「常與非常」雖然如

---

[24]　李豐楙，《神化與變異：一個「常與非常」的文化思維》（北京：中華書局，2010），頁 313。

[25]　同註 24，〈導論〉，頁 2，又頁 126、182。

[26]　同註 24，頁 86。

[27]　同註 24，〈導論〉，頁 8-9，又頁 121-125。

[28]　同註 24，頁 232。

同太極圖中持續流行轉換的兩股勢力，但是面對非常狀態卻不能依賴常道，而須仰仗同屬非常性的力量，以非常剋治非常，[29]只是剋治的目標在於返回常道。李氏以此說明道教乃富面對非常的「達變」能力，可以彌補儒家偏於「守常」的弊病。[30]

　　同樣情形也發生在非常死亡的處理。早在處理神女神話時，李氏便已留意未婚死亡女子在父系社會中的「非常」性，以及相關的冥婚習俗或祠廟信仰。[31]這類非常死亡當然不限女性，任何非自然終結的生命都是非常死亡，因其違反自然規律而被視作不祥或凶惡，需要適當處理，否則將會形成破壞生活秩序的力量。李氏以此死亡方式的自然與否與處理方式的恰當與否作成兩組參照點，畫出四個區塊，用以說明包含道教在內的民間禮俗看待死亡時所隱含的結構性思維。不同的宗教傳統基於各自教義所提供的儀式實踐，則在轉化此一非常狀態，使其復歸正常。[32]

　　「常與非常」的文化思維同時適用於服飾所象徵的身分，及其所處情境、時空的差異與轉換。李氏以為身分差異在人類的社會生活與文化象徵上有其存在的必要，人在社會生活當中必須時常面對常與非常兩種情狀的形成與轉換。基於長期從事的祭典調

29　同註 24，〈導論〉，頁 10。

30　同註 24，〈導論〉，頁 14。

31　同註 14，頁 154-157。

32　李豐楙，〈臺灣民間禮俗中的生死關懷──一個中國式結構意義的考察〉，《哲學雜誌》第 8 期（1994），頁 35-36、44-48；〈凶死與解除：三個臺灣地方祭典的死亡關懷〉，黎志添編，《華人學術處境中的宗教學研究：本土方法的探索》（香港：三聯書店，2012），頁 93-101。

查，[33]他指出這類以道教齋醮儀式為核心的慶典活動具顯中國社會日常作息之外的休閒文化，而與後者形成「一張一弛」的循環規律。就空間而言，原本村民日常休憩的寺廟，醮典期間成為舉行祭儀的神聖空間，聖俗界線模糊且能相互轉換；時間方面，醮典期間人們從日常作息解離出來，進入非常時間，通過持齋守戒、參與醮儀，淨化生命甚至獲得重生。只是如此非常狀態同時具有顛覆日常規範的破壞性，就像子貢觀察舉國狂歡的蜡祭、唐代士庶共同參與的上元燈會，[34]或者當代臺灣醮典所呈顯的遊戲氛圍。[35]

四、道教核心教義與實踐：苦難與解除

道教教義的核心議題在於苦難與解除。用他自己的話說，苦難與解除即為「導異為常」的情狀轉換。這樣的轉換遍及宇宙、

---

[33] 諸如李豐楙等，《東港迎王——東港東隆宮丁丑正科平安祭典》（臺北：臺灣學生書局，1998）；李豐楙等，《東港東隆宮醮志》（臺北：臺灣學生書局，1998）；李豐楙等，《蘆洲湧蓮寺：丁丑年五朝慶成祈安福醮志》（蘆洲：湧蓮寺，1998）；李豐楙等，《臺南縣地區王船祭典保存計畫——台江內海迎王祭》（宜蘭：傳統藝術中心，2006）。

[34] 李豐楙，〈臺灣慶成醮與民間廟會文化——一個非常觀狂文化的休閒論〉，《寺廟與民間文化研討會論文集》（臺北：漢學研究中心，1994），頁42-45、51-62；〈嚴肅與遊戲：道教三元齋與唐代節俗〉，鍾彩均主編，《傳承與創新：中央研究院中國文哲研究所十周年紀念論文集》（臺北：中央研究院中國文哲研究所籌備處，1999），頁53-110。

[35] 李豐楙，〈嚴肅與遊戲：從蜡祭到迎王祭的「非常」觀察〉，《中央研究院民族學研究所集刊》第88期（1999），頁137、154、160-164。

社區與個人三種不同範疇或層次。

　　就宇宙層次而言，李氏將苦難與解除概括為末世與度劫，指出六朝道派繼承漢代週期性災變思想，以災變為宇宙失序現象；甚至結合感應學說與道德論述，將此失序推源於人性墮落。不同道派對於宇宙失序的解釋或有差異，但都提出度脫劫難的方法，成為中國式「拯救論」。[36]奉道者多被視作選民，將在救世主的領導下邁向太平。這樣的思潮成為支持多起武裝革命或宮闈爭權的重要力量，[37]同時啟發不同時期新興道派或民間教派的形成。[38]

　　社區性苦難往往以天災或瘟疫的方式呈現。這一方面的研究立基於六朝道書瘟疫觀念的分析與近代瘟神崇拜的調查。前者將道書瘟疫觀念置於上古疫鬼信仰與逐疫儀式的脈絡之中，強調懲惡揚善的倫理觀點，同時指出持戒配符、轉經懺謝的剋治之道。[39]

36　李豐楙，〈傳承與對應：六朝道經中「末世」說的提出與衍變〉，《中國文哲研究集刊》第 9 期（1996），頁 91-130。

37　李豐楙，〈六朝道教的度救觀：真君、種民與度世〉，《東方宗教研究》新 5 期（1996），頁 137-160；〈唐代《洞淵神咒經》寫卷與李弘〉，《第二屆敦煌學國際研討會論文集》（臺北：漢學研究中心，1991），頁 481-500。

38　李豐楙，〈救劫與度劫：道教與明末民間宗教的末世性格〉，黎志添主編，《道教與民間宗教研究論集》（香港：學峰文化出版社，1999），頁 40-72。李豐楙，〈道教劫論與當代度劫之說：一個跨越廿十世紀到廿一世紀的宗教觀察〉，李豐楙、朱榮貴主編，《性別、神格與臺灣宗教論述論文集》（臺北：中央研究院中國文哲研究所籌備處，1997），頁 303-328。

39　李豐楙，〈《道藏》所收早期道書的瘟疫觀——以《女青鬼律》及《洞淵神咒經》系為主〉，《中國文哲研究集刊》第 3 期（1993），頁 417-454。

後者結合貫時性的瘟神崇拜考察與並時性地方瘟醮調查，拈舉
「行瘟與送瘟」為面對瘟疫時的困境描述與解決方法。[40]

　　個人的苦難與解除大致區分他力救濟與自我修行兩類。他力
救濟方面主要關注寫經、造像與行齋轉經所能獲致的功德。李氏
結合現存敦煌寫卷題記與道教寫經制度，指出經典的救濟功能必
須通過潔淨儀式、書寫規範與供養方法才能順利發揮；[41]而根據
道教教義與儀式所做的解讀，北朝造像碑所刻劃的供養者焚香祝
禱與天尊說法圖像，旨在重現說法功德並救度亡靈。[42]自我修行
方面，早年完成的《抱朴子內篇》研究概論了方仙道的各種修法，
[43]後來更以專論形式深究其中「氣論」及其對內丹的影響。[44]延

[40] 在前引諸種醮典記錄的基礎上，李氏陸續發表多篇論著，如〈行瘟與送
瘟——道教與民眾瘟疫觀的交流與分歧〉，《民間信仰與中國文化國際
研討會論文集》（臺北：漢學研究中心，1994），頁 373-422；〈東港
王船和瘟與送王習俗之研究〉，《東方宗教研究》新 3 期（1993），頁
229-265；〈臺灣東港安平祭典的王爺繞境與合境平安〉，《民俗曲
藝》第 85 期（1993），頁 273-323。

[41] 李豐楙，〈敦煌道經寫卷與道教寫經功德觀〉，發表於「全國敦煌學研
討會」（嘉義：國立中正大學主辦，1995）；〈唐代《洞淵神咒經》寫
卷與李弘〉，頁 481-500。

[42] 李豐楙，〈北周建德元年李四海等造元始天尊碑記及妓樂圖考〉，李焯
然，陳萬成主編，《道苑繽紛錄》（香港：商務印書館，2002），頁
52-90；〈供養與祈福：北魏道教造像碑的圖象與銘文初探〉，國立歷
史博物館研究組編輯，《道教與文化學術研討會論文集》（臺北：國立
歷史博物館，2001），頁 93-120。

[43] 李豐楙，《不死的探求：抱朴子》（臺北：時報文化出版企業公司，
1981）。

[44] 李豐楙，〈葛洪《抱朴子內篇》的「氣」、「炁」學說——中國道教丹
道養生思想的基礎〉，楊儒賓主編，《中國古代思想中的氣論及身體

續洞天遊歷研究，李氏亦曾考察潛遊洞窟的經驗與存思內觀技法
之間的連繫，指出如此追求內在超越的存思方法為接續秦漢內視
傳統與唐宋內丹學的關鍵技藝。[45]內丹研究主要延續氣論研究，
以為道教修練技法從強調後天氣的煉養到提出先天炁的引發之間
有著長足進展；[46]同時指出追求先天超越狀態的生命技法乃與家
庭中心的世俗價值或延續生命的本能欲望背反。[47]

五、中國宗教中的道教：制度又擴散、多元複合

　　如同在道教文學領域能夠充份掌握不同社群對於特定信仰文
化的見解那樣，李氏在當代的調查研究上也未限於道教範疇，而
多觀察中國宗教脈絡中的道教活動。

　　他所做的調查多以「火居道教」為對象，[48]即立壇於社區村

觀》（臺北：巨流圖書公司，1993），頁517-539。

45　李豐楙，〈遊觀內景：二至四世紀江南道教的內向超越〉，劉苑如主
　　編，《遊觀——作為身體技藝的中古文學與宗教》（臺北：中央研究院
　　中國文哲研究所，2009），頁 235、245；又〈洞天與內景：西元二至
　　四世紀江南道教的內向遊觀〉，《東華漢學》第 9 期（2009），頁
　　157-197。

46　李豐楙，〈丹道與濟度：道教修行的實踐之道〉，《宗教哲學》第 6 卷
　　第 2 期（2000），頁 123-127。

47　李豐楙，〈順與逆：丹道修練的身心觀〉，「氣的文化研究：文化、氣
　　與傳統醫學學術研討會」（桃園：中山科學研究院，2000 年 10 月 13-15
　　日）；〈順與逆：丹道修練與現代社會〉，「道教教義與現代社會國際
　　學術研討會」（香港：香港道教學院主辦，2002 年 1 月 18-21 日）。

48　李氏道壇調查遍及全臺，南北兩地多採醮典調查方式，中部則有〈臺灣
　　中部紅頭司與客屬聚落的醮儀行事〉，《民俗曲藝》第 116 期（1998），

落、提供儀式服務的在家道士。關於這類道壇道士的社會性質，
李氏主要援用楊慶堃理解中國宗教的二分觀點——「制度性宗
教」（institutional religion）與「擴散性宗教」（diffuse religion），
[49]卻又指出道壇道士同時具備上述性質：道壇道士所具備的「體
系化的教義、穩定的經典文字傳承以及禮儀程式的定型化」表現
其制度性面向，而其積極介入地方宗教活動或信仰習俗的情形則
說明他們同樣具有擴散性質。[50]如此道教型態並非臺灣特有，而
是延續漢晉以來天師道固有的傳統。[51]

　　由於道壇道士積極介入地方宗教活動，經常需要與其他禮儀
專家合作。[52]李氏即以臺灣醮典為例，說明不同禮儀專家「複
合」其中的情形，尤其是修習儒籍、嫻熟禮制與獻儀的「禮生」
與傳承道教科儀、善於行齋設醮的「道士」。[53]除了吉禮，喪葬

　　頁 143-173；〈中部山線道士行業圈：陳、李兩個道壇的合作與傳
　　承〉，鄭志明主編，《道教文化的精華》（嘉義：南華大學宗教文化研
　　究中心，2000），頁 159-203。

[49] 楊慶堃著、范麗珠等譯，《中國社會中的宗教：宗教的現代社會功能與
　　其歷史因素之研究》（上海：上海人民出版社，2006），頁 268-269。

[50] 李豐楙，〈制度與擴散：臺灣道教學研究的兩個面向〉，張珣、葉春
　　榮合編，《臺灣本土宗教研究：結構與變異》（臺北：南天書局，
　　2006），頁 262、266。

[51] 同註 50，頁 255。

[52] 李豐楙，〈凶死與解除：三個臺灣地方祭典的死亡關懷〉，黎志添編，
　　《華人學術處境中的宗教學研究：本土方法的探索》（香港：三聯書
　　店，2012），頁 125-126。

[53] 李豐楙，〈禮生與道士：臺灣民間社會中禮儀實踐的兩個面向〉，王秋
　　桂等編，《社會、民族與文化展演國際研討會論文集》（臺北：漢學研
　　究中心，2001），頁 331-364；〈禮生、道士、法師與宗族長老、族

禮俗同樣具現複合性。傳統喪葬禮俗乃以儒家喪禮與地方習俗為主體，道壇道士則依地方傳統，在不同階段提供儀式服務，拔度亡者，尤其面對非常死亡，道教齋儀更具解決這類危機的效力。[54]

　　除了禮儀專家的合作，李氏也留意不同儀式傳統的「複合」現象。這種「複合」概念得自漢語複合結構的啟發：兩個以上單音孤立語可以構成一個新的語詞，這個新語詞可能保有並偏重構詞單字的原義，也可能創造全新語義；然而新詞之中仍然可以清楚分辨構成自身的所有單音孤立語。[55]禮生與道士在同一場域的合作固然是為「複合」現象，其中分野仍然明顯；相較之下，道教拔度科儀複合佛教目連戲的演出，[56]或道教謝土科儀複合閭山法祭煞儀式，[57]如果無法掌握其中差異便難以分辨。以謝土科儀為例，他指出道教與地方巫法傳統由於長期交流，因而出現「複合」現象，雖然兩者結合為一卻又分擔不同功能，簡單來說，

人：一個金門宗祠奠安的圖像〉，王秋桂主編，《金門歷史、文化與生態國際學術研討會論文集》（臺北：施合鄭民俗文化基金會，2004）。

54　李豐楙，〈臺灣民間禮俗中的生死關懷〉，《哲學雜誌》第 8 期（1994），頁 32-53；〈道教齋儀與喪葬禮俗複合的魂魄觀〉，《儀式、廟會與社區會議論文集》（臺北：中央研究院中國文哲研究所籌備處，1996），頁 459-484；又同註 52，頁 111。

55　同註 52，頁 128-129。

56　李豐楙，〈複合與變革——臺灣道教拔度儀式中的目連戲〉，《民俗曲藝》第 94 期（1995），頁 83-116。

57　李豐楙，〈祭煞與安鎮：道教謝土安龍的複合儀式〉，Edited by Florian C. Reiter, Foundations of Daoist Ritual: A Berlin Symposium., Germany: Harrassowitz Verlag, 2009, pp. 47-70；另參〈煞與出煞——一個宇宙觀的破壞與重建〉，《民俗系列講座》（臺北：國立中央圖書館臺灣分館，1993），頁 257-336。

「道」重安鎮，「法」重解除。[58]

六、結語

李豐楙的道教研究乃以道教文學為主要領域，尤其立基於六朝詩歌與筆記小說，前者上溯漢魏而下及唐代，後者則至於明代長篇小說。他不僅考察諸種文學作品中的道教因素，更能結合道教歷史與文獻研究，從中抽繹出具有普遍解釋性的多組概念，具體展現他所主張的：必須穿透文字表象，直達背後隱微宗教喻意，才能真切掌握「道教文學」的特質。這些努力都是為了確立「道教文學」作為宗教文學的範疇。

李氏的道教文學研究總能出入於教內教外文獻，說明不同社群文本的互動關係。這樣的研究方式也能在後來的道教教義與文化研究中見到，結合神話、信仰、教義、實踐、組織諸多面向，考察其間互相配合的情形，試圖全盤掌握道教整體。除了文獻與歷史研究，李氏還長期深入田野、參與道壇活動，並以親身實踐的方式掌握其中深義。為了有效分析詮釋歷史文獻與田野現象，他嘗試參閱歐美相關學科的主流作品，借鑒其中理論方法，打造適合自身文化傳統的分析工具。總的來說，他自道教文學輻射而出的道教研究，既擴及諸種道教教義與實踐的考察、漢人固有文化思維的分析，其最終的目的更在中國文化或中國宗教中給予道教一個明確的定位。

---

[58] 同註 57，頁 49。

本書特別附錄

林富士研究員聘期內（2001-2017）
學術著作目錄及其研究展望

說明：

　　本書由於是眾人合撰的，納入的相關論文，都只精挑與本書的主題論述有關且最具代表性者。再者，限於本書的出版篇幅，無法將每一位作者的研究論文，全都列在書後。就各論文引據資料的交代問題，由於歷史學者、人類學者的註釋格式有異，本書編輯時，仍保留各註腳原樣，不求統一。且，每篇的全部註釋，全都保留。不過，為何要有本篇的特別附錄呢？這是作為當代臺灣研究道教典範學者的舉例示範之用。

　　因本書之前的各篇，無法呈現一個成熟的道教研究學者一生的全部涉及且已提出學術論述的相關狀況。因此，特商請中央研究院歷史語言研究所特聘研究員（2018.7.26～）林富士博士，提供一份任職研究員聘期內（2001-2017），他個人的「學術研究成果及未來研究方向」詳細資料，以供讀者參考。

壹、林富士研究員聘期內（2001-2017）學術著作目錄

一、學術期刊論文

1. 林富士，2002，〈中國早期道士的醫療活動及其醫術考釋：以漢魏晉南北朝時期的「傳記」資料為主的初步探討〉，《中央研究院歷史語言研究所集刊》，73:1，頁 43-118。〔有審查制度〕〔THCI Core; AHCI〕

2. 林富士，2003，〈中國早期道士的醫者形象：以《神仙傳》為主的初步考察〉，《世界宗教學刊》，2，頁 1-32。〔有審查制度〕

3. 林富士，2004，〈中國疾病史研究芻議〉，《四川大學學報》（哲學社會科學版），2004:1，頁 87-93。〔有審查制度〕

4. 林富士，2005，〈清代臺灣的巫覡與巫俗：以《臺灣文獻叢刊》為主要材料的初步探討〉，《新史學》，16:3，頁 23-99。〔有審查制度〕〔THCI Core; Historical Abstracts; America: History and Life〕

5. 林富士，2005，〈醫者或病人：童乩在臺灣社會中的角色與形象〉，《中央研究院歷史語言研究所集刊》，76:3，頁 511-568。〔有審查制度〕〔THCI Core; AHCI〕

6. 林富士，2007，〈人間之魅：漢唐之間「精魅」故事析論〉，《中央研究院歷史語言研究所集刊》，78:1，頁 107-182。〔有審查制度〕〔THCI Core; AHCI〕

7. 林富士，2009，〈《太平經》的神仙觀念〉，《中央研究院

歷史語言研究所集刊》，80:2，頁 217-263。〔按：此為〈《太平經》における神仙觀念〉（2008）之中文版〕〔有審查制度〕〔THCI Core; AHCI〕

8. 林富士，2012，〈「祝由」釋義：以《黃帝內經・素問》為核心文本的討論〉，《中央研究院歷史語言研究所集刊》，83:4，頁 671-738。〔有審查制度〕〔THCI Core; AHCI〕

9. 林富士，2013，〈瘟疫、社會恐慌與藥物流行〉，《文史知識》，2013:7，頁 5-12。〔有審查制度〕

10. 林富士，2013，〈當代臺灣本土宗教的文化史詮釋：童乩儀式裝扮的新探〉，《世界宗教文化》，2013:4，頁 10-14。〔有審查制度〕

11. 林富士，2013，〈「舊俗」與「新風」：試論宋代巫覡信仰的特色〉，《新史學》，24:4，頁 1-54。〔有審查制度〕〔THCI Core; Historical Abstracts; America: History and Life〕

12. 林富士，2014，〈試論影響食品安全的文化因素：以嚼食檳榔為例〉，《中國飲食文化》，10:1，頁 43-104。〔有審查制度〕〔THCI Core〕

13. 林富士，2016，〈佛教寺志編纂芻議：「數位人文學」的觀點〉，《佛教圖書館館刊》，61，頁 1-15。

14. 林富士，2017，〈檳榔與佛教：以漢文文獻為主的探討〉，《中央研究院歷史語言研究所集刊》，88:3，頁 453-519。〔有審查制度〕〔THCI Core; AHCI〕

二、專書（論文集）

1. 林富士，2001，《疾病終結者：中國早期的道教醫學》，

211 頁。臺北：三民書局。

2. 林富士，2008/2012，《中國中古時期的宗教與醫療》，744
　　頁。臺北：聯經出版事業公司。[1]〔有審查制度〕

3. 林富士，2016，《巫者的世界》，489 頁。廣州：廣東人民
　　出版社。[2]〔有審查制度〕

---

[1]　按：此書收錄 1993-2004 所發表的十七篇學術論文，其中，〈中國中古
　　時期的瘟疫與社會〉一文曾進行較大幅度的改寫。簡體字版：林富士，
　　《中國中古時期的宗教與醫療》，北京：中華書局，2012。書評：1.
　　陳昊，〈林富士《中國中古時期的宗教與醫療》〉，《唐研究》，第
　　14 卷（北京，2008），頁 628-636；2. 加藤千惠，〈林富士著『中
　　國中古時期的宗教與醫療』〉，《東方宗教》，117（京都，2011），頁
　　48-52；3. Michael Stanley-Baker, "Lin Fushi 林富士, Zhongguo zhonggu
　　shiqi de zongjiao yu yiliao 中國中古時期的醫療與宗教 [Medicine and
　　Religion in Medieval China]," *East Asian Science, Technology and Society:
　　An International Journal*, 6 (Durham, NC, 2012), pp. 137-141.

[2]　按：此書由 2005-2015 年所完成、發表的八篇學術論文合輯、修訂而
　　成，其中四篇為最近五年（2013-2015）之著作。〈序：吾將上下而求
　　索〉一文，則是回顧我三十多年來（1982-2015）透入巫覡研究的因緣
　　和學思歷程，文中列舉歷年來的研究成果、關切的課題，以及研究方法
　　和研究視野的轉變過程。這是我繼《漢代的巫者》（1988 年初版，
　　1999 年新版）、"Chinese Shamans and Shamanism in the Chiang-nan Area
　　During the Six Dynasties Period (3rd-6th Century A.D.)." Ph.D. dissertation,
　　Princeton University (Princeton, 1994)、《中國中古時期的宗教與醫療》
　　第四編《巫覡活動與厲鬼信仰》（2008）之後，第四次集結巫覡研究的
　　成果。此書出版之後不久，旋即獲評入選中國大陸「2017 騰訊‧商報
　　『華文好書榜』，並有兩篇書評：1. 劉憶斯，〈巫者 or 醫者？撥開巫
　　者世界的迷霧〉，《每日頭條》（KKnews）（2017.2.27）；2. 李懷
　　宇，〈探索「巫」的古今之變〉，《羊城晚報》（2017.4.2）。一本由
　　學術論文輯成的學院著作，能獲得大眾媒體的青睞與報導，顯現各界對

三、專書（論文集）論文

1.　林富士，2002，〈試論六朝時期的道巫之別〉，收入周質平、Willard J. Peterson 編，《國史浮海開新錄：余英時教授榮退論文集》，頁 19-38。臺北：聯經出版事業公司。

2.　林富士，2004，〈從除魅到牽亡：中央研究院歷史語言研究所人類學組的學術歷程〉，收入許倬雲等，《中央研究院歷史語言研究所七十五周年紀念文集》，頁 89-118。臺北：中央研究院歷史語言研究所。

3.　林富士，2005，〈釋「魅」：以先秦至東漢時期的文獻資料為主的考察〉，收入蒲慕州主編，《鬼魅神魔：中國通俗文化側寫》，頁 109-134。臺北：麥田出版社。〔有審查制度〕

4.　林富士，2008，〈《太平經》における神仙觀念〉（二階堂善弘譯），收入吾妻重二、二階堂善弘編，《東アジアの儀禮と宗教》，頁 335-381。東京：雄松堂。

5.　Fu-shih Lin. 2009. "The Image and Status of Shamans in Ancient China," in John Lagerwey and Marc Kalinowski eds., *Early Chinese Religion: Part One: Shang through Han (1250 BC-220 AD)*, vol. 1, pp. 397-458. Leiden: Brill. 〔有審查制度〕

6.　林富士，2009，〈略論占卜與醫療之關係：以中國漢隋之間卜者的醫療活動為主的初步探討〉，收入田浩（Hoyt

於「巫者」、「巫醫」有高度的興趣，並渴望透過嚴謹的學術論著去理解「巫者的世界」。事實上，此書出版至今約一年，初版一刷已經售罄。

Tillman）編，《文化與歷史的追索：余英時教授八秩壽慶論文集》，頁 583-620。臺北：聯經出版事業公司。

7. Fu-shih Lin. 2010. "Shamans and Politics," in John Lagerwey and Lü Pengzhi eds., *Early Chinese Religion: Part Two: The Period of Division (220-589 AD)*, vol. 1, pp. 275-318. Leiden: Brill. 〔有審查制度〕

8. 林富士，2010，〈中國古代巫覡的社會形象與社會地位〉，收入林富士主編，《中國史新論·宗教史分冊》，頁 65-134。臺北：中央研究院·聯經出版事業公司。〔按：此為 "The Image and Status of Shamans in Ancient China" (2009) 之中文版〕〔有審查制度〕

9. Fu-shih Lin. 2013. "Shamans," in T. J. Hinrichs and Linda L. Barnes eds., *Chinese Medicine and Healing: An Illustrated History*, pp. 67-69. Cambridge, Mass.: Harvard University Press. 〔有審查制度〕

10. 林富士，2013，〈「祝由」醫學與道教的關係：以《聖濟總錄·符禁門》為主的討論〉，收入劉淑芬、康豹編，《信仰、實踐與文化調適：第四屆漢學會議論文集·宗教篇》，頁 403-448。臺北：中央研究院，2013。〔有審查制度〕

11. Fu-shih Lin. 2014. "Old Customs and New Fashions: An Examination of Features of Shamanism in Song China," in John Lagerwey and Pierre Marsone eds., *Modern Chinese Religion I: Song-Liao-Jin-Yuan (960-1368 AD)*, vol. 1, pp. 229-281. Leiden: Brill, 2014. 〔有審查制度〕

12. 林富士，2015，〈中國的「巫醫」傳統〉，收入生命醫療史

研究室編，《中國史新論・醫療史分冊》，頁 61-150。臺北：中央研究院・聯經出版事業公司。〔有審查制度〕

13. 林富士，2017，〈「數位人文學」概論〉，收入林富士主編，《「數位人文學」白皮書》，頁 1-36。臺北：中央研究院數位文化中心，2017。〔有審查制度〕

四、他類論文

1. 林富士，2001，〈臺灣中學教育體制中的「宗教教育」〉，收入輔仁大學宗教學系主編，《宗教教育：理論、現況與前瞻》，頁 191-210。臺北：五南圖書出版公司。

2. 林富士，2003，〈從巫到醫〉，《誠品好讀》，32，頁 34-35。

3. 林富士，2003，〈中國歷史上的「隔離」〉，《聯合報》，2003.05.25，〈文化版〉。

4. 林富士，2003，〈檳榔入華考〉，《歷史月刊》，186，頁 94-100。

5. 林富士，2003，〈瘟疫與政治：傳統中國政府對於瘟疫的響應之道〉，《書城》，2003.7，頁 47-49。

6. 林富士，2003，〈中國中古時期的瘟疫與社會〉，收入中央研究院科學教育推動委員會主編，《2003，春之煞：SARS流行的科學和社會文化回顧》，頁 85-114。臺北：聯經出版事業公司。

7. 林富士，2005，〈《臺灣學者中國史研究論叢・禮俗與宗教》導言〉，收入林富士主編，《臺灣學者中國史研究論叢・禮俗與宗教》，頁 1-14。北京：中國大百科全書出版社。

8.　林富士，2005，〈「魅」的馴服與迷惑〉，收入《2005 陰陽師千年特集》，頁 32-34。臺北：繆思文化。

9.　林富士，2007，〈臺灣地區的道教研究總論及書目（1945-2000）〉，《古今論衡》，16，頁 4-72。

10.　林富士，2010，〈神話與歷史〉，收入陳器文主編，《新世紀神話研究之反思》，頁 643-645。臺中：國立中興大學中國文學系。

11.　林富士，2016，〈《科技與人文對話》序〉，收入科技部人文及社會科學研究發展司編，《科技與人文對話（二）》，頁 3-5。臺北：科技部人文及社會科學研究發展司。[https://www.most.gov.tw/hssnq/ebook23/]

12.　林富士，2017，〈未來歷史學〉，收入科技部人文及社會科學研究發展司編，《人文與社會科學簡訊》18:3（創刊 20 年紀念特刊），頁 56-62。

五、編輯專書（論文集）

1.　林富士主編，2005，《臺灣學者中國史研究論叢・禮俗與宗教》，401 頁。北京：中國大百科全書出版社。

2.　林富士主編，2009，《興大實錄：國立中興大學九十年校史・圖文集》，319 頁。臺中：國立中興大學。

3.　林富士主編，2009，《興大實錄：國立中興大學九十年校史》，591 頁。臺中：國立中興大學。

4.　林富士主編，2010，《食品科技與現代文明》，436 頁。臺北：稻鄉出版社。〔有審查制度〕

5.　林富士主編，2010，《中國史新論・宗教史分冊》，543 頁。臺北：中央研究院・聯經出版事業公司。〔有審查制

度〕

6. 林富士主編，2011，《宗教與醫療》，496 頁。臺北：聯經出版事業公司。〔有審查制度〕

7. 林富士主編，2011，《疾病的歷史》，473 頁。臺北：聯經出版事業公司。〔有審查制度〕

8. 林富士主編，2014，《紅唇與黑齒：檳榔文化特展展覽手冊》，120 頁。臺北：中央研究院歷史語言研究所。

9. 林富士主編，2017，《「數位人文學」白皮書》，519 頁。臺北：中央研究院數位文化中心。〔有審查制度〕

貳、學術研究成果自評

長期以來，我的研究工作基本上是以「中國」宗教史為主軸而展開，兼及疾病史、醫療史和文化史。我所關心的課題主要包括：

(一)「中國人」（漢人；華人）如何建構或認知「鬼神」（或稱之為「超自然」或「人外」）世界？

(二)「中國人」如何界定人與「鬼神」的關係？

(三)「中國人」如何交通「鬼神」？

(四) 中國社會中有何宗教專家（或稱之為宗教人物）？彼此之間是否有共同點？各自又有何特質？

(五) 宗教專家在中國社會中彼此之間的關係和勢力消長的情形為何？

(六) 中國宗教史如何分期？各個階段有何特質？

(七) 中國的宗教信仰和宗教儀式有何特色？

在處理這些課題時，我所採取的研究策略或研究角度主要是：（一）分別以政府（政治）、民眾（信徒）及宗教專家（或宗教組織）為立足點進行觀察；（二）運用各種類型的原始材料，進行具有原創性的研究；（三）盡量結合歷史學的文獻分析和人類學的田野調查；（四）盡量進行較長時段的「貫時性」（diachronic）研究，並以中國以外的社會或「非漢」民族的情形，進行參照性的比較研究。這樣的研究，基本上是為了探索中國宗教的特色及其在歷史長河中的變遷與延續。

在我研究員聘期內（2001-2017），我的研究大多是基於上述的關懷而展開，但是，近年來也開始嘗試開拓一些新的領域。研究成果共計出版了三本專書（論文集）、十四篇期刊論文、十三篇專書論文，另外還主編九本書，發表十二篇通俗性論文。這些論著基本上可以分成六大類：

一、巫覡研究：我的碩士論文（《漢代的巫者》，1987）和博士論文（Chinese Shamans and Shamanism in the Chiang-nan Area During the Six Dynasties Period，1994）已經分別處理過兩漢及六朝時期的巫者與巫俗。近年來，我一方面針對巫覡的政治、社會地位與宗教活動進行「長時段」的考察（先秦到六朝），另一方面則針對其宗教信仰與儀式進行「微觀」的描述（宋代中國、清代和當代臺灣），並以通史的方式說明中國的「巫醫」傳統，期能完整的呈現巫覡的多樣面貌與古今之變，讓學界了解巫覡文化是中國宗教世界中不可割離的一部分。主要論著包括：1.〈試論六朝時期的道巫之別〉（2002）、2.〈清代臺灣的巫覡與巫俗：以《臺灣文獻叢刊》為主要材料的初步探討〉（2005）、3.〈醫者或病人：童乩在臺灣社會中的角色與形象〉

（2005）、4. "Shamans and Politics"（2010）、5.〈中國古代巫覡的社會形象與社會地位〉（2010）、6. "Shamans"（2013）、7.〈「舊俗」與「新風」：試論宋代巫覡信仰的特色〉（2013）、8.〈當代臺灣本土宗教的文化史詮釋：童乩儀式裝扮的新探〉（2013）、9. "Old Customs and New Fashions: An Examination of Features of Shamanism in Song China"（2014）、10.〈中國的「巫醫」傳統〉（2015）、11.《巫者的世界》（2016）等。

　　二、**道教研究**：道教被許多學者視為最能代表中國「本土」的宗教，而道士又和巫者有親密的競合關係，兩者也同時扮演「醫療者」的角色，並和中國醫學有所關聯。因此，我一方面透過道教經典分析其核心信仰和儀式特質，另一方面則透過道士的「傳記」資料考察其社會形像、醫療活動，及其和巫者的異同。主要著作包括：1.《疾病終結者：中國早期的道教醫學》（2001）、2.〈中國早期道士的醫療活動及其醫術考釋：以漢魏晉南北朝時期的「傳記」資料為主的初步探討〉（2002）、3.〈試論六朝時期的道巫之別〉（2002）、4.〈中國早期道士的醫者形象：以《神仙傳》為主的初步考察〉（2003）、5.《中國中古時期的宗教與醫療》（2008/2012）、6.〈《太平經》的神仙觀念〉（2009）、7.〈「祝由」醫學與道教的關係：以《聖濟總錄・符禁門》為主的討論〉（2013）等。

　　三、**「精魅」研究**：長期以來，我對於中國人的信仰對象或鬼神世界極感興趣，但早期以專文處理者大多集中於所謂的「厲鬼」。其後，我開始將探討的焦點轉移到較為學界所忽略的「魅」（或稱「物怪」、「妖怪」、「精魅」），採取「文本」

（text）分析的方式，配合「歷史語言學」（philology）的方法，論述唐代以前中國人對於「魅」的認知和態度，並剖析其宗教心態和文化意涵。研究成果主要有：1.〈釋「魅」：以先秦至東漢時期的文獻資料為主的考察〉（2005）；2.〈人間之魅：漢唐之間「精魅」故事析論〉（2007）。

四、祝由研究：這是我長期探討醫療文化史和「宗教醫療」的延伸之作，主旨在於探討咒術療法在中國醫學體系中的地位及其盛衰興亡的變化。研究成果主要有：1.〈「祝由」釋義：以《黃帝內經・素問》為核心文本的討論〉（2012）、2.〈「祝由」醫學與道教的關係：以《聖濟總錄・符禁門》為主的討論〉（2013）。

五、檳榔研究：這是奠基於過去醫療文化史研究所墾拓的新領域，主旨在於從文化史的角度探討人類嚼食、使用檳榔的習俗、緣由，以及檳榔文化的古今之變和人群差異。研究成果主要有：1.〈瘟疫、社會恐慌與藥物流行〉（2013）、2.〈試論影響食品安全的文化因素：以嚼食檳榔為例〉（2014）、3.〈檳榔與佛教：以漢文文獻為主的探討〉（2017）。

六、數位人文學：這是為協助中央研究院和科技部推動「數位人文主題研究計畫」所進行的「應用研究」，屬於服務學術社群的範疇。研究成果主要有：1.〈佛教寺志編纂芻議：「數位人文學」的觀點〉（2016）、2.〈「數位人文學」概論〉（2017）、3.《「數位人文學」白皮書》（2017）。

以下即進一步說明此次所提出的六種代表作的主要內容。

（一）《中國中古時期的宗教與醫療》（2008/2012）。

本書共收錄 1993-2004 所發表的十七篇學術論文。基本上，

我發現，從西元第二到第六世紀，中國社會至少遭遇到三十八次「大疫」的侵襲，數以百萬計的人口接二連三的死亡，或是在瘟疫的陰影下過活。在這段期間，東漢帝國崩解，中國的政治由大一統的格局走向分裂與多元。而在宗教方面，新興的本土道教和外來的佛教逐漸茁壯長大，傳統的巫覡信仰則大力推動厲鬼崇拜，並廣設祠廟與神像。因此，我便以一系列的專題研究，試圖闡述這些歷史現象彼此之間的關聯。全書共分五篇，首篇「瘟疫的衝擊與回應」，綜合性的論述瘟疫對於中國社會的衝擊，以及當時人的回應之道。第二篇「道教的終極關懷」，揭示道士面對瘟疫流行的情境所提出的解救之道。第三篇「醫療傳教與道教醫學」，進一步闡明道士的醫療活動及其主要思惟。第四篇「巫覡活動及厲鬼信仰」，主要是陳述巫者的醫療活動及其核心信仰。第五篇「身體、疾病和文化」，主要探討歷史研究者如何面對「疾病」的議題，並主張應以「身體」以及形塑身體的「生物」與「文化」特質作為研究的焦點。

（二）《巫者的世界》（2016）。

本書由 2005-2015 年所完成、發表的八篇學術論文合輯而成，這些論文都經小幅度改寫，並統一全書體例，編製參考書目。〈序：吾將上下而求索〉一文，則是回顧我三十多年來（1982-2015）投入巫覡研究的因緣和學思歷程，文中列舉歷年來的研究成果、關切的課題，以及研究方法和研究視野的轉變過程。全書所關切的核心議題有三：一、巫者的政治、社會地位和社會形象；二、巫者信仰對象和宗教儀式的特點；三、巫者的社會功能。

透過本書，我企圖說明，巫者在中國社會的地位和形象，曾

歷經四次重大的變革（遠古到春秋戰國、戰國到兩漢、東漢到六朝、六朝到隋唐），雖然間有起伏，大的趨勢基本上是由貴而賤，而影響其陵替的因素，政治、社會結構的改變是要因，但是，新的文化價值、社會心態及宗教團體的出現與競爭，也不容忽視。至於巫者的宗教世界，其信仰對象基本上都是以天神、地祇、人鬼為主，儀式則以立祠、通神（憑附、視鬼）、祭祀（酒肉、血祭）、樂舞、賽會為主要特質。但是，不同的時代和地區仍會有所差異。從六朝以降，尤其是宋代以後，人鬼中的「厲鬼」在巫者的萬神殿中佔據最顯耀的位置，精魅（妖怪）也成為主要的崇祀對象之一，而「跨域」、「聚眾」、「遊行」式的「迎神賽會」，從宋代之後，一方面成為巫者最為壯麗的儀式活動，另一方面則成為政府禁巫、抑巫的主要緣由。而巫者雖然淪落為社會的底層，甚或是「賤民」，並遭遇歷代政府一波又一波的打擊，但是，仍頑強的存活至今，論其主因，應該和巫者從古到今都扮演「醫療者」的角色有關。

這些內容都是研究巫覡的學者長期探問、鑽研的課題。我的回答不一定是最後、最佳的答案，但至少是一種兼具歷史深度與廣度的系統性解答。

（三）〈「祝由」釋義：以《黃帝內經・素問》為核心文本的討論〉（2012）。

「祝由」一詞首見於《黃帝內經・素問》，原意應該是指某種治療的方法。至於這種療法的具體內涵，近代的辭典編者或認為是以符咒治病，或認為是以「祝說病由」或祝禱的方式治病。但是，傳統學者對於「祝由」一詞的意涵、「祝說病由」的具體作為、「祝由」與「移精變氣」之間的關係，卻有相當分歧的看

法。本文即針對上述的爭議點，全面性的搜羅、整理中國歷代醫家的論述，分門別類的剖析其意見，從而釐清「祝由科」醫學的理論根據。

（四）〈「祝由」醫學與道教的關係：以《聖濟總錄・符禁門》為主的討論〉（2013）。

「咒禁科」（或稱「書禁科」、「祝由書禁科」、「祝由科」）從隋唐到明代中葉，一直是官方醫學的科目之一，但是，其所根據的醫典及臨床施作，從隋唐到宋元時期卻有了不小的變化。早期「咒禁科」可以以《千金翼方・禁經》為範本進行理解，但是，元代「祝由科」醫者的養成，已經轉而以《聖濟總錄・符禁門》為主要的教科書。因此，本文便以北宋末年成書，元代重校、刊印的《聖濟總錄》為核心文本，從此書的主要材料來源以及具體內容，分析其中的道教因子，藉以說明道教在宋元「祝由」醫學發展過程中所扮演的重要角色。

（五）〈試論影響食品安全的文化因素：以嚼食檳榔為例〉（2014）。

臺灣及中國南方嚼食檳榔的習俗已延續數千年之久，嚼食檳榔的方式與東南亞、南亞等地的風尚相當類似，亦即嚼食由檳榔子、荖藤和熟石灰所組成的「檳榔嚼塊」。在傳統中國與臺灣社會中，檳榔不僅被用來當作治療疾病、防止瘟疫的藥物，也被用來當作社交、婚禮場合的禮物，甚至被用來當作宗教祭祀的祭品或是行使巫術時的法物。嚼食檳榔可以建立或強化族群與文化認同。但在當代臺灣，官方卻將檳榔視為「致癌物」，企圖以危害健康為理由加以禁絕，但成效不佳。換句話說，嚼食檳榔是由文化薰習所形成的飲食習慣，單純的健康論述很難切斷嚼食者之間

的文化紐帶。若要改變民眾嚼食檳榔的習慣，必須提供具有類似功能的「替代品」。本文主旨即藉此凸顯民眾對於檳榔的認知、體驗與態度，與官方及現代醫學的說法之間的差異。

（六）〈檳榔與佛教：以漢文文獻為主的探討〉（2017）。

　　本文主旨在於剖析檳榔在佛教世界中所佔有的地位，以及佛教在檳榔文化的發展過程所扮演的角色。基本上，印度、南亞、東南亞和中國南方的佛教僧人，都認為檳榔為「許食」之物。在真實的生活中，不同時期、不同地區的僧人都有吃檳榔的記錄，不少「高僧」都接受過信徒的檳榔供養。佛教僧人認為檳榔是藥，也將檳榔當作祭品和禮物，鼓勵信眾用來「供養」（祭祀）佛、菩薩、眾神和亡魂，或是「供養」（施捨）僧人及佛寺。此外，檳榔及其周邊的物品（如檳榔盒）曾經被當做外交禮品，透過「朝貢」或「贈予」的方式，在亞洲地區的「佛教國家」之間流傳。事實上，在近代以前，佛教除了「禁戒」檳榔的逸樂性和情欲性使用，並要求節制用量之外，幾乎全盤接受了既有的檳榔文化。而檳榔文化在中國的傳佈，幾乎和佛教入華同步，因此，佛教對於檳榔文化的傳播應該有所貢獻。

　　總結而言，這些研究成果的主要特色或貢獻大致有以下三點：

（一）深耕舊領域

　　「巫覡」是研究中國宗教史的學者不得不注意的對象，但一般都只著眼於探討古代巫者的政治地位與宗教活動，或針對若干特殊事件與巫術進行討論。而我的巫覡研究，一方面進行「長時段」的考察（從先秦一直到魏晉南北朝、宋代的中國，並兼及

近、現代的臺灣），透過巫者存活的社會與文化脈絡，探討巫者政治地位、社會地位、社會形象、社會影響力的古今之變。另一方面進行「微觀」的描述，從宗教發展的內在理路下手，細密解析巫者的鬼神世界、儀式活動及社會功能。

（二）拓展新課題

研究中國信仰對象的學者，大多會依循《周禮》「天神」、「地祇」、「人鬼」的分類系統，或側重於討論中國的「天神」（包括「天」及日、月、星辰等）信仰，或偏好於研究中國的山川信仰與自然崇拜，或聚焦於探討中國的祖先崇拜與聖賢崇拜。而我的鬼神信仰研究，一方面將研究的對象放在《周禮》分類系統所不及的「神仙」和「精魅」（物怪），以及「人鬼」之中較為學者所忽略的「厲鬼」。另一方面則是特別著重於探討人與「人外」（extra-human）世界的溝通模式。

此外，檳榔在當代臺灣是極具爭議性的「物」與課題，但參與爭辯的學者大多是醫學、農學、生物學、社會學的專家，歷史學者很少注意或貢獻其所知，因此，我嘗試從醫療文化史、物質文化史的角度切入，希望能全面檢視檳榔文化的起源、發展與變化，並回應檳榔的「現代爭議」。

（三）開闢新取徑

傳統的宗教史研究，大多是從宗教經典、宗教信仰入手，但我的宗教史研究，特別強調人的主體性。不過，我並不集中於討論少數的宗教領袖，而是嘗試採取「人群學」（prosopography）的角度，將宗教人物及其信徒，當作某種具有同質性的「社會群

體」進行分析，因此，不會只鎖定少數的個體，而且，可以同時採取「由上而下」與「由下而上」的觀察角度。

其次，宗教史與醫療史經常是兩個涇渭分明的領域，但我從疾病與身體的角度切入，從中找到兩者的交會，讓「宗教醫療」成為一個受到矚目的課題與領域。

再者，傳統的歷史研究大多是以斷代史為主，而且，知古則不知今，知今則不知古。而我改採專題式的通史研究，至少，盡可能跨越傳統王朝的斷代分際，進行「長時段」的觀察。同時我也採取「歷史人類學」的若干觀點和做法，同步進行「同時性」（synchronic）和「貫時性」（diachronic）的分析，至少，盡可能進行相關課題的當代田野考察。

基本上，這些研究最大的特色與企圖在於：彰顯在當代社會被壓抑、貶損、鄙棄的人物（巫覡、術士）和事物（祝由、檳榔）的往昔風光，並揭示其依然存活於當代社會的緣由。換句話說，我希望透過歷史研究，扮演溝通者的角色，讓大家了解：昔日（他者）的「芳草」如何變成今日（我們）的「蕭艾」；反之亦然。此外，透過巫覡研究和檳榔研究，我探索的腳步從臺灣和中國出發，已經慢慢走向東南亞、南亞、太平洋群島和東北亞，至少，「域外」已經是我研究時常有的參照對象。

參、未來研究方向（2018-2025?）

從現在開始到我的法定退休年齡，大約只有七、八年，因此，我的未來研究方向，基本上將延續我過去已經開拓的學術領域，包括宗教史、醫療文化史和物質文化史，但是，我將適度援

用「數位人文學」（Digital Humanities）的新方法和新工具，並將研究的地域從中國、臺灣適度向東北亞（日、韓）和東南亞擴張。不過，所有的研究，將以已經完成的論文為基礎，改寫、擴增為專書為核心工作。其中，將以完成《檳榔文化史》、《祝由科興衰史》、《精魅文化史》為優先考量。

《檳榔文化史》主要探討的課題將包括：檳榔的原鄉、檳榔文化的擴散、檳榔與宗教、檳榔與醫藥、檳榔的嚼食者、檳榔的文化與社會功能、檳榔的現代爭議等。這項研究將可顛覆現代社會對於檳榔的刻板印象和負面觀感。

《祝由科興衰史》主要探討的課題將包括：「祝由」釋義、「祝由科」的誕生、「祝由科」的內涵、「祝由科」的源流、「祝由科」的衰微、「祝由科」的遺緒。「祝由科」（咒禁；書禁；符禁）曾經被納入中國官方醫學長達千年，卻被近代人視為「迷信」、「邪術」，因此，這項研究將有助於學界充分理解「祝由科」盛衰起伏的過程及其緣由，並且反思「疾病」與「醫療」的定義。

《精魅文化史》主要探討的課題將包括：釋「魅」、人間之「魅」、「魅病」與醫療、「厭魅」之術、魅與宗教、魅與文學、魅的形象等。研究中國宗教史的學者，對於鬼神世界的探討往往不餘遺力，但大多著眼於天神、地祇、人鬼，而忽略了「精魅」（物怪；物魅；妖怪；精怪）在中國宗教、文化中的重要性，因此，這項研究將可讓中國宗教研究的圖像更為完整而清晰。

若有餘力，我將盡可能完成《巫者的歷史》、《童乩的面貌》二書。「巫者」與「童乩」是我用力最多、最深的研究課

題，發表的相關論著已經不少，但是，關於中國隋唐五代、遼金
元、明清時期的巫者，以及中國境內、周邊的「非漢民族」的巫
覡文化，卻很少著墨，我希望能增補這方面的研究，彙整新舊
作，修訂為一本較具「通史」性的專書。至於「童乩」，我在臺
灣曾經進行多年的田野工作，拍攝的照片、訪談的紀錄數量頗
多，尚未進行完整的分析，而和東南亞、華南「童乩」、北亞
「薩蠻」、東北亞（日本巫者、韓國「巫堂」）的比較研究，也
一直是縈繞心頭的工作。這兩項研究將可提醒學界，除了組織性
的普世宗教（基督宗教、伊斯蘭教、佛教、道教等）之外，「巫
覡信仰」（shamanism）不僅是最古老的宗教，也是多數人類社
會都有的宗教現象，而且，至今在某些社會仍然活力充沛。

　　至盼有生之年得以撰成這幾部書！

國家圖書館出版品預行編目資料

臺灣民眾道教三百年史：現代詮釋與新型建構

江燦騰、張珣編. — 初版. — 臺北市：臺灣學生，2021.06
面；公分

ISBN 978-957-15-1858-9 (平裝)

1. 道教　2. 臺灣

238　　　　　　　　　　　　　　　　110008720

臺灣民眾道教三百年史：現代詮釋與新型建構

主　編　者　江燦騰、張珣
出　版　者　臺灣學生書局有限公司
發　行　人　楊雲龍
發　行　所　臺灣學生書局有限公司
地　　　址　臺北市和平東路一段 75 巷 11 號
劃 撥 帳 號　00024668
電　　　話　(02)23928185
傳　　　眞　(02)23928105
E - m a i l　student.book@msa.hinet.net
網　　　址　www.studentbook.com.tw
登 記 證 字 號　行政院新聞局局版北市業字第玖捌壹號
定　　　價　新臺幣八〇〇元
出 版 日 期　二〇二一年六月初版
I　S　B　N　978-957-15-1858-9